VIOLENCES
faites aux
FEMMES

D1514386

PRESSES DE L'UNIVERSITÉ DU QUÉBEC
Le Delta I, 2875, boulevard Laurier, bureau 450
Québec (Québec) G1V 2M2
Téléphone : (418) 657-4399 • Télécopieur : (418) 657-2096
Courriel : puq@puq.ca • Internet : www.puq.ca

Diffusion / Distribution :

CANADA et autres pays
PROLOGUE INC.
1650, boulevard Lionel-Bertrand
Boisbriand (Québec) J7H 1N7
Téléphone : (450) 434-0306 / 1 800-363-2864

FRANCE
AFPU-DIFFUSION
SODIS

BELGIQUE
PATRIMOINE SPRL
168, rue du Noyer
1030 Bruxelles
Belgique

SUISSE
SERVIDIS SA
5, rue des Chaudronniers
CH-1211 Genève 3
Suisse

La *Loi sur le droit d'auteur* interdit la reproduction des œuvres sans autorisation
des titulaires de droits. Or, la photocopie non autorisée – le « photocopillage » –
s'est généralisée, provoquant une baisse des ventes de livres et compromettant
la rédaction et la production de nouveaux ouvrages par des professionnels.
L'objet du logo apparaissant ci-contre est d'alerter le lecteur sur la menace
que représente pour l'avenir de l'écrit le développement massif du « photocopillage ».

COLLOQUE INTERNATIONAL

VIOLENCES FAITES AUX FEMMES : RÉPONSES SOCIALES PLURIELLES

En hommage à
Athanasie Mukarwego,
«Mère courage»
du Rwanda

www.criviff.qc.ca/colloque • (418) 656-3286

HENRI DORVIL, directeur
GUYLAINE RACINE, codirectrice

L'analyse des problèmes sociaux est encore aujourd'hui au cœur de la formation de plusieurs disciplines en sciences humaines, notamment en sociologie et en travail social. Les milieux francophones ont manifesté depuis quelques années un intérêt croissant pour l'analyse des problèmes sociaux, qui présentent maintenant des visages variables compte tenu des mutations des valeurs, des transformations du rôle de l'État, de la précarité de l'emploi et du phénomène de mondialisation. Partant, il devenait impératif de rendre compte, dans une perspective résolument multidisciplinaire, des nouvelles approches théoriques et méthodologiques dans l'analyse des problèmes sociaux ainsi que des diverses modalités d'intervention de l'action sociale, de l'action législative et de l'action institutionnelle à l'égard de ces problèmes.

La collection «Problèmes sociaux et interventions sociales» veut précisément témoigner de ce renouveau en permettant la diffusion de travaux sur divers problèmes sociaux. Pour ce faire, elle vise un large public comprenant tant les étudiants, les formateurs et les intervenants que les responsables administratifs et politiques.

VIOLENCES faites aux FEMMES

Sous la direction de

SUZANNE ARCAND
DOMINIQUE DAMANT
SYLVIE GRAVEL
ELIZABETH HARPER

2008

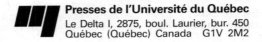

Presses de l'Université du Québec
Le Delta I, 2875, boul. Laurier, bur. 450
Québec (Québec) Canada   G1V 2M2

Catalogage avant publication de Bibliothèque
et Archives nationales du Québec et Bibliothèque et Archives Canada

Vedette principale au titre :

Violences faites aux femmes

(Collection Problèmes sociaux & interventions sociales ; 37)

Textes présentés lors d'un colloque tenu à Montréal du 22 au 24 oct. 2006.

Textes en français et en anglais.

ISBN 978-2-7605-1561-1

1. Violence envers les femmes - Congrès. 2. Violence entre conjoints - Congrès.
3. Violence envers les femmes - Prévention - Congrès. 4. Femmes victimes de violence,
Services aux - Congrès. I. Damant, Dominique, 1950- . II. Collection.

HV6250.4.W65V562 2008   362.82'92   C2008-940468-8F

Bibliothèque et Archives nationales du Québec
and Library and Archives Canada cataloguing in publication

Main entry under title :

Violences faites aux femmes

(Collection Problèmes sociaux & interventions sociales ; 37)

Papers presented at a conference held in Montréal, Oct. 22-24, 2006.

Text in French and English.

ISBN 978-2-7605-1561-1

1. Women - Violence against - Congresses. 2. Marital violence - Congresses.
3. Women - Violence against - Prevention - Congresses. 4. Abused women -
Services for - Congresses. I. Damant, Dominique, 1950- . II. Series.

HV6250.4.W65V562 2008   362.82'92   C2008-940468-8E

Nous reconnaissons l'aide financière du gouvernement du Canada
par l'entremise du Programme d'aide au développement
de l'industrie de l'édition (PADIE) pour nos activités d'édition.

La publication de cet ouvrage a été rendue possible
grâce à l'aide financière de la Société de développement
des entreprises culturelles (SODEC).

Mise en pages : INFOSCAN COLLETTE-QUÉBEC

Couverture : RICHARD HODGSON

1 2 3 4 5 6 7 8 9 PUQ 2008 9 8 7 6 5 4 3 2 1

Tous droits de reproduction, de traduction et d'adaptation réservés
© 2008 Presses de l'Université du Québec

Dépôt légal – 2ᵉ trimestre 2008
Bibliothèque et Archives nationales du Québec / Bibliothèque et Archives Canada
Imprimé au Canada

En hommage à toutes les femmes violentées du Québec, du Rwanda, d'Haïti, de Bosnie, de l'Inde, du Darfour, du Mexique, et cætera. Malheureusement.

Allocution d'Athanasie Mukarwego, « Mère courage » du Rwanda, lors de la séance inaugurale du colloque international « Violences faites aux femmes : réponses sociales plurielles », organisé à Montréal (Québec), en octobre 2006, par le Centre de recherche interdisciplinaire sur la violence familiale et la violence faite aux femmes (CRI-VIFF).

Bonjour à tous,

Comme on vient de vous le dire, je suis rwandaise, âgée de 47 ans, mère de quatre enfants. Quand le génocide d'avril a commencé, je venais de passer 13 ans au Rwanda, parce qu'à partir de 1 an jusqu'à 22 ans, je n'avais pas connu mon pays d'origine, car mes parents s'étaient réfugiés en République démocratique du Congo, suite aux conflits ethniques qui ont eu lieu au Rwanda en 1960. Mariée à un homme aussi réfugié en 1981, nous avons décidé de rentrer au Rwanda. Là, j'enseignais dans une école privée et mon mari travaillait au ministère de l'Enseignement supérieur et de la Recherche scientifique. Les enfants étaient encore au primaire. Nous étions heureux dans notre famille.

C'était pendant les vacances de Pâques. Dans la nuit du 6 au 7 avril 1994, nous entendions les tirs des fusils, d'abord de loin et progressivement dans les quartiers voisins et enfin dans mon quartier. C'était des familles de l'ethnie tutsie qu'on tuait. Le lendemain à cinq heures du matin, nous entendions un communiqué à la radio annonçant la mort de l'ex-président et demandant à tous les habitants de rester chez eux pour que les forces de l'ordre puissent nous assurer la sécurité. Ils entrèrent dans les maisons des Tutsis qui étaient identifiées préalablement par les autorités locales ; mon mari fut tué le 15 avril sur la place publique avec d'autres personnes de tout âge après une nuit de torture.

Le 18 avril 1994, je fus enfermée dans ma chambre par les militaires du régime génocidaire où je connus le viol collectif par plus de 500 hommes. Mes enfants et ma belle-mère entendaient mes cris, pleurs et hurlements, parce qu'ils étaient enfermés dans la chambre voisine. Au fur et à mesure que les jours passaient ma vie diminuait ; affamée, assoiffée, utérus gonflé et infecté, déchirures au niveau de la partie génitale, nausées, exposée nue devant tous les violeurs, système urinaire presque bloqué, je finis par tomber dans l'inconscience, puis dans le coma et enfin dans l'insensibilité totale. Le génocide fut arrêté le 4 juillet 1994 par l'armée du Front patriotique rwandais (FPR). Ils prirent soin de nous et commencèrent à assurer la sécurité du pays. Quelques mois plus tard, je fus amenée, je ne sais par qui, à l'hôpital général où je reçus les premiers soins gynécologiques. Ma belle-mère s'occupa de mes enfants lorsque j'étais encore dans la période de traumatisme et ce n'est qu'en 1995 que je connus l'organisation Rwanda Women Network (RWN) qui regroupa les femmes qui avaient connu les mêmes problèmes que moi ; à une association qui s'appelle « Polyclinique d'espoir », nous reçûmes toutes sortes d'aide avec nos enfants. Grâce à plusieurs séances de réadaptation, j'eus l'éveil de la pensée ; je ne comprenais pas pourquoi je continuais à vivre, j'avais aussi l'inquiétude d'avoir contacté le VIH pendant le génocide.

En 1999, grâce à la sensibilisation de RWN à la Polyclinique d'espoir et à la formation sur le VIH, je fis le test du VIH et j'eus les résultats négatifs. Cela changea tout et augmenta mon espoir ; je commençais à avoir l'estime de moi-même, la tendresse de mes enfants, à renouer les relations avec mes voisins et à m'ouvrir au monde extérieur. J'avais enlevé le vieux costume qui pesait lourd sur moi et qui m'empêchait d'avancer, car en moi il n'y avait que la tristesse, la haine, la rancune, l'humiliation, le refus de moi-même, la honte et le désespoir. J'ai mis le nouveau costume de courage, de joie, d'espoir, de dévouement. J'avais aussi commencé à rencontrer d'autres femmes chez elles et je leur donnais espoir ; je m'occupais des orphelins, des familles d'accueil et des femmes dont les maris étaient en prison, présumés coupables du génocide, et de leurs enfants, ainsi que les associations qui avaient la même mission que le RWN. Je faisais des séances de thérapie avec différents groupes de femmes chez moi et après trois mois, je les transférais à la polyclinique d'espoir, là où elles pouvaient s'associer aux autres femmes.

En 2000 et en 2001, j'avais fait d'autres tests de VIH et les résultats étaient toujours négatifs. Dépassée, émerveillée par la bonté de Dieu, je passais des nuits à louer le Seigneur. Ainsi, je trouve que le génocide a fait de moi une nouvelle créature. Mon message d'aujourd'hui s'adresse d'abord à vous, présents à la conférence, aux personnes violentées où qu'elles soient, aux familles affectées par la violence, aux plus faibles et démunis et plus spécialement aux femmes, car en grande partie, c'est nous qui subissons la violence sous toutes ses formes et cela marque le reste de notre vie et celle des nôtres. NE VOUS LAISSEZ PAS EMPORTER PAR LE DÉSESPOIR. AYEZ TOUJOURS L'ESPOIR, SACHEZ LA PLACE QUE VOUS OCCUPEZ DANS VOTRE FAMILLE, DANS VOTRE PAYS ET DANS LE MONDE, CAR VOTRE PARTICIPATION EST LA FONDATION DU MONDE DE DEMAIN. C'est à la communauté internationale d'être juste, vigilante et active pour la prospérité des femmes en particulier et de l'être humain en général. Pour terminer, mesdames et messieurs, je voudrais dire que je pense que c'est chacun de nous, chaque personne humaine, qui est responsable de la non-violence.

Je vous remercie.

TABLE DES MATIÈRES

CHAPITRE 2

REPRÉSENTATION DE LA VIOLENCE À L'ÉGARD DES FEMMES EN TUNISIE

CHAPITRE 3

VIOLENCE AGAINST WOMEN IN UKRAINE

PARTIE 4
RÉFLEXIONS SUR LES PRATIQUES EN VIOLENCE CONJUGALE

CHAPITRE 11
"I STUMBLE ALONG WITH ALL OF THIS"
The Challenges of Translating Anti-racism and Cultural Sensitivity in Practice

CHAPITRE 12
AMÉLIORATION DES EFFORTS DE PRÉVENTION DE LA VIOLENCE DANS LES FRÉQUENTATIONS AMOUREUSES GRÂCE AU SOUCI DE LA DIVERSITÉ, À LA SOUPLESSE ET À LA CRÉATIVITÉ
Aperçu de la mise en œuvre du programme Expect Respect

CHAPITRE 13

**L'INTERVENTION AUPRÈS DES HOMMES
AUX COMPORTEMENTS VIOLENTS
ET LA SOCIALISATION DE GENRE** 299

Pierre Turcotte et François-Olivier Bernard

CHAPITRE 14

ASSESSING SAFETY, MANAGING ABUSE
**Routine Screening for Domestic Violence
in the Family Law System** 315

Judy A. Hughes

PARTIE 5
RÉFLEXIONS SUR LES PRATIQUES DE LUTTE CONTRE D'AUTRES VIOLENCES

CHAPITRE 20
VIOLENCE ET PRÉVENTION DES ITSS
Expérience d'un projet de lutte en Haïti

Ginette Noël et Anne-Marie Thimothé

CHAPITRE 21
STRATÉGIES DE LUTTE CONTRE LES MARIAGES PRÉCOCES
ET FORCÉS DANS L'EXTRÊME-NORD DU CAMEROUN

Aïssa Ngatansou Doumara et Billè Sikè

Chapitre 22

DOMESTIC VIOLENCE

A Shelter's Response in Nigeria
Olabimpe Olatubosun

Chapitre 23

ÉLABORATION D'UN GUIDE D'INTERVENTION PRÉVENTIVE DE L'HOMICIDE CONJUGAL EN MAISON D'HÉBERGEMENT

Christine Drouin

Dominique Damant
Université de Montréal

L'Organisation des Nations Unies rappelait récemment que les violences faites aux femmes représentent un problème social grave partout dans le monde et qu'il est essentiel de poursuivre activement nos actions pour tenter de l'enrayer. Ce livre se veut le bilan du colloque «Violences faites aux femmes: réponses sociales plurielles[1]», tenu à Montréal du 22 au 24 octobre 2006, et qui s'insérait activement dans cette préoccupation. Au départ, ce colloque se voulait l'occasion de faire le bilan des travaux d'une équipe du Centre de recherche sur la violence familiale et la violence faite aux femmes (CRI-VIFF). Le CRI-VIFF a été mis sur pied à la suite des événements tragiques survenus à l'École polytechnique de l'Université de Montréal en 1989, lors desquels 14 jeunes femmes ont été assassinées. Sa mission est de promouvoir la réalisation, en partenariat avec les milieux de la pratique, d'activités de recherche, de formation et de transfert des connaissances sur la problématique de la violence familiale et la violence faite aux femmes et des réponses sociales qui y sont apportées. Le consortium RESOVI (Réponse sociale à la violence faite aux femmes), qui venait à terme après une subvention de cinq ans, était composé de partenaires de recherche et d'intervention dans les secteurs des services sociaux et de la santé, de la justice, de la sécurité publique et de l'éducation. Son objectif était d'éclairer

1.   Nous tenons à remercier bien sincèrement les organismes suivants pour l'aide financière reçue pour la réalisation du colloque international: Centre national de prévention du crime du gouvernement du Canada, en collaboration avec le ministère de la Sécurité publique du Québec – Agence canadienne de développement international (ACDI) – Conseil de recherches en sciences humaines du Canada (CRSHC) – Justice Canada – Ministère de la Santé et des Services sociaux du Québec – Commission du droit du Canada – Ministère de la Justice du Québec – Université de Montréal – Université Laval – Ministère de la Famille, des Aînés et de la Condition féminine du Québec.

les différents secteurs d'intervention dans le développement et la mise en application des réponses les plus appropriées pour prévenir la violence envers les femmes, éviter sa récidive et atténuer ses impacts négatifs.

Un des constats de ces cinq années de collaboration entre chercheurs et intervenants à l'intérieur du consortium RESOVI était que les réponses sociales développées au cours des dernières années pour contrer les diverses violences subies par les femmes ont été appliquées à l'ensemble des femmes de manière uniforme, alors que les impacts de ces interventions varient selon le contexte dans lequel elles vivent. Pour certaines femmes, les réponses sociales mises en place pour les protéger peuvent parfois avoir l'effet inverse, soit d'augmenter le risque de violence. Plusieurs chercheures et chercheurs du CRI-VIFF ont donc développé des recherches avec des femmes vivant dans des contextes de vulnérabilité particuliers afin d'explorer ces situations et développer des pratiques répondant à leurs besoins spécifiques. Nous voulions partager cette réflexion avec le plus grand nombre de personnes qui travaillent sur la problématique des violences faites aux femmes au Québec, au Canada et à l'étranger, afin de pouvoir découvrir les ressemblances et différences dans la manière d'appréhender cette problématique et d'y apporter des solutions. Est née alors l'idée d'un colloque international sur les violences faites aux femmes qui explorerait les contextes de ces violences et les réponses sociales plurielles qu'on leur a apportées jusqu'ici ou qu'on pourrait leur apporter.

Les objectifs du colloque étaient de :

1. Développer une compréhension plus fine des violences en contextes de vulnérabilité tels :

    a) un contexte multiculturel et de migration (femmes immigrantes, réfugiées, faisant l'objet de traite, aides domestiques immigrantes…) ;

    b) un contexte d'univers à risque (travailleuses du sexe, filles dans les gangs, femmes toxicomanes, femmes infectées par une ITS…) ;

    c) un contexte de limitation de l'autonomie (femmes ayant des limitations fonctionnelles physiques, des problèmes de santé mentale, une déficience intellectuelle ; femmes âgées en perte d'autonomie…) ;

    d) un contexte d'étapes particulières de vie (violence dans les relations amoureuses des adolescentes, dans les couples âgés, pendant la séparation du couple et la garde d'enfants…) ;

    e) un contexte lié à l'orientation sexuelle (femmes lesbiennes, bisexuelles…) ;

    f) le contexte de vie des femmes autochtones (femmes avec ou sans statut, vivant à l'intérieur ou à l'extérieur des réserves…).

2. Discuter des principaux enjeux et difficultés liés à l'intervention auprès des victimes ou des agresseurs qui vivent en contexte de vulnérabilité.

3. Identifier les pratiques novatrices et efficaces pour prévenir et diminuer les impacts des violences envers les femmes vivant dans divers contextes.

4. Favoriser la mise en place de partenariats et d'alliances tant au plan national qu'international entre les chercheurs, les décideurs politiques et les praticiens.

La réponse à notre invitation a été très positive. En effet, plus de 500 personnes venant d'une quarantaine de pays et de cinq continents ont partagé les connaissances qui sont maintenant acquises sur les diverses manifestations de la violence, les analyses qui en sont faites ainsi que les politiques et pratiques sociales développées au cours des dernières années. Les échanges entre les participants ont permis de cibler des conditions qui doivent être mises de l'avant pour consolider et maintenir les solutions existantes. Ces conditions permettront aussi de s'assurer que de nouvelles approches seront prises en considération et mises en application rapidement, compte tenu de l'urgence de la situation. Voici donc quelques leçons tirées de ce premier colloque et qui sont illustrées et documentées dans les chapitres du présent livre.

La première condition consiste à *réaffirmer la nécessité d'utiliser le concept de violence faite aux femmes*. La définition de la violence envers les femmes énoncée par l'ONU dans la Déclaration de l'Assemblée générale sur l'élimination de la violence contre les femmes est la suivante :

> Tous actes de violence dirigés contre le sexe féminin et causant ou pouvant causer aux femmes un préjudice ou des souffrances physiques, sexuelles ou psychologiques y compris la menace de tels actes, la contrainte ou la privation arbitraire de liberté, que ce soit dans la vie publique ou dans la vie privée (ONU, 1993, p. 6).

Les données à ce sujet sont probantes et constantes et les nombreuses conférences qui ont été prononcées dans la section *« compréhension de la problématique »* du colloque ont corroboré les données recueillies depuis une vingtaine d'années. En effet, les violences faites aux femmes sont multiformes ; elles se produisent à tous les âges de la vie et dans divers contextes de vie. Elles se manifestent par la violence conjugale, qu'elle soit dans les relations amoureuses à l'adolescence ou à l'âge adulte, les viols en temps de guerre, la traite des femmes pour la prostitution ou autres formes d'exploitation, les mariages forcés, les crimes d'honneur (vitriolisation, lapidation, etc.), l'inceste ou les autres agressions sexuelles à d'autres moments de la vie, les multiples violences vécues par les femmes autochtones, les formes particulières de violence conjugale vécues par les femmes âgées ou en perte d'autonomie, etc. Selon le contexte économique, social et politique des différents pays ainsi que le contexte de vie des femmes, celles-ci ne vivent pas la violence de la même façon : prévalence plus grande, conséquences diverses, obstacles variés, accès différents aux ressources et réponses multiples dissemblables des institutions. Il est difficile d'avoir un portrait très précis du nombre de femmes touchées par ces violences. Mais plusieurs enquêtes ont permis de donner un portrait plus probant de cette problématique. Toutefois, il est encore important de souligner que les données d'enquêtes tant populationnelles que cliniques ne sont souvent que la pointe de l'iceberg, car encore maintenant, les victimes tentent de nier, cacher ou sous-estimer les victimisations subies.

À travers le monde, de nombreuses enquêtes épidémiologiques ont tenté de mesurer les violences faites aux femmes.

La publication, en 1993, de l'Enquête sur la violence envers les femmes réalisée par Statistique Canada (1993 ; Rodgers, 1994) a été reconnue, tant au Canada qu'ailleurs dans le monde, comme un jalon important en ce qui concerne la question de la nature et de l'ampleur des violences subies par les femmes dans ce pays. Cette enquête menée auprès de 12 300 Canadiennes de 18 ans et plus, dont 1 921 Québécoises, a révélé, entre autres, que 29 % des Canadiennes et 25 % des Québécoises vivant ou ayant déjà vécu avec un conjoint ont déjà subi au moins un acte de violence physique ou sexuelle de la part de celui-ci. Extrêmement novatrice, cette enquête s'est intéressée à l'ensemble des formes de violence envers les femmes reconnues comme telles à cette époque.

Depuis ce temps, pour des raisons méthodologiques, mais probablement aussi pour des raisons de perspectives plus théoriques et idéologiques, les enquêtes suivantes au Canada (Enquête sociale générale de 1999, 2001) et au Québec (Santé Québec, 1996 ; Riou *et al.*, 2003 ; Lavoie et Vézina, 2001) se sont limitées à la violence conjugale. Alors que les enquêtes québécoises de 1996 et 2002 n'examinaient que la violence conjugale du conjoint à l'égard de sa conjointe et se situaient donc dans une perspective féministe, l'Enquête sociale générale de 1999 a modifié la perspective jusqu'alors privilégiée en examinant à la fois la victimisation conjugale des hommes à l'égard des femmes, des femmes à l'égard des hommes, ainsi que la victimisation des couples de même sexe.

Cependant, les enquêtes plus récentes (voir Statistique Canada, octobre 2006) explorent l'ensemble des victimisations que peuvent vivre les femmes au cours de leur vie et tiennent compte du contexte de l'agression, de sa chronicité, de la gravité de celle-ci, des conséquences, etc. Ces études reconnaissent dorénavant que la violence faite aux femmes est une problématique qui touche plusieurs zones et contextes et présente de multiples manifestations dont certaines commencent à peine à émerger.

Aussi, ces enquêtes pointent généralement toutes dans le même sens et indiquent que les femmes les plus jeunes sont davantage victimes, que les femmes pauvres vivent plus de violence et que la présence d'une incapacité chez les femmes augmente la probabilité d'être agressées. Les difficultés auxquelles sont confrontées les femmes immigrantes et, de façon plus générale, celles qui font partie d'une minorité culturelle lorsqu'elles sont victimes de violence, sont amplifiées du fait de leur statut d'immigration et de leur appartenance à un groupe ethnoculturel minoritaire.

Le cas des femmes autochtones en est un exemple frappant. Elles ont pour leur part reconnu que la violence sexuelle et familiale est devenue un problème majeur dans leurs communautés, résultant des changements et des violences imposés par les colonisateurs (Sioui-Wawanoloath et Pelletier, 1995 ; Larocque, 1994). Selon un document publié le 2 octobre 2006 par Statistique Canada,

> les statistiques policières, les taux d'affaires de violence conjugale et d'homicides entre conjoints sont plus élevés lorsque la victime est une femme autochtone que lorsqu'il s'agit d'une femme non autochtone ou d'un homme autochtone. La gravité et les conséquences de la violence conjugale sont aussi plus marquées chez les femmes autochtones. Enfin, les taux d'agressions sexuelles et d'autres crimes avec violence sont plus élevés dans les réserves que dans les autres régions du Canada (*Le Quotidien*, p. 3).

Comme au Québec et au Canada, de nombreuses enquêtes internationales ont permis de définir et de mesurer ces violences à travers le globe. En effet, un rapport détaillé des Nations Unies sur les violences faites aux femmes, produit en octobre 2006, fait état des connaissances sur l'ampleur et les conséquences de la violence faite aux femmes, dont plusieurs études démographiques sur le sujet (ONU, 2006).

Pour ce qui est de la violence conjugale, nous avons maintenant des données démographiques pour 71 pays de cinq continents. La violence physique subie par une femme au cours de sa vie aux mains d'un partenaire intime, y compris l'homicide conjugal, qui en est la forme extrême, varierait de 13 % à 61 %, selon les pays ; la violence sexuelle, quant à elle, fluctuerait de 6 % à 59 %.

La violence dans les relations amoureuses des jeunes, pour sa part, a été recensée dans de nombreuses enquêtes. Selon les chiffres des diverses enquêtes consultées principalement au Québec, au Canada et aux États-Unis, entre 9 % et 43 % des étudiantes et étudiants auraient déjà subi de la violence physique, psychologique ou sexuelle.

Le féminicide (meurtre d'une femme en dehors de la relation conjugale) se produit dans plusieurs pays comme au Mexique[2], au Guatemala ou au Canada, en Colombie-Britannique. Les exemples de femmes brûlées vives liés au paiement de la dot sont également nombreux en Inde et dans d'autres pays. La sélection prénatale en fonction du sexe du fœtus et l'infanticide, au cours des deux décennies écoulées, sont des formes de féminicide de plus en plus documentées en Asie du Sud et de l'Est, en Afrique du Nord et au Moyen-Orient.

Les données sur les agressions sexuelles sont, quant à elles, aussi probantes, même s'il est généralement reconnu que les données policières relatives à ces actes criminels ne représentent que la pointe de l'iceberg, les victimes refusant souvent de porter plainte. Les données de l'Étude multipays de l'OMS sur la santé des femmes et la violence domestique à l'égard des femmes (OMS, 2005) précisent que les taux de prévalence varient entre 1 et 22 % pour la violence sexuelle (notamment des attouchements sexuels non souhaités, des tentatives de viol et des viols) par des non-partenaires dans des recherches menées en Afrique, en Asie, en Europe, en Amérique et en Océanie. L'initiation sexuelle forcée est une forme peu connue et recensée des agressions sexuelles dont fait également état ce rapport.

Pour sa part, le viol de guerre est de plus en plus étudié. On sait maintenant que des femmes d'Afghanistan, du Burundi, de la Colombie, de la Côte-d'Ivoire, du Libéria, du Pérou, de la République démocratique du Congo, du Rwanda, de la Sierra Leone, du Tchad, de la Tchétchénie/Fédération de Russie, du Darfour au Soudan, de l'Ouganda et de l'ex-Yougoslavie ont subi cette forme particulière de crime de guerre (ONU, 2006).

Les mutilations génitales féminines sont maintenant reconnues dans de nombreux pays comme une forme de violence à l'égard des femmes et sont interdites. On estime à plus de 130 millions le nombre de filles et de femmes qui auraient subi des mutilations génitales, principalement en Afrique et dans certains pays du Moyen-Orient; cependant, de plus en plus de jeunes femmes d'Europe et d'Amérique du Nord en sont maintenant aussi victimes, compte tenu des lieux d'émigration (ONU, 2006).

De nombreuses pratiques liées au mariage peuvent en outre être associées à des manifestations de violence. En effet, les mariages précoces, les mariages forcés, les violences liées à la dot se retrouvent partout, mais chacune de ces formes prévaut plus particulièrement dans certaines régions

---

2. À Ciudad Juárez, ville frontière du nord du Mexique, plus de 300 femmes de tous âges ont été enlevées, violées et assassinées, selon un rituel immuable, depuis 1993. Ces crimes demeurent impunis à ce jour.

du globe. Aussi, les crimes d'honneur contre des femmes considérées comme adultères ou impures pour d'autres raisons peuvent être commis dans la famille ou la communauté.

Depuis leur entrée massive dans le monde du travail, les femmes peuvent y être victimes. En effet, les études récentes sur la violence en milieu de travail ont permis d'établir qu'entre 30 et 50 % des travailleuses de pays d'Europe et d'Asie-Pacifique ont été victimes de harcèlement verbal, physique ou sexuel (ONU, 2006).

Enfin, selon le Protocole additionnel à la Convention des Nations Unies contre la criminalité transnationale organisée (ONU, 2000), l'expression « traite des personnes » désigne :

> le recrutement, le transport, le transfert, l'hébergement ou l'accueil de personnes, par la menace de recours ou le recours à la force ou à d'autres formes de contrainte, par enlèvement, fraude, tromperie, abus d'autorité ou d'une situation de vulnérabilité, ou par l'offre ou l'acceptation de paiements ou d'avantages pour obtenir le consentement d'une personne ayant autorité sur une autre aux fins d'exploitation. L'exploitation comprend, au minimum, l'exploitation de la prostitution d'autrui ou d'autres formes d'exploitation sexuelle, le travail ou les services forcés, l'esclavage ou les pratiques analogues à l'esclavage, la servitude ou le prélèvement d'organes (ONU, 2000, p. 3).

Les études portant sur cette forme de criminalité sont parmi les plus récentes et on y souligne la très grande difficulté de quantifier la victimisation à cause des aspects liés à la clandestinité du phénomène.

Au-delà des chiffres, souvent indispensables pour démontrer la nécessité de se pencher sur la question, les experts présents au colloque d'octobre 2006 ont soutenu, comme deuxième condition, qu'*il est essentiel de réitérer que la violence ne doit pas être considérée comme un problème individuel, mais bien comme un problème social.* Le colloque a ainsi permis de voir l'ensemble des politiques sociales développées dans ce domaine. Certaines d'entre elles sont ciblées (violence conjugale, agressions à caractère sexuel, traite des femmes), d'autres plus globales (violence envers les femmes). Au-delà de ces politiques, un effort constant doit être parfois entrepris, parfois maintenu, pour que le message soit clair : la violence faite aux femmes est un problème social. Les cadres théoriques utilisés ne doivent donc pas se limiter à une perspective individuelle du problème.

Le colloque a également permis de voir une évolution dans les analyses théoriques utilisées pour analyser la violence envers les femmes. Parmi les participants qui croyaient en la pertinence de l'analyse féministe, un consensus s'est dégagé pour comprendre cette problématique dans une perspective sociale. Cependant, plusieurs des chercheurs et intervenants rassemblés ont souhaité un élargissement de l'analyse féministe radicale, première à avoir été utilisée pour analyser les violences faites aux femmes.

Le postulat de base du féminisme radical est la croyance que les femmes sont victimes d'oppression. Selon Stanley et Wise (1993),

> *The most central and common belief shared by all feminists… is the presupposition that women are oppressed. It is from this common acceptance that there is indeed a problem, that there is something amiss in the treatment of women in society, that feminism arises. The statement of women's oppression is a* factual *one for feminists and is not open to debate. All feminists accept that women are oppressed on the basis of their own experiences and those shared with other women* (Stanley et Wise, p. 61).

Les féministes radicales soutiennent que l'oppression systématique des femmes est causée par le fait que nous vivons dans une société patriarcale, c'est-à-dire une société présentant un système de structures et de pratiques sociales par lesquelles les hommes dominent, exploitent et oppriment les femmes (Walby, 1990). Walby (1990) identifie six principales dimensions de l'oppression des femmes : le travail, la famille, la culture, la sexualité, la violence et l'État.

Les féministes radicales soutiennent donc que la violence faite aux femmes constitue un important aspect de l'oppression des femmes (Bograd, 1988 ; Radford *et al.*, 1996 ; Kelly et Lovett, 2004). Plusieurs auteurs explorent les expériences de violence vécues par les femmes afin de rendre visible ce problème, ainsi que son ampleur et ses conséquences (Kelly, 1988 ; Kelly et Radford, 1998). Selon Forman et Macleod, la violence faite aux femmes

> *is constantly dismissed, minimised and distorted. So-called « minor » assaults such as being flashed at or receiving obscene phone calls are often seen as unimportant and even amusing. After the event it may be possible to describe such incidents as amusing, but at the time women do not know how the incident will end. It is a reminder to women of the ever-present threat of male violence* (Forman et Macleod, 1996, p. 32).

Selon cette analyse, le problème de la violence faite aux femmes n'est donc pas perçu comme étant le fait d'une *personne* ayant des comportements violents à l'endroit d'une autre *personne*, mais plutôt comme le reflet des relations de pouvoir inégalitaires existant entre les hommes et les femmes dans les sociétés patriarcales (Radford *et al.*, 1996).

Comme nous l'avons vu précédemment, toutes les femmes ne vivent pas les mêmes contextes de violence ; ceci pointe vers l'hypothèse que les femmes ne sont pas égales devant la violence. En effet, certaines seraient plus à risque d'en être victimes; c'est le cas, on le sait déjà, des femmes autochtones. D'autres femmes, par leur contexte de vie, comme les femmes toxicomanes, victimes de la traite ou handicapées, subissent des formes de violence particulières et les impacts de ces violences sont spécifiques. Plusieurs chercheurs et intervenants conviennent qu'il faut donc tenter une analyse qui ferait état de cette réalité.

Depuis quelques années, le féminisme intersectionnel est de plus en plus exploré comme mode d'analyse des diverses oppressions que subiraient les femmes; ce cadre d'analyse a été maintes fois évoqué au cours du colloque. Il offre une alternative aux perspectives féministes occidentales qui parlent des expériences et besoins universels des femmes en priorisant toujours l'oppression liée au genre. Krane, Oxman-Martinez et Ducey (2000) définissent le féminisme intersectionnel de la façon suivante :

> *Intersectionality is a theoretical framework for articulating the relationship between different aspects of one's social identity, e.g. race, sex, and class, and their interaction(s) with systems of oppression, e.g. capitalism, patriarchy, and white supremacy* (Krane *et al.*, 2000, p. 3).

Les travaux de plusieurs chercheurs s'inspirent donc de cette nouvelle perspective et étudient les violences (et non plus une forme de violence) vécues par les femmes dans divers contextes d'oppression. Ils explorent l'impact des matrices des systèmes d'oppression et en même temps le sens que les femmes donnent à leur expérience de violence. On revisite donc les violences vécues par les femmes autochtones, immigrantes africaines, afro-américaines, travailleuses du sexe ou victimes de la traite, les femmes âgées, en perte d'autonomie ou les lesbiennes. Toutefois, l'utilisation de cette analyse comporte des embûches tant aux plans théorique que méthodologique et les recherches dans le champ de la violence, dans les années à venir, devront tenir compte de ces embûches. Toutefois, celle-ci nous apparaît essentielle afin que la violence faite aux femmes ne soit pas considérée comme un problème individuel, mais bien comme un problème social.

Avoir une vision commune, voici la troisième condition nécessaire. Tout au cours du colloque, de nombreuses présentations ont décrit des pratiques novatrices et efficaces à l'intérieur d'une ville, d'une région ou d'un pays. Que ce soit le processus de demande d'aide des victimes et des personnes ayant des comportements violents, les facteurs aidants, la réussite du système de justice pénale, au-delà des facteurs associés à la réussite, deux éléments centraux sont constamment revenus comme absolument nécessaires. Tout d'abord, afin d'assurer une cohérence des réponses sociales mises en place pour enrayer les violences faites aux femmes, l'ensemble des acteurs directement concernés (services de police, tribunaux, services de santé, organismes d'aide humanitaire, services de protection de l'enfance, etc.) devront adopter une vision intégrée du problème afin d'assurer une certaine cohérence des réponses sociales. De plus, les actions des ressources policières, judiciaires, pénales, médicales, psychosociales, communautaires en protection de la jeunesse et éducatives se doivent d'être concertées. Mais au-delà de cette constatation, la sécurité des victimes doit être au centre de ces actions. Il a été maintes fois répété que malgré la nécessité d'avoir une vision commune : reconnaissance de l'existence de la violence faite aux femmes, analyse sociale de celle-ci, il est également primordial que tous les acteurs impliqués dans un contexte particulier définissent les modalités locales pour faire face à cette problématique.

Il faut noter que les actions locales, où qu'elles soient situées, ne pourront que nourrir la recherche universitaire qui sera faite ici et ailleurs sur certaines problématiques bien particulières. La présence au colloque de participants provenant de pays en développement ou en transition, avec tout l'apport d'expériences-terrains que cela implique, a en effet permis, pour les uns comme pour les autres, une sensibilisation « croisée » extrêmement pertinente, de même que le développement de solidarités certaines à travers le monde, ce qui est inestimable. Nous sommes donc très fières de publier dans ce livre des textes provenant d'une dizaine de pays dont l'Inde, le Nigéria, le Cameroun, la Tunisie et le Bénin, côte à côte avec ceux du Québec, du Canada, des États-Unis, de l'Europe de l'Est… Les défis liés aux difficultés à trouver un langage commun au-delà du scientifique et du technique nous semblent avoir été dépassés. Nous croyons fermement que le fait d'avoir accès à ces réflexions et expériences-terrains aura, tant pour ici que pour l'étranger, des impacts nombreux et enrichissants. Il serait donc primordial de poursuivre ces échanges à l'avenir.

À plusieurs reprises, lors du colloque, les participants ont souhaité l'amorce d'un regroupement international d'experts, universitaires et intervenants, œuvrant dans le domaine des violences faites aux femmes. Ce livre en témoigne. Souhaitons que l'analyse produite dans la perspective du colloque, et dont le présent ouvrage se veut le reflet adéquat, soit diffusée par les experts dans leurs milieux respectifs et dans les principales arènes scientifiques et autres traitant de la violence faite aux femmes.

En terminant, nous devons souligner que pour que toutes ces conditions se réalisent, les congressistes ont demandé que *des fonds soient investis là où il n'y en a pas, qu'ils soient maintenus là où ils sont menacés et qu'ils soient augmentés pour faire face aux nouvelles réalités.*

Permettons-nous, enfin, d'espérer que ces premiers liens et échanges internationaux fructueux se poursuivront grâce à ce type d'événement, ici et ailleurs.

PRÉSENTATION DU CONTENU DU LIVRE

L'objectif de ce livre n'est ni de faire le bilan complet du colloque, ni de faire le tour de la question sur la violence faite aux femmes, mais plutôt d'avoir la plus grande diversité possible de textes, dans un cadre de travail restreint, pour s'ouvrir à des réalités peut-être encore méconnues, ou à tout le moins mal connues.

Comme nous voulions nous ouvrir à des expériences diversifiées, la facture des textes est elle aussi délibérément diversifiée. Certains textes ont une structure plus traditionnelle aux yeux des Occidentaux que nous sommes (recension des écrits, suivie de résultats de recherche), alors que d'autres sont de l'ordre de l'expérience ou de l'identification de certaines formes particulières de violence faite aux femmes et des enjeux qui y sont associés.

Cet ouvrage collectif est divisé en six parties. La première section comporte des textes qui mettent en évidence l'influence de la culture dans le développement ou le maintien des violences faites aux femmes. Dans leur texte, Doherty et Hornosty nous décrivent l'impact de la culture des armes à feu sur les femmes qui vivent de la violence conjugale en milieu rural. Dans son texte, Labidi fait état des représentations de la violence faite aux femmes en Tunisie et démontre le poids de la tradition. Le texte de Bondarovskaia, quant à lui, présente le contexte de la violence envers les femmes en Ukraine, dans la société postsoviétique. Downe nous fait saisir de l'intérieur le vécu de violence des jeunes femmes autochtones dans une société où les valeurs de la culture blanche, liées à celles, moins connues, d'une violence dirigée contre les femmes, créent des situations complexes de violence particulièrement grave. Pour amorcer la deuxième partie, « Violences en contexte de guerre ou de conflit politique », le texte de Gansou *et al.* nous présente l'impact des violences sexuelles de guerre sur des victimes congolaises. Rojas-Viger, pour sa part, nous fait comprendre l'impact de la violence structurelle sur des femmes immigrantes péruviennes qui ont vécu en contexte de violence politico-militaire, alors que Caron fait état de la vie dans un camp de réfugiés palestiniens au Liban.

Trois textes, ceux de Rinfret-Raynor *et al.*, sur la violence postséparation en contexte d'exercice des droits d'accès aux enfants, de Lapierre, sur les mères victimes de violence, et de Dubé, sur les pères filicides, s'attachent à la maternité et à la paternité en situation de violence conjugale et forment la troisième partie.

La quatrième partie du livre présente un ensemble de réflexions sur les pratiques en violence conjugale suscitées par le souci de tenir compte de la diversité des expériences des femmes. Kerig *et al.* s'interrogent sur la façon d'améliorer les programmes de prévention de la violence dans les relations amoureuses en tenant compte des enjeux liés à la diversité. Krane et Carlton soulèvent les mêmes questions, dans leur texte sur l'intervention en maison d'hébergement. Dans leur chapitre sur l'intervention auprès des hommes, Turcotte et Bernard, pour leur part, soulignent l'importance de travailler sur la socialisation de genre. Enfin, le texte de Hugues sur le dépistage de la violence conjugale dans le système de justice pénale fait état des efforts qui doivent être mis en place afin de mieux dépister ce crime dans la pratique du droit familial.

La partie 5 présente, quant à elle, des réflexions sur les pratiques, mais cette fois-ci sur d'autres formes de violence que la violence conjugale. Le texte de Bigaouette soulève, pour sa part, la question de l'adéquation des réponses occidentales aux situations de violence faites aux femmes en Afrique. Senn *et al.* présentent un programme de prévention des agressions sexuelles en milieu universitaire. Enfin, le texte d'Oxman-Martinez *et al.* décrit les lacunes dans les services offerts aux femmes victimes de la traite.

Dans la dernière partie du livre, nous avons cru bon de présenter diverses expériences d'intervention et de lutte contre les violences faites aux femmes réalisées dans plusieurs pays du monde. Le texte de Bouchard et Tremblay présente un modèle d'analyse et d'intervention utile en violence conjugale, le processus de domination conjugale. Ceux de Paul et de Noël et Timothé décrivent respectivement des groupes d'entraide en Inde et un projet de lutte contre le sida en Haïti, ainsi que leurs impacts sur les femmes qui les fréquentent. Par ailleurs, le chapitre de Doumara Ngatansou et Billè Sikè traite de stratégies de lutte contre une forme moins étudiée de violence, soit les mariages précoces et forcés. Olatubosun décrit l'expérience des maisons d'hébergement au Nigéria et le livre se clôt sur la présentation, par Drouin, d'un guide québécois d'intervention préventive de l'homicide conjugal.

Nous espérons que cet ouvrage permettra de sensibiliser les personnes qui ne le sont pas encore aux violences faites aux femmes et de donner certains éléments de réponses, sinon de réflexion, à celles qui étudient ou luttent contre cette atteinte aux droits de la moitié de l'humanité.

BIBLIOGRAPHIE

BOGRAD, M. (1988). «Introduction», dans K. Yllö et M. Bograd (dir.), *Feminist Perspectives on Wife Abuse*, Newbury Park, Sage, p. 11-27.

COMITÉ CANADIEN SUR LA VIOLENCE FAITE AUX FEMMES (1994). *Un nouvel horizon : Éliminer la violence – Atteindre l'égalité*, Ottawa, Gouvernement du Canada.

FORMAN, J. et J. MACLEOD (1996). «Working against violence against women and children», dans H. Bradby (dir.), *Defining Violence: Understanding the Causes and Effects of Violence*, Aldershot, Brookfield, Avebury, p. 27-43.

GARCIA-MORENO, C. *et al.* (2005). *WHO Multi-country Study on Women's Health and Domestic Violence against Women. Initial Results on Prevalence, Health Outcomes and Women's Responses*, Genève, World Health Organization.

KELLY, L. (1988). *Surviving Sexual Violence*, Cambridge, Polity Press.

KELLY, L. et J. LOVETT (2004). *What a Waste: An Argument for an Integrated Approach to Violence against Women*. Londres, London Metropolitan University, Child and Woman Abuse Unit.

KELLY, L. et J. RADFORD (1998). «Sexual violence against women and girls: An approach to an international overview», dans R.E. Dobash et R.P. Dobash (dir.), *Rethinking Violence against Women*, Thousand Oaks, Sage, p. 53-76.

KRANE, J., J. OXMAN-MARTINEZ et K. DUCEY (2000). «Violence against women and ethnoracial minority women: Examining assumptions about ethnicity and "race"», *Canadian Ethnic Studies*, vol. 32, n° 3, p. 1-18.

LAROCQUE, E. (1994). *La violence au sein des collectivités autochtones*, Ottawa, Centre national d'information sur la violence dans la famille, p. 74-91.

LAVOIE, F. et L. VÉZINA (2001). «Violence dans les relations amoureuses», *Enquête sociale et de santé auprès des enfants et adolescents québécois 1999* (chapitre 21), Québec, Institut de la statistique du Québec.

ORGANISATION DES NATIONS UNIES (1993). *Déclaration sur l'élimination de la violence à l'égard des femmes*, Résolution 48/104 de l'Assemblée générale du 20 décembre 1993, New York, ONU.

ORGANISATION DES NATIONS UNIES (2000). *Protocole additionnel à la Convention des Nations Unies contre la criminalité transnationale organisée*, New York, ONU.

ORGANISATION DES NATIONS UNIES (2005a). «À huis clos: la violence contre les femmes», *Dix sujets dont le monde devrait entendre parler davantage*, Organisation des Nations Unies, <www.un.org/french/events/tenstories/story.asp?storyID= 1800> (consulté le 21 juin 2005).

ORGANISATION DES NATIONS UNIES (2005b). *Étude approfondie de toutes les formes de violence à l'égard des femmes*, New York, ONU.

ORGANISATION DES NATIONS UNIES (2006). *Une étude approfondie de toutes les formes de violence à l'encontre des femmes*, rapport présenté au troisième comité de l'Assemblée générale des Nations Unies, le 9 octobre 2006, par la Division de la promotion de la femme du Département des affaires économiques et sociales des Nations Unies, <www.un.org/womenwatch/daw/vaw>.

ORGANISATION MONDIALE DE LA SANTÉ (2005). *Étude multipays de l'OMS sur la santé des femmes et la violence domestique à l'égard des femmes*, New York, ONU.

RADFORD, J., L. KELLY et M. HESTER (1996). «Introduction», dans M. Hester, L. Kelly et J. Radford (dir.), *Women, Violence and Male Power*, Buckingham, Open University Press, p. 1-16.

RIOU, D.A. *et al.* (2003). *La violence envers les conjointes dans les couples québécois, 1998*, Montréal, Institut de la statistique du Québec.

RODGERS, K. (1994). «Résultats d'une enquête nationale sur l'agression contre les conjointes», *Juristat*, Centre canadien de la statistique juridique, Statistique Canada, vol. 14, n° 9, p. 1-22.

SANTÉ QUÉBEC, C. LAVALLÉE, M. CLARKSON et L. CHÉNARD (dir.) (1996), *Conduites à caractère violent dans la résolution de conflits entre proches*, Montréal, Ministère de la Santé et des Services sociaux, Gouvernement du Québec, coll. «Monographie», 2.

SIOUI-WAWANOLOATH, C. et C. PELLETIER (1995). *Beyond Violence*, Montreal, Quebec Native Women's Association.

STANLEY, L. et S. WISE (1993). *Breaking Out Again : Feminist Ontology and Epistemology*, Londres, Routledge.

STATISTIQUE CANADA (1993). «L'enquête sur la violence envers les femmes». *Le Quotidien*, Ottawa, Statistique Canada.

STATISTIQUE CANADA (2001). *La violence familiale au Canada: un profil statistique 2001*, Ottawa: Statistique Canada: Centre canadien de la statistique juridique, <www.statcan.ca> (n° 85-224-XIF).

STATISTIQUE CANADA (2006). *La violence familiale au Canada: un profil statistique 2006*. Ottawa, Centre canadien de la statistique juridique.

WALBY, S. (1990). *Theorizing Patriarchy*, Oxford, Blackwell.

1

INFLUENCE DE LA CULTURE

1

LA CULTURE DES ARMES À FEU EN MILIEU RURAL
Impact sur la violence contre les femmes[1]

Deborah Doherty
*Service public d'éducation et d'information juridiques
du Nouveau-Brunswick*

Jennie Hornosty
Université du Nouveau-Brunswick

> *Je viens d'une communauté essentiellement rurale...
> Nous possédions tellement d'armes à feu...
> j'étais aussi à l'aise devant un fusil que devant
> un ballon de soccer ou un bâton de baseball.*
> Participante à un groupe de discussion, 2006

Depuis dix ans, nous explorons la problématique de la violence familiale dans les communautés agricoles et rurales du Nouveau-Brunswick (voir Doherty, Hornosty et McCallum, 1997 ; Hornosty et Doherty, 2004 ; Doherty et Hornosty, 2004 ; Hornosty et Doherty, 2003). Au cours des nombreuses entrevues que nous avons menées auprès de femmes et de prestataires de

---

1. Texte traduit de l'anglais.

services dans ce milieu, nous avons entendu à répétition que le Nouveau-Brunswick possédait une longue et fière tradition de chasse et que dans la plupart des foyers en milieu rural on trouvait une grande diversité d'armes à feu destinées à la chasse ou à d'autres usages pacifiques comme le tir à la cible et l'élimination d'animaux indésirables. Beaucoup de gens croient que cette passion pour la nature et la chasse a donné lieu à l'éclosion d'une « culture des armes à feu ». Cette réalité ne constituait pas notre objet d'étude au départ ; elle s'est plutôt imposée à nous dans nos études sur la violence familiale en milieu rural. Les propos livrés par les femmes et les prestataires de services sur la présence d'armes à feu dans des foyers marqués par la violence s'inscrivent dans un cadre socioculturel qu'ils définissent comme la *culture des armes* ou la *culture de la chasse,* omniprésente dans le Nouveau-Brunswick rural. À maintes et maintes reprises, les personnes interviewées nous ont déclaré à quel point les armes à feu étaient valorisées dans leur milieu, réalité à laquelle s'opposaient toutefois les rapports mettant en évidence les liens entre les armes à feu et la violence faite aux femmes, et leur contribution à l'instauration d'un climat de contrôle et d'intimidation au moyen de menaces variées – menaces de suicide, menaces dirigées contre des biens matériels ou contre la femme, ses enfants, et même les animaux de compagnie ou de ferme, si jamais celle-ci quittait son conjoint.

Ces manœuvres d'intimidation, nous a-t-on confié, exacerbaient la peur des femmes quant à la possibilité d'un dénouement mortel.

L'analyse des études publiées sur la violence familiale a révélé que peu d'entre elles s'étaient attachées à établir un lien entre les menaces proférées par un agresseur à l'endroit de sa partenaire, de ses enfants, des membres de sa famille, de ses biens, de ses animaux de compagnie ou de ferme, et des facteurs associés à la vie en milieu rural ou urbain ou des normes culturelles. De même, peu d'études ont exploré les liens entre la présence d'armes à feu dans des situations de violence familiale et la létalité des menaces proférées. En fait, malgré le nombre croissant d'études publiées sur la violence familiale, il en existe très peu qui portent spécifiquement sur celle qui s'exerce en milieu rural. De plus, les études existantes ne tiennent pas compte des variables interdépendantes que nous avons vues émerger dans notre recherche sur le Nouveau-Brunswick rural. Même si le risque de létalité des armes à feu est parfois associé à des variables précises comme le faible revenu ou le chômage (Campbell, 2003 ; Vacha et McLaughlin, 2004), la plupart des études sur le lien entre la violence familiale et les armes à feu faisaient systématiquement abstraction des facteurs géographiques, ce que l'on pourrait imputer à leur urbanocentricité (voir Azrael et Hemenway, 2000 ; McFarlane *et al.,* 1998 ; Saltzman *et al.,* 1992 ; Sorenson et Wiebe, 2004). Les auteurs d'une étude portant sur la violence et les homicides commis par des partenaires intimes aux États-Unis, au Royaume-Uni et au Canada, ont souligné qu'« en milieu rural, autant dans les pays développés que les pays en voie de développement, la violence infligée aux femmes par leur partenaire pourrait être beaucoup plus grave que ce que les études réalisées sur des populations urbaines ont révélé de ce phénomène » (Sev'er, Dawson et Johnson, 2004).

Nous savons cependant que 34 % des femmes assassinées par leur conjoint au Canada ont péri par balle et que près de la moitié (49 %) des homicides ainsi commis surviennent en milieu rural. Dans la plupart des cas, les armes en cause sont des armes d'épaule – des fusils de chasse ou des carabines, par opposition aux armes de poing comme les revolvers (Hung, 2000). Une étude sur les homicides de nature familiale commis au Nouveau-Brunswick entre 1984 et 2005 a révélé que 46 % des victimes de sexe féminin ont été tuées par des armes à feu (Doherty, 2006) et que près de 70 % de ces décès sont survenus dans des villes de petite taille ou des agglomérations rurales (zones comptant moins de 10 000 habitants). Ce phénomène n'a rien pour étonner, puisque les recherches indiquent que les femmes habitant dans des foyers où se trouvent des armes à feu sont beaucoup plus à risque de mort violente (Centre des armes à feu Canada) et que les foyers situés en milieu rural, bien qu'ils ne représentent que 20 % de la population canadienne[2], comptent beaucoup plus d'armes à feu que ceux en région urbaine. Les statistiques sur le nombre d'armes à feu au pays varient grandement d'une région à l'autre : en Ontario, 14 % de la population a déclaré posséder au moins une arme à feu, contre 36 % au Nouveau-Brunswick, 20 % à l'Île-du-Prince-Édouard et 69 % dans les Territoires[3]. Par ailleurs, les armes d'épaule sont plus fréquentes dans les milieux ruraux, qui ne représentent cependant que 20 % de la population canadienne. Le Nouveau-Brunswick est l'une des provinces canadiennes où l'on compte le plus de propriétaires d'armes à feu et le plus d'homicides, de suicides et de morts accidentelles par balle[4].

---

2. Statistique Canada, *Recensement du Canada*, 2001.

3. En matière de possession d'armes à feu per capita, une étude comparative internationale montre que le Canada se situe au milieu de la fourchette avec un taux de 26 % ; en comparaison, les États-Unis ont un taux de 48 %. Source : Kwing Hung (2000), Statistiques sur les armes à feu (Tableaux supplémentaires). Section de la recherche et de la statistique. Ministère de la Justice.

4. Centre des armes à feu Canada (1998).

OBJET

Le présent chapitre relate des résultats tirés de trois études réalisées au cours des dix dernières années par l'équipe de recherche sur la violence familiale dans les communautés agricoles et rurales[5] sur le rôle et l'impact des armes à feu, en particulier des armes d'épaule, dans les cas de violence familiale en milieu rural. Les données des deux premières études ont été recueillies au moyen d'entrevues détaillées menées auprès de femmes victimes de violence qui habitaient en milieu rural ou agricole au Nouveau-Brunswick, ainsi que d'entrevues avec des prestataires de services intervenant auprès de familles rurales dans cette province. Ces deux études ont servi de base pour l'étude en cours, notamment pour la mise en lumière des enjeux clés et la constitution d'un corpus de données. Cette troisième étude se concentre sur le lien entre la violence familiale et les armes à feu en milieu rural et le rôle, direct et indirect, que celles-ci jouent dans l'instauration d'un régime d'intimidation et de silence[6].

La recherche en cours porte sur l'utilisation des armes à feu comme instruments de contrôle, d'intimidation et d'agression dans la violence familiale. Plus précisément, elle explore l'impact de la présence d'armes à feu dans les foyers où s'exerce de la violence familiale, afin d'établir s'il y a un lien entre la façon de réagir des victimes, que ce soit leur inaction ou les mesures qu'elles prennent pour demander de l'aide ou assurer leur sécurité. La présence d'armes à feu dans un cadre de violence familiale accroît-elle la peur des femmes pour leur propre sécurité ou celle de leurs enfants? Les menaces – menaces de mort dirigées contre la femme ou les enfants, menaces de suicide ou menaces visant les animaux de compagnie de la famille – sont-elles un moyen utilisé par les agresseurs pour contrôler les femmes dans des relations violentes? Dans de telles situations, dans quelle mesure la présence d'armes à feu influe-t-elle sur la réaction des femmes? Existe-t-il des facteurs de risque spécifiques en milieu rural, dont l'utilisation d'armes à feu à mauvais escient, le recours à la violence ou à des menaces dirigées contre des animaux de compagnie ou de la ferme, ayant pour effet d'engendrer ou d'accroître la victimisation des femmes et

5. Équipe de recherche affiliée au Centre Muriel-McQueen-Fergusson pour la recherche sur la violence familiale, créée en 1994 pour effectuer de la recherche-action participative en vue de mettre fin à la violence contre les femmes. L'équipe est composée de chercheurs universitaires et communautaires, d'une agricultrice, de représentants de la GRC et de prestataires de services sociaux.

6. Cette étude, financée par le Centre des armes à feu Canada, est dirigée par deux cochercheures principales, soit les D[res] Doherty et Hornosty, et menée en collaboration avec des partenaires des centres d'intervention en cas de crise, les services de police, les sociétés de protection des animaux et le gouvernement du Nouveau-Brunswick et de l'Île-du-Prince-Édouard, au Canada. Nous aimerions remercier nos adjointes de recherche Melissa St-Pierre, Kerri Gibson et Amy Cote pour leur précieuse collaboration.

des enfants par les armes à feu? Si la présence d'armes à feu dans les foyers où sévit de la violence conjugale décourage les femmes de mettre fin à la relation, quels genres de politiques pourraient contribuer à accroître la sécurité des femmes? Enfin, nous espérons par notre étude mieux comprendre l'impact qu'a la «culture des armes» au Nouveau-Brunswick sur les femmes victimes de violence en milieu rural et sur ce qui peut être fait pour réduire les risques de létalité de cette violence.

MÉTHODOLOGIE

Nous avons appliqué une perspective féministe à notre recherche ainsi que des stratégies axées sur l'action et la collaboration. Alors que nos deux premières études reposaient sur des entrevues semi-structurées approfondies, la recherche en cours fait appel à des questions qualitatives et quantitatives. La collecte de données de la première étude s'est déroulée au Nouveau-Brunswick entre 1995 et 1998; l'équipe de recherche y a interviewé 55 femmes vivant en milieu rural, qui avaient été recrutées par des intervenants de première ligne ou qui avaient eu vent de notre étude par le bouche-à-oreille ou par des affiches. Trois groupes de discussion issus de communautés rurales y ont également participé. On a posé des questions ouvertes aux femmes pour les amener à décrire la vie en région rurale, comment elles-mêmes et d'autres reconnaissaient la violence dans leurs relations interpersonnelles et composaient avec celle-ci, et les faire parler des obstacles particuliers, à la fois individuels et systémiques, propres au milieu rural ou agricole, qui empêchaient les femmes de divulguer l'existence de ces relations marquées par la violence familiale et d'y mettre fin. Nous avons également demandé aux femmes de réfléchir à des solutions pour mettre fin à la violence familiale, nommément aux politiques, programmes et services communautaires qui pourraient aider les femmes dans leur situation. Nous avons toujours eu comme objectif de donner la primauté aux opinions des femmes qui sont victimes de violence en milieu rural et agricole. En tant que chercheures, nous avons acquis une meilleure compréhension des obstacles systémiques auxquels se heurtent les femmes violentées en milieu rural et agricole lorsqu'elles tentent de révéler leur situation ou d'y mettre fin (voir Hornosty et Doherty, 2004; Doherty et Hornosty, 2004; Hornosty et Doherty, 2003).

La seconde étude, effectuée de 1998 à 2001, repose sur des entrevues approfondies avec une quinzaine de prestataires de services en milieu rural représentant différents organismes du Nouveau-Brunswick. Nous cherchions alors à comprendre ce qu'ils vivaient et leurs points de vue quant aux aspects de la vie rurale qui nuisaient à leur travail et aux femmes violentées elles-mêmes. Dans quelle mesure les prestataires de services acceptent-ils de défier les normes de la communauté ou intègrent-ils des stratégies de résistance à leur action? Quels sont, selon eux, les courants de pensée dominants dans les collectivités rurales ou agricoles au sujet de la valeur et du rôle des femmes? Existe-t-il dans ces communautés des normes culturelles codifiant la vie privée et la famille qui compliquent le travail des prestataires de services?

Les deux études susmentionnées ont confirmé nos hypothèses voulant que les normes et valeurs mises de l'avant dans les collectivités rurales et agricoles, sans être monolithiques, s'écartent néanmoins de celles qui existent dans les milieux urbains, et qu'elles engendrent des obstacles pour les femmes victimes de violence. Il existe un grand nombre d'obstacles structurels qui font en sorte qu'il est plus difficile pour les femmes vivant sur des fermes et dans des communautés agricoles de dénoncer la violence, de chercher de l'aide ou de mettre fin à une relation de violence. Comme nous l'avons souligné en introduction, la prévalence de la culture des armes en feu en milieu rural est l'une des grandes constatations de ces deux études.

L'étude en cours, qui a débuté en mars 2005, approfondit les constatations découlant des deux études précédentes. Comme nous l'avons mentionné précédemment, nous désirons comprendre en quoi la présence d'armes à feu dans un contexte de violence influe sur la capacité décisionnelle des femmes. Notre étude vise également à enrichir les connaissances sur le phénomène de victimisation par les armes à feu, en vue d'élaborer des stratégies et des politiques utiles à l'intention des prestataires de services pour protéger les femmes, les enfants ainsi que les animaux contre les menaces, les agressions et la violence mettant en cause des armes. La collecte des données s'effectue en collaboration avec plusieurs partenaires et parties intéressées du Nouveau-Brunswick et de l'Île-du-Prince-Édouard, deux provinces canadiennes où une forte proportion de la population vit dans des communautés rurales. La première étape de la recherche a consisté à rencontrer d'éventuels collaborateurs d'expression française et d'expression anglaise dans les deux provinces pour leur expliquer le but poursuivi et recueillir leurs commentaires sur les instruments de recherche proposés. En tout, nous avons obtenu la collaboration à différents égards des 13 maisons de transition situées au Nouveau-Brunswick, de la Coalition des maisons de transition du Nouveau-Brunswick, de la maison de transition de l'Île-du-Prince-Édouard, des contrôleurs des armes à feu des deux provinces, de la Division des services aux victimes de l'Île-du-Prince-Édouard, ainsi que des services aux victimes affiliés à la police de Fredericton et à la Division «J» de la GRC.

La collecte des données, échelonnée sur 15 mois, a commencé en novembre 2005. Tous les instruments de recherche sont disponibles en version française et anglaise. Nous utilisons des méthodes hybrides pour accroître le seuil de fiabilité des résultats. Ainsi, pour la composante quantitative de la recherche, mesurant la fréquence des phénomènes, nous utilisons un questionnaire administré par le personnel des maisons de transition et des services aux victimes. Nous utilisons aussi des données qualitatives qui nous en apprennent plus long sur l'expérience des femmes grâce à la description qu'elles font en leurs propres mots de leur situation. Les données ont été recueillies auprès de groupes cibles et lors d'entretiens semi-structurés auprès de femmes victimes de violence et de prestataires de services. Les femmes interviewées avaient répondu à un questionnaire lors d'un passage dans une maison de transition ou dans un bureau de services aux victimes, dans lequel elles avaient déclaré que leur partenaire possédait des armes à feu ou avait menacé ou blessé des animaux de compagnie ou de ferme. On a invité ces femmes à entrer en communication avec des chercheurs en composant un numéro sans frais si elles souhaitaient participer à une entrevue pour raconter leur vécu de façon plus détaillée. Nous avons également créé des affiches qui ont été placées dans des endroits stratégiques dans les deux provinces, comme des bibliothèques, des postes de police, des garderies, des cabinets de vétérinaires, des cabinets de médecins, et ainsi de suite. Par conséquent, nous nous attendons à ce que les femmes interviewées représentent un large éventail de sources.

À ce jour, 360 questionnaires ont été remplis et 24 femmes et prestataires de services ont été interviewés ou ont participé à des groupes de discussion. Il est clair que les études présentent une très petite tranche de l'expérience des femmes et des prestataires de services en milieu rural. Pour cette raison, et parce que l'échantillon de la recherche n'a pas été constitué de façon aléatoire, nous n'avons pas voulu généraliser nos conclusions pour les appliquer à l'ensemble de la population. Nous croyons toutefois que les opinions exprimées sont partagées par de nombreuses personnes, surtout en ce qu'elles confirment beaucoup de faits que nous avons découverts au sujet des femmes victimes de violence et des prestataires de services dans nos recherches antérieures. Par ailleurs, nous croyons que cette recherche justifie que nous approfondissions les facteurs de risque propres aux femmes en milieu rural ou agricole, dont l'usage abusif des armes à feu, la violence ou les menaces de violence dirigées contre les animaux de compagnie ou de ferme, et la façon dont ces facteurs engendrent ou exacerbent la victimisation des femmes et des enfants par les armes à feu dans ces milieux.

DISCUSSION DES CONCLUSIONS : DONNÉES QUALITATIVES

Nos premières recherches avaient révélé un certain nombre de facteurs culturels et sociaux propres à la vie en milieu rural ou agricole qui constituaient des obstacles ou des défis pour les femmes engagées dans une relation violente ou qui voulaient mettre fin à une telle relation (Hornosty et Doherty, 2004 ; Doherty et Hornosty, 2004 ; Hornosty et Doherty, 2003). Comme d'autres études (Biesenthal *et al.*, 2000 ; Jiwani, 1998 ; Logan, Walker et Leukelfeld, 2000 ; Martz et Sarauer, 2000), notre recherche a souligné l'importance du contexte socioculturel dans lequel s'inscrit la violence, de même que l'importance de comprendre le système social de valeurs et de normes. En raison de facteurs comme l'isolement géographique, le manque de ressources, les attitudes et les croyances au sujet de la famille et les stéréotypes concernant le rôle des femmes dans la société, il est plus difficile pour les femmes en milieu rural de dénoncer la violence dont elles sont victimes ou de mettre fin à des relations violentes. De plus, comme la cohésion sociale tend à être plus forte dans les communautés rurales, on y observe également une communauté de valeurs plus étroite et une tolérance plus faible de la diversité. Dans la première phase de notre étude, nous n'avons pas abordé spécifiquement avec les femmes la question de la présence d'armes à feu dans leur foyer ni l'influence que celles-ci avaient sur les décisions qu'elles prenaient. Ce sont les femmes qui en ont fait mention spontanément, et un grand nombre des interviewées ont dit craindre pour leur vie pour cette raison. C'est également à cette occasion que nous avons découvert que beaucoup de femmes craignaient également pour la sécurité de leurs animaux de compagnie et de ferme. Ces nouvelles connaissances nous ont décidées à interroger directement les femmes dans l'étude en cours au sujet de la violence qui leur était infligée par l'intermédiaire des armes à feu.

LA CULTURE DES ARMES À FEU DANS LES COLLECTIVITÉS RURALES

La plupart des femmes et des prestataires de services que nous avons interviewés dans le cadre de nos deux premières études nous ont déclaré côtoyer des armes à feu depuis leur tendre enfance, qu'ils ne les craignaient pas et qu'au contraire, ces objets étaient même prisés. Nous avons constaté la même perception dans le cadre de notre étude actuelle. Par exemple, une des femmes interviewées a déclaré :

> *Enfant, je me souviens d'avoir vu des fusils dans presque toutes les maisons où j'allais – accrochés au mur ou reposant simplement sur le dessus de bibliothèques. Chez mes amis, voir un fusil était quelque chose de tout à fait banal* (Isabelle, 2006).

Ce n'est qu'à partir du moment où les armes deviennent impliquées dans une relation de violence où elles participent à un cycle d'intimidation, prenant la forme de menaces de suicide ou d'autres formes de mauvais traitements, dont des agressions sexuelles, que les femmes accordent une tout autre signification aux armes.

> *Au début de mon mariage, je ne craignais pas les armes à feu, car mon père en avait eu, de même que mes grands-parents… À la ferme, nous savions que les fusils servaient à tuer les animaux que nous mangions. Nous n'avions jamais pensé… enfin, je n'avais jamais pensé que les armes pouvaient être utilisées contre des personnes* (Francesca, 2006).

Pratiquement toutes les personnes que nous avons interviewées partageaient cette vision des armes à feu, c'est-à-dire que les armes étaient un objet courant à la campagne et que la plupart des gens s'en servaient à des fins pacifiques. Contrairement aux États-Unis, où une forte proportion des armes à feu en circulation servent à des fins de protection et de sécurité personnelle, les études indiquent qu'au Canada les propriétaires d'armes à feu, et en particulier d'armes d'épaule, sont des hommes matures qui s'en servent pour la chasse, le tir à la cible et l'élimination des animaux indésirables (Hung, 2000). Néanmoins, la présence d'armes à feu accroît les risques pour toutes les personnes qui viennent en aide aux victimes de violence. Dans nos études antérieures, nous avons découvert que la violence psychologique et physique était constamment minimisée et banalisée, ce qui la rendait difficile à dénoncer. Les acteurs de la scène communautaire (amis, parents et proches) seraient-ils davantage enclins à condamner ou à sanctionner des comportements visant à exercer le contrôle d'autrui s'ils impliquent l'usage d'armes à feu? Selon les propos recueillis dans nos groupes de discussion, la culture des armes en milieu rural est tellement généralisée qu'une telle dénonciation serait vue comme une atteinte au mode de vie et aux valeurs qui y ont cours. Comme l'a souligné une participante: « *le peu de cas que l'on fait de la sécurité des femmes victimes de violence s'explique en partie par la très grande tolérance qui existe à l'endroit de l'usage abusif des armes à feu dans les milieux ruraux – même de la part de professionnels.* »

La « culture des armes » est intimement liée à d'autres aspects de la vie rurale, et il faut comprendre ces pôles pour saisir l'influence qu'ils ont sur les décisions que prennent les femmes qui cherchent à mettre fin à une relation de violence et sur les options qui s'offrent à elles. Dans nos études précédentes, les femmes ont soulevé la question de l'isolement. Le fait de vivre loin de la famille et des voisins, et d'être dépourvues de moyens de transport ou de communication, nous ont-elles expliqué, les rendait vulnérables. Si leur conjoint en venait à tourner une arme à feu contre elles, qui le saurait? Nos études ont également révélé d'autres facteurs liés à l'usage abusif d'armes à feu, dont les menaces de suicide proférées par l'agresseur, la consommation excessive d'alcool et la brutalisation des animaux de compagnie et de ferme. Ces facteurs augmentent le potentiel d'actualisation de la violence dans des situations de stress aigu ou de crise comme la maladie ou le chômage.

ACCÈS AUX ARMES À FEU

En milieu rural, le risque représenté par les armes à feu dans des foyers marqués par la violence a été jugé particulièrement problématique en raison de la croyance généralisée qu'il y a « un fusil dans pratiquement toutes les maisons ». Les personnes interviewées dans nos trois études étaient catégoriques lorsqu'elles déclaraient que la plupart des gens vivant à la campagne possédaient une arme à feu. L'une de ces personnes a déclaré :

> *Tout le monde possède une arme – tout le monde. Ceux qui n'en ont pas – et ils sont rares – se comptent sur les doigts de la main... Je serais curieuse de savoir, sur les 500 habitations de notre village, combien ne possèdent pas d'arme – je dirais environ 10* (Anne, 2006).

Les statistiques révèlent qu'au Nouveau-Brunswick, 35 % des foyers possèdent une arme à feu, ce qui est considérablement plus élevé que la moyenne canadienne de 22 %. La majorité de ces armes sont des armes d'épaule et cette catégorie d'armes se retrouve surtout en milieu rural (Hung, 2000). De toute évidence, on peut penser qu'il est exagéré de croire qu'il se trouve des armes à feu dans toutes les habitations en campagne. Toutefois, les personnes interviewées dans le cadre de la recherche en cours nous ont révélé qu'un grand nombre de propriétaires d'armes ne possédaient pas de permis, qu'ils ne les enregistraient pas et que, pis encore, certains propriétaires cachaient celles qu'ils possédaient sur leur propriété, en particulier les carabines et les fusils de chasse. Selon un des participants aux groupes de discussion : « *Des 20 personnes que je connais qui possèdent des armes à feu, 15 d'entre elles ne les ont pas enregistrées. Et je ne vous parle que des gens que je connais.* »

Cette croyance semble renforcée par les constatations tirées de nos données d'enquête, qui sont décrites plus en détail ci-dessous. Cela nous amène à spéculer que le taux de possession d'armes à feu en région rurale est de beaucoup supérieur à ce que les statistiques officielles indiquent. L'existence d'armes non enregistrées et de propriétaires sans permis dans les foyers ruraux a des répercussions très concrètes et très réelles tant pour les femmes qui sont victimes de violence associée aux armes que pour les services de police et les prestataires de services qui interviennent auprès de cette clientèle.

LORSQUE LES ARMES À FEU DEVIENNENT DES ARMES DE DESTRUCTION

Dans les foyers où vivait un conjoint violent et contrôlant, nous nous sommes fait dire que les armes à feu contribuaient incontestablement à l'instauration d'un climat de terreur. Une des participantes a expliqué : « *Pensez-y. C'est une arme et ce sera toujours une arme, qu'on l'utilise pour la chasse ou pour autre chose* » (Anne, 2006).

Une autre femme interviewée avait l'impression qu'elle en était venue à banaliser la violence infligée par les armes à feu au fil des ans jusqu'à la considérer comme faisant partie de la vie normale. Voici ce qu'elle a déclaré :

> *si je voulais aller à la toilette alors qu'il voulait continuer de me parler, je n'avais pas le choix de ne pas bouger : il pressait le canon de son fusil contre ma tête en tenant le doigt sur la gâchette... le fusil n'était pas chargé, mais sur le coup, je l'ignorais... je ne savais pas s'il y avait des balles ou non* (Francesca, 2006).

D'autres participants nous ont révélé que la crainte nourrie à l'égard des armes à feu ne nécessitait pas nécessairement que des menaces directes soient proférées. La simple présence d'une arme suffisait à engendrer un climat de terreur et d'intimidation. Comme l'a souligné un participant à un groupe de discussion : « *Il n'a pas besoin de menacer ouvertement de la tuer, tout ce qu'il a à faire, c'est de jeter un coup d'œil vers la chambre, elle sait que sa carabine est cachée sous le lit et qu'elle fait mieux de lui obéir.* »

Les participants d'un groupe de discussion nous ont dit récemment que les femmes qui étaient terrorisées par des armes à feu craignaient de s'adresser à la police et aux tribunaux lorsqu'elles étaient maltraitées, de crainte que le système de justice ne soit pas capable de les protéger. Il est en effet très difficile d'offrir de la protection aux femmes victimes de violence dans des foyers où peuvent se trouver des armes à feu. Une femme nous a confié que lorsque son mari a été arrêté pour l'avoir agressée, la police, en fouillant, a trouvé des armes à feu dont elle ne soupçonnait même pas l'existence. D'autres participants ont soutenu que même si la police confisquait les armes à feu qu'elle trouvait, l'agresseur pouvait très bien en avoir caché d'autres dans sa propriété.

> *Peu importe ce que fait la police, si le type veut une arme à feu, rien ne va l'empêcher de s'en procurer une. C'est difficile pour les policiers de confisquer à un homme violent des armes à feu dont ils ignorent l'existence* (participant à un groupe de discussion).

SOUCI POUR LA SÉCURITÉ DES ANIMAUX

Les femmes habitant en milieu rural ou agricole ont décrit de façon poignante à quel point leur mode de vie et parfois la présence d'animaux de ferme ont influé sur leur décision de quitter leur conjoint. Dans nos recherches précédentes, nous avions appris que des hommes violents menaçaient parfois de s'en prendre aux animaux – les chiens, les chats, les poneys, et même les oies, le bétail et les moutons – si jamais leur femme les quittait. La présence d'armes à feu dans ces foyers rendait les menaces encore plus alarmantes. Nos données quantitatives (voir ci-dessous) confirment le fait que beaucoup de femmes possédant des animaux de compagnie ou de ferme retardent les appels à l'aide lorsque leurs animaux sont menacés. L'une des femmes interviewées nous a raconté que lorsque la maltraitance dont elle était victime devenait intolérable, elle songeait à quitter son conjoint, mais elle revenait toujours à la maison, comme elle le disait : « *Je savais que j'allais y goûter en rentrant à la maison… mais je devais rentrer pour nourrir les chevaux.* »

De nombreux participants au groupe de discussion ont également eu connaissance de cas de violence conjugale où un animal de compagnie ou de ferme avait été menacé. Une intervenante a expliqué qu'elle avait eu à conseiller une femme dont le partenaire « *avait frappé le chien à coups de pied, car il savait qu'il l'atteindrait davantage ainsi que s'il la frappait, elle. De plus, il savait que la police n'interviendrait pas s'il frappait le chien, ce qui n'était pas le cas s'il s'en prenait à sa conjointe.* »

Lorsque les intervenants auprès de femmes victimes de maltraitance ignorent l'impact que peut voir l'attachement qu'éprouve une victime pour des animaux, ils risquent de lui donner de conseils ou de lui faire des suggestions inappropriés à sa situation ou qui lui paraîtront manquer carrément de sensibilité. Certaines femmes qui s'étaient adressées à des intervenants sociaux pour obtenir de l'aide nous ont confié s'être senties doublement victimes lorsqu'on leur a répondu : « *Ne soyez pas stupide, ce n'est qu'un chien. Le plus important, c'est de vous mettre à l'abri, vous et les enfants.* » Une femme qui avait décidé de ne pas quitter son foyer a expliqué : « *Mon chien était comme mon troisième enfant, il était hors de question que je le laisse derrière moi. J'avais l'impression d'être traitée comme une parfaite béotienne.* » Plusieurs femmes qui sont retournées au domicile conjugal après une fuite ont découvert que leurs animaux étaient morts ou disparus en leur absence.

DONNÉES QUANTITATIVES

Le volet quantitatif de notre recherche répondait à deux objectifs : nous donner une idée de la prévalence des armes à feu dans les foyers où sévissait la violence et nous aider à comprendre comment la présence d'armes influait sur les femmes qui essayaient de mettre fin à des relations de maltraitance. Toutes les femmes qui se sont adressées à des maisons de transition au Nouveau-Brunswick et à l'Île-du-Prince-Édouard ou aux Services aux victimes de l'Île-du-Prince-Édouard ont reçu une brochure explicative (en français ou en anglais) et ont été invitées à répondre à un questionnaire[7]. Pour mieux comprendre le profil sociodémographique des femmes qui ont participé à l'enquête, on leur demandait, à la section A du questionnaire, d'indiquer leur communauté de résidence, leur statut d'emploi, leur situation de famille, le nombre d'enfants qu'elles avaient ainsi que le genre de violence qu'elles avaient subi. À la section B, elles devaient indiquer le nombre et le genre d'armes à feu qu'il y avait à la maison, si elles possédaient des animaux de compagnie, si la présence d'armes à feu chez elles les rendait plus appréhensives ou plus réticentes à chercher de l'aide et enfin, si leur conjoint avait expressément menacé leur sécurité, celle de leurs enfants ou celle de leurs animaux de compagnie ou de ferme. L'enquête portait sur les trois années précédentes.

PROFIL SOCIODÉMOGRAPHIQUE DES RÉPONDANTES

Pour la période de dix mois comprise de novembre 2005 à août 2006, nous avons reçu 361 questionnaires. Plus de 75 % des répondantes vivaient en milieu rural ou dans de petites villes (agglomérations comptant moins de 10 000 habitants). Elles avaient entre 16 et 65 ans, 51 % d'entre elles avaient au moins un enfant et 84 % ont déclaré avoir subi au moins deux types de violence (sexuelle, physique, psychologique, financière ou autre). Près de la moitié de ces femmes avaient été victimes de violence auparavant, soit dans leur jeune âge (48 %), soit dans une autre relation (47 %). Lorsqu'on leur a demandé pourquoi elles s'adressaient à une maison de transition ou

---

7. Nous avons eu la collaboration du personnel de maisons de transition et des centres de services aux victimes pour la présentation aux femmes des renseignements consignés dans la brochure. Cette étape était importante en raison du taux élevé d'analphabétisme dans les deux provinces. Les volontaires qui ont accepté de participer au sondage, administré par un membre du personnel des centres, ont signé un formulaire de consentement. Tous les mois, les questionnaires remplis nous étaient envoyés par messagerie dans une enveloppe de courrier confidentiel. Les données recueillies ont été codées, au moyen de 58 variables, puis entrées dans un programme de statistiques pour les sciences sociales (SPSS version 13.0).

à un service de gestion de crise, 69,5 % des répondantes ont déclaré être victimes de violence de la part de leur conjoint, que ce soit un conjoint de fait (43,8 %) ou un mari (25,8 %). Dans 10 % des cas, l'agresseur était un ex-partenaire, mari ou conjoint de fait. Toutes les femmes à l'exception de 1 % d'entre elles avaient déjà quitté leur conjoint à au moins une occasion ; pratiquement la moitié l'avaient fait à trois reprises ou plus. Une écrasante majorité des répondantes, 86 %, avaient cherché de l'aide auprès d'un refuge à au moins une occasion.

Conformément aux résultats de notre enquête qualitative et de nos recherches précédentes, les résultats préliminaires de notre sondage indiquent que la présence d'armes à feu avait un impact considérable sur les craintes qu'éprouvaient les femmes pour leur sécurité personnelle ainsi que pour celle de leurs enfants et de leurs animaux. Des 241 femmes qui ont répondu à la question : « Au cours des trois dernières années de votre présente relation, y a-t-il eu des armes à feu chez vous ? », 25 % ont répondu qu'elles savaient qu'il y avait des armes chez elles[8]. Quatre-vingts pour cent de ces femmes vivaient en milieu rural, soit une proportion plus élevée que dans notre échantillon. Plus des trois quarts des femmes qui avaient indiqué la présence d'armes dans leur foyer ont déclaré qu'il s'agissait d'armes d'épaule, ce qui n'a rien pour surprendre, compte tenu de la forte représentation du milieu rural dans cette tranche de répondantes. Dix-huit pour cent ont déclaré avoir vécu avec des armes de poing et des armes d'épaule.

Cinquante pour cent des femmes vivant en milieu rural ont indiqué que les armes à feu gardées chez elles n'étaient pas enregistrées et 54 % ont déclaré qu'elles n'étaient pas gardées sous clé. Plus de 40 % des répondantes ont indiqué que les propriétaires de ces armes ne détenaient pas de permis et 13,5 % ont dit que les armes étaient toujours chargées. Ce fait est préoccupant puisqu'en vertu de la loi canadienne en vigueur, toutes les armes à feu doivent être enregistrées, gardées dans une armoire verrouillée expressément destinée à cette fin et déchargées. La faible proportion d'armes enregistrées et les déficiences dans les modes d'entreposage sont très révélatrices de la place intégrante que les armes occupent dans les sociétés rurales et du fait qu'elles ne sont pas perçues comme des objets requérant un soin particulier. Pourtant, dans les foyers où il y a de la violence, cette situation contribuait à accroître le sentiment d'insécurité et les craintes des femmes.

---

8. Nous n'avons pas ventilé les résultats par province en raison du faible nombre de questionnaires reçus de l'Île-du-Prince-Édouard. Le pourcentage de foyers comptant des armes à feu dans notre enquête est inférieur aux statistiques officielles sur le nombre d'armes en circulation au Nouveau-Brunswick (35 %), mais supérieur à celles de l'Île-du-Prince-Édouard (20 %).

CLIMAT DE PEUR

Pour mesurer à quel point la présence d'armes à feu dans un foyer influait sur les décisions des femmes, nous avons posé la question suivante aux principales intéressées : « Le fait de savoir qu'il y avait des armes à feu chez vous vous a-t-il fait craindre davantage pour votre sécurité et votre bien-être ? » À celles qui ont répondu par l'affirmative, nous avons demandé : « Cela a-t-il influencé dans quelque mesure que ce soit votre décision de parler de votre situation à d'autres personnes ou de demander de l'aide ? » Soixante-quatre pour cent des femmes interrogées ont déclaré craindre davantage pour leur sécurité et leur bien-être. Soixante et onze pour cent des répondantes ont indiqué que la présence d'armes à feu chez elles avait influé sur leur décision de se confier à autrui ou de chercher de l'aide. Même si le nombre de femmes dans notre échantillon qui côtoyaient des armes à feu est passablement peu élevé ($n = 61$), les résultats de notre étude mettent clairement en évidence le rôle de facteur aggravant que jouent les armes à feu dans la peur qu'éprouvent les victimes de violence conjugale, de même que dans leur réticence à aller chercher de l'aide. Pour les femmes vivant en milieu rural, ce facteur constitue un autre obstacle de taille qui les empêche de dénoncer la violence dont elles sont victimes ou de quitter leur agresseur.

La réticence des femmes à demander de l'aide était particulièrement grande dans les foyers où les armes étaient gardées chargées. Dans notre échantillon, le nombre de ces foyers était relativement faible, mais plus de 80 % des femmes touchées ont indiqué que cette menace constante avait influé sur leur décision de dénoncer la violence dont elles étaient victimes ou d'aller chercher de l'aide. Le fait que les propriétaires des armes ne détenaient pas de permis ou qu'ils ne les gardaient pas sous clé avait également un impact sur les décisions prises par les femmes : 72 % des femmes dans les foyers où les armes n'étaient pas gardées sous clé et un nombre équivalent de femmes dans des foyers où les armes étaient gardées sans permis ont révélé que cette situation avait influé sur leur volonté d'aller chercher de l'aide et de se confier. Soixante-sept pour cent des femmes ont indiqué avoir éprouvé la même réticence lorsque les armes n'étaient pas enregistrées. Les données quantitatives recueillies ne nous permettent pas d'établir de façon précise comment la présence d'armes à feu dans l'entourage immédiat des femmes touchées avait influé sur leurs décisions. Ainsi, on ne peut savoir si les femmes étaient plus ou moins disposées à aller chercher de l'aide lorsqu'elles vivaient en présence d'armes à feu. Toutefois, d'après ce que nous ont appris les participantes du volet qualitatif de notre recherche, la présence d'armes aurait pour effet d'accroître la peur des femmes pour leur sécurité, jusqu'à les rendre plus réticentes à aller chercher de l'aide ou à dénoncer la violence dont elles sont victimes.

Malgré le petit nombre de cas sur lesquels nous nous sommes penchées, nous avons observé une différence dans la réaction des femmes qui avaient des enfants et celles qui n'en avaient pas à la présence d'armes à feu chez elles. Cinquante-sept pour cent des foyers abritant des armes à feu comptaient des enfants. On ne se surprendra pas que les femmes ayant des enfants aient été plus craintives. Quarante-six pour cent d'entre elles ont déclaré que de se savoir entourées d'armes leur faisait craindre davantage pour leur sécurité et leur bien-être, contre 36 % pour les femmes qui n'avaient pas d'enfants. Quant à l'impact des armes à feu sur les décisions prises par les femmes, 50 % des mères ont déclaré que la présence d'armes dans leur foyer avait influé sur leur décision de se confier à autrui ou d'aller chercher de l'aide, alors que la proportion est de 69 % chez les femmes qui n'avaient pas d'enfants. Pour l'heure, nous ne pouvons expliquer cet écart, car chez celles qui ont répondu par l'affirmative, nous ne savons pas si l'influence exercée a été favorable ou défavorable à la décision de demander de l'aide.

Dans notre questionnaire, nous avons également demandé aux femmes d'expliquer pourquoi la présence d'armes à feu dans leur entourage immédiat les rendait craintives. Soixante et un pour cent des répondantes ont dit craindre pour leur sécurité personnelle, alors que 36 % craignaient pour leurs enfants ou pour un autre membre de la famille. Une proportion importante des répondantes (45,5 %) a indiqué que la présence d'armes à feu chez elles les angoissait davantage, car elles redoutaient que leur partenaire tente de se suicider. Près de la moitié ont répondu craindre pour leur sécurité parce que leur partenaire consommait de l'alcool ou des drogues. Enfin, 42 % avait peur que leur partenaire endommage leurs biens.

BRUTALISATION DES ANIMAUX ET APPELS À L'AIDE

Vingt-cinq pour cent des femmes interrogées ont dit craindre que leur partenaire blesse leurs animaux avec une arme. Dans nos recherches antérieures, les femmes vivant en milieu rural que nous avons interviewées nous ont décrit une forme d'intimidation qu'elles avaient subie où leur conjoint proférait des menaces dirigées contre des animaux de compagnie ou de ferme. De même, des représentants des services de police et des services d'urgence nous ont fait part du cas de femmes dont le conjoint avait blessé ou tué leur animal de compagnie. Plusieurs femmes nous ont confié avoir parfois reporté leur tentative d'obtenir de l'aide ou de trouver refuge dans une maison de transition parce qu'elles s'en faisaient pour leurs animaux.

D'autres recherches corroborent ces résultats. Ascione (1998), par exemple, dans une étude menée auprès de la clientèle d'un refuge pour femmes victimes de violence en Utah, a découvert que dans 71 % des cas de violence conjugale, les animaux de la famille avaient été menacés ou brutalisés. En 1997, Ascione *et al.* ont rapporté que 25 % des femmes maltraitées ayant trouvé abri dans un refuge avaient reporté leur décision d'aller chercher de l'aide parce qu'elles craignaient pour leurs animaux. En Ontario, la Société protectrice des animaux a constaté que dans 61 % des cas où la femme victime de violence conjugale quittait le foyer, son partenaire tuait ou maltraitait les animaux de compagnie de la famille ; 43 % des femmes interrogées ont indiqué que leur agresseur avait menacé de s'en prendre aux animaux de la famille et 48 % ont dit avoir reporté leur décision de quitter leur partenaire parce qu'elles s'inquiétaient pour leurs animaux (SPAO, 1998).

Dans l'étude en cours, nous avons décidé d'explorer la fréquence des menaces proférées à l'endroit des animaux dans des cas de violence conjugale et l'utilisation de ces menaces comme instruments d'intimidation et de contrôle des victimes. Nous avons ainsi demandé aux femmes qui ont répondu au questionnaire si elles avaient possédé des animaux de compagnie ou de ferme au cours des trois dernières années. Soixante-neuf pour cent des répondantes ($n = 247$) ont répondu par l'affirmative, la grande majorité des animaux étant des animaux de compagnie, soit des chiens ou des chats. Pratiquement la moitié (46 %) ont révélé que leur partenaire avait menacé ouvertement de s'en prendre aux animaux, 40 % ont indiqué que leur partenaire avait mis ses menaces à exécution et blessé ou tué un animal. De plus, 37 % des répondantes croyaient que leur partenaire avait blessé ou tué un animal, sans toutefois en être certaines. Le quart des répondantes craignaient qu'une arme à feu soit utilisée contre leurs animaux, mais seulement 12 % ont dit avoir eu connaissance que leur animal avait été blessé ou tué par balle.

On a ensuite demandé aux femmes qui avaient eu des animaux si le souci qu'elles se faisaient pour leurs bêtes les avait empêchées de chercher de l'aide ou de dénoncer leur situation à autrui. Vingt-sept pour cent ont indiqué que ce facteur avait joué dans leur décision. Nos données révèlent sans grande surprise que dans les cas où un animal avait été blessé, les femmes étaient encore plus réticentes à aller chercher de l'aide parce qu'elles craignaient pour la sécurité et le bien-être de leurs compagnons. Quarante-huit pour cent des femmes dont l'animal avait été blessé ont reconnu que le souci qu'elles se faisaient pour leurs animaux les avait rendues réticentes à aller chercher de l'aide.

CONCLUSION

De façon générale, le terme « culture » s'entend des valeurs et des normes adoptées par un groupe. La signification que les gens attachent à une situation vécue façonne leur identité et leur expérience. À cet égard, l'un des piliers de la culture rurale que nous avons identifiés au cours de notre recherche est la banalisation des armes à feu. Les armes à feu sont très répandues et dans la plupart des familles, leur présence va de soi. La situation est toutefois différente dans les foyers où règne de la violence. Nos données indiquent que la présence d'armes à feu dans ce cas contribue à l'instauration d'un climat de terreur et d'intimidation. Les femmes victimes de violence craignent davantage pour leur sécurité, en particulier lorsque leur conjoint ne détient pas de permis, que les armes ne sont pas gardées sous clé et qu'elles sont chargées en tout temps. D'autres facteurs, comme les menaces dirigées contre les femmes ou contre d'autres personnes ou les menaces de suicide de la part du conjoint, en particulier lorsqu'il consomme de l'alcool ou des drogues, assombrissent le tableau.

Comme on pouvait s'y attendre, parmi les solutions et les stratégies proposées pour venir en aide aux femmes victimes de violence en milieu rural, les personnes interrogées et les participants aux groupes de discussion ont suggéré, d'une part, de renforcer les pouvoirs discrétionnaires de la police pour qu'elle puisse confisquer les armes à feu présentes dans des foyers où règne de la violence et, d'autre part, d'accroître la protection conférée par la loi aux animaux victimes collatérales de la violence familiale. On nous a également suggéré que les personnes intervenant auprès des femmes victimes de violence dans les maisons de transition et les autres services sociaux posent plus de questions au sujet de la présence d'armes à feu chez elles et qu'elles communiquent ces renseignements à la police. Les participants à notre étude croient également que de nouvelles lois devraient être adoptées, ou celles qui existent, renforcées, pour prévenir la cruauté envers les animaux dans un contexte de violence familiale, et que les communautés devraient mettre sur pied des refuges pour les animaux des victimes de violence familiale, où une femme ayant quitté le domicile familial seule ou en compagnie de ses enfants pourrait conserver le contact avec ses bêtes jusqu'à ce qu'elle puisse les reprendre. Ces recommandations sont en droite ligne avec ce que nous avions entendu dans nos recherches précédentes (Hornosty et Doherty, 2004 ; Doherty et Hornosty, 2004 ; Hornosty et Doherty, 2003).

À ce jour, l'impact qu'a la présence d'armes à feu dans des foyers abritant des femmes victimes de violence conjugale a été très peu étudié. Nos recherches indiquent que la présence d'armes à feu a pour effet d'exacerber les craintes et le sentiment d'isolement des femmes et peut constituer un obstacle important aux démarches qu'elles entreprennent pour aller chercher de l'aide. Malgré leur portée limitée et le fait qu'elles en sont encore à l'étape préliminaire, nos recherches révèlent l'urgence d'étudier plus à fond le lien entre les armes à feu et la ruralité, la violence familiale et les facteurs de risque propres aux femmes victimes de violence pour établir tant l'identité des victimes que la létalité des menaces proférées. Une meilleure compréhension de l'impact qu'a la présence d'armes à feu sur les réactions des femmes victimes de violence jettera un éclairage nouveau sur les nombreux obstacles que doivent surmonter les femmes en milieu rural pour obtenir de l'aide. Cela nous permettra également de voir s'il y a un lien entre la présence d'armes à feu dans un foyer et la létalité de certaines situations précises.

BIBLIOGRAPHIE

AHMANN, E. (2001). «Guns in the home: Nurses' roles», *Pediatric Nursing,* vol. 27, nᵒ 6, p. 587-605.

ASCIONE, F.R. (1998). «Battered women's reports of their partner's and their children's cruelty to animals», *Journal of Emotional Abuse,* vol. 1, nᵒ 1, p. 119-133.

ASCIONE, F.R., C.V. WEBER et D.S. WOOD (1997). *Final Report on the Project Entitled: Animal Welfare and Domestic Violence,* <www.vachss.com/guest_dispatches/ascione_2.html>, consulté le 20 août 2004.

ASCIONE, F.R., C.V. WEBER, et D.S. WOOD (1997). «The abuse of animals and domestic violence: A national survey of shelters for women who are battered», *Society and Animals Journal of Human-Animal Studies,* vol. 5, nᵒ 3, p. 205-218.

AZRAEL, D. et D. HEMENWAY (2000). «"In the safety of your own home": Results from a national survey on gun use at home», *Social Science and Medicine,* vol. 50, nᵒ 2, p. 285-291.

BAILEY, J. *et al.* (1997). «Risk factors for violent death of women in the home», *Archives of International Medicine,* vol. 157, p. 777-782.

BIESENTHAL, L. *et al.* (2000). *Research Report: The Ontario Rural Woman Abuse Study (ORWAS),* Ottawa, Justice Canada.

BOSCH, X. (2001). «Spain's government puts domestic violence protection plan as top priority», *The Lancet,* vol. 357, p. 1682.

CAMPBELL, J. (2003) «Factors that turn domestic violence deadly», *American Journal of Public Health,* juillet.

CANADIAN FARM WOMEN'S NETWORK (1995). *Family Violence in Rural, Farm and Remote Canada,* rapport inédit, Fredericton.

CENTRE DES ARMES À FEU CANADA (1998). *Décès par balle dans les zones urbaines et rurales au Canada,* <www.cfc-cafc.gc.ca/pol-leg/res-eval/other_docs/notes/rural_n_f.asp>.

CENTRE DES ARMES À FEU CANADA (1999). *Sommaire de recherche: analyse préliminaire des données recueillies par Statistique Canada: décès causés par l'utilisation d'une arme à feu dans les régions urbaine et rurale*, <www.cfc-cafc.gc.ca/pol-leg/res-eval/factsheets/rural_f.asp>.

DAWSON, M. (2003). «The cost of "lost intimacy": The effect of relationship state on criminal justice decision making», *British Journal of Criminology*, vol. 43, n° 4, p. 689-709.

DOHERTY, D. (2006) Domestic homicide in New Brunswick: An overview of contributing factors», *Atlantis*, vol. 30, n° 3, <www.msvu.ca/atlantis/frame/volumes.htm>.

DOHERTY, D. et J. HORNOSTY (2004). «Abuse in a rural and farm context», dans M. Stirling *et al.* (dir.), *Understanding Abuse: Partnering for Change*, Toronto, University of Toronto Press.

DOHERTY, D., J. HORNOSTY et M. MCCALLUM (1997). *Barriers to the Use of Support Services by Family Violence Victims in Northumberland County*, Family Violence on the Farm and in Rural Communities Research Team. Report submitted to the New Brunswick Department of the Solicitor General, Fredericton.

EPPRECHT, N. (2001). «The Ontario rural woman abuse study (ORWAS)», Paper presented at 7th International Family Violence Research Conference, Portsmouth, NH.

ERWIN, M. *et al.* (2005). «Reports of intimate partner violence made against police officers», *Journal of Family Violence*, vol. 20, n° 1, p. 13-19.

FINCH, A. (2001). «Homicide in contemporary Japan», *British Journal of Criminology*, vol. 41, p. 219-235.

FINLAYSON, T.J. *et al.* (1999). «Estimating hospital charges associated with intimate violence», *Violence against Women*, vol. 5, n° 3, p. 313-335.

GAGNE, P. (1992). «Appalachian women: Violence and social control», *Journal of Contemporary Ethnography*, vol. 20. p. 387-415.

HORNOSTY, J. et D. DOHERTY (2003). «Responding to wife abuse in farm and rural communities: Searching for solutions that work», dans R. Blake et A. Nurse (dir.), *The Trajectories of Rural Life: New Perspectives on Rural Canada*, Regina, Canadian Plains Research Centre, p. 37-53.

HORNOSTY, J. et D. DOHERTY (2004). «Resistance and change: Building a framework for helping abused rural women», dans B. Cheers, R. Clews, A.M. Powers et L. Carawan (dir.), «Beyond geographical and disciplinary boundaries: Human services in rural communities», *Journal of Rural Social Work*, vol. 9, University of South Australia.

HUNG, K. (2000). *Satistiques sur les armes à feu (tableaux supplémentaires)*, Section de la recherche et de la statistique, Justice Canada.

JIWANI, Y. (1998). *Rural Women and Violence: A Study of Two Communities in British Columbia: Unedited Technical Report*, Ottawa, Justice Canada.

KELLERMANN, A.L., F.P. RIVARA et N.B. RUSHFORTH (1993). «Gun ownership as a risk factor for homicide in the home», *New England Journal of Medicine*, vol. 329, p. 1084-1091.

LOGAN, T., R. WALKER et C. LEUKELFELD (2000). «Rural, urban influenced, and urban differences among domestic violence arrestees», *Journal of Interpersonal Violence*, vol. 16, n° 3, p. 266-283.

MARTZ, D. et D. SARAUER (2000). *Domestic Violence and the Experiences of Rural Women in East Central Saskatchewan*, Centre for Rural Studies and Enrichment. Muenster, SK, <www.hotpeachpages.org/paths/rural_dv_eastsask.html>.

McFARLANE, J., K. SOEKEN, J. CAMPBELL, B. PARKER, S. REEL et C. SILVA (1998). « Severity of abuse to pregnant women and associated gun access of the perpetrator », *Public Health Nursing*, vol. 15, n° 3, p. 201-206.

MORGAN, S., L. NACKERUD et B. YEGIDIS (1998). « Domestic violence gun ban : An analysis of interest-group conflict », *Journal of Women and Social Work*, vol. 13, n° 4, p. 474-487.

SALTZMAN, L.E. *et al.* (1992). « Weapon involvement and injury outcomes in family and intimate assault », *The Journal of the American Medical Association*, vol. 267, n° 22, p. 3043-3047.

SEV'ER, A., M. DAWSON et H. JOHNSON (2004). « Lethal and nonlethal violence against women by intimate partners : Trends and prospects in the United States, the United Kingdom, and Canada », *Violence against Women*, vol. 10, n° 6, p. 563-576.

SOCIÉTÉ DE PROTECTION DES ANIMAUX DE L'ONTARIO (1998). *Ontario SPCA Survey*, <www.ospca.on.ca/ac_vp_wwad_vpw.html#1998 survey>.

SORENSON, S.B. et D.J. WIEBE (2004). « Weapons in the lives of battered women », *Research and Practice*, vol. 94, n° 8, p. 1412-1417.

STATISTIQUE CANADA (2001). *Recensement du Canada*, Ottawa, Statistique Canada.

THOMPSON, M.P., L.E. SALTZMAN et D. BIBEL (1999). « Applying NIBRS data to the study of intimate partner violence : Massachusetts as a case study », *Journal of Quantitative Criminology*, vol. 15, n° 2, p. 163-180.

VACHA, E.F. et T.F. McLAUGHLIN (2004). « Risky firearms behavior in low-income families of elementary school children : The impact of poverty, fear of crime, and crime victimization on keeping and storing firearms », *Journal of Family Violence*, vol 19, n° 3, p. 175-184.

VIOLENCE POLICY CENTER (2005). *Facts on Firearms and Domestic Violence*, <www.vpc.org/fact_sht/domviofs.htm>, consulté le 2 mai 2005.

WARNER, J. et A. LUNNY (2003). « Marital violence in a martial town : Husbands and wives in early modern Portsmouth, 1653-1781 », *Journal of Family History*, vol. 28, n° 2, p. 258-276.

WEBSDALE, N. (1998). *Rural Women and the Justice System : An Ethnography*, Thousand Oaks, Sage.

WEBSDALE, N. et E. JOHNSON (1997). « The policing of domestic violence in rural and urban areas : The voices of battered women in Kentucky », *Policing and Society*, vol. 6, p. 297-317.

WOODBRIDGE, M. (s.d.). *A Deadly Relationship : Violent Intimates and Available Firearms*, <www.psrla.org.FS-Violent_intimates.html>.

2

REPRÉSENTATION DE LA VIOLENCE À L'ÉGARD DES FEMMES EN TUNISIE
Le cas de la violence envers les épouses

Lassaad Labidi
Université du 7 novembre à Carthage – Tunisie

Avec le début des années 1970 et suite aux multiples efforts visant l'amélioration de la condition féminine, nous avons assisté à l'émergence de nouvelles valeurs et de nouvelles conceptions du rapport entre les hommes et les femmes. Le développement des courants féministes dans les sociétés occidentales a été à l'origine d'une certaine prise de conscience des souffrances quotidiennes et des douleurs des femmes humiliées et blessées par des partenaires agressifs et violents.

C'est ainsi que la violence faite aux femmes a été progressivement transférée sur la sphère publique et est devenue objet de recherche et d'intervention. Elle est devenue, dans de nombreux pays, objet d'attention de plusieurs organismes communautaires et gouvernementaux.

En Tunisie, la dernière décennie du vingtième siècle a été marquée par un intérêt grandissant pour la question de la violence faite aux femmes. Cet intérêt s'est manifesté par le développement d'un mouvement associatif qui essaye de défendre les intérêts de la femme et la protéger contre toutes les formes de discrimination et par l'organisation de tables rondes et de colloques sur le sujet. Les médias, d'autre part, se sont intéressés de différentes manières, directement et indirectement, aux diverses formes de maltraitance et d'agressivité à l'égard des femmes. D'un autre côté, la question de la violence faite aux femmes en Tunisie est devenue objet d'études scientifiques, traitée parfois comme sujet à part, et d'autres fois comme un aspect de la violence familiale.

Cependant, malgré cette nouvelle tendance et malgré cet intérêt grandissant pour ladite question, le sujet n'a pas été réellement transféré sur la scène publique. Il n'est pas devenu une préoccupation importante pour les pouvoirs publics. Il reste encore une question familiale et individuelle. D'où il est difficile, voire impossible, d'obtenir des données statistiques officielles à l'échelle nationale qui puissent nous éclaircir et nous aider dans notre démarche de réflexion sur cette question.

C'est par rapport à ces éléments que nous réalisons le présent travail, son objectif étant de démontrer comment les représentations sociales à l'égard de la violence faite aux femmes contribuent à l'entretenir. Pour atteindre cet objectif, nous allons, dans une première partie, présenter le contexte de l'étude ainsi que son cadre méthodologique. Dans une deuxième partie, nous analyserons dans un premier temps la conception et le contenu de la violence faite aux femmes ; dans un deuxième temps, il sera question d'analyser ses raisons et son impact. En dernier lieu, nous essaierons de cerner les principaux résultats de la recherche.

L'OBJET DE L'ÉTUDE, SON CONTEXTE ET SON CADRE MÉTHODOLOGIQUE

LA VIOLENCE À L'ÉGARD DES FEMMES EN TUNISIE : ÉTAT DES LIEUX

Ampleur du phénomène

La violence à l'égard des épouses n'est pas un problème spécifique à la Tunisie. Nous pouvons le retrouver sous différentes formes dans d'autres sociétés de la région, ainsi que dans les sociétés occidentales. Cependant, malgré ses répercussions aussi bien individuelles que sociales, ce phénomène reste difficile à chiffrer en Tunisie, à l'instar des autres pays de la région, pour diverses raisons parmi lesquelles nous pouvons citer, pour le contexte spécifique de la société tunisienne :

- Il n'existe ni structures ni données spécifiques à la violence faite aux épouses. Celle-ci est souvent traitée comme toute autre forme de violence.

– Il est difficile d'accéder à certaines ressources publiques (police, garde nationale, justice) auprès desquelles il serait possible de répertorier certains indices révélateurs du problème.

– Plusieurs épouses victimes de violence restent inconnues, étant donné qu'elles refusent de déclarer leur situation et de demander auprès de qui que ce soit l'aide dont elles ont besoin.

– Les quelques données statistiques qu'on peut avoir sont limitées à la violence physique assez grave pour mettre en danger la vie de l'épouse.

Pour ces différentes raisons, nous ne disposons pas de données statistiques fiables à l'échelle nationale. C'est ainsi que nous avons eu recours aux organisations féministes qui se sont intéressées à la question, soit l'Union nationale de la femme tunisienne (UNFT) et l'Association tunisienne des femmes démocrates (ATFD). Cette dernière fait état de 789 dossiers durant la période allant de 1990 à 2000. Dans son rapport, cette association souligne que « le nombre de nouvelles femmes accueillies par le centre chaque année se stabilise autour de 80 à 90 » (ATFD, 2001, p. 5). Bien sûr, rappelons que ladite association dispose d'un centre d'accueil et d'orientation qui se situe à Tunis, la capitale, et qui offre ses services aux femmes ayant subi la violence dans des espaces différents et non pas uniquement dans la famille.

Les données qui nous sont fournies par le centre d'encadrement et d'orientation relevant de l'UNFT concernent principalement les épouses. En effet, durant la période allant du premier janvier 2003 jusqu'au 30 juin 2006, le centre a accueilli 287 épouses ayant subi différentes formes de violence, allant de la privation de logement jusqu'à l'agression physique grave. Durant la même période, ledit centre a accueilli 22 femmes, accompagnées de 34 enfants ayant bénéficié des services d'hébergement. Rappelons que ce centre se situe à Tunis et que les épouses agressées ne lui font recours qu'après avoir essayé différentes autres solutions.

Par ailleurs, en plus des données qui nous sont fournies par les organisations féministes, nous avons jugé nécessaire de chercher des données auprès des services d'urgence médicale. En effet, les épouses ayant subi des lésions et des blessures graves sont transférées par leur entourage à l'hôpital, lorsqu'il s'agit de la ville, et au dispensaire de santé, lorsqu'il s'agit d'un milieu rural. C'est ainsi que nous avons pris contact avec le service d'urgence médicale du dispensaire d'Utique[1]. Nous présentons les données mises à notre disposition dans le tableau suivant[2].

---

1. Nous remercions la docteure Sihem Saafi pour sa compréhension et pour l'aide qu'elle nous a fournie pour obtenir certaines données.

2. Nous avons obtenu ces données à partir des registres d'accueil relatifs à chaque année.

Année	Consultations pour violence en général	Consultations d'épouses ayant subi de la violence
2003	75	7
2004	75	12
2005	94	13
Total	244	32

Ainsi, comme nous pouvons le constater, ces données recueillies dans une urgence médicale en milieu rural expriment l'ampleur du phénomène. Le fait de venir en urgence démontre la gravité des blessures. Alors, il y a lieu de se demander ce qu'il en est des urgences médicales des hôpitaux des grandes villes. Qu'en est-il des violences non déclarées où toute la famille, pour éviter le « scandale » et pour ne pas être touchée dans son image, préfère traiter par des moyens traditionnels les lésions subies ? Qu'en est-il encore de la violence verbale et psychologique qui, dans la perception des gens, n'est pas considérée comme violence ? Ces différentes questions et d'autres nous permettent de dire qu'il est bien temps que la violence à l'égard des épouses et des femmes en général soit transférée sur la scène publique d'une façon claire. Elle doit également devenir objet de recherche scientifique et de programmes d'intervention spécifiques.

Les recherches tunisiennes

Jusqu'au début des années 1990, le phénomène de la violence à l'égard des femmes en Tunisie est nié. Il n'a été qu'une simple rubrique des faits divers. Puis, suite à la campagne internationale de lutte contre la violence engagée par l'ONU depuis 1990, il a émergé progressivement en tant que question de débat, qui interpelle les chercheurs, les pouvoirs publics et les organisations féministes. Toutefois, le sujet était présent d'une façon implicite et diffuse dans les travaux se rapportant aux conflits conjugaux, au changement des rôles dans la famille tunisienne et autres.

Au cours des années 1990, nous avons pu assister à certaines manifestations à caractère scientifique organisées par l'Association tunisienne des femmes démocrates (ATFD), par l'Union nationale des femmes tunisiennes (UNFT) et par le ministère des Affaires de la femme et de la famille (table ronde, cercles de discussions…). Sur le plan des publications et des recherches scientifiques, le premier article traitant de la question d'une façon plus large est celui de Ben Miled, qui a été publié en 1988. Intitulé « Violence et contre-violence dans le couple », ledit article traite, d'un point de vue psychologique, des éléments qui favorisent la violence et de ceux qui l'entravent dans le couple tunisien (Ben Miled, 1988). Au cours des années suivantes, nous avons assisté à l'apparition de quelques travaux traitant de la question. Ils s'accordent tous sur l'importance du phénomène dans la société tunisienne et sur l'absence de données statistiques fiables pouvant rendre compte de son ampleur. Toutefois, sur le plan méthodologique, nous pouvons les répartir en deux catégories.

La première catégorie de ces travaux est réalisée par des organisations féministes ou par des professionnels œuvrant auprès des femmes victimes de violence. Elle se distingue par l'utilisation d'une approche méthodologique quantitative et par son objectif généralement orienté vers la quantification du phénomène pour justifier la nécessité d'une réflexion sur les modalités d'intervention possibles. Parmi ces travaux, nous citons les suivants:

– L'étude de l'Union nationale des femmes tunisiennes, intitulée *La violence conjugale: à propos d'une étude sur le vécu de la violence conjugale en Tunisie* (UNFT, 1994). Cette étude, qui n'a pas analysé le phénomène en profondeur, s'est basée sur une démarche quantitative. Elle a essayé, à partir d'un échantillon composé de 80 dossiers de femmes venant solliciter l'intervention de l'UNFT, de nous démontrer comment les femmes victimes de violence tentent de composer avec un conjoint violent et agressif. Elle nous renseigne également sur l'effort fourni par l'UNFT pour venir en aide aux personnes concernées qui se trouvent seules sans aucun moyen de défense. Malgré son importance, l'étude mentionnée, reste trop limitée pour nous permettre une compréhension en profondeur du phénomène en question.

– L'enquête sur les femmes agressées reçues dans les services des urgences de l'Hôpital Charles-Nicole et celle sur les épouses battues conduite dans les centres de soin de santé de base, faites toutes les deux par le médecin Belhadj et ses collaborateurs, sont parues dans le premier numéro du *Journal tunisien de psychiatrie* (Belhadj, 1998). Dans cette étude, réalisée selon une démarche quantitative, les auteurs se sont intéressés à déterminer la fréquence des conduites agressives à l'encontre des femmes, à en décrire leurs conséquences médicales et à nous présenter le profil des agresseurs. Ils concluent que la prévalence de l'agression conjugale en Tunisie se rapproche de celle relevée dans la littérature mondiale. Ils notent également que les agresseurs ont des caractéristiques très différentes et appartiennent aux différentes catégories socioprofessionnelles. Les résultats de cette étude, nous semblent pertinents étant donné qu'ils nous donnent une idée sur l'ampleur du phénomène en Tunisie. Toutefois, ils restent limités aux conséquences médicales. Ils ne nous permettent pas de voir comment les comportements violents à l'égard des femmes en Tunisie sont fortement soutenus par les représentations sociales qui façonnent les rapports entre les deux sexes.

– En 2001, l'Association tunisienne des femmes démocrates (ATFD) a
soumis aux autorités compétentes et au comité de l'ONU pour l'élimination de la discrimination à l'égard des femmes un rapport contenant trois chapitres sur la violence faite aux femmes en Tunisie (ATFD,
2001). Dans le premier chapitre de ce rapport, nous trouvons les
résultats d'une étude sur la question qui a été réalisée par l'association
concernée à partir des cas de femmes bénéficiaires des services du
centre d'écoute et d'orientation pour femmes victimes de violence.
Cette étude, qui a été faite selon une démarche méthodologique
combinée, nous permet de dégager que la violence, objet de notre
recherche, se trouve dans toutes les classes d'âge et à tous les niveaux
scolaires. Elle commence également à partir de la première année
après le mariage pour se poursuivre même après trente ans de vie
conjugale. Ladite étude rapporte également que les femmes victimes
de la violence finissent par perdre toute volonté de se défendre. Le
fait d'être exposées de façon continue à la violence fait naître chez
les femmes concernées une attitude de soumission et d'isolement qui
peut les amener jusqu'à l'autodestruction. En ce qui concerne le
deuxième chapitre du rapport mentionné, il a été consacré à l'approche
d'intervention utilisée par l'ATFD pour venir en aide aux victimes.
Cette approche est fondée sur l'aide psychologique, l'orientation
juridique et l'assistance sociale et médicale. Enfin, dans le dernier
chapitre, le rapport nous fait part des propositions faites par l'association concernée auprès des autorités publiques pour lutter contre
le phénomène en question. L'ATFD propose un ensemble de mesures
préventives telles que la sensibilisation et l'information, le développement de recherches à propos du phénomène et la formation de
professionnels en mesure de venir en aide aux victimes. Elle propose
également de renforcer les sanctions à l'égard des agresseurs et de
développer des programmes d'intervention en faveur des victimes.

En plus de ces travaux ayant approché le sujet en question en utilisant
une méthodologie quantitative, une deuxième catégorie de travaux s'est
distinguée par l'utilisation d'une démarche qualitative. Parmi ces travaux,
nous citons ce qui suit:

– La recherche pour l'obtention du diplôme d'études approfondies en
sociologie d'Ilhem Romdhani intitulée *Les représentations sociales de la
violence conjugale* (Romdhani, 1998). Dans cette recherche, l'auteure
considère la violence comme tout acte, toute négligence, toute pression et toute menace pouvant causer un préjudice physique, psychologique et sexuel. Pour faire face à l'absence des données à propos
du sujet en question, l'auteure a procédé par une démarche qualitative. Elle a recueilli ses données en utilisant la technique d'entretien

auprès d'une douzaine de femmes victimes de violence qu'elle a pu rencontrer en utilisant son propre réseau d'échange familial et amical et en ayant recours aux services de l'UNFT. Dans un premier temps, l'auteure s'est intéressée à l'analyse des facteurs à l'origine de la violence, qu'ils soient d'ordre individuel ou social. Elle considère que la violence conjugale est liée à la situation économique défavorable et dévalorisante. Elle l'explique également par la transmission inter-générationnelle et par les relations inégalitaires entre les hommes et les femmes. D'un autre côté, l'auteure nous démontre que la violence conjugale a des conséquences très lourdes. Elle peut être à l'origine de problèmes physiques et de troubles de santé mentale. Certaines victimes peuvent également être amenées à consommer de l'alcool et de la drogue. Analysant les comportements adoptés par les victimes, pour faire face à la violence, l'auteure note que le silence est pendant longtemps leur seul refuge. Ces femmes vivent toujours sous le signe de la peur de l'agression et du scandale. Enfin, l'étude en question nous propose une analyse du système judiciaire tunisien, que l'auteure considère trop limité pour fournir aux femmes la protection recherchée. En définitive, cette étude, malgré son importance pour nous renseigner sur les facteurs à l'origine de la violence à l'égard des femmes en Tunisie, reste limitée pour nous démontrer comment ce phénomène est entretenu par les représentations sociales qui permettent de le justifier pour préserver l'intérêt du groupe familial au détriment du bien-être des femmes. Pour ce qui est des conséquences de la violence, l'auteure se limite surtout aux conséquences objectives et observables.

– En 2003, Ribh Attouani, dans le cadre de ses études pour l'obtention de son diplôme d'études approfondies en sociologie, a fait une recherche sur *La violence entre les époux et son impact sur le développement de la famille* (Attouani, 2003). Dans cette recherche, elle s'est intéressée en particulier aux conséquences négatives de la violence conjugale sur la vie familiale et en particulier sur les enfants. Le problème pour elle, ce n'est pas la femme en tant qu'objet de violence, mais plutôt la structure familiale qui est menacée par cette violence. En privilégiant le concept de violence conjugale, l'auteure valorise l'institution familiale et considère que tous les efforts doivent être orientés vers elle et non pas vers la femme en tant que victime.

– En 2004, Samia Hamzaoui a publié dans la revue *Famille et population* un article intitulé « Sous le signe du besoin : le harcèlement sexuel des femmes » (Hamzaoui, 2004). Dans cette étude, Samia Hamzaoui, s'est intéressée à partir d'une démarche qualitative, à une forme particulière de la violence faite aux femmes, soit la violence sexuelle.

S'appuyant sur des témoignages de femmes victimes de ce type de violence, l'auteure a essayé de démontrer l'amplitude du phénomène en Tunisie et au Maghreb, ainsi que ses causes. Elle considère que les racines de ce mal se trouvent dans le désir de l'homme de s'approprier la femme et de satisfaire ses propres besoins. Cette recherche a le mérite de traiter d'une question considérée encore tabou dans la société tunisienne et dans toutes les sociétés de la région. L'auteure a également mis l'accent sur « la victime », c'est-à-dire la femme, ce qui introduit à notre sens une certaine rupture avec tout discours normalisateur et moralisateur qui valorise la famille ou le couple au détriment de la femme qui peut être au centre des différentes pratiques de la violence. Cependant, la réflexion mentionnée, en mettant l'accent sur les causes du phénomène, reste limitée à la dimension individuelle, ne permettant pas de saisir comment la pratique en question est socialement déterminée et fortement soutenue par différentes valeurs culturelles ancrées dans la mentalité des gens et dans leurs comportements.

À l'instar de ce que nous venons de présenter, nous pouvons dire que la violence à l'égard des femmes en Tunisie est encore traitée d'une façon timide et trop limitée. Le point de réflexion central reste toujours la violence comme une affaire privée qui a lieu dans la sphère domestique. On la nomme parfois « violence conjugale », parfois « violence familiale » ou « violence entre époux » ou encore « violence liée au sexe ». Ces différents concepts utilisés ne permettent pas réellement d'identifier qui est le sujet et qui est l'objet de la violence. Il s'agit à notre sens de concepts « neutres » ou moralisateurs qui tendent à valoriser la vie familiale et conjugale au détriment de la femme et de son bien-être puisqu'ils ne parlent pas de façon claire de la violence faites aux femmes et aux épouses.

À la suite de ces remarques, il nous semble important, pour le présent travail, de spécifier dès le départ qu'il s'agit d'une recherche qui s'intéresse non pas à la violence faite aux femmes en général, mais particulièrement à celle faite aux épouses dans le cadre de l'espace domestique. La grande question de départ que nous posons est la suivante : Quelles sont les représentations sociales de la violence faite aux épouses par leurs époux ? Pour répondre à cette question fondamentale, nous posons deux questions secondaires.

La première question pose le problème de la conception et du contenu de la violence faite aux épouses. Quant à la deuxième question, elle pose le problème des raisons de la violence et de son impact. Cette question n'est pas tout à fait originale, dans la mesure où elle a été plus ou moins soulevée dans les travaux antérieurs. Cependant, ce qui distingue notre

traitement de ce volet, c'est la démarche adoptée, soit la démarche qualitative, qui donne la parole aux hommes en leur qualité de sujets qui ont
recours à la violence pour gérer leurs rapports aux femmes et aux épouses
victimes de violence. Qu'il s'agisse de la première question ou de la
deuxième, notre cadre théorique est celui des représentations sociales.
Selon D. Jodelet, le concept de représentation désigne

> une forme particulière de connaissance spécifique, le savoir de sens
> commun dont les contenus manifestent l'opération de processus
> génératifs et fonctionnels socialement marqués. Plus largement il
> désigne une forme de pensée sociale. Les représentations sociales
> sont des modalités de pensée pratique orientées vers la communi-
> cation, la compréhension et la maîtrise de l'environnement social,
> matériel et idéal. En tant que telles, elles présentent des caractères
> spécifiques aux plans de l'organisation des contenus des opérations
> mentales et de logique (Jodelet, 1992, p. 362).

Mentionnons que nous avons choisi les représentations sociales comme
cadre théorique car celles-ci s'élaborent à partir des expériences, des informations et des savoirs. C'est une connaissance orientée vers la pratique qui
permet à l'individu de maîtriser son environnement, d'agir et de se positionner. Il s'agit donc d'un concept qui exprime une subjectivité chargée
de la mémoire collective et qui se situe au carrefour non pas uniquement
du psychologique et du social, mais aussi de « l'être » et de « l'agir ». Les
représentations sont également riches pour nous permettre d'analyser les
stratégies qu'utilisent les femmes pour faire face à la violence. Enfin, la
pertinence des représentations sociales comme cadre théorique pour notre
recherche réside dans le fait que la représentation est une construction de
la réalité, construction ancrée dans la vie quotidienne. La représentation
de la violence à l'égard des femmes est un travail en profondeur, en relation
avec le vécu des hommes et des femmes dans un contexte en pleine
transformation.

Par ailleurs, si les représentations réfèrent au savoir commun, à une
pensée sociale de l'ordre des modalités, analyser les représentations de la
violence faite aux femmes comme nous préconisons de le faire requiert de
scruter auprès des hommes et des femmes concernés par notre recherche
ce qu'ils disent à propos du sujet de la violence faite aux femmes et comment
ils soutiennent ce qu'ils disent.

Sachant que les représentations sociales peuvent être étudiées soit à
partir de leur contenu ou de leur structure, soit à partir de leur processus
de production et de construction, pour le cadre spécifique de notre recherche, soit la violence à l'égard des épouses, ce qui nous intéresse dans les
représentations, c'est uniquement leur contenu. Ce que nous cherchons,
c'est le contenu des représentations que se font les personnes interviewées

de la violence faite aux épouses dans le contexte d'une société en mutation et des stratégies que les victimes utilisent pour affronter les différentes formes d'agression.

CADRE MÉTHODOLOGIQUE

Démarche méthodologique

Étant donné la spécificité du sujet et les difficultés rencontrées dans une recherche sur la violence faites aux femmes dans une société arabo-musulmane, nous avons opté pour une démarche méthodologique de type qualitatif. Plusieurs raisons justifient ce choix.

D'abord, la violence, qu'elle soit à l'égard des femmes, des enfants ou des personnes âgées, est un phénomène psychosocial qui s'exprime de différentes manières et dont le vécu est très relatif puisque les victimes le vivent et le perçoivent de façons différentes. Elle dépend également des facteurs sociaux, économiques et culturels, ainsi que des conditions personnelles de chacun. Chaque femme tunisienne ayant fait l'objet de violence, malgré ses points communs avec les autres femmes victimes du même problème, a vécu et vit encore sa propre expérience de la violence. Elle a sa propre représentation de son statut social, rencontre des problèmes particuliers et utilise des stratégies qui lui sont propres pour défendre ses droits. Nous avons opté pour la démarche qualitative, car celle-ci nous permet de saisir le sens profond que donnent les femmes en question à la violence dont elles sont victimes. Ceci nous ouvre la voie pour comprendre leur interaction avec l'environnement, et ce, dans le contexte d'une société où les dynamismes socioculturels sont en pleine effervescence.

La richesse de la démarche choisie provient du fait qu'elle donne la parole aux femmes victimes de violence, pour qu'elles s'expriment sur leurs propres expériences et contribuent par conséquent à l'avancement des connaissances à propos du problème en question. En définitive, la démarche qualitative a l'avantage suivant:

> Créer un contrepoids à l'idéal appréhendé de nivellement des rapports humains que poursuivent les diffuseurs de l'idéologie technocratique. Se voulant porteuses d'analyses plus éclairantes sur les faits sociaux. Elle agit en même temps comme une sorte de conscience critique, un révélateur des incertitudes que suscite le spectre d'une société digitale (Lefrançois, 1988, p. 146).

Pour opérationnaliser notre démarche méthodologique et pour recueillir les informations nécessaires pour développer notre question de recherche, nous avons choisi de travailler à partir d'une source d'information officielle, soit la chaîne de télévision publique qui représente, à travers tous ses programmes, l'idéologie du parti au pouvoir et ses orientations en matière de politique sociale et économique. Il s'agit d'un document télévisé, soit l'émission *Question de société*, diffusée publiquement sur la chaîne de télévision étatique Canal 7, en 2004, et qui a traité du sujet de la violence faite aux femmes en Tunisie. L'émission en question, très populaire et suivie par un large public, traite des différents problèmes sociaux constatés dans la société tunisienne. Parmi les problèmes traités, citons la consommation des drogues, l'enfance abandonnée, les mauvais traitements à l'égard des parents, la délinquance et bien d'autres sujets qui ont été pour une longue période considérés comme des sujets tabous, ne devant pas être discutés sur la scène publique. La réussite de cette émission lui a permis de remporter le premier prix de l'Union des télévisions du monde arabe ; son animatrice a été également désignée ces derniers temps comme codirectrice du centre de recherche et de formation de la femme arabe, connu sous le nom de Kawther et qui se trouve à Tunis. Cette émission comprend des sections intéressantes pour notre sujet de recherche. Dans la première section, qui concerne l'exposé des témoignages de femmes ayant été victimes de violence à domicile, huit femmes d'âge différent et appartenant toutes au milieu urbain populaire se sont exprimées sur leur expérience de femme battue. La deuxième section comprend le « reportage avec le public ». Dans cette section, dix hommes et cinq femmes ont répondu à la question « que pensez-vous de la violence à l'égard de la femme ? » (la femme concernée est l'épouse). Parmi les hommes ayant répondu à la question posée, on trouve deux jeunes, cinq adultes et trois personnes âgées. S'agissant des femmes, nous trouvons une dame âgée, deux adultes et deux jeunes filles. En ce qui concerne la troisième section, elle concerne l'intervention des invités qui représentent différents départements ministériels concernés par le sujet.

En plus de cette première source d'information, nous avons jugé nécessaire de chercher les témoignages d'autres femmes ayant subi la violence de leurs époux. Les femmes qui se sont exprimées dans l'émission appartenaient toutes au milieu urbain populaire. C'est ainsi que nous sommes parvenus, par l'intermédiaire de notre réseau d'échange familial et professionnel, à obtenir les témoignages de trois autres femmes âgées de 30 à 40 ans et appartenant au milieu urbain moyen. Pour des raisons culturelles, il n'était pas possible pour nous d'entrer en contact direct avec les femmes identifiées pour qu'elles nous livrent leur propre expérience de femmes battues. Pour cette raison, nous avons chargé une femme de notre réseau d'amis, après lui avoir expliqué la question de recherche et ses objectifs, de faire les entrevues.

Pour analyser les données recueillies, nous avons opté pour la méthode de l'analyse qualitative du contenu, faite suivant trois étapes. Dans une première étape, nous avons procédé à une analyse préliminaire de l'ensemble du matériel obtenu. Dans un deuxième temps, il était pour nous question de faire une opération de codage. Enfin, dans la troisième étape, nous avons opéré une catégorisation en fonction de nos questions de recherche.

À la suite de ce travail d'analyse, nous nous sommes rendu compte de la diversité de la conception de la violence faite aux femmes, de ses causes et de son impact.

Limites de la recherche

Malgré son importance pour nous permettre de mettre en évidence les représentations de la violence faite aux femmes en Tunisie, il nous semble que ladite recherche connaît certaines limites. Celles-ci se rapportent en particulier à la qualité de la première source d'information que nous avons utilisée, soit l'émission télévisée. En effet, vu que les données sur lesquelles nous avons travaillé sont recueillies par des journalistes, il est possible que le journaliste sélectionne les informations à diffuser selon son propre point de vue, ou encore qu'il ne retienne du matériel que les cas extrêmes qui donnent à l'émission le succès populaire recherché. Par ailleurs, nous n'avons pas pu obtenir le témoignage de femmes appartenant à la classe aisée, où on peut trouver des femmes ayant un niveau scolaire très élevé et occupant des postes de haut niveau. Dans ce milieu, nous savons très bien que la violence existe, mais elle est vécue dans le profond silence et est considérée comme faisant partie de la vie privée des personnes et des familles. Ainsi, il est difficile, voire impossible, de trouver des femmes volontaires qui acceptent de nous livrer leur expérience de femme violentée. Mentionnons enfin que le fait de ne pas avoir eu l'occasion de guider nous-même les entrevues avec les femmes qui nous ont été identifiées par notre entourage constitue une limite en soi pour approfondir avec elles leurs représentations de la violence faite aux femmes.

ANALYSE DES DONNÉES

CONCEPTION ET CONTENU DE LA VIOLENCE FAITE AUX FEMMES

Certaines personnes interviewées, en particulier des hommes, considèrent la violence à l'égard des femmes comme une pratique normale. L'épouse fait partie de leur propriété : « *c'est ma femme* » et donc, ils se sentent libres d'en user et d'en abuser comme ils le veulent. C'est dans ce sens qu'un interviewé adulte disait : « *c'est normal, c'est quelque chose qui peut arriver* », un autre répondant plus jeune disait : « *c'est ma femme, je la frappe et je lui fais ce que je veux...* ». Ainsi, la femme est considérée comme objet, comme un être inférieur. La violence à son égard n'est en aucune façon perçue comme situation problème. Bien au contraire, elle fait partie de l'ordre naturel des choses.

Enfin, un répondant adulte, s'inspirant de l'expérience de son père, va plus loin dans son approche de la violence à l'égard des femmes. Il la considère comme un droit ; voici ce qu'il avance : « *C'est un droit pour l'homme de frapper sa femme.* » Bien sûr, nous devons rappeler qu'il n'y a aucun texte juridique en Tunisie qui donne à l'homme le droit de frapper sa femme. Mais on peut penser que la personne interviewée voulait dire que la société lui reconnaît ce droit. Il est important de rappeler, à ce niveau, que dans la culture populaire, la violence, qu'elle soit pratiquée à l'égard des femmes ou des enfants, est considérée comme normale, voire valorisée. Un proverbe voulant mettre en évidence les bienfaits de la violence dans son contenu physique disait : « Le bâton provient du paradis. » Cela veut dire que l'acte de frapper est légitime, étant donné qu'il peut corriger les concernés, qu'ils soient femmes ou enfants ; il leur ouvre la voie pour aller au paradis.

À l'opposé de cette tendance, que nous qualifions de traditionnelle, nous avons pu saisir une nouvelle tendance que nous qualifions de moderne. Celle-ci, soutenue par certains jeunes et des femmes adultes, exprime un refus total de ladite pratique. Une femme adulte est très explicite sur ce sujet, elle disait : « *Ce n'est pas son droit de nous frapper, on n'est pas des esclaves.* » Pour une autre jeune fille, ladite pratique se situe dans un contexte plus large, elle disait dans se sens : « *C'est un aspect de sous-développement.* »

Entre la conception des hommes qui acceptent la violence et celle des femmes adultes et de certains jeunes qui refusent la violence, une autre conception nous est fournie par une dame âgée. Cette dernière considère la violence comme une solution de dernier recours que l'époux peut utiliser si les autres moyens mis en œuvre n'ont pas permis à la femme de suivre le bon chemin. Voici ce qu'elle dit à ce sujet : « *Si l'homme arrive à frapper sa femme, c'est qu'elle a dépassé ses limites et qu'il a tout essayé avec elle.* »

Par ailleurs, le contenu de la violence est limité selon les hommes à l'agression physique : frapper, gifler. Un interviewé âgé portant une barbe qui témoigne de sa pratique religieuse disait : « *Je la frappe, je la fais tuer, le dernier mot me revient toujours...* » Un autre interviewé adulte disait : « *Je frappe et appliquez la loi.* » Un dernier participant qui a l'allure d'être dans la trentaine disait : « *Injurier, crier, ce n'est pas de la violence.* » Ainsi, il est clair que selon ces hommes, seule la force physique est associée à la violence. Toutes les autres formes ne sont pas prises en considération, nous faisons ici allusion surtout à la violence verbale et psychologique ainsi qu'à la violence financière. Nous comprenons bien pourquoi la violence sexuelle n'est pas du tout évoquée : c'est un sujet extrêmement tabou.

Mais le contenu de la violence limité uniquement à son aspect physique n'est pas spécifique aux hommes ; nous le retrouvons également auprès de certaines femmes violentées. Celles-ci ne considèrent pas les cris, les insultes, les hurlements comme une forme de violence. On note d'emblée que toutes évoquent l'aspect physique de la violence. Celui-ci se manifeste de différentes façons, allant du simple coup jusqu'aux grandes blessures et aux fractures nécessitant la prise en charge médicale. Voici ce que disait l'une des participantes : « *Il me frappe avec sa ceinture, avec un bâton, une fois il m'a frappée avec un morceau de bois contenant des clous, j'ai été transportée à l'hôpital.* » Une autre disait : « *Une fois, il m'a cassé un bras. Il lui a fallu rester au plâtre plus qu'un mois et demi.* »

La violence de certains époux va jusqu'aux brûlures ; ils n'hésitent pas à brûler leur femme. C'est le cas de cette participante qui livre ce qui suit : « *Une fois, il y a eu une coupure d'électricité, nous nous sommes servis d'une bougie pour éclairer la maison. Lorsque le sommeil m'a pris, il a mis la bougie près de ma tête, j'ai senti de la chaleur, je me suis levée de façon très rapide, alors il m'a attrapée, me frappant partout jusqu'au point où j'ai perdu contrôle et je suis tombée par terre.* »

Quant à la violence verbale, elle n'est citée que par une seule participante qui disait : « *Il m'insulte, me dit de mauvais mots. Il me disait : "Tu n'es pas la femme qu'il me faut, tu es un âne, tu es une vache." Tous mes points de vue ne sont jamais appréciés par lui. Il me répète toujours : "Si je te garde comme épouse c'est à cause de mes enfants."* » De même, la violence financière n'a été évoquée que par une seule femme qui rapportait : « *Il prend mon argent par la force pour aller boire du vin.* »

À l'issue de cette analyse, nous pouvons avancer que la violence à l'égard de l'épouse semble être une pratique admise, ne représentant pour certains hommes aucune situation problème. Ce qui est important à signaler, c'est qu'aucune femme ne partage cette approche. Au contraire, certaines femmes considèrent que la violence n'est pas uniquement limitée à l'agression physique, qu'elle comprend aussi les insultes et les cris. C'est pour cette raison qu'elles la refusent complètement.

LES EXPLICATIONS DE LA VIOLENCE À L'ÉGARD DES FEMMES

Plusieurs raisons ont été avancées pour expliquer pourquoi l'homme peut recourir à la violence à l'égard de sa femme. Bien sûr, les raisons invoquées n'ont aucun fondement scientifique, mais elles trouvent leurs origines dans la culture populaire dominante et le vécu des femmes battues. Les raisons invoquées feront l'objet des sections suivantes.

La perte de contrôle interne et la faiblesse de personnalité

Certaines personnes expliquent le recours à la violence à l'égard de la femme par la nature humaine. L'homme est un être humain, donc dans certaines situations, il perd son contrôle interne et réagit de façon violente envers sa femme. Voici ce que dit à ce sujet un homme adulte : « *L'homme est un être humain.* » Une femme d'âge avancé va plus loin dans cette explication, au point qu'elle culpabilise la femme et la rend responsable de la violence qu'elle subit. Elle dit dans ce sens : « *Si l'homme arrive à mettre sa main sur la femme* [la frapper], *c'est qu'il ne comprend plus rien, ça y est, il est fermé, et il n'a plus d'autres voies, c'est que la femme a exagéré elle a dépassé ses limites.* »

Ainsi, nous pouvons dégager que la violence trouve son origine dans un comportement provocateur et non prudent de la part de la femme. Ce comportement a poussé l'autre partie vers la frustration et la perte de contrôle et donc à utiliser sa force physique d'une façon involontaire pour répondre aux provocations de sa femme. *façon de s'habiller*

Par ailleurs, certaines répondantes n'hésitent pas à expliquer le phénomène en question par la faiblesse de personnalité de l'époux et le type de son caractère. C'est dans ce sens qu'une femme disait : « *C'est sa nature, il a le sang très chaud, il va où l'air tourne* » (expression populaire qui signifie que l'individu ne peut pas se contrôler). « *Il s'énerve facilement pour la moindre des choses, son cerveau est fermé. C'est sa mentalité, il ne comprend rien et pense que les autres ne comprennent que par les cris et les coups.* »

Pour sa part, Afef Sayeh, dans son étude sur l'impact de la violence conjugale en Tunisie, nous apprend que certaines femmes justifient le comportement violent de leur époux par des raisons personnelles et non sociales. Elles attribuent ainsi la violence « à une faiblesse de caractère, à un manque de confiance en soi, à des problèmes de personnalité ou à de l'égoïsme et de l'irresponsabilité » (Sayeh, 2001, p. 99).

L'éducation et la correction

Certaines personnes interviewées, en particulier des hommes adultes et âgés, avancent que l'homme exerce la violence envers sa femme pour l'éduquer et la corriger au cas où elle ferait une faute. C'est dans ce sens qu'un participant adulte disait: « *Il ne la frappe que pour l'éduquer…* ». L'autre nous livre ce qui suit: « *Lorsqu'elle fait une faute, l'homme frappe sa femme.* » Ainsi, selon cette conception, nous pouvons dégager que le recours à la violence est au service de la femme. Il va lui permettre soit d'être mieux éduquée, soit de corriger ses fautes et d'être par conséquent « *une bonne femme* » à l'avenir. Qu'il s'agisse de l'éducation ou de la correction, nous n'avons rien à reprocher à l'homme. Ce dernier utilise sa force physique pour aider la femme à s'améliorer, à progresser et à achever son statut de bonne épouse. Ainsi, il apparaît en tant qu'éducateur et agent de correction, mandaté par la société tout entière pour venir en aide à la femme dont l'éducation et la formation au statut d'épouse sont inachevées. Ceci nous amène à dire que dans ce cas, la violence est légitime, voire sollicitée. Elle s'introduit dans le complément de formation et d'éducation que devrait suivre l'épouse dans le foyer conjugal. Dans les traditions populaires traditionnelles, on disait que « la femme après son mariage aura une nouvelle éducation ».

Dominer la femme et lui faire peur

La violence faite aux femmes dans l'espace domestique peut également être justifiée par le désir qu'a l'homme de dominer son épouse et d'exercer sa position d'autorité. Il s'agit pour lui de l'opprimer et de la maintenir dans une situation d'insécurité. Elle doit avoir peur de lui et exercer son rôle d'épouse de façon conforme à ses attentes. Un homme disait: « *Pour qu'elle ait peur de lui, l'homme doit frapper sa femme.* » Cette explication semble trouver son origine dans la tradition populaire. Cette dernière incite celui qui vient d'accéder au statut d'époux à être dur avec son épouse. Il doit lui faire peur dès les premiers jours qui suivent le mariage et pendant qu'elle est encore considérée comme « nouvelle mariée ». Le proverbe populaire disait: « *Frappe la chatte, la mariée aura peur* » (اضرب القطوسة تخاف العروسة). Ceci dit, l'homme, au début de sa vie conjugale, doit utiliser tous les moyens qui expriment sa domination et sa brutalité. Il doit indirectement transmettre à son épouse le message qu'il est dur et qu'il n'hésitera pas, un jour, à utiliser la force physique contre elle. Ainsi, elle doit avoir peur de lui et être prudente.

La provocation de la femme

Pour certains répondants, le recours de l'homme à la violence physique à l'égard de son épouse intervient à la suite de la provocation de la femme par la violence verbale exprimée à son endroit. C'est dans ce sens qu'un répondant adulte disait : « *Lorsqu'elle me parle très haut, ou elle crie, je la gifle…* ». Donc encore une fois, c'est la femme qui est à l'origine de tout comportement violent à son égard. Il est important de rappeler, dans ce cadre, que la culture populaire considère que l'arme détenue par la femme, c'est « sa langue », c'est-à-dire sa capacité à bien se défendre verbalement. Tandis que celui de l'homme, c'est son bras, c'est-à-dire sa capacité à se défendre en utilisant sa force physique. Le dicton arabe disait : « L'arme de la femme c'est sa langue, celui de l'homme c'est son bras. »

Par ailleurs, dans la tradition populaire tunisienne et arabe en général, la « bonne femme » est celle qui ne parle pas à son mari à haute voix et qui l'écoute bien. Ceci est un signe de respect et de soumission. Donc, dans le cas où une femme transgresse cette règle, elle s'expose à une réaction violente de la part de son mari. Ce dernier est le seul à avoir le droit de s'exprimer à haute voix.

D'autre part, tant pour la littérature arabe que pour la culture populaire, l'impact de la communication verbale est considéré comme très profond et très dur à supporter. Car il n'est pas facile d'oublier les mots. Un poète arabe disait : « Les blessures des flèches se rétablissent, mais ce qui est blessé par la langue [les mots] ne se rétablira jamais. » Un dicton disait dans le même sens : « Les mots créent plus de douleurs que les attaques des épées. » Un autre proverbe populaire insiste aussi sur l'importance des mots et leur impact sur l'individu : « La blessure se rétablit, mais les mauvais mots dorment pour se réveiller le lendemain. »

Par cette justification, les hommes semblent être conscients de la violence verbale et de son impact s'ils en sont victimes. Mais, ils ne considèrent pas son impact sur la femme ; pire encore, par leur égoïsme, ils ne perçoivent pas les cris et le fait de parler très haut comme une violence s'ils en sont les acteurs.

La transmission intergénérationnelle

Certains hommes interviewés se sont beaucoup inspirés du modèle comportemental de leur père et celui de leur grand-père. Ils ont été élevés et ont grandi dans un environnement familial où la violence à l'égard de la femme est perçue comme étant quelque chose de normal, d'évident et de légitime. Voici ce que disait un interviewé adulte : « *Mon père frappait ma mère pour la moindre des choses, imaginez si quelqu'un arrive chez nous, et elle n'avait rien à lui offrir parce qu'elle n'était pas au courant de son arrivée, mon père la frappe beaucoup, c'est normal, elle doit bien faire son rôle.* » Donc certains hommes expliquent leur violence à l'égard de leurs épouses par le modèle parental qui les a imprégnés. C'est dans ce sens qu'un interviewé disait :

« *Mon père frappait ma mère, le résultat voilà, il a fondé une bonne famille et tous ses enfants ont réussi leurs carrières scolaire et professionnelle. Donc, si c'est dans l'intérêt de toute la famille, je frappe mon épouse.* »

De leur part, certaines femmes n'hésitent pas à expliquer le comportement violent de leur époux par l'image de son père. Une femme victime de violence disait : « *Mon mari ressemble exactement à son père, que Dieu le bénisse, son père a été difficile, plus brutal que lui.* » Comme on le disait : « Le fils du canard devient nageur et le fils de la souris devient quelqu'un qui fait des trous dans la terre » (ولد الوز يطلع عوّام و ولد الفار يطلع حقّار).

Ainsi, nous pouvons dire que la violence à l'égard des femmes n'est pas étrangère à la famille élargie. C'est un phénomène « héréditaire » qu'on peut trouver chez les parents et les enfants, au point qu'il est possible de parler d'une culture familiale de la violence. Les enfants ayant vécu avec des parents violents, une fois arrivés à l'âge adulte, n'hésitent pas à utiliser leur force physique pour gérer leurs rapports avec leurs enfants et leur épouse. Dès son jeune âge, l'enfant constate que dans sa famille, la violence est une pratique normale. Son grand-père, son père et ses oncles l'utilisent pour gérer leurs rapports avec les membres de la famille de sexe féminin (mère, fille, sœurs) et ainsi « l'histoire se répète ». Voici ce que nous dit à ce sujet une participante : « *Mon mari c'est comme son père, c'est tout à fait lui. Jusqu'à maintenant mon beau-père est très violent à l'égard de ma belle-mère. Il la frappe jusqu'à cet âge, sans parler des cris et des insultes. Que veux-tu que je fasse, comme on le disait : C'est ce que ma cuillère a pris...* ». Ainsi, nous comprenons bien que dans la culture populaire, nous n'avons rien à reprocher à l'homme qui reproduit l'image de son père. Un dicton arabe littéraire est très explicite sur cette question : « Celui qui ressemble à son père n'a pas tort » (و من شابه أباه ما ظلم).

Le poids des valeurs culturelles

Étant une société arabo-musulmane en transition, la société tunisienne est tiraillée sur plusieurs questions, telles que celles concernant la femme, par deux tendances différentes voire opposées. La tendance traditionnelle est soutenue par la majorité des personnes appartenant à l'ancienne génération et par certains jeunes issus des familles conservatrices. Quant à la deuxième tendance, elle est moderne et fortement soutenue par la majorité de ceux appartenant à la nouvelle génération et de ceux ayant un niveau de scolarité élevé.

Ainsi, certaines femmes peuvent se trouver dans leur vécu quotidien sous l'emprise totale des valeurs traditionnelles. L'attachement acharné de certains époux à des valeurs traditionnelles peut dans des situations bien particulières se traduire par des actes de violence à l'égard de l'épouse. Dans le cadre particulier de cette recherche, nous avons constaté qu'une femme a été victime de violence à cause des valeurs traditionnelles archaïques qui habitent l'esprit de son partenaire. Le comportement violent de ce dernier s'explique par le refus de son épouse d'abandonner son travail et de rester au foyer pour s'occuper de lui et des enfants. Elle disait : *« Il voulait que je reste à la maison, il ne voulait plus que je travaille ; pourtant lorsqu'on s'est mariés on s'est mis d'accord pour que je continue à travailler… ».*

Notons que dans la société tunisienne, malgré les acquis de la femme et son accès à plusieurs droits, il n'en demeure pas moins que chez certaines personnes, le travail de la femme n'est pas encore bien apprécié. Plusieurs n'hésitent pas jusqu'à aujourd'hui à le justifier par les conditions matérielles du couple ainsi que par sa conception en tant que droit reconnu à la femme. Les idées traditionnelles valorisant « le statut de la femme au foyer », sont encore très présentes dans les idées et le comportement de plusieurs personnes. C'est dans ce sens que Dorra Mahfoudh disait :

> L'accès de la femme à l'excellence sociale n'est pas une condition suffisante pour remettre en question les rapports conjugaux traditionnels. Nombre de femmes sont directement ou indirectement empêchées de se consacrer à une carrière universitaire ou, tout simplement, de travailler en raison des charges familiales pesantes ou de l'attitude hostile du conjoint (Mahfoudh, 1994, p. 85).

L'alcoolisme

Pour certaines femmes, en particulier celles qui sont victimes de la violence, c'est la consommation de l'alcool qui est à l'origine du comportement violent de leur époux, qu'il soit physique ou verbal. Une femme concernée nous disait :

> *Mon mari est alcoolique, tout son salaire, il l'utilise pour le vin, c'est vraiment rare qu'il ne rentre pas ivre à la maison. Il rentre en se basculant de gauche à droite, dès qu'il franchit la porte de la maison, c'est les insultes, les cris et les mots vulgaires. Si je lui dis un mot, il me bat très fort, il me frappe par n'importe quel moyen. Cela dure des années maintenant, même aux yeux des voisins, on n'a plus de valeur.*

Une autre disait : *« Le jour où il ne boit pas du vin ou boit un peu, il est calme, on dirait que ce n'est pas la même personne. Mais le jour où il prend beaucoup de vin, c'est le drame, il perd son contrôle, il change radicalement. Alors, il m'insulte et me frappe pour la moindre des choses, pour des choses insignifiantes. »*

La pauvreté et le chômage

Pour certaines femmes ayant subi la violence, c'est la pauvreté et le chômage qui peuvent expliquer le comportement violent de leurs époux ; une participante disait : « *S'il* [c'est-à-dire son mari] *travaille un jour, il va passer une semaine en chômage, d'autant plus qu'on est tenu de payer la fin du chaque mois le loyer. Le jour où le propriétaire lui demande son dû, il ne trouve pas de quoi payer, alors il devient fou et s'énerve pour la moindre des choses. J'essaye de le comprendre et d'être prudente. Mais il m'insulte et me dit : "C'est à cause de toi et de tes enfants, le célibataire peut dormir même dans la rue."* » Une autre disait : « *Si je lui demande de l'argent pour les dépenses quotidiennes, il n'hésite pas à m'injurier, à m'insulter et me frapper. Après qu'il retrouve son calme, il me dit : "Je te frappe mieux que je fais quelque chose d'autre qui me coûtera trop cher et passer le reste de ma vie en prison."* »

Ainsi, peut-on avancer que la violence subie par certaines épouses exprime en quelque sorte une violence envers la société ?

L'ingérence des membres de la famille

En plus de l'alcoolisme, du chômage et de la pauvreté, pour d'autres participantes, c'est l'ingérence des membres de la famille dans la vie du couple qui peut générer des scènes de violence. C'est ce qu'illustre le témoignage suivant, fourni par une participante provenant du milieu urbain moyen :

> *Lorsque sa mère ou sa sœur aînée encore célibataire viennent passer chez nous quelques jours, il change de comportement. Elles veulent intervenir dans les petits détails de notre vie, elles lui donnent des consignes, lui font beaucoup de reproches quant à notre mode de vie, quant à ma façon de tenir la maison. Pour leur obéir et démontrer qu'il tient compte de leurs remarques, il devient difficile avec moi. Il m'insulte et devient moins respectueux à mon égard. Je me rappelle bien, la première fois qu'il m'a frappée c'est à cause de sa sœur...*

Dans la société tunisienne, malgré l'apparition de la famille conjugale de type moderne, certains parents continuent à intervenir dans la vie privée de leurs enfants mariés. Cette intervention n'est pas dans tous les cas positive et bien appréciée par les enfants. Dans certaines situations, elle peut être à l'origine de conflits conjugaux destructeurs pour le couple.

N'oublions pas non plus l'éternel problème des relations conflictuelles entre la belle-mère et la belle-fille. Ce problème a des dimensions psychologiques profondes et est fortement soutenu par la culture populaire. Un proverbe tunisien disait : « Il est inscrit au paradis, une belle-mère n'aime jamais sa belle-fille » (مكتوب في الجنة حماة ما تحب الكنة).

Bien sûr, il ne s'agit pas d'une loi, car dans certaines familles, la belle-mère peut intervenir pour mettre fin à une scène de violence dans laquelle sa belle-fille est victime. Le journal quotidien *Essabeh* du 25 juillet 2006 nous rapporte qu'un enfant n'a pas hésité à utiliser la violence contre sa mère, lorsque cette dernière est intervenue pour l'empêcher alors qu'il frappait sa femme.

La folie du doute

S'il nous arrive tous de douter de certaines choses ou affaires qui concernent notre quotidien, le degré de doute reste à une échelle très réduite et ne survient que de façon très rare. Cependant, pour certaines personnes, le doute devient permanent et concerne plusieurs choses au point qu'il devient obsédant. Dans la vie du couple, si quelqu'un doute du comportement de son partenaire, ceci va rendre leur vie difficile et leur rapport conflictuel. Dans le contexte spécifique de la société tunisienne, à l'instar des autres sociétés de la région, si la femme doute du comportement de son mari, elle n'ira pas très loin et ne peut rien faire, dans la plupart des cas. Mais au contraire, si c'est le conjoint qui doute de la conduite de sa femme, il va réagir de différentes manières, lui faisant subir diverses formes de violence. Une femme nous disait : « *Mon mari est très douteux, il doute même de ses vêtements, il doutait que je l'ai trahi avec quelqu'un, il me fait vivre dans l'enfer, il a même transmis le message à nos enfants qui n'hésitent pas de leur part à m'insulter et à me mépriser … j'en ai marre de ma vie…* ».

Enfin, il est important de noter que d'autres recherches ont démontré qu'il y a d'autres raisons qui expliquent la violence faite aux femmes telles que la différence du niveau intellectuel et la pornographie (Sayeh, 2001, p. 99).

IMPACT DE LA VIOLENCE À L'ÉGARD DE LA FEMME

Les données à notre disposition nous ont permis de constater un écart considérable entre les représentations de l'impact de la violence que se font les hommes adultes et celles qu'on trouve auprès des femmes et de certains jeunes. Nous distinguons entre les impacts positifs et les négatifs.

Les impacts positifs

Certains hommes adultes interviewés, s'accordent sur le résultat positif de la violence faite aux femmes. Celui-ci s'exprime par la réussite scolaire et professionnelle des enfants. Comme nous l'avons mentionné, un répondant attribue la réussite scolaire et professionnelle de sa famille d'origine au fait que son père a frappé sa mère. Cela veut dire que si la femme subit de la violence, elle va bien remplir son rôle de «femme au foyer». Elle s'occupera bien de l'encadrement de ses enfants pour qu'ils réussissent leurs études et leur carrière professionnelle. Ainsi, pouvons-nous dire que la violence à l'égard de la femme exprime une autre façon de l'investissement des parents dans leurs enfants. La réussite scolaire et professionnelle des enfants passe avant le bonheur du couple. Ce dernier, dans un contexte où la structure familiale et la progéniture restent valorisées, n'a pas d'existence propre; au contraire, il n'a de la valeur qu'en fonction de la cohésion familiale et de la «bonne éducation» donnée aux enfants.

D'un autre point de vue, et en se référant aux rapports familiaux au sein de la société traditionnelle qui marquent encore la société tunisienne, nous pouvons avancer que vu son impact positif comme le soutiennent certains hommes, la violence à l'égard de la femme peut être considérée comme un outil de capitalisation symbolique. Les hommes cherchent à assurer une bonne éducation et un bon encadrement à leurs enfants. Ainsi, ils seront rassurés sur leur avenir et ils pourront également trouver auprès d'eux les soins et la protection dont ils auront besoin, une fois incapables de subvenir à leurs besoins. Ainsi, la violence à l'égard de la femme a des résultats positifs pour toute la famille. Un répondant adulte est très explicite sur cette question en disant: «*L'homme frappe sa femme, ce n'est pas pour son intérêt, mais c'est pour l'intérêt de toute la famille…*».

Les impacts négatifs

À l'opposé des hommes, qui ne voyaient dans la violence en question que des résultats positifs, les femmes et certains jeunes sont conscients de ses répercussions négatives aussi bien sur la femme concernée que sur la vie du couple et des enfants. C'est dans ce sens qu'un jeune disait: «*Si l'époux frappe son épouse, la vie du couple sera dépourvue de tout goût, je me demande comment ils peuvent continuer à vivre ensemble.*»

Pour les femmes ayant été victimes de violence, les répercussions négatives de la violence s'expriment de manières variées et touchent à des degrés différents aussi bien la femme que les enfants. En effet, en plus des douleurs et des séquelles physiques que peut laisser la violence, les femmes violentées perdent le goût de la vie et se sentent dépourvues de toute valeur. Une femme disait: «*Avec mon mari la vie est devenue amère, je n'ai plus de vie, c'est une vie de chien que je suis en train de mener, même les chiens, ils vivent parfois mieux que moi.*» Parlant des impacts de la violence sur ses enfants, une femme disait: «*Mes enfants ont honte, ils n'ont aucune considération aux yeux des voisins, même à l'école. Ils n'ont plus la concentration requise pour suivre leurs cours.*» Cependant, il est important de signaler que l'impact de la violence est plus profond chez les filles que chez les garçons. Les filles provenant d'une famille où il y a de la violence, ou dont la mère est divorcée, rencontreront plus de difficultés pour se trouver un conjoint une fois qu'elles arrivent à l'âge du mariage. Dans la société tunisienne, comme d'ailleurs dans les autres sociétés de la région, on a toujours tendance à rendre la femme responsable de la violence qu'elle a subie ou de son statut de divorcée et à la considérer comme n'étant pas une « bonne femme » pour servir de modèle à ses filles.

DISCUSSION SUR LES PRINCIPAUX RÉSULTATS DE LA RECHERCHE

Rappelons tout d'abord que l'objectif de notre recherche était d'étudier les représentations de la violence faite aux femmes dans la société tunisienne, en étudiant le cas de la violence à l'égard des épouses. Par ailleurs, pour étudier ces représentations, nous avons choisi de les saisir à travers la conception de la violence, ses raisons et son impact.

L'analyse des différentes données à notre disposition nous a permis de dégager un ensemble de thèmes qui nous permettent d'avoir une vue d'ensemble sur le phénomène de la violence à l'égard des femmes dans le contexte spécifique de la société tunisienne, en tant que société arabo-musulmane en pleine mutation. Bien sûr, *il ne s'agit pas pour nous de procéder à une généralisation statistique des résultats obtenus*, mais plutôt d'utiliser la perspective heuristique et exploratoire de la démarche qualitative. Cette dernière est en mesure de nous permettre d'accéder à une connaissance plus approfondie de la violence faite aux femmes sous ses différentes images.

À la suite de l'analyse des données que nous avons faite, nous pouvons dire que si la violence à l'égard des épouses existe encore, et qu'elle est même considérée par certains hommes comme légitime, c'est parce qu'elle symbolise la masculinité. Cette dernière reste très valorisée dans la société tunisienne, comme d'ailleurs dans le cas des autres sociétés de la région. La violence faite aux épouses est ainsi en rapport étroit avec le système des valeurs culturelles enracinées depuis plusieurs siècles dans la société tunisienne. Pour comprendre cette conception, il nous semble important de la situer dans le contexte social du rapport « féminin-masculin » spécifique à la société traditionnelle. Ce rapport est fondé sur la domination des femmes par les hommes au point qu'elles sont considérées des « servantes » du père, du frère et du mari. Malgré les changements qu'a connus la société tunisienne, ledit rapport est encore fortement soutenu par les valeurs traditionnelles. Celles-ci, transmises à travers le processus de socialisation, valorisent l'inégalité entre les deux sexes et consacrent la domination des femmes par les hommes.

La violence à l'égard des épouses n'est pas un problème récent; ce qui est récent, c'est le fait d'en parler. C'est pour cela qu'elle n'est pas classée comme un problème social, qui a été introduit avec le processus de modernisation qu'a entamé la Tunisie après son indépendance. Les autres problèmes, tels que la délinquance juvénile, la délinquance adulte, l'alcoolisme, l'enfance illégitime et la criminalité sous toutes ses formes, sont tous selon le discours ambiant, le discours officiel et selon certains chercheurs, le produit du processus de développement socioéconomique de la Tunisie. Ce processus a profondément ébranlé les fondements culturels déterminant les comportements individuels et de groupe. Bref, nous pouvons avancer que la modernisation contribue à réduire la violence à l'égard des épouses qui est fortement soutenue par les pratiques culturelles traditionnelles. Mais est-il possible de changer les valeurs culturelles authentiques, surtout lorsque celles-ci sont, selon certaines personnes, mêlées aux principes religieux? La modernisation (éducation et travail de la femme en particulier), permet-elle effectivement de réduire le phénomène de la violence à l'égard des épouses?

Pour répondre à ces deux questions, nous disons d'abord que ladite pratique n'est pas certainement spécifique à la culture traditionnelle tunisienne. Mais elle a existé et existe encore dans plusieurs autres contextes. D'un autre côté, quelque soit l'effort fourni pour moderniser la société, il n'est pas facile d'introduire une rupture totale avec les traditions millénaires et avec les valeurs culturelles fortement ancrées dans les représentations sociales des gens. Ces dernières continuent à être transmises de génération à génération à travers le processus de socialisation et d'éducation.

Pour ce qui est de la «perspective moderniste», nous pouvons dire que rien ne peut garantir qu'avec l'accélération du processus de modernisation, la violence à l'égard des femmes va disparaître. D'abord, comme nous pouvons le constater en Tunisie, malgré l'absence de données statistiques et la sous-déclaration, la violence à l'égard des épouses n'est pas limitée à un niveau de scolarité très bas, pas plus qu'aux femmes au foyer. Comme dans toutes les autres sociétés, elle touche à des degrés variés les différentes classes sociales et les différents niveaux d'instruction. Elle concerne également les jeunes, les adultes et les vieux.

Par ailleurs, à la lumière des expériences des sociétés occidentales, qui se sont fortement modernisées, la violence à l'égard des femmes ne semble pas avoir beaucoup diminué. Au contraire, dans certains contextes, elle est considérée comme étant un problème qui accompagne la modernisation (Sorensen, 1995).

En définitive, qu'il s'agisse de la conception de la violence à l'égard des épouses, ou encore de son contenu et de ses impacts sur les victimes, nous nous retrouvons toujours situés dans le contexte où deux types de sociétés coexistent : une société moderne et une société traditionnelle. Dans l'une et l'autre, nous pouvons trouver aussi bien des femmes que des hommes, même si certaines femmes nous semblent être plus modernes que certains hommes. Nous trouverons également des jeunes, des adultes et des gens âgés même si les jeunes, qu'ils soient filles ou garçons, nous semblent être plus modernes que les personnes adultes ou âgées. Ceci dit, il ne s'agit pas pour nous d'expliquer la divergence des points de vue à l'égard de la violence, dans l'opposition entre la tradition et la modernité, même si cette explication nous semble pertinente à plusieurs égards. Mais nous plaidons en faveur d'une explication axée sur l'état de transition que vit la société tunisienne. Car si nous nous sommes intéressés à la question de la violence envers les épouses, ceci ne veut dire en aucune façon que les époux sont épargnés. Certaines scènes de la vie quotidienne, certains quotidiens de la place nous rapportent de temps à autre le cas de certains époux, qui ont subi différentes formes de violence de la part de leur épouse. Ce qui témoigne bien que la société tunisienne est une société en transition. Il s'agit en effet d'une société où on assiste à un ensemble de pratiques qui illustrent les dynamiques du passage d'une société traditionnelle à une société moderne. Ainsi, la transition est une phase particulière de l'évolution d'une société, la phase où celle-ci rencontre de plus en plus de difficultés à reproduire le système économique et social sur lequel elle se fonde et commence à se réorganiser, plus ou moins vite ou plus ou moins violemment, sur la base d'un autre système, qui finalement devient à son tour la forme générale des conduites d'existence (Gaudelier, cité dans Hamel et Sfia, 1990, p. 9).

L'état de transition de la société tunisienne se reconnaît au fait qu'elle vivait une période de son histoire où est intervenue une rupture dans l'ancien système, qui n'a plus de possibilités de se reproduire, laissant ainsi la place à un nouveau système dit moderne, qui est en train de se mettre en place. Cette situation est à l'origine du développement d'un état d'anomie qui n'est pas sans impact sur la qualité des rapports entre les différentes classes d'âge et entre les deux sexes et sur leur place dans la société.

Avec l'ensemble des changements socioculturels, certaines femmes ne savent plus quelles sont les exigences et les normes qui définissent les tâches qu'elles ont à assumer en tant qu'épouses. Elles ne savent pas non plus quelle est leur position par rapport aux hommes : ont-elles les mêmes droits ? Doivent-elles se comporter sur un pied d'égalité avec eux ? Jusqu'à quel point peuvent-elles jouir de leur liberté et profiter des aspects de la modernité qui distinguent la société tunisienne des autres sociétés de la région ?

Voilà plusieurs questions auxquelles les réponses ne sont pas évidentes dans le contexte d'une société désorganisée. Dans ces conditions, la perte des valeurs et des repères collectifs se traduit, pour certaines femmes, par des problèmes de violence qui leur rappellent qu'elles ne sont pas encore égales aux hommes et qu'elles ne sont pas encore dans une société moderne. Dans ce type de société, même si certaines femmes peuvent être victimes de violence, elles peuvent trouver des structures de prise en charge et défendre leurs intérêts.

Dans ce sens, nous pouvons dire qu'il existe en Tunisie une certaine anomie d'ordre social. En d'autres termes, il n'y a plus de normes et de règles qui font l'unanimité de tous et qui servent de cadre de référence pour définir la nature des rapports entre les hommes et les femmes, déterminant de façon claire les droits de chacun dans les différentes sphères de la vie collective. Cette situation anomique crée des conditions favorables au développement d'une fracture sociale, pouvant entraîner différents conflits entre les deux sexes, entre les différentes catégories d'âge et entre les différentes classes sociales.

CONCLUSION

À l'instar des éléments de réponses auxquels nous en sommes venus, nous pouvons formuler certaines suggestions quant aux programmes à développer pour intervenir auprès des femmes victimes de violence de la part de leurs époux. D'abord, il nous semble important que les pouvoirs publics, par l'intermédiaire du ministère des Affaires de la femme et de la famille, développent à l'échelle du pays un numéro de téléphone gratuit. Ce dernier fournira aux femmes concernées, dans la confidentialité totale, l'écoute et le soutien psychologique dont elles ont besoin.

Pour sa part, le ministère des Affaires sociales et de la Solidarité peut créer au sein des Unités locales de promotion sociale une section de consultation familiale. Ceci est en mesure, à notre sens, d'encourager les victimes à venir demander l'aide dont elles ont besoin. D'un autre côté, les pouvoirs publics sont appelés à fournir plus de subventions aux organisations féministes et mettre à leur disposition les moyens humains et matériels nécessaires pour les aider à venir en aide aux victimes.

Pour leur part, les organisations féministes, qui ont le mérite d'intervenir dans ce nouveau champ, sont appelées à élargir leur zone d'intervention pour couvrir d'autres régions du pays. Elles doivent également mettre en place des cellules d'écoute téléphonique au service des personnes concernées. En plus de ces différentes mesures, il est temps de développer un programme à caractère éducatif, comprenant un ensemble de mesures de sensibilisation et d'information permettant de dénoncer la pratique en question et démontrant ses conséquences négatives sur la personne, sur la famille et sur la société tout entière.

BIBLIOGRAPHIE

ABDELWAHEB, L. (1994). *La violence familiale: le crime et la violence contre la femme,* Le Caire, Maison de culture et de diffusion.

ASSEMBLÉE GÉNÉRALE DES NATIONS UNIES (1993). *Déclaration sur l'élimination de la violence à l'égard des femmes,* <www.unhchr.ch> (consulté en août 2006).

ASSOCIATION TUNISIENNE DES FEMMES DÉMOCRATES, LIGUE TUNISIENNE DES DROITS DE L'HOMME, FÉDÉRATION INTERNATIONALE DES LIGUES DE DROITS DE L'HOMME (2002). *Discriminations et violences contre les femmes en Tunisie,* rapport conjoint soumis au Comité sur l'élimination de la discrimination à l'égard des femmes, Tunis.

ATFD (2001). *La violence subie par les femmes: rapport destiné aux organes de décision,* Tunis (non publié).

ATTOUANI, R. (2003). *La violence entre les époux et son impact sur l'évolution de la famille,* mémoire de DEA en sociologie présenté à la Faculté des sciences humaines et sociales de Tunis, Université de Tunis.

BELHADJ, A. *et al.* (1998). «Les femmes agressées. Enquêtes dans le service des urgences de l'hôpital Charles Nicolle», *Journal tunisien de psychiatrie,* vol. 1, n° 1, p. 4-17.

BELHADJ, A. *et al.* (1998). «Les épouses battues. Enquête dans les centres des soins de santé de base», *Journal tunisien de psychiatrie,* vol. 1, n° 1, p. 18-25.

BEN MILED, A. (1988). «Violence et contre-violence dans le couple», dans *Les cahiers du Centre de recherches économiques et sociales,* Série psychologique n° 6, p. 42-66.

BEN SALEM, L. (1990). «Structures familiales et changement social en Tunisie», *Revue tunisienne des sciences sociales,* n° 100, p. 165-179.

BEN ZINEB, S. et S. DOUK (2004). *Violences liées au sexe en Tunisie: état des lieux et Proposition d'implantation du dépistage et de la prise en charge de la violence liée au sexe dans les services de santé reproductive,* Tunis (non publié).

BLIL, L. (1994). «La famille moderne: réalité ou mystification?», dans *Structures familiales et rôles sociaux,* actes du colloque de l'Institut supérieur de l'éducation et de la formation continue, Tunis, 3-4 février, Éditions CERES, p. 73-80.

BOURDIEU, P. (1982). «La force de représentation», dans P. Bourdieu, *Ce que parler veut dire: l'économie des échanges linguistiques,* Paris, Fayard, p. 135-148.

CANTIN, S. (1995). «Les controverses suscitées par la définition et la mesure de la violence envers les femmes», *Revue Service social,* vol. 44, n° 2, p. 23-34.

CHARFI, S. (2002). *L'Islam, la femme et la violence,* Tunis, Éditions Les Signes.

DESLAURIER, J.P. (dir.) (1988). *Les méthodes de recherche qualitative,* Québec, Presses de l'Université de Québec.

DESLAURIER, J.P. (dir.) (1991). *Recherche qualitative, guide pratique,* Montréal, McGraw-Hill.

DICTIONNAIRE ARABE *ELMONJID FI ELLOUGATI WA ELALAEM* (1986). Beyrouth, Éditions Maison de littérature.

ETTALALOUTA, A. (2006). *La violence contre la femme : témoignages vivants*, Amman, Éditions Maison de la famille pour la diffusion et la publication.

GAGNON, N. (1995). « Culture sportive et violence faite aux femmes », *Revue Service social*, vol. 44, n° 2, p. 35-56.

HAMEL, J. et M. SFIA (1990). « Sur la transition », *Sociologie et sociétés*, vol. 22, n° 1, avril, p. 5-14.

HAMZAOUI, S. (2004). « Sous le signe du besoin : le harcèlement sexuel des femmes », *Revue Famille et Population* , n°s 4-5, p. 55-81.

JODELET, D. (1992). « Représentations sociales, concept et théorie », dans S. Moscovici (dir.), *Psychologie sociale*, Paris, Presses universitaires de France.

JODELET, D. (1993). « Représentations sociales : un domaine en expansion », dans D. Jodelet (dir.), *Les représentations sociales*, 3e éd., Paris, Presses universitaires de France, p. 32-61.

LEFRANÇOIS, R. (1985). « Pluralisme méthodologie et stratégie multi-méthodes en gérontologie », *Revue canadienne du vieillissement*, vol. 14, sup. 1, p. 52-63.

LEFRANÇOIS, R. (1988). « Les nouvelles approches qualitatives et le travail sociologique », dans J.P. Deslaurier, *Les méthodes de la recherche qualitative*, Québec, Presses de l'Université du Québec, p. 143-153.

LEFRANÇOIS, R. (1992). *Stratégie de recherche en sciences sociales, application à la gérontologie*, Montréal, Presses de l'Université de Montréal.

MAHFOUDH, D. (1994). « Traditionalisme et modernisme dans la famille tunisienne », dans *Structures familiales et rôles sociaux*, actes du colloque de l'Institut supérieur de l'éducation et de la formation continue, Tunis, 3-4 février, Éditions CERES, p. 81-88.

MIRNISSI, F. *et al.* (1993). *Femmes et violences*, Marrakech, Éditions Pumag.

OCKRENT, C. (dir.) (2006). *Le livre noir de la condition des femmes*, Paris, Éditions XO.

ORGANISATION MONDIALE DE LA SANTÉ (2002). *Rapport mondial sur la violence et la santé*, Genève, OMS.

ONFP (2002). *Quatrième rencontre : Du stress à la violence : pour qu'aucune femme ne connaisse ce sort*, Tunis, Centre de documentation et d'archive sur la population, Dossier documentaire n° 3.

ONFP (2005). *Étude sur la violence liée au sexe : état des lieux sur les aspects juridiques et la prise en charge des femmes victimes de violence en Tunisie*, Tunis, Office national de la famille et de la population (non publié).

ONFP (2006). *Les cercles de population et de la santé de reproduction : la violence au sein de la famille*, Tunis, Centre de documentation et d'archive sur la population, Dossier documentaire n° 1, 127 pages.

REDJEB, S. (1991). « La violence et l'amour dans la famille tunisienne », *Revue tunisienne des sciences sociales*, n°s 106-107, p. 65-96.

ROMDHANI, I. (1998). *Les représentations sociales de la violence conjugale*, Faculté des sciences sociales et humaines, mémoire de DEA en sociologie, Tunis, Université de Tunis.

SAYEH, Afef (2001). *Impact de la violence conjugale*, Faculté des sciences sociales et humaines, mémoire de DEA en sociologie, Tunis, Université de Tunis.

SORENSEN, B. (1995). « La violence conjugale : simple symptôme ou geste planifié dans l'ordre social ? », *Revue Service social*, vol. 44, n° 2, p. 165-180.

UNFT (1994). *La violence conjugale : à propos d'une étude sur le vécu de la violence conjugale en Tunisie*, Tunis, UNFT (non publié).

3

VIOLENCE AGAINST WOMEN IN UKRAINE
Psychological and Social Context

Valentina M. Bondarovskaia
International Humanitarian Center ROZRADA
Kiev, Ukraine

Ukraine, a new independent country of the former Soviet Union, is going through a complicated period of transition to new values, a new economy system, and a new socio-political system. Many of the habitual ideas and conceptions about human relations, self-esteem, self-responsibility and responsibility for one's family and children are collapsing or evolving. Workplace relationships are changing. People's attitudes are evolving, be it towards power, law and property, or towards their own selves, death, gender equality, family, and children. All of these processes reflect the deep economic, ecological (Chernobyl disaster), socio-political and psychological crises in the society.

It is important to understand how the totalitarian regime has affected the people who lived in the former Soviet Union and East European countries, how these people construct their world differently from Western citizens as they seek to create new psychological models.

Women have some specific social and psychological problems in post-totalitarian society in the context of gender sensitivity and equality, and the violence against women.

The problem of violence against women is a new one for the post-communist societies. Any accident inside a family was kept secret during the Soviet era. Stalin's social health paradigm, the absence of sex in the socialist society, the intolerance of the Communist party towards divorce, the violence model as a normal mechanism of social decision-making were the background of the human rights transformation in the communist society.

We studied the psychological situation associated with violence against women in society during the transition period, the influence of the communist regime on the women's self-esteem, the situation of women's responsibility for the family life, their position as violence victims, their participation in political life, etc.

Analysts of the human being in the post-Soviet period identified several common psychological constructs:
- paternalism,
- collective thinking,
- dependency on authorities,
- gender insensitivity,
- violent consciousness.

We consider that it is important not only to investigate and grasp the ethics of totalitarian regimes, but also to remember that the psychological model of "Soviet" people remains today in the post-totalitarian societies of Eastern Europe and the new independent countries of the former Soviet Union.

The Ukrainian family has a long and very specific psychohistory. The nuclear families formed in Ukraine in the nineteenth century. The young families usually had their own house and owned some land. But in Ukraine parents never lost the help of children in their old age. Usually, one son lived with his parents: on the left bank of the Dnieper it was the youngest son, on the right bank, the oldest. If a family had no sons, this role was played by a daughter. It was usual for Ukrainians to have agreements between parents and son (or daughter) where taking care of the parents for the rest of their days led to inheriting their property.

The nineteenth-century Ukrainian family was patriarchal. All family members were dependent on the head (usually the father) who managed the family property. Ukrainian legislation did not provide that only one person could order the family property. At the end of the nineteenth century, the Ukrainian family moved on to the process of democratization and nuclearization of the family relationships. On the west bank of the Dnieper and in southern Ukraine the family property was divided almost equally between the family members, including not only sons but also daughters. On the east bank, the situation was more close to Lithuanian family status – women had some rights for family property, subject however to many conditions and limitations (Ponomarjov, 1993).

In fact, women in Ukrainian families had more equal rights and status compared, for instance, with Russian families. For example, women (wives or daughters), as equal family members, had rights to family property, dowry, etc. The relationships in Ukrainian families were usually concordant. Quite often a woman would be the head of the family.

The only reasons for divorce considered by the community were the incapacity to bear children or serious sickness. So there were very few divorces in Ukrainian families in the beginning of the twentieth century – about 0.5 per 1,000 marriages (Ponomarjov, 1993). The socio-economic relations were based on the strength of the family. "Economy is a background of the family," as went the saying in Ukraine.

In Russia, during that period, there was always a gross gender inequality inside the family.

Traditionally, the Russian woman was the slave of her man. Among the peasantry a daughter was expected to be obedient to her father until he married her off, whereupon she was required to submit to the will of her husband. The husband became her "father" within the patriarchal peasant culture. Among the gentry the situation was not very different (Rancour-Laferrier, 1993).

Gender equality was not usual in the Russian family. It was normal for a husband to beat his wife and children. Among the Russian peasantry the father's abuse of the mother would often take place right in front of the children. Within the traditional peasant family the father was a harsh disciplinarian who had the right to decide whom his children would marry, where they would live, etc. (Rancour-Laferrier, 1993).

It is possible to imagine the influence the Russian Empire had on family traditions in Ukraine, but as we know, the family is the social system where the psychohistorical structures gather the necessary conditions for safety and survival.

The Ukrainian peasant family kept many of its traditions, especially, in the beginning of the twentieth century, the tradition of respecting the mother as the *Bereginia* (protecting person) of the family house and traditions.

From the inception of the Soviet regime, Bolsheviks considered the family as one of the main objects for attack. New legislation about civil marriage and divorce was adopted. A new ideology for family and children upbringing was created. Bolshevik ideologist Peter Stuchka wrote, "the family is a form of slavery" (Geller, 1994). In the *Small Soviet Encyclopaedia* (1930), it was written that very soon the family would die together with private property and state.

Of deep influence to the family structure and gender relationships was the Bolsheviks' approach to the personality from a social-lineage point of view. According to this view, if one's lineage is proletarian, one has all social rights and can rely on state structures. If one's lineage is bourgeois, one is the potential enemy of the society and cannot have the same rights as other members of society. A bourgeois lineage closed the doors to the universities and careers. Communist propaganda supported all cases of family treachery. The infamous Pavlik Morozov became a Soviet national hero because he betrayed his father and gave the Bolshevik administration information about where his family stored their grain.

This approach raised big conflicts inside families and deep psychological issues for most people. It was a time of arousal for many new psychological models. Among these, the double moral and the compromise between the Good and Evil were predominant. It was usual to use such imperatives as "the aim justifies the means" (Stalin), "if the enemy does not give in, he needs to be annihilated" (Maxim Gorky), "if someone fells a forest, slivers will fly" (Stalin).

Fear and Lie became the general managers of human behaviour. Parents were afraid to tell their own children about their lineage. The social relay system was interrupted.

The family as a social structure was destroyed. In 1934 there were 37 divorces per 100 marriages. In Moscow hospitals, 57,000 childbirths versus 154,000 abortions were registered. The birth rate was very low. Many orphans lived in special child houses or right on the streets (Hosking, 1994). The issue was not only about the family destroying politics but also about the process of collectivization, mass repression, and artificial famine.

A so-called new moral emerged. In the 1920s, people were immersed in immoral propaganda and discussions about family, sexual freedom, and the struggle with the old way of life. In *The Revolution and the Youth*, Professor A. Zalkind developed the theory of the special proletarian morals. He wrote: "The old morals are dead, decomposed, stagnant. The new state class is moving to the proscenium. It will develop its own special rules of behaviour, its own ethics." (Zalkind, 1924).

In the first step of this move against family, Bolsheviks were oriented towards women (freedom from family slavery) and youths; in the second step, the main orientation was on youths. Robert Konkvest considered that Stalin had the conscious aim to destroy family relationships. The hatred for class enemies, the fear, the lies and the denunciations became the base of new morals. The state education system formed new people who were the instruments of family destruction. One of the slogans of this time was: "When we destroy the family hearth, we will strike the last blow to the bourgeois system" (Geller, 1994).

This process of family destruction was finished towards the end of the 1920s and the beginning of the 1930s. It was new era for Stalin's authoritarian regime.

The Communist Party began to understand that it was time for a change in family politics. In 1934-1935, the mass media initiated a campaign aimed at strengthening family values. So-called "free love" was presented as a result of bourgeois influence. A new Soviet moral emerged, more severe than Puritan morals of Victorian England. New laws limited the freedom of divorce and abortion. A new totalitarian model of the family was created. We can agree with Erich Fromm and Wilhelm Reich that a totalitarian state needs a totalitarian family as a social institution. This thesis was very clear for Stalin and his entourage. They organized an all-out campaign to spread the totalitarian Puritan family model.

The absence of information on sexuality, plus the Puritan model of the family, plus whole families living in a single room resulted in sexual inhibition of the personality. "Sexual inhibition makes up the base both for the individual's family reserve and self-consciousness" (Reich, 1997).

The lack of necessary information about sexuality or contraceptives, as well as the emergence of Puritan family morals as the main social model of the family resulted in the situation that marriage, in a sexual context, became some sort of secret activity associated with a constant fear of pregnancy. Girls, as a rule, got married without having the faintest idea about sexual relations, but with the same feelings as women had had in Euripides' time in Ancient Greece: "Then, when she goes into her husband's home [...] she needs a prophet's skill to sort out the man whose bed she shares," said Medea in a famous Euripides tragedy. In fact, Soviet women in Stalin's time lived the same situation.

The gender equality announced by communist ideologists in the first stages of the Soviet society development was liquidated. Women had this strange position in Soviet Union where they did the hardest work in society, managed all problems inside the family, did all the house chores and managed the upbringing of children, while having no influence whatsoever on society's social life.

Such was the whole picture of ordinary Soviet woman life: "Food shortages; eternal queues; indifferent doctors hastily attending children who constantly get ill from sloppily run nursery schools; a dearth of the most basic household implements or services; passive husbands buried in TV or newspapers who never lift a finger to help out" (Du Plessix Gray, 1990).

On the psychological side, in Soviet families woman became the main figure. Many Soviet families lost men at the time of Stalin's repressions and at World War II. Then emerged a new generation of women who had to reach out, to demand, to obtain something so that their family could survive. A new psychological type of woman with a powerful, decisive, forceful, and dictatorial personality emerged. There was a family head coping the totalitarian state dictator. The situation was unbelievable: these women, as usual, loved the Main Man – State, believed in Him and carried out His will (Bejin, 1992).

The family as a whole adopted the Soviet way of life: mothers gave orders and punishments; they were capricious and lapsed into hysterics. The father (if any) kept silent. The children believed that this was the true family model: mothers work very hard inside and outside the family, they solve all family problems, they manage all the family money and are the family dictators.

At the same time men possessed all power in the society. There was no place for women on the top level of power. This gave rise to *an antifeminine model of society*. There were some women in the Soviet Parliament and in the government, but in fact, there were no women who made social, political or economical decisions.

Ukrainian families suffered from Soviet power even more than others. Not only Ukraine lost about 6 million people at the time of the 1933 famine, but it also lost the main psychohistorical conditions of its family lifestyle and children upbringing. The next tragedy was the fascist occupation in 1941-1944. Ukraine lost millions and millions of people, mostly men. After World War II Stalin began new repressions against the Ukrainians and Jews, and deported many people from West Ukraine.

In this context, we consider it is especially important not only to investigate and grasp the ethics of totalitarian regimes, but also to remember that the "Soviet" psychological model remains to this day in post-totalitarian societies of Eastern Europe and the former Soviet Union.

We conducted a psychologically and psychohistorically focused research project to grasp the nature of the current psychological constructs and to assess the social and psychological consequences of the Soviet totalitarian regime on people. To identify these psychological constructs we observed the relationship of a group of people to a list of key factors, and also applied cross-cultural and psychohistorical analysis methods to the psychosocial situation in the former Soviet Union.

To represent our results we used the concept of the psychological model. In this context, the psychological models are the cognitive, emotional and ethic-religious constructs which determine the person's behaviour and appear as the result of the influence of family, education, and social peculiarities on the person. Here we also can observe the system of a person's attitudes – towards oneself, family, children, violence, power, work, etc. We also studied the general values and other psychological consequences of the Stalinian concept that the person is but a small part of the big social machine.

In the context of the violence against persons, especially against women, we can see that in the area of personal responsibility, the "Soviet" citizen was culturally trained in learned helplessness and dependency. The State oversaw the planning, organizing and implementing of all facets of each individual's life. Some persons in the political hierarchy determined which apartment a person would receive and when, the metric allotment for each person (in Moscow it was 9 m²/person while in Kiev it was 13.5 m²/person), the time and manner of vacation leave and which doctor and clinic to visit.

The "Soviet" citizen could be employed only at one organization. There was no choice for another profession and no opportunities to work overtime in order to earn more money. This situation created a patronymic system that functioned like a family. Indeed, this system was designed to destroy the nuclear family and replace it with a collective "family." Consequently, people believed that it was someone else's responsibility to solve the problems of each individual and family, which created a lack of response.

In this context, it is important to study how people in post-communist countries understand what is violence, gender equality, or gender-based violence.

Now, in the era of post-Soviet society transformation, it is important to fully understand the inner psychological constructs, the psychological models of post-Soviet human behaviour, the differences between personal constructs in democratic and totalitarian societies, especially in the context of gender equality and violence against women.

OBJECTIVE

The objective of our research and practical work was to study the psychological-behaviour models of domestic violence victims and violators in the Ukrainian post-totalitarian society, to develop technologies to cope domestic violence by psychological consulting, training and supporting of women who are victims of violence in a social and legal context.

The primary goal of our research was to identify the typical psycho-social constructs of people who lived under the communist totalitarian regime. We were interested in the psychological constructs of women's position in the society, inside the family and in the workplace.

The secondary goal of our research was to study how the different strata of Ukrainian society understand what violence, especially violence against women, really is.

The third goal of our research and psychological practice was to use our results as a foundation for helping women in this region to build new psychological models oriented towards gender equality, creating a work and family life balance, overcoming sexual harassment and discrimination towards women in the workplace and promoting the active participation of women in the political and social life. In the context of gender equality and human rights, we were also interested in the relations between post-Soviet women unpretentiousness, low self-esteem, willingness to accept bad work and living conditions and real misbalance between work and family.

METHODS

In the first stage of our research we used the methods of cross-cultural psychohistorical analysis of family traditions in Ukraine in the context of woman's status and violence against women. The main directions of the psychological modeling were:
- cognitive,
- emotional,
- ethical-religious,
- pattern per se (the system of attitudes and values).

Within the *cognitive* level of psychological modeling we considered three sublevels of analysis:
- the psychohistorical sublevel,
- the informational sublevel,
- the cognitive per se sublevel.

On the *psychohistorical sublevel* we analyzed the influence of the persons' past experience of the society on their psychological constructs and behaviour. We also considered the social models of the past, present and future, and the psychosocial models of the individual, the family, and the small group.

On the *informational sublevel* we analyzed the main directions of the Soviet totalitarian information space function. We performed a psychological analysis of the societal information space in the various periods of the communist regime and the information space of the individual, family, and small groups. We did a cross-cultural analysis of the designed society information space and the information space in communist and post-communist societies. We also considered the information base of the person and family's inner exile in communist society.

The *cognitive per se sublevel* is important. Stalin's paradigm that a person is but a small part of the big social machine resulted in a special approach to the communist education and family upbringing systems. For example, in these systems no attention was paid to developing the person's strategic thinking. The totalitarian communist society, as we supposed, had a direct influence on such human cognitive structures as strategic and tactical thinking, critical thinking, problem solving, decision making, planning, and judgment.

On the *emotional* level, we considered three directions: the persons' needs; their feelings; their psychical state. We supposed that the communist regime exerted a strong pressure on the development of human needs and feelings. We were also interested in the correlation between the domination of each person's feelings and the psychical state of people and the society as the whole.

On the *ethical-religious* level of psychological modeling, we considered two sublevels: spiritual and comparative. The communist ideology, as has been shown, invaded the deepest spiritual structures of the person. It is important to analyze how deep and constant this intervention was. The conceptions of God, life and death, good and evil were subjects of communist propaganda. It is important to understand how families and people adopted the communist ethics system, what models of behaviour created communist slogans such as "The goal justifies the means" or "We have to obtain such result at any cost."

On the *pattern-per-se modeling* level, we consider the main person's attitudes that define his or her beliefs and behaviour.

We divide these attitudes as follows:
- attitudes towards life and death in general;
- attitudes towards one's own life and state of health;
- attitudes towards personal safety;
- social attitudes:
  - towards power (governmental structures),
  - towards the law,
  - towards the family,
  - towards work,
  - towards violence,
  - towards survival conceptions and skills ("I am a victim" or "I am a survivor").

In the second stage of our research, we tried to find out to what degree the population's views on domestic violence coincided with the global understanding of this phenomenon.

Our research was conducted in two parts: first the constitution of an expert group, then a survey of the population.

Nine persons who, in some ways, have to deal with violence against women or domestic violence as a whole were invited to work in the expert group. They either contribute to the prevention of violence or help the victims, or work on legislative changes in Ukraine. Among the experts were representatives of both public and private organizations.

Social surveys were conducted in two main directions:
- youths from the upper class (boys and girls aged 14-17, students in and around Kiev);
- the adult population (women and men from Kiev, Mykolaiv, Lviv, Uzhhorod and Pervomaisk – 145 people in all).

This part of the research was realized in collaboration with Katerina Babenko. We developed a psychological help program aimed at domestic violence victims in a post-totalitarian society, including individual counselling, psychological work with groups of victims, training, developing and publishing fliers, booklets and brochures, working on radio and TV, and answering women's questions in popular magazines and newspapers.

We offered counselling to over 150 women who had been victims of domestic violence. We conducted ten training sessions for 120 women and five programs for women's groups.

RESULTS

As for the first goal of our research, our analysis on the cognitive level gave the following results. On the psychohistorical sublevel, we could see the influence of the past experience of society and the social models of the past, present and future within the family, the educational system and the social thinking on the individual's inner life and behaviour. We discussed the consequences of the Soviet power's activity on the life of families, children, and women themselves.

Women still consider it their duty to take care of the whole family life and its secret character, and to constantly show patience when confronted with violent actions from their husbands.

On the informative sublevel of analysis, we could see how the communist power organized the information space. Many cultural treasures were removed from local museums and from the view of the people. The information space was strongly defined for people. Each radio receiver was registered by NKVD (later KGB) in Stalin's time. Later, under Khrushchev and Brejnev, the politics of rigid control of the information space continued in an other, somewhat lighter form.

As for the violence against persons, including women, there was no mention of it in the Soviet information space and for some time in the post-Soviet world. "No information – no problem!"

On the cognitive per se level, the communist educational system fulfilled its mandate. The main task of this educational machine was to develop certain people's mental structures so as to make them helpful in the military enterprises on a middle decision level. This educational system was very far from developing the person's free thinking, strategic thinking, and decision-making skills. *Paternalism* was one of the main features of the ordinary person under the Soviet regime.

In the whole, on the cognitive level of our model, we observed that the cognitive space of Soviet personality had the following characteristics:
- limited information space;
- lack of freedom;
- fear as a constant emotional life manager;
- lies as a means of survival;
- lack of strategic thinking;
- lack of the planning skills that are so necessary to a person. At the same time an informational pressure was exerted on the person with the slogan: "We are living in a planning society";

– lack of responsible relations between time and the person's actions;

– an attack on the national languages and traditions, destroying the inner harmony acquired by the person through the unification of the national mental/emotional space and nature conditions.

In this context, we could identify that under the Soviet regime, the person was submitted to a *system of psychological barriers*. This system had a large influence on society in a time of social, psychological, political and economic transition.

The main cognitive psychological barriers to which people in the post-Soviet era are submitted are:

– strategic barriers,

– planning barriers,

– barriers related to the negative image of market activity,

– the barrier of unpretentiousness (as to life quality).

This last barrier is one of the reasons why many women had a lot of patience towards violence exerted against them. Women thought that being a victim was the norm. As the main manager of the family life, the wife and mother was ready to patiently endure her husband's alcoholism and his violent behaviour in both a physical and psychological sense.

The communist regime established a *balance between people's small needs, small salaries and small quantities of goods in stores*. Ukraine under the Soviet regime was the object of special attention from the Soviet power, which implemented a strategy to move all Ukrainian talents and active persons to a central zone of active thinking and uplifting life – namely, Moscow. During the Soviet period, not only Ukraine lost millions of citizens to artificial famine, collectivization, and World War II, but it also systematically lost her most active people, who left to work in the Central Committee of the Communist Party, in the government, and in various scientific institutes and military enterprises in Russia. Many Ukrainians were hired to extract Siberia's oil and still work there to this day.

As for the second goal of our research, we studied the attitudes of the Ukrainian population towards the violence against women on the base of the system of women's and men's psychological behaviour models in post-Soviet families, and we analyzed the typical situations of domestic violence within families as well as related social and legal issues. We published over 30 fliers, brochures and booklets to inform people about human rights, prevention and coping with domestic violence.

Domestic violence against women is a somewhat new notion in Ukraine. Many international documents are now being translated and published where domestic violence against women is denoted as one of the main types of violence. To understand how exactly people interpret the notion of "domestic violence," we included in our survey a direct question: "What forms of conduct do you consider to be domestic violence?"

Let's look at our respondents' answers to this question. They were given a list of types of violent conduct which are considered as violence in the international conventions and declarations. As can be seen in Figure 1, beating and other types of physical violence hold the first place (98%). Among the types of psychological violence, stressing the shortcomings is the most commonly cited (91%). As for types of mental violence such as economic control, restriction of choice and indifference, one out of three respondents did not consider them at all as cases of domestic violence. This is the opinion of the adult population.

Figure 1
Types of Conduct Regarded as Violence (%)

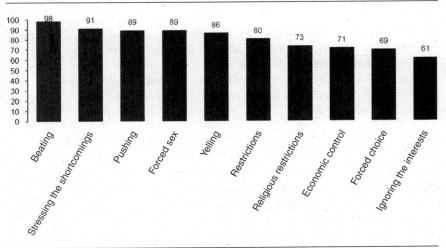

Figure 2 shows that beating and the use of physical force are seen as a form of domestic violence by 63% of the respondents, forced sexual intercourse by 35%, restrictions by 29%, yelling and cursing by 28%, and humiliation by 23%. Only 9% of the respondents consider economic and mental control and indifference as forms of domestic violence.

Figure 2
Understanding of the Notion of "Domestic Violence" (%)

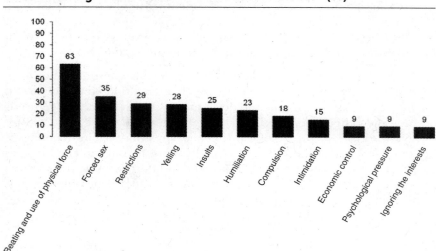

It turns out that teenagers separate physical and mental violence even more than adults do. About two teens out of three boys and girls do not consider cursing and indifference as forms of violence. About a third of them do not see continuous humiliation, communication restrictions, compulsion, or economic control as forms of violence.

Even more interesting is the wide gap between teenage boys and girls as regards their understanding of violence. This gap is most noticeable in perceptions about psychological violence (Figure 3).

The results of our research show the existence of traditional stereotypes about the role of wife and husband in the family and society. These stereotypes are common not only among the adult population, but among the teenagers as well. One of such stereotypes is that "the only role and task of the wife is taking care of the house, husband and children." Thus a woman should not think about a career, professional development or self-realization. As can be seen in Figure 3, 70.2% of boys think that a woman's main roles are those of "hostess" and "mother." They think that taking care of the house and children upbringing is a job for a woman, not a man. Among teenager respondents, 56.7% of the boys think that a woman with a career cannot be a good mother and wife. In the same group, 76.1% of boys see the husband as the head of the family, having the right to control the family life. Girls have another point of view (Figure 4).

Figure 3
Comparison of Perceptions of Violence by Boys and Girls (%)

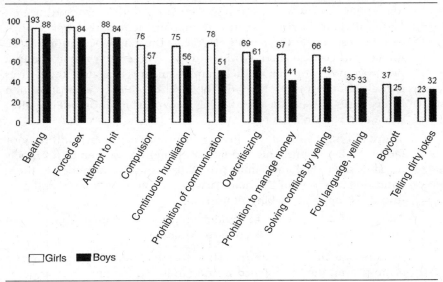

□ Girls ■ Boys

Figure 4
Comparison of Girls' and Boys' Attitudes towards the Roles of Woman and Man

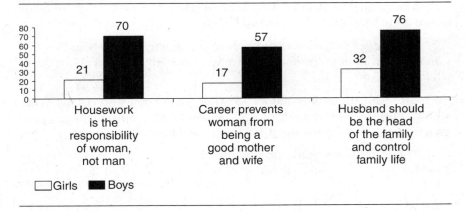

□ Girls ■ Boys

Major changes have occurred as regards violence against women in recent times. Three main tendencies may be observed:

- Many men now work in business structures and earn good money. Many of them begin to realize their pain, fear and anger against women, especially their mother (recall the family situation in the totalitarian context after World War II). These men are applying a new system of violence in their family, turning it against their wives and children. In these families, the level of violence against women is very high. These men are applying violent behaviour models against women in their offices too.
- There is a high level of violence against women and girls within poor families. Man as husband and father blames the women in his family for all his personal and family problems. As will be seen below, these conditions are one of the main reasons which draw women and girls into the human-trafficking networks.
- The society is beginning to understand the importance of protecting and supporting victims of domestic violence.

Ukraine was the first country of the former Soviet Union to enact a law on the prevention of violence inside family. Unfortunately, this act is mostly declarative. Members of Ukrainian Parliament, with the cooperation of NGOs and some state structures, are in the process of amending and implementing the Act.

As for human trafficking, some results of our research show that violence in the family is one of the main reasons why women get caught in the human-trafficking net. It turns out that a woman in this family context loses what little dignity she may have had in her childhood and is stigmatized as "ignoramus," "lazybones," or "no-gooder."

The victims of domestic violence are easily deceived. They are ready to run away from such a family and believe in any fairytale.

The *stigmas* and negative psychological characteristics girls and women suffer in their families promote the victims' trust and dreams about life in paradise (Figure 5).

Girls who are victims of domestic violence become also victims in the school. This is where the person's self-stigmatization is developing: "I am an ignoramus"; "I am the worst"; "I am a good-for-nothing."

There is also stigmatization by relatives: "You're a bad girl"; "You're good for nothing"; "You only bring problems"; "You're foolish."

Figure 5
The Development of Stigmatization in a Girl Who Is a Victim of Family Violence

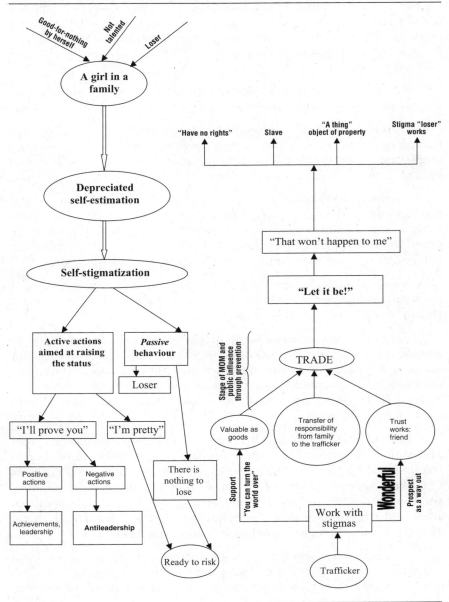

In the post-totalitarian patriarchal family, parents consider their daughter as their possession. They may let her down, lose their temper and evaluate her on her marks at school or the quality of the work she performs for her mother or father. When a daughter's achievements do not fit her parents' requirements, when her school report does not show the minimum mark defined by one of the parents, she may be punished, let down, etc. Step by step, the girl acquires the stigmas of "good-for-nothing," "not talented," "loser," etc.

As a result of psychological (and very often physical) violence, low self-esteem is being shaped and the process of self-stigmatization unfolds.

Girls are deprived of responsibility for their own life and even for their documents. Such victims of psychological violence are ready either to give away their documents to any human dealer who will appear as a kind of "father" who can protect their rights.

According to the data of our social survey of the population and the results of the work of our expert group, focus groups and thorough interviews, we can identify certain types of families whose members are more prone to get trapped into the nets of slavery: 1) patriarchal, totalitarian families; 2) dysfunctional families; 3) families in a critical situation.

Members of such families feel that there is no way out and, as is traditional in the Soviet mentality, they try to find a culprit. The stigmas emerge in the search of the scapegoat.

The patriarchal, totalitarian family. In such a family, children must always obey their parents. The parents know best where their daughter must study, what she must eat, whom she must date and where she must work. The motto of this style of upbringing is "you are good for nothing without me." Such conditions give shape to a stigma which defines the child's behaviour in his or her future life.

For example, in one family (Donetsk) a girl was an excellent pupil who wanted to pursue her studies. But her parents didn't allow her to continue studying and made her work as a charwoman in the prestigious firm where her mother worked. Moreover, they gave her no pocket money and did not let her see her friends, arguing that she would not survive alone and could not achieve anything, that she was a good-for-nothing. Thus the stigma "You are a good-for-nothing!" was formed.

The dysfunctional family. In such a family, at least one of the parents is functionally disabled, very often by an addiction to drugs or alcohol. Children in such a family are deprived of attention and love, and severely punished.

A typical situation: a girl (in Donetsk) was forced to drink with her parents, who called her a whore, threatened to drive her out and insisted that she could not survive without them. In such a family, the needs and interests of the child are not satisfied. The relationships are cruel and stigmatized. Very often the children suffer from cruelty, violence, or totalitarian behaviour; they must obey every whim of their parents for fear of being beaten or called a good-for-nothing.

Figure 5 (idea by Olga Kurilenko) shows the development and movement of a girl's stigmas during her upbringing in a violent family.

As for third goal of our research, we consulted more than 150 women who had been victims of domestic violence. We created the "Job Club" training program to help women attain economic independence. We realized 10 training sessions for 120 women. Over 50% of the Job Club Program trainees found a job.

Ukraine is moving towards preventing and overcoming violence against women. Here is the current situation:

– There are only four shelters for victims in all of Ukraine: one in the capital, administrated by the Kiev Center for Women, has a capacity of 15 persons; another one in Kharkiv, run by a NGO; one in the region of Kiev; one in West Ukraine.

– There is no social housing. Many abused women refrain from leaving their offender by fear of homelessness.

– There is a need to substantially increase the cooperation between medical, social and legal authorities. Too many victims find out that in fact, cooperation does not exist.

– The NGO ROZRADA and the Fund for protection of victims of violence organize rehabilitation services for abused women in the Kiev Center for Women. Some 300 to 400 victims receive help every year through the center, including vocational training in order to attain functional independence.

– There is no rehabilitation program for perpetrators in Ukraine.

– There are no possibilities to stop violence. NGOs and the ministry of Family, Youth and Sport understand the importance of the development and implementation of Stop Violence national program. We hope for success in this direction.

CONCLUSION

People who live in the new independent countries of the former Soviet Union have both a common and particular psychohistory. The present generations in these countries live with psychological behaviour models and family values that were formed in a totalitarian society. Family in this society was the object of much attention from the Soviet ideology and propaganda.

Women in the Soviet and post-Soviet society are very often victims of domestic violence. In the Soviet information space there was no information on human rights (the UN Human Rights Declaration was not published until 1988) or on violence against women and gender equality. This is why most people in such countries as Ukraine still cannot see and understand the full violent nature of their family members' behaviour. It is necessary to develop a system to identify, prevent and stop violence against women and children in Ukraine.

Ukraine, being the first country of former Soviet Union to enact a law on the prevention of family violence, received support from the UNIFEM Fund for 2007-2008 to improve the legislation on violence against women and develop an effective system of violence prevention and help to women who are victims of violence. The International Humanitarian Centre ROZRADA, as a practical psychology centre that successfully helps women and works for gender equality in Ukraine, is one of the two NGOs implementing this project.

We have used the results of our investigations and practical work to develop and publish over 30 booklets and fliers for adults and teenagers as part of a broad information campaign against violence against women, domestic violence and children abuse.

BIBLIOGRAPHY

BEJIN, L. (1992). "The Mothers' Power," *Nezavisimaya Gazeta*, December 23.

DU PLESSIX GRAY, F. (1990). *Soviet Women: Walking the Tightrope*, New York, Doubleday.

EURIPIDES (1950). *Medea*, Moscow, State Publishing House.

GELLER, M. (1994). *The Machine and the Screws*, Moscow, MIK Press.

HOSKING, G. (1994). *A History of the Soviet Union 1917-1991*, Moscow, Vagrius Press.

PONOMARJOV, A. (1993). "Family and Family Ceremonies," in V. Naulko (ed.), *Culture and Lifestyle of the Ukrainian Population*, Kiev, p. 175-202.

RANCOUR-LAFERRIER, D. (1993). *The Slave Soul of Russia,* New York, New York University Press.

REICH, W. (1997). *The Mass Psychology of Fascism,* A Condor Book Souvenir Press (Educational) and Academic LID, translated into Russian, St. Petersburg, University Books.

The Small Soviet Encyclopedia (1930), vol. 7, art. "Family Legislation."

ZALKIND, A. (1924). "The Revolution and the Youth," *Rodnick Magazine* (1989), vol. 10, p. 63-65.

4

LA VIOLENCE EXERCÉE CONTRE LES JEUNES FILLES AUTOCHTONES
Le problème, sa face cachée, les sources d'espoir et les interventions possibles[1]

Pamela J. Downe
University of Saskatchewan

Jusqu'à il y a huit ans, mes recherches se concentraient surtout sur la santé des femmes du Sud de l'Amérique centrale et des Antilles, mais par un beau jour glacial de février 1998, les hasards de la vie m'ont poussée à étendre mon champ d'analyse et de sensibilisation. Ce jour-là, la porte de mon bureau à l'université s'est ouverte sur une jeune Autochtone exultant la confiance qui a sollicité mon aide. Elle avait été impliquée dans le commerce du sexe à l'échelle locale et internationale. Elle était frustrée par le manque d'information mise à la disposition des jeunes femmes autochtones victimes de grande pauvreté et de désespoir, conditions qui décuplaient les probabilités qu'elles plongent à leur tour dans le marasme de l'exploitation sexuelle. Ayant appris le travail que j'avais fait auprès de femmes dans des situations semblables en Amérique centrale, ma jeune interlocutrice se

---

1.   Texte traduit de l'anglais.

demandait si je pouvais l'aider, elle et ses amies, à s'attaquer au problème de la violence, de l'exploitation et du désespoir que ses semblables vivaient sur une base quotidienne. En tant que professeure au Département de la condition féminine et des rapports entre les sexes engagée dans la recherche à caractère social doublée d'une anthropologue médicale ayant comme objectif l'étude et éventuellement l'atténuation, même à très petite échelle, des répercussions de la violence sur la santé, je pouvais difficilement lui refuser mon aide. Depuis cette rencontre, j'ai réalisé quatre projets auprès de plus de 120 femmes et jeunes filles autochtones.

Après mûre réflexion, la jeune femme qui m'a amenée à travailler dans ce champ d'expertise a pris le pseudonyme d'Ashley-Mika, nom sous lequel elle est mentionnée dans la recherche (Downe, 2001). Elle aimait bien le premier prénom de son pseudonyme, Ashley, parce qu'il « *ressemble aux prénoms que portent les jeunes Blanches populaires. Le genre de prénom que les jeunes filles ordinaires possèdent.* » Son second prénom, Mika, a été choisi dans un recueil de noms destiné aux futurs parents. Selon cet ouvrage, Mika est un générique « autochtone » signifiant « petit raton-laveur futé ». Comme les ratons-laveurs sont souvent considérés comme des animaux indésirables en milieu urbain, Ashley-Mika a immédiatement tracé un parallèle entre cette mauvaise réputation et la façon dont les jeunes Autochtones, en particulier les jeunes filles, sont traités lorsqu'ils émigrent des communautés rurales et des réserves, souvent situées dans le Nord, vers la ville. « *On nous traite comme de vulgaires rongeurs* [dit-elle avec véhémence], *mais attention, nous sommes aussi malins. Futés comme des ratons!* » Ce croisement entre l'image de la jeune fille blanche populaire et le vécu d'une sans-abri rejetée de tous en milieu urbain incarnait, pour Ashley-Mika, la réalité que vivent les jeunes Métisses au Canada.

Cette recherche réalisée avec la collaboration d'Ashley-Mika et de ses amies a mené à la réalisation d'un fascicule qui a été distribué aux jeunes filles et aux femmes prises dans les vicissitudes du commerce du sexe par les intervenants de proximité, qui sillonnaient les rues à bord d'une fourgonnette. La brochure contient des récits et des images dépeignant différents problèmes comme la violence, le déchirement social, le racisme, le sexisme, le néocolonialisme et l'âgisme. En contrepoids à la violence structurelle et interpersonnelle qui y est décrite, le fascicule propose des pages sur l'amitié et l'affection; on y trouve des blagues et des conseils donnés par des femmes, de même que des recettes, des trucs de beauté et des critiques de films. Cette publication, dont les droits de distribution appartiennent exclusivement aux jeunes participantes de l'étude, décrit en termes éloquents la façon dont ces jeunes femmes marginalisées ont intégré la violence à laquelle elles sont confrontées à une identité également marquée par leur force de caractère et leur persévérance.

Nous avons réalisé cette plaquette parce qu'ici, nous ignorons tout de la réalité des jeunes Autochtones de la rue [...] *Nous devons commencer quelque part, apprendre à nous familiariser avec cette réalité et l'apprivoiser.*

Le présent chapitre fait suite à l'appel lancé par Ashley-Mika voulant que l'on discute de la condition des jeunes Autochtones et qu'on apprenne de quoi il en retourne. Au fil des pages, j'ai intercalé des extraits d'entretiens que j'ai eus avec Ashley-Mika, de façon à donner le point de vue d'une jeune femme ayant personnellement connu le commerce du sexe. Parfois, mes commentaires s'appliquent directement à ce contexte, alors qu'à d'autres moments, ils portent de façon plus générale sur la violence structurelle et interpersonnelle subie par les jeunes femmes autochtones dans une multitude de contextes. Pour commencer, je brosse un tableau sommaire de la violence et de l'oppression que vivent quotidiennement les jeunes filles et les femmes autochtones, que ce soit dans la rue ou ailleurs. Même si ce profil est largement connu dans certains milieux, Dara Culhane (2003, p. 598) souligne : « Peu d'analystes ou de militants non autochtones [...] reconnaissent la vulnérabilité et la surexposition à l'exploitation sexuelle à la violence et aux meurtres qui *sont le propre* des femmes autochtones canadiennes, aujourd'hui comme hier. » Trop souvent, l'exploitation, la violence et l'oppression qui frappent les jeunes filles autochtones sont attribuées à des facteurs individuels et on cherche à minimiser le problème en l'imputant à la drogue, à la prostitution, à la déficience des parents et à l'éclatement des familles. Même si ces facteurs peuvent jouer et jouent souvent de fait un rôle important et indéniable dans les difficultés que doivent surmonter les jeunes femmes autochtones, le tableau de la violence et de l'oppression présenté à la section suivante montre bien les inégalités structurelles qui permettent à cette violence et à cette oppression d'avoir une présence si insidieuse dans la vie de ces femmes.

Naturellement, le tableau bien connu présenté dans ces pages est combiné à un autre phénomène moins connu : les disparitions et la peur. La troisième partie du présent mémoire fait œuvre utile en dévoilant un secret public qui crée beaucoup d'anxiété chez la plupart des jeunes Autochtones que j'ai côtoyées dans mes recherches. Les secrets de la sphère publique, la déshumanisation et la mémoire transitoire (Appadurai, 2006 ; Taussig, 1999, 2003) ont fait l'objet d'une abondance de travaux théoriques, et bien que je m'appuie sur ceux-ci, mon propos n'est pas de démontrer les arguments théoriques en soi, mais plutôt de les présenter en contexte dans un cadre intellectualisé – un « terrain de la connaissance » comme dirait Michel Foucault (1972) – de ce que l'on connaît et on ignore précisément au sujet des femmes et des jeunes filles autochtones.

Après avoir posé les limites du connu et du moins connu dans le discours public et le discours universitaire, je m'attarde ensuite à ce que l'on *devrait* savoir sur la réalité des jeunes femmes autochtones au Canada et aux mesures concrètes qui pourraient être prises pour corriger les difficultés et les défis qu'elles doivent surmonter. Dans les deux dernières sections, j'aborde un sujet d'intérêt grandissant, soit la résilience, et fais valoir que ce concept doit être nuancé et intégré avec précaution à notre base de connaissances.

CE QUE L'ON SAIT : TABLEAU DE LA VIOLENCE ET DE L'OPPRESSION

Selon les études, les jeunes Indiennes de plein droit (dans la tranche d'âge de 17 à 38 ans) courent cinq fois plus de risques que les autres femmes de connaître une mort violente (Ministère des Affaires indiennes et du Nord canadien, 1996)[2]. Nous savons qu'environ 75 % des jeunes Autochtones de moins de 18 ans ont été victimes d'agressions sexuelles (Lane, Bopp et Bopp, 2003) ; que 75 % des Autochtones victimes de crimes à caractère sexuel ont moins de 18 ans, 50 % ont moins de 14 ans et 17 % ont moins de 11 ans (Hylton, 2001). Pour une jeune Autochtone, le risque de subir des blessures, d'être assaillie, exploitée ou déplacée sont deux fois et demie plus élevés que pour une jeune fille non autochtone vivant dans un contexte de pauvreté (PNUD, 2000). De plus, les jeunes filles autochtones sont deux fois plus susceptibles que les autres de vivre sous le seuil de faible revenu (Statistique Canada, 2001) et le spectre de la pauvreté augmente chez celles qui ont des enfants, surtout lorsqu'elles sont mères monoparentales (Davies, McMullen et Avison, 2000, p. vii).

L'enfant autochtone qui vit dans la pauvreté habite souvent un logement insalubre et surpeuplé. Au Canada, 52 % des foyers autochtones – en majorité des familles monoparentales ayant une femme à leur tête – habitent des logements ne répondant pas aux critères de la Société canadienne d'hypothèques et de logement définissant le logement acceptable, à savoir un logement dont l'état est adéquat, la taille appropriée et le prix abordable. En Saskatchewan, la province comptant la plus grande population autochtone au pays, la situation est encore plus grave : 70 % des logements ne respectent pas les normes de logement acceptable (Saskatchewan Women's Secretariat, 1999, p. 33). On pourra toujours invoquer l'eurocentrisme des normes d'habitation et alléguer que les immeubles en soi

---

2. Le terme *Indienne de plein droit* est utilisé ici en référence à la terminologie juridique.

sont adéquats, et que le problème est attribuable à des mesures discriminatoires et culturellement déficientes qui ont eu pour effet de «créer» une crise du logement dans les communautés autochtones. Il importe par ailleurs de souligner que des générations d'Autochtones ont vécu sous la férule d'administrations qui restreignaient leurs déplacements, l'accès aux ressources et leur statut culturel, ce qui a favorisé la paupérisation de ces communautés. L'évaluation faite par la Société canadienne d'hypothèques et de logement, entre autres, décrit ces conditions d'appauvrissement et révèle que les communautés autochtones sont incroyablement négligées par rapport aux autres communautés. Compte tenu des liens d'interdépendance économique et politique complexes qui existent entre les communautés autochtones et non autochtones, ce contraste s'avère un facteur important pour comprendre les inégalités structurelles entre ces composantes.

En réaction à la très grande pauvreté et à la médiocrité des logements dans la plupart des communautés établies sur des réserves, les jeunes Autochtones sont beaucoup plus sujets que les autres à migrer de communauté en communauté. Ce phénomène de migration transitoire n'est pas unique, Apfelbaum (2000) estime en effet que nous vivons à une époque de déracinements propice aux migrations, à l'adoption d'une citoyenneté transitionnelle et aux mouvements frontaliers de toutes sortes. Les déplacements des jeunes Autochtones ne sont pas non plus exclusivement imputables à des traumatismes subis ni à la perte de l'identité culturelle. Comme l'a démontré l'ethnologue Malkki (1995) dans son analyse si lucide des réfugiés hutus, le fait pour un individu de s'éloigner de sa communauté violente peut au contraire être une source de réconfort et de revitalisation de l'identité culturelle. Ces travaux et d'autres encore montrent que les périodes de souffrance, de paralysie sociale et de liminalité sont plus fréquentes chez les individus qui ont dû s'exiler à cause de troubles politiques, de violence publique ou familiale, de pénuries ou d'autres drames du même acabit – qui sont le lot des peuples autochtones –, du déplacement forcé des réserves et du bouleversement des normes d'habitation reconnues (Armitage, 1995 ; Choi, 1997 ; Kirmayer, Brass et Tait, 2000 ; Nacify, 1993 ; Waldram, 1987, 1988).

Aux États-Unis comme au Canada, on constate que les femmes et les jeunes filles autochtones quittent plus souvent leur communauté d'origine et celle où elles se sont réinstallées que les hommes et les garçons, et qu'elles ont de plus tendance à multiplier leurs communautés d'accueil (Statistique Canada, 2001). On peut expliquer de maintes façons la disparité entre les sexes en ce qui a trait aux mouvements des populations autochtones. Les femmes sont ainsi plus enclines à se déplacer pour poursuivre leurs études et chercher du travail, mais force est de constater qu'elles sont plus souvent aliénées de leur communauté par le niveau intolérable de violence inter-personnelle et indirecte qu'elles y subissent et qui a été décrit précédem-ment (Downe, 2006; Medicine, 2001). Lorsqu'elles ont épuisé tous les appuis dont elles jouissent dans leur milieu, de nombreuses femmes autoch-tones quittent leur communauté avec leurs enfants dans l'espoir de trouver une vie meilleure ailleurs. Victimes de racisme, de préjugés sociaux et de la précarité (revenu, logement et soutien inadéquats) dans leur nouvelle communauté, les exilées continuent leur errance et intériorisent de plus en plus le sentiment de dislocation. Le poids inhumain de la dislocation et de la pauvreté endémique accroît le désespoir et le découragement des jeunes femmes.

Les déracinements et les réinstallations à répétition ne sont pas un phénomène nouveau pour les peuples autochtones canadiens. En fait, l'histoire des Autochtones du Canada n'est qu'une longue suite de déraci-nements et de mouvances. Ainsi, lorsque les jeunes femmes autochtones contemporaines migrent de communauté en communauté, le poids du passé teinte leur errance de façon négative. Avant la colonisation, les peuples autochtones éprouvaient certes des difficultés qui leur étaient propres, mais les politiques de discrimination et de déplacement implantées par les colons blancs ont morcelé les communautés et perturbé l'ordre social. Les femmes autochtones ont perdu leur statut, leur identité culturelle ainsi que les droits sur leurs enfants (Sangster, 1999). Les pensionnats, qui sont une tache honteuse dans l'histoire de la société canadienne, sont la preuve indéniable des effets négatifs que le déracinement d'origine coloniale a eus sur la jeunesse autochtone. Dès le début des années 1600, les mission-naires chrétiens ont tout fait pour éduquer les enfants autochtones de manière à leur inculquer des valeurs européennes. Vers le milieu du XIXᵉ siècle, avec le rapport de la commission Bagot, déposé en 1842, et l'*Acte pour encourager la civilisation graduelle* adopté en 1857, l'État canadien entérinait cette entreprise d'assimilation en instaurant un lien factuel entre la religion et l'État afin de «résoudre» ce qu'on appelait alors le «problème indien», soit l'opposition au régime colonial (Dyck, 1991; Miller, 1996; Milloy, 1999). L'État et la religion partageaient alors une vision commune de la vocation des écoles. Voici ce que dit crûment le ministère des Affaires indiennes dans son rapport annuel de 1889:

> Les pensionnats permettent de soustraire les enfants autochtones à l'influence délétère de leur famille, qu'ils subiraient autrement. Ces institutions les délivrent de l'état de sauvages dans lequel ils sont élevés. Elles les exposent sur une base quotidienne à tout ce qui peut contribuer à changer leurs perceptions et leurs habitudes. L'enfant apprend par préceptes et par l'exemple à chercher à exceller dans la voie qui sera la plus utile pour lui (Gray, 2002, p. 267).

Les enfants étaient souvent enlevés de force à leur famille immédiate et élargie pour être placés dans des pensionnats. Des 150 000 enfants autochtones et plus qui ont ainsi été retirés de leur milieu, 90 000 sont encore en vie aujourd'hui (Downe, 2005). Et même si la plupart de ces écoles ont été fermées dans les années 1970, de profondes blessures ont été causées aux individus et aux communautés.

Quel est l'intérêt de cette parenthèse historique dans la compréhension de la vie que vivent les femmes et les jeunes filles autochtones d'aujourd'hui ? La crainte des pensionnats et des agressions commises contre les élèves de ces écoles (y compris des agressions sexuelles, la violence physique et les humiliations répétées) s'est perpétuée de génération en génération et a laissé des séquelles attestées. Selon la Fondation autochtone de guérison (FAG) : « Lorsqu'un traumatisme est ignoré et que la victime ne reçoit aucun soutien pour le conjurer, celui-ci est transmis de génération en génération. L'enfant devenu adulte transmet à ses propres enfants ce qu'il perçoit comme "normal" […] C'est ce qui s'est produit avec les agressions sexuelles et physiques qui ont été commises dans les pensionnats » (1999, p. 5). La FAG (2005) a également constaté que cette transmission des traumatismes ne s'exerce pas uniquement sur les générations qui suivent, car elle percole également sur les générations qui précèdent, parents, grands-parents et anciens de la communauté d'où les enfants ont été arrachés de force. Le traumatisme persistant et communicatif associé aux agressions commises contre les enfants dans les pensionnats a donné lieu à un concept flou et encore mal défini du « syndrome des pensionnats ». Malgré la vive controverse que soulève la définition de ce « syndrome » (Chrisjohn, Young et Maraun, 1997), la répétition dans l'espace public de souvenirs liés au régime de violence institutionnalisé à l'endroit des enfants dans les pensionnats trouve écho chez de nombreuses personnes et finit par créer ce que la psychiatre Laurence Kirmayer (1996, p. 189) appelle un « espace public traumatogène ».

Dans cet espace, les peurs vécues par les enfants et les déracinements de force subis par les jeunes s'inscrivent dans la mémoire collective qui est intégrée par tous ceux qui portent en eux des histoires de peur, de réinstallation forcée et de déracinement. Lorsque, poussées par la fermeture de leurs horizons, la pénurie de ressources, la pauvreté collective, de même que la violence publique et familiale, les jeunes filles et femmes autochtones quittent ce qu'elles considèrent comme leur « foyer d'appartenance », leur décision est en fait teintée par la mémoire collective du déracinement qu'elles partagent. Par conséquent, le passé des pensionnats est une histoire vécue qui a laissé son empreinte sur la vie de toutes les femmes et jeunes filles autochtones contemporaines (Downe, 2006). Les inégalités structurelles auxquelles ce groupe est confronté – tant à l'intérieur qu'à l'extérieur des communautés autochtones – sont directement liées à ce passé et font en sorte qu'il est difficile de s'affranchir des conditions de pauvreté et de violence, quelle que soit la volonté que les femmes déploient pour y arriver. Pour ces raisons, après avoir quitté leur communauté, de nombreuses jeunes filles et femmes autochtones se retrouvent dans une autre communauté stigmatisée par des obstacles semblables, bien que différents par la force des choses, au bien-être collectif et à l'épanouissement personnel.

Les jeunes Autochtones sont de plus en plus nombreuses à chercher dans les drogues et dans les gangs du répit contre la dure réalité économique et l'isolement culturel (O'Nell, 1989). Dans les communautés innues du Labrador, soumises à des déracinements et à des réinstallations répétées, on observe actuellement une augmentation rapide de l'inhalation de solvants (inhalation de vapeur de colle et d'essence en particulier) chez les jeunes filles. Voici ce qu'en dit une femme sheshatshiue : « *L'inhalation de solvants dure depuis des années… Ces enfants croient que la seule façon d'oublier* [les agressions et la négligence] *est* […] *de respirer des vapeurs d'essence. Ce n'est pas leur faute. Je pense qu'ils sont victimes de notre passé*» (Denov et Campbell, 2002, p. 27).

Pareille histoire d'oppression a amené nombre de jeunes Autochtones à se lancer dans le commerce du sexe en milieu urbain, en particulier la prostitution («action de livrer son corps aux plaisirs sexuels d'autrui, pour de l'argent»). L'exploitation sexuelle des jeunes par la prostitution a fait couler beaucoup d'encre récemment (Busby *et al.*, 2002 ; Downe, 2003 ; Nixon *et al.*, 2002). Selon le lieu, on estime qu'entre 14 % et 85 % des jeunes se livrant à la prostitution au Canada sont des Autochtones ; et que la proportion de femmes et de jeunes filles autochtones dépasse 90 % en ville (Kingsley et Mark, 2000, p. 41). À Regina, en Saskatchewan, les policiers parlent du tronçon de rue où les prostituées travaillent en majorité comme «un monde de drogues et de prostitution, et plus encore, un lieu où l'aboriginalité règne» (Razack, 2002, p. 141). Cet espace «racialisé» se caractérise aussi par le bas âge de ses travailleurs. En moyenne, les jeunes Autochtones qui se prostituent commencent à le faire autour de l'âge de 12 ans, alors que l'âge moyen chez les non-Autochtones est de 14 ans (Kingsley et Mark, 2000, p. 9)[3].

---

3. Les garçons et les jeunes sont certes présents dans le commerce du sexe au Canada et cette fois encore, ceux d'origine autochtone y sont surreprésentés. Toutefois, les jeunes femmes et filles forment la vaste majorité des prostitués.

La principale raison qui pousse les jeunes filles et les femmes autochtones vers la prostitution est la survie ; paradoxalement, dans ce milieu, les risques qu'elles soient victimes d'agressions ou de meurtre augmentent chaque mois qu'elles y passent. Ashley-Mika explique :

> *Je ne sais pas où la plupart des filles avec qui j'ai travaillé, ici ou à Calgary ou Seattle ou peu importe, sont passées. Elles sont peut-être bien mortes. Mais, ne le dis à aucune des autres filles, hein, que j'ai dit ça, OK ? C'est parce qu'on n'est pas censé dire ça. C'est comme une règle qui n'en est pas vraiment une. C'est comme savoir quelque chose, sans le savoir véritablement. Mais je gagerais n'importe quoi − n'importe quoi − que ces filles-là sont mortes. Mortes ou foutues en tôle. C'est parce qu'on tombe comme des mouches ici, pas vrai ? Les filles autochtones tombent comme des mouches. Tu sais quoi ? Parles-en à qui tu veux, parce qu'au fond, je pense que les gens ne savent pas que nous disparaissons dans la nature.*

Ce qui nous amène à ce que nous ne savons pas sur le phénomène de la violence chez les jeunes filles autochtones.

LA FACE CACHÉE DU PHÉNOMÈNE DANS L'ESPACE PUBLIC : MORTS ET DISPARITIONS

Les cas individuels d'agression et de violence à l'échelle de la communauté coexistent dans la réalité des femmes et des jeunes filles autochtones aux côtés de cas de disparition et de meurtre très médiatisés. L'agression sexuelle suivie d'un homicide dont a été victime Helen Betty Osborne, 19 ans, à The Pas, au Manitoba, en 1971, est l'un des plus connus (Priest, 1989). Il a donné lieu à des commissions d'enquête publique et du ministère de la Justice (Gouvernement du Manitoba, 1991) ; à des reconstitutions dramatisées, dont le documentaire *Conspiracy of Silence,* primé en 1994, à des œuvres poétiques (Brant, 2001 ; Dumont, 2001), à la création d'une fondation du souvenir et d'une bourse d'études, à l'installation de plaques commémoratives dans des établissements publics, dont l'Université de Winnipeg ; à une série complète d'articles dans *Maclean's,* la populaire revue canadienne d'actualités (p. ex., Bergman et MacGillivray, 1991), à la création d'un centre de ressources en éducation à Norway House, au Manitoba, en souvenir de Helen Betty Osborne. Par contre, les expériences personnelles et les récits de violence perpétrée contre des femmes ouvrent des pages moins connues sur des cas d'agression, de disparition et de meurtre qui circulent au sein des communautés autochtones comme des secrets publics, niés, cachés ou minimisés sur la place publique par les puissants au sein de la société blanche canadienne dominante.

L'agression et le meurtre dont a été victime la cousine de Helen, Felicia Velvet Solomon, à l'âge de 16 ans, font partie de ces histoires occultées. Felicia a disparu de son domicile de Winnipeg le 25 mars 2003. Après un entretien déconcertant avec la police, où les officiers ont montré « peu d'intérêt pour la cause, et au cours duquel ils ont ri en plus d'être grossiers » (Amnistie internationale, 2004, p. 33), la mère de Felicia et les membres de sa famille ont imprimé leurs propres affiches de signalement de disparition et les ont distribuées autant qu'ils ont pu. Les médias ont fait peu de cas de cette disparition, et de surcroît, leur couverture était résolument biaisée. Selon la grand-mère de Felicia, les médias ont dit à tort que l'adolescente faisait partie d'un gang de rue, allégation que la famille a contestée et attribuée plutôt à de la discrimination raciale et sociale. Durant les deux mois et demi où la famille est demeurée sans nouvelles de Felicia, l'indifférence de la police et la campagne de salissage par les médias se sont poursuivies. La mort de Felicia a finalement été confirmée par des tests d'ADN effectués sur des restes humains – une jambe trouvée le 11 juin par un patrouilleur de la rivière Winnipeg et un bras aperçu par un promeneur cinq jours plus tard. Au mois d'août 2004, il n'y avait eu aucun progrès dans l'enquête sur la mort et le démembrement de Felicia. Cet autre épisode de violence est tout simplement venu obscurcir le tableau déjà sombre de la réalité des femmes et des jeunes filles autochtones au Canada.

Même si Helen Betty Osborne et Felicia Velvet Solomon ne se sont jamais rencontrées, il existe entre ces deux jeunes femmes cries de Norway House, au Manitoba, des liens qui vont au-delà de la parenté. La violence exercée contre les membres de leur race et de leur sexe, l'oppression subie par les femmes et les jeunes filles autochtones et leur vulnérabilité depuis plus de 250 ans ont tissé des liens étroits entre les deux jeunes femmes, Osborne et Solomon, mais aussi entre une multitude de leurs semblables. La liste des jeunes filles et des femmes disparues, en majorité des Autochtones, s'allonge de semaine en semaine. Les vigiles se succèdent et les familles font leur deuil, mais les listes continuent de s'allonger. Dans le très médiatisé rapport *Stolen Sisters*, paru en 2004, l'organisation mondiale de défense des droits de la personne, Amnistie internationale, dresse le profil de nombreuses disparues dont les noms figurent sur les listes et souligne que ces disparitions sont le fait de violence interpersonnelle et systémique.

Il est vrai que les meurtres et les disparitions sont à l'extrémité du spectre de la violence, mais les preuves accumulées ont incité les auteurs du rapport d'Amnistie internationale à conclure qu'il existe une multitude de forces d'oppression qui, conjuguées, finissent par créer des conditions de vie insupportables pour la majorité des femmes et jeunes filles autochtones vivant au Canada à l'heure actuelle. On aborde rarement de manière ouverte et franche l'existence de ce danger aux multiples facettes. Au contraire, celui-ci empoisonne secrètement l'existence des jeunes Autochtones, surtout celles comme Ashley-Mika qui sont marginalisées par la pauvreté, le désespoir et la criminalisation.

Que savons-nous du tribut que doivent payer les jeunes femmes confrontées au secret public qui entoure inévitablement la disparition d'une jeune Autochtone? Pas grand-chose. L'anthropologue Eric Gable (1997) jette un éclairage précieux sur cette question. Selon lui, dans la plupart des contextes culturels, les secrets possèdent deux caractéristiques principales: premièrement, ils sont rarement secrets et deuxièmement, ils sont perçus comme une menace à différents égards. Les secrets publics deviennent des objets autonomes dans les communautés, quelle qu'en soit la nature, ils se propagent de murmure en murmure, de femme en femme. Michael Taussig (1999) a soutenu la thèse que les secrets publics révèlent ce qui est compris de tous, mais jamais énoncé publiquement. Derrière le secret public se trouve une vérité qui attend d'être révélée, un murmure qui veut être entendu. Nier ces vérités ou refuser de les entendre ou de les reconnaître a des effets indéniables quoique non définis sur les femmes et les jeunes filles autochtones.

Toutefois, dans mes travaux sur la prostitution des femmes et des jeunes filles autochtones, j'ai constaté de façon évidente qu'elles apprenaient les unes des autres d'importantes leçons sur l'amitié, sur la force du nombre et de l'appartenance. Le fait de porter un secret public comme celui-là et d'en être constamment imprégné constitue un poids pour les individus et les communautés, et contribue à nourrir le désespoir dont il a été question plus tôt, ainsi qu'à accentuer le sentiment d'insécurité et de vulnérabilité. Par contre, il suscite des occasions insoupçonnées de rapprochement, favorise les amitiés et redonne le goût de se battre pour sa survie et de persévérer. Au cours de mes diverses recherches, j'ai constamment été étonnée par le formidable contrepoids que font aux récits de violence sexualisée, au harcèlement à caractère raciste par des résidents de certaines localités, à la répression policière répétée et à l'errance continuelle les récits d'amitié, de courage et de résilience. C'est le revers de la médaille que nous devrions *absolument* connaître.

CE QUE NOUS *DEVRIONS* CONNAÎTRE : RÉCITS DE SURVIVANTES ET DE BATTANTES

Où se trouvent, parmi toutes ces forces d'oppression et ce creuset de violence, les germes de plaisir, d'amitié et de joie?

Dès les premiers temps de ma collaboration avec Ashley-Mika et ses amies, j'ai voulu savoir ce qu'elles souhaitaient accomplir. J'ai donc invité Ashley-Mika à me parler d'elle et de son identité, et voici ce qu'elle m'a répondu :

> Je ne sais pas où est ma place… Je ne suis pas Indienne comme les Cris parce que je suis Métisse, on peut dire que je ne compte pas vraiment […] Je sais que je me sens différente parce que le gouvernement a établi des catégories qui divisent les gens, qui font qu'une personne est une chose et que moi j'en suis une autre. Mais ces distinctions semblent avoir une véritable importance parce qu'il n'y a nulle part où je me sente vraiment à ma place. J'ai l'impression que je ne compte pour personne. Si je recevais une raclée ou si je disparaissais ou autre chose, qui le saurait ? Comme ces enfants qui ont été expédiés dans ces écoles […] Lorsqu'un malheur leur arrivait, qui le savait vraiment ?

Après avoir relaté son expérience personnelle des effets latents exercés par le colonialisme sur l'identité autochtone et sa perception de l'affaire des pensionnats, Ashley-Mika a également donné un point de vue différent de sa vie dans la rue :

> Je déteste ne pas avoir de vrai chez-moi, tu sais. C'est vraiment moche. Toutefois, je me sens bien avec Leanne et Karen [pseudonymes] et elles aussi se sentent bien. On rit tellement ensemble. J'ai fait dans ma culotte l'autre jour parce que je riais trop. Je n'ai jamais connu personne comme elles. Je sais que si j'ai besoin de quelque chose, je peux compter sur elles. Et si un malheur devait m'arriver, peut-être que personne ne s'en soucierait, mais pas elles. C'est comme si on trouvait de la force au contact l'une de l'autre, qu'on s'entraidait, toujours là pour veiller sur chacune d'entre nous. C'est bon de savoir qu'il y a des filles auprès de qui j'ai l'impression d'avoir ma place. Lorsqu'on est ensemble, j'ai vraiment l'impression d'aimer être à moitié Blanche et à moitié Indienne.

Malgré les difficultés et les épisodes de violence qui font très certainement partie du quotidien d'Ashley-Mika, elle connaît aussi des moments de plaisir et a développé un sentiment d'appartenance à une communauté aux côtés d'autres jeunes femmes qui, bien qu'elles partagent un vécu personnel et social d'arrachement, se créent ensemble un espace auquel elles ont le sentiment d'appartenir. Un grand nombre de jeunes Autochtones ayant participé à l'étude de Kingsley et Mark ont exprimé des sentiments de même teneur. Une jeune femme de Goose Bay a expliqué ainsi ce sentiment : « Il faut que tu aies des personnes à tes côtés durant tout cette aventure, pour t'aider. Tu ne peux pas simplement te lever un bon matin et mettre une croix là-dessus [le commerce du sexe], il faut que tu aies des gens sur qui compter lorsque tu en as besoin » (Kingsley et Mark, 2000, p. 65).

Le sentiment de camaraderie qui naît entre les femmes et les jeunes filles autochtones qui se prostituent leur offre un sentiment informel, mais prévisible, d'appartenance à une communauté qui, bien souvent, sert de tremplin à leur autodétermination personnelle et collective. Comme de nombreux survivants de l'époque des pensionnats et d'autres enfants qui ont été retirés de force à leur communauté, les femmes et les jeunes filles autochtones prises dans l'engrenage de la prostitution se retrouvent souvent dans des environnements à forte charge raciale où elles sont stigmatisées et où elles courent des risques élevés. Malgré tout, ces jeunes femmes trouvent le moyen de nouer des relations qui leur permettent d'accroître leurs moyens et de vivre leur histoire ensemble.

La résilience est un sujet en vogue chez les universitaires depuis quelques années. Le concept de la résilience, que l'on définit comme la capacité de se reconstruire et d'utiliser sa force après avoir subi de la répression (Brooks, 2006; Legault, Anawati et Flynn, 2006), revêt une importance critique dans le cadre qui nous occupe. Je crois fermement toutefois qu'une grande prudence s'impose lorsqu'on applique ce concept aux femmes et aux jeunes filles autochtones. Étant donné que nombre de modèles, en particulier dans le domaine de la santé, définissent la résilience comme le retour à un état antérieur de bien-être (Brookmeyer, Henrich et Schwab-Stone, 2005; Rew, 2005), les praticiens et les chercheurs qui s'intéressent aux communautés autochtones hésitent généralement entre deux attitudes. Il y a d'abord ceux qui ont une conception romanesque de l'Autochtone d'avant la colonisation qui est inatteignable en raison du vécu et des contraintes structurelles qui forment le quotidien des femmes et des jeunes filles autochtones d'aujourd'hui. Les autres ont tendance à ignorer l'historique de violence propre à cette clientèle.

Les deux visions – toutes deux construites pour mettre en valeur la résilience et la capacité d'adaptation – ne tiennent pas adéquatement compte des effets chroniques et historiquement indélébiles de l'intersectionnalité de la violence chez les peuples autochtones du Canada. Dans l'extrait d'entretien suivant, Ashley-Mika cerne bien la difficulté d'appliquer le concept de la résilience :

> *Dans un centre de détention où je suis passée, ils m'ont fait rencontrer quelqu'un. Je pense que c'était une conseillère ou quelque chose comme ça, tu vois ? Bon, bien cette femme, c'était une Autochtone, mais pas une Crie ni rien du genre. Alors, qu'elle me dit : « Il faut que tu redeviennes toi-même. » « Moi-même ? », que je lui réponds. C'est justement là le problème ! Je suis une métissée, alors je ne sais pas trop ce que ça veut dire que d'être moi-même. Elle avait une idée de ce que je devrais être, mais si elle se trompait ? Je déteste ce genre de truc. Je veux juste être bien et être avec mes amis.*

Une autre façon d'aborder le concept de la résilience dans ce contexte serait d'intégrer les conditions auxquelles les femmes et les jeunes filles autochtones ont non seulement dû survivre, mais dans lesquelles elles ont réussi à s'épanouir. Trop souvent, on confond survie et épanouissement, alors que la nuance devrait être claire pour ceux qui travaillent dans le domaine. Survivre, c'est exister, s'épanouir, se fortifier. Lorsqu'Ashley-Mika parle de joie et de possibilités, elle se projette dans un état où elle pourrait s'épanouir à l'abri de la violence interpersonnelle, même si l'on admet que les séquelles historiques de la violence demeureront présentes.

Il existe des modèles de femmes autochtones qui se sont épanouies et qui ont connu du succès (p. ex., Plewes et Downe, 2005) ; leur exemple peut être utile à celles qui cherchent à créer pour elles-mêmes et pour d'autres jeunes des environnements riches en occasions et en possibilités. Parler de ces femmes aux jeunes filles comme Ashley-Mika et leur faire connaître des modèles de détermination et de résilience appropriés pourrait contribuer à rehausser les aspirations de ces jeunes femmes pour elles-mêmes et les attentes des autres à leur endroit, en misant sur l'humour, l'ingéniosité et l'ouverture dont ces jeunes filles font montre dans leur quotidien. Un jour particulièrement difficile, après avoir été de nouveau agressée par un client, Ashley-Mika m'a confié : « *Je ne crois pas être un cas désespéré ou rien de tout ça* […] *En fait, je ne pense même pas être un cas.* » Par ces mots, Ashley-Mika exprimait la perception qu'elle avait de son insignifiance. C'est dans des situations de ce genre que des modèles de femmes autochtones fortes et épanouies pourraient devenir une source d'inspiration et d'espoir.

Néanmoins, comme nombre de théoriciens narratifs l'ont démontré depuis longtemps, les récits qui sont transmis exercent une influence considérable sur ceux qui les reçoivent, et il n'existe aucun moyen de prédire l'interprétation qui leur sera donnée ni le filtre politique leur sera accolé. Pour ces raisons, les récits mettant en scène des modèles de détermination et d'espoir peuvent être de formidables modèles et sources d'inspiration, mais pour bien se réaliser, ce potentiel nécessite l'existence de ressources adéquates. La prudence est donc de mise dans l'utilisation de récits comme source d'inspiration, car si les femmes qui les reçoivent n'ont pas accès aux ressources appropriées, comme un revenu, un logement sûr, une saine alimentation, des soins de qualité pour leurs enfants, un ensemble complet de soins de santé et des possibilités d'éducation, ils risquent fort d'avoir un effet démotivant sur les jeunes auditrices dont ils devaient en principe catalyser les forces, et pourraient à la limite exacerber leur sentiment de désespoir et leur vulnérabilité. Dans les milieux où les pressions politiques et économiques les forcent à faire plus avec moins, les dispensateurs de services et les organisations communautaires peuvent être tentés de recourir à des « récits exemplaires », car cette stratégie est moins coûteuse que de fournir à leur clientèle démunie et enlisée dans le désespoir les ressources dont elle aurait besoin. Pour utiliser les récits de résilience en pratique, il est nécessaire de bâtir et de consolider une base de ressources solide pour permettre aux jeunes femmes de vivre dans un cadre exempt de violence et propice à leur épanouissement.

Il faut aussi prendre garde lorsqu'on recourt à des récits destinés à motiver les jeunes, car souvent les contextes dans lesquels ils sont utilisés minimisent leurs effets au lieu de les maximiser. D'importants travaux réalisés récemment en psychologie ont prouvé que le fait d'exposer sans précaution des jeunes désœuvrés à des récits de succès et de résilience a davantage pour effet de les démoraliser (Lockwood et Kunda, 2000 ; Lockwood *et al.,* 2004). Il faut bien connaître l'éventail des stratégies comportementales permettant de modifier les conditions de vie d'un individu – qu'il s'agisse de stratégies additives favorisant l'acquisition de nouveaux comportements, de stratégies soustractives visant à abandonner des comportements néfastes, ou de stratégies collectivistes où les intérêts de la communauté priment ceux des individus (Higgins, 1998) – et comprendre les différents genres de modèles qui conviennent le mieux à chacun. Ainsi, les individus qui sont davantage motivés par l'effet de prévention (nécessité de se soustraire à des situations ou à des comportements malsains) réagissent mieux aux modèles négatifs. Ceux qui carburent davantage à la promotion (désir de succès et d'avancement personnel par opposition au désir d'éviter l'échec) répondent mieux à des modèles positifs qui incarnent ce désir de réussite (Lockwood *et al.,* 2004).

Outre l'importance de bien décoder les désirs qui animent le public cible, désir de prévention ou de promotion, il faut évaluer finement le lien qui existe entre le récit proposé et l'auditoire auquel il s'adresse. Il faut que les jeunes femmes que l'on veut inspirer et encourager se retrouvent véritablement dans le récit, non seulement dans les personnages, mais dans le narrateur et dans le contexte structurel narratif. Si l'écart est trop important entre le modèle et les auditeurs, le potentiel motivateur du récit risque fort d'être amenuisé, voire complètement évacué. Tout comme Ashley-Mika ne se sentait aucun lien avec la conseillère qu'elle a consultée au centre de détention, elle et les autres jeunes femmes que j'ai rencontrées dans mon travail se reconnaissaient difficilement, voire pas du tout dans les interlocuteurs qui sont invités à s'adresser aux groupes de jeunes. « *Elle avait l'air correct* », a répondu Cathy, une amie d'Ashley-Mika, lorsque je lui ai demandé son opinion au sujet d'une intervenante qui était venue faire une présentation à un organisme de services du centre-ville. « *Elle était gentille et tout, mais je ne sais rien d'elle, alors son discours, ça ne me dit pas vraiment grand-chose.* » Pour parvenir à créer des conditions favorables à l'épanouissement des

jeunes femmes autochtones et leur proposer des récits qui contribueront à
cet objectif, il faut susciter des épisodes de connexion et de résonance, aussi
fugaces soient-ils, dans la vie de ces jeunes dont le vécu est marqué par un
passé d'éclatement social et de déracinement.

SOLUTIONS POSSIBLES

Cela peut paraître l'évidence et la simplicité même, mais il n'en est rien.
On peut agir sur la base de ce que l'on sait et travailler à approfondir ce
que l'on ignore en écoutant ce qu'ont à raconter le plus grand nombre de
jeunes filles autochtones possible, représentant la plus grande diversité
d'expériences possible. Je crois sincèrement qu'en écoutant véritablement
ce qu'expriment les jeunes femmes autochtones et en admettant que le
vécu des jeunes filles autochtones puisse être différent, il nous sera possible
de développer de nouvelles stratégies d'écoute qui tiendront compte des
répercussions actuelles du colonialisme et des déplacements forcés du passé.
S'il est vrai que le colonialisme des siècles précédents s'est nourri de la soif
d'expansion et de conquête territoriales qui existait alors, ses effets sont
encore perceptibles aujourd'hui. Ils sont présents dans les structures, les
récits et les secrets qui survivent dans tous les genres de communautés
autochtones contemporaines. Heureusement, les récits et les célébrations
d'Autochtones qui ont non seulement survécu, mais réussi à s'épanouir
font contrepoids aux récits de violence vécue et aux secrets. Comme l'a dit
la célèbre auteure autochtone Paula Gunn Allen (1986, p. 90) : « Nous ne
nous contentons pas seulement de survivre, loin de là. Nous nous cultivons
des liens d'affection entre nous, nous soucions les uns des autres, nous
luttons, nous enseignons, nous nous épaulons, nous nous nourrissons, nous
gagnons notre vie, nous rions, nous aimons, nous tenons bon, quoi qu'il
arrive. » En conjuguant notre compréhension de l'intersectionnalité de la
violence avec l'utilisation éclairée de récits de modèles qui ont réussi à
s'épanouir et à mener une vie agréable, nous pourrons mieux comprendre
comment restreindre l'ampleur de la violence et faire une utilisation plus
judicieuse des récits.

Ashley-Mika figure sous son véritable nom sur une liste de femmes
disparues. Personne dans son cercle d'amis, dans les services de police, les
services sociaux et sa famille ne l'a vue ou n'a eu de ses nouvelles depuis
2001. Pratiquement aucun effort n'a été fait pour retrouver cette formidable
jeune femme. Plus le temps passe, plus le nombre de ceux qui se soucient
d'elle diminue. Dans les moments les plus sombres, je me laisse aller à
imaginer le pire. Je sais que l'existence et la disparition d'Ashley-Mika
constituent désormais un secret que se transmettent les autres jeunes femmes

autochtones qui font le trottoir à Saskatoon ou dans les autres villes des Prairies et du Nord des États-Unis. Les spéculations, formulées à mots couverts, qui entourent sa mort sont difficiles à ignorer et à refuser. Dans les moments plus heureux, j'imagine qu'elle se porte bien. Je la vois heureuse, souriante et épanouie, consciente que son retour à Saskatoon raviverait en elle trop de souvenirs de la violence et du désespoir qui ont marqué son passage dans cette ville. Refusant d'être encore considérée comme un animal nuisible, Ashley-Mika, le petit raton-laveur des villes, a choisi une nouvelle vie. J'ignore lequel de ces deux scénarios est le bon, ni même si aucun d'eux s'approche en fait de la vérité, mais aujourd'hui, je suis optimiste.

BIBLIOGRAPHIE

ALLEN, P.G. (1986). *The Sacred Hoop: Recovering the Feminine in American Indian Traditions*, Boston, Beacon Hill Press.

AMNISTIE INTERNATIONALE (2004). *Stolen Sisters: Discrimination and Violence against Indigenous Women in Canada*, Londres, Amnesty International Secretariat.

APFELBAUM, E.R. (2000). «And now what, after such tribulations? Memory and dislocation in the era of uprooting», *American Psychologist*, vol. 55, p. 1008-1013.

APPADURAI, A. (2006). *Fear of Small Numbers: An Essay in the Geography of Anger*, Durham, Duke University Press.

ARMITAGE, A. (1995). *Comparing the Policy of Aboriginal Assimilation: Australia, Canada, and New Zealand*, Vancouver, University of British Columbia Press.

BERGMAN, B. et D. MacGILLIVRAY (1991). «A scathing indictment», *Maclean's*, vol. 104, n° 36, p. 12-13.

BRANT, B. (2001). «Her name is Helen», dans J. Armstrong et L. Grauer (dir.), *Native Poetry in Canada: A Contemporary Anthology*, Peterborough, Broadview Press, p. 48-50.

BROOKMEYER, K.A., C.C. HENRICH et M. SCHWAB-STONE (2005). «Adolescents who witness community violence: Can parent support and prosocial cognitions protect them from committing violence?», *Child Development*, vol. 76, n° 4, p. 917-929.

BROOKS, J.E. (2006). «Strengthening resilience in children and youths: Maximizing opportunities through the schools», *Children and Schools*, vol. 28, n° 2, p. 69-76.

BUSBY, K. *et al.* (2001). «Examen de programmes novateurs à l'intention des enfants et des jeunes engagés dans la prostitution», dans H. Berman et Y. Jiwani (dir.), *Dans le meilleur intérêt des petites filles: rapport de la phase II*, Ottawa, Conseil du statut de la femme, novembre, p. 91-114.

CHOI, G. (1997). «Acculturative stress, social support, and depression in Korean American families», *Journal of Family Social Work*, vol. 2, n° 1, p. 81-97.

CHRISJOHN, R., S. YOUNG et M. MARAUN (1997). *The Circle Game: Shadows and Substance in the Indian Residential School Experience in Canada*, Penticton, Theytus Books.

CULHANE, D. (2003). « Their spirits live with us : Aboriginal women in downtown Eastside Vancouver emerging into visibility », *American Indian Quarterly*, vol. 27, nos 3/4, p. 593-606.

DAVIES, L., J. McMULLIN et W. AVISON (2000). *La politique sociale, l'inégalité entre les sexes et la pauvreté*, Ottawa, Conseil du statut de la femme.

DENOV, M. et K. CAMPBELL (2002). « Casualties of aboriginal displacement in Canada : Children at risk among the Innu of Labrador", *Refuge*, vol. 20, n° 2, p. 21-33.

DOWNE, P.J. (2001). « Playing with names : How children create identities of self in anthropological research », *Anthropologica*, vol. 43, n° 2, p. 165-178.

DOWNE, P.J. (2003). « "The people we think we are" : The social identities of girls involved in prostitution », dans K. Gorkoff et J. Runner (dir.), *Being Heard : The Experiences of Young Women in Prostitution*, Halifax, Fernwood, p. 46-68.

DOWNE, P.J. (2005). « Spirituality and physicality : Positioning of pain and empowerment », dans L. Biggs et P. Downe (dir.), *Gendered Intersections*, Halifax, Fernwood, p. 310-312.

DOWNE, P.J. (2006). « Aboriginal girls in Canada : Living histories of dislocation, exploitation and strength », dans Y. Jiwani, C. Mitchell et C. Steenbergen (dir.), *Girlhood : Redefining the Limits*, Montréal, Black Rose Books, p. 1-15.

DUMONT, M. (2001). « Helen Betty Osborne », dans J. Armstrong et L. Grauer (dir.), *Native Poetry in Canada : A Contemporary Anthology*, Peterborough, Broadview Press, p. 258.

DYCK, N. (1991). « Tutelage and the politics of Aboriginality : A Canadian dilemma », *Ethnos*, vol. 56, nos 1/2, p. 39-52.

FONDATION AUTOCHTONE DE GUÉRISON (1999). *Aboriginal Healing Foundation Program Handbook*, 2e éd., Ottawa, AHF.

FONDATION AUTOCHTONE DE GUÉRISON (2005). *Que sont les enfants devenus ?*, <www.wherearethechildren.ca/fr/home.html>, consulté le 28 mars 2005.

FOUCAULT, M. (1972). *The Archaeology of Knowledge and the Discourse on Language*, A.M. Smith (trad.), New York, Pantheon Books.

GABLE, E. (1997). « A secret shared : Fieldwork and the sinister in a West African village », *Cultural Anthropology*, vol. 12, n° 2, p. 213-233.

GOUVERNEMENT DU MANITOBA (1991). *Report of the Aboriginal Justice Inquiry of Manitoba and the Public Inquiry into the Administration of Justice and Aboriginal People*, Winnipeg, Gouvernement du Manitoba.

GRAY, C. (2002). *Flint and Feather : The Life and Times of E. Pauline Johnson, Tekahionwake*, Toronto, Harper Canada.

HIGGINS, E.T. (1998). « Promotion and prevention : Regulatory focus as a motivational principle », *Advances in Experimental Social Psychology*, vol. 30, p. 1-46.

HYLTON, J.H. (2001). *Aboriginal Sexual Offending in Canada*, Ottawa, Aboriginal Healing Foundation.

KINGSLEY, C. et M. MARK (2000). *Sacred Lives : Canadian Aboriginal Children and Youth Speak Out about Sexual Exploitation*, Ottawa, Human Resources Development Canada.

KIRMAYER, L.J. (1996). « Landscapes of memory : Trauma, narrative, and dissociation », dans P. Antze et M. Lambeck (dir.), *Tense Past : Cultural Essays in Trauma and Memory*, New York, Routledge, p. 173-198.

KIRMAYER, L., G. BRASS et C. TAIT (2000). «The mental health of aboriginal peoples: Transformations of identity and community», *Canadian Journal of Psychiatry*, vol. 45, n° 7, p. 607-616.

LANE, P., J. BOPP et M. BOPP (2003). *Aboriginal Domestic Violence in Canada*, Ottawa, Aboriginal Healing Foundation.

LEGAULT, L., M. ANAWATI et R. FLYNN (2006). «Factors favoring psychological resilience among fostered young people», *Children and Youth Services Review*, vol. 28, n° 9, p. 1024-1038.

LOCKWOOD, P. et Z. KUNDA (2000). «Outstanding role models: Do they inspire or demoralize us?», dans A. Tesser et R.B. Felson (dir.), *Psychological Perspectives on Self and Identity*, Washington, American Psychological Association, p. 147-171.

LOCKWOOD, P. *et al.* (2004). «To do or not to do: Using positive and negative role models to harness motivation», *Social Cognition*, vol. 22, n° 4, p. 422-450.

MALKKI, L.H. (1995). *Purity and Exile: Violence, Memory and National Cosmology Among Hutu Refugees in Tanzania*, Chicago, University of Chicago Press.

MEDICINE, B. (2001). *Learning to Be an Anthropologist and Remaining "Native": Selected Writings*, Chicago, University of Illinois Press.

MILLER, J. (1996). *Shingwauk's Vision: A History of Native Residential Schools*, Toronto, University of Toronto Press.

MILLOY, J.S. (1999). *A National Crime: The Canadian Government and the Residential School System, 1879-1986*, Winnipeg, University of Manitoba Press.

MINISTÈRE DES AFFAIRES INDIENNES ET DU NORD CANADIEN (1996). *Aboriginal Women: A Demographic, Social and Economic Profile*, Ottawa, Indian and Northern Affairs Canada.

NACIFY, H. (1993). «Exile discourse and televisual fetishization», dans N. Hamid et G.H. Teshome (dir.), *Otherness and the Media: The Ethnography of the Imagined and the Imaged*, New York, Harwood Academic, p. 85-116.

NIXON, K. *et al.* (2002). «The everyday occurrence: Violence in the lives of girls exploited through prostitution», *Violence against Women*, vol. 8, n° 9, p. 1016-1043.

O'NELL, T. (1989). «Psychiatric investigations among American Indians and Alaska Natives: A critical review», *Culture, Medicine and Psychiatry*, vol. 13, p. 58-87.

PLEWES, C.T. et P.J. DOWNE (2005). «Perils of the past and strong women: Contemporary challenges and promises for the future of aboriginal women», dans L. Biggs et P. Downe (dir.), *Gendered Intersections*, Halifax, Fernwood, p. 98-102.

PRIEST, L. (1989). *Conspiracy of Silence*, Toronto, McClelland and Stewart.

PROGRAMME DES NATIONS UNIES POUR LE DÉVELOPPEMENT (PNUD) (2000). *Putting Promises into Action: Campaign for Children*, New York, United Nations.

RAZACK, S. (2002). «Gendered racial violence and spatialized justice: The murder of Pamela George», dans S.H. Razack (dir.), *Race, Space and the Law*, Toronto, Between the Lines, p. 121-156.

REW, L. (2005). *Adolescent Health: A Multidisciplinary Approach to Theory, Research, and Intervention*, Thousand Oaks, Sage.

SANGSTER, J. (1999). «Criminalizing the colonized: Ontario native women confront the criminal justice system, 1920-60», *Canadian Historical Review*, vol. 80, n° 1, p. 32-61.

SASKATCHEWAN WOMEN'S SECRETARIAT (1999). *Profile of Aboriginal Women in Saskatchewan*, Regina, Saskatchewan Women's Secretariat.

STATISTIQUE CANADA (2001). *Femmes au Canada, 2000: rapport statistique fondé sur le sexe*, Ottawa, Statistique Canada.

TAUSSIG, M. (1999). *Defacement: Public Secrecy and the Labor of the Negative*, Stanford, Stanford University Press.

TAUSSIG, M. (2003). *Law in a Lawless Land: Diary of a Limpieza in Colombia*, New York, The New Press.

WALDRAM, J.B. (1987). «Relocation, consolidation and settlement pattern in the Canadian subarctic», *Human Ecology*, vol. 15, nº 2, p.117-131.

WALDRAM, J.B. (1988). *As Long as the Rivers Run: Hydroelectric Development and Native Communities in Western Canada*, Winnipeg, University of Manitoba Press.

2

VIOLENCES EN CONTEXTE DE GUERRE OU DE CONFLIT POLITIQUE

5

VIOLENCES SEXUELLES DE GUERRE AU CONGO-BRAZZAVILLE
Aspects culturels, cliniques et thérapeutiques[1]

Grégoire Magloire Gansou
Université d'Abomey-Calavi
Cotonou, Bénin

Thierry Baubet
CHU Avicenne, Université Paris 13
Médecins sans frontières France

Alain Mbemba
Hôpital de base de Makélékélé
Bacongo, Congo-Brazzaville

Mathieu Tognide
Université d'Abomey-Calavi
Cotonou, Bénin

Josiane Ezin-Houngbe
Université d'Abomey-Calavi
Cotonou, Bénin

René Gualbert Ahyi
Université d'Abomey-Calavi
Cotonou, Bénin

---

1. Cet article reprend de manière modifiée un article déjà paru, en 2006, dans la *Revue francophone du stress et du trauma*, vol. 6, n° 3.

Le traumatisme psychique représente la conséquence sur le psychisme d'un événement qui a eu pour effet de causer soudainement effroi, détresse et confrontation au réel de la mort (Lebigot, 2005). Dans un certain nombre de cas, cet état évolue vers l'apparition d'une pathologie sévère et chronique, connue depuis le XIXᵉ siècle sous le terme de névrose traumatique ou de névrose d'effroi, aujourd'hui appelée selon la terminologie du DSM-IV un état de stress post-traumatique. Cet état qui est caractérisé par la présence d'un syndrome de répétition traumatique (réactualisation incessante des perceptions traumatiques à travers des cauchemars et des flashbacks causant chaque fois une détresse identique) ne constitue pas la seule modalité évolutive possible, mais elle est considérée comme étant la plus caractéristique du traumatisme psychique. Divers états anxieux, troubles de l'humeur, modifications profondes de la personnalité peuvent aussi survenir. Les études épidémiologiques menées principalement dans les pays occidentaux révèlent le fort potentiel traumatogène des violences sexuelles, qui se compliquent d'état de stress post-traumatique dans près de 80 % des cas (Prieto, 2001).

En situation transculturelle, l'état de stress post-traumatique ne constitue pas la seule modalité d'expression des troubles post-traumatiques. Certains auteurs estiment en effet ethnocentrée cette catégorie diagnostique et il existe d'autres tableaux cliniques, plus ou moins spécifiques à certains contextes culturels, qui peuvent être observés (Baubet *et al.*, cité dans Baubet et Moro, 2003). Les représentations internes des patients en rapport avec cette pathologie ainsi que les croyances véhiculées dans le groupe familial et la société contribuent à déterminer chez les victimes le vécu de la maladie, son expression clinique et les différentes démarches de soins entreprises. C'est le cas avec les violences sexuelles pour lesquelles l'itinéraire thérapeutique des victimes que nous avons rencontrées au Congo-Brazzaville combinait des recours à la médecine moderne et traditionnelle, ainsi que des traitements à caractère religieux.

Après avoir rappelé l'importance du phénomène des viols en contexte de guerre, nous relaterons le travail mené par Médecins sans frontières (MSF) au Congo-Brazzaville en 2000-2001. Nous analyserons également les aspects culturels et montrerons la place des pratiques traditionnelles et religieuses dans la quête de soins des femmes victimes des violences sexuelles de guerre en Afrique.

CONTEXTE DU VIOL DE GUERRE

L'étude des violences sexuelles dans les périodes de guerre montre la fréquence de ce phénomène. En ex-Yougoslavie (Serrano-Fitament, 1999), en République démocratique du Congo, au Rwanda (Twagiramariya et

Figure 1
Carte du Congo-Brazzaville

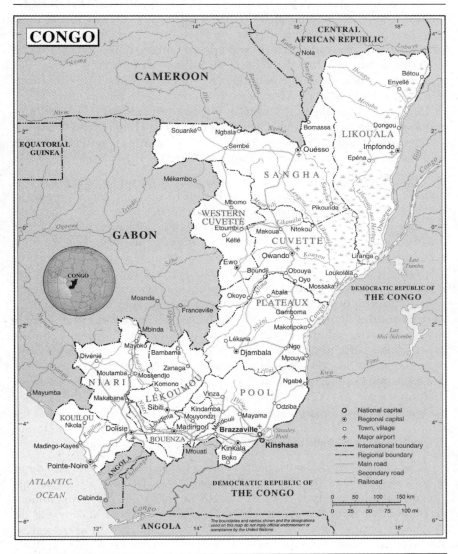

Turshem, 2001), au Liberia (Swiss *et al.*, 1998), pour ne citer que ces pays, de très nombreuses femmes ont été non seulement victimes de viol mais également témoins du viol de leur mère, de leurs sœurs, de leurs filles. Le viol est utilisé activement par les parties en conflit à diverses fins et il est ainsi devenu une arme de guerre en soi (Guenivet, 2001), qu'il s'agisse de provoquer des grossesses forcées pour annexer un territoire et détruire une filiation, de museler une population en utilisant la terreur, d'utiliser des esclaves sexuelles, ou simplement de placer les femmes dans des situations telles que la prostitution devient la seule solution. La défaillance de la justice et l'impunité des agresseurs sont le plus souvent totales et les victimes réduites au silence. Pour tenter de pallier cet état de chose, le viol de guerre a été reconnu comme crime contre l'humanité par les tribunaux pénaux internationaux au Rwanda et en ex-Yougoslavie (Bouchet-Saulnier, 2006).

La désorganisation sociale liée à la guerre est un facteur favorisant les violences sexuelles. La logique de la guerre veut que pour les besoins de la cause et de façon souvent circonstancielle, des personnes dont on ne sait rien du passé et qui n'ont aucune formation militaire de base soient enrôlées dans l'armée pour combattre l'ennemi. La formation qu'elles reçoivent est souvent marquée par ce qu'on pourrait nommer une initiation à la cruauté à travers laquelle les combattants, souvent jeunes, sont eux-mêmes soumis à des traumatismes répétés. La bravoure d'un soldat se mesure au nombre d'exactions commises. Les armées ainsi constituées deviennent des lieux où l'on cultive la haine, la cruauté et qui déversent sur le terrain des sadiques et des criminels. La nature des nouveaux conflits et la barbarie perpétrée démontrent que plus les combattants sont des civils, moins les règles propres à la guerre, notamment celles concernant le respect des civils non combattants, sont appliquées (Guenivet, 2001). La désorganisation sociale liée à la guerre favorise également les violences sexuelles du fait du défaut des protections dont bénéficient en temps normal les femmes, jeunes filles et fillettes qui ne sont plus protégées par leur famille ni par les systèmes habituels de régulation des rapports sociaux.

Le Congo-Brazzaville n'a pas échappé à ce drame, comme en témoigne le récit des victimes (Le Pape et Salignon, 2001). Ce pays a traversé des guerres successives depuis 1993 et à partir de mai 1999, plusieurs milliers de femmes victimes de viol se sont présentées à l'hôpital Makélékélé de Brazzaville pour se faire soigner (Salignon *et al.*, 2000; Salignon et Legros, 2001). Le plus souvent les violences avaient eu lieu dans la région du Pool, sur la route reliant Kinkala à Brazzaville, surnommée le «corridor de la mort» par les survivants. Bien que dans ce pays la loi considère le viol comme un crime, le fonctionnement des tribunaux fut totalement inter-rompu pendant plusieurs années. Par ailleurs, les textes fondamentaux du pays prônent l'égalité entre l'homme et la femme, mais la coutume en revanche proclame la supériorité de l'homme sur cette dernière, comme en témoignent certaines formes d'éducation traditionnelle (Matokot-Mianzenza, 2003).

INTERVENTION DE MÉDECINS SANS FRONTIÈRES AU CONGO-BRAZZAVILLE

Le Congo est un pays d'Afrique centrale dont la population est estimée en 1996 à 2 800 000 habitants. Il est limité au nord par la République centrafricaine et le Cameroun; à l'ouest par le Gabon; au sud par l'Angola; au sud et à l'est par la République démocratique du Congo. En avril 1998, l'organisation Médecins sans frontières (MSF) a mis en place dans ce pays un programme de soutien aux structures nationales de prise en charge médicale et nutritionnelle des populations meurtries par des années de guerre. C'est à partir de mars 2000 que MSF a mis en place une structure de soins médicaux à Brazzaville d'abord à l'hôpital de Makélékélé, puis à l'hôpital de Talangaï, pour à la fois soutenir le programme national de lutte contre les violences sexuelles et développer des centres de soins pluridisciplinaires. Un programme national de prise en charge des victimes de violences sexuelles avait été initié par les autorités congolaises dès 1998, mais il avait été interrompu par la guerre avant de reprendre ensuite avec le soutien de l'organisation non gouvernementale International Rescue Committee, sous la forme d'une large campagne de sensibilisation et de formation.

La structure de soins mise en place par MSF, initialement centrée sur les aspects médicaux, s'inscrivit rapidement dans une démarche pluridisciplinaire faisant intervenir médecins, psychologues, psychiatres et travailleurs sociaux. Les premières explorations psychiatriques réalisées avaient en effet souligné la gravité des tableaux psychopathologiques rencontrés (Asensi *et al.*, 2001) et la nécessité de mettre en place un programme de soins visant à la fois les aspects médicaux (soin des lésions traumatiques, prévention des MST, chimioprophylaxie du VIH, pilule dite «du lendemain», aide pour l'organisation d'interruption thérapeutique de grossesse lorsque c'était la demande de la patiente), psychiatriques, juridiques (rédaction d'un certificat médical descriptif) et sociaux. L'approche psychologique associe, dans une démarche de cothérapie (psychologue ou psychiatre), des techniques de psychothérapie associées à des prescriptions de psychotropes lorsque cela s'avère nécessaire. Les patientes sont reçues par le psychologue en général trois fois en quinze jours. Au-delà de cette période, les rendez-vous sont espacés et donnés en fonction de l'évolution clinique. Celle-ci est favorable en général en un mois, après quatre à cinq séances de thérapie, lorsque la prise en charge est intervenue rapidement.

Une attention particulière est également maintenue envers les enfants conçus lors de viols en suivant l'évolution de leur développement et celle de la relation mère-enfant (Mbemba *et al.*, 2006).

ÉTUDE DE TERRAIN

POPULATION ET MÉTHODE

Nous présentons ici les résultats d'une étude quantitative et qualitative menée sur le terrain de l'Hôpital de Makélékélé à Brazzaville pendant une période de 18 mois. Un questionnaire a été rempli par un clinicien pour l'ensemble des patientes vues pendant cette période ($n = 243$). Pour les nouvelles patientes ($n = 105$), une évaluation clinique approfondie avait lieu initialement, permettant un diagnostic selon les critères du DSM-IV. Cette évaluation était réalisée par des cliniciens (un même binôme psychiatre-psychologue) au cours d'entretiens cliniques non standardisés. Les situations problématiques pouvaient être discutées avec un psychiatre référent extérieur au programme et réalisant des visites régulières. Au terme de la visite initiale, un suivi thérapeutique était proposé. Les soins étaient réalisés par des professionnels de santé mentale formés aux situations de psycho-traumatisme et à la psychiatrie transculturelle, habitués à la pratique en Afrique noire et supervisés. Les techniques de soins utilisées étaient celle du débriefing selon la technique préconisée par l'école francophone[2], des prises en charge psychodynamiques et cognitivo-comportementales. Au cours de ces entretiens étaient colligées les représentations des patientes concernant le viol et ses conséquences, l'attitude des familles et celle des proches. Enfin, l'analyse qualitative a été éclairée par le recours à des personnes ressources locales (sociologue, psychologue, guérisseurs traditionnels, religieux, médecins) interrogés sur la question et invités à participer à l'analyse de situations.

RÉSULTATS

Nous rapportons ici les données concernant les patientes prises en charge dans les 18 premiers mois du programme, soit 243 femmes, jeunes filles et fillettes violées. Parmi elles, les nouvelles patientes (au nombre de 105) ont fait l'objet d'une évaluation clinique approfondie et d'un suivi régulier.

---

2. Cette technique, également appelée « intervention psychothérapique post-immédiate » (IPPI), se différencie du débriefing tel qu'il est pratiqué dans les pays anglo-saxons par de nombreux points (Lebigot, 2005). Citons, par exemple, le respect de l'organisation défensive du patient, la nécessité d'être réalisée par des cliniciens formés à la psycho-thérapie, au cours de plusieurs séances, etc.

Caractéristiques démographiques et contexte du viol

Dans la majorité des cas (50 %) les femmes ont été violées par des personnes armées et en tenue militaire, et dans la plupart des cas inconnues des victimes. La proportion des agresseurs civils n'est cependant pas négligeable (44 %). Lorsqu'ils sont connus, les agresseurs sont essentiellement des membres de la famille, des voisins de quartier ou des prétendants éconduits. Les patientes ont été violées par une seule personne dans 42 % des cas et par plusieurs hommes, dans 55 % des cas (cette donnée est manquante dans 3 % des cas). L'âge des patientes de notre échantillon varie de 2 à 50 ans. Les adolescentes (13-18 ans) sont les plus touchées (41,1 %) et 50 % des victimes sont mineures. Les victimes de plus de 45 ans sont très minoritaires (1,6 %).

Répercussions psychologiques et psychiatriques

Les 105 patientes suivies ont consulté en moyenne 2,75 fois et moins de 5 % d'entre elles n'ont été vues qu'une fois. Nous avons noté une prépondérance de troubles anxieux variés accompagnés de somatisations (40 % des cas). Dans 24,8 % des cas les troubles observés témoignent de difficultés dans les processus adaptatifs qui cèdent sans grande difficulté à une psychothérapie de soutien. Nous avons posé le diagnostic d'état de stress post-traumatique (ESPT) selon les critères du DSM-IV (American Psychiatric Association, 1994) dans seulement 14,3 % des cas. Ce résultat contraste avec certains autres dans lesquels la prévalence de l'ESPT après un viol est estimée comme variant entre 60 à 80 %. Ce chiffre étonnamment bas pourrait avoir plusieurs explications :

- la plupart des patientes seraient vues trop précocement pour que ce diagnostic puisse être posé ;
- des facteurs culturels pourraient rendre invalides les critères diagnostiques utilisés définis, rappelons-le, au sein de populations occidentales. Dans cette hypothèse, la souffrance psychotraumatique serait bien présente, mais s'exprimerait de manière différente ;
- la prévalence des troubles psychotraumatiques pourrait être effectivement basse, notamment du fait de recours rapides à des ressources communautaires et religieuses.

Aucune de ces femmes n'a développé de troubles de conduites secondaires au viol, qu'il s'agisse de passage à l'acte ou de conduites addictives. En revanche, des idées de suicide ont été retrouvées chez 8 % des patientes, sans passage à l'acte.

Nous avons noté par ailleurs des idées de honte et de déshonneur, d'humiliation, de dévalorisation, de souillure; d'endommagement corporel et de dégoût de soi très prégnantes. Mais, outre ces éléments classiquement décrits dans la littérature, des éléments culturels empruntant aux coutumes, au religieux, bref aux systèmes de valeurs et aux liens que les Congolais entretiennent avec le monde invisible, servent fréquemment de vecteurs à l'expression de la souffrance physique. Il s'agit d'idées de possession par des esprits, d'envoûtement, d'attaque sorcière, ou encore de transgression d'un tabou (Baubet et Moro, 2003 ; Gansou *et al.*, 2003).

DISCUSSION

De la souffrance à la recherche de soins : l'itinéraire thérapeutique

Il ressort des entretiens que nous avons eus avec les patients, leurs familles et des personnes ressources que la manière dont les manifestations de la souffrance liée au viol sont perçues conditionne grandement la démarche de recherche de soins. Celle-ci reste congruente avec les croyances locales concernant la maladie et le désordre que produit un tel événement dans le milieu, et avec les logiques thérapeutiques locales. Les représentations traditionnelles conditionnent à la fois la manière dont les symptômes sont interprétés et vécus, le degré de gravité qui leur est conféré et les possibilités d'alliance thérapeutique avec les divers praticiens. Par exemple, chez les Kongo, une ethnie du sud du Congo, « il y a dans le viol rupture avec le monde social et affectif, destruction de l'identité avec abolition des repères, souillure de la lignée, atteinte de la société toute entière dans ses fondements » (Matokot-Mianzenza, 2003). Le désordre va bien au-delà de l'individu et la prise en charge va alors nécessiter la recherche d'une étiologie au-delà du corporel et de l'intrapsychique, par exemple dans la négligence envers les codes moraux, la sorcellerie, le comportement du groupe et de l'environnement social. C'est ainsi qu'une femme violée va pouvoir s'adresser successivement ou simultanément à des médecins, des religieux, des guérisseurs, des psychiatres, mais aussi à des acteurs non professionnels (une partie de la famille, par exemple). Pendant ce temps, se met progressivement en place un ensemble de représentations empruntées à ces divers champs et qui concernent le sens de cet événement, la signification des symptômes et les logiques thérapeutiques qui en découlent (Baubet et Moro, 2003).

Représentation culturelle des violences sexuelles

Les récits des victimes sont imprégnés de la culture et de la tradition et témoignent des croyances liées au viol, expriment le statut de la femme, abordent les questions de la fécondité, des conceptions générales sur la sexualité. Ils révèlent que l'acte sexuel dans la conception en vigueur en Afrique subsaharienne est le moyen de parvenir à la procréation et par conséquent quelque chose de noble et de bénéfique; mais que, accompli mal à propos, il est dangereux car susceptible d'ébranler l'ordre cosmique. « La vertu de faire contracter la souillure morale, d'amenuiser les énergies spirituelle et physique et d'exercer une influence délétère sur l'organisme physique sont décuplées lorsqu'il s'agit de l'acte sexuel illégitime » (Ombolo, 1990). Au cours de nos entretiens avec les victimes, il est apparu que la femme dans la société congolaise est un être fécond par excellence, celle qui a le pouvoir de donner la vie non seulement aux êtres mais également aux choses, et que cette possibilité lui confère des pouvoirs spéciaux. Par analogie, la fertilité de la femme et celle de la terre sont assimilées. Le viol n'est pas uniquement considéré comme une atteinte à la femme; il est également une atteinte à ce qu'elle représente : une souillure de la fécondité féminine et une souillure de la fertilité. Le sperme déversé dans le corps de la femme par un acte de viol est perçu comme « glacial et impur », et il va rejaillir sur toute une série d'éléments : fécondité, grossesse, naissance, vie sur terre, liens de parenté et d'amitié. Par conséquent, la femme victime de viol n'est pas la seule à être en danger. Le sont également la famille, la communauté tout entière, d'où la mobilisation de celle-ci autour de ce drame collectif de peur d'être frappée en retour par le courroux des divinités protectrices.

En effet, les réactions immédiates d'incompréhension et de culpabilisation que l'on observe fréquemment dans l'entourage des victimes sont le plus souvent éphémères et font rapidement place à des mesures collectives de soutien psychologique, de soins et de protection. La souffrance devient partagée et vécue collectivement. Dans une démarche de logique cosmogonique, « des rites de guérison et de purification sont nécessaires pour remettre les choses en place, pour empêcher le chaos de s'installer, et de nuire à l'harmonie entre le monde des vivants et celui invisible des ancêtres » (Matokot-Mianzenza, 2003). Le travail thérapeutique entrepris vise ainsi à expulser du corps de la victime le sperme du « sorcier », à implorer la clémence des ancêtres pour bénéficier à nouveau de leur protection. L'une des pratiques consiste à faire usage de l'eau, du vin de palme, de l'écorce rouge, du kaolin, qui servent à relier le monde des vivants avec celui des ancêtres. « La blancheur du kaolin confère symboliquement un sens de légitimité, une justification de l'être, de libération et de purification, une source d'ordre social et de vérité » (Matokot-Mianzenza, 2003). Le rituel se termine par un repas communautaire et une partie du repas est prélevée pour servir d'offrandes aux ancêtres.

ILLUSTRATION CLINIQUE : LE LONG PARCOURS DE FABIOLA

Fabiola, 28 ans, est une jeune femme mariée et mère de quatre enfants (Gansou *et al.*, 2006). Elle est sans emploi et fidèle d'une religion chrétienne. Elle a été agressée par un inconnu armé qui, après avoir brandi son arme, l'a violée sous la menace de celle-ci. Sa première consultation chez le psychiatre n'est intervenue que six mois plus tard. C'est en effet après s'être longtemps adonnée en vain à des séances de prière dans une église de réveil pour venir à bout de sa souffrance qu'elle a fini par consulter en médecine pour une insomnie et des préoccupations anxieuses quant au comportement de son mari. Celui-ci, dit-elle, se désintéresse de plus en plus d'elle depuis qu'elle lui a révélé le viol dont elle a été victime. Le mari a estimé en effet que sa femme était devenue porteuse de « microbes » et de « malheur » et n'ose plus s'approcher d'elle. Elle est très inquiète et le traitement médicamenteux qui lui a été prescrit n'a pas suffi à la calmer. Deux mois plus tard, dans un contexte de dépression franche, elle a développé des manifestations pseudo-psychotiques faites d'agitation, d'hallucinations visuelles, d'agressivité verbale, d'idées de suicide et de meurtre de son enfant. Ayant retrouvé ses esprits au bout de quelques jours de traitement en milieu psychiatrique, la patiente nous informa que son mari venait de la répudier parce que, du fait du viol, elle serait devenue une femme « maudite » et qu'elle serait à l'origine des difficultés qu'il rencontrait depuis quelque temps dans sa vie socioprofessionnelle. Elle est sortie de l'hôpital contre avis médical, sur l'insistance de sa famille, à laquelle elle a fini par parler du viol et des difficultés qu'elle rencontrait dans son ménage. L'état de « folie » transitoire dans lequel elle s'était trouvée avait permis la révélation du viol à sa famille et la mobilisation de celle-ci autour de Fabiola.

Revue plus tard dans un meilleur état clinique, elle nous expliqua que la recherche étiologique de ses difficultés par des méthodes divinatoires avait révélé l'origine profonde de son agression, qui se trouvait être son père nourricier. C'est celui-ci qui, s'étant vu humilié devant le refus de Fabiola de céder à ses avances amoureuses, s'était vengé en l'attaquant en sorcellerie. Ainsi, comme seules quelques femmes de la communauté avaient été violées, il n'y avait pas de hasard et la cause profonde du viol de Fabiola était un sort jeté, une attaque sorcière, mais pas la guerre fratricide, et encore moins le hasard.

Contacté, le père avoua les faits et réclama pour libérer sa proie « un cheval blanc, un avion et un train ». Des tractations en famille permirent de tomber d'accord sur une formule allégée et des rituels de guérison furent pratiqués. Fabiola porte désormais au poignet un bracelet qui, nous a-t-elle dit, assure sa protection. Devenue « pure », elle a également regagné le domicile conjugal et son rapport avec son mari s'est amélioré.

Ce cas nous confronte à la nécessité de la prise en compte de la dimension culturelle et de la contextualisation des soins pendant que nous nous efforcions d'agir sur les symptômes par des pratiques médico-psychologiques. Il nous montre que très souvent, en Afrique, les soins apportés par la médecine moderne ne constituent qu'un moment de l'itinéraire thérapeutique des patients. Il confirme la logique thérapeutique fréquemment observée selon laquelle « si un ancêtre a été offensé il faudra réparer cette offense par un sacrifice, si c'est un être culturel qui possède le sujet il faudrait "négocier" avec lui par exemple au moyen d'un rituel de possession, si le sujet a été "attaqué" il faudra s'occuper de sa vulnérabilité par la mise en place de système de protection » (Baubet et Moro, 2003).

Il importe alors que nous, psychiatres ou psychologues formés « à l'occidentale », parvenions à proposer des schémas thérapeutiques qui n'entrent pas en conflit avec ceux qui ont été organisés par la victime et son entourage. Il ne s'agit pas d'imposer nos vues, mais de coconstruire avec la patiente des objectifs thérapeutiques et une modalité d'alliance qui soit pertinents. Ces différentes pratiques sont en effet des manières d'envisager « le soin psychique ». Elles ne sont pas concurrentielles mais complémentaires (Baubet et Moro, 2003).

Fabiola a vu ses symptômes diminuer au terme de ce parcours complexe. Elle a pu mobiliser sa famille, renouer avec son mari, trouver un sens au trauma vécu, trouver un moyen de se prémunir de nouvelles attaques. Ce parcours, parallèlement à des séances psychothérapiques individuelles, a permis par ailleurs la mobilisation du groupe et de la famille au sein desquels une « nouvelle » Fabiola, prémunie contre le risque de futures attaques sorcières, a retrouvé une place. On peut voir à travers cette manière de faire thérapeutique que ces procédés, s'ils agissent via des objets et en faisant intervenir le collectif et la dimension surnaturelle du monde dans la cosmogonie locale, ont tout de même pour fonction d'amener la patiente à des remaniements psychiques.

CONCLUSION

Face à la complexité des représentations culturelles du viol, de son vécu et de sa signification profonde et de sa prise en charge telle qu'elle est décrite ici, on comprend que les soins prodigués par le thérapeute formé sur un modèle classique occidental se heurtent à des difficultés. Partir du contexte social et culturel dans lequel vivent les patients pour élaborer des stratégies thérapeutiques constitue parfois un élément déterminant de l'acceptabilité et de l'efficacité des soins. Loin de considérer la culture comme quelque chose qui viendrait perturber l'évaluation clinique et les soins, voire obscurcir le tableau (Littlewood, 2001 ; Baubet, 2003), il convient de l'envisager comme un levier thérapeutique permettant une coconstruction de façons de faire acceptables pour le clinicien et la victime et en fonction de ses croyances ainsi que de ses représentations culturelles. Mais ceci pose trois problèmes essentiels : premièrement, celui de la collaboration des soignants médecins, psychologues et guérisseurs ; deuxièmement, celui de la formation des praticiens modernes de nos facultés ; enfin, troisièmement, celui de la transmission du savoir traditionnel dépouillé des concepts dangereux, particulièrement dans les situations de grande désorganisation sociale.

Comme le souligne Atlani (1997), il serait tout aussi faux de considérer que les schémas locaux d'interprétation des violences sexuelles et de leurs conséquences sont des entités figées et statiques. La construction de sens, qu'elle soit individuelle ou collective, est un processus complexe qui emprunte aux connaissances médicales et psychiatriques, au contexte culturel, aux croyances religieuses, mais qui reste un processus dynamique soumis aux bouleversements induits par les grands mouvements sociaux comme la guerre civile.

Prendre en compte la complexité de la situation transculturelle ne va cependant pas de soi. Il faut que le clinicien accepte de partir de l'univers tel que se le représente le patient et qu'il tente de s'y adapter au lieu de considérer tout phénomène à travers des grilles de lectures occidentales. Cette capacité du clinicien à se décentrer est indispensable à la compréhension de toute situation clinique transculturelle. Elle permet de se dégager de deux écueils : celui de l'ethnocentrisme, qui conduit à penser la culture n'a que peu d'importance et qu'elle ne fait qu'ajouter une coloration – parfois gênante pour les soins – à la symptomatologie, et celui du relativisme absolu, qui conduit à penser qu'on ne peut pas soigner en situation transculturelle et qui renvoie les patients à une supposée « culture » figée et réifiée.

BIBLIOGRAPHIE

AMERICAN PSYCHIATRIC ASSOCIATION (1994). *DSM-IV*, Washington, American Psychiatric Press.

ASENSI, H., M.R. MORO et D. NGABA (2001). « Clinique de la douleur », dans P. Le Pape et P. Salignon (dir.), *Une guerre contre les civils. Réflexion sur les pratiques humanitaires au Congo-Brazzaville (1998-2001)*, Paris, Karthala, p. 115-133.

ATLANI, L. (1997). « Assistance aux victimes de violences sexuelles dans les camps de réfugiés. Lecture ethnologique des recommandations des agences internationales en matière de soutien psychosocial », *Psychopathologie africaine*, vol. 38, n° 1, p. 25-53.

BAUBET, T. (2003). «Évolutions et perspectives de la psychiatrie culturelle», dans T. Baubet et M.R. Moro (dir.), *Psychiatrie et migration*, Paris, Masson, p. 29-34.

BAUBET, T. et M.R. MORO (2003). «Cultures et soins des traumatisés psychiques en situation humanitaire», dans T. Baubet *et al.* (dir.), *Soigner malgré tout. Vol. 1: Trauma, cultures et soins*, Grenoble, La Pensée sauvage, p. 71-95.

BOUCHET-SAULNIER, F. (2006). *Dictionnaire pratique du droit humanitaire*, Paris, La Découverte.

GANSOU, G.M. *et al.* (2003). «Les violences sexuelles au Congo: à propos de 243 victimes recensées en milieu hospitalier à Brazzaville», dans T. Baubet *et al.* (dir.), *Soigner malgré tout. Vol. 1: Trauma, cultures et soins*, Grenoble, La Pensée sauvage, p. 199-216.

GANSOU G.M. *et al.* (2006). «Viols de guerre au Congo-Brazzaville: considérations culturelles, cliniques et thérapeutiques», *Revue francophone du stress et du trauma*, vol. 6, no 3, p. 173-178.

GUENIVET, K. (2001). *Violences sexuelles. La nouvelle arme de guerre*, Paris, Michalon.

LEBIGOT, F. (2005). *Traiter les traumatismes psychiques. Clinique et prise en charge*, Paris, Dunod.

LE PAPE, P et P. SALIGNON (dir.) (2001). *Une guerre contre les civils. Réflexion sur les pratiques humanitaires au Congo-Brazzaville (1998-2001)*, Paris, Karthala.

LITTLEWOOD, R. (2001). «Nosologie et classifications psychiatriques selon les cultures: les "syndromes liés à la vulture"», *L'Autre, cliniques, cultures et sociétés*, vol. 2, no 3, p. 441-466.

MATOKOT-MIANZENZA, S. (2003). *Viol des femmes dans les conflits armés et thérapie familiale: cas du Congo-Brazzaville*, Paris, L'Harmattan.

MBEMBA, A., H. ASENSI et T. BAUBET (2006). «Les bébés nés suite à des viols au Congo: notes de terrain», dans T. Baubet *et al.* (dir.), *Bébés et traumas*, Grenoble, La Pensée sauvage, p. 151-166.

OMBOLO, J.P. (1990). *Sexe et société en Afrique noire*, Paris, L'Harmattan.

PRIETO, N. (2001). «Épidémiologie du traumatisme psychique», dans M. De Clercq et F. Lebigot (dir.), *Les traumatismes psychiques*, Paris, Masson, p. 65-77.

SALIGNON, P. *et al.* (2000). «Health and war in Congo-Brazzaville», *Lancet*, vol. 356, p. 1762.

SALIGNON, P. et D. LEGROS (2001). «Conséquences sanitaires de la violence sur les populations civiles», dans P. Le Pape et P. Salignon (dir.). *Une guerre contre les civils. Réflexion sur les pratiques humanitaires au Congo-Brazzaville (1998-2001)*, Paris, Karthala, p. 93-106.

SERRANO-FITAMENT, D. (1999). «Violences sexuelles au Kosovo», *Nervure*, vol. 12, no 6, p. 39-42.

SWISS, S. *et al.* (1998). «Violence against women during the Liberian civil conflict», *JAMA*, vol. 279, no 8, p. 625-629.

TWAGIRAMARIYA, C. et M. TURSHEM (2001). «"Faveurs à accorder" et "victimes consentantes": les politiques de survie au Rwanda», dans M. Turshem et C. Twagiramariya (dir.), *Ce que font les femmes en temps de guerre: genre et conflit en Afrique*, Paris, L'Harmattan, p. 139-162.

6

LES RÉFUGIÉES PALESTINIENNES DU CAMP DE BOURJ EL BARAJNEH AU LIBAN
Leur vécu de guerre

Roxane Caron
Université Laval

Devant l'adversité de la guerre, d'un conflit ou d'une catastrophe, les hommes et les femmes qui cherchent un refuge partagent les tourments de l'exil: perte de membres de la famille et épreuves, mais aussi dégradation des conditions de vie, rejet et isolement. Les femmes réfugiées vivent des particularités spécifiques à leur genre: elles sont davantage vulnérables à la violation de leurs droits humains, à des abus physiques et sexuels, à la discrimination ainsi qu'à de nombreuses autres formes d'injustice (Bemak *et al.*, 2003; Brisset, 2006; Gagné, 2005; Laliberté, 2005; Lindsey, 2005; Nahoum-Grappe, 2006). Aujourd'hui, les femmes et les jeunes filles composent près de 80 % des réfugiés dans le monde (Brittain, 2003). Déjà en 1980, le Haut commissariat des Nations Unies pour les réfugiés (HCR) désignait celles-ci comme un «segment vulnérable» de la population de réfugiés (Bemak *et al.*, 2003). Malgré cette reconnaissance par le HCR des besoins spécifiques des femmes, il reste beaucoup à faire pour leur assurer assistance, sécurité et protection (Lindsey, 2005). Le mémoire de maîtrise dont une partie des résultats a inspiré ces lignes s'est intéressé aux violences faites aux femmes réfugiées et à leur lutte quotidienne pour survivre. Cette recherche s'est attardée à un groupe particulier de réfugiées, soit les

Palestiniennes vivant dans le camp de Bourj El Barajneh au Liban. Les résultats de cette recherche mettent d'abord en lumière que la vie dans ce camp est difficile. Elle est caractérisée par un milieu pollué et surpeuplé, précaire et instable, mais aussi violent et discriminatoire. Les témoignages démontrent que les femmes sont des mères et des épouses et que leurs responsabilités gravitent essentiellement autour de ces rôles centraux. Les femmes répondent aux valeurs traditionnelles de leur communauté et sont dépendantes des hommes. Par ailleurs, certaines femmes désirent s'affranchir mais se retrouvent prises entre la loyauté qu'elles vouent à leurs valeurs traditionnelles et leur désir de changement. Les témoignages révèlent aussi que les Palestiniennes sont en relation avec différents acteurs de leur milieu ; elles sont des ressources précieuses entre elles mais aussi pour leur famille, leur communauté et leur peuple. Elles participent, directement ou indirectement, par leurs différentes actions et initiatives, à leur propre survie ainsi qu'à celle de leur famille et de leur communauté. En somme, à travers leur vie quotidienne, leur parcours de réfugiées de même que leur vécu de guerre, les Palestiniennes sont des combattantes mais aussi des actrices et des forces productives qui luttent pour leur survie et celle de leur famille. Ceci dit, le but de cet article est de dresser le portrait de la réalité de Palestiniennes de Bourj El Barajneh, mais en s'attardant au contexte particulier de leur vécu de guerre, soit leur contexte de vie lors de cette période de leur existence, la violence qu'elles subissent de même que les rôles qu'elles occupent au sein de leur famille et de leur communauté.

LES FEMMES ET LES CONFLITS ARMÉS

Les impacts d'une guerre ou d'un conflit armé sont considérables pour les femmes. Non seulement leur vie et leurs rôles sociaux sont bousculés par les événements, mais la violence devient partie intégrante de leur quotidien. Lors des conflits armés, les femmes sont des cibles fréquentes et spécifiques de violences, du simple fait d'être « femme » (Brisset, 2006 ; Gagné, 2005 ; Nahoume-Grappe, 2006). À cet effet, un rapport d'Amnistie internationale (2004) spécifie que « l'instabilité et les conflits armés entraînent un accroissement de toutes les formes de violence, notamment le génocide, le viol et les violences sexuelles » (p. 73). Ce même rapport précise que ce sont les femmes qui représentent la majeure partie de la population civile adulte tuée et visée par les sévices, pendant une guerre. Lors de conflits armés, le viol est une arme et une tactique de guerre où les femmes sont les principales victimes (Amnistie internationale, 2004 ; CICR, 2004 ; Lindsey, 2005 ; Nahoum-Grappe, 2006 ; Neff-Smith, Enos et Coy, 1998). Neff-Smith *et al.* (1998), dans une revue de la littérature sur les impacts de la guerre sur les femmes et les enfants, rapportent qu'en Bosnie-Herzégovine, des femmes et des jeunes filles (parfois âgées de neuf ans à peine) ont été maintenues captives et violées à répétition par des soldats ennemis. Selon Nahoum-Grappe (2006), qui a effectué plusieurs recherches ethnographiques, de 1992 à 1995, en ex-Yougoslavie, le viol en temps de guerre vise la punition, l'humiliation, la domination, la recherche du pouvoir absolu, la destruction des valeurs de la communauté «ennemie», la production de douleur physique et morale ainsi que la purification ethnique. Cette auteure apporte son analyse quant aux raisons de l'utilisation du viol comme arme de guerre :

> Les viols comme arme de guerre sont fondés sur l'inégalité du rapport de force, comme les autres crimes de profanation. Ils sont le produit de l'ivresse, de la facilité, de la tentation du possible, dans un contexte d'impunité et de légitimité de l'action. Quand le milicien en armes et en bande fait face à une petite fille, la pulsion sexuelle rencontre alors la jouissance politique du pouvoir absolu sur autrui : elle s'intensifie dans ce chiasme entre le politique et le sexuel, deux grands domaines d'exception trop immenses pour un seul corps (Nahoum-Grappe, 2006, p. 62).

La violence sexuelle perpétrée en temps de guerre laisse des conséquences dramatiques chez les femmes qui l'ont vécue. Gervais (2005), à travers une étude sur la situation au Rwanda s'appuyant sur une revue des textes du gouvernement rwandais, des bailleurs de fonds et des ONG ainsi que sur des rencontres avec différents acteurs de la communauté tels que les élus et les représentants locaux de même que les populations touchées, dresse l'état des victimes : entre le début du conflit et la fin du génocide, 250 000 femmes ont été violées, torturées et mutilées. De ce nombre, 80 % montraient des signes de stress post-traumatique et 66 % étaient séropositives. Outre les conséquences au plan de la santé, les impacts au plan social sont aussi bien présents. En effet, le viol par «l'ennemi» laisse certaines femmes enceintes. En conséquence, les femmes se voient fréquemment rejetées par leur famille et leur communauté parce qu'elles portent «l'enfant de l'ennemi» (Brisset, 2006 ; Gervais, 2005 ; Nahoum-Grappe, 2006). Brisset (2006), dans un ouvrage collectif sur les violences et les discriminations auxquelles sont contraintes les femmes dans diverses régions du monde, précise d'après son expérience sur le terrain, que les femmes qui «ont donné naissance à un enfant de l'agresseur, cumulent l'exclusion, le dénuement, la honte d'avoir subi le viol, la culpabilité d'avoir servi l'ennemi» (Brisset, 2006, p. 28).

Jusqu'à maintenant, il a été question des femmes en zone de conflit, mais les femmes qui tentent de fuir la guerre sont aussi en grand danger. Devant le chaos créé par une guerre et dans la panique d'un départ précipité, les femmes séparées de leur conjoint et des autres membres de leur famille sont nombreuses. Un tel état de fait place alors les femmes dans une position de vulnérabilité où elles sont à risque d'abus et d'exploitation (Amnistie internationale, 2004; CICR, 2004; Lindsey, 2005; Martin, 2004). Les récits abondent en ce qui a trait aux viols et aux violences perpétrés contre les femmes en situation d'exil. En effet, les femmes en fuite sont particulièrement vulnérables, surtout lorsqu'elles atteignent les frontières les séparant d'un pays d'accueil. Norsworthy et Khuankaew (2004), dans un article relatant l'expérience de six ans de travail de groupe où elles ont rejoint plus de 400 femmes birmanes réfugiées en Thaïlande, évoquent la violence sexuelle dont les Birmanes ont été victimes. Certaines ont été violées par des militaires de la communauté ennemie alors que d'autres ont subi les mêmes sévices mais cette fois, par des policiers et des gardes aux frontières du pays d'accueil dans lequel elles croyaient trouver asile et sécurité. Davis (2000), dans une étude phénoménologique sur la santé mentale de femmes réfugiées originaires de l'Asie du Sud-Est, relate l'expérience de 19 femmes. En exode sur les eaux séparant le Vietnam de la Thaïlande, de nombreuses femmes et jeunes filles ont été violées par des groupes d'hommes. Certaines femmes, devant les conditions de vie horribles sur les bateaux, ont même tenté de mettre fin à leur vie et à celle de leurs enfants dans l'espoir de faire cesser leurs souffrances.

L'état actuel des études dans le domaine des conflits armés a jusqu'à maintenant présenté les femmes comme des victimes. Toutefois, un tel état de fait ne rend pas justice aux réalités et aux expériences diverses, parfois même contradictoires, que vivent les femmes en temps de guerre (Gagné, 2005). En effet, certains écrits démontrent que les femmes sont engagées pendant la guerre et participent, volontairement ou non, à toutes sortes d'activités militaires (Carlson et Mazurana, 2005; Gagné; 2005; Korac, 2006; Laliberté, 2005; Tambiah, 2005). Les femmes peuvent donc occuper des rôles très variés: tâches domestiques, soins médicaux, transport de matériel et de vivres, logistique, communication, mais certaines occupent aussi des tâches clandestines, collaborent au trafic des armes et participent activement aux combats (Gagné, 2005).

LES FEMMES RÉFUGIÉES

Le conflit et la guerre derrière elles, les femmes ne sont parfois pas au bout de leurs peines et plusieurs sont contraintes à la vie de réfugiée. Pour celles-ci, cette vie implique inévitablement une nouvelle structure: perturbation des rôles et des tâches, mais aussi réorganisation de leur vie. Les tensions engendrées par ces changements, auxquels s'ajoutent l'effondrement de la cellule familiale et l'insécurité face à l'issue de la situation, sont des facteurs susceptibles d'avoir des répercussions sur les femmes (Amnistie internationale, 2004).

La violence fait partie intégrante de l'expérience de plusieurs femmes réfugiées. Tout d'abord, il est rapporté dans la littérature que pour plusieurs femmes, «être réfugiée» est l'une des pires formes de violence qu'elles aient eu à affronter (Martin, 2004; Stevanovic, 1998; Tang et Fox, 2001). Les femmes sont en effet dévastées de voir leur famille séparée, déchirée ou carrément détruite. Stevanovic (1998), à la suite d'entrevues qualitatives auprès de 69 femmes réfugiées de l'ex-Yougoslavie, ajoute que les blessures vécues vont bien au-delà de la perte d'un être cher:

> *The loss of, or separation from, close relatives often leads to the destruction of their identity and integrity. Having built their identities largely on others – first and foremost, members of the family – women refugees in the first phase of their refuge take great pains to cope with the newly created situation. Waiting for any news from their dear ones only prolongs the agony of a life already replete with problems* (p. 74).

Par ailleurs, la violence subie et endurée par les femmes réfugiées ne s'arrête pas là. Au contraire, dans plusieurs camps d'accueil, certaines sont victimes d'abus. Friedman (1992), dans un écrit où, à la fois, elle résume les problèmes auxquels font face les femmes réfugiées dans le monde et soumet des recommandations à la communauté internationale de même qu'aux pourvoyeurs de services, décrit les camps comme des endroits dangereux où plusieurs femmes sont sujettes à des abus de la part même des hommes de leur communauté:

> *Relief agencies in Southeast Asia distribute food to women and children only, assuming that men will receive supplies through their families. Often men steal food from the women, and in some cases threaten or sexually harass a woman, and then vow to protect her (or stop the harassment) in exchange for food* (p. 68).

Le rapport d'Amnistie internationale sur la violence faite aux femmes à l'échelle mondiale (2004) évoque deux rapports, l'un du Haut Commissariat des Nations Unies pour les réfugiés (HCR, 2002), l'autre de l'organisme non gouvernemental britannique Save the Children (2002). Dans ces deux rapports, on signale de graves allégations de violence et d'exploitation contre des femmes et des enfants, imputées à des employés d'organisations humanitaires dans différents camps de réfugiés au Sierra Leone, au Libéria et en Guinée. Selon ces allégations, les employés auraient délibérément privé des personnes de nourriture pour obtenir des faveurs sexuelles. Martin (2004) conclut dans son ouvrage sur l'état des femmes réfugiées dans le monde que le vécu traumatique des femmes réfugiées est fortement corrélé avec le genre et que le viol, l'abus sexuel et le harcèlement font partie intégrante des récits des femmes.

Les femmes réfugiées font aussi face à des problèmes de santé similaires à ceux des femmes des pays en développement, mais il faut y rajouter l'expérience de la vie en camps de réfugiés. Certaines situations de vie dans le camp, comme des conditions sanitaires précaires, un manque de ressources ou l'accès à des aliments de piètre qualité, la promiscuité et un système d'hygiène défaillant ou inexistant ne sont que quelques exemples de conditions qui contribuent à causer de graves problèmes de santé pour les femmes (Davis, 2000; Martin, 2004). Martin fait état de problèmes de santé physique spécifiques aux femmes: complications lors de la grossesse par manque de sages-femmes, de personnel qualifié ou de matériel aseptisé, risques d'infection ou de maladie en lien avec les fonctions et les rôles qu'assument les femmes (par exemple, l'approvisionnement en eau). De ce fait, comme la responsabilité de prendre soin de la famille revient essentiellement aux femmes, l'accès aux services de santé prend une importance toute particulière: « *Should a woman become incapacitated due to ill health, or even die, she can no longer perform her tasks, and thereby her family is put at risk* » (Martin, 2004, p. 38). Enfin, la même auteure précise que le vécu des femmes réfugiées a aussi des impacts au plan de la santé mentale des femmes: « *The most serious mental health problems of refugees may manifest themselves in severe depressive, self-destructive, violent or disruptive behaviour, alcohol or drug abuse, and a high degree of psychosomatic illness* » (Martin, 2004, p. 39).

En terminant, un autre fait rapporté dans la littérature est celui selon lequel les femmes sont des protectrices de la culture (Latte-Abdallah, 2006; Tambiah, 2005). En effet, certains écrits scientifiques qui relatent le vécu des femmes réfugiées ont démontré que le poids de la famille et le fardeau du travail reviennent souvent à la femme: elles sont responsables des soins et de la protection de la famille de même que de la transmission de la culture aux générations futures (Ager, Ager et Long, 1995; Latte-Abdallah, 2006; Lindsey, 2005; Pavlish, 2005; Ross-Sheriff, 2006; Stevanovic, 1998).

LES RÉFUGIÉS PALESTINIENS

Aujourd'hui, il y a dans le monde 20,8 millions de réfugiés, de demandeurs d'asile et de personnes déracinées dans leur propre pays (HCR, 2006). À ceux-ci, nous devons ajouter les 4 millions de réfugiés palestiniens qui forment à eux seuls la plus importante population de réfugiés du monde

(OSTNU, 2005). En effet, depuis ses débuts, le conflit israélo-palestinien a entraîné le déplacement de millions d'individus et de familles, dont plusieurs se sont réfugiés au Liban.

Situé au nord de la Palestine, le Liban s'est avéré, pour plusieurs Palestiniens, une terre d'accueil. Certains se sont rapidement intégrés à leur pays hôte alors que la majorité a plutôt été contrainte à la vie dans des camps de réfugiés (Hudson, 1997). Outre les conflits armés de 1948 et 1967, les Palestiniens du Liban ont subi la guerre civile libanaise. Les années 1980 ont particulièrement été sinistres puisque des camps palestiniens ont été le théâtre d'importants massacres, d'ailleurs condamnés par la communauté internationale avec la Résolution 521 du Conseil de sécurité de l'ONU (ONU, 1982). À l'été 2006, le Liban a de nouveau été le terrain d'affrontements et d'hostilités. En effet, des tensions entre Israël et le Hezbollah, un groupe d'islamistes libanais, éclatait en conflit armé faisant des victimes de part et d'autre. Au Liban, bien que l'ensemble du pays ait souffert de ces attaques, certaines régions en ont davantage subi les frais, soit le sud du Liban, la vallée de la Bekaa et plusieurs quartiers du sud-ouest de Beyrouth où se trouvent des camps de réfugiés palestiniens. Le nombre de morts a été estimé à 1 183, dont le tiers était des enfants. À ceci s'ajoutent 4 054 blessés et quelque 970 000 civils déplacés (Amnistie internationale, 2006). Sans contredit, les Palestiniennes des camps de réfugiés au Liban ont vécu les affres de la guerre, et c'est à ce vécu de guerre que les prochaines lignes vont maintenant s'attarder.

LES LIMITES DES ÉTUDES ACTUELLES

Les limites des écrits actuels se situent à plusieurs plans : populations étudiées, objets d'études, concepts retenus et méthodologies utilisées. D'abord, la grande majorité des écrits sur les Palestiniennes se concentrent sur celles vivant dans les territoires occupés de Gaza et de Cisjordanie. Toutefois, la réalité des Palestiniennes diffère selon qu'elle est vécue en territoire occupé ou dans les pays d'accueil avoisinants de même qu'en camp ou non. Bien qu'on connaisse de plus en plus la réalité des Palestiniennes du Liban, ces dix dernières années, les recherches qui se sont concentrées sur leur spécificité de femme se consacrent principalement au concept d'identité palestinienne (Holt, 2007) de même qu'à la place des femmes dans le mouvement nationaliste palestinien (Sayigh, 1998).

Dans les études sur les stratégies de survie, la majorité des échantillons utilisés se compose à la fois d'hommes et de femmes. Peu d'études se concentrent sur les stratégies de survie des hommes ou des femmes, ou encore utilisent une analyse selon le genre. Pourtant, plusieurs auteurs évoquent les différentes réalités auxquelles font face les femmes (Davis, 2000 ; Korac, 2006 ; Kreitzer, 2002 ; Laliberté, 2005 ; Martin, 2004 ; Neff-Smith *et al.*, 1998 ; Pavlish, 2005 ; Ross-Sheriff, 2006 ; Zahar, 2005) et donc l'impact possible d'un tel vécu sur leurs moyens de survivre. Il est aussi à noter que les recherches portant sur les stratégies de survie des populations de réfugiées de même que les populations ayant vécu un contexte de guerre sont principalement faites auprès de populations d'Asie (King, 1996 ; Reiboldt et Goldstein, 2000) et d'Afrique (Campbell, 2006 ; De Jongh, 1994 ; Karimumuryango, 2000). Peu de recherches portant sur les stratégies de survie se sont consacrées à d'autres régions et populations du globe. Il faut également souligner le fait que dans les recherches consultées, les définitions des concepts de « réfugié » et « stratégie de survie » diffèrent, ce qui rend impossible toute généralisation des résultats.

Les outils et les instruments de mesures employés dans le cadre des recherches doivent aussi être signalés parmi les limites des recherches actuelles. Les instruments utilisés, pour la plupart nord-américains, sont appliqués à des populations en provenance d'Asie, d'Afrique ou d'Europe de l'Est : une telle pratique ne tient pas compte des particularités ethnoculturelles et linguistiques des communautés étudiées (Hundt *et al.*, 2004). Au niveau de l'approche méthodologique utilisée dans les écrits répertoriés, il est remarqué que les approches qualitatives sont dominantes. Ceci dit, la seule recherche qui s'intéresse à la survie des Palestiniens a été réalisée à Gaza, en Palestine, auprès de jeunes adultes, garçons et filles (Hundt *et al.*, 2004). Les auteurs ont toutefois noté deux éléments importants : les différences marquées entre les stratégies de survie selon le genre, de même que les limites liées à leur méthodologie de recherche, alors quantitative. De tels commentaires ne sont pas sans justifier la poursuite de la recherche sur les stratégies de survie des réfugiées palestiniennes du Liban, mais cette fois en favorisant une méthodologie qualitative.

LA MÉTHODOLOGIE ET LA STRATÉGIE DE RECHERCHE

La source de cet article provient d'une recherche de type exploratoire et inductive qui visait d'abord à reconstruire la réalité sociale des femmes palestiniennes de Bourj El Barajneh à partir de leur vécu. Une telle reconstruction passe donc par la connaissance et la compréhension du vécu des femmes palestiniennes, mais selon leurs propres expériences et leurs propres perspectives. De ce fait, une méthodologie qualitative s'est avérée indiquée d'abord de par le sujet sensible traité mais aussi parce que la recherche qualitative considère que les perceptions et les expériences des personnes, soit leurs croyances, leurs émotions et leurs explications des événements, sont des réalités significatives (Turcotte, 2000). L'utilisation d'histoires de vie thématiques, pertinente dans l'investigation d'un nouveau champ (Mayer et Ouellet, 1991), a été retenue comme méthode de collecte de données. Afin d'assurer une diversification interne, l'obtention d'une diversité au niveau de l'âge et du temps passé dans le camp ainsi que d'autres critères ont aussi guidé l'échantillonnage. L'échantillon s'est donc composé de quinze Palestiniennes âgées de 19 à 77 ans et vivant dans le camp de Bourj El Barajneh, au sud-ouest de Beyrouth, au Liban. Une telle diversification a permis l'atteinte de la saturation empirique (Pires, 1997), critère-clé de la validité du savoir en recherche qualitative. L'analyse de contenu, à l'aide du logiciel N'Vivo, a été utilisée pour analyser les données.

Comme la réalité des femmes n'est pas universellement identique et que le projet prend forme dans une société arabe, il s'avérait essentiel de s'arrêter au contexte particulier dans lequel évoluaient les femmes de ces sociétés. Fleras et Elliott (2003) précisent que « *the concept of gender and gender relations is socially constructed, culturally prescribed, sharply contested, and varying over time and place*» (p. 163). Les mêmes auteurs ajoutent que les inégalités auxquelles sont confrontées les femmes vont aussi varier selon leur groupe ou communauté d'appartenance: « *Gendered inequality is experienced differentely by aboriginal women, women of colour, and immigrant and refugee women because of the different demands posed by race, ethnicity, and social class*» (p. 163). De ce fait, une perspective féministe intersectionnelle a été retenue comme cadre théorique pour la présente recherche. Selon cette perspective féministe, les oppressions sont à la fois multiples, simultanées et interreliées (Sokoloff et Dupont, 2005). Le féminisme intersectionnel permet d'observer les Palestiniennes de Bourj El Barajneh avec une sensibilité particulière: les données recueillies ont donc été traitées en portant une attention particulière aux différentes oppressions et inégalités auxquelles les participantes ont été et sont toujours confrontées dans leur quotidien. Ainsi, dans la suite logique de l'approche, pour être en mesure de saisir la réalité des participantes de cette étude, il faut prendre en considération qu'elles sont à la fois des femmes mais aussi des Palestiniennes, des mères, des réfugiées, des Arabes, des musulmanes et, enfin, des personnes vivant dans une pauvreté extrême. Chacun de ces éléments construit à la fois la réalité des participantes mais aussi les oppressions qu'elles subissent.

Maintenant, afin d'effectuer la recherche, la chercheure s'est établie dans le camp de réfugiés dans lequel elle effectuait l'étude, et cela, pour une durée d'environ six mois. Une telle décision s'est basée sur la prémisse que, vivant dans la communauté, elle serait en mesure de créer plus facilement un lien de confiance avec la population. Toutefois, compte tenu des aspects sensibles et personnels soulevés par le sujet de recherche ainsi que des barrières culturelles et linguistiques, une adaptation au milieu de vie s'avérait nécessaire avant que ne débute le recrutement. Ceci dit, une telle démarche a permis à la chercheure de vivre, voir et ressentir ce qu'était la vie quotidienne des femmes. D'abord, la chercheure, étant étrangère à la communauté palestinienne, s'est assurée de suivre un code vestimentaire respectueux des coutumes locales. En plus, elle validait, auprès des femmes de la communauté, les comportements qu'elle devait respecter et adopter, comme les heures auxquelles il était adéquat pour une femme de circuler à l'intérieur et à l'extérieur du camp. Outre ses activités de recherche, la chercheure s'est impliquée dans la vie communautaire locale. Elle a accepté les nombreuses invitations de la communauté à partager un café ou un repas, mais aussi s'est appliquée à faire de même en invitant à son tour les femmes et leurs familles. D'ailleurs, le lien avec certaines familles était tel qu'elle a pu assister à différentes célébrations et fêtes palestiniennes, mais aussi se joindre à elles lors d'occasions spéciales comme les rituels liés au décès d'un proche ou à un mariage. De plus, la chercheure s'est impliquée comme bénévole dans une garderie de Bourj El Barajneh en tant qu'assistante dans des classes d'anglais. Cette expérience lui a permis de créer des liens avec des femmes du camp mais aussi de constater différentes réalités comme celle des femmes qui doivent combiner travail et famille. Enfin, dans le but de maximiser son intégration, elle a pris soin d'apprendre, tout au long du séjour, les rudiments de la langue arabe. Bien que ses connaissances soient restées limitées, celles-ci ont permis de communiquer avec son entourage et de faire ses activités journalières de façon autonome. L'usage des gestes et du dessin a parfois été nécessaire et a su apporter un brin d'humour aux discussions et aux événements.

La cueillette de données s'est faite sous forme de récits de vie thématique, technique s'inscrivant dans la continuité du choix de la méthode qualitative. En effet, le récit de vie permet de poser un regard dynamique sur les réalités sociales et fait valoir la diversité des expériences (Mayer *et al.*, 2000). Pour entrer en communication avec les palestiniennes, l'utilisation d'une interprète s'est imposée afin que les participantes puissent s'exprimer dans leur langue maternelle. Durst (1994), dans un article sur la pratique du service social dans un contexte multiculturel, spécifie : « *Interviewing in the presence of others will inhibit the client's ability to disclose* » (p. 35). De ce fait, une attention particulière a été prise dans le choix de l'interprète. Cette dernière a été retenue pour ses qualités de traductrice mais aussi pour ses connaissances de la culture locale. Elle était de sexe féminin et Palestinienne, ce qui évitait tout inconfort de culture et de genre. Un lien privilégié s'est tissé entre l'interprète et la chercheure, ce qui a permis une meilleure compréhension de la culture et de la réalité des femmes du camp de Bourj El Barajneh. De courtes séances de débriefing après chaque entretien étaient extrêmement bénéfiques, à la fois pour permettre un espace mutuel pour l'expression des émotions vécues en cours d'entrevue, mais aussi pour clarifier des aspects d'ordre technique.

Concrètement, les entrevues ont été dirigées par des questions sur des thèmes déterminés par l'objet de la recherche. La construction du canevas d'entrevue se voulait simple afin de faciliter la traduction, mais aussi par souci de respecter le niveau de scolarité des participants. Pour ce faire, les répondantes ont été encouragées à relater leurs expériences durant les différentes périodes de guerre et de bouleversement qui ont caractérisé leur vie. Les femmes ont été invitées à faire un bref récit selon les thèmes suivants : 1) leur quotidien ; 2) leur parcours de réfugiée ; 3) les stratégies adoptées et développées pour assurer la survie. C'est à travers le thème de « parcours de réfugiée » que « le vécu de guerre » des femmes pouvait être abordé par celles-ci si elles le voulaient. Ceci dit, lorsque le thème « vécu de guerre » était soulevé par une femme, aucune précision n'était demandée sur le conflit armé auquel les femmes faisaient alors allusion. Les opinions politiques ainsi que les différentes allégeances (religieuses ou autres) étant des sujets délicats, l'intérêt était avant tout de décrire le vécu des femmes pendant les différentes guerres auxquelles elles avaient été confrontées et non d'avoir des précisions sur les personnes ou les acteurs en cause. Ainsi, neuf participantes sur quinze ont partagé leur vécu de guerre.

Maintenant, comme les participantes étaient à risque d'avoir vécu des événements traumatisants dans le passé, il était possible que le simple fait de relater les circonstances de tels événements soit douloureux pour elles. Comme chercheure, il était impératif d'être sensible à de telles possibilités et d'éviter d'insister sur des thèmes difficiles à aborder. On a ainsi prévu, d'une part, quelques rencontres pour celles se sentant incapables de raconter leur récit en une seule entrevue et, d'autre part, de respecter le désistement de certaines pour qui la douleur liée à la divulgation de leur vécu était trop grande. Il était aussi important de prendre les mesures nécessaires afin de protéger les femmes et de leur assurer un soutien psychologique par l'implication d'un proche, d'un professionnel ou d'un guide spirituel. À cet effet, avec la collaboration de l'Organisation mondiale de la santé (OMS) et de sa directrice, la possibilité de donner un groupe de soutien ou de discussion aux femmes avait été envisagée. Ceci dit, il doit être mentionné que des tensions dans le camp au printemps 2006 ont eu un impact sur les activités de l'ONG, ce qui a mis en péril les activités et les services donnés à la communauté. Enfin, dans la majeure partie des cas, les participantes se sont livrées avec beaucoup d'aisance. Trois thèmes ont toutefois amené les participantes à plus de réserve ou à un certain inconfort : l'utilisation d'activités illégales, la violence et le vécu de guerre. Dans le cas des activités illégales, plusieurs femmes se sont exclamées fortement « *haram !*», ce qui veut dire «interdit ! » en arabe. Une telle réaction pourrait s'expliquer par le fait que, la religion tenant une place prépondérante dans la vie des femmes, le recours à des activités illégales irait à l'encontre de leurs croyances et de leurs valeurs religieuses. Le thème de la violence dans le camp a aussi suscité un inconfort chez plusieurs femmes ; ceci pouvait s'observer par des regards fuyants et par des discussions entre les différentes personnes présentes lors des entrevues. Ceci dit, un certain choc pouvait être ressenti au moment où la question était posée mais, après quelques secondes, les femmes élaboraient plus aisément sur le sujet. Enfin, deux participantes ont pleuré en relatant leur vécu de guerre ; les femmes se remémoraient alors des événements particulièrement difficiles. Dans les deux cas, l'entrevue a été interrompue afin de permettre à la femme de récupérer pour ensuite poursuivre, si tel était son désir.

Des questions sur les origines de la chercheure ainsi que des informations sur son âge et son état matrimonial ont aussi été chose courante. Une telle ambiance a contribué à créer un climat de détente. Il doit être spécifié que treize entrevues se sont réalisées en présence de proches de la participante. Dans trois cas, cette présence a affecté leur discours à tel point que l'intervieweuse pouvait percevoir un malaise chez les participantes. Pour deux de ces femmes, c'est la présence du conjoint qui gênait le témoignage alors que pour la troisième, c'est celle de sa mère. L'inconfort était perceptible par les regards qu'échangeaient la participante et le témoin. Des attitudes ont été adoptées par l'investigatrice pour tenter de créer un climat de confiance (p. ex., contact visuel et sourire au témoin, approbation et renforcement positif à l'égard des propos de la participante). Dans les trois situations, le témoin n'a pas assisté à la totalité de la rencontre, mais a plutôt quitté avant la fin. Pour expliquer une telle situation, une hypothèse a été émise à l'effet que la chercheure, ayant gagné la confiance de la tierce personne et n'étant plus perçue comme menaçante, cette dernière a quitté la rencontre. Outre les visites, pour cinq participantes, la suspension de l'entrevue a été nécessaire pour permettre à la femme de se recueillir et faire sa prière. Il était essentiel pour la chercheure de respecter les habitudes de vie des femmes.

LE VÉCU DE GUERRE DES PALESTINIENNES DE BOURJ EL BARAJNEH : LES RÉSULTATS

En période de guerre, les civils sont au cœur des conflits et leur vie est constamment mise en danger. Neuf participantes sur quinze ont témoigné de la réalité en temps de guerre et ont relaté leur vécu.

LA VIOLENCE EN TEMPS DE GUERRE

Les simples termes de « guerre », « conflit armé » et « affrontement » évoquent des images de violence. Neuf participantes ont relaté leurs souvenirs et leur vécu de guerre. Ces différents témoignages démontrent que les femmes sont témoins et victimes de violence mais aussi qu'elles défient le danger et résistent à la violence. Ceci dit, la violence s'est avérée un sujet difficile, voire tabou pour les participantes. Malgré tout, lorsque les femmes parlent de leur vie dans le camp, elles décrivent un milieu où la violence est présente, et cela, autant à l'époque des conflits armés que dans leur vie actuelle et quotidienne. Il est toutefois important de noter que lorsque les femmes ont été questionnées sur la violence, le concept ne leur a pas été préalablement défini. C'est plutôt leurs réponses qui ont permis de les codifier en termes de formes (physique, sexuelle, etc.) et de contextes (couple, famille, communauté, etc.). L'idée de la chercheure n'était pas ici d'imposer « une vision » de la violence mais plutôt de laisser émerger celles des participantes.

Témoins et victimes

Les rôles qu'assument les femmes au sein de leur famille et de leur communauté les amènent à courir de grands risques. Cinq participantes témoignent d'événements où les responsabilités et les tâches qu'elles accomplissent les ont contraintes à subir de la violence. Tantôt on les bombarde d'insultes, tantôt on utilise l'intimidation et parfois on les menace de mort :

> At the check point, the fighter stopped us and he stepped on the tobacco and he opened the cans and he threw it on the floor... so, I started to pray out loud to God that his hands would be amputated and that something wrong would happen to him [...] so he raised his gun and he was about to shoot when this woman started to say: « Please "Mina", stop saying these things to him, he's gonna kill us all »... but I didn't care because he ruined everything that I had carried... so, I didn't care to die or not to die (Participante 15).

Dans l'accomplissement de ses tâches, une participante a assisté, impuissante, à la mort d'une amie : « *They did horrible things, like... they killed my friend in front of me...Yeah... we were passing by "X"[1] street and he tried to touch her so she shouted at him... we were walking and he shot her from the back and she was killed right away* » (Participante 1).

---

1. La participante précise le nom d'une rue en périphérie du camp de Bourj El Barajneh.

La violence des attaques laisse aussi des séquelles. Dans l'extrait qui suit, la participante décrit et dévoile les cicatrices que lui a laissées la guerre : « *The bad experience was an injury from a missile*[2] ; *it exploded at my house and I have wounds all over my body, but the worst one was in my leg and my leg was supposed to be amputated but, from God's mercy* [...] *they came out of my body without doing any operation* » (Participante 7).

Une autre évoque avec difficulté et émotion l'agression dont a été victime sa fille. Elle ne précise pas la nature des problèmes de santé de celle-ci, mais attribue ses difficultés à la violence dont celle-ci a été victime :

> *My daughter went out to get food… a bunch of fighters stopped her and put a gun on her back and told her to leave everything on the floor, all the stuff that she bought… and, they stepped on it and they mixed it together… and they told her,* « *we're gonna kill your soul*[3] » *and they told her,* « *leave everything and go to your house, otherwise, we will kill you* »… *so, till now, she's in Germany and… she's sick a little bit because she was really scared in that time* (Participante 11).

Réactions et attitudes

Les femmes ne restent pas muettes et inactives devant la violence dont elles sont témoins ou victimes ; trois participantes en témoignent. L'une d'elles, confrontée à la famine, défie l'autorité du camp et affronte le danger afin de rapporter des vivres à sa famille :

> *The people were dying and starving, we had nothing… so I went to one of the political offices and I told him that* « *all the people are starving while you, they bring you food, they bring you whatever you want and we are starving, so I'm gonna go to my house… and because there is an entrance next to my house, I'm gonna open this entrance and I'm gonna take out the women and buy some food* » [...] *that's what I did* [...] *it was forbidden to cross this entrance but I did it* [...] *I got out of the camp and brought food and many, many women went out with me* [...] *So, I didn't listen to them and I went out of the camp* (Participante 5).

Deux autres participantes ont affronté leur assaillant en répliquant. Voici le témoignage de l'une d'elles : « *We were facing these fighters from "the other part" and sometimes we were talking with them or fighting with them by talking and we were like… challenging them all the time* » (Participante 1).

---

2. La participante nous montre des cicatrices sur ses jambes.
3. La participante pleure en témoignant de cet événement.

LES CONDITIONS DE VIE EN TEMPS DE GUERRE

Les attaques armées ont chambardé et désorganisé l'existence de bien des familles, mais aussi celle des infrastructures et des habitations. Pour assurer la survie physique et la protection des leurs, les femmes doivent trouver des refuges. Une participante se rappelle les conditions dans les abris :

> *We used to go to the shelter [...] there was humidity... the humidity was killing the people and... it was very small rooms in the shelters... there were many people living in it [...] sometimes, the kids needed to go to the bathroom and they used to do it in the shelter [...] me, I used to go out when there was a ceasefire but... whenever I heard, I used to go back to the shelter [...] There was six rooms in this shelter but all the people, like... a hundred, were living in this... we used to take our mattresses, the water, the food and everything* (Participante 12).

La famine et l'insuffisance des ressources essentielles ont marqué le vécu de guerre des femmes. Une participante décrit à quelles extrémités elle et sa communauté ont dû en venir pour assurer leur survie :

> *We had a miserable life... we had no food, no water, no bread... later, the people started to slice the cats and the donkeys [...] Yes... they ate... The situation was terrible, like... the things were very worse and it was like « tar »... you know, the black thing you do the pavement with... so, our life was like this* (Participante 11).

Une autre témoigne maintenant de l'impact du manque de nourriture sur les soins qu'elle doit donner à son nourrisson : « *When I gave birth during the war, I was scared... especially with this girl*[4] *after she was born... after two days she was born, there was the 6-month siege, there wasn't milk to feed her* » (Participante 3).

Confrontées à la réalité de la guerre, les besoins de partager, de s'entraider et de s'épauler pour assurer un logis pour tous sont bien présents, et cela, dans le discours de cinq femmes. L'une d'elles témoigne : « *Some people gave me a room for me and my kids ; so we stayed there till the situation got better [...] we lived there for a month and then, we came back here* » (Participante 10).

Pour certaines, l'entraide va au-delà du gîte et de l'abri et implique le partage des aliments de base et des vivres qui se font rares en temps de guerre. Deux participantes rapportent de telles expériences. L'une d'elles parle du besoin de partager sa nourriture avec les autres comme une marque de solidarité et d'égalité avec son peuple : « *When I was seeing people hungry*

---

4. La participante pointe l'une de ses filles, présente lors de l'entrevue.

and asking for food… I was giving them from my food and… I wanted to be hungry like the other people… I wanted us to be equal… so, that's why we got hungry and we were starving» (Participante 11).

Une autre affirme que des proches lui ont fourni de la nourriture et des fournitures de base, ce qui a pu assurer la subsistance de sa famille :

> *We have a lot of friends and actually, to be honest, they were so nice and great with us… before the war and during the war and after the war… like, after the sieges, they used to bring us food and many supplies and they were helping us to get […] supplies… and even with the gas bottles, they used to bring us…* (Participante 15).

LES RÔLES DES PALESTINIENNES EN TEMPS DE GUERRE

Pendant les années d'hostilité, les femmes sont engagées et assument différentes fonctions : elles assurent la protection de la famille et portent assistance aux combattants.

En temps de guerre, le principal rôle de la femme est de pourvoir aux besoins essentiels de la famille, peu importe le danger qu'elle court : « *There was a cease-fire and we had no food at all and as a woman's role, we had to go out and buy food for our families and during this, leaving the camp… it was too dangerous because there was snipers and they were "snipping" us as women because they didn't want anybody to be alive»* (Participante 3).

Pour assumer leur rôle de protectrice de la famille et ainsi assurer la survie des leurs, cinq femmes doivent affronter le danger. Elles témoignent d'événements où elles ont été exposées aux menaces et aux agressions de militaires. L'une d'elles témoigne :

> *One of the fighters stopped me and he said, «what are you doing here?» and I told him, «my mother's inside and she's sick and I brought her food to eat» and he said, «no, you're a liar and I'm gonna kill you right now» and I started begging him and telling him, «I'm gonna kiss your hand, your legs, consider me as your mother[5]» and he said […] bad things like «you're a bitch, you can't be my mother» […] anyway, I continued begging him, till he allowed me to pass* (Participante 13).

Pendant les années de conflits au Liban, les femmes sont mobilisées et actives. Deux participantes parlent de leur implication et de leur soutien à l'effort de guerre. La guerre oblige les femmes à assumer différentes responsabilités telles que porter assistance aux victimes et occuper des fonctions en lien avec le transport du matériel :

---

5. Pendant son discours, la participante fait le geste de baiser les pieds de quelqu'un et prend les jambes de l'auteure en les serrant.

Let's be honest, we were helping the fighters, let's be honest, I used to help and… we were doing everything, like, filling the water, bringing the food for our families and we were […] we were helping the fighters, like… filling these bags with sand and we were cooking for them and taking food for them and we were helping them (Participante 1).

Certaines femmes ont témoigné d'une participation active pendant la guerre. Deux participantes racontent même que cela pouvait aller jusqu'à l'utilisation des armes. L'une d'elles fait remarquer que manipuler les armes était en fait une nécessité pour sa survie : « *They wanted to enter the camp, the fighters from outside… it wasn't war against men, they wanted to rape women and do bad things so… you had to defend yourself and even if you don't know how to use a gun, you had to use it* » (Participante 1).

DISCUSSION

Malgré que l'étude ait permis une meilleure compréhension du vécu des Palestiniennes, certaines limites ont été observées. D'abord, on retrouve la barrière culturelle et langagière de la chercheure, puis la nécessité de recourir à une interprète pour les entrevues. Ensuite, le contexte de vie dans le camp de Bourj El Barajneh et les habitudes culturelles n'ont pu permettre de faire des entrevues individuelles, et cela, dans treize situations sur quinze ; une telle situation peut ainsi avoir eu un impact sur le témoignage des femmes. Enfin, une seule ONG de Bourj El Barajneh a été impliquée dans le processus de recrutement. Ceci dit, certaines femmes ont pu trouver difficile d'apporter des critiques sur ledit organisme et cela a pu influencer leur discours.

Les résultats de la recherche ont mis en lumière que les Palestiniennes de ce camp étaient des survivantes, malgré plus de quinze années de guerre pour certaines et à travers les conditions de vie difficiles du camp. De plus, il doit être spécifié que, outre les résultats sur le vécu de guerre des Palestiniennes, ceux sur leur vie quotidienne et leur parcours de réfugiées ont continué de décrire ces femmes comme des battantes mais aussi, comme des actrices et des forces productives qui luttent pour leur survie et celle de leur famille.

D'abord, comme c'est le cas pour bien des femmes ayant connu un conflit armé, l'expérience de la guerre amène les femmes à occuper de grandes responsabilités (Pavlish, 2005 ; Ross-Sheriff, 2006). En effet, les Palestiniennes de Bourj El Barajneh sont des gardiennes et des protectrices de la famille : elles s'assurent d'un gîte pour tous et mettent leur propre vie en danger pour assurer la subsistance de la famille. Elles sont aussi résilientes malgré les dangers qu'elles affrontent et les conditions horribles dans lesquelles elles vivent dans le camp, en particulier en période de conflit armé. Enfin, ces femmes sont des modèles de ténacité et de détermination.

L'expérience illustrée par les témoignages des Palestiniennes de ce camp confronte le modèle traditionnel de la femme en zone de conflit décrit par la littérature. En effet, les femmes en temps de guerre sont souvent présentées comme des victimes de guerre et des agentes non violentes prônant l'arrêt des hostilités. Cependant, comme l'illustrent certains auteurs (Gagné, 2005 ; Korac, 2006 ; Zahar, 2005), les femmes vivent les conflits armés de différentes façons : elles sont à la fois des cibles de violence mais aussi des actrices engagées. Bien que seulement deux femmes sur neuf aient mentionné avoir occupé des rôles de soutien direct aux opérations en temps de guerre et avoir pris les armes, ceci n'en demeure pas moins une réalité qui ne doit pas être ignorée. Aussi, il est possible de penser que certaines femmes ayant agi comme combattantes ont préféré taire cette réalité, et cela, parce que la violence est un sujet délicat dans leur communauté. Ainsi, il peut s'avérer pénible pour les femmes de briser le silence. Cette double réalité « de victimes et de combattantes » peut trouver des explications dans le fait que les Palestiniennes répondent avant tout aux rôles traditionnels de la femme dans leur communauté. Elles sont des mères et des épouses et leurs responsabilités gravitent essentiellement autour de ces deux rôles centraux. La littérature sur les communautés musulmanes apporte des éclaircissements en rappelant que la famille est une valeur centrale pour bien des femmes de ces communautés (Ross-Sheriff, 2006 ; Tohidi, 2003). On peut donc comprendre, en ce qui concerne la présente étude, que la guerre venant agresser ce qu'il y avait de plus précieux pour plusieurs Palestiniennes, certaines d'entre elles aient été prêtes à mettre leur propre vie en péril afin de protéger leur famille.

La violence fait partie intégrante du discours des participantes lorsqu'elles relatent leur vécu de guerre. À cet effet, plusieurs écrits ont mentionné que lors de conflits armés, la violence était une tactique de guerre où les femmes étaient les principales victimes (Amnistie internationale, 2004 ; CICR, 2004 ; Gagné, 2005 ; Lindsey, 2005 ; Nahoum-Grappe, 2006 ; Neff-Smith *et al.*, 1998 ; Stevanovic, 1998). Or, lors des entrevues, la violence s'est avérée un sujet délicat pour les Palestiniennes : le silence et la notion de tabou ont entouré ce thème.

Lors du séjour dans le camp de Bourj El Barajneh, l'auteure a pu observer et constater à quel point, dans la communauté palestinienne, les liens familiaux et communautaires étaient étroits, le sentiment d'appartenance à la famille, puissant et comment les événements de la vie sont l'affaire de tous. En effet, dans plusieurs communautés arabes, dévoiler la violence, et spécifiquement le viol d'une femme, jette le déshonneur sur la communauté et la famille (Treiner, 2006). On est donc sensible et conscient que le fait de dévoiler la violence, surtout sexuelle, peut avoir des impacts considérables pour une Palestinienne, et cela, autant au plan personnel que familial et social. Toutefois, une participante a défié ce tabou et a dévoilé que ce n'était pas une guerre entre hommes mais bien une guerre où les militaires ennemis voulaient violer les femmes. Ces propos vont dans le même sens que la littérature qui rappelle que, dans plusieurs communautés arabes, dévoiler la violence, et surtout le viol d'une femme, jette le déshonneur sur la communauté et la famille (Latte Abdallah, 2006; Treiner, 2006).

Un autre point à souligner est certainement le fait que les témoignages sur le vécu de guerre des Palestiniennes de Bourj El Barajneh, tout comme ceux sur le quotidien, la scolarisation et l'implication des femmes dans le marché du travail, illustrent que les Palestiniennes ayant participé à l'étude sont des femmes prises entre la tradition et le changement. À notre connaissance, un tel résultat est nouveau. Toutefois, la littérature sur les femmes en contexte de guerre apporte des explications intéressantes sur le lien à faire entre la guerre et le changement (Holt, 2007; Zahar, 2005). D'abord, Zahar (2005) précise que, dans une société patriarcale où les femmes sont reléguées aux rôles traditionnels de mère et d'épouse, la situation de crise permet de défier les interdits de la société. Selon ses propos, la guerre transforme les relations sociales. En effet, certaines femmes, tenues avant la guerre d'être accompagnées lors de leurs déplacements, sortent seules alors que d'autres bravent des tabous comme le choix du célibat ou d'un conjoint. D'ailleurs, une telle explication coïncide en tous points avec les propos d'une participante qui qualifiait les années de guerre comme une période de grande liberté où elle pouvait se déplacer librement, s'amuser avec ses amies et même fréquenter son amoureux. Ensuite, Holt (2007) note que bien que les Palestiniennes aient grandement souffert pendant la guerre civile libanaise, cette période a permis une redéfinition des rôles sexospécifiques attribués aux femmes, et cela, autant dans la sphère publique que dans la sphère privée : « *Many lost the head of the family and became responsible. They had no skills, but they also had benefited and were able to improve their roles. In the same way, after Israeli invasion, many men were arrested and women became responsible for their families. This changed the social dynamics* » (Holt, 2007, p. 258).

Enfin, les résultats de cette recherche apportent certains éclairages pour la pratique auprès des réfugiées. De nombreux travaux ont présenté les situations précaires dans lesquelles les femmes se retrouvaient en zone de conflit et ont mis en lumière les facteurs qui contribuaient à faire d'elles des victimes encore peu secourues (Amnistie internationale, 2004 ; Brisset, 2006 ; CICR, 2004 ; Gervais, 2005 ; Lindsey, 2005 ; Martin, 2004 ; Nahoum-Grappe, 2006 ; Stevanovic, 1998). Les résultats présentés ici abondent dans le même sens que ces recherches mais ajoutent, comme d'autres écrits (Gagné, 2005 ; Korac, 2006 ; Zahar, 2005), que telle n'est pas l'unique réalité des femmes qui vivent la guerre. De ce fait, il est primordial pour les intervenants de première ligne travaillant auprès de femmes immigrantes et réfugiées de rester ouverts aux multiples réalités possibles de ces femmes. Il est important d'adopter une attitude de non-jugement : les femmes peuvent être des victimes mais aussi des combattantes. Ainsi, faire preuve d'ouverture et de vigilance face à ces diverses possibilités permettrait de briser les tabous liés à un dévoilement. Il est important de rappeler que les femmes qui démontrent des capacités d'adaptation de même que de la force et de la résilience peuvent s'avérer des modèles de succès, et cela, autant pour les chercheurs et les praticiens que pour d'autres femmes ayant vécu les atrocités de la guerre. Ensuite, nombreux sont les intervenants travaillant auprès de femmes de communautés palestiniennes (ou d'autres communautés arabes) au Canada ou ailleurs dans le monde, qui se sentent interpellés, voire confrontés par les valeurs traditionnelles et la nature patriarcale des rapports de genre de ces communautés. Il est important de se rappeler que l'autonomisation (*empowerment*) des femmes passe, entre autres, par la reconnaissance des rôles qu'elles tiennent dans leur famille et leur communauté. Ainsi, reconnaître et soutenir leurs actions et leurs interventions favorisera le développement personnel et social de ces femmes. Enfin, poursuivre la recherche sur les besoins sexospécifiques des femmes s'avère d'une grande importance. Pour répondre adéquatement aux besoins des femmes réfugiées et de celles qui vivent ou ont vécu en zone de conflit, la recherche ne doit pas fermer les yeux sur les différentes réalités possibles de ces femmes. Comprendre les mécanismes de survie utilisés par les femmes en contexte de crise permettrait aussi d'adapter les programmes humanitaires à leurs stratégies innovatrices de survie (Laliberté, 2005). Enfin, outre une meilleure connaissance de la réalité des femmes, la poursuite de la recherche qui tient compte des besoins spécifiques selon le genre permettrait d'améliorer les mécanismes de sécurité et de protection de même que la planification et l'allocation de l'aide humanitaire apportés à ces femmes.

CONCLUSION

En terminant, il est important de souligner qu'au Liban, depuis juin 2006, les Palestiniennes du camp de Bourj El Barajneh ont de nouveau été plongées dans un climat de guerre. D'abord avec le conflit impliquant Israël et le groupe islamiste du Hezbollah et plus récemment, en mai 2007, avec un autre conflit, qui a cette fois éclaté dans le camp de Naher El Bared, près de Tripoli, au nord du Liban. Des liens encore préservés par l'auteure avec des Palestiniennes de Bourj El Barajneh ont indiqué que les tensions perdurent et que le quotidien est encore chamboulé et même menacé par l'éclatement à tout moment d'un autre conflit. Les événements de mai 2007 ont eu pour impact que des milliers de familles ont dû se réfugier dans les camps au sud du pays; selon certaines sources, plusieurs ont été accueillies à Bourj El Barajneh. Ainsi, devant de tels événements, des questions surgissent: Comment les Palestiniennes se sont-elles impliquées et engagées dans ces événements? Quels rôles ont-elles joués? Comment leurs stratégies de survie se sont-elles manifestées? Tant de questionnements qui suggèrent l'importance de poursuivre les recherches sur les réalités multiples des Palestiniennes des camps de réfugiés au Liban.

BIBLIOGRAPHIE

AGER, A., W. AGER et L. LONG (1995). « The differential experience of Mozambican refugee women and men », *Journal of Refugee Studies*, vol. 8, n° 3, p. 265-287.

AMNISTIE INTERNATIONALE (2004). *Mettre fin à la violence contre les femmes: un combat pour aujourd'hui*, Paris, Éditions francophones d'Amnesty International.

AMNISTIE INTERNATIONALE (2006). *Israël-Liban: Destruction délibérées ou dommages collatéraux? Les attaques israéliennes contre les infrastructures civiles (août 2006)*, <web. amnesty.org/pages/lbn-020806-action-fra>, consulté le 23 mars 2007.

ANDERSON, C.T. (1996). « Understanding the inequality problematic: From scholarly rhetoric to theoretical reconstruction », *Gender and Society*, vol. 10, n° 6, p. 729-746.

BEMAK, F., R. CHI-YING CHUNG et P.B. PEDERSEN (2003). *Counseling Refugees: A Psychosocial Approach to Innovative Multicultural Interventions*, Westport, Greenwood Press.

BRISSET, C. (2006). « Dès l'enfance... », dans C. Ockrent (dir.), *Le livre noir de la condition des femmes*, Paris, XO Éditions, p. 52-67.

BRITTAIN, V. (2003). « The impact of war on women », *Race & Class*, n° 44, p. 41-51.

CAMPBELL, E.H. (2006). « Urban refugees in Nairobi: Problems of protection, mechanisms of survival and possibilities for integration », *Journal of Refugee Studies*, vol. 19, n° 3, p. 396-413.

CARLSON, K. et D. MAZURANA (2005). « Combattantes et prisonnières: la présence de filles et de jeunes femmes dans les forces armées de la Sierra Leone », dans J.-S. Rioux et J. Gagné (dir.), *Femmes et conflits armés: réalités, leçons et avancement des politiques*, Québec, Les Presses de l'Université Laval, p. 61-90.

COMITÉ INTERNATIONAL DE LA CROIX-ROUGE (2004). *Répondre aux besoins des femmes par les conflits armés: un guide pratique du CICR*, <www.icrc.org/Web/fre/sitefreo. nsf/htmlall/p0840/$File/ICRC_001_0840.PDF>.

DAVIS, R.E. (2000). « Refugee experiences and Southeast Asian women's mental health », *Western Journal of Nursing Research*, vol. 22, n° 2, p. 144-168.

DE JONGH, M. (1994). « Mozambican refugee resettlement: Survival strategies of involuntary migrants in South Africa », *Journal of Refugee Studies*, vol. 7, n°s 2/3, p. 220-238.

DEVOE, P.A. (1993). « The silent majority: Women as refugees », *Women and International Development Annual*, n° 3, p. 21-51.

DOUCET, H. (2002). *L'éthique de la recherche : guide pour le chercheur de la santé*, Montréal, Presses de l'Université de Montréal.

DURST, D. (1994). « Understanding the client/social worker relationship in a multicultural setting: Implications for practice », *Journal of Multicultural Social Work*, vol. 3, n° 4, p. 29-42.

EL-SARRAJ, E., A.A. TAWAHINA et F.A. HEINE (1994). « The Palestinians: An uprooted people », dans A.J. Marsella *et al.* (dir.), *Amidst Peril and Pain: The Mental Health and Well-Being of the World's Refugees*, Washington, American Psychological Association.

FLERAS, A. et J.L. ELLIOTT (2003). *Unequal Relations: An Introduction to Race and Ethnic Dynamics in Canada*, Toronto, Prentice Hall.

FORSYTHE, D.P. (1983). « The Palestine question: Dealing with a long-term refugee situation », *Annals of the American Academy*, n° 467, p. 89-101.

FRIEDMAN, A.R. (1992). « Rape and domestic violence: The experience of refugee women », *Women and Therapy*, vol. 13, n° 112, p. 65-77.

GAGNÉ, J. (2005). « Les multiples réalités des femmes dans les conflits armés », dans J.-S. Rioux et J. Gagné (dir.), *Femmes et conflits armés : réalités, leçons et avancement des politiques*, Québec, Les Presses de l'Université Laval, p. 35-59.

GAGNÉ, J. et J.-S. RIOUX (2005). « Victimes, spectatrices et actrices: les rôles multiples et les réalités négligées des femmes dans les conflits armés », dans J.-S. Rioux et J. Gagné, (dir.), *Femmes et conflits armés : réalités, leçons et avancement des politiques*, Québec: Les Presses de l'Université Laval, p. 1-11.

GERVAIS, M. (2005). « Sécurité humaine, genre et reconstruction au Rwanda: interventions de l'aide canadienne », dans J.-S. Rioux et J. Gagné, (dir.), *Femmes et conflits armés : réalités, leçons et avancement des politiques*, Québec, Les Presses de l'Université Laval, p. 179-202.

GUIGUE, B. (2002). *Aux origines du conflit israélo-arabe : l'invisible remords de l'Occident*, Paris, L'Harmattan.

HAMID, S. (2006). « Between orientalism and postmodernism: The changing nature of Western feminist thought towards the Middle East », *HAWWA*, vol. 4, n° 1, p. 76-92.

HAUT COMMISSARIAT DES NATIONS UNIES POUR LES RÉFUGIÉS (2006). « Réfugiés: Tendances mondiales en 2005: Panorama statistique des populations de réfugiés, de demandeurs d'asile, de personnes déplacées à l'intérieur de leur pays, d'apatrides et autres personnes relevant de la compétence du HCR », <www.unhcr. fr/cgi-bin/texis/vtx/statistics>, consulté le 15 juin 2007.

HOLT, M. (2007). « The wives and mothers of heroes: Evolving identities of Palestinian women in Lebanon », *Journal of Development Studies*, vol. 43, n° 2, p. 245-264.

HUDSON, M.C. (1997). « Palestinians and Lebanon: The common story », *Journal of Refugee Studies*, vol. 10, n° 3, p. 243-260.

HUNDT, G.L. *et al.* (2004). «Advocating multi-disciplinarity in studying complex emergencies: The limitations of a psychological approach to understanding how young people cope with prolonged conflict in Gaza», *Journal of Biosocial Sciences*, n° 36, p. 417-431.

KARIMUMURYANGO, J. (2000). *Les réfugiés rwandais dans la région de Bukavu, Congo RDC: la survie du réfugié dans les camps de secours d'urgence*, Paris, IUED.

KELMAN, H.C. (2001). «The role of national identity in conflict resolution: Experiences from Israeli-Palestinian problem-solving workshops», dans R.D. Ashmor, L. Jussim et D. Wilder (dir.), *Social Identity, Intergroup Conflict and Conflict Reduction*, New York, Oxford University Press, p. 187-212.

KING, P.N. (1996). «Persistence stories and survival strategies of Cambodian Americans in college», *Journal of Narrative and Life History*, vol. 6, n° 1, p. 39-64.

KORAC, M. (2006). «Gender, conflict and peace-building: Lessons from the conflict in the former Yugoslavia», *Women's Studies International Forum*, n° 29, p. 510-520.

KREITZER, L. (2002). «Liberian refugee women: A qualitative study of their participation in planning camp programmes», *International Social Work*, vol. 45, n° 1, p. 45-58.

LALIBERTÉ, D. (2005). «L'approche sexospécifique de la programmation humanitaire en zone de conflit armé», dans J.-S. Rioux et J. Gagné (dir.), *Femmes et conflits armés: réalités, leçons et avancement des politiques*, Québec, Les Presses de l'Université Laval, p. 127-138.

LATTE ABDALLAH, S. (2006). *Femmes réfugiées palestiniennes*, Paris, Presses universitaires de France.

LINDSEY, C. (2005). «Les femmes face à la guerre: leçons tirées par le Comité international de la Croix-Rouge», dans J.-S. Rioux et J. Gagné (dir.), *Femmes et conflits armés: réalités, leçons et avancement des politiques*, Québec, Les Presses de l'Université Laval, p. 109-124.

MARTIN, S.F. (2004). *Refugee Women*, 2e éd., Lanham, Lexington Books.

MAYER, R. et F. OUELLET (1991). *Méthodologie de recherche pour les intervenants sociaux.* Boucherville, Gaëtan Morin.

MORRIS, B. (2004). *The Birth of the Palestinan Refugee Problem Revisited*, New York, Cambridge University Press.

NAHOUM-GRAPPE, V. (2006). «Les viols, une arme de guerre», dans C. Ockrent (dir.), *Le livre noir de la condition des femmes*, Paris, XO Éditions, p. 52-67.

NEFF-SMITH, M., R. ENOS et G. COY (1998). «The effects of war on women and Children», *Journal of Multicultural Nursing and Health*, vol. 4, n° 1, p. 42-51.

NORSWORTHY, K.L. et O. KHUANKAEW (2004). «Women of Burma speak out: Workshops to deconstruct gender-based violence and build systems of peace and justice», *Journal for Specialists in Group Work*, vol. 29, n° 2, p. 259-283.

ORGANISATION DES NATIONS UNIES (1982). Résolution du conseil des Nations Unies 1982, <www.un.org/french/documents/sc/res/1982/82r521f.pdf>, consulté le 15 juin 2007.

OFFICE DE SECOURS ET DE TRAVAUX DES NATIONS UNIES POUR LES RÉFUGIÉS DE PALESTINE DANS LE PROCHE-ORIENT (2005). *Number of Registered Refugees as of 30 June Each Year*, <www.un.org/unrwa/refugees/pdf/reg-ref.pdf>, consulté le 15 juin 2007.

PAVLISH, C. (2005). «Refugee women's health: Collaborative inquiry with refugee women in Rwanda», *Health Care for Women International,* vol. 26, n° 10, p. 880-896.

PIRES, A. (1997). «Échantillon et recherche qualitative: essai théorique et méthodologique», dans J. Poupart *et al.* (dir.), *La recherche qualitative. Enjeux épistémologiques et méthodologiques,* Montréal, Gaëtan Morin, p. 113-169.

REIBOLDT, W. et A.E. GOLDSTEIN (2000). «Positive coping strategies among immigrant Cambodian families: An ethnographic case study», *Family and Consumer Sciences Research Journal,* vol. 28, n° 4, p. 489-513.

ROSS-SHERIFF, F. (2006). «Afghan women in exile and repatriation: Passive victims or social actors?», *Journal of Women and Social Work,* vol. 21, n° 2, p. 206-219.

SAYIGH, R. (1995). «Palestinians in Lebanon: Dissolution of the refugee problem», *Race & Class,* vol. 37, n° 2, p. 27-42.

SAYIGH, R. (1998). «Gender, sexuality, and class in national narrations: Palestinian camp women tell their lives», *Frontiers,* vol. 19, n° 2, p. 166-185.

SOKOLOFF, N.J. et I. DUPONT (2005). «Domestic violence at the intersections of race, class and gender», *Violence against Women,* n° 11, p. 38-64.

STEVANOVIC, I. (1998). «Violence against women in the Yugoslav war as told by women-refugees», *International Review of Victimology,* n° 6, p. 63-76.

TAMBIAH, Y. (2005). «Turncoat bodies: Sexuality and sex work under militarization in Sri Lanka», *Gender and Society,* vol. 19, n° 2, p. 243-261.

TANG, S. et S.H. FOX (2001). «Traumatic experiences and the mental health of Senegalese refugees», *Journal of Nervous and Mental Disease,* vol. 189, n° 8, p. 507-512.

TOHIDI, N. (2003). «Women's rights in the Muslim world: The universal-particular Interplay», *HAWWA,* vol. 1, n° 2, p. 152-188.

TREINER, S. (2006). «Au nom de l'honneur: crimes dans le monde musulman», dans C. Ockrent (dir.), *Le livre noir de la condition des femmes,* Paris, XO Éditions, p. 80-88.

TURCOTTE, D. (2000). «Le processus de la recherche sociale», dans R. Mayer *et al.* (dir.), *Méthodes de recherche en intervention sociale,* Montréal, Gaëtan Morin, p. 39-68.

ZAHAR, M.-J. (2005). «Guerre, paix et condition féminine au Proche-Orient: quand toutes les bonnes choses ne vont pas de pair!», dans J.-S. Rioux et J. Gagné, (dir.), *Femmes et conflits armés: réalités, leçons et avancement des politiques,* Québec, Les Presses de l'Université Laval, p. 93-124.

7

CORPS-FAIT-HISTOIRE[1], MÉDIATEUR DE L'ITINÉRAIRE DE FEMMES PÉRUVIENNES IMMIGRANTES À MONTRÉAL

Celia Rojas-Viger[2]
Université de Montréal

1. Les données de cet article proviennent de la thèse pour l'obtention du doctorat en anthropologie (Rojas-Viger, 2004) qui explique comment le corps-fait-histoire se forge à travers l'habitus pratiqué dans la vie quotidienne pour s'imprégner de l'histoire, du contexte sociopolitique et de la culture d'origine et ainsi marquer l'itinéraire singulier de la personne. Ce corps historisé émigre avec la personne et lui sert de médiateur d'excellence pour établir des liens avec la nouvelle société. Selon l'auteure (p. 7, note 14), « avec sa matérialité et sa position de médiation avec le monde » le corps-fait-histoire est un construit social, historique et culturel mais aussi théorique. Plus précisément, ce concept de corps, produit en Occident mais présent aussi dans le « Non-Occident », est analysé à partir de la proposition des anthropologues Scheper-Hughes et Lock (1987) qui l'appréhendent dans ses trois dimensions : « celle du corps individuel (création du sens de l'expérience vécue avec apparition du soi), du corps social (interrelation entre la nature, la culture et la société) et du corps politique (rapport entre l'individu et le collectif). Donc un corps qui sert d'intermédiaire pour établir des liens avec le monde et la société ». Les émotions ressenties servent de ponts entre les trois corps pour les réunir.

2. Remerciements à mon collègue professeur Robert Crépeau, pour ses judicieuses réflexions et ses orientations, à Lourdes Rodriguez del Barrio, pour ses sages conseils, à Jocelyne Lalande, anthropologue, et à Myriam Dubé, psychologue, pour leurs commentaires émis sur les premières versions, et à Gilles Viger, pour son inlassable appui logistique et humain.

Le flux migratoire mondial contemporain a de plus en plus son origine dans la violence, comme l'illustre la situation péruvienne (1980-2000), empreinte de terreur, de morts, de disparus... à cause des violences d'ordre politico-militaire, socioéconomique et culturel. Ainsi, le corps individuel historisé émerge comme unique lieu pour servir de médiateur fondamental des jeux du pouvoir et porteur de vérité, même s'il reste paralysé pour un certain temps par l'ampleur de l'horreur et de son cortège de douleurs et de souffrances ressenties et incorporées. Pour s'en sortir et trouver une place où les liens sociaux se développent en paix, l'émigration se présente comme solution. La paix recherchée par ceux qui sont admis comme immigrants dans les sociétés réceptrices pluriethniques, comme le Canada et le Québec, n'est pas toujours au rendez-vous, tant au niveau individuel que collectif. En effet, dès leur arrivée, le statut de «minorités» les confronte à des obstacles qui mettent en évidence le pouvoir exercé aux différents paliers du social pour les inclure ou les exclure.

En utilisant la conception foucaldienne sur l'exercice du pouvoir, cet article a pour objectif de présenter les résultats d'une recherche qui documente les liens entre les manières de produire le pouvoir et de le gérer à partir des institutions de l'État, et la façon dont il se reproduit en engendrant les violences avec leur impact sur les interrelations quotidiennes des individus, sur la vie du couple dans l'espace de la maisonnée[3] et sur le corps physique et mental. On se propose ainsi d'appréhender la médiation du corps-fait-histoire, imprégné des expériences du monde social durant le processus migratoire et celui de l'insertion à la cité montréalaise de Péruviennes immigrantes. Pour y arriver, on présente le concept de l'exercice des pouvoirs agonique et antagonique et leurs façons de produire les violences guerrière, structurelle[4], symbolique et quotidienne. Suit la démarche

---

3. La maisonnée est définie par l'anthropologue Labrecque (1991, p. 9) comme le «lieu dans lequel les rapports sont profondément inégalitaires et hautement hiérarchisés. Il s'agit de rapports de pouvoir». C'est le concept retenu dans le présent article, même si l'on reconnaît que cette réalité est fortement contestée et qu'il y a de lents changements dans le partage égalitaire des rôles à l'intérieur des couples et des familles québécoises.

4. La «violence structurelle» est un terme que Galtung (1969, p. 17) analyse en profondeur pour développer une argumentation sur la relation complexe entre elle et la violence personnelle. Pour sa part, Grawitz (1994, p. 396) situe cette violence à l'intérieur de la hiérarchisation politico-économique mondiale et la considère comme étant le «[m]aintien dans les pays sous-développés de structures permettant l'enrichissement des pays industrialisés au détriment des pays qu'ils exploitent». Elle souligne qu'on «a également transposé la notion au plan des régions, des chapitres d'un budget ou à la privation des droits reconnus». Récemment, Farmer (2004a) précise que «les conséquences malheureuses de la violence structurelle (maladie, blessures, décès, assujettissement ou terreur) sont matérielles. Pour l'anthropologue qui se penche sur la pauvreté, l'exclusion ou le dangereux mélange des deux, la violence structurelle s'incarne directement et concrètement dans la réalité quotidienne». Pour leur part, Scheper-Hughes et Bourgois (2004) rappellent l'idée d'un continuum de violence sociale due au genre, à la classe sociale, à l'ethnie et à l'âge.

méthodologique de la recherche ethnographique et l'analyse de la situation du contexte péruvien, submergé dans la violence structurelle et politico-militaire qui déstructure la société et provoque une migration massive. Puis, l'on expose l'expérience des femmes péruviennes dans différents champs[5] du social, durant leur processus d'insertion à la cité montréalaise, qui renferme des possibilités et des limites pour les inclure à part entière. En conclusion, l'emphase est mise sur l'impératif de repenser le corps individuel qui peut être soumis à la violence conjugale, en lien avec différentes sources de la violence structurelle en contexte pré- et postmigratoire, dans le but d'élaborer des programmes de promotion et de prévention qui offrent des interventions respectueuses de la culture des femmes d'origines diverses et des exigences éthiques qui en découlent.

EXERCICE DU POUVOIR, MÉCANISMES POUR SA PRODUCTION ET SA REPRODUCTION

La violence est une des facettes de l'exercice du pouvoir en tant qu'acte à la fois politique et personnel. Dans les dernières décennies, les spécialistes des sciences humaines ont abordé sous différents angles la place qu'elle occupe dans la vie des sociétés et dans l'expérience humaine et dans l'interface entre les deux. Son interprétation anthropologique se situe au carrefour des réflexions de la primatologie, de la psychanalyse, de la sociologie et de l'éthique. Comme le souligne l'anthropologue Bibeau (2005, p. 3), ces approches « permettent de replacer la violence dont témoigne l'histoire des sociétés humaines et les comportements des personnes » dans la vie quotidienne et à partir de la dyade communicationnelle en rapport avec la structure sociale.

CONSTRUCTION DU POUVOIR À PARTIR DES ÉTATS-NATIONS

Selon Foucault (1984a, p. 312), le pouvoir se met en pratique et s'exprime tel « un mode d'action de certains sur certains autres ». Au lieu d'analyser le pouvoir en théorie, l'auteur essaie d'appréhender comment il s'exerce et comment il arrive à subjuguer et à assujettir, en s'ancrant autant dans

---

5. Recourir à la notion du champ, pour Bourdieu (1980b), est une façon d'appréhender la société à travers des espaces et la totalité des faits coexistant avec des règles et des enjeux qui leur sont propres et mutuellement interdépendants, tels les champs politique, économique, social, culturel, domestique, sexuel, religieux. Pour Hannerz (1980), le champ social est destiné à extraire, d'un tissu illimité de relations sociales, une partie des phénomènes qui entourent ces relations et ainsi repérer sa formation et analyser ses effets.

les institutions que dans la science pour faire croire que la violence s'explique comme étant un « fait-nature ». Dans la mesure où les modalités d'exercer le pouvoir se dirigent dans toutes les directions en impliquant des manières diverses de les mettre en pratique ou de leur résister, on entrevoit leur complexité, la difficulté de les opérationnaliser dans les multiples champs du social en lien avec la maisonnée. Pour y arriver, la proposition est de faire l'analytique des relations de pouvoir qui se mettent en scène dans un jeu de relations « inégalitaires et mobiles » et de la situer au niveau du fonctionnement du système social en rapport avec des relations individuelles.

En effet, la production et la reproduction des pratiques du pouvoir se font à partir des États-nations qui utilisent des technologies[6] qui se construisent dans les interrelations personnelles quotidiennes. Une fois établies, elles sont perçues comme allant de soi, et non pas comme des construits avec leur puissance de faire naître ou renaître des représentations centrées sur la différence. Ces technologies véhiculent des stéréotypes et des préjugés pour justifier les attitudes et les comportements imprégnés de microviolences ou de violence franche par exemple vis-à-vis les femmes ou les personnes désignées comme « l'Autre », l'immigrant. Leur permanence est garantie par leur caractère symbolique, avec leur logique de compartimentation et hiérarchisation de la réalité pour « faire voir et faire croire, [...] faire connaître et faire reconnaître, [pour] imposer la définition légitime des divisions au monde social, et, par là, [...] faire et défaire les groupes » (Bourdieu, 1980a, p. 65). Les échanges asymétriques ainsi produits sont véhiculés surtout à partir des systèmes structurants de différenciation utilisés aux niveaux mondial ou local et mis en œuvre par les représentants des institutions politiques de chaque société. En effet, ces agirs sont promus, comme dit Foucault (1984b, p. 302), « par l'État économique et idéologique qui ignore qui nous sommes individuellement en s'appuyant sur [...] l'inquisition scientifique ou administrative qui détermine notre identité » et aussi notre filiation et notre appartenance. Précisément, la science, avec ses construits théoriques et sa force catégorisante (Guillaumin, 2002), touche le corps individuel et sert à la production et à la reproduction de la représentation mentale imprégnée de son potentiel créateur de violence.

---

6. Les technologies du pouvoir, auxquelles Foucault se réfère, agissent comme mécanismes qui permettent, selon Dreyfus et Rabinow (1984, p. 272), « de localiser le corps dans l'espace, de répartir les individus les uns par rapports aux autres, d'organiser la hiérarchie, d'aménager efficacement le noyau central et le réseau du pouvoir [...] Partout où il est nécessaire d'assujettir les individus et les populations à une grille qui les rende productifs et observables ». Ainsi, les technologies du pouvoir prennent place de manière invisible et insensible.

c'est-à-dire d'actes de perception et d'appréciation, de connaissance et de reconnaissance, où les agents investissent leurs intérêts et leurs présupposés, et de représentations objectales, dans des choses (emblèmes, drapeaux, insignes, etc.) ou des actes, stratégies intéressées de manipulation symbolique qui visent à déterminer la représentation (mentale) que les autres peuvent se faire de ces propriétés et de leurs porteurs (Bourdieu, 1980a, p. 65).

Spécifiquement, la catégorisation et son potentiel de violence façonnent le « féminin » et le « masculin », le « natif » et « l'étranger », le « moderne » et le « traditionnel », la « majorité » et la « minorité », s'installent dans les scripta gouvernementaux et se reproduisent dans les rapports individuels de la vie quotidienne, sans souci de leurs effets pervers.

SOCIALISATION ET REPRODUCTION DU POUVOIR AU QUOTIDIEN

Le processus de socialisation fait « l'homme » et « la femme », comme « l'immigrant » et « le non-immigrant », en confinant réellement ou symboliquement les uns et les autres dans une seule appartenance. À partir de là, se *configurent* les statuts de citoyens de « premier » et de « deuxième » ordre et ceux de la « modernité » ou de la « tradition » (Appadurai, 1996; Ouellette, 1994; Hannerz, 1980), en créant des traitements différenciés au sein des sociétés plurielles et diversifiées, comme le Pérou, le Canada et le Québec. Cette procédure, amenée par les politiques et les lois, génère la violence structurelle qui se reflète dans la vie quotidienne avec ses effets sournois involontaires qui cloisonnent l'individu dans une catégorie naturalisante en provoquant les inégalités rattachées au genre, à la classe sociale, à l'ethnie ou à l'âge.

Ces différentes modalités d'exercer le pouvoir deviennent les centres de production des deux types de relations qui, selon Foucault (1984a, b), sont l'une antagonique, où la relation de violence rend la riposte impossible, et l'autre, agonique, qui offre des possibilités de répliques.

ENTRE L'EXERCICE DU POUVOIR ANTAGONIQUE ET AGONIQUE, LA SITUATION DES FEMMES

La hiérarchisation du social renferme à la base les pouvoirs antagonique et agonique qui génèrent respectivement des relations de violence franche ou sournoise. En effet, les violences guerrière, structurelle, institutionnelle, symbolique et quotidienne se rejoignent comme en vases communicants avec des répercussions spécifiques sur le corps des individus en fonction de la place que ce dernier occupe dans le social et qui lui a été assignée par une catégorie qui le classe et l'identifie.

RELATION ANTAGONIQUE DU POUVOIR : LA VIOLENCE

La relation antagonique correspond aux actes de violence qui peuvent s'exercer à divers paliers de la hiérarchie interpersonnelle, étatique et mondiale. Cette violence

> agit sur un corps, sur des choses : elle force, elle plie, elle brise, elle détruit ; elle renferme toutes les possibilités ; elle n'a donc auprès d'elle d'autre pôle que celui de la passivité : et si elle rencontre une résistance, elle n'a d'autre choix que d'entreprendre de la réduire (Foucault, 1984a, p. 313).

Ainsi définie, la violence empêche toute possibilité de donner librement une réponse qui puisse renverser la relation soit par l'individu (torture...), le groupe (guerre interethnique...) ou la société (esclavage, colonisation, holocauste, dictature militaire...). Les historiens et autres penseurs des sciences humaines (Bessis, 2001 ; Mattelart, 1998) signalent qu'à la base de la production des nouvelles mosaïques géo-politico-culturelles de la planète se trouve une pratique humaine soutenue par la rationalité de l'exercice du pouvoir de violence en vue de l'appropriation de l'hégémonie mondiale qui dépasse les affaires économiques pour devenir un exercice politico-idéologique et militaire. Et même si des institutions se sont créées, telle l'Organisation des Nations Unies (ONU) en 1949, plus que jamais, la violence guerrière touche plusieurs États-nations du monde (Desjarlais *et al.*, 1995). En effet, si on se réfère seulement à la violence structurelle amenée par le néolibéralisme économique qui impose l'assujettissement des États les plus pauvres, comme la situation au Pérou va l'illustrer, on constate que ses conséquences sont d'accentuer l'inégalité dans le partage des richesses collectives. À son tour, elle infiltre la société, et insidieusement toutes ses institutions, et se retrouve à la base des conflits armés et des guerres civiles.

Cette violence planétaire a un impact sur la vie de tous les jours et touche le corps individuel (femmes, hommes, enfants), le corps social (famille, groupes, institutions) et le corps politique (mouvements de résistance) avec des manifestations propres à chaque société (Scheper-Hughes et Bourgois, 2004 ; Hentsch, 1997 ; Héritier, 1996a ; Nathan, 1992). Mais, à cause de sa visibilité médiatique, notre époque la reconnaît comme un fléau même si, paradoxalement, on cherche à la banaliser. Il est important de souligner que sa mise en pratique est acceptée et même légitimée par le discours des autorités (Farmer, 2004a, b) qui l'imposent, malgré les manifestations de résistance[7] au quotidien des individus et des groupes, tant au niveau planétaire qu'à l'intérieur des États-nations[8].

Certes, si le sujet anthropologique (femme ou homme) est pris dans des rapports de production et dans des relations de sens, il est aussi engagé dans des relations de pouvoir au quotidien avec la possibilité de mettre en action des comportements violents, principalement de la part des hommes dans les situations de violence guerrière ou conjugale. Ainsi, en contexte de guerre, le corps des femmes qui sont soumises à la torture, au viol systématique et qui sont obligées de mener à terme les grossesses non désirées qui en résultent[9]. Ces actes ont, entre autres conséquences, l'abandon par le partenaire, la monoparentalité, le désarroi familial (Héritier, 1996a, b). Mais l'exercice de la violence peut aussi survenir dans les périodes de « paix sociale » et en tout temps dans l'enceinte de la maisonnée et exposer principalement les femmes à d'autres éventualités comme l'homicide et même le suicide que certaines utilisent pour briser leur cycle infernal. Ces événements n'épargnent aucune société ni ethnie ni aucune classe sociale ni groupe d'âge, comme le montrent les études canadiennes (Rondeau *et al.*, 2001 ; Gouvernement du Québec, 1995 ; Rinfret-Raynor *et al.*, 1992 ; Ministère de la Santé et des Services sociaux, 1987 ; MacLeod, 1980). Tout se passe comme si l'humain en nous était oublié dans ces actions exercées envers le corps des femmes[10]. La situation est plus complexe puisque, parallèlement ou concomitamment à l'exercice du pouvoir antagonique, il existe aussi des relations de pouvoir agonique.

---

7. Selon Farmer (2004a, p. 1) les manifestations de la violence structurelle sont plus fortes que la résistance collective : « à quelques variantes près, le degré d'oppression est inversement proportionnel à la possibilité de résister à cette oppression ».

8. En effet, trois sortes d'opposition à la violence ont déjà émergé : celle contre la domination (mouvements sociaux, éthiques et religieux), celle contre l'exploitation et l'oppression (mouvements des travailleurs) et celle contre l'assujettissement (mouvements des femmes) pour combattre la soumission. La mobilisation, en mars 2003, des gens de la planète entière pour faire « échec à la guerre » (nom d'un collectif de Montréal) lancée par la puissance des États-Unis contre l'Irak en est un exemple. Ils réclamaient la paix mais la guerre s'est produite et ses conséquences sont en cours. Mais malgré cela, les gens du monde entier ont marché, un an plus tard, contre l'occupation de l'Irak et ont encore dit : « Non à la guerre ! »

9. L'ethnologue française Françoise Héritier (1996a, p. 15) souligne que dans la situation de l'ex-Yougoslavie, « des enfants d'une autre religion "vont pouvoir naître de ces femmes en faisant émerger le fantasme" […] de la domination essentielle du sperme dans la fabrication de l'enfant, et du transport par le sperme de l'identité tout entière à venir de l'enfant : identité biologique, ethnique et même religieuse ».

10. Une des conséquences pas encore suffisamment dénoncée de la violence faite aux femmes, quotidienne ou provoquée par l'État, est la présence des enfants orphelins. Ils sont pris en charge par la communauté, dans des orphelinats, ou restent dans la rue avec un avenir hypothéqué.

RELATION DE POUVOIR AGONIQUE ET VASES COMMUNICANTS ENTRE LES VIOLENCES STRUCTURELLE ET CONJUGALE

À l'extérieur du contexte de guerre et dans le quotidien, ce sont plutôt les relations agoniques qui prévalent, selon l'analytique du pouvoir de Foucault (1984b). Elles s'exercent sur les sujets libres en leur laissant l'initiative de répondre. Ces pratiques se présentent comme une action sur une autre action, un agir sur un autre agir, exercé par les « uns » et par les « autres ». Elles provoquent des incitations réciproques et des luttes, comme un combat inégal, en établissant un continuel climat de relations tendues qui peuvent paradoxalement finir dans la violence ou s'ouvrir à des possibilités de résistance et de transformation. Elles s'inscrivent dans le corps (Foucault, 1984a) comme une sorte de capacité qui existe seulement en acte, avec un grand éventail de possibilités données par le contexte social.

Technologies politiques et socialisation des genres et des ethnies

Quand la pratique du pouvoir agonique est mise en acte par les *autorités gouvernementales* des États-nations, elle est instaurée et déployée dans une dynamique dialectique de relations inégalitaires et asymétriques pour devenir technologies politiques.

> Cette forme de pouvoir s'exerce sur la vie quotidienne immédiate, qui classe les individus en catégories, les désigne par leur individualité propre, les attache à leur identité, leur impose une loi de vérité qu'il leur faut reconnaître et que les autres doivent reconnaître en eux. C'est une forme de pouvoir qui transforme les individus en sujets. Il y a deux sens au mot « sujet » : *sujet soumis*[11] à l'autre par le contrôle et la dépendance, et *sujet attaché* à sa propre identité par la conscience ou la connaissance de soi. Dans les deux cas, ce mot suggère une forme de pouvoir qui subjugue et assujettit (Foucault, 1984b, p. 302).

Une telle assertion s'éloigne des discours centrés sur les principes théoriques d'égalité, énoncés par la philosophie politique de la modernité, tel que les droits de la personne (Hentsch, 1997 ; Morin et Sami, 1997). Pour se perpétuer, cette façon d'exercer le pouvoir utilise une série de techniques d'individualisation et de procédures totalisantes lesquelles façonnent le corps en devenir des femmes et des hommes dans un contexte historique déterminé. Ces technologies aux impacts plutôt non volontaires et implicites (Foucault, 1984b) s'appliquent, se localisent et s'investissent dans des institutions telles que la famille, les écoles, les hôpitaux, les

---

11. Les termes sont mis en évidence par l'auteure du présent article.

prisons, l'armée et, on peut le postuler, aussi dans les établissements qui gèrent l'immigration. Ses effets sont indirects et invisibles mais réduisent la personne humaine à un «type» de sujet social : femme/homme, immigrant/«natif», vieux/jeune… L'usage de ces technologies ne se limite pas à l'État-nation et à ses institutions politiques puisqu'elles jouent un rôle dans sa production directe à travers les actes des pouvoirs exercés dans l'interrelation personnelle après avoir marqué la représentation qu'on se fait de «l'autre», en assurant ainsi sa reproduction dans les échanges banals quotidiens.

Ce pouvoir agonique pratiqué par la gouverne se place comme dans un lieu panoptique, où se développent les technologies politiques pour la mise en ordre et l'établissement des liens entre le corps, l'espace, le pouvoir et le savoir. Pour maintenir cette interrelation, les pratiques disciplinaires sont imbriquées dans des rapports de communication (politiques, loi, savoir) avec des capacités objectives (faire respecter la sécurité nationale, l'ordre, le maintien de la paix) qui créent des systèmes de règlements concertés, comme on peut en trouver dans la famille, voire au sein des institutions qui régissent l'immigration (politiques d'immigration, critères de sélection et de catégorisation des immigrants avec des assignations de services et ressources différenciées). Dans ces espaces, avec des passerelles d'échange entre elles, s'appliquent ces technologies politiques indépendamment du consentement, de la renonciation à la liberté, de la transformation du droit ou de la délégation à autrui de nos obligations. Elles sont masquées de neutralité et s'imposent imperceptiblement et progressivement comme modèles acceptables avec leur poids de normalisation de l'agir des acteurs sociaux, même si elles se pratiquent dans le quotidien à travers la domination et l'assujettissement en tant que bastions du bio-pouvoir[12] de l'État. Ainsi s'installe la violence structurelle qui laisse place à son tour aux iniquités politiques, économiques, sociales, culturelles et sexuelles ainsi qu'à l'oppression et à l'injustice sociale.

Système de différenciation pour devenir femme et immigrante

Pour appréhender concrètement les relations agoniques, Foucault (1984a) propose d'analyser le système de différenciation, qui est son fondement, et qui se place comme toile de fond pour orienter l'agir sur l'action des

---

12. Le bio-pouvoir, selon l'analyse que Dreyfus et Rabinow (1984, p. 196-197) font du parcours philosophique de Foucault, est un terme qui désigne le contrôle possible du pouvoir politique de l'État sur la vie de l'espèce humaine et ses mécanismes, avec des calculs explicites tels que morbidité, mortalité, comme aussi le contrôle sur le corps humain, à travers des techniques disciplinaires, pour le faire devenir un «corps docile» et «productif».

autres. Ceci peut être illustré par la position qu'occupe le sujet anthropologique dans la société, en raison du genre, de l'ethnie, de la classe sociale
et de l'âge. Le rapport ainsi établi provoque des tensions dans l'interrelation,
pour des causes réelles ou symboliques, avec quelqu'un nommé comme
« différent », « étranger », « autre ». Ainsi catégorisé, l'individu occupe une
place désignée à l'avance dans la société avec un statut social imposé et
attaché à une identité dite propre avec son potentiel paradoxal d'isoler et
de se replier sur soi-même, ou de susciter la révolte et la résilience[13].

Comme il a été démontré par les anthropologues, dont Françoise
Héritier (1996b), la division sociale, depuis la nuit des temps jusqu'à nos
jours, s'appuie sur une *donnée biologique élémentaire, celle du sexe* pour
construire l'identité des hommes et des femmes, avec son effet symbolique
de « domination masculine » (Bourdieu, 1998). Cela a même façonné le
sens d'une cosmologie « anthropocentrique » où l'homme est rangé sur les
axes supérieurs, droits… et la femme sur les inférieurs, gauches… La représentation ainsi créée donne la sensation d'être partie « intrinsèque » de la
réalité, donc acceptée avec son apparence de fait-nature. Ces rapports
asymétriques expliquent la persistance de l'oppression, de l'inégalité et de
la discrimination systématique, dans tous les champs du social, nonobstant
les mouvements de contestation des femmes, mais surtout, comme le
constate l'ONU (1995), aux niveaux du pouvoir politique (où seules
quelques-unes exercent des postes de direction) et de l'économie (où
persiste l'inégalité salariale malgré des tâches et des compétences égales
à celles des hommes).

Par ailleurs, en raison de la couleur de leur peau ou de leur accent
ou du fait d'avoir immigré en provenance du tiers-monde ou « des pays
du Sud » et non de l'Europe occidentale, les personnes des *groupes ethniques*
sont classées comme membres d'une « communauté culturelle » ou de la
« minorité visible » ou de la « minorité audible », suivant les objectifs poursuivis par ceux qui décident des politiques et des lois d'immigration. La
différenciation s'établit au moyen de modalités instrumentales telles que
la sélection des futurs immigrants à partir de critères comme le genre,
la scolarité, l'expertise de travail obtenue dans leur pays d'origine, la

---

13. Le psychiatre Boris Cyrulnik (2002, p. 8), en se référant à S. Vanistendael qui, en 1996,
    a écrit *Clés pour devenir: la résilience*, suppose que la résilience rend compte de « la capacité
    à réussir, à vivre, à se développer positivement, de manière socialement acceptable, en
    dépit du stress ou d'une adversité qui comporte normalement le risque grave d'une issue
    négative ».

connaissance de la langue, l'état de santé et autres. Ainsi, les immigrants sont évalués pour être admis au Canada selon une des catégories[14] créées par la politique et la loi de l'immigration.

Le propre de la violence structurelle : sélectionner et marginaliser

Une fois que les immigrants entrent en contact avec la nouvelle société, ils sont confrontés à la déqualification caractérisée par la non-reconnaissance des diplômes professionnels ou des expériences d'emplois qui, pourtant et paradoxalement, avaient servi à les qualifier. Ces procédures ont cours dans une société dont les institutions démocratiques sont centrées sur les droits de la personne. Si l'on considère le degré de rationalisation de ces pratiques (au niveau du ministère de l'Immigration, des corporations professionnelles, des employeurs...), plusieurs argumentations sont apportées dans le but de maintenir ces situations, de les normaliser et de faire sentir qu'elles vont de soi. Il y a donc des objectifs implicites qui sont poursuivis mais qui, subtilement, camouflent l'existence des agirs concrets de différenciation entre les immigrants et les non-immigrants. Ces pratiques peuvent cependant être appréhendées à travers des faits tels le non-accès à des postes de travail ou de direction ou l'accentuation de la vulnérabilité à la violence conjugale[15] pour certaines femmes immigrantes.

La violence structurelle ainsi produite s'immisce dans des actes, conscients ou non, volontaires ou non, contenant un degré de rationalité suffisant pour soutenir la ségrégation, la marginalisation, l'exclusion, la discrimination et la « racisation » (Renaud, Germain et Leloup, 2004). Précisément, au Nord, la primauté et la prégnance des valeurs culturelles sont focalisées (Bibeau, 1995) sur l'ethnocentrisme, sur la suprématie des droits des personnes qui supplantent les droits des groupes, sur une ambiance

---

14. Le Canada admet chaque année des gens à titre de résidents permanents (Chard, Badets et Howatson-Leo, 2000) sous trois principales catégories : la catégorie de la famille (dans laquelle s'établit un parrainage assumé par un proche parent) ; la catégorie économique (où se retrouvent les travailleurs qualifiés et les gens d'affaires) ; et la catégorie des réfugiés (qui sont admis en vertu de la signature par le Canada de la Convention de Genève). Le Québec, même après avoir acquis de l'autorité en matière d'immigration, respecte la catégorisation canadienne à l'admission des immigrants sur son territoire.

15. On observe toutefois que certaines femmes immigrantes sont plus vulnérables à la violence dans l'espace de la maisonnée en différents moments du processus d'insertion. Les facteurs en cause (Pontel et Demczuk, 2007 ; Bibeau *et al.*, 1992) d'ordre structurel sont la catégorie d'immigration dans laquelle elles ont été acceptées (parrainées, réfugiées), le contexte socioéconomique adverse au moment de leur arrivée et le traitement différencié d'avec les « non-immigrants ». D'autres facteurs sont leurs rapports non égalitaires avec le conjoint, qui les défavorisent dans la négociation de leurs relations, la non-maîtrise de la langue, leur peu de scolarité, les difficultés liées à la méconnaissance des politiques, des lois et des services qui de plus sont inadéquats culturellement à leurs besoins, quand la violence conjugale est présente.

de compétition et de productivité et sur l'excellence individuelle poussée à outrance, et s'opposent au pluralisme culturel, laissant à la marge les groupes minoritaires, classés « traditionnels ». De là, l'intérêt de recourir à l'anthropologie pour déceler les liens que les femmes et les hommes immigrants développent à l'intérieur des champs du social, avec leurs multiples possibilités et impasses et leurs divers impacts sur les interrelations du couple dans la maisonnée. Un tel processus d'insertion est illustré à travers plusieurs situations tirées de l'itinéraire prémigratoire et postmigratoire de femmes péruviennes scolarisées habitant la grande région de Montréal.

POUR APPRÉHENDER L'ITINÉRAIRE DES FEMMES IMMIGRANTES PÉRUVIENNES, LA DÉMARCHE MÉTHODOLOGIQUE

La recherche est qualitative et utilise l'*approche ethnographique* en tant qu'expérience et méthode pour combiner les perspectives de l'ethnohistoire et de l'ethnologie. À travers la première, on essaie d'appréhender l'impact des événements de la mondialisation contemporaine au sein des sociétés péruvienne et québécoise pour montrer comment les individus ou les groupes vivent dans ces réalités qui façonnent leur corps en l'imprégnant des mémoriaux collectifs. Par ailleurs, l'observation participante ethnologique, les entretiens informels et les entrevues semi-dirigées ont permis d'entrer en contact direct avec le récit des personnes dans leur pays d'origine et à Montréal. La complémentarité de ces méthodes est un atout pour mieux appréhender la complexe réalité prémigratoire et l'itinéraire des Péruviens qui émigrent au Québec. *L'objectif* de l'étude est de documenter le contexte politique, social et culturel, imprégné de violences (structurelle, guerrière, symbolique…) dans leur lieu d'origine et de violence structurelle au Québec, avec leur impact sur les comportements (corps), sur le processus migratoire (une démarche pour trouver un ailleurs en paix) et sur les pratiques d'interrelation (établissement de liens sociaux de contact et de reconnaissance), afin de déceler le rapport avec la violence conjugale dans l'espace de la maisonnée.

Le travail de terrain s'est initié formellement au mois de mai 1997 et a duré jusqu'en juin 2001. Il s'est concrétisé à travers deux étapes. La première débute par un court séjour au Pérou, précédé de plusieurs années d'observation informelle de son contexte sociopolitique violent qui confirment la massification et la féminisation de l'émigration[16]. La chaîne de

---

16. D'après Guilbault (2005, p. 19), il y a un pourcentage varié de femmes immigrantes en relation aux hommes immigrants au Québec, selon le pays et le continent d'origine ; ainsi pour les trois Amériques il y a 55 % de femmes et, au Pérou, 56 %.

violences en serait-elle la cause? Les événements semblent le confirmer. Quelque deux semaines avant le départ pour Lima, la capitale a été secouée par une opération militaire, survenue à la résidence de l'ambassadeur du Japon et destinée à sauver plusieurs dizaines d'individus pris en otages par un commando d'insurgés[17]. La deuxième étape a duré quatre ans et s'est amorcée à Montréal, où de multiples rencontres informelles ont eu lieu lors de fêtes commémoratives ou de célébrations religieuses, auprès de plus d'une centaine de personnes et de plusieurs associations, incluant des professionnels, des religieux, des commerçants et des sportifs, installées à différentes périodes (entre 1970 et 2000). Ces contacts ont permis de faire divers constats. Primo, que les Péruviens soulignent quasi unanimement la paix de la cité mais, même si tous parlent espagnol, ils demeurent un groupe hétérogène quant au genre, à l'âge, à la classe sociale, à leur métissage culturel, à leur année d'arrivée au Québec et à leur stabilité au niveau de leur insertion au marché du travail. Secundo, que la diversité se retrouve aussi au niveau de leur scolarité. En effet, il y a une couche de femmes et d'hommes qui sont venus avec des diplômes universitaires lesquels sont dévalués au moment de leur entrée en sol québécois. Cette réalité, indépendante de leur période d'arrivée, est tout à fait démontrable et reflète un traitement statué par la gouverne. Tertio, que le souvenir de telles situations est vécu et exprimé dans plusieurs retrouvailles, avec de vives émotions telles la tristesse, la colère, l'impuissance accompagnées souvent de pleurs. Cela révèle leurs souffrances qui, d'autre part, ne trouvent pas d'écho auprès des institutions ni ne sont non plus documentées dans la littérature.

Pour remplir ce vide, l'étude cible la *population féminine scolarisée.* Sept femmes péruviennes de la première génération ont accepté de participer[18]. Elles étaient elles-mêmes déjà des migrantes internes, arrivées à Lima depuis

---

17. La prise d'otages avait été effectuée par le Mouvement révolutionnaire Tupac Amaru (MRTA), de tendance marxiste-léniniste, qui opérait dans les grandes villes, parallèlement à Sentier Lumineux, pendant le régime autocratique de Fujimori qui, même élu démocratiquement, avait concentré entre ses mains tous les pouvoirs politiques. L'armée a procédé à un dynamitage dit chirurgical, après un siège de plusieurs semaines, et a tué les dix-sept jeunes militants et un otage. Le climat de terreur s'installait une fois de plus à l'échelle nationale.

18. La prémisse qui a guidé l'étude donne la parole aux informateurs formels et informels en matière de violence. Ainsi, on a laissé la place à leur récit en leur permettant de se positionner en tant qu'individus-personnes (acteur, agent, sujet, *self*) au carrefour de leur corporalité, de leur subjectivité, de leur conscience de soi et de leur identité narrative. Raconter, selon Ricoeur (1990, p. 174), consiste à «dire qui a fait quoi, pourquoi et comment, en étalant dans le temps la connexion entre ces points de vue». À l'intérieur du processus dialogique, progressivement, la connaissance sur l'AUTRE et sur SOI émerge. Donc, c'est une nouvelle occasion d'être confrontée à l'altérité socioculturelle dans cette rencontre, en ouvrant la possibilité de mieux connaître l'altérité multiple qui nous habite, incluant la violence qui est latente en tout être humain, comme le montrent les multiples récits recueillis auprès des femmes qui ont participé à l'étude.

plusieurs années, sauf dans deux cas: l'une née à Lima avait immigré en province, l'autre avait émigré d'une province péruvienne directement à Montréal. Ces immigrantes sont venues au Canada entre 1970 et 1999, et toutes, sauf une, ont des études et des diplômes universitaires: médecine, éducation, sociologie, travail social, journalisme et bibliothéconomie. Indépendamment de leur durée de séjour au Québec et devant les difficultés de s'insérer comme professionnelles sur le marché du travail, toutes ont entrepris des études universitaires et décroché au moins un diplôme de premier ou deuxième cycle, parfois en changeant d'orientation professionnelle (santé publique, travail social, littérature, linguistique, bibliothéconomie). À leur entrée dans la société réceptrice, elles sont déjà des adultes entre vingt-deux et cinquante-trois ans, pour une moyenne de trente et un ans. Une seule a été admise comme réfugiée, une autre est entrée comme étudiante et a demandé par la suite sa résidence, une troisième a été parrainée par son conjoint et les autres ont été acceptées dans la catégorie «économiques[19]» à titre de travailleuses qualifiées. Elles sont au Québec depuis quinze ans, en moyenne, et sont citoyennes canadiennes. Leur projet de migration est familial, seulement deux sont venues comme célibataires mais au moment des entretiens, toutes, sauf une séparée, vivent en couple (entre compatriotes, avec un Québécois ou un conjoint d'une autre nationalité), et une seule n'a pas d'enfant. Elles habitent différents quartiers de la région métropolitaine. Toutes présentent un profil socioéconomique familial assimilable à celui de la classe moyenne appauvrie puisqu'elles ont, de manière chronique, des emplois précaires. En effet, au début, elles travaillent dans la restauration, en manufacture ou dans des organismes communautaires. Et parallèlement, elles entreprennent des études universitaires, qui consomment dix à vingt ans de leur vie, et elles continuent à avoir de la difficulté à se trouver un emploi en lien avec leur formation. En effet, l'une d'entre elles travaille dans la cuisine d'une école, une autre donne des conférences en divers milieux, incluant universitaire, une troisième est intervenante en milieu communautaire.

Des entrevues approfondies se sont centrées sur des thèmes de leur vécu: dans le quartier, la maisonnée, le centre d'éducation et au travail, dans le champ de la sexualité et dans le monde religieux. Au terme de plus de dix entretiens individuels ou de groupe pour répondre à un questionnaire semi-structuré, chacune a consenti à plus ou moins trois heures d'entrevue enregistrée sur audio-cassette pour préciser les données socio-démographiques et certaines questions ouvertes, surtout sur la sexualité et

---

19. Il est important de souligner que le requérant principal de cette catégorie est le mari et, comme le remarque Guilbault (2005, p. 20), «la conjointe et les enfants à charge [sont] comptabilisés dans la même catégorie que le conjoint».

la vie de couple, qui n'avaient été que nommées auparavant dans les entretiens. De plus, toutes ces femmes ont accepté de fournir à tout moment les renseignements nécessaires pour l'étude et d'échanger sur leurs opinions ou sur les interprétations proposées, ce qui a permis d'en préciser quelques-unes. Dans la transcription des récits en espagnol et leur traduction au français, des précautions ont été prises pour respecter la confidentialité et l'anonymat. L'analyse a permis de cibler les thèmes et sous-thèmes et de coder des noyaux de sens. La démarche s'est poursuivie par l'analyse comparative des diverses thématiques afin d'en retracer les éléments communs et différents. Finalement, le processus a, d'une part, rendu possible la reconstruction d'une réalité de la violence structurelle et ses liens avec la violence conjugale, qui transcende les expériences vécues par les femmes de l'étude. D'autre part, il a favorisé la production d'une synthèse explicative des informations recueillies. Les résultats sont rapportés en relation à l'objectif du présent article, et replacent l'itinéraire des Péruviennes dans le contexte pré- et postmigratoire.

CONTEXTE PRÉMIGRATOIRE PÉRUVIEN, VIOLENCE ANTAGONIQUE ET AGONIQUE

Pour appréhender les situations, circonstances, événements qui entourent le chemin de la migration interne, frontalière ou internationale (Sud/Nord) entrepris par des Péruviens entre 1970 et 2000, il est indispensable de situer leur pays, comme plusieurs autres de l'Amérique latine, dans le contexte où s'accentuaient les violences avant la mise en place des dictatures militaires ou des transitions démocratiques. De manière ponctuelle, soulignons que ces dernières émergent à l'intérieur de la géopolitique macroéconomique globale depuis la Conquête espagnole et qu'elles empruntent de nouveaux visages dans les années d'après-guerre et de tension entre l'Est et l'Ouest ainsi qu'en plein cœur de la mondialisation contemporaine.

VIOLENCE STRUCTURELLE ET ÉCONOMIQUE

Après la Deuxième Guerre mondiale, la pauvreté s'accentue dans le secteur agraire du Pérou, provoquant la migration de la campagne à la ville, et la révolte des mouvements *campesinos* (des paysans) se met en place. Ces derniers sont fortement réprimés par les forces armées qui s'emparent du pouvoir. Pendant les douze années de cette dictature militaire (1968-1980), la société péruvienne subit une détérioration économique progressive malgré l'impulsion donnée par le processus nationaliste d'industrialisation et le rôle protectionniste actif de l'État. À la fin de cette période, l'oligarchie traditionnelle est substituée par une bourgeoisie industrielle naissante. Il s'ensuit une augmentation de la dette extérieure et de l'inflation, et un investissement public réduit, ce qui entraîne dans la pauvreté la majorité de la population. Le processus de transition de 1980-1985 et de 1985-1990, où se succèdent deux gouvernements constitutionnels démocratiquement élus[20], ouvre l'espoir à de nouvelles possibilités. Mais confrontées violemment, par les responsables du Fonds Monétaire International et par la Banque Mondiale, à la nécessité de payer la dette extérieure, ces deux administrations étatiques cèdent à la pression et adoptent une politique d'ouverture et de libéralisation commerciale en suivant les « prescriptions » d'ajustement structurel (Iguiñiz, 1999). Il en résulte une *década perdida*[21] durant laquelle chacun de ces gouvernements, avec ses orientations propres, impose la stagnation de la production du pays. L'application des nouvelles mesures de restrictions économiques (Chossudovsky, 1998) se traduit par la déstructuration des institutions étatiques, avec la fusion de certains ministères et la limitation ou l'abandon de leur rôle traditionnel dans le secteur public. Pour la masse des travailleurs, les résultats sont des milliers de pertes d'emplois, des soutiens de famille (femmes et hommes) dans la rue, exclus du marché formel du travail et devenus, entre autres, chauffeurs de taxi ou vendeurs ambulants.

Les répercussions et les conséquences de cette facette de la violence structurelle se font sentir dans d'autres sphères sociales telles que l'alimentation, l'assainissement, la santé et l'éducation. Cela signifie que le fardeau du paiement de la dette est porté par les populations les plus démunies et les plus vulnérables. L'écart entre riches et pauvres, à l'échelle nationale, est plus étendu et profond. Cependant, la population civile se mobilise pour répondre à leurs besoins de base. En effet, au niveau local, il y a l'innovation et l'émergence de nouvelles pratiques d'organisation et de participation communautaires dont les protagonistes sont surtout des femmes (Blondet et Montero, 1995). Les différents acteurs sociaux, mais surtout ceux du secteur populaire habitant des bidonvilles, appuyés par des professionnels d'organismes non gouvernementaux nationaux et internationaux, bouillonnent d'ingéniosité et déploient leur imaginaire pour pallier

---

20. Respectivement les présidents élus démocratiquement sont Fernando Belaunde Terry (1979-1985), Alán García (1985-1990) et Alberto Fujimori (1990-2000).

21. La *década perdida* (décennie perdue) des années 1980 sert à qualifier l'énorme recul économique qu'expérimentent certains États-nations, incluant ceux de l'Amérique latine (Chossudovsky, 1998) et plus spécifiquement le Pérou (Blondet et Montero, 1995), à cause des politiques de l'ajustement structurel. Cela se traduit par la diminution du revenu par habitant, l'amplification de l'écart distributif de la richesse, l'augmentation de la pauvreté extrême ainsi que la naissance de la violence politico-militaire.

la crise économique en développant des cantines populaires, des cuisines collectives, des jardins potagers… Ainsi, la société civile invente et développe des solutions alternatives de survie et un projet socioculturel commun. Cependant, malgré tous ces efforts d'individus et d'organismes qui ont émergé dans ces périodes et qui se sont réunis en réseau national pour contrer ce marasme social (MacGregor, Rubio et Vega, 1990), la violence politico-militaire prend racine.

VIOLENCE POLITICO-MILITAIRE ET NÉOLIBÉRALISME

La structure économique fortement ébranlée fait place au désordre et au chaos, comme symptômes du dysfonctionnement du système social péruvien, qui sont propices à l'installation de la « guerre sale[22] » (1980-1992). Elle mène à l'exercice d'un pouvoir antagonique, se traduisant par la violence entre des groupes armés et les forces militaires, les deux prenant en otage la population civile (Degregori et Rivera, 1994). Plongé dans cette crise politico-militaire, le corps, individuel et collectif, avec ses multiples connotations de souffrance (Desjarlais *et al.*, 1995 ; Kirmayer, 1992), est atteint par le climat de terreur, de disparition, de mort, de désespoir individuel et collectif. Plusieurs femmes dirigeantes sont la cible d'une violence meurtrière inusitée[23].

Le gouvernement élu de 1990-1995 s'avère être aussi impuissant face à la crise internationale et s'aligne, de manière orthodoxe, sur le néolibéralisme imposé par les institutions internationales. Cela signifie la « répression économique la plus brutale », comme la qualifie l'économiste Chossudovsky (1998, p. 169), avec des conséquences sociales sans précédent

---

22. En 1980, s'initient les activités du groupe armé Sendero Luminoso (Sentier Lumineux), suivies en 1984 par le Mouvement révolutionnaire Tupac Amaru (MRTA), du nom d'un descendant d'Inca qui s'était rebellé contre les conquérants espagnols en 1572. La réponse des forces armées s'est exprimée dans l'utilisation brutale et abusive des armes pour les combattre et a placé en otage la population civile jusqu'en 1992, alors qu'est capturé Abimael Guzmán, le plus haut dirigeant « sentiériste ». Mais les actions militaires continuent et s'amplifient à partir du coup d'état de Fujimori, en 1992 (Comisión de la verdad y reconciliación, 2003, p. 16) : « il devient un gouvernement autoritaire qui a cherché à rester au pouvoir en consolidant une autocratie corrompue » (traduction libre).

23. Dans cette période, plusieurs femmes dirigeantes, qui travaillent pour la pacification, sont menacées et María Elena Moyano, mairesse-adjointe de Villa El Salvador (bidonville autogéré de la région de Lima), est assassinée par balles, le 15 février 1992, et son corps est sur-le-champ dynamité par les membres de Sentier lumineux qui viennent de la tuer. Son assassinat a été perpétré devant ses deux enfants préadolescents pendant une activité organisée par un Comité du Verre de Lait, symbole du droit de tous les enfants du pays à l'alimentation pour lutter contre la malnutrition.

dans l'histoire du pays, où plus de la moitié de la population vit sous le seuil de la pauvreté[24]. La répression militaire se poursuit et se prolonge sous cette gouverne autocratique fujimoriste jusqu'aux années 2000.

CHAÎNES DE VIOLENCES ET MIGRATION

Quant à la violence guerrière exercée sur les femmes[25], elle est d'une cruauté sans précédent avec des viols, des mortes écartelées, mises en pièces ou dynamitées. Par ailleurs, la violence conjugale dans l'espace de la maisonnée s'accroît (Güezmes, Palomino et Ramos, 2002, p. 21) et, grâce au mouvement des femmes, un premier « commissariat féminin » est créé à Lima, en 1988, pour les protéger. En outre, indépendamment de leur classe sociale, ce sont toujours elles qui persistent à jouer une fois de plus un rôle de protagonistes pour répondre aux besoins de survie et de pacification du pays. Comme le note la Comisión de la verdad y reconciliación (2003, p. 41), leur action va au-delà « de la fracture sociale, émotionnelle qui a favorisé une culture de terreur et de méfiance[26] » pour devenir un agir politique de résistance et de résilience. Cependant, les craintes au quotidien, le narcotrafic, la délinquance créent un climat de tension, d'agressivité et de violence franche dans la rue avec leur impact dans la maisonnée (violence

---

24. Pour Chossudovsky (1998, p. 169), « les programmes d'ajustement structurel ont pourtant été décidés, sous les auspices du Fonds monétaire international et de la Banque mondiale, dans plus de 100 pays en voie de développement, celui du Pérou [en 1990] les dépasse en brutalité, comme il laisse derrière lui, en matière de "répression économique", les mesures qu'imposèrent pendant 20 ans les plus durs régimes militaires de la région, par exemple celui du général Pinochet au Chili ou celui du général Videla en Argentine ». Au Pérou, cela s'est fait à travers le « fujichoc » annoncé par le président Fujimori lui-même qui, en un mois, a fait augmenter de 446 % le prix des denrées alimentaires. Ces politiques ont signifié que le revenu par tête en Amérique Latine (et aussi en Afrique) est devenu semblable à celui de 1970 et a eu un impact négatif sur la structure sociale.

25. Le Pérou plongé dans une crise politique gouvernementale poursuit avec des actes de violence en utilisant la torture (Rojas-Viger 2004, p. 98) comme dans le cas de deux femmes, membres du Servicio de inteligencia nacional. L'une d'elles a été tuée et découpée en morceaux ; l'autre a été retrouvée sous surveillance dans un hôpital des forces armées, recevant des soins pour des blessures neurologiques très graves infligées pendant la torture. Les bourreaux appartiennent à un « escadron de la mort » de la même institution. De plus, à l'échelle nationale, la Defensoría del Pueblo (1998) souligne les irrégularités du Programme national de santé reproductive et de planification familiale du ministère de la Santé, débuté en 1996, et qui utilise des méthodes chirurgicales irréversibles, surtout sur les femmes dans les régions rurales pauvres. Ces actes à caractère discriminatoire et violent, pratiqués pour des raisons ethniques et linguistiques, ont abîmé pour toujours leur corps.

26. La Comisión de la verdad y reconciliación (2003) confirme qu'entre 1980 et 2000, des villages entiers avaient été déplacés où les femmes avaient été victimes de viol, de torture et de meurtre et où le nombre de morts et de disparus gravite autour de 70 000. Et l'impunité des responsables politico-militaires persiste.

conjugale et familiale). Le maintien des liens sociaux s'est affaibli dans un contexte impossible, sans issue réelle ou symbolique. La migration devient alors une sorte de stratégie de résistance pour une partie de la population même si elle crée, au milieu de certaines continuités, de nouvelles ruptures. Ainsi se dressent d'autres frontières entre ceux qui poursuivent leur avenir dans une société en crise et ceux qui la quittent vers divers coins de la planète à la recherche d'un climat de paix.

PLACE OCTROYÉE PAR LE CANADA ET LE QUÉBEC À L'IMMIGRATION PÉRUVIENNE

La migration massive des Péruviens, forcée ou volontaire, interne ou internationale, est une conséquence du contexte marasmatique de la société dans une conjoncture de conflits et de guerres reléguée dans l'indifférence par les *mass media* de la communication à l'échelle mondiale. Elle se dirige alors vers les pays limitrophes mais aussi vers ceux du Nord. Le Québec est témoin de cette réalité qui, entre 1961 et 1970, dénombrait 265 Péruviens (Conseil des communautés culturelles et d'immigration, 1992) et en 2001 en comptait environ 8 030[27]. L'augmentation coïncide avec le contexte péruvien de violence mais aussi avec les ajustements des nouvelles politiques étatiques canadiennes relatives à l'immigration et à son ouverture à la diversité ethnoculturelle. En effet, selon Labelle (1994, p. 54), le Canada abandonne les « mesures basées sur l'ethnicité et la race dans la sélection » des immigrants. De toute manière, pour contrôler leurs frontières, les sociétés canadienne et québécoise rajustent constamment leurs politiques et leurs lois en matière d'immigration en fixant des quotas restreints et des catégories d'admission, en plus de se montrer plus exigeantes dans la sélection de ceux qu'elles admettent.

Dès qu'ils franchissent la frontière et qu'ils entrent en contact avec la population pluriethnique québécoise, non seulement les Péruviens deviennent porteurs de l'étiquette « d'immigrants », sinon aussi de « Latinos »,

---

27. Les pays récepteurs industrialisés acceptent un pourcentage réduit des déplacés qui, selon Desjarlais *et al.* (1995, p. 136), est « moins de 17 % [pour les pays de] l'Europe de l'Ouest, les États-Unis, le Canada et l'Australie » sur plus ou moins vingt millions officiellement enregistrés et encore vingt millions non enregistrés, entre 1960 et 1992. Quant aux Péruviens, comme le montre Altamirano (1992, p. 60), de 500 000 émigrants en 1980, leur nombre est passé à près de 1 500 000 en 1990. Ces immigrants appartiennent à toutes les classes sociales mais ils sont surtout issus de la classe moyenne et près de la moitié sont des femmes. Ils sont arrivés au Canada et au Québec seulement à partir des années 1970 et selon Statistique Canada, au recensement de 2001, ils sont autour de 7 435 à Montréal (sur 8 030 au Québec et 17 125 au Canada) et se sont installés dans différents quartiers de la ville.

de «sous-développés», de «gens du Tiers-monde», ils sont aussi immédiatement considérés comme des membres des «minorités visibles» et de la
«communauté latino-américaine». Ces différents termes catégoriels, utilisés
«de façon anodine», conduisent à des sens stéréotypés, propres de la violence structurelle, pouvant expliquer le traitement différentiel ainsi que
des rapports «racisés» reconnus et soulignés par les femmes participantes
à la recherche. Cependant, en raison des variables sociodémographiques
mentionnées plus haut, les Péruviens forment un groupe hétérogène, diversifié socioculturellement, économiquement et politiquement. De plus, le
contexte économique du Québec influence aussi cette diversité. Ceux arrivés
en 1970 ont vécu dans une conjoncture très différente de ceux débarqués
en 1980 ou en 1990 alors qu'il y avait rareté et précarité de l'emploi en
raison de la mondialisation des marchés, avec fermetures d'usines et offres
de travail précaire qui retardent l'insertion à l'emploi. Peu importe l'année
de leur arrivée, une constante demeure: la déqualification par la non-
reconnaisance de leurs diplômes, de leurs compétences et de leurs expertises
de travail, empêchant ou retardant leur insertion sur le marché du travail
de leur profession[28] et qui se répercute sur tout le processus de leur insertion sociale avec l'apparition des effets sournois propres de la violence
structurelle, qui créent un contexte propice à la recrudescence ou à la
naissance de la violence conjugale.

PROCESSUS D'INSERTION DANS LES DIFFÉRENTS CHAMPS DU SOCIAL

L'immigration est un processus de rupture abrupte avec le lieu d'origine
connu, reconnu et incorporé, qui fait entrer le corps individuel dans un
espace-temps nouveau. Cela exige de lui la mobilisation de tous ses sens et
souvenirs pour identifier quelque chose d'habituel, de familier, afin de ne
pas rester dépaysé totalement et tomber dans le vide. La personne va
amorcer l'expérience d'insertion comme une sorte de parcours pour s'introduire, pour se trouver une place, pour se situer, pour se joindre, pour
prendre part au *quehacer,* c'est-à-dire faire partie prenante des activités du
social (Rojas-Viger, 2004). Ainsi elle s'expose à vivre différentes expériences
où les repères socioculturels sont absents, même lors de marches anodines,
comme l'illustre cette perception du premier quartier.

> *Ce territoire de marche quotidienne* [le quartier] *devenait le lieu investi
> de mes allées et venues. Je le connaissais. Il n'avait pas les limites d'un
> secteur territorial et politiquement délimité. Ses limites se sont créées par le*

---

28. Selon Guilbault (2005, p. 57) «quel que soit le moment de l'immigration, les femmes
    immigrées chôment davantage que la totalité des Québécoises […] Quel que soit leur
    niveau d'études, le taux de chômage est beaucoup plus élevé chez les femmes immigrées
    que chez l'ensemble des Québécoises».

fait d'aller là, de déambuler, de rencontrer une personne et une autre que, même si elles ne me parlaient pas, j'avais déjà vues, je les avais déjà croisées dans l'une ou l'autre de «mes fugues». Ce territoire que j'avais parcouru en tout sens fut bientôt connu de moi et je m'y mobilisais en confiance sans qu'il devienne, cependant, «mon quartier» à cent pour cent[29] (Ada, 1975, 29 ans)[30].

Le premier quartier est un lieu retenu dans la mémoire des femmes interviewées. La non-réponse à leur salut ou le regard inquisiteur et accusateur... même avec ses sensations réelles ou symboliques de micro-violences, le quartier semble s'ériger comme le lieu primordial où s'organise «une structure inaugurale et même archaïque du sujet public» (Mayol, 1980, p. 20). Pour l'immigrant, il sert à la production des premiers «engagements» sociaux pour coexister avec autrui (voisins, commerçants, église...) à cause de la proximité et de la répétition des gestes, des comportements différents, mais aussi semblables ou égaux pour être connu et reconnu. Pour les Péruviennes rencontrées, il est aussi une source de souvenirs en tant que lieu de transit et de contact avec les différentes institutions : immigration, enseignement, santé et autres. Précisément, l'apprentissage ou le perfectionnement d'une des deux langues officielles parlées à Montréal se réalise généralement quand les besoins de base : logement, école des enfants, travail... sont déjà comblés. Au Québec, la loi 101 (depuis 1977) donne une meilleure accessibilité aux différents lieux pour apprendre le français, situation dont n'ont pu bénéficier les femmes qui sont arrivées avant cette date.

Par exemple, moi, je n'ai pas eu le cours du COFI[31] en français [...] On ne m'a pas permis de participer à ces cours. La raison qu'on m'a donnée c'est que j'avais de jeunes enfants dont je devais m'occuper. De plus, on m'a signalé qu'avec un mari québécois, je pouvais apprendre en parlant avec lui. Enfin, que je pouvais cogner à la porte de mes voisins pour aller converser avec eux. Cette décision me causa de la tristesse et de la colère... (Ada, 1975, 29 ans).

---

29. Ce récit et ceux qui suivent sont extraits de la thèse de Rojas-Viger (2004) et correspondent respectivement et en ordre de présentation aux pages 199, 202, 209, 210, 229, 247, 282, 283, 284.

30. Les renseignements placés après le pseudonyme de la participante servent à identifier l'année de son arrivée au Québec et l'âge qu'elle avait à ce moment-là.

31. Dans les années 1970 et 1980, les Centres d'orientation et de formation des immigrants (COFI) créés en 1969 étaient quasi les seuls organismes désignés pour donner l'enseignement du français ou de l'anglais aux immigrants allophones qui avaient le potentiel d'entrer sur le marché du travail (Beaulieu, Henri et Lanno, 1986). Les femmes, mères de famille avec des enfants en bas âge n'étaient pas des candidates idéales. Les Carrefours d'intégration ont remplacés les COFI en l'an 2000.

Par ailleurs, pour plusieurs femmes qui connaissent le français avant leur arrivée ou qui l'apprennent sur place, leur accent peut les submerger dans des impasses qui mènent à des frustrations et à des souffrances. Elles doivent donc s'investir, pour de longues périodes, afin de développer une habileté linguistique dans au moins une des deux langues officielles pour inaugurer un certain niveau d'appartenance à la nouvelle société.

> *Une partie du processus d'insertion universitaire pour me re-professionnaliser a été un travail continuel dans la maîtrise de la langue puisque certains professeurs me disaient qu'ils ne comprenaient pas ce que je disais... Des secrétaires de certains modules ne comprenaient pas non plus mon accent. Et je devais répéter deux ou trois fois. C'était comme un stress additionnel. Même aujourd'hui, il y a toujours des problèmes au niveau de la langue, conversation, prononciation... surtout au niveau de la structure de mes phrases, de la structure de la pensée* (María, 1992, 26 ans).

Certes, se référer au premier quartier ouvre aussi la porte à la mémoire des démarches déployées pour surmonter la déqualification professionnelle et la non-reconnaissance des diplômes du pays d'origine, causées par les dispositions prises par la gouverne ou par ses institutions et qui perdurent jusqu'à nos jours.

> *Une femme immigrante qui se fait professionnelle ici, c'est différent que lorsque tu arrives avec un diplôme, comme celui de médecin, obtenu dans un pays qualifié de sous-développé ou du tiers-monde [...] C'est comme avoir un titre maudit [...] Ce qui est terrible c'est que pendant que tu te prépares pour les examens de l'Ordre, tu ne peux pas facilement entreprendre d'autres études à l'université ni non plus de travail [...] J'ai réussi les examens obligatoires. J'ai fait avec succès mon recyclage à Montréal, mais je n'ai pas obtenu pour autant mon permis de pratique* (Ada, 1975, 29 ans).

Toutes ces réminiscences font appel au corps-fait-histoire (Rojas-Viger, 2004) pour ramener les souvenirs des premières démarches d'insertion qui montrent que ces femmes péruviennes, comme d'autres immigrantes (Rojas-Viger, 2002), ont surmonté les entraves de la déqualification en allant étudier dans des universités québécoises afin d'obtenir ou consolider une formation professionnelle. Elles ont utilisé diverses stratégies individuelles (s'informer auprès d'organismes communautaires, se regrouper entre immigrantes) et ont compté parfois sur l'appui de certains acteurs sociaux de la société réceptrice (professeurs eux-mêmes immigrants, collègues et amis québécois). Cependant, tous ces mouvements ne signifient pas nécessairement la fin des efforts, car il reste à assurer l'insertion sur le marché du travail qui fait défaut depuis leur arrivée.

J'étais jeune à l'époque, et de la même façon que j'avais offert mes services à mon pays, je croyais que je pouvais les offrir ici aussi. Et c'était justement une étape de ma vie pendant laquelle je ne voulais surtout pas me confiner à un rôle de femme de maison, comme on me l'avait inscrit sur mon passeport. Je voulais simplement démontrer que j'avais toutes les capacités pour pouvoir m'épanouir comme travailleuse dans ma profession […] Moi, je savais ce que je voulais faire de ma vie. Et j'étais convaincue que je devais travailler. C'était le point d'ancrage à la vie dans cette société, c'est-à-dire à travers le travail (Dora, 1975, 27 ans).

Concrètement, l'environnement du travail se présente comme la place où est mise en évidence la relation entre, d'un côté, l'habitus incorporé de l'immigrant ainsi que ses dispositions sociales à l'égard de l'avenir, et de l'autre côté, les structures institutionnelles et les perspectives offertes par la société de réception (Breton, 1994). La relation entre ces composantes détermine le rapport aux possibles impliquant l'exercice du pouvoir d'une structure avec ses micro-violences ou ses violences franches.

Bien sûr, il y a de multiples aspects du marché du travail que j'ai pu connaître dû au fait de ne pas compter sur mon permis de pratique dans ma profession […] Si tu dis que tu es médecin, personne ne veut t'employer pour le salaire qu'il devrait te payer et c'est comme si tu possédais un diplôme «maudit». C'est cette difficulté-là qui devient insupportable, infranchissable… par périodes! Mais je ne me considère pas vaincue pour autant, la lutte pour trouver un lieu pour travailler continue… [Maîtrise, 1995] (Ada, 1975, 29 ans).

En effet, le travail étant le lieu privilégié pour établir les interrelations avec la société, surtout pour les adultes immigrants, ce champ devient un incontournable pour l'insertion puisque c'est là que se réalise la re-socialisation, comme le décrit cette femme.

Depuis mon arrivée, j'ai travaillé ici et là, j'ai fait tous les métiers: dans un bar, un hôtel… J'ai connu les organismes communautaires où j'ai travaillé comme bénévole, je suis entrée en contact avec les institutions péruviennes de Montréal… Mais, à ce moment de ma vie, que j'ai fini ma maîtrise [1999], *je considère que je mérite un vrai emploi!* (María, 1992, 26 ans).

Pour surmonter les entraves créées arbitrairement par la structure sociale manifeste dans la non-reconnaissance soit de la scolarité, soit de la profession et de l'expérience de travail du lieu d'origine, les femmes à l'étude, surtout à leur arrivée, ne trouvent d'emplois que dans certains secteurs de la production comme la restauration, les manufactures, les services… avec des conditions précaires. Souvent les difficultés persistent même si elles détiennent des diplômes obtenus dans des universités québécoises. Elles déploient des efforts et dépensent de dix à vingt années d'investissement pour atteindre leurs aspirations, ce qui entraîne des conséquences au moment de leur retraite, ayant peu accumulé pour leur fonds de pension (Rojas-Viger, 2002). De toute manière, elles gagnent des contacts, créent de nouvelles interrelations et acquièrent d'autres habitudes socioculturelles. Mais ces situations ne sont pas exemptes d'une panoplie de frustrations, d'émotions et de souffrances, propres à la violence structurelle (Farmer, 2004a, b). D'où l'apparition de la croyance qu'« 'être immigrant» est constitutif de l'appartenance à la nouvelle société en tant qu'espace de re-socialisation et de re-construction qui les place à la marge du système ou dans une position de citoyennes de deuxième classe (Appadurai, 1996; Ouellette 1994). Une telle réalité n'est pas sans avoir des répercussions sur le stress d'adaptation, sur les comportements et sur la dynamique familiale dans la maisonnée.

IMPACT DE LA VIOLENCE STRUCTURELLE SUR LE CHAMP FAMILIAL EN CONTEXTE MIGRATOIRE

L'immigration touche le cœur du champ familial (Rojas-Viger, 2004; Bibeau *et al.*, 1992). En effet, les Péruviennes interviewées empruntent cet itinéraire comme un projet de famille qu'elles valorisent comme un microcosme où se produisent, réellement ou symboliquement, des interrelations basées sur la solidarité et l'unité. Cela fait que, dès leur arrivée, elles sont sensibles aux changements occasionnés, en premier lieu, par la matérialité du logement, avec son impact sur les interrelations de ses membres. Ils doivent s'habituer à la nouvelle architecture, au nombre de pièces, à l'espace habitationnel et à son aménagement, au chauffage…

En deuxième lieu, le premier logement, comme le premier quartier, possède une fonction non seulement d'ancrage des immigrants mais aussi de carrefour des liens qui s'établissent entre le dedans et le dehors. Ainsi, la maisonnée, telle que conçue par Dandurand et Ouellette (1995, p. 104), se constitue comme étant «un espace structuré des positions définies par des enjeux et des intérêts mobilisant spécifiquement, mais selon des logiques souvent divergentes, un ensemble d'agents, d'individus, de groupes et d'institutions», devient le lieu par excellence où se produisent et se reproduisent les liens sociaux avec différentes possibilités. Cela est plus évident dans le cas de l'expérience de la grossesse, de l'accouchement et de l'humanisation des enfants. En effet, dans ces circonstances, se met en relief l'établissement des rapports entre ces deux sphères à travers les consultations auprès des services de santé et des services sociaux. Également, la présence des enfants, même en bas âge, sert de charnière pour créer les relations sociales des parents avec le voisinage. Donc, à partir de ce lieu social, les femmes péruviennes interviewées reconnaissent avoir recréé des rapports avec les « mêmes », les « semblables », les « lointains » et les « autres ».

Les exigences de la vie publique, telles que les entraves pour trouver un emploi ou les piètres conditions de travail, ont un impact sur la dynamique de la famille et sur celle du couple et des transformations dans les attitudes et comportements. Ces changements se font sentir peu à peu, surtout à cause de l'inversion des rôles quand la femme entre au marché du travail et devient pourvoyeuse.

> *Mon mari a eu beaucoup de problèmes au niveau du travail suite à la fraude d'un compatriote dans une petite entreprise de construction qu'ils possédaient en commun. Cela a signifié qu'il ne collabore pas économiquement au soutien de la famille. Situation qui a conduit à de grandes tensions intrafamiliales [...] J'ai beaucoup travaillé pour vivre, depuis mes études universitaires dans mon pays, et ici je souhaite que mon mari arrive à trouver le plus tôt possible une stabilité dans son travail pour qu'ainsi, moi, je puisse prendre un repos bien mérité* (Elsa, 1986, 34 ans).

L'impossibilité du conjoint de trouver un emploi peut avoir des répercussions sur sa manière d'agir, créer des tensions dans la dynamique familiale et mener à des relations de pouvoir tendues, agressives, qui finissent parfois dans la violence.

> *Pour moi, toutes les exigences pour arriver sur le marché du travail, j'ai pu les surmonter malgré les efforts et la souffrance que cela engendre... mais mon mari, lui, n'a pas été capable de supporter le fait de ne pas pouvoir travailler... Il est finalement tombé malade et devenu méchant et violent psychologiquement...* (Rosa, 1994, 53 ans).

Dans le processus d'insertion, l'adaptation est reconnue comme une source de stress qui peut s'accroître avec les impondérables liés à la violence structurelle en créant un impact sur le psychisme et en augmentant les comportements tendus et agressifs dans la maisonnée. En général, les hommes peuvent, en fin de compte, ressentir une perte de contrôle de la situation et recourir à la violence sur leur conjointe et sur la famille avec même des issues fatales.

> *Moi, je n'ai pas vécu de problèmes d'agression ou de violence dans mon couple malgré les tensions, de telle sorte que je ne puis pas me prononcer à ce sujet. Le seul événement qui me vient à l'esprit, c'est le fait bien connu de l'homicide d'un Péruvien qui tue sa femme et ses enfants[32]. Des*

---

32. Un fait réel, survenu le 11 juin 1998 et qui a été publicisé par les journaux (*La Presse, Le Journal de Montréal*) et la télévision. En effet, un homme péruvien, en proie au désespoir parce que sa femme, boursière dans un laboratoire et soutien familial, est en phase terminale d'une maladie fatale, étrangle ses trois enfants et décide de s'enlever la vie sans y parvenir. Donc, des années de prison pour lui qui se poursuivent.

questions se posent à l'effet qu'il n'avait aucune ressource humaine ou de travail pour lui venir en aide et ainsi pouvoir affronter la situation de probabilité de la mort prochaine de la femme qui était le chef de famille (Dora, 1975, 27 ans).

En outre, de manière unanime, les femmes péruviennes décrivent clairement les effets de la violence structurelle quand elles parlent des traitements différenciés, reçus dans leur parcours migratoire, tels que la déqualification, l'impossibilité d'exercer leur profession obtenue dans pays d'origine, les rapports tendus dans les différents champs sociaux et surtout dans leur insertion au marché du travail. Ainsi émergent des effets sournois comme la perte de leur statut professionnel, l'appauvrissement, les difficultés pour reprendre leurs études universitaires, le non-accès à des garderies pour leurs jeunes enfants… accompagnés parfois d'actes de discrimination et de racisme. Ces nouvelles expériences de vie insoupçonnées, qui sans doute se reflètent dans leur corps, augmentent le stress d'adaptation avec un impact sur les interrelations dans la maisonnée qui peuvent paradoxalement renforcer le couple ou engendrer ou actualiser la violence conjugale pour certaines d'entre elles.

Dans ces circonstances et sans pouvoir compter sur la couche protectrice de la famille élargie, les femmes exposées à la violence exercée par le conjoint cherchent à demander de l'aide. Pour plusieurs, c'est l'Église[33], les organismes communautaires ou des amies avec qui elles peuvent échanger sur cette réalité considérée comme honteuse, intime et privée. Même si la souffrance les amène à penser à la séparation, elles ne se résignent pas à perdre le « père des enfants ». Il leur est alors impensable de recourir à la police ou aux services sociaux et de santé. Ce n'est que dans des cas extrêmes et quand elles sont informées de leurs droits qu'elles vont solliciter une orientation dans des centres spécialisés qui ne sont pas nécessairement outillés pour répondre à leurs besoins (Pontel et Demezuk, 2007). Voici une thématique qui mérite des études approfondies dans l'avenir afin de mieux discerner la relation entre la violence structurelle, son impact sur le psychisme et la violence conjugale. Il y aurait avantage aussi à réviser les démarches amorcées et les mesures à prendre pour adapter et rendre adéquats les services en matière de violence conjugale auprès des familles immigrantes.

---

33. Dans Rojas-Viger (2004), on fait référence à un prêtre catholique péruvien qui mentionne les propos qu'il a recueillis sur la violence vécue par les femmes. Celles-ci vont à l'église pour chercher des solutions mais aussi pour implorer l'amélioration des comportements du conjoint. En effet, pour les Péruviennes, les pratiques au niveau du sacré font partie de leur vie. Tel est le cas, en particulier, de la procession du *Señor de los Milagros* qui est apparue à Lima, en 1615 (à partir de la dévotion des Africains qui avait été transportée de l'Angola jusque sur les côtes du Pérou), et qui aujourd'hui a migré à Montréal.

Enfin, les récits des femmes péruviennes participantes à l'étude, en général jeunes et en possession de diplômes universitaires, compétentes et expérimentées, montrent comment elles sont confrontées à des obstacles engendrés par la structure productrice de violence (Farmer, 2004a, b) qui se traduit par le statut de « minorité » octroyé pour le fait d'immigrer. Cela les éloigne de la possibilité théorique d'accéder aux mêmes mobilités que leurs congénères québécoises installées de longue date. Cependant, avec leur esprit de combattante façonné dans leur lieu d'origine, elles ont investi les différents champs du social en ayant recours au corps individuel historisé, avec le désir de construire un monde de paix, pour tisser et concilier des éléments de la tradition (femme, épouse, mère, famille) avec des attentes de la vie intime (sexualité, plaisir, fidélité), du corps social (études, profession, travail) et du corps politique (participation citoyenne) à l'intérieur du processus d'insertion dans la moderne cité montréalaise. Certes, elles cumulent les difficultés des Québécoises « natives »[34] mais de plus, elles doivent braver les obstacles liés au fait d'être « immigrantes ».

RÉFLEXIONS ET PERSPECTIVES POUR CONTRER LES VIOLENCES DANS LE CONTEXTE MIGRATOIRE

En relevant le défi scientifique d'opérationnaliser le concept de violence, l'analytique du pouvoir proposée par Foucault (1984a, b) permet d'examiner et de retracer les manières par lesquelles s'exercent les pouvoirs agonique et antagonique avec les chaînes de violences, dans la conjoncture politico-économique et militaire mondiale, ses impacts sur des États-nations comme le Pérou, le Canada et le Québec et sur leurs interrelations au quotidien. Spécifiquement, à la lumière des écrits examinés et des résultats de la recherche, il a été documenté comment les relations du pouvoir agonique engendrent la violence structurelle qui est à la base de la genèse et de la persistance des injustices. Spécifiquement, dans la société péruvienne, déjà en 1970, la conjoncture politico-économique creuse les écarts basés sur le genre, la classe sociale, l'ethnie et l'âge, et accroît les inégalités et l'injustice sociale. Cette violence atteint son paroxysme dans les décennies de 1980 à 2000 et cède sa place à l'installation de la violence

---

34. En relation à la participation active au marché du travail, en 2001, Guilbault (2005, p. 56) montre que « [g]lobalement, moins de femmes immigrées appartiennent à la population dite active : 52 % contre 58 % pour l'ensemble des Québécoises âgées de 15 ans et plus ». Deux différences marquées s'établissent en relation à l'emploi : « 45 % des femmes immigrées de 15 ans et plus […] contre 53 % pour les Québécoises » et par rapport au taux de chômage : « 12 % contre 8 % » respectivement entre les femmes immigrantes et les Québécoises. Mais les femmes immigrées travaillent plus à temps plein : 76 % contre 72 % pour les Québécoises.

politico-militaire, en plein essor du néolibéralisme contemporain. Les symptômes de la déstructuration, de la désagrégation et de la division du corps social se font sentir dans la sphère publique (des conflits armés à la délinquance commune) comme dans la sphère privée (de la tension et agression à la violence conjugale et familiale au sein de la maisonnée où les femmes [Héritier, 1996a, b] sont perdantes). Le corollaire de ce contexte est la modification des alliances, des contrats et des pactes sociétaux. C'est donc la production même du lien social qui est affaiblie ou suspendue (Farmer, 2004a, b), engendrant la banalisation de la violence, la perte de confiance dans la relation humaine, l'incrustation dans le corps historisé de la souffrance sociale, la formation de masses de déplacés à l'intérieur du pays et l'émigration vers les pays frontaliers ou ceux du Nord.

Le Canada et le Québec, terres d'immigration, qui affichent un besoin de main d'œuvre, un vieillissement de sa population et un faible taux de natalité, ont admis les Péruviens dans différentes catégories et leur ont donné le statut de minorité (Labelle, 1994 ; Ouellette, 1994), selon des critères centrés sur les différences qui, entre autres, masquent leur composition hétérogène. Ces pratiques, prévues dans les politiques et les lois de l'immigration, ont des effets propres de violence structurelle. Ceux-ci se matérialisent, chez les participantes à l'étude avec formation universitaire, par la déqualification due à la non-reconnaissance de leurs diplômes, compétences et expériences qui les marginalise ou les exclut du marché du travail, et ce, depuis leur arrivée. Ces procédés peuvent être accompagnés d'actes de discrimination et de « racisation » (Renaud, Germain et Leloup, 2004) qui s'objectivisent dans d'innombrables obstacles au quotidien et qui finalement, de façon réelle ou symbolique, les situent comme citoyennes de deuxième ordre (Ouellette, 1994). Par contre, afin de participer pleinement au social, ces femmes péruviennes s'investissent et font des efforts de combattantes en utilisant la médiatisation du corps-fait-histoire, qui a déjà été soumis à un contexte prémigratoire de violence structurelle et politico-militaire (Rojas-Viger, 2004, 2002). Elles surmontent les difficultés pour reconquérir une formation universitaire québécoise, sans toutefois parvenir à s'insérer dans un emploi désiré du marché du travail. Ces conditions de vie amènent divers degrés de souffrance qui accroissent sans doute le stress d'adaptation comportant un impact sur leurs comportements (Bibeau *et al.*, 1992). Néanmoins, ces épreuves vécues dans la sphère publique peuvent paradoxalement renforcer, dans la maisonnée, les relations du couple ou, en certains cas, finir dans la violence conjugale, déjà préexistante ou naissante, avec des répercussions sur la dynamique familiale. Du reste, la demande de soutien les confronte souvent à des services sociaux et de santé (Pontel et Demczuk. 2007) qui ne répondent pas nécessairement à leurs besoins.

Les multiples interactions entre la structure sociale et l'individu analysées dans la littérature (Farmer, 2004a, b ; Héritier, 1996a, b ; Bourdieu, 1998, 1980a, b ; Foucault, 1984a, b) mais illustrées à partir du récit d'un nombre restreint d'immigrantes péruviennes en tant qu'actrices sociales, nous limitent à réaliser des généralisations et méritent donc des recherches plus approfondies à travers un échantillon représentatif pour bien préciser et faire la lumière sur les rapports entre la violence structurelle en contexte migratoire et la violence conjugale. Les résultats devront être comparés avec les situations de leurs congénères québécoises pour cibler les situations spécifiques aux immigrantes. De plus, ces recherches pourront être entreprises pour rendre compte non seulement de la complexité qui entoure la violence structurelle en lien avec des pratiques propres à l'agir de l'être humain, sinon pour appréhender les raisons de la position des hommes comme « bourreaux », en considérant qu'eux aussi, comme les femmes, sont « victimes » de l'engrenage des violences. L'important est de déceler comment celles-ci ont un impact sur les comportements et sur les interrelations agressives et violentes au niveau de la maisonnée. Les résultats qui en découlent pourront servir à dépasser les interventions de prévention secondaire où celles-ci se limitent à détecter et à résoudre la violence déjà en marche. Les études ainsi envisagées feront appel à la confluence des disciplines des sciences humaines et biologiques et de leurs diverses méthodologies pour agir avant que la violence ne s'installe.

Les nouvelles connaissances produites à partir des expériences empiriques et à l'interface théorique des approches féministes, sociologiques, anthropologiques, ethnopsychiatriques et autres pourront s'ouvrir sur des programmes de promotion et de prévention primaire appliqués aux différents paliers du social. D'une part, les activités promotionnelles spécifiques pour contrer la violence structurelle en contexte migratoire auront la capacité d'influencer les politiques d'immigration pour éviter les effets réels et symboliques de la catégorisation, reconnaître les acquis professionnels, faciliter les projets d'employabilité et entraîner une meilleure reconnaissance de la contribution des immigrants à la collectivité. D'autre part, le but optimal de tels programmes, au cœur de la société plurielle québécoise, est d'informer sur la responsabilité et l'éthique de l'exercice du pouvoir, propre à la relation humaine, pour faciliter son usage constructif, garant de l'établissement de liens sociaux, où la différence de genre, d'ethnie, de classe sociale ou d'âge soit constitutive de la justice sociale et de relations égalitaires entre les générations, les femmes et les hommes, entre les citoyennes et les citoyens de toute origine, afin d'entretenir des liens sociaux harmonieux.

BIBLIOGRAPHIE

ALTAMIRANO, T. (1992). *Éxodo. Peruanos en el exterior*, Lima, Fondo editorial de la Pontificia Universidad Católica del Perú.

APPADURAI, A. (1996). *Modernity at Large. Cultural Dimensions of Globalization*, Minneapolis, University of Minnesota Press.

BEAULIEU, A., J. HENRI et C. LANNO (1986). *Guide des ressources en formation linguistique (cours de français langue seconde offerts dans la région de Montréal)*, Montréal, Collectif des femmes immigrantes de Montréal.

BESSIS, S. (2001). *L'Occident et les autres. Histoire d'une suprématie*, Paris, Éd. La Découverte.

BIBEAU, G. (1995). « Se libérer du modernisme politique occidental. Le pluralisme culturel "contre" la république », *Transitions*, n° 37, p. 7-53.

BIBEAU, G. (2005). *Les éléments d'une anthropologie de la violence*, Montréal, document miméographié.

BIBEAU, G. *et al.* (1992). *La santé mentale et ses visages. Un Québec pluriethnique au quotidien*, Québec, Gaëtan Morin.

BLONDET, C. et C. MONTERO (1995). *La situación de la mujer en el Perú 1980-1994*, con la colaboración de C. Yon y R.L. Esquivel, Documento de trabajo n° 68, Serie Estudios de género n° 1, Lima, Instituto de Estudios Peruanos.

BOURDIEU, P. (1980a). « L'identité et la représentation. Éléments pour une réflexion critique sur l'idée de région », *Actes de la recherche en sciences sociales*, n° 35, p. 63-72.

BOURDIEU, P. (1980b). *Le sens pratique*, Paris, Minuit.

BOURDIEU, P. (1998). *La domination masculine*, Paris, Seuil.

BRETON, R. (1994). « L'appartenance progressive à une société : perspective sur l'intégration socioculturelle des immigrants », dans *Actes du Séminaire sur les indicateurs d'intégration des immigrants*, Montréal, Ministère des Affaires internationales, de l'Immigration et des Communautés culturelles et Centre d'études ethniques des universités montréalaises, p. 239-252.

CHARD, J., J. BADETS et L. HOWATSON-LEO (2000). « Les femmes immigrantes », dans *Femmes au Canada 2000. Rapport statistique fondé sur le sexe*, Ottawa, Statistique Canada, Division des statistiques sociales, du logement et des familles, p. 201-232.

CHOSSUDOVSKY, M. (1998). *La mondialisation de la pauvreté*, Montréal, Éd. Écosociété.

COMISIÓN DE LA VERDAD Y RECONCILIACIÓN (2003). *Informe final. Conclusiones generales*, Lima, Quebecor World Peru S.A.

CONSEIL DES COMMUNAUTÉS CULTURELLES ET D'IMMIGRATION (1992). *Statistiques. Démographie, immigration et communautés culturelles au Québec depuis 1971*, Québec, Gouvernement du Québec.

CYRULNIK, B. (2002). *Un merveilleux malheur*, Paris, Odile Jacob.

DANDURAND, R.-B. et F.-R. OUELLETTE (1995). « Famille, État et structuration d'un champ familial », *Sociologie et sociétés*, vol. 27, n° 2, p. 103-119.

DEFENSORÍA DEL PUEBLO (1998). *Anticoncepción quirúrgica voluntaria I, Casos investigados por la Defensoría del Pueblo*, Lima, Serie Informes defensoriales n° 7.

DEGREGORI, C.I. et C. RIVERA (1994). *Perú 1980-1993: fuerzas armadas, subversión y democracia. Redefinición del papel militar en un contexto de violencia subversiva y colapso del régimen democrático*, Documento de trabajo n° 53. Serie Documentos de Política n° 5. Lima, Instituto de Estudios Peruanos.

DESJARLAIS, R. *et al.* (1995). « World mental health : Problems and priorities », dans *Low-Income Countries Violence*, New York, Oxford University Press, p. 116-135.

DREYFUS, H. et P. ROBINOW (1984). « Pouvoir et vérité », dans H. Dreyfus et P. Robinow (dir.), *Michel Foucault. Un parcours philosophique. Au-delà de l'objectivité et de la subjectivité*, Paris, Gallimard, p. 264-292.

FARMER, P. (2004a). « Une réalité horriblement intéressante », *Le Monde*, 10 novembre, <survivreausida.net/a4963-paul-farmer-une-realite-horriblement-intere. html>, consulté le 20 juin 2007.

FARMER, P. (2004b). *Pathologies of Power. Health, Human Rights and the New War on the Poor*, Berkeley, University of California Press, 402 p.

FOUCAULT, M. (1984a). « Le pouvoir, comment s'exerce-t-il ? », dans H. Dreyfus et P. Robinow (dir.), *Michel Foucault. Un parcours philosophique. Au-delà de l'objectivité et de la subjectivité*, Paris, Gallimard, p. 308-321.

FOUCAULT, M. (1984b). « Pourquoi étudier le pouvoir : la question du sujet », dans H. Dreyfus et P. Robinow (dir.), *Michel Foucault. Un parcours philosophique. Au-delà de l'objectivité et de la subjectivité*, Paris, Gallimard. p. 297-308.

GALTUNG, J. (1969). « Violence, peace and peace research », *Journal of Peace Research*, vol. 6, p. 167-191.

GOUVERNEMENT DU QUÉBEC (1995). *Prévenir, dépister, contrer la violence conjugale. Politique d'intervention en matière de violence conjugale*, Québec, Comité interministériel de coordination en matière de violence conjugale et familiale.

GRAWITZ, M. (1994). *Lexique des sciences sociales*, 6e éd., Paris, Dalloz.

GÜEZMES, A., V. PALOMINO et M. RAMOS (2002). *Violencia sexual y física contra las mujeres en el Perú. Estudio multicéntrico de la OSM contra la violencia de pareja y la salud de las mujeres*, Lima, CMP Flora Tristán, Universidad Cayetano Heredia, OMS.

GUILBAULT, D. (2005). *Des nouvelles d'elles. Les femmes immigrées du Québec*, avec la collaboration de Mariangela Di Dominico, Québec, Conseil du statut de la femme, Gouvernement du Québec.

GUILLAUMIN, C. (2002). *L'idéologie raciste. Genèse et langage actuel*, Paris, Gallimard.

HANNERZ, U. (1980). *Exploring the City. Inquiries toward an Urban Anthropology*, New York, Columbia University Press.

HENTSCH, T. (1997). « D'une violence apocalyptique dans la raison moderne », *Filigrane*, vol. 6, n° 1, p. 111-120.

HÉRITIER, F. (1996a). *De la violence I*, Séminaire de Françoise Héritier, Paris, Odile Jacob.

HÉRITIER, F. (1996b). *Masculin / Féminin. La pensée de la différence*, Paris, Odile Jacob.

IGUIÑIZ, J. (1999). « La estrategia económica del gobierno de Fujimori : una visión global », dans J. Crabtree y J. Thomas (dir.), *El Perú de Fujimori*, Lima, Universidad del Pacífico e Instituto de Estudios peruanos. p. 15-43.

KIRMAYER, L. (1992). « The Body's insistence of meaning : Metaphor as presentation and representation in illness experience », *Medical Anthropology Quarterly*, vol. 6, nº 4, p. 323-346.

LABELLE, M. (1994). « Nation et ethnicité. Perspectives théoriques à propos du Québec », dans F. R. Ouellette et C. Bariteau (dir.), *Entre tradition et universalisme*, Québec, Institut québécois de recherche sur la culture, p. 37-74.

LABRECQUE, M.F. (1991). « Les femmes et le développement : de qui parle-t-on au juste ? », *Recherches féministes*, vol. 4, nº 2, p. 9-24.

MACGREGOR, F., M. RUBIO et R. VEGA (1990). *Violencia estructural en el Perú. Marco teórico y conclusiones.* Lima, Asociación peruana de estudios e investigaciones para la paz.

MACLEOD, L. (1980). *La femme battue au Canada : un cercle vicieux*, Ottawa, Conseil consultatif canadien de la situation de la femme.

MATTELART, A. (1998). *La mondialisation de la communication*, Paris, Presses universitaires de France.

MAYOL, P. (1980). « Habiter », dans L. Girard et P. Mayol (dir.), *L'invention du quotidien 2. Habiter, cuisiner.* Paris, Éd. Inédit, p. 12-146.

MINISTÈRE DE LA SANTÉ ET DES SERVICES SOCIAUX (1987). *Une politique d'aide aux femmes violentées*, Québec, Gouvernement du Québec.

MORIN, E. et N. SAMI (1997). *Une politique de civilisation*, Paris, Arléa.

NATHAN, T. (1992). « Tuer l'autre ou tuer la vie qui est en l'autre. Ethnopsychanalyse des crimes contre l'humanité ». *Nouvelle revue d'ethnopsychiatrie*, nº 19, p. 37-51.

ORGANISATION DES NATIONS UNIES (1995). *Rapport de la 4e Conférence mondiale sur les femmes, tenue à Beijing, Chine, du 4 au 15 septembre 1995.* Version préliminaire.

OUELLETTE, F.-R. (1994). « Présentation », dans F.-R. Ouellette et C. Bariteau (dir.), *Entre tradition et universalisme*, Québec, Institut québécois de recherche sur la culture, p. 11-17.

PONTEL, M. et I. DEMCZUK (2007). *Répondre aux besoins des femmes immigrantes et des communautés ethnoculturelles. Les défis de l'adaptation des services en violence conjugale. Guide*, Montréal, Fédération des ressources d'hébergement pour femmes violentées et en difficulté du Québec, Table de concertation en violence conjugale de Montréal, Université du Québec à Montréal, Service aux collectivités, en collaboration avec Bouclier d'Athènes.

RENAUD, J., A. GERMAIN et X. LELOUP (2004). « Présentation », dans *Racisme et discrimination. Permanence et résurgence d'un phénomène inavouable*, Québec, Les Presses de l'Université Laval, p. 19-27.

RICOEUR, P. (1990). *Soi-même comme un autre*, Paris, Seuil.

RINFRET-RAYNOR, M. *et al.* (1992). *Intervenir auprès des femmes violentées. Évolution de l'efficacité d'un modèle féministe*, Montréal, Saint-Martin.

ROJAS-VIGER, C. (2002). « D'un lieu "pour elles" à un lieu "pour toutes". Auto-récit de vie d'une chercheure », dans F. Descarries et E. Galerand (dir.), *Le féminisme comme lien pour penser et vivre diversité et solidarité*, Actes du colloque du 12 et 13 juin 2001 à l'Université du Québec à Montréal, Montréal, Alliance de recherche, Institut de recherches et d'études féministes / Relais-femmes, p. 39-53.

ROJAS-VIGER, C. (2004). *Corps-fait-histoire dans le processus de mondialisation, de migration et d'insertion. Parcours de femmes immigrantes péruviennes à Montréal,* thèse de doctorat en anthropologie, Montréal, Université de Montréal, Département d'anthropologie.

RONDEAU, G. *et al.* (2001). « Le profil des tables de concertation intersectorielle en matière de violence conjugale au Québec », *Nouvelles pratiques sociales,* vol. 14, n° 1, p. 31-47.

SCHEPER-HUGHES, N. et P. BOURGOIS (2004). « Introduction : Making sense of violence », dans N. Scheper-Hughes et P. Bourgois (dir.), *Violence in War and Peace : An Anthology,* Oxford, Blackwell Publishing Archeology/Anthropology, p. 1-32.

SCHEPER-HUGHES, N. et M.M. LOCK (1987). « The mindful body : A prolegomenon to future work in medical anthropology », *Medical Anthropology Quarterly,* vol. 1, n° 1, p. 6-41.

STATISTIQUE CANADA (2001). *Recensement 2001. Produit de données normatisées. Origine ethnique, Statut des immigrants et lieu de naissance,* Ottawa, Gouvernement du Canada, <www12.statcan.ca/francais/census01/products/standars/themes/retrieveproduct_table>.

3

MÈRES ET PÈRES EN CONTEXTE DE VIOLENCE CONJUGALE

8

VIOLENCE CONJUGALE POSTSÉPARATION EN CONTEXTE D'EXERCICE DES DROITS D'ACCÈS AUX ENFANTS

Maryse Rinfret-Raynor
Université de Montréal

Myriam Dubé
Université de Montréal

Christine Drouin
Université de Montréal

Nicole Maillé
Université de Montréal

Elizabeth Harper
Université du Québec à Montréal

Cet article porte sur l'analyse de résultats exploratoires concernant la violence conjugale postséparation et ceux reliés aux contextes et aux modalités du transfert d'un parent à l'autre lors de l'exercice des droits d'accès aux enfants. La problématique de la violence postséparation en contexte d'exercice des droits d'accès aux enfants est peu documentée et les résultats actuels de recherche en lien avec cette problématique sont presque inexistants et partiels, et ce, au Québec, voire aux États-Unis et partout dans le monde. Cette étude vise une compréhension plus approfondie de cette réalité afin de faire avancer les connaissances dans le domaine de la violence conjugale, tant pour les chercheurs que pour les professionnels œuvrant dans les milieux d'intervention psychosociale ainsi que ceux intervenant au sein du système judiciaire. Cette étude, réalisée en partenariat avec Assistance aux femmes Inc., une maison d'hébergement pour femmes victimes de violence conjugale située dans la région de Montréal, est née d'un besoin du milieu de pratique de développer de nouvelles connaissances relatives à cette problématique dans les champs du service social et du droit civil. Étant donné la nature de la problématique et le nombre restreint d'études en traitant, un devis de recherche exploratoire, basé sur des informations qualitatives détaillées a été conçu.

RECENSION DES ÉCRITS

La violence conjugale constitue un problème important qui a des conséquences sérieuses sur la santé physique et mentale des femmes qui en sont victimes et des enfants qui y sont exposés (Eisenstat et Bancroft, 1999; Rinfret-Raynor, 1991). L'enquête sociale générale (ESG) de 1999 (dans Hotton, 2001; Statistique Canada, 2001) sur les risques de victimisation démontre que la violence conjugale ne cesse pas avec la séparation des conjoints. En effet, cette étude démontre que 172 000 Canadiennes ont subi une forme quelconque de violence conjugale après la séparation, et ce, durant les cinq ans qui ont précédé l'enquête (Hotton, 2001). Parmi elles, 22 % rapportent une augmentation dans la gravité de la violence, 40 % que la gravité de la violence est demeurée la même et 37 % que la violence a débuté après la séparation. Les questions de l'ESG servant à évaluer la victimisation conjugale postséparation sont au nombre de dix[1] et concernent des comportements précis de violence physique.

Plus précisément, les résultats de l'ESG de 1999 (Hotton, 2001) démontrent que, parmi les femmes qui ont été agressées après une séparation, 40 % ont déclaré avoir été battues, 34 % avoir subi une tentative d'étranglement, 27 % que leur ex-conjoint a utilisé ou menacé d'utiliser une arme à feu ou un couteau contre elles et 35 % avoir été victimes d'une agression sexuelle ou plus. Aussi, 60 % d'entre elles ont dit avoir subi des

---

1. Les questions portent sur 1) le fait de menacer de frapper avec le poing ou avec quelque chose qui peut blesser, 2) de lancer quelque chose qui peut blesser, 3) de pousser ou bousculer d'une façon qui peut blesser, 4) de gifler, 5) de donner des coups de pied, de mordre, de donner des coups de poing, 6) de frapper avec un objet qui peut blesser, 7) de battre, 8) d'étrangler, 9) d'utiliser ou de menacer d'utiliser une arme à feu ou un couteau et 10) de forcer quelqu'un à avoir une relation sexuelle non désirée par la menace, l'immobilisation ou la brutalité.

blessures, 25 % ayant reçu des soins médicaux. De plus, 59 % d'entre elles ont dit craindre pour leur vie. Ainsi, de 1991 à 1999, on constate que le taux de femmes tuées par un ex-conjoint était de 38,7 pour un million de couples séparés et celui de femmes tuées par un conjoint était de 30,9 pour un million de couples vivant ensemble (en union de fait ou mariés) (Hotton, 2001).

En bref, les données de Statistique Canada montrent que la violence conjugale postséparation affecte un nombre important de femmes, et que le moment de la séparation représente un risque accru de dangerosité pour les femmes qui sont victimes de violence conjugale. Cependant, peu d'études ont été réalisées pour comprendre le phénomène et le documenter.

VIOLENCE CONJUGALE POSTSÉPARATION

La recension des écrits permet de constater que la violence subie par les femmes après la séparation est similaire à certains égards à celle vécue par les femmes victimes de violence en milieu conjugal. Ainsi, les travaux de Humphreys et Thiara (2003) montrent que les femmes subissent différentes formes de violence conjugale postséparation. Les réponses à un questionnaire rempli par 161 femmes victimes de violence conjugale recevant des services en maison d'hébergement (50 %) ou à l'externe (50 %) en font état. Les auteures recensent que, après leur séparation, des femmes ont subi de la violence verbale et psychologique (76 %), des menaces sévères de violence conjugale (menaces de mort, de viol, d'enlèvement d'enfants, de suicide et de violence à l'endroit des animaux) (41 %), de la violence économique (23 %), des menaces faites à des membres de la famille ou à d'autres personnes (18 %) et des menaces proférées à leur nouveau conjoint (11 %). Par ailleurs, de récentes recherches font état de l'importance du harcèlement en lien avec la violence conjugale postséparation. Plusieurs études récentes (Brewster, 2002 ; Humphreys et Thiara, 2003 ; Meloy, 2002 ; Roberts, 2005) montrent en effet que le harcèlement envers la conjointe est une forme de violence fréquemment répertoriée par les femmes qui ont participé aux études sur la violence postséparation. Au Canada, Wuest *et al.* (2003) rapportent, dans une étude faite dans les provinces du Nouveau-Brunswick et de l'Ontario auprès de 36 mères monoparentales et de leurs 11 enfants âgés de 12 ans ou plus, que parmi les thèmes qui ont émergé des entrevues, le harcèlement était celui commun aux témoignages de l'ensemble des femmes victimes de violence conjugale. Ainsi, la majorité des femmes interviewées ont mentionné une forme ou l'autre de harcèlement par leur ex-conjoint. Pour certaines, c'était des atteintes à leur réputation, pour d'autres, c'était de les surveiller ou de les faire surveiller ainsi que les enfants. Enfin, Brewster (2002), à l'aide d'entrevues qualitatives auprès de 187 femmes qui ont été harcelées par leur ex-conjoint, rapporte que les femmes attribuent le comportement des ex-conjoints à leur désir de réconciliation, à leur obsession envers la conjointe, à la vengeance et à la jalousie.

LA GARDE ET LE DROIT D'ACCÈS AUX ENFANTS: UNE OPPORTUNITÉ POUR LA POURSUITE DE LA VIOLENCE CONJUGALE

Comme on peut le constater, la violence conjugale, et particulièrement sous forme de harcèlement, continue d'affecter la vie de plusieurs femmes au-delà de leur séparation. Toutefois, les mères seraient plus susceptibles que les femmes sans enfant d'en être victimes, étant donné les contacts nécessités entre les ex-conjoints relativement aux enfants (Jaffe, Crooks et Bala, 2005). Ainsi, Sudermann et Jaffe (1999) mentionnent que certains hommes violents cherchent par tous les moyens à obtenir la garde conjointe ou à exercer leurs droits de visite afin de continuer à harceler et à contrôler leur conjointe par le biais de requêtes judiciaires répétées en droit de la famille. Par ailleurs, plusieurs recherches font état que les enfants sont souvent les véhicules du conjoint pour exercer de la violence conjugale après que le couple s'est séparé (Eriksson et Hester, 2001; Jaffe, Crooks et Poisson, 2003; Shalansky, Erickson et Henderson, 1999; Wuest *et al.*, 2003). Les contacts avec les enfants sont ainsi des moyens d'argumenter, d'obtenir des informations pour faire obstruction, de contrôler, d'abuser verbalement, de menacer et, dans certains cas, de violenter physiquement les mères (Geffner et Pagelow, 1990; Saunders, 1994; Zorza, 1995; Wuest *et al.*, 2003).

Dans ce contexte, Wuest *et al.* (2003) rapportent que des ex-conjoints, connaissant le lien d'attachement de l'ex-conjointe envers ses enfants, utilisent ceux-ci comme moyen de contrôler les faits et gestes de la conjointe en la menaçant de lui faire perdre la garde. La conjointe, d'autre part, investit temps et énergie à développer des stratégies pour contrer les tentatives de contrôle du conjoint au lieu de se centrer sur d'autres priorités. Les manipulations de l'ex-conjoint relatives à la négociation de la garde peuvent aussi servir d'autres fins: rencontre de ses exigences, obstruction à certaines demandes de la mère, etc.

Maxwell et Oehme (2001), dans leur étude exploratoire auprès d'hommes violents envers leur conjointe, démontrent que, lors des visites de leurs enfants, les pères, abusant de substances telles que l'alcool ou la drogue, sont souvent moroses et blâment leur ex-partenaire pour leur consommation ou font des promesses de sobriété conditionnelles à une réconciliation avec leur mère. Certains pères font croire aux enfants que leur mère a inventé le problème de consommation ou de violence dans le but de les discréditer.

D'autres études (Jaffe, Crooks et Poisson, 2003; Wuest *et al.*, 2003) appuient les résultats de Maxwell et Oehme. Selon Ganley et Schecter (1996), la mère devient ainsi la cause du démembrement de la famille.

Dans des contextes à haut risque de létalité, certains pères peuvent proférer des menaces de suicide ou de mort à l'encontre de leur conjointe et/ou de leurs enfants si leurs demandes de réconciliation familiale ne sont pas satisfaites (Drouin et Drolet, 2004; Dubé, 2006). Les enfants peuvent ainsi se retrouver en situation d'impuissance et n'avoir d'autre recours que d'en parler à leur mère. Celle-ci vivra beaucoup d'anxiété et d'inquiétude pour la sécurité psychique et physique de ses enfants et pour sa propre intégrité physique.

Même si, à l'heure actuelle, il n'existe pas d'études de prévalence quant à la violence conjugale dans le contexte de l'exercice des droits d'accès aux enfants, ces études qualitatives ou exploratoires fournissent de l'information sur la nature de cette violence et le contexte dans lequel elle se manifeste.

OBJECTIFS DE L'ÉTUDE

L'objectif principal de l'étude est ainsi d'explorer le contexte de la garde des enfants[2] dans une situation de violence conjugale en se basant sur les récits de femmes victimes de cette violence après la rupture du couple. Plus spécifiquement, les objectifs sont: 1) documenter le contexte dans lequel se déroule la garde et l'exercice des droits de visite; 2) décrire la violence conjugale vécue par les mères depuis leur séparation. Une étude exploratoire a été entreprise pour satisfaire ces objectifs.

MÉTHODOLOGIE

ÉCHANTILLON

L'étude porte sur l'analyse de 20 situations conformes aux deux critères suivants: 1) il y a eu un jugement final concernant la garde ou l'accès de chacun des parents aux enfants, ou du moins une ordonnance intérimaire ou provisoire édictée par un juge dans le cas d'une urgence, depuis moins

---

2. Le terme «garde des enfants» renvoie ici à la garde partagée (correspondant à un partage équitable entre les deux parents du temps passé avec les enfants) ainsi qu'à la garde unique par la mère (où le temps passé avec les enfants qui est dévolu à celle-ci est supérieur à celui du père, ce dernier exerçant des droits de visite, que ceux-ci soient supervisés ou non).

de six mois au moment de l'entrevue ; 2) il y a présence de violence conjugale présente avant la séparation et/ou au moment de celle-ci. Les situations de ces 20 mères ont été rapportées, d'une part, lors d'entrevues semi-structurées menées directement auprès de 10 d'entre elles et, d'autre part, lors d'une entrevue semi-structurée réalisée avec leur intervenante pour les 10 autres mères. Au total, cinq intervenantes travaillant en maison d'hébergement ont accepté de rencontrer la professionnelle de recherche afin de répondre aux questions concernant ces 10 mères. L'emploi d'une méthodologie différente pour recueillir l'information s'explique par la difficulté de recrutement abordée à la section ci-dessous.

DESCRIPTION DE L'ÉCHANTILLON

Les vingt mères dont les situations de violence conjugale postséparation en contexte d'exercice des droits d'accès aux enfants sont analysées dans cette étude étaient âgées en moyenne de 32 ans au moment des entrevues (la plus jeune avait 22 ans et la plus âgée, 41 ans) et 15 des 20 femmes avaient séjourné en maison d'hébergement. Leur scolarité est variée : six ont terminé leur secondaire, six autres leur collégial et sept ont entrepris ou terminé des études universitaires. Aucune donnée n'est disponible à ce sujet pour une des mères. Le revenu après leur séparation diffère de l'une à l'autre, allant de moins de 10 000 $ à 49 000 $, le revenu de sept d'entre elles se situant entre 10 000 $ et 19 000 $. Le nombre d'enfants des vingt mères varie entre un et quatre ; toutes les mères ont au moins un enfant, sept d'entres elles en ayant plus d'un. La catégorie d'âge où l'on retrouve le plus d'enfants est celle des 0 à 24 mois ($n = 12$) suivie de la catégorie des 6 à 11 ans ($n = 10$). Enfin, toutes étaient séparées depuis moins de un an.

RECRUTEMENT DES FEMMES ET DES INTERVENANTES INTERROGÉES LORS D'ENTREVUES SEMI-STRUCTURÉES

La principale source de recrutement des femmes a été le Regroupement provincial des maisons d'hébergement et de transition pour femmes victimes de violence conjugale. Par ailleurs des demandes ont été faites à l'Association des CLSC-CHSLD afin qu'elle sollicite les intervenants impliqués dans l'intervention auprès des femmes victimes de violence conjugale et des enfants exposés à cette violence. Enfin, les avocats du service de médiation familiale de la Cour civile ont aussi été approchés pour le recrutement. Cette stratégie a permis de recruter sept femmes alors que le devis initial prévoyait le recrutement de 60 femmes. Les auteures de l'étude avaient sous-estimé la très grande difficulté que représentait le premier critère d'éligibilité nécessitant que les femmes recrutées aient reçu un premier jugement final ou provisoire concernant la garde ou l'accès aux enfants depuis moins de six mois au moment de l'entrevue. Durant cette période, les femmes sont en situation de crise et sont peu disponibles pour participer à une entrevue portant sur l'objet de leur détresse.

Les difficultés rencontrées dans le recrutement des mères ont motivé les auteures à publiciser l'étude dans des journaux montréalais distribués gratuitement à travers le réseau de transport en commun. Cette stratégie a permis à trois autres mères de participer à l'étude. Une dernière solution pour remédier aux difficultés de recrutement a été de faire appel aux intervenantes elles-mêmes pour recueillir l'information à propos des mères avec qui elles avaient un contact au moment de l'étude, soit lors de suivis post-hébergement. Cinq intervenantes ont ainsi été rencontrées lors d'entrevues utilisant une grille identique à celle des entrevues avec les mères. Cette façon de faire a permis de recueillir les récits de 10 femmes qui, autrement, n'auraient pas accepté de participer à l'étude.

L'ensemble des stratégies mises en place a facilité l'obtention d'informations sur 20 situations de violence postséparation. Après une analyse des caractéristiques des femmes quant à la scolarité, le revenu et la violence subie par les femmes de chacun des sous-groupes, c'est-à-dire celles rencontrées directement et celles pour lesquelles l'information a été obtenue par les intervenantes, il a été décidé de traiter ces sous-groupes comme un seul groupe étant donné la similarité des caractéristiques des deux sous-groupes. Enfin, comme on peut le constater au tableau 1, les situations des 20 femmes de l'étude sont comparables quant à la violence conjugale pré- et postséparation subie, aux moments où la violence éclate et à l'événement qui a précipité leur séparation.

MÉTHODES DE CUEILLETTE DE DONNÉES

Entrevues qualitatives

Les entrevues semi-structurées faites auprès des mères et des intervenantes ont porté sur quatre thèmes : la violence conjugale postséparation en contexte d'exercice des droits d'accès ; le jugement intérimaire ou final de garde et d'exercice des droits d'accès aux enfants ; la perception des femmes relativement à ce jugement ; enfin, la description des rencontres entre l'enfant et le père depuis le jugement ainsi que lors des échanges.

Calendrier

Le calendrier est un type d'aide-mémoire qui a été laissé à la mère lors de la première entrevue de recherche. La consigne qui lui a été donnée alors était d'indiquer de façon prospective, pour chacun des six mois suivant le

Tableau 1
Description des situations analysées

Femmes à l'étude	Formes de violence vécue avant la séparation	Événement déclenchant la séparation	Violence conjugale postséparation	Moment de la violence
Alice	– Verbale – Psychologique – Économique – Physique – Sexuelle	Épisode de violence physique avec intervention policière	– Verbale	– La journée du jugement
Brigitte	– Verbale – Psychologique – Économique – Physique – Sexuelle	Information manquante	– Verbale – Psychologique (contrôle) – Physique – Sexuelle	– À tout moment
Charlotte	– Verbale – Psychologique – Économique – Physique – Sexuelle	Épisode de violence physique	– Psychologique (harcèlement téléphonique, contrôle)	– Lors de contacts téléphoniques
Dominique	– Verbale – Psychologique – Économique – Physique – Sexuelle	Information manquante	– Verbale – Psychologique – Physique	– Lors des échanges
Émilie	– Verbale – Psychologique	Information manquante	– Verbale – Sexuelle	– Lors des échanges

Gabrielle	– Verbale – Psychologique	Premier épisode de violence physique	– Verbale	– Lors de contacts téléphoniques en vue des échanges
Isabelle	– Verbale – Psychologique – Économique – Physique – Sexuelle	Jalousie du conjoint	– Verbale – Psychologique	– Lors des échanges
Juliette	– Verbale – Psychologique – Physique	La DPJ demande qu'elle quitte le conjoint	Aucune	
Kim	– Verbale – Psychologique – Physique	Épisode de violence physique	– Verbale – Psychologique (harcèlement)	– Lors des échanges
Léa	– Verbale – Psychologique – Physique	Épisode de violence physique	Aucune	
Magalie	– Verbale – Psychologique – Physique	Épisode de violence physique avec intervention policière	– Verbale – Psychologique (harcèlement)	– Lors des échanges
Nadine	– Verbale – Psychologique – Économique – Physique – Sexuelle	Tentative de suicide du conjoint	– Verbale – Psychologique	– Lors des échanges

Tableau 1 (suite)
Description des situations analysées

Femmes à l'étude	Formes de violence vécue avant la séparation	Événement déclenchant la séparation	Violence conjugale postséparation	Moment de la violence
Patricia	– Verbale – Psychologique – Physique	Infidélité du conjoint	– Violence psychologique dans le cahier de l'enfant	– Lors des échanges
Rachel	– Verbale – Psychologique – Économique – Physique – Sexuelle	Épisode de violence physique	Aucune	
Sophie	– Verbale – Psychologique – Économique – Physique – Sexuelle	Peur du conjoint	Aucune violence dirigée directement à l'endroit de la femme, mais violence des enfants à l'égard de la mère à la demande du père (dénigrement, contrôle, violence physique)	
Tania	– Verbale – Psychologique – Économique	Épisode de violence	Aucune	
Virginie	– Verbale – Psychologique – Économique – Physique – Sexuelle	Épisode de violence physique	– Verbale	– Lors de contacts téléphoniques

Yolaine	– Verbale – Psychologique – Économique – Physique – Sexuelle	Épisode de violence physique	– Harcèlement	– Lors des échanges
Zoé	– Verbale – Psychologique – Économique – Physique – Sexuelle	Épisode de violence physique avec intervention policière	– Verbale – Psychologique (harcèlement de la famille)	– Lors d'un contact physique
Andréa	– Verbale – Psychologique – Économique – Physique – Sexuelle	Elle s'est enfuie lors d'un voyage	– Verbale – Physique	– Lors des échanges

premier jugement de la cour pour la garde des enfants, les moments où l'enfant est chez le père, les contacts qu'elle a avec son ex-conjoint et les épisodes de violence conjugale. Le calendrier permet de voir l'interaction de ces variables de façon temporelle (p. ex., présence de violence conjugale lorsque le père vient chercher l'enfant pour le week-end).

DÉROULEMENT

L'étude comprend deux sources d'informations : les mères et les intervenantes.

Rencontre des mères

Dix mères victimes de violence conjugale ont été rencontrées trois fois chacune dans un intervalle de six mois suivant le premier jugement de la cour pour la garde des enfants. Une première rencontre d'environ une heure a été effectuée pour expliquer à la mère la nature de la recherche ainsi que le formulaire de consentement, le lui faire signer et lui remettre le calendrier.

Une deuxième rencontre avec la mère a permis de compléter une entrevue qualitative qui a été enregistrée. Cette entrevue servait à étayer les informations du calendrier complété par la mère durant les semaines précédentes. Les informations répertoriées ainsi concernaient le jugement intérimaire ou final de garde et d'exercice des droits d'accès aux enfants, la perception des femmes relativement à ce jugement, la description des rencontres entre l'enfant et le père depuis le jugement, la description des échanges et une évaluation des conséquences de la violence conjugale exercée lors de la garde et des droits d'accès aux enfants. La troisième et dernière rencontre avec la mère consistait également en une entrevue d'une heure et demie en moyenne faite six mois après le premier jugement concernant la garde des enfants. L'entrevue était identique à la précédente et elle aussi servait à étayer le calendrier rempli par la femme durant les semaines précédentes.

Rencontre avec les intervenantes

Des rencontres individuelles d'une durée moyenne de deux heures ont eu lieu avec les cinq intervenantes qui ont accepté de rencontrer la professionnelle de recherche pour partager la situation de 10 mères. Ces mères avaient accepté que leur situation fasse partie de l'étude. Au préalable, la professionnelle de recherche avait fourni aux intervenantes les critères servant à sélectionner les mères pouvant participer à l'étude, un formulaire de consentement à faire remplir par les 10 mères ainsi que la grille d'entrevue qualitative afin qu'elles puissent vérifier les informations auprès de celles dont elles parleraient durant l'entrevue.

ANALYSE QUALITATIVE

Avec l'autorisation des participantes, les entrevues ont été enregistrées et ensuite retranscrites intégralement. Par la suite, une analyse thématique de contenu (Quivy et Van Campenhoudt, 2006) a permis de dégager les principaux thèmes des entrevues qualitatives. Dans ce type d'analyse, la représentativité du contenu des discours des participantes à l'étude est assurée par le principe de saturation, c'est-à-dire que la cueillette de nouvelles données cesse lorsqu'aucun contenu nouveau n'apparaît, ce qui est le cas dans la présente étude. Un logiciel d'analyse de contenu, soit QSR NVIVO, a été utilisé. La réduction des données a permis de structurer l'information en catégories selon les objectifs de la recherche. Le matériel a été ensuite organisé par thèmes et regroupé. Le guide de codification ainsi développé a permis d'analyser l'ensemble des comptes rendus in extenso des entrevues. En conformité avec le processus d'analyse qualitative, ce guide de codification a été élaboré par deux personnes indépendantes. Par ailleurs, la saturation de l'échantillon a été obtenue suite à l'analyse qualitative de 12 situations de femmes.

RÉSULTATS

L'analyse des résultats a permis de documenter de façon fiable le contexte dans lequel se déroulent la garde et l'exercice des droits d'accès des enfants. Les chercheures ont également pu avoir une meilleure compréhension des formes sous lesquelles se manifeste la violence subie par les femmes après la séparation et l'obtention d'un jugement de garde et de droits d'accès aux enfants.

VIOLENCE VÉCUE AVANT LA SÉPARATION

Les entrevues montrent que toutes les femmes ont été violentées par leur conjoint avant la séparation. Comme le démontre le tableau 1, les principales formes de violence mentionnées lors des entrevues sont la violence verbale, psychologique et physique. Certaines femmes de l'étude rapportent vivre également de la violence économique et de la violence sexuelle.

L'analyse des résultats indique que plus de la moitié des femmes ont quitté leur conjoint à la suite d'un épisode de violence physique sévère. Parmi celles-ci, plusieurs ($n = 8$) ont fait appel aux policiers lors de cet épisode de violence. Parmi les autres motifs de séparation mentionnés, on retrouve la jalousie du conjoint, les infidélités du conjoint ou une tentative de suicide du conjoint.

VIOLENCE VÉCUE APRÈS LA SÉPARATION

L'analyse des entrevues montre que pour la majorité des femmes, la violence conjugale qu'elles ont subie avant la séparation s'est transformée après la séparation. Les formes de violence les plus souvent mentionnées dans les entrevues après la séparation sont la violence psychologique (incluant le contrôle et le harcèlement) ainsi que la violence verbale. La violence psychologique touche principalement les compétences parentales des femmes. Par exemple, plusieurs ex-conjoints vont culpabiliser les femmes dans leur rôle de mère en disant qu'elles ne sont pas de bonnes mères, d'autres conjoints menacent les femmes de leur enlever la garde des enfants si elles ne rencontrent pas leurs exigences. Certains ex-conjoints ont aussi culpabilisé les mères relativement à la séparation et les ont rendues responsables du démembrement de la famille. La violence psychologique décrite se manifestait également par du harcèlement de la part de l'ex-conjoint. Certains ex-conjoints appelaient de façon répétitive leur ex-conjointe, d'autres ont tenté de retrouver leur ex-conjointe en appelant des amis ou la famille de celle-ci. Dans quelques situations, l'ex-conjoint a suivi la femme suite à l'échange des enfants ; une femme a même dû être transférée dans une autre maison d'hébergement car l'ex-conjoint en avait identifié l'adresse. En ce qui concerne la violence verbale, elle s'exprime surtout par des paroles dénigrantes de la part de l'ex-conjoint à l'égard de la femme.

Les récits de deux femmes montrent par ailleurs qu'en plus de la violence psychologique et verbale, la violence physique ou sexuelle est toujours aussi présente et que ces formes de violence continuent après la séparation. Ces deux femmes subissent toujours de la violence psychologique, verbale et physique et une autre subit de la violence sexuelle.

Par ailleurs, cinq récits des femmes parmi les 20 inclus dans l'échantillon montrent l'influence d'un jugement qui autorise des droits de visites supervisées au père sans aucun contact avec l'ex-conjoint. De plus, dans ces cas, des accusations criminelles ont été déposées au moment de la séparation. Ces femmes ne relatent aucune forme de violence suite à la séparation et au jugement concernant la garde des enfants et l'exercice des droits d'accès. Enfin, dans un cas, la mère rapporte que la violence n'est pas exercée directement par le conjoint, mais est perpétrée par les enfants à la demande de leur père.

Les entrevues faites dans cette étude indiquent que la violence conjugale postséparation a diminué comparativement à celle subie avant la séparation. Ainsi, dans leur récit, les femmes ont mentionné que le fait qu'une accusation criminelle a été portée est venu freiner les comportements violents de leur ex-conjoint. En outre, le fait que, dans la plupart des situations, la violence physique a cessé est un indice interprété par les femmes d'une diminution de la violence. Or, cette violence physique est remplacée par la violence psychologique. Le harcèlement, le contrôle, le dénigrement de la femme dans son rôle de mère sont ainsi employés par les ex-conjoints pour obtenir rapidement la réponse souhaitée à leurs désirs. Même si les femmes reconnaissent les conséquences néfastes de ces comportements dans leur vie et celle de leurs enfants, elles ne les identifient pas nécessairement comme de la violence.

LIEN ENTRE LA VIOLENCE CONJUGALE ET L'ÉCHANGE DES ENFANTS

Étant donné que l'échange des enfants constitue, la plupart du temps, le seul moment où les ex-conjoints sont en contact, le lien entre la violence conjugale postséparation et ce moment ressort clairement de l'analyse des résultats. En effet, à l'exception d'un seul, l'ensemble des récits indiquent que les épisodes de violence qu'elles ont subis se sont produits au moment de l'échange des enfants ou lors de contacts téléphoniques ou de courriels avec l'ex-conjoint en rapport avec l'échange des enfants.

Lorsque l'échange se produit au domicile de la femme, la violence des ex-conjoints s'exprime surtout par des paroles dénigrantes, par du contrôle sur les fréquentations de la femme et par des questionnements sur ses allées et venues. Ces comportements violents de l'ex-conjoint avaient lieu aussi lors des échanges téléphoniques avec la femme. En ce qui a trait aux femmes ayant reçu un jugement comportant des droits de visite et des échanges supervisés, certains ex-conjoints profitaient du moment de la rencontre à l'organisme pour dire des propos qui dénigraient la femme ou encore utilisaient le cahier servant à transmettre l'information sur les enfants pour exercer de la violence auprès de la femme.

Par ailleurs, les récits des femmes pointent certains comportements de leur ex-conjoint qui, pour elles, ne sont pas des manifestations de violence, mais constituent un moyen pour l'ex-conjoint d'exercer son contrôle. Les récits des femmes montrent que ces comportements ont de graves conséquences sur elles. En effet, les situations rapportées dans l'étude

indiquent que les femmes se sentent dénigrées et dévalorisées, particulièrement dans leur rôle de mère. Elles sont aussi inquiètes et déprimées
lorsque les enfants sont chez leur père et certaines ont même peur pour
leurs enfants. Le comportement le plus souvent rapporté par les femmes
est la critique de l'éducation des enfants. Des ex-conjoints critiquaient leurs
méthodes d'éducation, c'est-à-dire la manière de nourrir l'enfant, de l'habiller, de l'amuser ou de le soutenir dans son développement. Certains critiquaient aussi la façon dont les femmes s'y prenaient pour le soutien aux
devoirs pour les enfants plus âgés.

Les récits des femmes soulignent le contrôle de l'ex-conjoint au
moment des visites et au moment de la transmission de l'information au
sujet de l'enfant. Ainsi, certains ex-conjoints sont continuellement en négociation pour modifier les heures des échanges, d'autres refusent de faire
des compromis sur les heures de visite pour dépanner l'ex-conjointe. De
plus, plusieurs femmes ont mentionné que leur ex-conjoint ne divulguait
aucune information sur le déroulement du séjour de l'enfant chez lui. Ce
comportement engendrait chez certaines femmes beaucoup d'inquiétude
et de la crainte. Finalement, certaines femmes ont indiqué qu'au retour
des enfants, ceux-ci ont rapporté les propos violents que leur ex-conjoint
avait eus à leur égard.

MODALITÉS DES JUGEMENTS DE GARDE ET D'EXERCICE DES DROITS D'ACCÈS AUX ENFANTS

Il est important de mentionner dès le début de cette section que toutes les
mères rencontrées souhaitent que les enfants maintiennent une relation
avec leur père. Par ailleurs, la grande majorité ($n = 19$) des femmes à l'étude
ont fait une requête pour obtenir la garde de leurs enfants et encadrer les
droits d'accès du père et les échanges des enfants. En effet, la majorité des
femmes qui ont tenté, avec leur ex-conjoint, des échanges sans jugement
légal ont rapporté que le conjoint ne respectait pas les ententes établies et
agissait à sa guise quant au moment et au lieu de l'exercice des droits
d'accès. Pour cette principale raison, les femmes décident de demander la
garde des enfants afin de formaliser les ententes et de pouvoir porter plainte
dans les cas de non-observance des conditions d'exercice des droits
d'accès.

Toutes les femmes de l'étude ont la garde de leurs enfants à l'exception
d'une seule qui partageait la garde avec son ex-conjoint. Afin d'obtenir la
garde de leurs enfants, les femmes rapportent qu'elles ont fait des conces-
sions sur d'autres demandes telles les visites supervisées. Par ailleurs, lorsque
l'enfant a moins de 24 mois, les femmes préfèrent que les droits d'accès
du père soient de plus courte durée. De cette façon, elles se disent moins

inquiètes lors de l'absence de l'enfant. Elles expliquent leur inquiétude par le fait que, durant la relation conjugale, la responsabilité des soins de l'enfant leur revenait entièrement, le père ne s'y intéressant pas. Selon elles, ce dernier n'a donc pas pu développer les habiletés nécessaires pour s'occuper adéquatement d'un enfant en bas âge.

En ce qui a trait aux modalités des jugements pour les droits d'accès, elles varient en fonction des femmes étudiées dans le cadre du projet de recherche. La moitié des jugements (n = 10) ont accordé des droits de visite au père une fin de semaine sur deux. La femme qui a une garde partagée avec son ex-conjoint se retrouve dans ce groupe, le conjoint ne pouvant, à cause de son travail, assurer la garde partagée. Dans la plupart de ces cas, les visites s'effectuent du vendredi soir jusqu'au dimanche soir ou jusqu'au lundi matin. Les enfants séjournent chez le père durant la fin de semaine. De plus, pour cinq femmes, la cour a accordé au père des visites supervisées d'une demi-journée par semaine. Ces visites se déroulent dans des organismes d'aide à la famille qui offrent ce service. Pour le reste des femmes (n = 5), les modalités de visite sont : une demi-journée par semaine, une journée par semaine, à toutes les fins de semaine et trois fins de semaine sur quatre. Notons enfin que le juge a ordonné que les échanges des enfants soient supervisés pour quatre femmes qui n'ont pas un jugement de visites supervisées afin d'éviter les contacts entre les conjoints.

Par ailleurs, la majorité des femmes (n = 16) mentionnent dans les entrevues que, de manière générale, les droits d'accès tels que décrits dans les jugements de la cour sont respectés par l'ex-conjoint. Ainsi, les femmes soulignent une nette amélioration quant au respect des droits d'accès une fois le jugement prononcé. Malgré cette amélioration, certains ex-conjoints continuent d'arriver en retard pour les échanges, ramènent l'enfant à la mère plus tôt que prévu ou ne se présentent pas toujours lors des visites supervisées (n = 4). Dans un cas, le père a même cessé de se rendre aux rendez-vous et donc d'exercer ses droits de visite.

CONTEXTE D'ÉCHANGE DES ENFANTS

Pour huit femmes, l'échange des enfants se passe chez elles. Pour deux autres femmes, un échange sur les deux de la même fin de semaine se déroule à la garderie, l'autre se passant chez elles. Pour trois autres femmes, l'échange des enfants s'effectue dans un endroit public, plus précisément dans une station de métro. Selon le jugement de la cour, pour deux de ces femmes l'échange devait être supervisé par une tierce personne, mais cette entente n'a pas été respectée après le jugement, car l'entourage des conjoints n'était pas disponible lors des échanges. Par ailleurs, les sept autres femmes de l'étude ont bénéficié pour leurs enfants de droits de visites supervisées ou d'échanges supervisés. Dans ces cas, les échanges et les visites se faisaient dans des organismes d'aide à la famille qui offrent ce service ou dans des organismes à la cour prévus à cet effet. Le but de ces jugements était d'assurer la sécurité des enfants et des femmes.

L'analyse des entrevues et des calendriers montre que les échanges pour l'exercice des droits d'accès sont souvent les seuls moments où les ex-conjoints se rencontrent. Certaines ont de plus des contacts téléphoniques ou par courriel avec l'ex-conjoint, mais ceux-ci sont toujours en lien avec l'échange des enfants. Lorsque les femmes doivent voir le conjoint au moment de l'échange, elles s'assurent que le moment est bref. De cette manière, il y a peu de communication avec l'ex-conjoint tout en permettant aux enfants de pouvoir saluer leurs parents lors de la séparation d'avec le père ou la mère.

DISCUSSION

Dans la majorité des situations, les mères ont obtenu peu quant à l'ensemble des demandes qu'elles souhaitaient avant le jugement, mais elles ont abandonné leurs requêtes pour avoir l'assurance d'obtenir la garde de leurs enfants. En fait, même dans les situations où elles l'ont déjà obtenue, elles ne veulent pas faire de demandes spécifiques additionnelles (p. ex., visites supervisées), craignant de perdre la garde des enfants. Ceci est en conformité avec les travaux de Jaffe, Crooks et Bala (2005) qui rapportent que dans plusieurs situations de violence conjugale postséparation, le conjoint menace la mère de lui faire perdre la garde des enfants si elle fait des demandes avec lesquelles il n'est pas d'accord (Jaffe, Crooks et Bala, 2005).

Après leur séparation, les femmes victimes de violence conjugale ne veulent plus voir se reproduire le cycle de la violence dans leur vie et dans celles de leurs enfants. C'est pourquoi elles sont prêtes à mettre entre parenthèses certains de leurs besoins pour avoir la garde physique et entière de leurs enfants, diminuant ainsi les contacts entre l'ex-conjoint, les enfants et elles et, par le fait même, les risques pour elles et leurs enfants d'être à nouveau victimes. De façon similaire, Jaffe, Crooks et Poisson (2003) rapportent que des données obtenues auprès de victimes de violence conjugale révèlent que certaines d'entre elles préfèrent ne rien demander à l'ex-conjoint, « que ce soit au sujet des questions d'argent ou des enfants, malgré les droits que la loi leur reconnaît (par ex., certaines victimes préfèrent vivre dans la pauvreté plutôt que dans un climat de violence et de harcèlement permanent) ».

Malgré le fait que cinq femmes continuent de subir de la violence physique ou sexuelle, les données de l'étude montrent que dans toutes les situations, la violence diminue après le jugement et dans certains cas ($n = 5$), elle cesse complètement. Ces résultats ne vont pas dans le sens de ceux trouvés par Hotton (2001) qui dévoilent une augmentation dans la gravité de la violence conjugale ou, au reste, une absence de diminution dans cette gravité. Toutefois, il ne faut pas oublier que même dans les cas où la violence diminue, le contrôle et le harcèlement, qui prennent place principalement durant les échanges ou les contacts téléphoniques, demeurent des formes de violence conjugale expérimentées par les femmes de cette étude.

Ces résultats sont par ailleurs en accord avec ceux des études antérieures qui trouvent que les enfants peuvent être des véhicules de la violence conjugale postséparation dans les cas où le père contrôle la famille en se servant des échanges et des visites auprès des enfants (Jaffe, Crooks et Poisson, 2003 ; Wuest *et al.*, 2003). Le contrôle du père s'exerce aussi à travers ses exigences qui doivent être respectées par l'ex-conjointe, sinon il la menace de lui faire perdre la garde des enfants (Jaffe, Crooks et Poisson, 2003 ; Wuest *et al.*, 2003). La violence conjugale lors de l'exercice des droits de visite peut prendre la forme d'une reconstruction par le père de l'histoire du contexte de la séparation où la mère est dénigrée ou blâmée pour la consommation d'alcool ou de drogues de l'ex-conjoint (Hotton, 2001 ; Jaffe, Crooks et Poisson, 2003 ; Maxwell et Oehme, 2001 ; Wuest *et al.*, 2003) ou encore pour le démembrement de la famille (Ganley et Schecter, 1996).

L'étude portant sur les 20 mères qui y ont participé fait ressortir le rôle des tribunaux et l'importance du jugement légal dans les cas de droits d'accès aux enfants. Il est également pertinent de mentionner que dans les cas où la violence diminue, souvent, il y a parallèlement des accusations criminelles portées contre le conjoint pour voies de fait. Les récits des femmes montrent que les conditions de remise en liberté ou un ordre de restriction de contacts freinent les comportements violents de leur conjoint. Ces conditions étaient aussi accompagnées d'un jugement de visites supervisées pour le conjoint. Malheureusement, plusieurs études montrent, encore aujourd'hui, que les acteurs des tribunaux de la famille (avocats-médiateurs-juges) ne reconnaissent pas la violence conjugale postséparation et ne sont pas en mesure, de ce fait, de tenir compte de ses effets sur les femmes et les enfants dans leurs décisions judiciaires concernant le jugement de garde des enfants (Johnson et Saccuzzo, 2005 ; Logan, Walker, Jordan et Horvath, 2002 ; Neilson, 2004). Plus précisément, les résultats de recherches indiquent que si les enfants ne subissent pas de mauvais traitements physiques, les acteurs des tribunaux de la famille vont encourager des ententes entres les parties favorisant le partage égal des responsabilités parentales, au détriment de la sécurité des mères et des enfants. Or, la présente étude montre que la violence conjugale continue après la séparation. Il est important que les tribunaux de la famille prennent en compte cette violence et ne la minimisent pas.

PISTES D'ACTION

Dans les situations de violence conjugale où il y a séparation, il est impératif de sensibiliser les mères à la possibilité de la poursuite de la violence et que le principal véhicule de celle-ci est le lien qui l'unit comme parent à l'enfant et donc, à l'autre parent. À cet égard, il est tout aussi important de sensibiliser les intervenants judiciaires à la violence conjugale post-séparation de façon à ce que ceux-ci puissent avoir un jugement éclairé lorsqu'ils établiront avec leurs clientes les différentes mesures provisoires ou accessoires (pouvant porter sur la garde, la pension alimentaire, les biens meubles, les ordonnances) accompagnant un jugement provisoire ou final. Ces mesures doivent toujours être prises dans une optique sécuritaire pour les mères et les enfants, et ce, en tout temps.

Ces mesures doivent aussi rendre compte des sanctions qui pourront être imposées au père concernant tout comportement violent ou négligent à l'égard de la mère et des enfants en ce qui concerne l'acquittement de ses droits de visite et l'échange. À ce titre, il serait pertinent d'établir un arrimage entre la cour civile et la cour criminelle et d'ordonner, si besoin est, des échanges et des visites supervisées pour le père dans des endroits sécuritaires dont la mission unique est l'offre de services en droit d'accès supervisé et où travaillent des intervenants formés en violence conjugale. Ce lieu permettrait aussi aux parents de ne pas être en présence l'un de l'autre.

FORCES ET FAIBLESSES DE L'ÉTUDE

Le devis prévoyait le recrutement de mères dans trois endroits distincts, soit la maison d'hébergement, le CLSC et le service de médiation. Ainsi, la maison d'hébergement donnait la possibilité de rencontrer, entre autres, des mères qui ont craint pour leur sécurité et celle de leurs enfants à la suite d'une relation de violence conjugale, caractérisée par une violence physique (incluant sexuelle) et verbale, périodique ou continuelle, qui perdurait dans le temps et s'aggravait. Le CLSC permettait de recruter, entre autres, des mères qui ont quitté leur conjoint à cause de la violence conjugale qu'elles subissaient, mais qui ne souhaitaient pas à ce moment se réfugier dans une maison d'hébergement. La médiation favorisait la rencontre avec, entre autres, un ensemble de mères qui ont vécu un ou plusieurs actes de violence conjugale et qui n'utilisaient aucun service ni ne se réfugiaient en maison.

Concrètement, il a été très difficile, toutefois, de recruter dans ces endroits. Les difficultés rencontrées sont en fait imputables en majeure partie aux critères d'inclusion dans l'étude. Le premier de ces critères était que la femme ait eu *un premier jugement légal pour la garde des enfants durant les six derniers mois.* La nature des informations recueillies étant rétrospective, ce critère a permis de ne pas avoir de récits enchevêtrés concernant différentes situations légales de garde et de droits d'accès aux enfants. Toutefois, ce critère a réduit de beaucoup le bassin de recrutement.

Le second critère indiquant que *la femme doit être victime de violence conjugale avant la séparation et/ou au moment de celle-ci,* quoique essentiel à l'étude, a rendu le recrutement très difficile. En effet, les priorités des femmes victimes de violence conjugale peu de temps après la séparation (requête en garde d'enfants, séparation, arrangements nouveaux pour les enfants, recherche d'un nouveau logement, etc.) font en sorte que les mères ne souhaitent pas discuter d'un sujet aussi délicat et personnel. La période qui suit la séparation étant une période difficile pour les femmes victimes de violence conjugale, à plus forte raison si elles sont mères, celles-ci se retrouvent souvent en situation de crise.

CONCLUSION

Malgré la violence conjugale que les femmes rencontrées ont subie avant la séparation, elles ont la volonté de préserver les liens entre le père et les enfants. Bien que la violence physique et la violence sexuelle soient peu présentes après la séparation, la violence conjugale demeure présente après la séparation, mais se transforme en contrôle et en violence psychologique, incluant le harcèlement. Les échanges étant souvent les seuls moments où les conjoints sont physiquement ensemble, ils deviennent une occasion pour l'ex-conjoint d'exercer de la violence et de garder une emprise sur l'ex-conjointe. Il est primordial de sensibiliser les différents acteurs (gouvernement, tribunaux) à la nécessité d'avoir des échanges et des visites supervisés dans des endroits sécuritaires dont la mission unique est l'offre de services en droit d'accès supervisé et où travaillent des intervenants formés en violence conjugale, et dans toutes les problématiques que ces personnes seront susceptibles de rencontrer dans leur intervention. Il est aussi important de sensibiliser les mères à l'importance de faire les échanges ailleurs que chez elles. Enfin, il serait important de documenter davantage les cas où la violence apparaît après la séparation.

BIBLIOGRAPHIE

BREWSTER, M.P. (2002). «Trauma symptoms of former intimate stalking victims», *Women and Criminal Justice*, vol. 13, nos 2/3, p. 141-161.

DOYNE, S.E. *et al.* (1999). «Custody disputes involving domestic violence: Making children's needs a priority», *Juvenile and Family Court Journal*, vol. 50, no 2, p. 1-12.

DROUIN, C. et J. DROLET (2004). *Agir pour prévenir l'homicide de la conjointe. Guide d'intervention*, Montréal, centre de recherche interdisciplinaire sur la violence familiale et la violence faite aux femmes (CRI-VIFF) et Fédération de ressources d'hébergement pour femmes violentées et en difficulté du Québec.

DUBÉ, M. (2006). «Quand la violence conjugale devient une question de vie ou de mort pour la femme et/ou les enfants», conférence présentée dans le cadre de l'atelier intitulé: Évaluation de la dangerosité des situations de violence, 1er Colloque international RÉSOVI, Hôtel Doubletree Plaza, Montréal.

EISENSTAT, S. et L. BANCROFT (1999). «Domestic violence», *The New England Journal of Medicine*, vol. 41, no 12, p. 886-892.

ERIKSSON, M. et M. HESTER (2001). «Violent men as good-enough fathers? A look at England and Sweden», *Violence against Women*, vol. 7, no 7, p. 779-798.

FORTIN, M.-F., J. CÔTÉ et F. FILION (2006). *Fondements et étapes du processus de recherche*, Montréal, Chenelière Éducation.

GANLEY, A. et S. SCHECTER (1996). *Domestic Violence: A National Curriculum for Children's Protective Services*, San Francisco, Family Violence Prevention Fund.

GEFFNER, R. et M.D. PAGELOW (1990). «Mediation and child custody issues in abusive relationships», *Behavioral Sciences and the Law*, vol. 8, no 2, p. 151-159.

HART, B.J. (1990). *Safety Planning for Children: Strategizing for Unsupervised Visits with Batterers*, <www.mincava.umn.edu/hart/safetyp.htm>, consulté le 1er octobre 2002.

HOTTON, T. (2001). «La violence conjugale après la séparation», *Juristat, Bulletin de service du Centre canadien de la statistique juridique*, Statistique Canada, vol. 21, no 7, p. 1-20.

HUMPHREYS, C. et R.K. THIARA (2003). «Neither justice nor protection: Women's experiences of post-separation violence», *Journal of Social Welfare and Family Law*, vol. 25, no 3, p. 195-214.

JAFFE, P.G., C.V. CROOKS et S.E. POISSON (2003). «Common misconceptions and addressing domestic violence in child custody disputes», *Juvenile and Family Court Journal*, vol. 54, p. 57-67.

JAFFE, P.G., C.V. CROOKS et N. BALA (2005). *Conclure les bonnes ententes parentales dans les cas de violence familiale: recherche dans la documentation pour déterminer les pratiques prometteuses*, Ottawa, Section de la famille, des enfants et des adolescents, ministère de la Justice du Canada.

JOHNSON, N.E. et D.P. SACCUZZO (2005). «Child custody mediation in cases of domestic violence: Empirical evidence of a failure to protect», *Violence against Women*, vol. 11.

LOGAN, T.K., R. WALKER, C.E. JORDAN et L.S. HORVATH (2002). «Child custody evaluations and domestic violence: Case comparisons», *Violence and Victims*, vol. 17, p. 719-742.

MAXWELL, M.S. et J.D. OEHME (2001). « Strategies to improve supervised visitation services in domestic violence cases », *Violence against Women Online Resources*, <www.vaw.umn.edu/FinalDocumentsCommissionedDocs/strategies.pdf>, consulté le 28 février 2002.

MELOY, M.L. (2002). « Prediction and perceptual deterrence of chronic sexual violence among a population of convicted sex offenders on community-based supervision », *The Humanities and Social Sciences*, vol. 62, n° 9.

MULLEN, P.E. (1999). « Study of stalkers », *American Journal of Psychiatry*, vol. 156, n° 8, p. 1244-1249.

NEILSON, L.C. (2004). « Assessing mutual partner-abuse claims in child custody and access cases », *Family Court Review*, vol. 42, p. 411-43.

QUIVY, R. et L. VAN CAMPENHOUDT (2006). *Manuel de recherche en sciences sociales*, Paris, Dunod.

RINFRET-RAYNOR, M. (1991). *Intervenir auprès des femmes violentées : évaluation de l'efficacité d'un modèle féministe. Présentation et analyse des résultats*, Rapport de recherche n° 2, Montréal, Université de Montréal, École de service social.

RINFRET-RAYNOR, M., M. DUBÉ et C. DROUIN (2006). « Le dépistage de la violence conjugale dans les centres hospitaliers : implantation et évaluation d'un ensemble d'outils », *Nouvelles pratiques sociales* (sous presse).

RINFRET-RAYNOR, M. *et al.* (2004). « A survey on violence against female partners in Québec, Canada », *Violence against Women*, vol. 10, n° 7, p. 709-729.

ROBERTS, K.A. (2005). « Women's experience of violence during stalking by former romantic partners : Factors predictive of stalking violence », *Violence against Women*, vol. 11, n° 1, p. 89-114.

SAUNDERS, D.G. (1994). « Child custody decisions in families experiencing woman abuse », *Social Work*, vol. 39, n° 1, p. 51-59.

SHALANSKY, C., J. ERICKSON et A. HENDERSON (1999). « Abused women and child custody : Ongoing exposure to abusive ex-partners », *Journal of Advanced Nursing*, n° 29, p. 416-428.

STATISTIQUE CANADA (2001). *La violence familiale au Canada : un profil statistique*, Ottawa, Centre canadien de la statistique juridique.

SUDERMANN, M. et P. JAFFE (1999). *Les enfants exposés à la violence conjugale et familiale : guide à l'intention des éducateurs et des intervenants en santé et en services sociaux*, Ottawa, Unité de la prévention de la violence familiale, Santé Canada.

WUEST, J. *et al.* (2003). « The central problem for family health promotion among children and single mothers after leaving an abusive partner », *Qualitative Health Research*, vol. 13, n° 5, p. 597-622.

ZORZA, J. (1995). « How abused women can use the law to help protect their children », dans E. Peled, P. Jaffe et J.L. Edleson (dir.), *Ending the Cycle of Violence : Community Response to Children of Battered Women*, Thousand Oaks, Sage, p. 147-169.

9

LA PERSISTANCE DU BLÂME ENVERS LES MÈRES CHEZ LES FEMMES VICTIMES DE VIOLENCE CONJUGALE

Simon Lapierre[1]
University of Warwick

*The dissemination of the patriarchal ideology of mothering can be
so powerful that the failure of lived experience to validate,
or even correspond to, the story, far from exploding it,
often produces either intensified efforts to achieve it
or a destructive cycle of self – and/or mother blame.*
Pope, Quinn et Wyer, 1990, p. 442

*Même si je sens que je n'ai pas fait tout ce que j'aurais pu faire
pour mon fils, j'ai fait ce que j'ai pu étant donné
les circonstances… Considérant tout ça, j'en ai fait pas mal…
Mais j'ai toujours ce sentiment de culpabilité,
même si je sais ce qui se passait et même
si c'est tout ce que je pouvais faire à ce moment-là.*
Bridget, femme dans la vingtaine, mère d'un enfant

1. L'auteur tient à remercier Katrin Bain, Rosemary Aris et Jacqueline Thibault pour leurs commentaires et suggestions. L'étude a été facilitée par le soutien financier du Fonds québécois de recherche sur la société et la culture, par la University of Warwick et par le Fonds Universities UK.

Malgré plus de trente ans de militantisme et de recherche dans le domaine de la violence conjugale, une attention limitée a été portée à la maternité à partir du point de vue de femmes victimes de violence (à l'exception des travaux menés au Royaume-Uni par Lorraine Radford et Marianne Hester, 2001, 2006, et au Canada par Julia Krane et Linda Davies, 2002). Pourtant, une large proportion des femmes qui sont victimes de violence conjugale ont des enfants, tel qu'en témoignent les statistiques des centres d'aide et d'hébergement pour femmes victimes de violence. Par exemple, les statistiques de la Women's Aid Federation of England – le plus important regroupement de centres d'aide et d'hébergement pour femmes victimes de violence conjugale en Angleterre – démontrent que 18 569 femmes et 23 084 enfants ont bénéficié de leurs services au cours de l'année 2003-2004 (Women's Aid Federation of England, 2007). De plus, de nombreuses études ont démontré que les premiers épisodes de violence surviennent souvent pendant la grossesse et que la fréquence et la gravité de la violence sont susceptibles d'augmenter durant cette période (British Medical Association, 1998; Campbell *et al.*, 1998).

L'intérêt relativement récent pour la situation des enfants exposés à la violence conjugale a été accompagné par une préoccupation croissante pour la façon dont les femmes victimes de violence protègent leurs enfants et prennent soin de ces derniers (Holden *et al.*, 1998; Levendosky et Graham-Bermann, 2000; Levendosky, Lynch et Graham-Bermann, 2000; Levendosky et Graham-Bermann, 2001). Néanmoins, cette préoccupation ne s'est pas traduite par une exploration des expériences de la maternité chez les femmes vivant dans de telles circonstances. En effet, un examen critique des écrits sur les enfants exposés à la violence conjugale révèle une vision de la maternité qui est centrée sur l'enfant et qui met l'emphase sur les « déficits » chez les femmes, les blâmant ainsi de ne pas protéger leurs enfants ou de ne pas prendre soin de ces derniers d'une façon jugée « adéquate ». Les résultats de nombreuses études incitent à croire que cette vision de la maternité a aussi été marquée dans les politiques et les pratiques auprès des femmes et des enfants vivant dans un contexte de violence conjugale, particulièrement les politiques et les pratiques en matière de protection de l'enfance (Mullender, 1996; Humphreys, 1999; Magen, 1999; Radford et Hester, 2001) et en matière de garde et de contacts suite à la séparation parentale (Hester et Radford, 1996a, 1996b; Radford et Hester, 2001; Jaffe, Lemon et Poisson, 2003; Saunders, 2003; Radford et Hester, 2006). Ainsi, lorsque ces femmes sont en contact avec les services de protection de l'enfance, elles sont susceptibles d'être perçues comme étant « négligentes » et comme « refusant » de protéger leurs enfants, tandis qu'elles risquent d'être perçues comme étant « hostiles » ou « déraisonnables » si elles protestent contre les modalités de garde ou de contacts suite à la séparation, pour des raisons de sécurité.

Ce chapitre s'inspire des résultats d'une étude empirique menée au Royaume-Uni, qui portait spécifiquement sur le point de vue des femmes concernant leurs expériences de la maternité dans un contexte de violence conjugale ; les modalités de cette étude sont décrites dans la première partie. Plus spécifiquement, ce chapitre s'intéresse à la persistance du blâme envers les mères dans ce contexte et s'inscrit dans la tradition des écrits féministes qui ont dénoncé la tendance à blâmer les mères (les écrits en anglais utilisent le terme *mother-blaming*). Dans cette perspective, cette tendance constitue un phénomène social par lequel les femmes sont définies comme étant de « mauvaises » mères et qui mène à leur marginalisation (Caplan, 1989 ; Ladd-Taylor et Umansky, 1998 ; Weingarten *et al.*, 1998). Les fondements de ce phénomène se trouvent dans l'institution de la maternité, une institution patriarcale qui contribue au maintien de la domination masculine (Rich, 1976 ; Nicolson, 1997 ; Chase et Rogers, 2001 ; O'Reilly, 2004). Malgré la propension de l'institution de la maternité à affecter la vie de toutes les femmes, les contextes particuliers à l'intérieur desquels les femmes exercent la maternité sont importants dans le processus par lequel elles sont définies comme étant de « mauvaises » mères. En effet, certaines femmes – ou certains groupes de femmes – sont plus susceptibles d'être perçues comme étant de « mauvaises » mères ; cela inclut les femmes célibataires, les « mères adolescentes », les lesbiennes et les femmes de groupes ethniques ou culturels « minoritaires » (Phoenix et Woollett, 1991 ; Glenn, 1994). La présence de violence conjugale exacerbe également cette tendance à blâmer les mères.

Tel que mentionné ci-dessus, ce chapitre décrit d'abord les modalités de l'étude. La suite du chapitre comporte deux parties, qui mettent l'emphase sur le point de vue des femmes qui ont participé à l'étude. La première partie présente l'institution de la maternité et les fondements du blâme envers les mères. La seconde considère la persistance du blâme envers les mères chez les femmes victimes de violence conjugale.

LES MODALITÉS DE L'ÉTUDE

Ce chapitre s'inspire des résultats d'une étude empirique conduite au Royaume-Uni, qui portait sur le point de vue des femmes en lien avec leurs expériences de la maternité dans un contexte de violence conjugale[2]. Il s'agit d'une étude « pro-féministe » (Pringle, 1995 ; Websdale, 2001), qui s'appuyait sur les fondements théoriques et méthodologiques développés

---

2. Cette recherche a été réalisée dans le cadre des études doctorales de l'auteur à la School of Health and Social Studies, University of Warwick, sous la supervision d'Audrey Mullender et de Christine Harrison.

par les féministes radicales – le féminisme radical étant considéré comme un courant théorique complexe, qui évolue constamment. Dans cette perspective, il est possible de tenir compte de certains développements engendrés par l'émergence de nouvelles approches théoriques, tout en demeurant fidèle à la fois aux principes fondamentaux développés par les féministes de la deuxième vague et à la nécessité d'élaborer un plan de recherche orienté vers le changement social et vers la lutte contre l'oppression des femmes et la domination masculine (Kelly *et al.*, 1994; Maynard, 1995; Thompson, 2001).

L'approche méthodologique privilégiée dans le cadre de cette recherche était qualitative et participative, combinant des entrevues de groupes et des entrevues individuelles. Une méthodologie qualitative permettait d'explorer le point de vue des participantes et de tenir compte de la complexité et de la diversité de leurs expériences (Reinharz, 1992; Davis et Srinivasan, 1994; Maynard, 1994; Skinner, Hester et Malos, 2005). Une méthodologie participative, pour sa part, permettait d'assurer que la recherche porterait sur des éléments qui étaient importants pour les participantes – et non seulement pour le chercheur – et de diminuer les inégalités de pouvoir dans les relations entre les participantes et le chercheur (Martin, 1994; Renzetti, 1997). À cet effet, les entrevues de groupes avaient comme objectif principal d'impliquer les participantes dans les premières étapes du processus de recherche et d'entamer avec elles une discussion critique. Le protocole de ces entrevues explorait les principaux concepts qui étaient privilégiés dans la recherche et les éléments à considérer dans l'étude de la maternité dans un contexte de violence conjugale, ainsi que certaines considérations éthiques et méthodologiques. Le protocole des entrevues individuelles visait à faciliter l'exploration des expériences vécues par les participantes en lien avec la maternité, de façon générale et dans un contexte de violence conjugale. Il portait également sur leurs relations avec leurs réseaux sociaux informels et avec les différentes ressources dans les domaines de la maternité et de la violence conjugale. Un court questionnaire était rempli par les participantes afin de recueillir un certain nombre de données sociodémographiques.

Dû à la nature de l'objet d'étude, cette recherche soulevait d'importantes considérations sur le plan éthique et le bien-être et la sécurité des participantes constituaient la priorité lors de la réalisation de la recherche. La stratégie de recherche a été développée conformément aux règles éthiques suggérées par l'Organisation mondiale de la santé en matière de recherche dans le domaine de la violence faite aux femmes (World Health Organization, 1999) et par la British Association of Social Workers (2000) et a obtenu l'approbation du comité d'éthique de la Faculty of Social Sciences, University of Warwick.

Au total, vingt-six femmes ont participé à la recherche, pour un total de cinq entrevues de groupe et vingt entrevues individuelles. Ces femmes ont été recrutées au sein d'un groupe de militantes en matière de garde et de contacts suite à la séparation parentale et de groupes de soutien pour femmes victimes de violence (dans un centre communautaire et dans deux centres de soutien aux familles), ainsi qu'au sein d'un centre d'hébergement pour femmes victimes de violence offrant des services spécialisés pour les femmes originaires d'Asie du Sud-Ouest. Toutes les participantes avaient été victimes de violence psychologique et émotionnelle de la part de leur conjoint (ou ex-conjoint) et la majorité des participantes avaient également été victimes de violence physique. Quelques-unes d'entre elles ont aussi rapporté des incidents de violence sexuelle. Les participantes avaient au moins un enfant âgé de moins de dix-huit ans au moment où la violence était présente, à l'exception de l'une d'entre elles[3]. Lors des entrevues, les participantes avaient entre 21 et 67 ans et provenaient de divers groupes ethniques, s'identifiant par exemple comme britanniques, écossaises, irlandaises, européennes, indiennes, pakistanaises ou des Caraïbes. Deux participantes étaient dans une relation intime avec une autre femme au moment des entrevues.

Celles-ci étaient menées en anglais, mais la contribution d'une interprète a été nécessaire pour deux entrevues lors desquelles les participantes parlaient le punjabi. Les entrevues étaient enregistrées et transcrites (verbatim) et les données ont par la suite été importées dans N*Vivo pour en faciliter l'analyse. L'analyse thématique des données a été effectuée avec l'intention de rendre visibles les expériences et le point de vue des femmes et de développer un *standpoint* féministe (Kelly *et al.*, 1994 ; Maynard, 1994 ; Thompson, 2001). Les citations utilisées dans ce chapitre ont été traduites en français par l'auteur.

L'INSTITUTION DE LA MATERNITÉ ET LES FONDEMENTS DU BLÂME ENVERS LES MÈRES

Tel que mentionné dans l'introduction de ce chapitre, les fondements du phénomène social qui consiste à blâmer les femmes et à les définir comme étant de «mauvaises» mères se trouvent dans l'institution de la maternité. C'est dans les années 1970 que la féministe américaine Adrienne Rich

---

3. Il s'agissait d'une entrevue de groupe avec un groupe de soutien qui était en place avant la réalisation de l'étude. Il aurait été inapproprié d'exclure cette femme parce qu'elle n'avait pas d'enfant, particulièrement à cause de son sentiment d'appartenance au groupe et de son intérêt à participer à l'étude.

(1976) a proposé le concept de « maternité-institution » pour distinguer le contexte patriarcal à l'intérieur duquel les femmes exercent la maternité et les expériences de la maternité ; tandis que l'expérience de celle-ci a un potentiel d'autonomisation (*empowerment*) pour les femmes, l'institution de la maternité contribue au maintien de l'oppression des femmes et de la domination masculine, notamment en dictant aux femmes comment elles doivent exercer leur maternité (Rich, 1976 ; Nicolson, 1997 ; O'Reilly, 2004). Plus récemment, Chase et Rogers (2001) ont avancé que de considérer la maternité en tant qu'institution, c'est de mettre l'emphase sur les mécanismes sociaux qui influencent la façon dont les femmes exercent leur maternité et se sentent par rapport à leur exercice de la maternité, ainsi que la façon dont les gens traitent les femmes en tant que mères et les attentes qu'ils placent sur elles. Cette approche souligne donc très clairement que la façon dont la maternité est organisée ne découle pas de la biologie des femmes et de la reproduction (Smart, 1996). En effet, Knibiehler (2001) affirme que « la fonction maternelle chez les humains n'a rien de naturel ; elle est toujours et partout une construction sociale, définie et organisée par des normes, selon les besoins d'une population donnée à une époque donnée de son histoire » (p. 13). Néanmoins, l'institution de la maternité se présente souvent comme étant « naturelle » et plusieurs femmes qui ont participé à la recherche ont mentionné que, puisque ce sont les femmes qui portent les enfants et leur donnent naissance, ce sont aussi elles qui en sont responsables : « *Parce que c'est la femme qui porte l'enfant, c'est elle qui doit s'en occuper* » (Alison, femme dans la trentaine, mère de cinq enfants).

Cette tendance à attribuer aux femmes la responsabilité des enfants a été soulevée par de nombreuses féministes au cours des dernières décennies (Nicolson, 1997 ; Chase et Rogers, 2001). Cette idée que les femmes sont responsables des enfants est à la base du phénomène du blâme envers les mères, puisque les femmes sont beaucoup plus susceptibles que les pères ou que toute autre personne d'être blâmées pour les choses négatives qui surviennent dans la vie de leurs enfants. Cela est vrai lorsque les enfants sont jeunes, mais aussi lorsqu'ils sont plus âgés et même lorsqu'ils sont à l'âge adulte, tel que rapporté par les participantes les plus âgées : « *Les gens regardent les mères et présument que ces femmes sont responsables de tout ce qui tourne mal dans leur vie et dans la vie de leurs enfants* » (Alice, femme dans la quarantaine, mère de trois enfants).

De façon générale, le concept de « mauvaise » mère est dépendant de celui de « bonne » mère, puisque c'est notamment le refus ou l'impossibilité de se conformer aux normes qui définissent la « bonne » mère qui mène au blâme (Weingarten *et al.*, 1998). Les normes sociales qui sous-tendent l'idée de la « bonne » mère sont multiples et les femmes qui ont participé à la recherche percevaient ces normes comme constituant un « code » autour duquel elles devaient articuler leur conduite : « *Parfois je pense que la société s'attend à ce que nous nous comportions selon un code, un ensemble de règles. En tant que mères, il y a un ensemble de règles auxquelles nous devons nous conformer* » (Angela, femme dans la vingtaine, mère de cinq enfants).

Les données recueillies lors des entrevues révèlent que toutes les femmes qui ont participé à la recherche désiraient être de « bonnes » mères – voire des mères « parfaites » – et produisent un portrait cohérent quant à la définition de ce que constitue une « bonne » mère, malgré une importante diversité parmi les participantes. Selon cette définition, les enfants devraient toujours constituer la priorité pour les femmes et celles-ci devraient toujours s'assurer de répondre aux besoins de leurs enfants avant de considérer leurs propres besoins. En tant que mères, les femmes devraient également constituer un modèle positif pour leurs enfants, les protéger et prendre soin d'eux. De façon générale, le « code de conduite » décrit par les participantes semble être largement influencé par les besoins des enfants. Selon la littérature féministe, les besoins des enfants et la façon « adéquate » de répondre à ces besoins sont plus souvent qu'autrement issus d'un discours produit par des « experts » de la petite enfance, de l'attachement et du développement des enfants (Phoenix et Woollett, 1991 ; Woollett et Phoenix, 1991 ; Burman, 1994 ; Hays, 1996) ; l'influence de ce discours était perceptible dans les entrevues. Ainsi, les participantes ont rapporté la nécessité de répondre aux besoins physiologiques et émotionnels de leurs enfants, d'entretenir de bonnes relations entre les membres de la famille – particulièrement entre les enfants et le père – et de s'assurer que la maison soit propre et rangée :

> *Selon moi, une mère se place toujours en arrière-plan. En tant que mère, tes enfants deviennent ta priorité, ton conjoint aussi. Tes propres besoins viennent toujours en dernier* (Denise, femme dans la trentaine, mère de trois enfants).

> *Prendre soin des enfants, être toujours là pour eux, s'assurer qu'ils sont heureux* (Liz, femme dans la cinquantaine, mère de deux enfants).

Les normes qui définissent la « bonne » mère sont souvent perçues comme étant universelles, ne tenant donc pas compte des différences parmi les femmes et des divers contextes à l'intérieur desquels les femmes exercent leur maternité (Phoenix et Woollett, 1991 ; Glenn, 1994). Cependant, le contexte à l'intérieur duquel les femmes exercent leur maternité est important dans le processus par lequel elles sont définies comme étant de « bonnes » ou de « mauvaises » mères. La partie suivante considère l'exercice de la maternité dans un contexte de violence conjugale et porte une attention particulière à la persistance du blâme envers les mères chez les femmes victimes de violence conjugale.

LA MATERNITÉ DANS UN CONTEXTE DE VIOLENCE CONJUGALE ET LA PERSISTANCE DU BLÂME ENVERS LES MÈRES

> *Trop de gens te jugent parce que tu as permis à tes enfants*
> *de vivre dans une telle situation.*
> Kate, femme dans la trentaine, mère de deux enfants

Les résultats de la recherche démontrent que la présence de violence conjugale crée un contexte à l'intérieur duquel il peut être particulièrement difficile pour les femmes d'exercer leur maternité et toutes les femmes qui ont participé à l'étude ont relevé des difficultés engendrées par la violence dans leur exercice de la maternité et ont souligné à quel point il est ardu d'être une mère dans de telles circonstances. En effet, la violence affecte tous les aspects de la vie des femmes, incluant leur santé physique et mentale et la majorité des participantes ont rapporté des incidents de violence postséparation ainsi que des conséquences à long terme de la violence :

> *Je pense que j'avais toujours les émotions à fleur de peau. Je pleurais sans cesse. Je ne voulais pas que mes enfants voient ça* (Sunita, femme dans la vingtaine, mère de deux enfants).

> *C'était horrible pour les enfants, parce qu'à chaque jour nous devions être de retour à la maison à quatre heures ; je ne pouvais pas être une minute en retard. Si les enfants voulaient aller au parc, « non, nous devons retourner à la maison… Je dois préparer le souper pour votre père ». « Seulement cinq minutes maman. » « Non, je suis désolée, mais nous devons retourner à la maison. » C'est donc horrible pour les enfants, parce que ce n'était pas une enfance pour eux* (Sharon, femme dans la trentaine, mère de cinq enfants).

Les résultats de l'étude démontrent que ce n'est cependant pas uniquement le contexte créé par la violence qui rend l'exercice de la maternité plus difficile pour les femmes, mais plutôt l'interaction entre ce contexte particulier et l'institution patriarcale de la maternité, avec les normes élevées et irréalistes qu'elle impose aux femmes. Dans un monde où la maternité est souvent perçue comme étant naturelle et universelle, les normes qui sous-tendent le concept de « bonne » mère s'appliquent sans égard au contexte à l'intérieur duquel les femmes exercent leur maternité, et les femmes victimes de violence conjugale ne font pas exception à la règle. Cela a été exprimé clairement dans plusieurs entrevues:

> *Le rôle que la mère doit remplir ne change pas, peu importe si la femme est mariée, célibataire, ou si elle vit dans un contexte de violence conjugale* (Denise).

Selon Pope et ses collègues (1990), l'idéologie sous-jacente à l'institution de la maternité est à ce point puissante qu'elle mène bien des les femmes à intensifier leurs efforts pour répondre aux normes qui sous-tendent l'idée de la « bonne » mère, ou provoque un processus par lequel les femmes sont perçues – et se perçoivent elles-mêmes – comme étant de « mauvaises » mères. Les résultats de cette étude montrent que les femmes victimes de violence conjugale intensifient leurs efforts et développent de multiples stratégies dans le but de protéger leurs enfants et de prendre soin de ces derniers, mais cela ne les empêche pas de se percevoir comme étant de « mauvaises » mères. En effet, toutes les femmes qui ont participé à l'étude se blâmaient parce que leurs enfants avaient été exposés à la violence. De plus, certaines d'entre elles se blâmaient également parce que leurs enfants avaient été victimes de violence physique ou psychologique de la part de leur conjoint. Les femmes se sentaient ainsi coupables de ne pas avoir réussi à les protéger de la violence de leur conjoint:

> *Je pense que c'est de ma faute. J'aurais dû être assez forte pour avoir quitté mon conjoint plus tôt. Mais je ne l'étais pas. C'est ce type de situation où tu n'es pas la personne qui est violente, mais tu es quand même à blâmer parce que tu n'as pas protégé tes enfants. Protéger les enfants, c'est la responsabilité de la mère* (Denise).

> *Je me sentais responsable d'avoir placé ma fille dans cette situation... Ce n'est pas juste, mais une femme va toujours se sentir coupable si elle n'arrive pas à protéger ses enfants* (Kate).

Les participantes se sentaient aussi coupables de ne pas avoir été en mesure de répondre aux besoins émotionnels de leurs enfants de façon « adéquate ». Cela constituait la raison pour laquelle les femmes étaient les plus susceptibles de se blâmer, disant ainsi avoir « négligé » leurs enfants:

> *Je pense qu'en tant que mère, j'ai été un échec... C'est dû à la façon dont je me comportais avec mes enfants. Par exemple, j'essayais de les tenir à l'écart, mais je ne leur donnais pas d'amour* (Shelly).

> *Dans ce contexte, tu mets l'emphase sur les aspects plus sérieux, sur la routine et sur les règles, comme « mange tes légumes, sinon tu n'auras pas de dessert »... Tu ne réussis pas à avoir du plaisir avec tes enfants, parce que tu es trop occupée à maintenir la paix dans la maison et à assurer que les enfants ne seront pas blessés lors des incidents de violence... Que tu le veuilles*

ou non et que tu t'en aperçoives ou non, tu négliges émotionnellement tes enfants. Tu ne veux tellement pas qu'ils soient blessés que tu les négliges émotionnellement (Angela).

De plus, les participantes se blâmaient pour les conséquences de la violence chez leurs enfants :

Malheureusement, la violence affecte les enfants, mentalement. Et tu te sens responsable. Tu n'aurais pas dû laisser cette situation se produire (Sharon).

Cela reflète les résultats de nombreuses études qui ont démontré que l'exposition à la violence conjugale peut avoir des conséquences à court et à long termes chez les enfants (Peled, 1993). Plusieurs participantes ont mentionné que de telles conséquences sont inévitables, ce qui augmente leur sentiment de culpabilité.

Plusieurs répondantes avaient aussi le sentiment de ne pas avoir réussi à fonder une famille « normale » ou à maintenir l'unité familiale, puisque la majorité d'entre elles avaient quitté leur conjoint. Ce sentiment d'échec était clairement influencé par des croyances populaires quant à l'importance de la famille nucléaire et de la présence du père dans le développement des enfants :

Tu sens que tu n'as pas réussi à être une bonne mère, parce que ce n'est pas la famille heureuse, parce que tu as choisi le mauvais partenaire. Finalement, c'est ça le problème, tu as choisi la mauvaise personne pour être le père de tes enfants (Lucy, femme dans la quarantaine, mère de quatre enfants).

Compte tenu de la persistance avec laquelle ces femmes avaient été blâmées par leur entourage, il est peu étonnant de constater à quel point les participantes avaient tendance à se percevoir comme étant de « mauvaises » mères. Dans ce contexte, leurs conjoints (ou ex-conjoints) jouaient un rôle particulièrement important, blâmant les femmes pour leurs propres comportements violents, mais également pour le fait de ne pas prendre soin des enfants de façon « adéquate » ou pour celui de « détruire » leur famille et de limiter les contacts avec leurs enfants ; cela constituait une partie intégrante des stratégies violentes adoptées par leurs conjoints :

Mon conjoint me blâmait. Il disait toujours que c'était de ma faute (Shelly, femme dans la trentaine, mère de trois enfants).

Pourquoi je ne pensais pas que j'étais une bonne mère ? Parce que c'est ce que mon conjoint avait l'habitude de me dire, « tu es bonne à rien » (Denise).

Mon conjoint laissait des messages dans ma boîte vocale… Des choses classiques comme « t'es folle » et « tu n'es pas une bonne mère » (Bridget).

Les données recueillies lors de l'étude laissent supposer que les enfants peuvent également blâmer leur mère d'avoir «détruit» leur famille et de limiter les contacts qu'ils ont avec leur père, malgré le fait que les participantes avaient tendance à encourager le maintien des contacts des enfants avec leur père :

> *Je suis méchante parce que je ne laisse pas papa revenir à la maison. Tu essaies de faire ce qui est le mieux pour les enfants, mais les enfants sont mécontents parce que tu essaies de faire ce qui est le mieux pour eux. Donc, tu sens que tu n'es jamais dans une position gagnante* (Lucy).

D'autres études menées auprès d'enfants qui ont été exposés à la violence conjugale ont démontré que certains enfants comprennent bien la situation difficile à l'intérieur de laquelle se trouve leur mère, tandis que d'autres ont tendance à blâmer leur mère (McGee, 2000 ; Mullender *et al.*, 2002). Les résultats de ces études démontrent également que ce sont généralement les femmes qui se retrouvent à «ramasser les pots cassés» lorsque leur ex-conjoint ne se présente pas pour le contact ou qu'il se présente sous l'influence d'alcool ou de drogues. Cela constituait un thème important dans les entrevues de la présente étude :

> *« C'est de ta faute si papa ne s'est pas présenté pour le contact. » Les enfants te blâment parce qu'ils doivent se défouler sur quelqu'un* (Sarah, femme dans la quarantaine, mère de quatre enfants).

Les données recueillies dans l'étude révèlent que la peur d'être perçues comme étant de «mauvaises» mères est un des facteurs qui découragent les femmes victimes de violence de demander de l'aide, que ce soit auprès de leur réseau social informel ou auprès de ressources plus formelles. Ce point a été soulevé dans d'autres études dans le domaine de la protection de l'enfance (DeVoe et Smith, 2003). Comme l'institution de la maternité attribue la responsabilité des enfants aux femmes, le seul fait de demander de l'aide peut être perçu comme un échec dans l'exercice de la maternité, tel que l'avancent plusieurs participantes :

> *Je suis une mère et mes enfants ne devraient pas être en contact avec les services sociaux. Je suis leur mère, je devrais être capable de prendre soin d'eux, assurer qu'ils sont bien vêtus et tout le reste* (Pam, femme dans la trentaine, mère de quatre enfants).

Même si les données recueillies dans l'étude démontrent que certaines femmes avaient bénéficié de l'aide et du support de leur réseau social informel et de ressources dans le domaine de la maternité ou de la violence conjugale, elles soulignent également que la peur d'être perçues comme étant de «mauvaises» mères est souvent fondée et justifiée. Par exemple, certaines femmes qui ont participé à l'étude ont rapporté que lorsqu'elles avaient sollicité l'aide des membres de leur famille, ces derniers les avaient aussi blâmées de ne pas maintenir l'unité familiale, les encourageant ainsi à retourner avec leur conjoint en dépit de la violence :

> Mes parents me disaient souvent «tu ne peux pas continuer à agir comme ça, tu ne peux pas partir et venir ici à chaque fois que ça va mal avec ton conjoint. Tu es une mère et une épouse maintenant, tu dois composer avec la situation. C'est ta petite famille, il est le père de tes enfants» (Shelly).

Ce sont surtout les services de protection de l'enfance que les femmes avaient tendance à blâmer, ce qui explique pourquoi les participantes étaient peu enclines à solliciter leur aide ; cela était aussi clairement relié au fait que les services de protection de l'enfance ont le pouvoir de retirer les enfants de la garde de leur mère afin de les placer en milieu substitut. Mais, que cette aide soit sollicitée par les femmes ou non, les données recueillies dans l'étude suggèrent une tendance chez les travailleurs sociaux à mettre l'emphase sur les «déficits» des femmes par rapport à leur exercice de la maternité et à ignorer les comportements violents de leur conjoint, ces derniers constituant pourtant la source du problème. Par exemple, plusieurs femmes qui ont participé à l'étude ont été en contact avec les services de protection de l'enfance parce qu'elles n'avaient pas été en mesure de protéger leurs enfants ou parce qu'elles étaient «déprimées». Ces femmes affirmaient que les travailleurs sociaux les voyaient comme étant de «mauvaises» mères et parfois comme étant des mères «négligentes», et leurs interventions étaient perçues comme étant davantage punitives que positives :

> La travailleuse sociale a dit que je n'arrivais pas à les protéger parce que je refusais de quitter ma maison (Fiona, femme dans la trentaine, mère de deux enfants).

> Je ne me souviens plus des mots précis utilisés par la travailleuse sociale, mais elle a plus ou moins dit que j'étais une mauvaise mère parce que je permettais aux enfants d'être dans cette situation, même s'ils n'étaient pas victimes de violence physique. Parce que je leur permettais d'être dans cette situation, j'étais un mauvais parent. Je me suis sentie vraiment mal, pour parler franchement (Angela).

Considérant la volonté chez ces femmes d'être de «bonnes» mères ou d'être des mères «parfaites», le fait de se voir définies comme étant de «mauvaises» mères ou des mères «négligentes» avait un effet dévastateur sur elles et sur le potentiel de collaboration avec les services de protection de l'enfance :

> Je pense que dans certaines circonstances, c'est pourquoi plusieurs femmes retournent avec leur conjoint violent... Tu demandes de l'aide et tu te retrouves blâmée pour quelque chose qui n'est pas nécessairement de ta faute. Ce sont des circonstances qui sont hors de ton contrôle (Angela).

De plus, certaines participantes ont rapporté que tous les aspects de leur vie et toutes leurs actions devenaient l'objet d'un examen minutieux lorsqu'elles étaient en contact avec les services de protection de l'enfance, ce qui était susceptible de mener au blâme :

> *La travailleuse sociale est venue à la maison et m'a demandé si j'avais des croustilles. Je pensais qu'elle avait faim, alors je lui ai dit oui. Mais quand je lui ai donné le sac de croustilles, elle a commencé à me parler comme si j'étais un enfant et à crier : « Tu ne devrais pas avoir de croustilles dans ta maison, tes enfants ont un surplus de poids. » Je lui ai répondu : « Ce n'est pas pour ça que tu es ici »* (Fiona).

D'autres études concluent que, dans certaines circonstances, les enfants qui vivent dans un contexte de violence conjugale peuvent être retirés de la garde de leur mère afin d'être placés dans un milieu substitut (Humphreys, 1999). Les femmes qui ont participé à l'étude percevaient ce type d'intervention par les services de protection de l'enfance comme étant extrêmement punitif et comme constituant un échec important dans leur exercice de la maternité :

> *Une nuit, mon ex-conjoint m'a suivie dans ma maison... Des travailleurs sociaux sont venus et je leur ai tout dit par rapport à la violence conjugale. Ils m'ont dit que ce serait une bonne idée que les enfants aillent vivre avec des membres de ma famille, puisque je prenais des antidépresseurs. J'ai accepté, mais ce fut l'enfer pour que les enfants puissent revenir avec moi ! Je pouvais seulement les voir pendant une heure... Et j'avais toutes ces rencontres où ils disaient « on veut que tu fasses ceci et cela ». J'avais des tonnes de choses à faire... Ils ont mentionné la violence conjugale au tout début, avant de prendre les enfants, c'est la seule fois où ils en ont parlé* (Sharon).

Les participantes rapportent que, même dans de telles circonstances, les travailleurs sociaux avaient tendance à placer l'emphase sur leurs « déficits dans l'exercice de la maternité et à ignorer les comportements violents de leur conjoint. Ces femmes devaient donc faire la preuve qu'elles étaient de « bonnes » mères pour pouvoir retrouver la garde de leurs enfants.

En somme, cette partie du chapitre démontre que l'institution patriarcale de la maternité est à ce point puissante que, en dépit du fait que les femmes victimes de violence conjugale intensifient leurs efforts et développent de multiples stratégies dans le but de protéger leurs enfants et de prendre soin de ces derniers, le blâme envers les mères demeure un problème persistant ; ces femmes sont constamment perçues par leur entourage – et se perçoivent elles-mêmes – comme étant de « mauvaises » mères.

CONCLUSION

> *Les gens ne devraient pas toujours blâmer les mères, parce que personne ne*
> *sait ou ne comprend la situation dans laquelle elles se trouvent.*
> Shelly

> *Il est inutile que les gens nous blâment,*
> *puisque nous nous blâmons déjà nous-mêmes.*
> Kate

Ce chapitre s'inspire des résultats d'une étude empirique qui portait sur le point de vue des femmes en lien avec leurs expériences de la maternité dans un contexte de violence conjugale et soutient que le blâme envers les mères constitue un problème persistant chez les femmes victimes de violence conjugale. Cette tendance à définir celles-ci comme étant de « mauvaises » mères et à placer l'emphase sur leur « déficit » dans leur exercice de la maternité permet de taire la situation de violence conjugale ; les comportements de domination des conjoints demeurent ainsi incontestés :

> *Les gens disent : « Pourquoi est-elle dans cette situation alors qu'elle a des*
> *enfants ? Pourquoi ne le quitte-t-elle pas tout simplement ? Comment peut-elle*
> *permettre à ces enfants de vivre dans une telle situation ? » Je ne comprends*
> *pas pourquoi les gens te blâment ainsi, parce que les hommes violents ne*
> *sont jamais blâmés comme ça : « Pourquoi fait-il cela à sa conjointe ? Pour-*
> *quoi met-il ses enfants dans une telle situation ? » Mais toi tu es blâmée de*
> *placer tes enfants dans cette situation, juste parce que tu es là* (Shelly).

Bien entendu, la simple volonté de reconnaître cette tendance à blâmer les femmes victimes de violence conjugale et de mieux comprendre les circonstances difficiles dans lesquelles elles doivent exercer leur maternité pourrait provoquer un changement d'attitude qui améliorerait grandement le type d'aide et de soutien disponible pour ces femmes, que ce soit à travers leur réseau social informel ou à travers des ressources plus formelles dans le domaine de la maternité et de la violence conjugale. Néanmoins, il est clair que le potentiel de changements plus fondamentaux est limité par l'institution de la maternité. En effet, tant que celle-ci demeurera aussi puissante qu'elle l'a été jusqu'à présent, les femmes – celles qui vivent dans un contexte de violence conjugale et les autres – vont continuer d'être perçues comme étant responsables de leurs enfants et d'être blâmées de ne pas correspondre au mythe de la mère « parfaite ».

BIBLIOGRAPHIE

BRITISH ASSOCIATION OF SOCIAL WORKERS (2000). *Code of Ethics for Social Work*, Birmingham, British Association of Social Workers.

BRITISH MEDICAL ASSOCIATION (1998). *Domestic Violence: A Health Care Issue?* Londres, British Medical Association.

BURMAN, E. (1994). *Deconstructing Developmental Psychology*, Londres, Routledge.

CAMPBELL, J.C. *et al.* (1998). « Risk factors for feminicide among pregnant and nonpregnant women », dans J.C. Campbell (dir.), *Empowering Survivors of Abuse: Health Care for Battered Women and Their Children*, Thousand Oaks, Sage, p. 90-97.

CAPLAN, P.J. (1989). *Don't Blame Mother*, New York, Harper & Row.

CHASE, S.E. et M.F. ROGERS (2001). *Mothers and Children. Feminist Analyses and Personal Narratives*, New Brunswick, Rutgers University Press.

DAVIS, L.V. et M. SRINIVASAN (1994). « Feminist research within a battered women's shelter », dans E. Sherman et W.J. Reid (dir.), *Qualitative Research in Social Work*, New York, Columbia University Press, p. 347-357.

DEVOE, E.R. et E.L. SMITH (2003). « Don't take my kids: Barriers to service delivery for battered mothers and their young children », *Journal of Emotional Abuse*, vol. 3, nos 3-4, p. 277-294.

GLENN, E.N. (1994). « Social construction of mothering: A thematic overview », dans E.N. Glenn, G. Chang et L.R. Forcey (dir.), *Mothering. Ideology, Experience, and Agency*, New York, Routledge, p. 1-29.

HAYS, S. (1996). *The Cultural Contradictions of Motherhood*, New Haven, Yale University Press.

HESTER, M. et L. RADFORD (1996a). *Domestic Violence and Child Contact Arrangements in England and Denmark*, Bristol, The Policy Press.

HESTER, M. et L. RADFORD (1996b). « Contradictions and compromises: The impact of the children act on women and children's safety », dans M. Hester, L. Kelly et J. Radford (dir.), *Women, Violence and Male Power*, Buckingham, Open University Press, p. 81-98.

HOLDEN, G.W. *et al.* (1998). « Parenting behaviors and beliefs of battered women », dans G.W. Holden, R. Geffner et E.N. Jouriles (dir.), *Children Exposed to Marital Violence: Theory, Research, and Applied Issues*, Washington, American Psychological Association, p. 289-336.

HUMPHREYS, C. (1999). « Avoidance and confrontation: Social work practice in relation to domestic violence and child abuse », *Child and Family Social Work*, vol. 4, p. 77-87.

JAFFE, P.G., N.K.D. LEMON et S.E. POISSON (2003). *Child Custody and Domestic Violence: A Call for Safety and Accountability*, Thousand Oaks, Sage.

KELLY, L. (1994). « The interconnectedness of domestic violence and child abuse: Challenges for research, policy and practice », dans A. Mullender et R. Morley (dir.) *Children Living with Domestic Violence*, Londres, Whiting and Birch, p. 43-56.

KELLY, L., S. BURTON et L. REGAN (1994). « Researching women's lives or studying women's oppression? Reflections on what constitutes feminist research », dans M. Maynard et J. Purvis (dir.), *Researching Women's Lives From a Feminist Perspective*, Londres, Taylor and Francis, p. 27-48.

KNIBIEHLER, Y. (2001). « La construction sociale de la maternité », dans Y. Knibiehler (dir.), *Maternité, affaire privée, affaire publique*, Paris, Bayard, p. 13-20.

KRANE, J. et L. DAVIES (2002). « Sisterhood is not enough : The invisibility of mothering in shelter practice with battered women », *AFFILIA*, vol. 17, n° 2, p. 167-190.

LADD-TAYLOR, M. et L. UMANSKY (1998). « Introduction », dans M. Ladd-Taylor et L. Umansky (dir.) *'Bad' Mothers : The Politics of Blame in Twentieth-Century America*, New York, New York University Press, p. 1-28.

LEVENDOSKY, A.A. et S.A. GRAHAM-BERMANN (2000). « Trauma and parenting in battered women : An addition to an ecological model of parenting », dans R.G. Geffner, P.G. Jaffe et M. Sudermann (dir.), *Children Exposed to Domestic Violence : Current Issues in Research, Intervention, Prevention, and Policy Development*, New York, The Haworth Maltreatment and Trauma Press, p. 25-35.

LEVENDOSKY, A.A. et S.A. GRAHAM-BERMANN (2001). « Parenting in battered women : The effects of domestic violence on women and their children », *Journal of Family Violence*, vol. 16, n° 2, p. 171-192.

LEVENDOSKY, A.A., A.M. LYNCH et S.A. GRAHAM-BERMANN (2000). « Mothers : Perceptions of the impact of woman abuse on their parenting », *Violence against Women*, vol. 6, n° 3, p. 247-271.

MAGEN, R.H. (1999). « In the best interest of battered women : Reconceptualizing allegations of failure to protect », *Child Maltreatment*, vol. 4, n° 2, p. 127-135.

MARTIN, M. (1994). « Developing a feminist participative research framework : Evaluating the process », dans B. Humphries et C. Truman (dir.), *Re-thinking Social Research*, Aldershot, Avebury, p. 123-145.

MAYNARD, M. (1994). « Methods, practice and epistemology : The debate about feminism and research », dans M. Maynard et J. Purvis (dir.), *Researching Women's Lives from a Feminist Perspective*, Londres, Taylor and Francis, p. 10-26.

MAYNARD, M. (1995). « Beyond the "big three" : The development of feminist theory into the 1990s », *Women's History Review*, vol. 4, n° 3, p. 259-291.

McGEE, C. (2000). *Childhood Experiences of Domestic Violence*, Londres, Jessica Kingsley.

MULLENDER, A. (1996). *Rethinking Domestic Violence. The Social Work and Probation Response*, Londres, Routledge.

MULLENDER, A. *et al.* (2002). *Children's Perspectives on Domestic Violence*, Londres, Sage.

NICOLSON, P. (1997). « Motherhood and women's lives », dans V. Robinson et D. Richardson (dir.), *Introducing Women's Studies*, 2ᵉ éd., Basingstoke, Macmillan, p. 375-399.

O'REILLY, A. (2004). « Introduction », dans A. O'Reilly (dir.), *From Motherhood to Mothering : The Legacy of Adrienne Rich's* Of Woman Born, Albany, State University of New York Press, p. 1-23.

PELED, E. (1993). « Children who witness women battering : Concerns and dilemmas in the construction of a social problem », *Children and Youth Services Review*, vol. 15, p. 43-52.

PHOENIX, A. et A. WOOLLETT (1991). « Motherhood : Social construction, politics and psychology », dans A. Phoenix, A. Woollett et E. Lloyd (dir.), *Motherhood : Meanings, Practices and Ideologies*, Londres, Sage, p. 13-27.

POPE, D., N. QUINN et M. WYER (1990). «Editorial: The ideology of mothering: Disruption and reproduction of patriarchy», *Signs*, vol. 15, n° 3, p. 441-446.

PRINGLE, K. (1995). *Men, Masculinities and Social Welfare*, Londres, UCL Press.

RADFORD, L. et M. HESTER (2001). «Overcoming mother blaming? Future directions for research on mothering and domestic violence», dans S.A. Graham-Bermann et J.L. Edleson (dir.), *Domestic Violence in the Lives of Children: The Future of Research, Intervention, and Social Policy*, Washington, American Psychology Association, p. 135-155.

RADFORD, L. et M. HESTER (2006). *Mothering through Domestic Violence*, Londres, Jessica Kingsley Publishers.

REINHARZ, S. (1992). *Feminist Methods in Social Research*, New York, Oxford University Press.

RENZETTI, C.M. (1997). «Confessions of a reformed positivist: Feminist participatory research as good social science», dans M.D. Schwartz (dir.), *Researching Sexual Violence against Women: Methodological and Personal Perspectives*, Thousand Oaks, Sage, p. 131-143.

RICH, A. (1976). *Of Woman Born. Motherhood as Experience and Institution*, Londres, Virago Press.

SAUNDERS, H. (2003). *Failure to Protect? Domestic Violence and the Experiences of Abused Women and Children in the Family Courts*, Bristol, Women's Aid Federation of England.

SKINNER, T., M. HESTER et E. MALOS (2005). «Methodology, feminism and gender violence», dans T. Skinner, M. Hester et E. Malos (dir.), *Researching Gender Violence. Feminist Methodology in Action*, Cullompton, Willan Publishing, p. 1-22.

SMART, C. (1996). «Deconstructing motherhood», dans E.B. Silva (dir.), *Good Enough Mothering? Feminist Perspectives on Lone Motherhood*, Londres, Routledge, p. 37-56.

THOMPSON, D. (2001). *Radical Feminism Today*, Londres, Sage.

WEBSDALE, N. (2001). «Men researching violence against women», dans C.M. Renzetti, J.L. Edleson et R.K. Bergen (dir.), *Sourcebook of Violence against Women*, Londres, Sage, p. 53-55.

WEINGARTEN, K. *et al.* (1998). «Introduction», dans C.G. Coll, J.L. Surrey et K. Weingarten (dir.), *Mothering against the Odds. Diverse Voices of Contemporary Mothers*, New York, The Guilford Press, p. 1-14.

WOOLLETT, A. et A. PHOENIX (1991). «Psychological views of mothering», dans A. Phoenix, A. Woollett et E. Lloyd (dir.), *Motherhood: Meanings, Practices and Ideologies*, Londres, Sage, p. 28-46.

WOMEN'S AID FEDERATION OF ENGLAND (2007). *About Domestic Violence*, <www.women said.org.uk/landing_page.asp?section = 000100010005>, consulté le 23 avril 2007.

WORLD HEALTH ORGANIZATION (1999). *Putting Women's Safety First: Ethical and Safety Recommendations for Research on Domestic Violence Against Women*, Genève, Global Programme on Evidence for Health Policy.

10

LES PÈRES FILICIDES
La violence conjugale en filigrane

Myriam Dubé
Université de Montréal

RECENSION DES ÉCRITS

Le lien empirique pressenti entre l'homicide d'un enfant par son ou ses parents (filicide) et la violence conjugale est tout récent. La problématique de la violence conjugale étayée, depuis une trentaine d'années, par l'expertise des intervenants, des chercheurs et des différentes approches théoriques qui ont donné lieu à autant de recherches, a permis de formuler des hypothèses quant à la relation entre, d'une part, l'homicide commis par un homme à l'égard de son enfant, accompagné dans certaines situations de l'homicide de sa conjointe (familicide), et la violence conjugale qu'il exerce envers elle, d'autre part. Le filicide et le familicide seront abordés ici sous cet angle, soit en tant que problématiques pouvant être associées à la violence conjugale, cette dernière faisant l'objet d'une plus ample prévention, entre autres, par son dépistage, notamment auprès des femmes.

RELATION FILICIDE – FAMILICIDE – VIOLENCE CONJUGALE

Les enquêtes fournissent des données populationnelles à propos de la prévalence, de l'incidence et des facteurs associés à la violence conjugale et à l'homicide conjugal dans la vie des femmes et des enfants. Toutefois, dans ces enquêtes, le filicide et le familicide sont peu abordés lorsqu'on traite des problématiques qui sont liées à la violence conjugale. De fait, il faut se tourner vers des études de cohorte ou cliniques pour cerner le lien entre le phénomène du filicide et celui de la violence conjugale ; lien, par ailleurs, dont l'analyse est en voie de développement dans la littérature empirique.

Parmi les auteurs traitant du lien filicide – violence conjugale, Wilczynski (1997) a analysé les dossiers du procureur dans les causes de parents ayant commis un filicide en Angleterre entre 1983 et 1984 ($n = 65$). Les dossiers montrent que dans 35 % des filicides britanniques, 60 % des hommes avaient exercé de la violence conjugale et 18 % des femmes en avaient été victimes antérieurement à l'homicide.

Websdale (1999) a réalisé une étude en Floride à partir des dossiers du coroner concernant des hommes ayant commis un filicide. Plus de la moitié d'entre eux (53 %) avaient des antécédents de violence conjugale à l'endroit de leur conjointe. Parmi ces derniers, 93 % avaient tué leur conjointe lors du filicide. Chez les hommes ayant exercé de la violence envers leur conjointe, 60 % avaient aussi maltraité leurs enfants. Dans certains cas, la conjointe, terrifiée par l'ex-partenaire, se sentait impuissante face aux comportements de mauvais traitements de ce dernier envers les enfants, et ce, quelle qu'en fût la gravité. Des hommes présentant des antécédents de violence conjugale ont tué leurs enfants suite à une séparation, la percevant comme une trahison envers eux. Chez d'autres hommes ayant exercé de la violence conjugale, le filicide ou le familicide était lié à la peur de perdre la garde partagée des enfants.

Les données de l'étude de Somander et Rammer (1991) démontrent, par exemple, que parmi les 65 parents suédois qui ont tué leurs enfants âgés de moins de 15 ans entre 1971 et 1980, aucune femme n'a tué son conjoint alors que 18 % des hommes l'ont fait, ce pourcentage atteignant 40 % lorsque l'on considère uniquement le groupe des 30 hommes qui se sont enlevés la vie suite au filicide. Cette étude ne vérifie toutefois pas le lien entre le familicide et la violence conjugale.

C'est aussi le cas de l'étude de Rodenburg (1971), réalisée à partir de statistiques criminelles compilées par le Dominion Bureau of Statistics. Ces données descriptives, portant, entre autres, sur les parents ayant tué leurs enfants de 16 ans ou moins, au Canada, de 1964 à 1968, montrent que 40 % des hommes ont aussi enlevé la vie à leur conjointe alors qu'aucune femme n'a causé la mort de son conjoint ; on ne sait cependant pas si le familicide avait été précédé d'antécédents de violence conjugale.

Wilson, Daly et Daniele (1995) ont été parmi les premiers à étudier le familicide en essayant de comprendre plus en profondeur les motifs de ce type d'homicide. L'étude porte sur 61 familicides, dont 93 % causés par des hommes et 7 % par des femmes, commis au Canada entre 1974 et 1990. Des proportions similaires y sont également relevées pour la même époque en Angleterre, soit 48 familicides, 96 % perpétrés par des hommes et 4 % par des femmes. Étant presque uniquement le fait des hommes, l'homicide de la conjointe et des enfants est associé très souvent à un problème de séparation conjugale et/ou à une dynamique de violence conjugale.

Selon l'étude de Wilson *et al.*, les motivations homicides constatées chez ces hommes familicides sont, de fait, reliées à ces deux problématiques. Une première explication donnée par les auteurs est que l'homme violent, possessif et jaloux sexuellement de sa conjointe, sentant celle-ci se soustraire à son emprise, peut, incité par le besoin d'exercer un contrôle total sur elle, la tuer ainsi que tous les enfants de la famille, réalisant un désir de fusion dans la mort. L'homme exerce des représailles pour se venger des sentiments d'abandon et de vide qu'il a ressentis lors du départ réel, imaginé ou anticipé de sa conjointe. Ces motifs de familicide sont semblables à ceux retrouvés dans le cas des homicides de la conjointe. Il est fréquent de déceler chez ce type de parent un trouble caractériel (état limite ou narcissique).

Une seconde explication proposée par les auteurs est qu'un homme «dépendant affectivement» de sa conjointe, ne manifestant aucun comportement violent et s'identifiant profondément à ce qu'il croit être son rôle de père, soit un rôle de pourvoyeur et de protecteur, peut, mis en présence de difficultés diverses (financières, problèmes interpersonnels, séparation conjugale ou autre), causer le décès de sa conjointe et de tous ses enfants par «altruisme» à leur égard. Ce parent, lorsqu'il souffre de dépression associée ou non à un trouble de personnalité, peut avoir l'impression que la société est cruelle et ne parvenir à y envisager aucun avenir possible pour sa compagne et ses enfants; il les tue donc afin, selon lui, de leur épargner une vie éventuellement aussi pleine de souffrances que la sienne.

En plus de porter sur de petites populations, les études traitant de la relation entre le filicide et la violence conjugale sont peu nombreuses. D'ailleurs, à l'intérieur des études qui en traitent, la violence conjugale n'est pas définie de façon opérationnelle. De plus, la majorité des résultats sur le sujet concernent principalement la violence physique qui n'est pas détaillée selon la gravité, la durée ou la fréquence.

À partir de l'état actuel des connaissances sur le filicide, le familicide, la violence conjugale et l'homicide de la conjointe, il est pertinent de se questionner sur la nature des filicides perpétrés dans un contexte de violence conjugale. Le motif de vengeance envers la conjointe caractérise-t-il les pères dont le filicide a été commis dans un contexte de violence

conjugale? La consommation d'alcool ou de drogues est-elle plus caractéristique de ces pères? Est-ce que ce sont davantage des familicides qui sont
associés à un contexte de violence conjugale? La séparation du couple
était-elle imminente ou effective au moment de ces filicides? Des menaces
de tuer leur conjointe ou leurs enfants avaient-elles été proférées par ces
pères? Autant de questions auxquelles il faut répondre afin de comprendre
et de prévenir le filicide dans un contexte de violence conjugale.

OBJECTIF DE RECHERCHE

L'objectif général de cette étude exploratoire, réalisée dans le cadre d'un
post-doctorat, est de comprendre les situations de filicide commis par des
hommes dans un contexte de violence conjugale. Plus spécifiquement,
l'objectif est de comparer, chez des hommes, les cas de filicides où il y a
présence de violence conjugale à ceux où il y a absence de cette violence
quant à différents facteurs associés au filicide. Une thèse de doctorat portant
sur les facteurs associés au filicide (Dubé, 1998) a permis d'identifier *post
facto* le facteur de violence conjugale. Il a donc été pertinent de le contrôler
lors de la réalisation d'un post-doctorat portant sur la relation entre la
violence conjugale et le filicide. Les facteurs ayant donné des résultats
significatifs lors de l'étude doctorale ont servi à comparer les groupes
analysés dans la recherche postdoctorale (Dubé, 1998; Dubé et Hodgins,
2001; Dubé *et al.*, 2003; Dubé *et al.*, 2004; Léveillée *et al.*, 2007; Dubé et
Léveillée, 2007). Les hypothèses sont ainsi que: les deux groupes d'hommes
(absence *vs* présence d'antécédents connus de violence conjugale) diffé-
reront quant aux *données sociodémographiques*, aux *facteurs contextuels* du filicide, aux *facteurs individuels et microsociaux* ainsi qu'aux *indices précurseurs de
filicide*. La section méthodologique portant sur l'instrument de mesure
détaillera précisément les indicateurs appartenant à chaque catégorie de
facteurs associés au filicide, lesquels sont recueillis dans la présente étude
avec une grille de lecture.

MÉTHODOLOGIE

Avant d'entamer la section méthodologique, une précision doit être apportée sur le plan conceptuel. Ainsi, les connaissances actuelles orientent la
perception des intervenants et des chercheurs vers une distinction entre
la problématique du filicide et celle du familicide. Dans le cadre de la
présente étude, les familicides comptent pour 20 % de l'ensemble des filicides. Étant donné cette contrainte de nombre au plan statistique, ils ont
été inclus dans les filicides, et ce, même s'il aurait été préférable de distinguer les deux problématiques.

DÉFINITIONS

Afin de rendre cette recherche opérationnelle et d'en assurer la généralisation des résultats, le filicide de même que la violence conjugale ont été clairement définis. Ainsi, le filicide tel qu'envisagé dans cette étude consiste en l'homicide, volontaire ou involontaire, d'un enfant âgé de moins de 18 ans par un individu, adulte ou adolescent, qui occupe, de façon légale, le rôle de parent (Dubé, 1998). Les hommes faisant l'objet de cet article étaient tous âgés de plus de 18 ans.

Quant à la violence conjugale, la définition adoptée par le gouvernement du Québec (1995) dans le cadre de sa *Politique d'intervention en matière de violence conjugale : prévenir, dépister, contrer la violence conjugale* apparaît un choix judicieux afin de rendre compte de toute l'ampleur d'un comportement de violence conjugale. C'est ainsi que, selon le gouvernement du Québec, la violence conjugale pourrait être définie par

les agressions psychologiques, verbales, physiques et sexuelles ainsi que les actes de domination sur le plan économique. Elle ne résulte pas d'une perte de contrôle, mais constitue, au contraire, un moyen choisi pour dominer l'autre personne et affirmer son pouvoir sur elle. Elle peut être vécue dans une relation maritale, extramaritale ou amoureuse, à tous les âges de la vie.

Chacune des formes de violence conjugale[1] définies dans la *Politique d'intervention en matière de violence conjugale : prévenir, dépister, contrer la violence conjugale* (1995) a ainsi été utilisée pour dépister la violence conjugale chez

---

1. La *violence psychologique* consiste à dévaloriser l'autre ; elle se traduit par des attitudes et des propos méprisants, par l'humiliation, le dénigrement, le chantage ou la négligence à son égard. Elle porte atteinte à l'estime de soi et à la confiance en soi et permet au doute de s'installer dans l'esprit de la victime quant à la responsabilité de l'agresseur face à la situation. Plus la personne est isolée socialement, plus elle devient vulnérable aux autres formes de violence. Dans certains cas, l'agresseur peut se servir de ses croyances ou de ses connaissances pour justifier sa domination et son pouvoir. La *violence verbale* découle la plupart du temps de la violence psychologique ; elle consiste en des sarcasmes, des insultes, des hurlements, des propos dégradants et humiliants, du chantage, des menaces ou des ordres intimés brutalement. L'intimidation verbale prépare à la violence physique, crée l'insécurité ou la peur et empêche la personne de se soustraire à la situation. La *violence physique* affirme la domination de l'agresseur ; elle se manifeste par des coups, des blessures de toutes sortes, allant de la bousculade, la brûlure, la morsure, la fracture, jusqu'à l'homicide. La *violence sexuelle* porte atteinte à l'intégrité sexuelle de la personne qui la subit. Elle dépasse la sexualité elle-même, en ce sens qu'elle vise à dominer l'autre dans ce qu'elle a de plus intime. Il s'agit d'agressions sexuelles, de harcèlement, d'intimidation, de manipulation, de brutalité, en vue d'une relation sexuelle non consentie. La *violence économique* se caractérise par la domination exercée par une personne en vue d'en priver une autre de ressources financières et matérielles nécessaires à son bon fonctionnement. Les activités économiques de la victime sont contrôlées et surveillées, de sorte qu'elle n'a pas le pouvoir de décider quoi que ce soit en cette matière, et ce, indépendamment du fait qu'elle travaille ou non. Le *contrôle* se caractérise par des

les pères ayant commis l'homicide de leurs enfants. La définition concernant le contrôle de la victime est tirée de la brochure *La violence conjugale, c'est quoi au juste ?* (2006), publiée par le Regroupement provincial des maisons d'hébergement et de transition pour femmes victimes de violence conjugale.

DESCRIPTION DE LA COHORTE DE PÈRES

La cohorte de pères de cette étude comprend tous les hommes québécois ($n = 64$) ayant volontairement ou involontairement causé le filicide de leurs enfants, âgés de moins de 18 ans, entre janvier 1986 et décembre 1999. En ce qui a trait à l'identification des pères de cette cohorte, ils ont été répertoriés à l'aide d'une liste dressée par le Bureau du coroner en chef du Québec. Deux groupes ont été constitués à partir de cette cohorte pour répondre aux hypothèses de l'étude postdoctorale, soit les pères ayant des antécédents connus de violence conjugale et ceux n'en ayant pas.

INSTRUMENT DE MESURE

Étant donné le mode de cueillette des données, soit l'examen systématique des dossiers du coroner, incluant les rapports d'enquête de police y étant annexés, il a été nécessaire de créer et d'employer de façon systématique une grille de lecture afin de recueillir les facteurs associés au filicide et les indices de dangerosité qui en sont précurseurs. Le but poursuivi, en développant cet instrument, a été de reconstituer le plus fidèlement possible, pour chacun des parents, l'historique des événements associés à la commission de ce type d'homicide. Ainsi, le fait de poser des questions précises, portant sur des faits vérifiables, a permis d'extraire des dossiers et des articles de journaux ces facteurs et ces indices. La comparaison entre les diverses sources n'a donné lieu à aucune donnée contradictoire, et ce,

---

actes d'isolement de la victime tels que surveiller ce que la victime fait, qui elle voit et à qui elle parle, ce qu'elle lit, où elle va, limiter sa participation aux activités extérieures, mettre certaines actions sur le compte de la jalousie. Il se rapporte aussi aux actions de nier, blâmer et minimiser les comportements violents par la personne qui commet ces derniers. Par exemple, l'individu minimise la violence et alloue peu d'importance aux préoccupations de la victime, il refuse d'admettre l'existence de violence, il ne se sent pas responsable de ses comportements violents, il reporte la faute sur la victime. Le contrôle se manifeste aussi par l'utilisation des enfants : culpabiliser la victime à propos des enfants, les utiliser pour communiquer avec elle, menacer de les lui enlever, profiter du droit de visite pour la harceler. Le contrôle se caractérise aussi par l'invocation du privilège masculin : traiter la victime comme une domestique, prendre toutes les décisions importantes, se comporter comme le maître des lieux, être celui qui définit les rôles masculins et féminins.

même en ce qui concerne les journaux. Ces derniers, par ailleurs, ont fourni des témoignages supplémentaires confirmant l'information retrouvée dans les dossiers officiels.

Les facteurs associés sont subdivisés en cinq catégories. Les *données sociodémographiques* englobent le lien du parent avec l'enfant, sa nationalité, son âge, sa situation d'emploi et financière ainsi que le type de personnes qui partagent sa vie au quotidien. Les *facteurs de nature contextuelle* réfèrent au déroulement du filicide : les tentatives d'homicide ou l'homicide de la conjointe, les tentatives de suicide ou le suicide du parent homicide, l'utilisation ou non d'une arme à feu, le nombre des victimes, les moyens pris pour leur enlever la vie et les motifs du filicide[2]. Les *facteurs individuels* concernent la consommation d'alcool et/ou de drogues, les hospitalisations psychiatriques, les consultations auprès des professionnels de la santé à vie et durant la dernière année et un état pathologique constant d'origine organique ou accidentelle. Les *facteurs microsociaux* renvoient à la séparation conjugale, aux problématiques de violence conjugale et de mauvais traitements à l'égard des enfants et les *facteurs exosystémiques* réfèrent aux antécédents judiciaires ayant donné lieu à une poursuite pénale. Quant aux *indices précurseurs de filicide*, présents durant l'année les précédant, ce sont : les tentatives de suicide, les menaces de mort envers les enfants et la conjointe, les menaces de suicide, les lettres explicatives du filicide laissées avant sa commission, les idées ou les comportements véhiculant l'idée de la mort et les symptômes dépressifs ou psychotiques. La présence de ces indices en augmente le risque.

Une thèse de doctorat (Martin-Borges, 2006) portant sur les facteurs associés à l'homicide conjugal et au familicide chez une cohorte d'hommes et de femmes l'ayant commis a récemment été effectuée avec la grille de lecture développée dans la présente étude. Des accords inter-juges[3] entre les informations répertoriées dans les dossiers du coroner de 37 % des hommes de cette cohorte et les renseignements recueillis en entrevue avec

---

2. Parmi les motifs de filicide, on retrouve celui de *représailles envers la conjointe ou le conjoint* et celui d'« *altruisme* ». Le premier fait référence au sentiment de vengeance (tel que rapporté par les conjoints et/ou des témoins lors de leur déposition aux policiers suivant l'homicide), éprouvé la majorité du temps par des hommes en raison de la séparation du couple, de la jalousie, de la peur de perdre la garde des enfants, du démembrement de la famille, etc. Le second renvoie au parent, le plus souvent la mère, qui désire s'enlever la vie et protéger son ou ses enfants des coups durs de l'existence en les emmenant avec lui dans la mort ou encore qui les tue afin de les soustraire à une souffrance réelle, anticipée ou imaginée.

3. Un accord inter-juges est une discussion entre deux observateurs ou plus (experts en la matière) qui tentent d'en arriver à un consensus sur la nature de ce qui est observé, classé ou ordonné lors d'une observation systématique ou d'une analyse de contenu. Cet accord peut être mesuré par un test statistique.

ces mêmes hommes ont été effectués pour l'outil dans son entièreté et indépendamment pour chacun de ses items. L'accord inter-juges global obtenu avec la grille est de 81,1 % et l'accord inter-juges de chaque item est supérieur à 50,0 %.

De plus, des accords inter-juges portant sur toutes les variables de la grille dont, entre autres, les motifs de filicide et l'identification de la violence conjugale ainsi que de chacune de ses formes, ont été réalisés pour le tiers des dossiers du coroner dont le contenu avait préalablement été coté à l'aide de la grille. Participaient à ces inter-juges une intervenante d'une maison d'hébergement accueillant des femmes victimes de violence conjugale, un intervenant auprès de conjoints violents, une professeure d'Université travaillant sur des thématiques en lien avec le filicide, des étudiants ainsi que l'auteure du présent article. Un taux d'accord inter-juges de plus de 90 % a été trouvé quant à l'identification de la violence conjugale et de plus de 80 % quant à chacune des formes[4] de cette violence (Martin-Borges, 2006).

DÉROULEMENT

Dans un premier temps, une demande au Bureau du coroner en chef du Québec a été effectuée afin de consulter les dossiers du coroner de tous les jeunes âgés de moins de 18 ans qui étaient décédés au Québec suite à un homicide commis par leur parent entre janvier 1986 et janvier 2000. Dans un second temps, une autre demande a été effectuée auprès du ministère de la Sécurité publique afin de consulter les enquêtes de police effectuées dans le cadre de ces homicides. Les résultats de cet article portent sur 64 pères qui ont commis un filicide durant la période étudiée. Les rapports d'enquête du coroner et les rapports d'enquête de police, contenant des extraits de dossier psychiatrique, des extraits de dossier médical, des comptes rendus d'enquêtes menées par la Commission de la protection de la jeunesse (CPJ) et des rapports d'évaluation et d'intervention de la Direction de la protection de la jeunesse (DPJ), ont été examinés un à un pour l'ensemble de ces pères. Parmi l'ensemble des informations recueillies sur les filicides, il y avait l'identité des pères qui les avaient commis ainsi que les dates auxquelles ils étaient survenus. Grâce à ces renseignements, dans un troisième temps, un dépouillement systématique a été fait à

---

4. Parmi les types de violence conjugale exercée contre la conjointe durant l'année précédant le filicide, on retrouve la *violence psychologique* (70 %), incluant les *menaces de mort envers la conjointe* (37 %), *les enfants* (46 %) et les *menaces de suicide* (46 %), la *violence physique* (46 %), la *violence sexuelle* (9 %) et la *violence économique* (9 %).

l'intérieur des grands quotidiens québécois à la recherche des articles ayant rapporté le récit circonstanciel de chacun de ces homicides (*Le Soleil*, *La Presse*, *The Gazette* et le *Journal de Montréal*).

Durant chaque fouille de dossiers et de journaux, l'information recueillie a été retranscrite intégralement en regard des questions de recherche poursuivies tout au long de cette étude[5]. Cette étape fut réalisée dans le but d'avoir la latitude suffisante pour analyser minutieusement et dans leur intégrité ces informations, avant de les répertorier, de façon systématique, à l'aide de la grille de lecture décrite précédemment.

ANALYSES STATISTIQUES

L'ensemble des variables utilisées pour étudier le filicide étant de nature catégorielle, les tests statistiques employés pour comparer les pères ayant des antécédents connus de violence conjugale aux pères ne présentant aucun antécédent connu de violence conjugale sont le khi-carré (χ^2), le coefficient de contingence (C) et le test exact de Fisher (FET)[6]. Le seuil de probabilité retenu est de 0,05.

PRÉSENTATION DES RÉSULTATS

CARACTÉRISTIQUES SOCIODÉMOGRAPHIQUES DES DEUX GROUPES DE PÈRES

Comme l'indique le tableau 1, les données sociodémographiques des deux groupes de pères ne présentent pas de différences significatives. La majorité des hommes qui commettent l'homicide de leurs enfants sont des pères biologiques (97 % et 96 %), dont les parents sont nés au Québec (86 % et 89 %). Ils vivent pour la plupart des revenus que leur procure un emploi (59 % et 61 %). Les deux groupes de pères ne diffèrent pas non plus significativement l'un de l'autre quant au statut d'emploi. Toutefois, même si la différence n'est pas significative, les pères ayant des antécédents connus

---

5. Il est important de noter que, même si une information pouvait être tirée de plus d'une source à la fois, aucune donnée contradictoire n'a été trouvée d'un répertoire d'informations à un autre.

6. Ces deux derniers tests sont utilisés lorsque le nombre de fréquences théoriques attendues est inférieur à cinq et que le nombre de comparaisons de groupes effectuées égale deux (2 × 2).

Tableau 1

Données sociodémographiques des pères filicides selon la présence ou non d'antécédents connus de violence conjugale

Facteurs sociodémographiques	*Pères filicides avec antécédents connus de violence conjugale* $n = 37$		*Pères filicides sans antécédent connu de violence conjugale* $n = 27$	
	n	*%*	*n*	*%*
Nature du lien parental				
Père biologique	36	97,3	26	96,3
Père adoptif	1	2,7	0	0,0
Conjoint de la mère biologique	0	0,0	1	3,7
Total	37	100,0	27	100,0
Test statistique	$C = 0,178, p = 0,350$			
Nationalité				
Né au Québec	32	86,5	24	88,9
Né à l'extérieur du Canada	5	13,5	3	11,1
Total	37	100,0	27	100,0
Test statistique	FET : ($n = 64$), $p = 1,000$			
Source de revenus				
Emploi	17	58,6	14	60,9
Autres sources	12	41,4	9	39,1
Total	29	100,0	23	100,0
Test statistique	$\chi^2(1, n = 52) = 0,027, p = 0,870$			
Informations manquantes	8		4	
Situation de travail				
Professionnel, technique ou en affaires	5	17,2	8	36,4
Ouvrier ou journalier	12	41,4	6	27,3
Sans emploi	12	41,4	8	36,4
Total	29	100,0	22	100,0
Test statistique	$\chi^2(2, n = 51) = 2,58, p = 0,275$			
Informations manquantes	8		5	
Avec qui vivent-ils ?				
Conjointe et enfants	22	59,5	19	73,1
Seuls avec enfants	8	21,6	5	19,2
Seuls	7	18,9	2	7,7
Total	37	100,0	26	100,0
Test statistique	$\chi^2(2, n = 63) = 1,83, p = 0,402$			
Information manquante			1	

de violence conjugale occupent davantage un emploi ouvrier ou journalier (41 %) tandis que les pères n'en ayant pas travaillent comme professionnel, technicien ou dans le domaine des affaires (36 %).

De même, les deux groupes de pères ne sont pas différents significativement quant aux personnes avec qui ils vivent quotidiennement. Cependant, il y a un pourcentage plus élevé de pères ayant des antécédents connus de violence conjugale que de pères n'en ayant pas qui vivent seuls, alors qu'à l'inverse, il y a une proportion plus élevée de pères n'ayant pas d'antécédents connus de violence conjugale que de pères en ayant qui vivent avec une conjointe et des enfants. Une proportion non significative de pères dans les deux groupes vivent seuls avec leurs enfants.

FACTEURS CONTEXTUELS

Tel que l'indique le tableau 2, aucune différence significative n'a été trouvée entre les deux groupes quant aux pourcentages des pères qui ont commis un filicide (78 % et 82 %) ou un familicide (22 % et 19 %), ces homicides, dans la majorité des cas, n'ayant pas été suivis du suicide du père. De même aucune différence significative n'a été retrouvée entre les deux groupes quant aux proportions des pères (27 % et 37 %) qui ont utilisé une arme à feu et qui ont fait une victime (57 % et 52 %) ou entre deux et quatre victimes (43 % et 48 %).

Les deux groupes de pères ne diffèrent pas significativement quant aux moyens pris pour tuer femme et enfants. Cependant, une proportion plus grande de pères ayant des antécédents connus de violence conjugale que de pères n'en ayant pas se servent d'armes blanches (14 % et 7 %) pour commettre les homicides de même que de moyens divers (41 % et 19 %) tels que les objets contondants, la strangulation, la noyade, l'intoxication au monoxyde de carbone, l'asphyxie par le feu, l'intoxication médicamenteuse, l'étouffement avec un oreiller, la chute dans le vide et la provocation d'un accident de voiture. Par contre, un pourcentage moins élevé de pères ayant des antécédents connus de violence conjugale que de pères n'en ayant pas ont employé des armes à feu (27 % et 37 %) ou l'abus physique et la négligence s'avérant fatals (19 % et 37 %) afin de perpétrer leurs homicides.

Enfin, tel qu'on peut voir au tableau 2, la seule différence significative concerne le motif de filicide. Chez la majorité des pères affichant des antécédents connus de violence conjugale, le motif du filicide était principalement des *mesures de représailles envers la conjointe* (68 %), ce qui n'est pas nécessairement le cas des pères dont les dossiers ne révèlent pas ce type d'antécédents (11 %). De fait, ces derniers ont commis le geste filicide

Tableau 2

Facteurs contextuels selon la présence ou non d'antécédents connus de violence conjugale chez les pères filicides

Facteurs contextuels	Pères filicides avec antécédents connus de violence conjugale n = 37		Pères filicides sans antécédent connu de violence conjugale n = 27	
	n	%	n	%
Type d'homicide				
Filicide	29	78,4	22	81,5
Familicide	8	21,6	5	18,5
Total	37	100,0	27	100,0
Test statistique	$\chi^2(1, n = 64) = 0,093, p = 0,761$			
Homicide suivi du suicide				
Oui	11	29,7	8	29,6
Non	26	70,3	19	70,4
Total	37	100,0	27	100,0
Test statistique	$\chi^2(1, n = 64) = 0,000, p = 0,993$			
Nombre de victimes				
1	21	56,8	14	51,9
2 et plus	16	43,2	13	48,1
Total	37	100,0	27	100,0
Test statistique	$\chi^2(1, n = 64) = 0,152, p = 0,697$			
Méthodes utilisées				
Autres moyens	15	40,5	5	18,5
Arme à feu	10	27,0	10	37,0
Arme blanche	5	13,5	2	7,4
Abus physiques ou négligence	7	18,9	10	37,0
Total	37	100,0	27	100,0
Test statistique	$\chi^2(3, n = 64) = 5,38, p = 0,146$			
Motifs de filicide				
Représailles envers la conjointe	25	67,6	3	11,1
« Altruisme »	2	5,4	9	33,3
Psychose	0	0,0	4	14,8
Mauvais traitements fatals (abus physique, bébé secoué ou négligence)	7	18,9	10	37,0
Autres	3	8,1	1	3,7
Total	37	100,0	27	100,0
Test statistique	$\chi^2(4, n = 64) = 26,35, p = 0,000$			

davantage pour des motifs d'« *altruisme* » (33 % et 5 %), de *psychose* (15 % et 0 %) ou *de mauvais traitements fatals (incluant l'abus physique, le syndrome du bébé secoué ou la négligence)* (37 % et 19 %) dus à de la jalousie envers l'enfant ou à une discipline tyrannique, que les pères dont les dossiers relatent des antécédents de violence conjugale.

FACTEURS INDIVIDUELS

Tel que le révèle le tableau 3, une proportion plus importante de pères ayant des antécédents connus de violence conjugale (24 %) que de pères n'en n'ayant pas (0 %) consommaient de façon abusive de l'alcool au moment du filicide, seule différence significative. Cette différence n'apparaît pas lorsqu'il s'agit de consommation abusive de drogues. En ce qui concerne les hospitalisations psychiatriques, aucune différence significative n'a été trouvée entre les deux groupes de pères (11 % et 8 %). De même, aucune différence significative entre les deux groupes n'a été obtenue quant à la proportion de pères ayant consulté des professionnels de la santé[7] durant l'année précédant l'homicide (32 % et 48 %) et durant les années antérieures à celle-ci (14 % et 26 %).

FACTEURS MICROSOCIAUX

Tel que le présente le tableau 4, un nombre significativement plus important de pères présentant des antécédents connus de violence conjugale (62 %) que de pères n'en présentant pas (22 %) ont vécu une *séparation conjugale* durant l'année antérieure à la commission du filicide.

Par contre, même si le pourcentage des pères qui ont exercé des comportements violents envers leurs enfants, *signalés ou non* à la Direction de la protection de la jeunesse, est important dans chacun des groupes, il n'existe pas de différence significative entre les deux groupes. La proportion de pères dans chacun des groupes ne diffère pas significativement en ce qui a trait aux mauvais traitements physiques envers les enfants et aux mauvais traitements sexuels (aucun père dans les deux groupes). Cependant, un pourcentage significativement supérieur de pères ayant des antécédents connus de violence conjugale (31 %) que de pères n'en ayant pas (4 %) ont maltraité psychologiquement leurs enfants.

---

7. Les professionnels consultés sont des intervenants psychosociaux, médecins, psychiatres, psychologues et travailleurs sociaux.

Tableau 3

Facteurs individuels selon la présence ou non d'antécédents connus de violence conjugale chez les pères filicides

Facteurs individuels	Pères filicides avec antécédents connus de violence conjugale n = 37		Pères filicides sans antécédent connu de violence conjugale n = 27	
	n	%	n	%
Consommation abusive d'alcool				
Présence	9	24,3	0	0,0
Absence	28	75,7	27	100,0
Total	37	100,0	27	100,0
Test statistique	FET : (n = 64), p = 0,008			
Consommation abusive de drogues				
Présence	7	18,9	4	14,8
Absence	30	81,1	23	85,2
Total	37	100,0	27	100,0
Test statistique	FET : (n = 64), p = 0,748			
Hospitalisations psychiatriques				
Présence	4	10,8	2	7,7
Absence	33	89,2	24	92,3
Total	37	100,0	26	100,0
Test statistique	FET : (n = 63), p = 1,000			
Information manquante			1	
Consultations auprès de professionnels de la santé durant l'année antérieure aux homicides				
Présence	12	32,4	13	48,1
Absence	25	67,6	14	51,9
Total	37	100,0	27	100,0
Test statistique	$\chi^2(1, n = 64) = 1,620, p = 0,203$			
Consultations auprès de professionnels de la santé antérieurement à l'année qui a précédé les homicides				
Présence	5	13,5	7	25,9
Absence	32	86,5	20	74,1
Total	37	100,0	27	100,0
Test statistique	$\chi^2(1, n = 64) = 1,579, p = 0,209$			

Tableau 4

Facteurs microsociaux selon la présence ou non d'antécédents connus de violence conjugale chez les pères filicides

	Pères filicides avec antécédents connus de violence conjugale $n = 37$		*Pères filicides sans antécédent connu de violence conjugale* $n = 27$	
Dernière année	*n*	*%*	*n*	*%*
FACTEURS MICROSOCIAUX				
Séparation conjugale				
Présence	23	62,2	6	22,2
Absence	14	37,8	21	77,8
Total	37	100,0	27	100,0
Test statistique	$\chi^2(1, n = 64) = 10,05, p = 0.002$			
Mauvais traitements envers un ou plusieurs de leurs enfants				
Présence	16	44,4	9	33,3
Absence	20	55,6	18	66,7
Total	36	100,0	27	100,0
Test statistique	$\chi^2(1, n = 63) = 0,796, p = 0.372$			
Information manquante	1			
Mauvais traitements physiques				
Présence	10	27,0	9	33,3
Absence	27	73,0	18	66,7
Total	37	100,0	27	100,0
Test statistique	$\chi^2(1, n = 64) = 0,297, p = 0.586$			
Mauvais traitements sexuels				
Présence	0	0,0	0	0,0
Absence	37	100,0	27	100,0
Total	37	100,0	27	100,0
Test statistique	Nil			
Mauvais traitements psychologiques				
Présence	11	31,4	1	3,7
Absence	24	68,6	26	96,3
Total	35	100,0	27	100,0
Test statistique	$\chi^2(1, n = 62) = 7,51, p = 0.006$			
Informations manquantes	2			

Tableau 5
Facteur exosystémique selon la présence ou non d'antécédents connus de violence conjugale chez les pères filicides

	Pères filicides avec antécédents connus de violence conjugale $n = 37$		*Pères filicides sans antécédent connu de violence conjugale* $n = 27$	
Dernière année	*n*	*%*	*n*	*%*
FACTEUR EXOSYSTÉMIQUE				
Antécédents judiciaires				
Présence	11	29,7	2	7,4
Absence	26	70,3	25	92,6
Total	37	100,0	27	100,0
Test statistique	$\chi^2(1, n = 64) = 4{,}81, p = 0.028$			

FACTEUR EXOSYSTÉMIQUE

En ce qui concerne les antécédents judiciaires (autres que liés à la violence conjugale et aux mauvais traitements à l'endroit des enfants), et tel que l'indique le tableau 5, 30 % des pères ayant des antécédents connus de violence conjugale avaient subi une poursuite pénale pour des délits antérieurs au filicide[8], comparativement à 7 % des pères n'ayant aucun antécédent connu de violence conjugale. Cette différence est significative.

INDICES PRÉCURSEURS DE DANGEROSITÉ

Les indices précurseurs de dangerosité répertoriés étaient présents durant l'année précédant le filicide. Comme on le voit au tableau 6, durant l'année antérieure au filicide, significativement plus de pères ayant des antécédents connus de violence conjugale que de pères sans antécédent ont fait des *menaces de suicide en présence de leur conjointe* (46 %) et ont proféré des *menaces de mort à l'égard de leurs enfants* (46 %) et de *leur conjointe* (37 %). Le second groupe ne présente aucun de ces indices comportementaux. À l'inverse, un pourcentage significativement plus élevé de pères n'ayant aucun

---

8.   Les comportements délictueux sont surtout de l'ordre des voies de fait simples ou graves commises envers des étrangers ou des connaissances, des vols simples, de la conduite en état d'ébriété et des fraudes.

antécédent connu de violence conjugale (15 %) que de pères en ayant (0 %) ont conversé de sujets relatifs à la mort avec leur entourage, sans menace d'homicide ou de suicide (voir le tableau 6).

Cependant, aucune différence significative n'a été retrouvée entre le pourcentage des pères ayant des antécédents connus de violence conjugale et celui des pères n'en ayant aucun quant aux tentatives de suicide, aux lettres laissées à l'entourage pour expliquer le geste meurtrier et/ou suicidaire, aux efforts investis dans la préparation de leur mort peu de temps avant l'homicide (testament, assurances, choix des arrangements funéraires, etc.) et aux symptômes dépressifs ou psychotiques.

DISCUSSION

Une majorité de pères ayant des antécédents connus de violence conjugale commettent le filicide par mesures de représailles envers leur conjointe alors que les pères n'ayant pas de tels antécédents le perpètrent davantage par mauvais traitements envers l'enfant ou par « altruisme ». Dans leur texte de 2005, Prud'homme et Riendeau citent Campbell (1995) qui différencie deux types d'agressions : instrumentales et expressives. Prud'homme résume les propos de Campbell comme suit :

> les agressions instrumentales sont utilisées intentionnellement dans un but spécifique afin d'obtenir le pouvoir sur l'autre. Ce sont les agressions que l'on retrouve dans les différentes problématiques de violence : intimidation, harcèlement, violence conjugale, violence sexuelle, mauvais traitements à l'égard des enfants... (p. 2).

Les violences exercées par un individu dans le cadre d'une vengeance pour maintenir l'emprise sur la victime et s'assurer qu'elle ne le quitte pas font aussi partie de cette forme d'agression. Ces agressions ne laissent nullement place à la liberté de réaction et à la spontanéité. Leur impact sur la victime est de l'ordre de la peur paralysante, voire de la terreur...

Or, près de 68 % des pères ayant des antécédents connus de violence conjugale ont commis l'homicide de leurs enfants par mesure de représailles envers leur conjointe. Dans certains cas, cette dernière a aussi fait l'objet d'homicide. De plus, 46 % de ces pères avaient proféré à leur conjointe des menaces de mort envers les enfants, autant avaient menacé de s'enlever la vie et 37 % avaient menacé de tuer leur conjointe. Les menaces de mort et de suicide font aussi partie des indices précurseurs de dangerosité chez les hommes qui commettent l'homicide de leur conjointe ou le familicide.

Tableau 6

Indices précurseurs de dangerosité selon la présence ou non d'antécédents connus de violence conjugale chez les pères filicides

Indices précurseurs de dangerosité *Dernière année*	*Pères filicides avec antécédents connus de violence conjugale* *n = 37*		*Pères filicides sans antécédent connu de violence conjugale* *n = 27*	
	n	*%*	*n*	*%*
Menaces de mort envers les enfants				
Oui	17	45,9	0	0,0
Non	20	54,1	27	100,0
Total	37	100,0	27	100,0
Test statistique	$\chi^2(1, n = 64) = 16,89, p = 0,000$			
Menaces de mort envers la conjointe				
Oui	13	37,1	0	0,0
Non	22	62,9	27	100,0
Total	35	100,0	27	100,0
Test statistique	$\chi^2(1, n = 64) = 12,69, p = 0,000$			
Informations manquantes	2			
Menaces de suicide				
Oui	17	45,9	0	0,0
Non	20	54,1	27	100,0
Total	37	100,0	27	100,0
Test statistique	$\chi^2(1, n = 64) = 16,89, p = 0,000$			
Conversations relatives à la mort avec l'entourage sans menace d'homicide ou de suicide				
Présence	0	0,0	4	14,8
Absence	37	100,0	23	85,2
Total	37	100,0	27	100,0
Test statistique	FET $(n = 64), p = 0,028$			
Tentatives de suicide				
Oui	4	10,8	3	11,1
Non	33	89,2	24	88,9
Total	37	100,0	27	100,0
Test statistique	FET $(n = 64), p = 1,000$			

Tableau 6 (suite)

Indices précurseurs de dangerosité Dernière année	Pères filicides avec antécédents connus de violence conjugale $n = 37$		Pères filicides sans antécédent connu de violence conjugale $n = 27$	
	n	%	n	%
Lettres laissées à l'entourage **pour expliquer les gestes meurtrier** **ou suicidaire**				
Oui	9	24,3	4	14,8
Non	28	75,7	23	85,2
Total	37	100,0	27	100,0
Test statistique	$\chi^2(1, n = 64) = 0,872, p = 0,350$			
Efforts investis dans la préparation **de leur mort qui sont inadéquats** **dans le contexte**				
Oui	9	24,3	6	22,2
Non	28	75,7	21	77,8
Total	37	100,0	27	100,0
Test statistique	$\chi^2(1, n = 64) = 0,038, p = 0,845$			
Symptômes dépressifs **(retrouvés au dossier médical)**				
Présence	7	43,8	8	53,3
Absence	9	56,3	7	46,7
Total	16	100,0	15	100,0
Test statistique	$\chi^2(1, n = 64) = 0,285, p = 0,594$			
Informations manquantes	21		12	
Symptômes psychotiques **(dx psychiatrique)**				
Présence	2	5,6	4	14,8
Absence	34	94,4	23	85,2
Total	36	100,0	27	100,0
Test statistique	FET ($n = 63$), $p = 0,388$			
Information manquante	1			

La violence conjugale est une forme d'agression où l'on retrouve un pouvoir de domination, à l'instar des autres formes de violence. En contexte de violence exercée contre la conjointe, l'homme installe son pouvoir sur l'autre et le maintient par l'utilisation de stratégies, dont le cycle de la violence. Il suit ainsi un cycle de quatre phases, où il utilise les deux premières (climat menaçant et agression) pour prendre le contrôle de sa partenaire et les deux dernières (justification et réconciliation) pour s'assurer qu'elle ne le quittera pas. Le cycle se répète, s'accélère, s'intensifie (la violence s'aggrave) de façon à contrôler de plus en plus la victime et contrer ses tentatives de s'y soustraire.

Plus de 60 % des filicides commis par des pères ayant des antécédents connus de violence conjugale ont d'ailleurs été commis dans le contexte d'une séparation où l'homme n'acceptait pas que sa conjointe mette fin à la relation, la rendant responsable entièrement du démantèlement de la famille. L'incapacité de faire face à la perte définitive de pouvoir sur sa partenaire lors de la séparation se retrouve aussi dans les situations d'homicide envers la conjointe et de familicide. Il est important de s'attarder à comprendre pourquoi, dans certains cas de filicides commis en contexte de violence conjugale, l'homme ne tente pas de tuer aussi sa partenaire. Des barrières de protection sociale lui ont-elle permis de survivre ou voulait-il intentionnellement la faire souffrir jusqu'à la fin de sa vie en lui occasionnant la perte de ses enfants? Ces questions demeurent pour le moment sans réponse.

Par ailleurs, près de 19 % des pères ayant des antécédents connus de violence conjugale et 37 % n'en ayant pas ont perpétré le filicide non par motif de vengeance envers la conjointe, mais lors de mauvais traitements envers les enfants s'avérant fatals pour eux. Dans les situations de violence conjugale, les mauvais traitements s'inscrivent dans le cycle de violence employé par l'homme pour contrôler sa conjointe et la garder dans la relation, celle-ci craignant les représailles pour elle et ses enfants.

Les antécédents judiciaires, autres que familiaux, figurent parmi les délits instrumentaux pour obtenir quelque chose de l'autre sans son consentement (vols, fraude) ou encore acquérir un pouvoir sur l'autre (voies de fait simples ou graves). Près de 30 % des pères ayant des antécédents connus de violence conjugale avaient commis des délits antérieurement au filicide. On peut constater que, chez certains pères ayant commis un ou des filicides, la violence conjugale est corollaire à d'autres formes de violence, dont la violence familiale, et à d'autres types de délits pouvant être violents.

La consommation abusive d'alcool semble aussi être un facteur associé à l'homicide à l'égard des intimes puisqu'elle a été retrouvée de façon significative chez un peu plus de 24 % des pères ayant des antécédents connus de violence conjugale. Selon les résultats de l'étude de Sharps *et al.,* (2001), la consommation excessive d'alcool augmente significativement le risque de tentative d'homicide ou d'homicide de la conjointe (deux fois). Les auteurs mentionnent toutefois que la consommation d'alcool n'est pas une cause de l'homicide, mais bien un facteur fortement corrélé.

Le tiers des pères n'ayant pas d'antécédents connus de violence conjugale commettent le filicide pour des motifs dits « altruistes ». Les pères ayant commis l'homicide de leurs enfants en raison de ce motif souffraient, pour la plupart, de symptômes dépressifs et, pour ceux qui se séparaient, croyaient que le bonheur de leurs enfants se terminait avec la séparation du couple conjugal. Ces pères peuvent aussi être en présence d'agents multiplicateurs de stress tels que la perte d'emploi, le deuil d'un proche, etc. Le motif d'« altruisme » est partagé par la majorité des femmes qui commettent un filicide. Dans ces situations, intervenants, cliniciens et chercheurs parlent de suicide élargi (Marleau *et al.,* 1995).

On ne retrouve pas non plus chez ces pères d'antécédents de mauvais traitements infligés à des enfants, pas plus que d'antécédents de criminalité. Ces pères ne font pas davantage de menaces de mort envers leur conjointe ou leurs enfants, ni de menaces de suicide. Enfin, la conjointe ne fait pas l'objet d'homicide. Par contre, près de 15 % d'entre eux parlent de sujets relatifs à la mort avec leur entourage, sans menace de mort ni de suicide. Un autre motif de filicide chez près de 15 % des pères sans antécédent connu de violence conjugale est un état psychotique.

Une des deux formes d'agression identifiées par Campbell (1995) est l'agression expressive. Prud'homme et Riendeau (2005) rapportent la défi-nition donnée par Campbell (1995) :

> Elles apparaissent comme une décharge de la tension créée par la colère ou la frustration. Ce sont les agressions que l'on retrouve habituellement dans les situations de conflit où il y a de l'agressivité. Le comportement agressif se distingue donc du comportement violent par le fait qu'il est porté non pas par une intention de pouvoir sur l'autre, mais par la nécessité de libérer la tension accumulée (p. 2).

Un sous-groupe de pères sans antécédent connu de violence conjugale et présentant des symptômes dépressifs ou psychotiques peuvent ne pas être en mesure de libérer la tension accumulée lors de frustrations ou de conflits importants en utilisant la communication verbale ou d'autres formes d'expression acceptées socialement. On peut émettre l'hypothèse que la violence homicide de ces pères est davantage impulsive et reliée à l'agressivité expressive.

L'identification des idées mortifères chez ces pères lorsqu'ils consultent des professionnels de la santé pour des symptômes dépressifs ou psychotiques (près de 45 % en consultent), à ce titre, devient très importante pour prévenir le filicide. De même, le dépistage des indices précurseurs de dangerosité, tels les menaces chez les pères présentant des antécédents connus de violence conjugale, est tout aussi important pour prévenir le filicide. Par ailleurs, il ne faut pas mettre de côté le dépistage de ces indices chez les femmes victimes de violence conjugale et chez les enfants ou adolescents qui y sont exposés.

À cet égard, une étude sur le cycle de la violence conjugale utilisé par les pères ayant commis un ou des filicides serait très pertinente, particulièrement en contexte de séparation, pour comprendre, entre autres, l'escalade de la violence. L'escalade se fait-elle sur la base de l'augmentation du nombre des comportements violents, de leur gravité (conséquences sur les victimes), de la diminution de la durée entre les épisodes de violence, de la chronicité des comportements violents, ou sur toutes ces dimensions à la fois? L'escalade peut-elle se faire à l'intérieur d'une même forme de violence conjugale? Si oui, le contrôle en étant une forme, la mort des enfants et/ou de la conjointe peut-elle en être la conséquence extrême? D'autre part, il est important de comprendre pourquoi, en contexte de séparation conjugale, l'homicide commis par l'homme ayant des antécédents de violence conjugale est orienté vers la femme, les enfants ou les deux à la fois.

Cette étude présente plusieurs résultats significatifs indiquant ainsi qu'il y a un groupe d'hommes qui ont exercé de la violence conjugale antérieurement aux filicides ou au familicide. La violence conjugale est un élément important qui nuance ce type d'homicide. Dans cette étude, une cohorte d'individus a été étudiée (cohorte s'échelonnant de 1986 à 2000), permettant ainsi d'avoir des résultats plus valides. Toutefois, l'étude comporte deux limites. La première concerne la source des informations recueillies, limite inhérente à tout type de recherche réalisée sur la base de sources documentaires formelles. Même si le contenu des informations est diversifié et non contradictoire d'une source à l'autre (dossiers du coroner, de police, judiciaire), ce contenu dépend des faits rapportés par les témoins de l'homicide, à partir de questions qui ne sont pas nécessairement systématiques, validées, voire complètes, laissant ainsi place à la représentation de ces faits par les acteurs sociaux qui en témoignent. La seconde limite est le nombre restreint de pères dans chacun des groupes ayant commis un filicide ou un familicide (37 ayant exercé de la violence conjugale et 27 n'en ayant pas exercé).

BIBLIOGRAPHIE

ALDER, C. et K. POLK (2001). *Child Victims of Homicide*, Cambridge, Cambridge University Press.

BOURGET, D., P. GAGNÉ et J. MOAMAI (2000). «Spousal homicide and suicide in Quebec», *The Journal of the American Academy of Psychiatry and the Law*, vol. 28, no 2, p. 179-182.

CONNER, K.R., C. CERULLI et E.D. CAINE (2002). «Threatened and attempted suicide by partner-violent male respondents petitioned to family violence court», *Violence and Victims*, vol. 17, p. 115-125.

DUBÉ, M. (1998). *Étude rétrospective des facteurs de risque et des indices comportementaux précurseurs de filicide chez une cohorte de parents québécois*, Montréal, Département de psychologie, Université de Montréal.

DUBÉ, M. et S. HODGINS (2001). «Filicides maternels et paternels maltraitants: facteurs de risque et indices comportementaux précurseurs», *Revue québécoise de psychologie*, vol. 22, no 3, p. 81-98.

DUBÉ, M., S. HODGINS, S. LÉVEILLÉE et J. MARLEAU (2004). «Étude comparative de filicides maternels et paternels: facteurs associés et indices comportementaux précurseurs», *Forensic*, numéro spécial, p. 31-37.

DUBÉ, M. et S. LÉVEILLÉE (2007). «Homicidal fathers: The relationship between domestic violence and filicide», *Violence against Women* (accepté).

DUBÉ, M., S. LÉVEILLÉE et J. MARLEAU (2003). «Étude théorique et clinique de cinq cas de néonaticide au Québec», *Santé mentale au Québec*, vol. 28, no 2, 183-194.

GOUVERNEMENT DU QUÉBEC (1995). *Prévenir, dépister, contrer la violence conjugale. Politique d'intervention en matière de violence conjugale*, ministères de la Justice, de l'Éducation, de la Santé et des Services sociaux, de la Sécurité publique, secrétariats à la Condition féminine et à la Famille, Québec.

KELLERMANN, A. et S. HERON (1999). «Firearms and family violence», *Emergency Medicine Clinics of North America*, vol. 17, no 3, p. 699-716.

LÉVEILLÉE, S., J. MARLEAU et M. DUBÉ (2007). «Filicide: A comparison by sex and presence or absence of self-destructive behaviour», *Journal of Family Violence*, <dx.doi.org/10.1007/s10896-007-9081-3>.

MARLEAU, J.D. *et al.* (1995). «Homicide d'enfants commis par la mère», *Canadian Journal of Psychiatry*, vol. 40, p. 142-149.

MARTIN-BORGES, L. (2006). *Les facteurs de risque de l'homicide conjugal: une comparaison entre les hommes et les femmes*, thèse de doctorat, Trois-Rivières, Université du Québec.

PRUD'HOMME, D. et L. RIENDEAU (2005). *Contexte de violence conjugale ou chicane de ménage: bien faire la distinction afin de mieux intervenir*, Atelier présenté dans le cadre du colloque de Plaidoyer-Victimes.

ROBERTS, K.A. (2005). «Women's experience of violence during stalking by former romantic partners: Factors predictive of stalking violence», *Violence against Women*, vol. 11, no 1, p. 89-114.

RODENBURG, M. (1971). «Child murder by depressed parents», *Canadian Psychiatric Association Journal*, vol. 16, p. 41-48.

SÉGUIN, M., A. BRUNET et L. LEBLANC (2006). *Intervention en situation de crise et en contexte traumatique*, Montréal, Gaëtan Morin.

SHARPS, P.W. *et al.* (2001). «The role of alcohol use in intimate partner femicide», *American Journal on Addictions*, vol. 10, n° 2, p. 122-135.

SOMANDER, L.K.H. et L.M. RAMMER (1991). «Intra and extrafamilial child homicide in Sweden 1971-1980», *Child Abuse and Neglect*, vol. 15, p. 45-55.

STATISTIQUE CANADA (2001). *La violence familiale au Canada: un profil statistique 2001* (n° 85-224-XIF), Ottawa, Statistique Canada, Centre canadien de la statistique juridique, <www.statcan.ca>.

WEBSDALE, N. (1999). *Understanding Domestic Homicide*, Boston, Northeastern University Press.

WILCZYNSKI, A. (1997). *Child Homicide*, Londres, Greenwich Medical Media Ltd.

WILSON, M., M. DALY et A. DANIELE (1995). «Familicide: The killing of spouse and children», *Aggressive Behavior*, vol. 21, p. 275-291.

4

RÉFLEXIONS
SUR LES PRATIQUES
EN VIOLENCE CONJUGALE

11

"I STUMBLE ALONG WITH ALL OF THIS"
The Challenges of Translating Anti-racism and Cultural Sensitivity in Practice

Julia Krane
McGill University

Rosemary Carlton
McGill University

During the last three decades, feminist activists and scholars have succeeded in lifting the veil of secrecy of violence against women behind closed doors. They have been instrumental in documenting its prevalence and severity, risk factors and the "psychological, physical, social, and economic impacts for victims, their families, and society" (Statistics Canada, 2006, p. 12). Feminist activists promoted public and professional understandings of the issue and worked tirelessly to develop crisis responses, supportive services and treatment programs, as well as sensitive policies and practices in law enforcement and criminal justice institutions. While "it is safe to say that many women – hundreds of thousands perhaps – are safer today than they were thirty-five years ago" (Richie, 2006, p. xvi), feminists have come to recognize that "structural arrangements seriously complicate individual options for women who are marginalized and that no one monolithic response will work to eradicate individual or systemic abuse" (p. xvii). As such, feminist scholars have recently begun to take up the challenge of understanding women's experiences and needs vis-à-vis intimate partner violence in the complex contexts of their own social locations with particular attention to the workings of "race" and culture (Agnew, 1998; Bograd, 1999; Crenshaw, 1995; Davies and Krane, 2003; Kanuha, 1990; Krane and Davies, 2002, 2007; Krane, Oxman-Martinez and Ducey, 2000; Oxman-Martinez and Krane, 2005; Sokoloff and Pratt, 2006).

This chapter contributes to this developing feminist discourse. It explores the challenges faced in translating core feminist commitments to anti-racism and cultural sensitivity on the front-lines of practice in a shelter for women experiencing intimate partner violence. It entails reflections on a critical case study of a shelter for battered women located in Canada. This particular shelter serves a diverse clientele with an explicit mandate to offer feminist intervention that is non-racist and culturally sensitive. The driving force behind shelter intervention is in concert with broader feminist projects to emancipate women from oppressive gender relations, in this case, from those that are reproduced in relationships with intimate partners. In this chapter, we suggest that an intersectional framework for understanding women's complex identities and social locations might provide guidance in responding to arguably some of the most marginalized and disenfranchised women in crisis and their children. By social location we are referring to the simultaneous contexts – as defined by socially, historically and geographically constructed systems of race, class, gender and the like – in which individuals experience their everyday lives. This understanding of social location is in accordance with feminist and anti-racist theories espoused by writers such as Collins (1990), Crenshaw (1995) and Razack (1998).

The chapter begins with a snapshot of the cardinal tenets of feminist practice undertaken in the shelter as derived from its organizational documents. These practices are in concert with dominant feminist discourse in this field. The next section offers a summary of the study from which our reflections on anti-racism and cultural sensitivity emerge in practice. The third section commences with a brief introduction to two residents, Zohreen and Eunice, in order to show the different ways in which experiences of "race," culture, ethnicity and the like emerge in practice at the shelter. Against this backdrop, we then present excerpts from in-depth interviews with staff and residents to highlight the challenges of translating anti-racism and cultural sensitivity from theory into practice. Recognizing that bringing this commitment into practice is daunting and far from straightforward, the chapter concludes with insights from an intersectional framework. It offers guiding principles on how we might build upon contemporary feminist efforts to attend to both universalizing of women's experiences in situations of intimate partner violence and the distinct identities and social locations of individual women.

TENETS OF FEMINIST SHELTER PRACTICES: A PERUSAL OF ORGANIZATIONAL DOCUMENTS

The shelter upon which this paper is based identifies itself as a feminist organization created by women for women. Founded in the early 1970s by volunteers and community activists, its woman-centered emphasis is very much in keeping with the history of the sheltering movement in Canada (Gilman, 1988). Services include safe refuge for up to two months, counselling, information and referrals for housing, employment, welfare, legal aid, etc., and follow-up programs for women and their children who have successfully established independence from an abusive partner after their departure from the shelter. Shelter workers also engage in public education on the issue of violence against girls, teens and women, seeking to sensitize professional and lay members of the public on this very issue – its prevalence and risk factors, the characteristic cycle of violence, and the potential sources of support and treatment in the local community context. These facets of its mandate are typical of shelters across Canada (Taylor-Butts, 2005; Tutty and Goard, 2002).

According to Weisz, Taggart, Mockler and Streich (1994, cited in Tutty and Rothery, 2002), shelters provide an urgent and often time-limited environment to women who have few options. Shelter residents have been found to be amongst the most brutalized and marginalized women, many of whom are poor mothers. The majority has previously sought refuge at a shelter, with one-third reporting a range of "three to twelve" previous admissions (Tutty and Rothery, 2002, p. 31).

The primary objective of the shelter is to meet the needs of women who are seeking a safe place where they can start to heal from their experiences of intimate partner violence. The strategies of feminist intervention are clearly laid out through the organizational documents which emphasize a commitment to the relationship between the "personal" experience of violence and the "political" notion of shared oppression, as well as the commitment to the liberation of women from violence as follows:

- redefine violence as a social and political issue;
- condemn the violence and render the abuser responsible;
- develop an awareness of women's oppression and the role of guilt in paralyzing women;

- develop solidarity amongst women based on shared experiences without obscuring differences, facilitated by communal living, sharing responsibilities for cooking and cleaning, and group discussions;
- foster women's beliefs in themselves;
- validate women's strengths and inner resources;
- validate women's anger, insecurity, and fears;
- examine the cycle of violence and enhance women's self-esteem; and,
- empower women to set realistic goals for themselves and to reach those goals.

Alongside talk of shared gender oppression, the shelter's written documents promote an understanding of "how women's disadvantaged social, political, and economic situations make us [...] vulnerable [...] for abuse." The perspective taken at the shelter explicitly recognizes and confronts "discrimination on the basis of gender, sexual orientation, race, cultural background, religion, income level, age, educational background, and level of physical and mental ability" (*Volunteer Handbook*). At this shelter, feminist intervention is guided by the concept of "empowerment and recognizing that as women we have all been subject to oppression. Consequently, we must achieve independence for ourselves and for the women with whom we work" (*Volunteer Handbook*). An appreciation of shared gender oppression and the goal to empower women to live violence-free – long considered hallmarks of feminist thought and practice in this arena (Baker, 1997; Roberts and Roberts, 2005; Wharton, 1987, 1989; Worell and Remer, 1992) – emerge in an organizational context that demands attention to the multiple sites of oppression in women's lives. How do practices take into account women's shared oppression and liberation from violence while at the same time appreciating the intersecting social locations of each individual woman? The context within which our reflections on practice emerge is the focus of the next section.

THE STUDY

The reflections presented in this paper are drawn from a case study of a battered women's shelter in a large Canadian city. The focus of the study was on understanding the workings of culture, religion and "race"[1] in

---

1. "Race" is placed in quotations marks to underscore the position that "race" is not biologically grounded, and to remind us that we are unable to "think about racist power structures and marginalization processes without invoking the socially constructed concept of 'race'" (Davis, 1996, p. 43).

everyday shelter practice. With pride in the diversity of its staff and residents, and with commitments to embracing anti-racist and culturally sensitive approaches to intervening in instances of intimate partner violence, this particular organization welcomed the opportunity to explore its practices with a view to articulate insights that may enhance such practice. Reflections on practice were garnered from interviews with the staff and residents, as well as perusals of organizational documents such as the mission statement, volunteer handbook, and annual reports of the shelter.

Briefly, this shelter employs 12 paid workers: five primary workers, two child care workers, and five weekend/night workers. Together, they offer 24-hour coverage. The workers range in age from 24 to 60 years. Five of the workers are married, two are divorced, and five are single. Whereas four of the workers do not have children, the others are mothers to 12 children ranging in ages from 5 to 39 years, and are grandmothers to 5 grandchildren. The staff members are well experienced: five workers have between 2-5 years of experience, five have between 7-10 years, and one worker has over 20 years of experience at the shelter. They pride themselves on their cultural diversity with workers from Italian, South Asian, Haitian and Greek descent; they are also able to communicate in 12 languages. When asked to describe themselves in terms of culture, ethnicity or religion, their responses ranged: "I am Italian Canadian, not a visible minority"; "with a father from the Islands and a Canadian born mother, I am [...] in search of my identity"; "I don't really have any ethnic identity. I am Canadian, Irish Catholic"; and, "I have Irish and British ancestry. Does that count? Does 'WASP' count?" When this last worker was pressed to answer her own questions, she stated "I'm white sauce, I suppose." For some workers, being white seemed to be "cultureless" as Frankenberg (1993) put it. For others, their own cultural identity was considered to provide a lens through which to understand residents of assumed like identity, and being "black" was thought to be helpful to connect with visible minority residents for one of the workers.

The shelter clientele is drawn through a central crisis line, referrals from police and hospitals, as well as women who had been residents in the past. Services are open to adult women 18 years and over, and their children from newborns to 16 years of age. Typically, over 200 women and children received emergency shelter annually (Annual Reports). Invariably the shelter is filled to capacity, housing up to 15 persons with at least 50% of residents at any given moment in time comprised of children. Admission criteria are non-restrictive. Although this shelter does not keep specific demographic data on residents, the coordinator indicated that its residents are typically an ethnically diverse population with visible minority and immigrant women with children consistently over-represented. For this case study, purposive sampling was used to identify residents to participate in the interviews. The resident participants included women for whom the issues of "race," religion, culture or ethnicity might be important as determined by the shelter workers. Eight women identified themselves as visible ethnoracial minority women, and four were Caucasian women all of whom were involved with a visible ethnoracial minority partner. Their ages ranged from 19 to 49 years. Ten women were mothers to 22 children from 18 months to 26 years. Of the 12 residents only two were employed at the time of interview. Most came to the shelter through the police; two were mandated by Youth Protection, and one was self-referred.

In this case study, 37 in-depth semi-structured interviews were conducted by the co-authors with 11 staff and 12 women residents at the shelter. Some participants were interviewed more than once. The interview process began with a series of questions about self-identity: age, marital status, and number of children, education, income, employment, religion, cultural and ethnic identity and the like. Then, each worker was asked to:

– describe her responsibilities at the shelter;
– detail her understandings of abuse, of how women come to view themselves as having been abused, and of how women seek help in response to their situations;
– discuss a case that stood out for her as well as a case wherein she considered that she had engaged in particularly effective culturally sensitive and anti-racist practice.

Similarly, each resident was asked to:

– describe her understandings of abuse and how she came to view herself as having been abused;
– talk about her experiences of disclosure and help-seeking and her experiences as a resident in the shelter.

Throughout the interviews, workers and residents were queried about culture, "race," ethnicity, and religion vis-à-vis various aspects of intimate partner violence. Each interview lasted approximately two hours. Interviews were tape-recorded and transcribed verbatim, creating over 300 pages of typewritten text. The interview data were analyzed according to accepted qualitative research methods (Hammersley and Atkinson, 1995; Lofland and Lofland, 1995). The analysis entailed reading individual interviews vertically and coding them to enable horizontal comparison across sources of data (across interviews and alongside organizational documents) without detaching the material from its particular context. From this preliminary reduction of data, emergent themes and their variations across the interview and organizational data sets were identified.

EXPERIENCING "RACE," CULTURE AND ETHNICITY: ZOHREEN AND EUNICE

To highlight the complex and intersecting facets of identity and social location that intersect with women's experiences of and responses to intimate partner violence, two residents, Zohreen and Eunice, are introduced. Zohreen was a 49-year-old mother of four children. She was originally from Southeast Asia and lived in a large metropolitan city for over 20 years. Her husband came to Canada and sponsored her to join him four years after his arrival. She described herself as Sikh. Her first language is Punjabi; she struggled with English. Zohreen experienced physical and verbal abuse by her husband prior to his immigration to Canada but, as she stated, "I didn't call the police... I wasn't scared because then I was working, I had [my] own money. I run the house, everything." When she came to Canada, he "has the job, money, and Canadian citizenship... I don't have the paper, I am not working." When asked about how she came to the shelter, Zohreen hinted about problems to a hospital social worker who was helping her with her chronically ill child. She said that she had "nowhere to turn," no family or friends. She ended up in the shelter due to a report made to the police by hospital personnel.

Zohreen's shelter stay was short. She did not participate in much counselling or discussion because of language barriers and a desire to protect the family reputation. "People will think the family is bad, the [family is] no good." Despite the support given by workers at the shelter, she met obstacle after obstacle in relation to welfare, immigration, and housing and so she could not establish independence if she had chosen to do so. She was terribly upset to be separated from her children since entering the shelter, which coincided with her ill child having surgery. Following surgery, medical staff refused to send the child home to be under the care of the father and siblings. With a fear of placement by Youth Protection, Zohreen returned home, an outcome that left her shelter worker feeling distraught for fears of Zohreen's well-being and safety as she returned to a known violent home life. The worker was overcome with hopelessness in that her interventions with Zohreen to access welfare, housing, legal representation for immigration, as well as connect her to local support services for South Asian women and respite services related to caring for an ill child, came to a halt upon Zohreen's departure. While at home, Zohreen's husband demanded that she pay rent to him. With no income, she was falling into depression. She was socially isolated, responsible for the care of an ill child, and she had no access to welfare or housing due to her citizenship status.

Eunice, a 23-year-old woman with no children, was born and raised in Canada. Both her birth mother and her adoptive parents were from the Caribbean Islands. At the time of the interview, Eunice had applied for welfare and was taking night courses at the high-school level. She identified herself as a devout Catholic, "African before anything else" and "black." Eunice called a violence crisis line many times in response to her live-in boyfriend's physical assaults on her. She saw both herself and her boyfriend as "victims." "Where we were living was very poor. We had no furniture and hardly any food [...] I had no income. And I was thankful that he let me stay there because he didn't have a lot of room for himself."

She made several calls before actually getting to the shelter because she feared racism and she needed to "know this before I waste my time or bus tickets." She was afraid "that the workers wouldn't like me... because I am black. I was afraid the counsellor would say 'here's another black girl being beaten up by a black man'. This is bashing my brothers and I hate it." Eunice anticipated racism at the shelter because "I see it all the time. People cross the street at night when I was walking by myself or with my boyfriend... This was not a surprise to me, it was a normal thing." When Eunice finally sought refuge, she recalls "and then I told them I was black, just in case. The worker said 'okay, so what?' and I felt stupid." At the same time, Eunice also "got the sense that [the worker] knew what [I] meant" because she told Eunice that there were two black women already staying at the shelter and this put Eunice "more at ease." Eunice ended her relationship with her abusive mate, but not without struggle:

> *There is a different frame of mind being a black woman. When you're in an abusive relationship, when you get help, you're still there by yourself.*
>
> *You always try, and as women, never mind black or white, you're always hopeful. But from the same race, by leaving, I feel I was giving up on him... In a sense, when you give up on one [black man], it's like maybe you are giving up on them all.*

Zohreen and Eunice exemplify the different ways in which "race," culture, ethnicity and the like intersect with their experiences of help-seeking in relation to intimate partner violence. Whereas Zohreen's account suggests that her economic vulnerability, immigration status and maternal responsibilities take a central position in her social location and identity at this moment in time, experiences of racial oppression are at the forefront of Eunice' account. As such, we appreciate the challenges posed to workers in their efforts to translate cultural sensitivity and anti-racism from theory to practice. This challenge is all the more demanding in an environment in which women's accounts of and struggles with intimate partner violence are the raison d'être for the daily practice. To these themes we now turn.

TRANSLATING ANTI-RACISM AND CULTURAL SENSITIVITY INTO PRACTICE: EXPLORING EVERYDAY CHALLENGES

Workers are daily faced with disturbing and graphic accounts of violence experienced by women at the hands of their intimate partners (Tutty and Rothery, 2002). At this particular shelter, residents disclosed actual and threatened physical beatings, verbal assaults and emotional denigration directed at themselves as well as their children: "he threatened my daughter with a knife," "he call me maid... and bitch," "he beat me in the belly to kill the baby," "I refused sex with him [so he] started punching me and ended up hurting my ear," and, "he refused to give me a key to the apartment." Hearing these kinds of accounts regularly, it makes sense that workers held firm to a shared and universal experience of intimate partner violence and its unacceptability:

We recognize that women are part of a patriarchal society that enables men to be violent toward women.

Abuse is abuse... Every single woman feels awful when she is hit... Hitting her is the same as hitting me, culture has nothing to do with it.

There are universal values like "you really don't deserve to be treated like that" and this makes sense to women, intuitively, no matter what her cultural perspective is.

Residents at the shelter similarly spoke of a universalized vision of shared victimization at the hands of "men's abusiveness":

Abuse is the same for everyone.

In all cultures women are mothers and in all cultures, there is inequality in the relationship and there is male domination.

Even though this man came from this country and that one from another [...] I think violence is all the same. I don't think there is anything different.

While the focus of practice is on understanding and responding to women's experiences of intimate partner violence, this shelter is deeply committed to doing so while recognizing and confronting discrimination related but not limited to "race," culture, religion and ethnicity. As will be suggested next, workers made many efforts to open dialogue on the workings of "race," culture/ethnicity and religion. Arising from their reflections on these efforts with women residents, workers spoke of their uncertainty about matters of diversity. Alongside their uncertainties, workers expressed certainty around their knowledge of specific cultures, revealing an understanding of culture as fixed, static and homogeneous. This conceptualization was also espoused by the resident participants. Whether certain or not about "race," culture, ethnicity or religion, workers spoke of responding to such issues by bridging differences through food or casting differences aside to privilege women's common experience of intimate partner violence. To these themes we now turn.

OPENING DIALOGUE: RENDERING DIFFERENCES VISIBLE

Workers attended to facets of women's identities that they related to culture, religion, country of origin and the like. This attention emerged in their efforts to open up dialogue with women residents:

> *Women who work here... adapt to any culture... by caring, by asking women to share their cultures and talk about them.*

> *We have to try to explore the issue as much as possible so that we don't come up with a cursory explanation. Or, we need to say that we don't know. But if we don't know, we sit down with the women and talk.*

> *It requires more conversation, more talking, and to remind myself not to assume.*

> *My challenge is to really understand their perspectives on violence and factor in a lot of variables, such as their hopes and expectations when they come to a new country, their fears of authority, the way they view Canadian society, how the laws work, how immigration works, how you even get a telephone. All these things come together to form her perspective on the violence in the new life that she is living here, the choices that she is making.* [Interviewer: Describe how you try to understand.] *By talking to the women. There's one woman who we spent a long time talking about differences in culture. She had only been here for six months before coming to the shelter, she was articulate, and we spent a lot of time talking to each other and I learned so much. I try to learn from the women. "You're from Fiji. I never met anyone from Fiji. Tell me about it."*

> *A devout Muslim woman was carrying out this fast of Ramadan. There is a whole tradition of extended families coming together at sun down... and the reward is companionship with your family, in breaking the fast together. She was alone here and she ate at the table by herself each day... She shared with me that it was difficult for her. I wish I could have done something to support her, maybe eat with her, but I didn't have that comfort level to explore that with her at the time. I learned that when in doubt, ask, i.e., "is this an important holiday?" and ask rather than feel intimidated because you don't know.*

UNCERTAINTY

As workers opened up dialogue on "race," culture, ethnicity or religion in order to respond in anti-racist and culturally sensitive ways, their own uncertainties about these issues came to the fore.

I am sure there are cultural norms that influence how she perceives a hit, or even religious beliefs, but I don't know them all. Do you?

We need more formal discussion, maybe training, to learn about cultures and when to look at commonalities or differences.

My understanding of [the woman from Sri Lanka] *is so minimal that it is very difficult for me to try to imagine how it's going to impact on her experience. So I find it's hard to say it's because she's from a certain group because it's hard to know what that means because there's a lack of knowledge. I think there are just a lot of common experiences amongst women. But there are differences. Cultural differences certainly.*

If I knew more about the Islamic religion, maybe I could help her better [...] I don't know the religious arguments that are there to promote her independence or promote her right to live a dignified life.

I may talk about my own religious perspective. But she definitely may see me as someone who doesn't understand her religion and therefore as someone who doesn't understand her perspective. Like, what if she quotes specific passages [from the Koran] *of the woman being subservient to the man or that he must be the decision maker and that this is a huge responsibility and weight to bear and that she must respect this? I would not be familiar with these passages.*

I think that it's important that if religion plays a role in a woman's decision to stay or return to a partner, then it's important for her to be able to talk to somebody about those religious values. Now, if I'm not familiar with her religion, then I am not able to do that. Suppose she is Muslim, I don't know the religious arguments that are there to promote her independence or promote her right to live a dignified life.

I stumble along with all of this.

CULTURAL CERTAINTY

Alongside their uncertainties, workers also expressed tangible and certain knowledge. For the most part, it reflected a conceptualization of culture as fixed, static and homogeneous:

In certain cultures the severity is "natural"... one woman from Jamaica put up with a lot of abuse... it wasn't until she was nearly killed that she did anything.

North American women because of our culture are far more willing to discuss things. They put their feelings on the table but most other cultures are not like that.

Muslim women, because they live in a segregated society, don't have so much trouble opening up to women because they are used to it, same with Indian Hindu women.

Russian women don't talk about anything.

Chinese women keep things very much in the family... We rarely get Chinese women here and they don't stay very long.

For Muslim women, divorce is not acceptable, so for them, separation is really BIG.

With Caribbean women there's "Okay, I left him, now let's get on with it. I don't need to discuss this or that. I need shelter. I need a lawyer... let's get down to work." No tears. They are pretty determined to take care of themselves and their children.

My father lives in Italy, I know the culture. I lived in Israel; I know the culture... so I can jump in and identify with certain women.

This conceptualization of culture as fixed and homogeneous was echoed by some of the residents as well:

In Fiji, violence is a daily routine... it's common... so they don't take it seriously.

Black people [from the Caribbean] *are very proud, private, don't like to share and tell people what is happening.*

There is still a lot of prejudice. People think that Jamaican men are like this, or black men are violent, it is a lot of stereotyping.

In the West Indies, there is a lot of verbal abuse in families that people don't consider violence. I think it's the white that kill their partner, I never remember hearing a black kill the partner, maybe in the States, but I never heard a black man killing the partner.

Muslim women don't share personal things, Caribbean women are direct and are clear about their boundaries and "their" men seem to expect that, some Greek women are more "traditional" and struggle living without a man.

And there are certain things a black woman will never feel understood by a white worker, only when she talks to another black woman they will understand each other.

BRIDGING DIFFERENCES THROUGH FOOD

In giving attention to diversity in practice, workers identified the complexities of day-to-day living in the shelter. They spoke of bridging differences through food. This tangible medium was noted by the workers as a way to "honour" differences between women, facilitate comfort with communal living, and establish relationships with women:

When [women] *come here, and they are from different cultures, we work with that. We say "while you're here, this is your house"... If you're Chinese we don't have Chinese food here, but we can give you the money and you buy your own food.*

It's not that we have found a cure for racism but what we do try to say is that this is a community, make yourself at home and be comfortable and we will accommodate [you]. *If* [a woman] *wants basmati rice, we will get her that.*

One good way to gain trust is to eat with women... So she made traditional Ghanaian food and she bought all these funky ingredients... It's like you accept my food, you accept me. There was a barrier broken down and she said to me that I was the first white woman she spent time with... I said "so we're not all so bad, eh!" I know that there is racism in this country but here in this house, we don't tolerate racism.

When asked how to translate this dedication to anti-racism into direct interventions, one worker explained that, "in a group, you try to include people and show how they are similar. Yes, there are differences here and we tolerate those differences and we like those differences. We like the fact that there are different cultures here. We think that this is enriching and it makes us all better people but beyond that, and here I'll go the other extreme and say, 'you are all in the same boat regardless of race, colour, whatever.'" This worker's statement reveals the tension between honouring differences while embracing women's common experience of intimate partner violence and its unacceptability as elaborated next.

PRIVILEGING WOMEN'S COMMON EXPERIENCE OF INTIMATE PARTNER VIOLENCE

When workers were asked to describe a woman's account that stood out for them, typically they presented women's stories without any mention of "race" or ethnicity. As one worker put it, "I don't see how it would [matter to be a woman of color]." Another worker held firm, "I don't see culture or race when working with a woman... but I know that race and culture – her background – are there." When elicited, attention to matters of culture, "race," religion or ethnicity was given, but it seemed that women's common experiences of intimate partner violence took precedence:

Being a female or a woman of colour or a religion that doesn't respect women, which plays a larger role? It is really difficult to say. Or if she is lesbian or Jewish or disabled, I mean, if you had to put all those elements into one person, which element would play the larger role?... There are experiences that women share that transcend all cultural differences, so let's not lose sight of those.

I never see race or color when I work with women...never, never, never. When a woman is abused, it's the woman in the abusive relationship that I am dealing with.

I am constantly saying to women, "You are no different from anyone else here. You don't have it worse or better, and we view you equally."

So when we meet about the tasks, I give a little speech on how difficult it is to live under one roof and how we need to be tolerant and how we need to talk about it to each other. It comes out in the kitchen and it comes out in disciplining children. But I always come back to it that there is a shared experience here, you are all living here in this house and your stories are so similar and the basic experience is the same.

I give a talk at the weekly house meetings about different perspectives, different cultural perspectives but at the end of it all, they are here for conjugal violence and their experiences are similar.

Before coming to the shelter, [Eunice] was uncomfortable with white people. After being in the house and being in discussion groups, I think she began to see the commonalities, to see how similar all their experiences were.

DISCUSSION

Much like the recent trends in feminist scholarship (Kline, 1991; Leah, 1991; Mohanty, 1991; Ng, 1991; Peterson and Runyan, 1993), practice in the shelter setting revealed a beginning foray into recognizing important differences between women that took into account facets of social location and identity. In this case study, a commitment to cultural sensitivity and anti-racist practice was ensconced in organizational documents and training materials. At this shelter, workers pursued this commitment by opening up dialogue around issues of "race," ethnicity, religion or culture and by making efforts to "honour" differences between women in the day-to-day lives of residents. They expressed tangible and certain knowledge about specific cultures, ethnicities, etc., while at the same time reflected on their discomfort with uncertainty and lack of knowledge. Ultimately, gender oppression in relation to, and reproduced by, intimate partner violence remained central in practice. As noted by both Crenshaw (1995) and Grillo (1995), as long as the common experience of gender oppression in intimate partner relationships is emphasized, the particular experiences of women subject to "racial" and other forms of oppression are at risk of being obscured. So, how might we step back and look at the potential multiple sites of women's oppression including, but not limited to, intimate partner violence?

According to Tania Das Gupta (1991), slippage into commonalities should be no surprise because, while individuals may be committed to the elimination of racism for example, practices and structures make the task extremely difficult. Ng (1991, p. 22) says "we must pay attention to the manner in which our own practices create, sustain and reinforce racism, sexism and class oppression." In this study, the deep commitment to emancipate women to establish violence-free lives for themselves and their children in the context of urgency understandably took precedence over examinations of and challenges to multiple and at times competing sites of oppression. However, recognizing that shelters are an essential and central resource available to often the most marginalized and oppressed women experiencing intimate partner violence, efforts to pursue this path of contemporary feminist projects are worthy of exploration.

When workers were asked for suggestions on how to enhance practice inclusive of "race," religion, culture or ethnicity, they recommended a need for further knowledge and training around these topics in relation to specific "cultural communities" or religions. This approach might be problematic in a number of ways, not the least of which was the workers' own realization that they couldn't possibly know every culture and religion, including the diversity and nuances within and between cultures and religions. Theoretically, to borrow Razack's ideas (1998), if we aim to only navigate our way through differences, then such differences remain viewed as unchanging essences or innate characteristics. Thus, the power relations that keep dominant cultural norms in place remain invisible. To pursue knowledge and training in specific "cultural communities" or religions may also be problematic in that these activities seemingly add the experiences of women of colour, for example, into an already existing framework for understanding and responding to intimate partner violence. Kanuha (1990) calls this the all too familiar "tag line"; Razack (1998) speaks of this additive approach that renders some women doubly or more vulnerable, which maintains vulnerability related to culture or immigrant status as a pre-given condition thought to reside in the person. What is missing is an understanding of the complexities of women's identities and social locations. Put differently, we ought to complicate understandings of oppression and recognize that not all women are oppressed in the same way (Razack, 1998).

According to Grillo (1995, p. 22), intersectionality compels us to define multifaceted experiences "as closely to their full complexity as possible" and to refrain from ignoring "voices at the margin." She suggests that we explore the "complex ways that race, gender, sexual orientation, and class [...] are related" (1995, p. 27). Grillo suggests that we help women's voices to be heard not by presuming to speak for them, but rather by doing what we can "to put a microphone in front of them" (1995, p. 28). This approach recognizes that "as long as we see ourselves as not implicated in relations of power, as innocent, we cannot begin to walk the path of social justice and to thread our way through the complexities of power relationships" (Razack, 1998, p. 22).

How might we locate ourselves, as helping professionals, in relations of oppression? Razack suggests that we abandon "the idea of differences as pre-given, knowable and existing in a social and historical vacuum" (1998, p. 10). She continues:

> This does not mean that we abandon sensitivity, that we can throw up our hands in despair at the complexity of it all, nor reduce this complexity to the lament so often heard that "since I can never know what it feels like to be Black, I need not think about race." Instead, we need to direct our efforts to the conditions of communication and knowledge production that prevail, calculating not only who can speak and how they are likely to be heard but also how we know what we know and the interest we protect through our knowing (1998, p. 10).

Developing an awareness of our own social locations, experiences of oppression, privilege and subordination is one place to start in rethinking helping professionals' interventions into intimate partner violence. Clinical supervision in shelter settings might provide organizational permission and support to develop this kind of awareness alongside workers' assessments of and intervention plans with the women residents. Interrogating how our own social locations and identities shape our assessments, inform our conceptions of help and healing, and direct our interventions may offer a different kind of guidance to workers in their efforts to translate anti-racism and cultural sensitivity into practice. The tendency to search for points of connection between workers and residents, based on assumptions of shared culture, "race" or religion, can be safely interrogated in clinical supervision and open to question.

Clinical supervision might also provide a forum for expressing uncertainty. According to Pozatek (1994), adopting a position of uncertainty might be a respectful alternative approach to responding to the complexities of women's diversity:

> The acknowledgement of uncertainty is an essential element of the postmodern practice of social work. The worker needs to hold open a space in his or her mind for uncertainty, to question how his or her subjective cultural experience may be causing the worker to privilege some aspects of the client's story and marginalize or disqualify others (p. 399).

Rather than aspiring to achieve the unachievable – that is, certainty vis-à-vis knowing about "race," culture, religion, or ethnicity – we suggest that uncertainty offers an opportunity to embrace the complexities of women's experiences in seeking and securing help in the shelter setting. This endeavour might offer a way for workers to shake up their privileging of one facet of a woman's oppression over others including a rethinking of the centrality of the intimate partner violence for the particular woman at a particular moment in time.

How might we enter into understanding a particular woman at a particular moment in time? Grillo's suggestion (1995) to put a microphone in front of a woman might offer direction for feminist practice in shelter settings. A more adaptable and variable approach that embraces a woman's account of the intimate partner violence in her life and its meaning to her is taken alongside each woman's own understanding of her identity and social location. This process intends to provide women with opportunities to give voice to their own self-defined experiences of oppression and thus it aims to further feminist efforts towards the emancipation of women from multiple oppressive relations.

This attention to the concrete life of each woman suggests accepting uncertainty regarding the best option for any particular woman and encouraging the woman's full participation in defining her circumstances and identifying solutions. As Parton (1998, p. 23) noted in the context of child protection practice, "a commitment to uncertainty opens up creativity and novel ways of thinking which are in danger of being lost in a climate obsessed with concerns about risk, its assessment, monitoring, and management." In the context of shelter practice, uncertainty allows for the possibility that different facets of women's identities take precedence over others at particular moments in time, and that such facets are not static or fixed but rather fluid and flexible (Anderson, 1996; Grillo, 1995). This approach begins to move away from pre-determined conceptions of victimization and survival, and might offer further insights to workers in their practices with women with diverse social locations and identities. Holding a microphone to Eunice might have given rise to a deeper understanding of the centrality of racial oppression and worries about her collusion with stereotypical images of black men's violence towards women; it might have, uncomfortably, shifted the issue of intimate partner violence to the periphery at that particular moment in help-seeking time. Passing the microphone to Zohreen, her experiences of caring for her chronically ill child, her lack of citizenship, money, and employment, would surely come to the fore and possibly cast a clearer light on her return home. Passing a microphone to either woman may allow us entry to understanding their experiences in all their complexity.

While intersectionality theory may be helpful in further developing a feminist approach to intimate partner violence, in the trenches of front-line practice we appreciate that workers are all too familiar with the small window of opportunity to inform, equip, and protect women. While it makes sense that practice in this arena has largely been guided by assumed commonalities of oppression between women and the wish for their escape and liberation from intimate partner violence, the considerable focus on women healing themselves and freeing themselves of intimate partner violence emerges as essentialist and may well deny various, at times competing, and complex facets of women's identities and social locations. We might advocate for a "both/and" rather than "either/or" approach. In reflecting upon early feminist debates around essentialism and difference, Martin (1994, p. 631) argued:

> In overcompensating for our failure to acknowledge the differences of race, class and ethnicity, we tended a priori to give privileged status to a predetermined set of analytic categories and to affirm the existence of nothing but difference… In other words, in trying to avoid the pitfall of false unity, we walked straight into the trap of false difference.

Martin's insights tell us to be wary of replacing the emphasis on a false universality of women's experience of intimate partner violence with an emphasis on the equally false and infinite spiral of difference. We are not proposing razing existing feminist philosophy or practice in shelter settings, rather we suggest including intervention efforts that explicitly take into account the social location of the woman and give rise to options within her context. Weaving together experiential and practice knowledge and wisdom about intimate partner violence with comprehensive understandings of facets of identity and social location – worker and resident – allows for the recognition both of the prevalence of gender-based oppression and of the multiple and complex experiences of women.

BIBLIOGRAPHY

AGNEW, V. (1998). *In Search of a Safe Place: Abused Women and Culturally Sensitive Services*, Toronto, University of Toronto Press.

ANDERSON, C. (1996). "Understanding the inequality problematic: From scholarly rhetoric to theoretical reconstruction," *Gender & Society*, vol. 10, no. 6, pp. 729-746.

BAKER, P. (1997). "Doin' what it takes to survive: Battered women and the consequences of compliance to a cultural script," *Studies in Symbolic Interaction*, vol. 20, pp. 73-90.

BOGRAD, M. (1999). "Strengthening domestic violence theories: Intersections of race, class, sexual orientation, and gender," *Journal of Marital and Family Therapy,* vol. 25, no. 3, pp. 275-289.

COLLINS, Patricia Hill (1990). *Black Feminist Thought: Knowledge, Consciousness, and the Politics of Empowerment,* Boston, Unwin Hyman.

CRENSHAW, K. (1995). "The intersection of race and gender. Mapping the margins: Intersectionality, identity politics, and violence against women of color," in K. Crenshaw, N. Gotanda, G. Peller, and K. Thomas, *Critical Race Theory: The Key Writings That Formed the Movement,* New York, New York Press.

DAS GUPTA, T. (1991). "Introduction and overview," in J. Vorst *et al.* (eds.), *Race, Class, Gender: Bonds and Barriers* (2nd ed.), Toronto, Garamond Press in co-operation with The Society for Socialist Studies/Société d'études socialistes.

DAVIES, L. and J. KRANE (2003). "Critical reflections on practice with battered women: Insights from Maya's story," *Atlantis: A Women's Studies Journal,* vol. 28, no. 1, pp. 63-71.

DAVIS, A. (1996). "Gender, class and multiculturalism: Rethinking 'race' politics," in A. Gordon and C. Newfield (eds.), *Mapping Multi-culturalism,* Minneapolis, University of Minneapolis Press.

DEKESEREDY, W. and R. HINCH (1991). *Woman Abuse: Sociological Perspectives,* Toronto, Thompson Educational Publishing.

FRANKENBERG, R. (1993). *White Women, Race Matters: The Social Construction of Whiteness,* Minneapolis, University of Minnesota Press.

GILMAN, S.T. (1988). "A history of the sheltering movement for battered women in Canada," *Canadian Journal of Community Mental Health,* vol. 7, no. 2, pp. 9-21.

GRILLO, T. (1995). "Anti-essentialism and intersectionality: Tools to dismantle the master's house," *Berkeley Women's Law Journal,* vol. 10, pp. 16-30.

HAMMERSLEY, M. and P. ATKINSON (1995). *Ethnography: Principles in Practice* (2nd ed.), New York, Routledge.

KANUHA, V. (1990). "Compounding the triple jeopardy: Battering in lesbian of color relationships," *Women and Therapy,* vol. 9, no. 1-2, pp. 169-183.

KLINE, M. (1991). "Women's oppression and racism: Critique of the feminist stand-point," in J. Vorst *et al.* (eds.) (1991). *Race, Class, Gender: Bonds and Barriers* (2nd ed.), Toronto, Garamond Press in co-operation with The Society for Socialist Studies/Société d'études socialistes.

KRANE, J. and L. DAVIES (2002). "Sisterhood is not enough: The invisibility of mothering in battered women's shelters," *Affilia: Journal of Women and Social Work,* vol. 17, no. 2, pp. 167-190.

KRANE, J. and L. DAVIES (2007). "Mothering under difficult circumstances: Challenges to working with battered women," *Affilia: Journal of Women and Social Work,* vol. 22, no. 2, pp. 23-38.

KRANE, J., J. OXMAN-MARTINEZ, and K. DUCEY (2000). "Violence against women and ethnoracial minority women: Examining assumptions about ethnicity and 'race,'" *Canadian Ethnic Studies,* vol. 32, no. 3, pp. 1-18.

LEAH, R. (1991). "Linking the struggles: Racism, sexism and the union movement," in J. Vorst *et al.* (eds.), *Race, Class, Gender: Bonds and Barriers* (2nd ed.), Toronto, Garamond Press in co-operation with The Society for Socialist Studies/Société d'études socialistes.

LOFLAND, J. and L. LOFLAND (1995). *Analyzing Social Settings: A Guide to Qualitative Observation and Analysis* (3rd ed.), Belmont, CA, Wadsworth.

MARTIN, J. (1994). "Methodological essentialism, false difference, and other dangerous traps," *Signs*, Spring, pp. 630-657.

MOHANTY, C. (1991). "Cartographies of struggle: Third world women and the politics of feminism," in C. Mohanty, A. Russo, and L. Torres (eds.), *Third World Women and the Politics of Feminism*, Bloomingdale, Indiana University Press.

NG, R. (1991). "Sexism, racism, and Canadian nationalism," in J. Vorst *et al.* (eds.), *Race, Class, Gender: Bonds and Barriers* (2nd ed.), Toronto, Garamond Press in co-operation with The Society for Socialist Studies/Société d'études socialistes.

OXMAN-MARTINEZ, J. and J. KRANE (2005). "Décalage entre théorie et pratique? Violence conjugale et femmes issues des minorités ethniques," *The International Journal of Victimology*, vol. 3, no. 3, pp. 1-10.

PARTON, N. (1998). "Risk, advanced liberalism and child welfare: The need to rediscover uncertainty and ambiguity," *British Journal of Social Work*, vol. 28, pp. 5-27.

PETERSON, V. Spike and Anne Sisson RUNYAN (1993). *Global Gender Issues*, Boulder, Colorado, Westview Press.

POZATEK, E. (1994). "The problem of certainty: Clinical social work in the post-modern era," *Social Work*, vol. 39, no. 4, pp. 396-403.

RAZACK, S. (1998). *Looking White People in the Eye: Gender, Race, and Culture in Courtrooms and Classrooms*, Toronto, University of Toronto Press.

RICHIE, Beth (2006). "Foreword," in N. Sokoloff with C. Pratt (eds.) (2006). *Domestic Violence at the Margins: Readings on Race, Class, Gender, and Culture*, New Jersey, Rutgers University Press.

ROBERTS, A. and B. ROBERTS (2005). *Ending Intimate Abuse: Practical Guidance and Survival Strategies*, Toronto, Oxford University Press.

SOKOLOFF, N. with C. PRATT (eds.) (2006). *Domestic Violence at the Margins: Readings on Race, Class, Gender, and Culture*, New Jersey, Rutgers University Press.

STATISTICS CANADA (2006). *Measuring Violence against Women: Statistical Trends 2006* (Catalogue no. 85-570-XIE, ISSN 0-662-43928-7), Ottawa, Minister of Industry.

TAYLOR-BUTTS, A. (2005). "Canada's shelters for abused women," *Juristat*, vol. 25, no. 3, Catalogue no. 85-002-XIE, Ottawa, Statistics Canada.

TUTTY, L. and C. GOARD (eds.) (2002). *Reclaiming Self: Issues and Resources for Women Abused by Intimate Partners*, Halifax, Fernwood Publishing and RESOLVE (Research and Education for Solutions to Violence and Abuse).

TUTTY, L. and M. ROTHERY (2002). "How well do emergency shelters assist abused women?," in L. Tutty and C. Goard (eds.), *Reclaiming Self: Issues and Resources for Women Abused by Intimate Partners*, Halifax, Fernwood Publishing and RESOLVE (Research and Education for Solutions to Violence and Abuse).

WHARTON, C. (1987). "Establishing shelters for battered women: Local manifestations of a social movement," *Qualitative Sociology*, vol. 10, no. 2, pp. 146-163.

WHARTON, C. (1989). "Splintered visions: Staff/client disjunctions and their consequences for human service organizations," *Journal of Contemporary Ethnography*, vol. 18, no. 1, pp. 50-71.

WORELL, J. and P. REMER (1992). *Feminist Perspectives in Therapy: An Empowerment Model for Women*, Toronto, John Wiley & Sons.

12

AMÉLIORATION DES EFFORTS DE PRÉVENTION DE LA VIOLENCE DANS LES FRÉQUENTATIONS AMOUREUSES GRÂCE AU SOUCI DE LA DIVERSITÉ, À LA SOUPLESSE ET À LA CRÉATIVITÉ
Aperçu de la mise en œuvre du programme Expect Respect[1]

Patricia K. Kerig
Université de Miami

Angela R. Volz
Université de Miami

Melissa Arnzen Moeddel
Université de Miami

Raven E. Cuellar
Université de Miami

---

1. Texte traduit de l'anglais.

Depuis quelques années, on reconnaît de plus en en plus que la violence dans les fréquentations constitue une menace sérieuse et largement répandue au bien-être des jeunes. Pour contrer ce problème, un certain nombre de programmes de prévention de la violence dans les fréquentations entre adolescents ont été mis sur pied et diffusés. Toutefois, un certain nombre de lacunes dans les efforts déployés ont été décelées, particulièrement le fait que l'on ne s'est pas suffisamment attardé aux enjeux soulevés par la diversité. Il est rare en effet que les manuels des différents programmes précisent comment ceux-ci traitent directement des enjeux liés à la diversité ou de la manière dont le programme pourrait devoir être adapté pour conserver sa pertinence pour une clientèle diversifiée. Pour aider à combler cette lacune, nous utilisons dans le présent chapitre des exemples tirés de notre propre expérience dans la mise en œuvre du programme Expect Respect (Exigez le respect) pour décrire comment on peut rehausser l'efficacité des programmes de prévention de la violence dans les fréquentations en accordant davantage d'attention aux questions comme la diversité ethnique et les classes sociales, et pour étudier de quelle manière il faudrait adapter le processus et le contenu des programmes pour en accroître la sensibilité au profil culturel de la clientèle ciblée. Nous discutons également des moyens d'adapter les programmes aux différences entre les sexes dans les signes précurseurs et les manifestations de violence dans les fréquentations, en plus de nous intéresser aux différences de développement chez les membres du groupe. En outre, nous soulignons les implications importantes pour les programmes de prévention de la violence dans les fréquentations de la prise en considération des besoins particuliers des jeunes à risque. Finalement, nous proposons des stratégies concrètes pour accroître la souplesse, la créativité et l'adaptabilité des programmes de prévention de la violence dans les fréquentations, y compris l'utilisation d'une approche modulaire des manuels. Pour mettre notre travail en contexte, nous commençons par poser ce qui est établi au sujet de la prévalence et des causes de la violence dans les fréquentations et par décrire les programmes de prévention existants.

VIOLENCE DANS LES FRÉQUENTATIONS ENTRE ADOLESCENTS : ÉTENDUE DU PROBLÈME

Même si les taux de prévalence varient selon les échantillons et les définitions utilisés, on estime qu'entre 9,5 et 57 % des jeunes aux États-Unis ont été exposés à de la violence dans leurs fréquentations, qu'il s'agisse d'agressions verbales ou psychologiques, de domination et de coercition, d'agressions sexuelles ou de violence sexuelle (Cascardi et Avery-Leaf, 2000 ; Centers for Disease Control, 2004; Jouriles, Wolfe, Garrido et McCarthy, 2006; O'Keefe et Treister, 1998). De plus, les recherches permettent de croire que les adolescents sont de plus en plus à risque de connaître un épisode de violence avec leur partenaire sexuel. En effet, même si les taux d'agression sexuelle contre des enfants ont diminué au cours des dernières décennies, le taux d'agression sexuelle contre des adolescents est à la hausse (Casey et Nurius, 2006), alors que l'âge des premières relations sexuelles recule constamment (Wells et Twenge, 2005). Par conséquent, les jeunes peuvent être exposés à la violence dans les fréquentations dès 12 ans (Burcky, Reuterman et Kopsky, 1988).

Il a été démontré que la violence dans les fréquentations avait de nombreux effets néfastes sur la santé physique et mentale des adolescents, notamment une augmentation des cas de dépression, de toxicomanie, de comportement antisocial, de troubles de l'alimentation, d'angoisse, de suicide et de comportements sexuels à risque (Silverman, Raj, Mucci et Hathaway, 2001; Wolfe, Wekerle, Reitzel-Jaffe et Lefebvre, 1998). Les recherches ont également mis au jour plusieurs facteurs de risque qui accroissent la probabilité de violence dans les fréquentations. Parmi ces facteurs de risque, mentionnons la maltraitance des enfants et l'exposition à la violence familiale (Capaldi et Owen, 2001; Reitzel-Jaffe et Wolfe, 2001; Wekerle, Wolfe, Hawkins, Pittman, Glickman et Lovald, 2001), en plus des préceptes sociaux qui normalisent le recours à la violence et la justifient dans les rapports intimes dans un groupe de pairs, dans l'environnement scolaire et dans la culture dans son ensemble (Pellegrini, 2002). De plus, une transmission intergénérationnelle des comportements violents peut s'ensuivre lorsque les jeunes transposent des modèles relationnels déficients acquis dans leur famille d'origine dans leur relation amoureuse avec leur propre partenaire à l'âge adulte (Kerig, 2003; Wekerle et Wolfe, 1999). Le rôle crucial que joue la violence dans les fréquentations dans la perpétuation de ce cycle vicieux accentue l'importance d'une intervention précoce et vigoureuse.

EFFORTS DE PRÉVENTION DE LA VIOLENCE DANS LES FRÉQUENTATIONS

Le fait que soit reconnue l'importance de la problématique des agressions commises par un partenaire sexuel a conduit au développement d'un certain nombre de programmes de prévention de la violence dans les fréquentations entre adolescents. Nous avons examiné les manuels de programme les plus largement diffusés dont *Dating Violence: Intervention and Prevention for Teens* (Kraizer et Larson, 1993); *Safe Dates* (Foshee et Langwick, 2004); *Young*

Men's Work (Creighton et Kivel, 2001) et l'ouvrage qui y fait pendant, *Young Women's Lives* (Myhand et Kivel, 1998) ; *The Youth Relationships Manual* (Wolfe, Wekerle, Gough, Reitzel-Jaffe, Grasley, Pittman *et al.*, 1996) ; et *Expect Respect* (Rosenbluth, 2004). Nous en sommes venues à la conclusion que tous ces programmes partagent un objectif commun de psychoéducation, dont celui d'apprendre aux jeunes à reconnaître la différence entre des relations saines et malsaines, à modifier les perceptions qui favorisent ou justifient la violence dans les fréquentations, à augmenter le nombre de stratégies non agressives de résolution de conflits relationnels et à inciter les jeunes à aller chercher de l'aide. Nous avons par ailleurs recensé un certain nombre de différences entre ces programmes. Certains sont concis et concentrés en cinq séances, alors que d'autres peuvent s'étaler sur 26 séances. Les programmes diffèrent également selon qu'ils sont conçus pour être mis en œuvre par des pairs, des enseignants ou des professionnels de la santé mentale. De plus, le contexte dans lequel les programmes sont offerts varie. Certains sont offerts en milieu scolaire, d'autres dans des centres de santé mentale communautaires ou dans des centres de protection de l'enfance. Afin de donner un exemple plus précis et plus détaillé des programmes de prévention de la violence dans les fréquentations, nous décrivons ci-après le programme Expect Respect, programme que nous avons privilégié dans notre propre pratique.

EXPECT RESPECT : PROGRAMME DE PRÉVENTION DE LA VIOLENCE DANS LES FRÉQUENTATIONS

Expect Respect est un programme administré en milieu scolaire, adapté au milieu et validé sur le plan empirique, qui vise à prévenir la violence dans les fréquentations et la violence sexuelle et à favoriser l'établissement de relations saines entre adolescents. Le programme a été établi en 1988 par le centre SafePlace, à Austin (Texas), en réponse aux demandes qui lui avaient été adressées par une école secondaire locale qui souhaitait offrir des services de counseling aux jeunes filles vivant des relations amoureuses violentes. Les conseillers du centre ont commencé par adapter les documents créés pour les femmes adultes victimes de violence conjugale, puis ils en sont venus à concevoir un manuel à l'intention expresse des adolescents et adolescentes (Rosenbluth, 2004). Expect Respect a été reconnu comme un programme prometteur par, entre autres, le National Network of Violence Prevention Practitioners, le National Resource Center on Domestic Violence et les U.S. Centers for Disease Control and Prevention.

Le programme Expect Respect comprend un volet scolaire qui fait participer les administrateurs, les enseignants et les pairs à des activités visant à modifier le climat scolaire en général, à réduire le taux d'acceptation de la violence entre personnes de sexes différents et à accroître l'engagement des adultes et des jeunes à agir comme ardents défenseurs des valeurs et comme modèles d'action positive (Rosenbluth, Sanchez, Whitaker et Valle, 2004). Toutefois, le programme est articulé autour d'un groupe de soutien qui cible particulièrement les jeunes jugés à risque de violence dans les fréquentations parce qu'ils ont déjà été victimes de mauvais traitements dans leur enfance, d'agression sexuelle, de violence familiale ou dans leurs relations avec leurs pairs et dans leurs fréquentations. Les participants aux groupes de soutien sont désignés par le personnel scolaire ou s'inscrivent eux-mêmes en réponse aux dépliants affichés dans les écoles. Les garçons et les filles qui s'inscrivent volontairement au programme se réunissent toutes les semaines en groupes de même sexe composés de six à dix jeunes dirigés par un animateur du même sexe que les participants. Fondamentalement, les groupes visent à aider les jeunes à se remettre d'agressions passées, à les conditionner à exiger un traitement équitable et respectueux dans leurs relations actuelles et futures, à promouvoir des relations sûres et respectueuses en milieu scolaire, et à encourager les jeunes à s'opposer à la violence dans leur école, dans leur famille et au sein de la collectivité.

Les animateurs du groupe de soutien suivent un cours de 24 séances (Rosenbluth, 2004) traitant de sujets comme la reconnaissance des comportements violents et contrôlants, les normes dans les fréquentations et les droits sexuels, la manière de composer avec un partenaire jaloux, la lutte contre les stéréotypes sexuels, les signaux précurseurs de la violence, les limites personnelles, les moyens de mettre fin en toute sécurité à une relation, les aptitudes positives à la communication, les techniques de défense sans arme, la prise en charge de sa personne et la compréhension du point de vue de l'autre sexe. En plus de décrire le contenu du cours, le manuel insiste sur l'importance de s'en tenir au processus prévu pour les groupes, et les animateurs sont encouragés à adopter un mode de communication ouvert et empathique axé sur l'écoute, le respect et la résolution constructive des conflits, puisqu'ils doivent faire la promotion de ces comportements interpersonnels positifs auprès des jeunes qui participent aux séances.

CRITIQUES DES EFFORTS DE PRÉVENTION DE LA VIOLENCE DANS LES FRÉQUENTATIONS

Malgré l'attrait naturel et la large diffusion des programmes de prévention de la violence dans les fréquentations comme Expect Respect, des examens rigoureux des ouvrages révèlent systématiquement les limites dont souffrent ces programmes et les domaines devant être approfondis (Cascardi et Avery-Leaf, 2000; Hickman, Jaycox et Aronoff, 2004; Jackson, 1999; Lewis et Fremouw, 2001; Meyer et Stein, 2004; Wolfe et Jaffe, 2003; Wekerle et

Wolfe, 1999; Whitaker, Morrison, Lindquist, Hawkins, O'Neil *et al.*, 2006). Au nombre des problèmes d'ordre méthodologique qui remettent en cause les évaluations de l'efficacité de ces programmes, mentionnons des échantillons de recherche non représentatifs, des analyses limitées aux résultats à court terme, l'utilisation de mesures psychométriques non éprouvées et l'absence d'attention aux mécanismes sous-jacents de changement.

De plus, une des limites des efforts de prévention de la violence dans les fréquentations la plus souvent citée dans ces examens est l'absence d'une attention systématique portée aux enjeux liés à la diversité et notamment à l'ethnicité, à la classe sociale, à la culture, au sexe, à l'âge et aux besoins particuliers des jeunes ayant souffert de maltraitance. Nos propres travaux dans la mise en œuvre du programme Expect Respect nous ont permis de constater les difficultés évidentes auxquelles se heurtent les personnes qui tentent de mettre en œuvre un programme manualisé d'une manière qui tienne compte des variables culturelles et contextuelles propres à chaque milieu. Par conséquent, pour bonifier les efforts de prévention et les rendre plus éclairés, nous nous proposons dans le présent chapitre de passer en revue la documentation pertinente liée à chacun des aspects de la diversité, de déterminer comment les différents programmes de prévention de la violence dans les fréquentations les ont abordés et de proposer des moyens de renforcer notre travail en prenant ces considérations en compte.

ORIGINE ETHNIQUE, CLASSE SOCIALE ET CULTURE RURALE OU URBAINE

Parmi les manuels de prévention de la violence dans les fréquentations que nous avons examinés, plusieurs ont été mis en œuvre avec succès auprès de populations ethniquement diversifiées. Par exemple, le programme Safe Dates a d'abord été testé sur un échantillon rural comprenant 19 % de jeunes Afro-Américains (Foshee, Bauman, Arriaga, Helms et Linder, 1998), puis adapté à l'intention d'une communauté autochtone américaine (Jaycox, McCaffrey, Ocampo, Shelley, Blake et Peterson, 2006). Le programme Dating Violence: Intervention and Prevention a été mis en œuvre auprès de jeunes Afro-Américains, le programme Expect Respect, auprès d'une population à majorité hispanique ainsi qu'auprès d'autres échantillons en milieu rural et urbain, et le programme Young Men's Work/Young Women's Lives, auprès de collectivités très diversifiées de grandes villes. Toutefois, malgré le succès de la diffusion des programmes de prévention de la violence dans les fréquentations chez les jeunes des minorités ethniques, il est rare que les manuels précisent en quoi le contenu tient expressément compte de certaines différences ethniques ou comment adapter le contenu ou les méthodes proposés afin de maximiser la pertinence du programme pour les jeunes de diverses origines. On constate actuellement l'émergence d'éléments de preuve confirmant que les liens entre les facteurs de risque et la violence dans les fréquentations chez les adolescents varient selon l'origine ethnique (Foshee, Bauman, Ennett, Linder, Benefield et Suchindran, 2004). Les progrès accomplis dans ce domaine exigeront de ceux qui déploient des efforts de prévention une compréhension de la manière dont la violence dans les fréquentations et les programmes conçus pour l'empêcher sont perçus par les participants de différentes cultures (Peacock et Rothman, 2001).

CULTURE ET CONTENU

Un des programmes exemplaires de prévention de la violence dans les fréquentations sur le plan de la diversité ethnique, sociale et culturelle est le programme Young Men's Work / Young Women's Lives. Les auteurs fournissent des conseils importants aux animateurs de groupes s'adressant à de jeunes Noirs. Les manuels offrent des suggestions sur la manière de renverser les stéréotypes, d'accroître la tolérance et d'encourager les animateurs à permettre aux jeunes d'exprimer leur expérience face au racisme, tant à l'extérieur qu'à l'intérieur du groupe. Sur la question des classes sociales, les auteurs de ces manuels rappellent aux animateurs que les jeunes qui grandissent dans la pauvreté doivent confronter la réalité, c'est-à-dire le fait qu'ils ne réaliseront probablement jamais le « rêve américain », et que cet avenir congru sur le plan économique et social peut les mener à de la colère, à de la frustration et, au bout du compte, à la violence. Par conséquent, les auteurs exhortent les animateurs non seulement à tenir compte de la réalité économique des collectivités où ils offrent des services de prévention de la violence dans les fréquentations, mais aussi à encourager les jeunes à discuter de ces différences sociales ouvertement entre eux. Les animateurs sont également invités à garder à l'esprit les différences qui existent selon que les jeunes vivent en milieu rural, en milieu urbain ou en banlieue. Par exemple, malgré la plus grande disponibilité de ressources pour les jeunes défavorisés vivant dans les villes, les niveaux de violence y sont également plus élevés. Par ailleurs, les collectivités rurales ont tendance à être isolées et les adolescents manquent souvent d'endroits où se réunir. Ainsi, la question de la violence doit être discutée dans le contexte de vie des jeunes en cause; il faut aborder avec les jeunes des questions comme le rôle de la violence dans leur quartier, la manière dont leur collectivité se distingue des autres et le genre de stratégies qu'il serait nécessaire d'appliquer pour mettre fin à la violence dans leur milieu culturel particulier.

Nos expériences de présentation du programme Expect Respect à des groupes vivant en milieu urbain et en milieu rural illustrent bien ce point de vue. Par exemple, en parlant de communication affirmative et d'autodéfense avec un groupe de jeunes filles vivant dans un milieu rural, nous avons appris que les jeunes perçoivent la violence physique comme un moyen acceptable de régler les conflits entre eux. En fait, pratiquement toutes les filles du groupe avaient reconnu s'être battues avec d'autres jeunes filles et, qui plus est, elles l'affirmaient avec une fierté évidente. Ces jeunes femmes reflétaient les valeurs de la « culture de l'honneur » (Cohen, Nisbett, Bowdle et Schwartz, 1996) qui leur ont été inculquées par leur milieu, c'est-à-dire que la force physique confère du pouvoir et que le code d'honneur exige de ne jamais reculer lorsqu'on est mis au défi de se battre. Pour éviter de fermer la discussion en donnant l'impression de ne pas respecter les valeurs de la culture rurale, nous nous sommes abstenues d'imposer nos propres points de vue et nous avons plutôt adopté une stratégie consistant à encourager les membres du groupe à discuter entre elles des avantages et des inconvénients de la violence interpersonnelle et de réfléchir à d'autres méthodes davantage axées sur l'action sociale positive pour régler les différends et obtenir le respect d'autrui.

La norme qui régit les relations amoureuses entre jeunes et les comportements sexuels varie également d'une culture à l'autre, et tout programme de prévention de la violence dans les fréquentations compétent sur le plan culturel doit tenir compte de ces différences. Par exemple, les jeunes Afro-Américains des centres-villes auxquels nous avons administré le programme Expect Respect nous ont appris qu'il était naturel dans leur culture que les jeunes hommes aient plusieurs partenaires sexuelles à la fois. Non seulement ce comportement était-il admis autant par les garçons que les filles de nos groupes, mais il était même codifié dans leur langage, le mot *« wifey »* désignant la jeune fille avec qui ils avaient une relation où ils s'investissaient émotivement et qui comportait un engagement, et l'expression *« shorty »* s'appliquant aux jeunes filles avec qui ils avaient des rapports sexuels occasionnels. Certains chercheurs avancent l'hypothèse que cette dévalorisation de la monogamie est une réaction d'adaptation culturelle à la pénurie de partenaires masculins dans la communauté afro-américaine, qui est décimée par la violence de la rue et les taux élevés d'incarcération (Barber, 2002). Par conséquent, un programme de prévention de la violence dans les fréquentations compétent sur le plan culturel doit tenir compte de la manière dont cette dynamique particulière à chaque sexe a évolué et du sens et de l'utilité qu'elle revêt pour les membres des différents groupes ethniques. À défaut d'une telle compréhension, les responsables chargés de la mise en œuvre du programme seront tentés d'imposer leurs propres normes et de supposer que cette dynamique relationnelle est perçue de la même façon, quel que soit le prisme culturel à travers lequel elle est perçue.

Les normes culturelles peuvent également se heurter en ce qui concerne les grossesses chez les adolescentes. Notre expérience auprès de jeunes Blancs vivant en milieu rural et de jeunes Afro-Américains vivant dans les grandes villes nous porte à croire que dans ces deux sous-cultures, les grossesses chez les adolescentes ne sont pas fortement proscrites ni n'entraînent de stigmatisation prononcée. En fait, chez les jeunes défavorisés venant de familles à faible revenu, la grossesse peut même être considérée comme un rite d'entrée dans l'âge adulte et procurer aux jeunes le sentiment d'avoir finalement « quelque chose qui leur appartient ». Suivant le même principe, la nouvelle d'une grossesse peut être bien accueillie plutôt que réprouvée par les parents de la jeune fille, qui célèbrent ainsi l'expansion de leur famille et sa perpétuation dans la génération suivante (Payne, 1995). Pour les jeunes Afro-Américains avec qui nous avons travaillé, le fait de devenir « géniteur » est associé à une certaine part d'angoisse, mais aussi à une fierté et à l'acceptation d'une responsabilité à vie à l'endroit du bébé et de sa mère, malgré l'absence de liens conjugaux formels. Là encore, la sensibilité à ces particularités culturelles est importante pour que les programmes conçus pour favoriser des relations saines n'imposent pas de valeurs qui ne correspondent pas à celles des jeunes qui participent. Ce point est repris dans le programme Young Women's Lives : « Nous ne pouvons formuler aucune hypothèse sur le sens ou les répercussions de devenir mère pour une jeune femme. Nous pouvons simplement créer un lieu sûr et exempt de tout préjugé où elle pourra analyser ces enjeux avec nous » (Myhand et Kivel, 1998, p. 23).

De même, les programmes de prévention de la violence dans les fréquentations découlant d'une pensée féministe doivent être sensibles au fait que, dans certaines sous-cultures, les stéréotypes sexuels sont prévalents et valorisés. Par exemple, chez les jeunes Hispaniques, les garçons et les filles qui ne suivent pas les stéréotypes masculins et féminins traditionnels peuvent être perçus négativement (Black et Weisz, 2004). La jeune fille qui défie les normes en s'affirmant peut être étiquetée comme « une fille de mœurs faciles » ou « une méchante fille » et le garçon qui ne se conforme pas aux attentes voulant qu'il domine sa partenaire peut être perçu comme n'agissant pas en « vrai homme » (Dietrich, 1998 ; Niemann, 2001). Les jeunes filles hispaniques considèrent parfois qu'il appartient aux femmes de contrôler le comportement sexuel des hommes, tandis que le comportement possessif, contrôlant, voire violent, d'un homme est interprété comme une démonstration de *machisme* et comme un signe de la profondeur de ses sentiments (Dietrich, 1998 ; Levy, 1999). Ces perceptions nourrissent certaines attitudes clés que les programmes de prévention de la violence dans les fréquentations visent à changer – renverser les mythes entourant le viol qui attribuent aux femmes la responsabilité de l'acte et les conceptions au sujet de la virilité qui justifient la violence des hommes – et pourtant, il convient de prendre beaucoup de précautions pour respecter le contexte culturel où ces idées trouvent leurs racines.

Cependant, toute tentative de sensibilisation culturelle d'un programme doit tenir compte du fait que les membres des groupes minoritaires eux-mêmes sont diversifiés et que leurs attitudes et comportements sont loin d'être uniformes. Par exemple, les rôles et les attitudes à l'égard de la violence dans les fréquentations varient énormément au sein de la communauté hispanique (Lira, Koss et Russo, 1999), ce qui s'explique, en partie du moins, par le fait que la désignation « hispanique » renvoie à des personnes appartenant à un grand nombre d'ethnies et de pays d'origine ayant des traditions différents, établies aux États-Unis depuis un nombre variable de générations et qui ont émigré dans ce pays pour nombre de raisons différentes. Le degré d'acculturation varie également et accroît les difficultés auxquelles sont confrontés les jeunes biculturels, surtout ceux qui sont des immigrants de fraîche date. La navigation entre la culture majoritaire et la culture minoritaire est un exercice difficile pour ces jeunes qui doivent, par exemple, s'adapter aux écarts entre les attentes traditionnelles de leurs parents à l'égard de la chasteté et la norme sexuellement chargée et permissive qui a cours chez la jeunesse américaine. Comme Black et Weisz (2004) le suggèrent, « un programme de prévention sensible sur le plan culturel devrait permettre aux jeunes de discuter des difficultés de s'adapter à deux cultures et de l'influence de ces difficultés sur leurs réactions face à la violence dans les fréquentations » (p. 87).

CULTURE ET MÉTHODES

Outre les différences de contenu, il peut y avoir également des différences dans les méthodes à utiliser, qu'il vaut la peine de prendre en considération lorsqu'on met en œuvre un programme de prévention de la violence dans les fréquentations auprès de divers groupes culturels. Par exemple, le cours Expect Respect demande aux participants de se révéler tôt dans le processus. On leur demande de discuter de leur expérience de la violence dans des fréquentations qu'ils ont eues ou de décrire la manière dont des membres de leur famille gèrent leur colère. La discussion de sujets aussi personnels devant un groupe peut s'opposer à des valeurs culturelles qui mettent l'accent sur l'harmonie, l'évitement des conflits et la loyauté face à la famille (Gibbs et Huang, 2003; Ling Han et Vasquez, 2000). C'est en tout cas l'expérience à laquelle nous avons été confrontées avec de jeunes Afro-

Américains qui hésitaient initialement à « raconter leur histoire » à des gens de l'extérieur. Des problèmes analogues semblent se dégager d'une analyse de la documentation sur la culture hispanique, où la modestie empêche toute discussion ouverte sur des questions aussi intimes que la sexualité et la violence d'un partenaire sexuel (Low et Organista, 2000). En fait, Black et Weisz (2004) en sont venus à la conclusion qu'il était hautement improbable que de jeunes Américains d'ascendance mexicaine parlent de leurs expériences de violence dans les fréquentations avec d'autres personnes que celles qui sont le plus près d'eux, soit, dans le cas des garçons, avec leurs amis garçons et, dans le cas des filles, avec des membres de leur famille et plus particulièrement avec leurs frères. Les jeunes Afro-Américains, en revanche, semblent plus enclins à solliciter l'aide de leurs parents que de leurs pairs, ce qui démontre une tendance culturelle à « maintenir les affaires de famille dans la famille » (Black et Weisz, 2002).

Par conséquent, il est possible qu'il faille adapter les méthodes à utiliser dans un groupe de prévention de la violence dans les fréquentations pour accroître la sensibilité aux différences culturelles concernant les révélations sur soi. Par exemple, pour mieux adapter le programme Expect Respect à des groupes de jeunes Afro-Américaines des centres-villes, nous nous sommes tournées vers des techniques développées par John et Julie Gottman (2005) dans leurs travaux de prévention auprès de couples à faible revenu d'origines ethniques diverses. Plutôt que de demander aux jeunes femmes de réfléchir à leurs propres relations et d'en parler, nous avons plutôt eu recours à une activité que nous avons baptisée « Cher Docteur », une chronique de conseils présentant des dilemmes hypothétiques qui ressemblaient souvent à s'y méprendre à leurs propres problèmes. Lorsque nous avons demandé aux jeunes femmes quels conseils elles donneraient à une autre adolescente aux prises avec un partenaire violent ou contrôlant, elles ont exprimé un foisonnement d'idées, ce qui a permis aux membres du groupe de commencer à réfléchir aux conseils qu'elles donnaient aux autres et de voir comment ceux-ci pourraient s'appliquer à leur propre expérience. À mesure que les travaux du groupe avançaient, la nécessité de conserver la métaphore s'est estompée ; nous avons atteint un point tournant lorsque les filles nous ont appris qu'un professeur de l'école entretenait des relations inappropriées avec des jeunes femmes. Appliquant un processus de résolution de problèmes, le groupe de jeunes filles a réfléchi à la manière d'aborder la situation tout en se protégeant elles-mêmes et les autres des conséquences fâcheuses. Nous avons eu l'occasion de « nous connecter avec la réalité » et de faire d'un cours dans un manuel une expérience concrète.

Un autre élément clé dans la mise en œuvre de programmes de prévention de la violence dans les fréquentations auprès de membres appartenant à diverses collectivités consiste à tenir compte ouvertement des différences culturelles à l'intérieur du groupe (Black et Weisz, 2004 ; Creighton et Kivel, 2001). Cela est particulièrement important lorsque les membres et les animateurs sont d'origines ethniques différentes, comme cela a été le cas pour nous, puisque nous étions des animateurs caucasiens du programme Expect Respect dirigeant des groupes de jeunes Afro-Américains. À un certain nombre d'occasions, lorsque l'un des membres de notre groupe nous racontait une histoire qui entraînait des divergences entre la culture afro-américaine et la culture anglo-américaine, un silence étrange se faisait, après quoi un des jeunes se tournait vers l'un des coanimateurs et disait : « Sans vouloir vous offenser, nous savons que vous êtes Blancs. » Les tensions se sont apaisées lorsque nous avons accepté de traiter de ces questions directement, que nous avons reconnu ouvertement nos différences et habilité les membres du groupe à parler librement du racisme sans avoir l'impression qu'ils devaient s'excuser pour leurs perceptions ou leurs expériences.

En bref, pour qu'un programme de prévention de la violence dans les fréquentations présenté dans un manuel soit efficace auprès de jeunes venant de milieux culturels et ethniques différents, il faut laisser suffisamment de place pour explorer avec les participants les croyances et les valeurs de leur communauté à l'égard de la violence et des rôles traditionnellement dévolus aux hommes et aux femmes. De plus, les animateurs du groupe devraient s'efforcer de comprendre l'évolution des mœurs culturelles et leur sens particulier pour les membres du groupe. Les animateurs doivent aussi s'abstenir d'imposer leurs propres normes et plutôt encourager les membres du groupe à trouver des solutions au problème de la prévention de la violence qui seront appropriées à leur propre contexte culturel.

GENRE

SÉGRÉGATION OU INTÉGRATION

Une distinction importante en ce qui concerne les programmes de prévention de la violence dans les fréquentations consiste à établir si le contenu du programme doit être présenté à des groupes mixtes ou non. La majorité des programmes de prévention ne sont pas destinés exclusivement aux jeunes hommes ou aux jeunes femmes et sont plutôt conçus pour un auditoire mixte. Le programme Expect Respect et le programme Young Men's Work/Young Women's Lives constituent l'exception à cette règle, les deux étant offerts à des groupes de garçons ou de filles dirigés par des animateurs du même sexe que les participants. Selon Rosenbluth (2004), le partage des genres comporte un certain nombre d'avantages. Lorsque les groupes sont constitués de personnes du même sexe, les membres ont tendance à se sentir davantage en sécurité sur le plan émotionnel et sont mieux disposés à donner de l'information qu'ils ne révéleraient pas devant des membres de l'autre sexe. De plus, lorsque les membres du groupe se sentent à l'aise de confier leurs réflexions et leurs sentiments les plus personnels, il est plus facile d'établir des liens entre les membres du groupe et d'en venir ainsi à une meilleure cohésion.

Néanmoins, il y a de nombreux avantages possibles à travailler en groupes mixtes, au sein desquels les hommes et les femmes ont la possibilité d'apprendre en entendant les points de vue des uns et des autres. En fait, pendant le projet-pilote du programme Youth Relationships Project, qui était initialement destiné uniquement aux garçons, les jeunes participants ont indiqué aux concepteurs qu'ils seraient plus enclins à assister aux séances si des jeunes filles de leur âge y participaient également (Wolfe *et al.*, 1996). Par conséquent, l'accent du programme a été modifié afin de favoriser des relations saines entre tous les jeunes. Wolfe et ses collègues (1996) recommandent de plus que le programme soit animé par des personnes des deux sexes capables d'offrir aux jeunes un modèle de relations hommes-femmes fonctionnant dans le respect mutuel.

Un autre aspect unique du programme Expect Respect est qu'il offre la possibilité d'une discussion entre groupes des deux sexes, mais dans un contexte soigneusement planifié et uniquement après un travail de déblaiement considérable. Vers la fin des 24 semaines que dure le programme, les participants et les participantes de groupes venant de différentes écoles se rencontrent l'espace d'une séance pour se poser les uns aux autres une série de questions rédigées à l'avance. Les leçons tirées de ces rencontres peuvent être profondes. Par exemple, parmi les questions que nos jeunes filles afro-américaines avaient pour leurs pairs masculins était la suivante : « Pourquoi aimez-vous tant sortir avec des filles blanches ? » La réponse des jeunes Afro-Américains était remarquable : « *Parce qu'elles ne nous frappent pas.* » Les jeunes filles ont alors expliqué qu'elles frappent souvent leur partenaire pour freiner par anticipation toute tentative d'agression de sa part en démontrant qu'elles « ne se laisseront pas faire ». Toutefois, les garçons ont affirmé que non seulement ils détestaient ce comportement, mais qu'ils l'interprétaient comme une permission de passer outre à leur inhibition qui normalement les empêche de frapper des femmes. « *Dès qu'une fille commence à me frapper, tout est permis* », a résumé un participant. Ainsi, dans le cadre de cette discussion mixte, les jeunes filles ont découvert que leur stratégie pour diminuer les risques d'être victimisées favorisait en fait une escalade de la violence dans leurs relations amoureuses.

GENRE ET CONTENU

À la seule exception du programme Young Men's Work/Young Women's Lives, tous les manuels que nous avons examinés comportaient un contenu identique pour les garçons et pour les filles. Cela est vrai du programme Expect Respect, même si les groupes eux-mêmes ne sont pas mixtes. On peut faire valoir qu'il existe un certain nombre de moyens pour neutraliser le contenu des programmes de prévention de la violence dans les fréquentations. Les études révèlent que la violence dans les fréquentations amoureuses est autant le fait des femmes que des hommes et que cette parité entre les sexes est particulièrement évidente à l'adolescence (Lewis et Fremouw, 2001). Par conséquent, les programmes de prévention doivent cibler la victimisation masculine autant que l'agression féminine. De plus, les recherches indiquent que les facteurs de risque des agresseurs et des victimes sont sensiblement les mêmes, et qu'ils incluent les mauvais traitements subis durant l'enfance, l'exposition à la violence familiale et les troubles d'attachement (Ball *et al.*, 2007). Une des découvertes importantes qu'ont permis de réaliser ces recherches est que le stéréotype courant du mâle chauvin, arrogant et contrôlant, dominant froidement sa partenaire ne colle pas à la réalité des agresseurs qui ont eux-mêmes été victimisés dans leur enfance et dont l'agressivité découle d'un sentiment d'être diminué, tenu à l'écart et tellement miné par la peur de l'abandon qu'ils ont recours à la violence dans une tentative désespérée de souder leur partenaire à eux.

Toutefois, il se peut aussi qu'il y ait des points de divergence entre les garçons et les filles qui exigent le recours à des interventions différentes selon les sexes. Par exemple, la dynamique sous-jacente à la violence dans les fréquentations diffère à certains égards pour les hommes et pour les femmes. Les représentants des deux sexes déclarent que le principal élément déclencheur de leur agression contre leur partenaire amoureux est la colère. Toutefois, pour les filles, la deuxième raison la plus fréquemment citée est l'autodéfense, tandis que pour les garçons, c'est le besoin de dominer et de contrôler (O'Keefe, 1997). En outre, les conséquences de la victimisation ne sont pas les mêmes d'un sexe à l'autre. Les femmes ressentent davantage de peur, d'intimidation, de détresse émotive et subissent des blessures beaucoup plus graves que les hommes (O'Keefe et Triester, 1998). Finalement, ce qui pourrait être le point le plus important, il existe une forme de violence dans les fréquentations où il n'y a aucune égalité entre les sexes, soit la violence sexuelle : les femmes sont extraordinairement plus à risque que les hommes d'être violées par un « ami » ou d'avoir des relations sexuelles non désirées avec leur partenaire (Lewis et Fremouw, 2001). Par conséquent, le contenu du programme destiné aux participants masculins pourrait devoir s'attaquer aux attitudes et aux comportements qui mènent à la violence sexuelle, tandis que le contenu s'adressant aux participantes pourrait devoir comporter des séances sur la manière de reconnaître les risques et de réagir selon les circonstances aux signes de danger dans des situations sexuelles risquées.

Les manuels du programme Young Men's Work / Young Women's Lives renferment des exemples de contenu adapté au sexe. Par exemple, le programme Young Women's Lives comprend un cours intitulé « Comment résister à la violence masculine », qui propose différentes activités comme l'étude des stéréotypes masculins, des jeux de rôle sur la violence faite aux femmes, le déboulonnage de certains mythes qui imputent aux femmes la responsabilité de leur propre comportement de victime, l'élaboration de stratégies pour résister au harcèlement sexuel, la reconnaissance des résultats d'une agression sexuelle et la formation d'alliances avec d'autres femmes pour mettre fin à la violence des hommes et pour appuyer les femmes qui ont été victimes de cette violence. Si le programme Young Men's Work aborde des thèmes similaires, comme l'analyse des stéréotypes sexuels et la neutralisation du comportement consistant à blâmer les victimes, le contenu met l'accent sur l'aide qu'il est possible d'apporter aux jeunes hommes pour qu'ils prennent conscience de la manière dont ils contribuent peut-être à blesser les femmes (par exemple, l'exercice « Ce que les hommes font aux femmes », p. 53). L'intersectionnalité de l'appartenance sexuelle et de la culture est un autre facteur important à prendre en considération. Par exemple, Black et Weisz (2004) laissent entendre que du contenu destiné particulièrement aux jeunes hommes hispaniques pourrait mettre l'accent sur les aspects du *machisme* qui insistent sur le respect que l'on doit porter aux femmes et la protection que l'on doit leur prodiguer tout en minimisant l'importance du contrôle et de la domination.

GENRE ET PROCESSUS

Même lorsque le contenu des programmes de prévention de la violence dans les fréquentations est le même pour les deux sexes, il peut être nécessaire de faire varier la manière de présenter ce contenu. Ainsi, tandis que les filles ont tendance à être à l'aise avec l'idée de parler de leurs relations, ce n'est pas une activité dans laquelle les garçons s'engagent habituellement avec leurs amis. Par exemple, lorsque nous avons commencé à recevoir en entrevue des jeunes intéressés à se joindre à un groupe du programme Expect Respect, nous avons nettement constaté que les jeunes hommes et les jeunes filles réagissaient favorablement à des présentations fort différentes. Les jeunes femmes étaient attirées par l'idée de discuter de leurs relations de couple avec d'autres filles et d'étudier des moyens d'en venir à des formes plus saines de relations. De nombreux jeunes hommes, cependant, semblaient réticents à parler de leurs relations et se préoccupaient de ce que leurs amis penseraient d'eux s'ils participaient à une activité où ils devaient exprimer leurs «sentiments». Par conséquent, les jeunes hommes ont mieux réagi à l'idée que le groupe pourrait les aider à mieux comprendre ce que les femmes souhaitent obtenir de leur partenaire et ainsi, comme un des jeunes hommes l'a affirmé, «sortir avec plus de jeunes filles».

Toutefois, un facteur encore plus important à prendre en compte en ce qui concerne les différences de méthodes selon les sexes est la nécessité de s'attaquer à l'idée préconçue qu'ont les jeunes hommes voulant que les programmes de prévention de la violence dans les fréquentations visent à juger, à critiquer et à blâmer les garçons, une perception favorisant une attitude défensive et le repli, sauf si elle est débusquée et désamorcée. Notre expérience avec un groupe de garçons d'une école intermédiaire participant au programme Expect Respect nous a démontré que les participants étaient particulièrement dubitatifs au départ, montrant leur inconfort par leur inattention, leurs moqueries et leurs plaintes que les séances étaient «ennuyeuses». Toutefois, un point tournant important a été franchi avec ce groupe lorsque, avec beaucoup d'hésitation et de honte, les participants ont confié à l'animateur que l'un de leurs enseignants les invitait devant toute la classe à se rendre à leur séance du groupe «de garçons incapables de sortir avec une fille». En analysant leur sentiment d'avoir été humiliés par une personne plus puissante qu'eux, les garçons de ce groupe ont commencé à éprouver de l'empathie avec les femmes victimes de harcèlement sexuel à leur école et ils ont commencé à participer activement et avec enthousiasme au programme. L'idée que «d'exiger le respect» était valable pour les représentants des deux sexes – non pas seulement quelque chose que les hommes devaient donner aux femmes – a élargi leur état de conscience et les a habilités à aller plus loin. Bref, ce n'est que lorsque les participants ont été capables collectivement de faire preuve d'empathie à l'égard de leur situation délicate et de valider leur propre expérience que les cœurs et les esprits de ces jeunes se sont ouverts au contenu du programme.

En résumé, pour que les programmes de prévention de la violence dans les fréquentations soient le plus efficaces possible auprès de jeunes des deux sexes, les animateurs devraient toujours garder à l'esprit les différences dans la dynamique sous-jacente à la violence pour les garçons et les filles. Il est particulièrement nécessaire de modifier les méthodes et le contenu lorsque les jeunes hommes réagissent d'une manière défensive et ont peur d'être jugés. Établir un parallèle avec des situations où les garçons eux-mêmes se sont sentis blessés ou paralysés peut ouvrir la discussion et éclairer le fait que les problèmes de pouvoir et de contrôle ne se limitent pas aux relations hommes-femmes. En plus de tenir compte des différences sur la façon de réagir des hommes et des femmes à l'idée de discuter de questions sensibles sur les relations humaines, les animateurs devraient trouver des moyens créatifs d'explorer les sujets à aborder de telle sorte que les jeunes en viennent à considérer le groupe comme un lieu où ils peuvent sonder en toute sécurité leur idées et leurs sentiments. Finalement, les animateurs devraient s'efforcer d'accorder une attention spéciale à l'intersectionnalité des appartenances sexuelle et culturelle.

DIFFÉRENCES DANS LE DÉVELOPPEMENT

Comme la violence dans les fréquentations commence à émerger au cours des années intermédiaires du cours secondaire (Black et Weisz, 2003; Krajewski, Rybarik, Dosch et Gilmore, 1996), les efforts de prévention seront plus efficaces s'ils sont amorcés à un âge précoce (Meyer et Stein, 2004). Nombre des programmes que nous avons examinés s'adressaient aux jeunes de l'école intermédiaire et de l'école secondaire. Toutefois, les manuels donnent peu d'information sur l'importance de comprendre les phases de développement des sujets pour orienter les programmes. Nous avons découvert au fil de nos expériences qu'il était important d'adapter le contenu du programme Expect Respect au niveau d'âge du groupe visé et de tenir compte qu'au même âge, les filles et les garçons n'en sont pas au même stade de leur développement. Par exemple, nos jeunes filles d'ascendance caucasienne de l'école intermédiaire, dont un bon nombre entretenaient une relation romantique avec des garçons plus âgés, possédaient déjà une expérience appréciable des relations amoureuses et étaient avides de la partager avec les autres. En revanche, la plupart des garçons du même âge n'entretenaient pas encore de relations amoureuses et n'avaient aucune expérience personnelle sur laquelle s'appuyer. Par conséquent, nous avons reproduit la stratégie que nous avons utilisée avec les jeunes Afro-Américaines d'une école secondaire, pour amener les jeunes garçons à s'engager davantage. Les animateurs ont donc présenté des scénarios qui illustraient des dilemmes possibles dans le cadre d'une relation amoureuse, permettant aux garçons de jouer à «l'expert» et de réfléchir sur la manière dont un jeune homme théorique pourrait réagir dans ces situations. Les garçons les plus jeunes sont aussi ceux qui ont le mieux répondu aux méthodes axées sur l'action participative et la présentation ludique du contenu qui n'exigeaient pas d'eux qu'ils révèlent trop de leurs expériences personnelles.

Pour résumer, les animateurs devraient être conscients de l'impact du développement sur la capacité des jeunes de se projeter dans le contenu du programme et du caractère approprié de la méthode utilisée en fonction de l'intérêt et du degré de confort des participants avec les différentes catégories d'activités de groupe. Pour que les efforts de prévention de la violence dans les fréquentations soient efficaces tant pour les plus jeunes que pour les plus vieux, les animateurs devraient toujours se rappeler d'apporter des modifications appropriées au contenu selon le stade de développement des sujets.

INTERVENTION UNIVERSELLE OU CIBLÉE : COMBLER LES BESOINS UNIQUES DES JEUNES À RISQUE

Même si la mise en œuvre de programmes en milieu scolaire sur des sujets aussi sensibles que la violence entre partenaires amoureux revêt de nombreuses difficultés (Jaycox *et al.*, 2006), elle présente de nombreux avantages. Parmi ceux-ci, mentionnons la possibilité de rejoindre de nombreux jeunes, particulièrement ceux qui sont défavorisés et qui n'auront probablement pas accès aux services des organismes communautaires. En outre, en ciblant une mise en œuvre en milieu scolaire, on augmente les chances de créer un effet de vague sur tout l'écosystème social (Rosenbluth, 2004 ; Stein, 1995). Par conséquent, il n'est pas étonnant qu'une majorité écrasante de programmes de prévention de la violence dans les fréquentations soient administrés dans les écoles. L'une des distinctions clés entre les programmes de prévention de la violence dans les fréquentations consiste toutefois à savoir si le programme est universel, c'est-à-dire qu'il est offert à tous les étudiants dans le cadre du programme scolaire régulier, ou s'il comprend des composantes qui ciblent des groupes précis d'adolescents présentant des caractéristiques et des besoins particuliers. Le programme Youth Relationships Manual et le programme Expect Respect se distinguent à cet égard, puisqu'ils ont été développés à l'intention précise des jeunes présentant des risques élevés de s'adonner à la violence dans leurs fréquentations.

Pourquoi serait-il important pour les programmes de prévention de la violence dans les fréquentations de prévoir des interventions ciblant plus particulièrement les jeunes à risque en dehors du programme scolaire comme tel ? Du point de vue de la psychopathologie développementale, les facteurs de risque qui contribuent à la violence dans les fréquentations – y compris le fait d'avoir été victime de violence à la maison – influent sur des processus de développement importants qui sont essentiels à l'établissement de relations intimes saines et gratifiantes (Ball *et al.*, 2007 ; Wolfe et Feiring, 2000). Les jeunes ayant vécu dans des foyers où ils ont été victimes de maltraitance sont davantage à risque de reproduire des modèles de fonctionnement caractérisés par la méfiance et l'insécurité dans leurs relations (Cicchetti et Howes, 1991). L'insécurité de l'attachement mène ensuite à une angoisse chronique se manifestant par le sentiment d'abandon, l'indigence sur le plan interpersonnel et des attentes irréalistes à l'endroit des partenaires amoureux qui, lorsqu'elles ne se réalisent pas, entraînent une escalade de la frustration, de la coercition, de la colère et de la violence (Bartholomew, Henderson et Dutton, 2001; Wekerle et Wolfe, 1998). Ce trouble de l'attachement contribue aussi au développement d'interprétations faussées des relations amoureuses, y compris une sensibilité au rejet, une disposition cognitive «à appréhender le rejet avec angoisse, à le percevoir immédiatement et à y réagir intensément» (Downey, Khouri et Feldman, 1997, p. 85). Les recherches démontrent que les agressions contre les enfants contribuent au développement d'une sensibilité au rejet chez les victimes qui annonce, pour les garçons, une tendance à un comportement contrôlant et violent à l'endroit de leurs partenaires et, pour les filles, une insécurité relationnelle et une volonté de prendre des moyens désespérés pour maintenir une relation (Downey, Bonica et Rincon, 1999; Purdie et Downey, 2001).

Par conséquent, l'application d'une démarche axée sur la psychopathologie développementale à la prévention de la violence dans les fréquentations laisse penser que la psychoéducation est nécessaire, mais pas suffisante. La psychoéducation est utile pour enseigner aux jeunes à reconnaître les cas d'agression – leur faire comprendre que la violence ne se limite pas seulement aux blessures physiques, mais inclut aussi la violence psychologique, relationnelle et les tentatives de contrôle du partenaire. Du même coup, la psychoéducation peut contribuer à remettre en question les hypothèses reçues sur ce qui est normal et acceptable dans une relation amoureuse. Toutefois, le modèle de psychopathologie du développement indiquerait que, pour les jeunes les plus à risque de s'adonner à la violence dans leurs fréquentations, la psychoéducation ne suffit pas. Ce sont des jeunes dont les relations les plus importantes ont impliqué des personnes indignes de confiance, la coercition et la brutalité et dont la perception d'eux-mêmes et des autres a été colorée par l'angoisse, la colère et la honte. Pour ces jeunes, apprendre de manière abstraite qu'un autre genre de relation est possible peut ne pas être suffisant pour les inciter à opérer de véritables changements. Par conséquent, dans le programme Expect Respect, les jeunes à risque ont la possibilité d'expérimenter concrètement un genre différent de relation avec les autres membres du groupe, une relation fondée sur la mutualité, la confiance et le respect. Comme l'a dit un de ces jeunes au moment de décrire son expérience au sein du groupe de soutien: « *C'est comme une famille, sauf que c'est mieux parce qu'il est vraiment possible de faire confiance aux autres* » (Ball *et al.*, 2007).

DIFFUSION DES PROGRAMMES DE PRÉVENTION AVEC SOUPLESSE ET CRÉATIVITÉ

L'efficacité dans la prévention de la violence dans les fréquentations exige le développement de programmes manualisés ayant été validés par des expériences concrètes et qui sont souples, capables de s'adapter à la diversité culturelle et aux réalités locales et constamment enrichis par des recherches et des expériences. Alors qu'il existe une fausse opinion au sujet des programmes manualisés selon laquelle ceux-ci doivent être appliqués de manière rigide tant sur le plan de la forme que du contenu, les pratiques exemplaires sur le terrain suggèrent au contraire que tous les manuels devraient être abordés avec souplesse (Kendall *et al.*, 1999) et adaptés au contexte local et aux divers besoins des membres du groupe (Ozer, 2006). Une utilisation efficace des manuels exige également le développement de relations authentiques entre les animateurs et les participants plutôt qu'une application mécanique de «techniques» (Cohen, Mannarino et Deblinger, 2006). De plus, les animateurs sont invités à personnaliser le contenu, à utiliser leur inspiration et leurs connaissances des styles et des préférences des membres du groupe en matière de relations interpersonnelles. C'est ce que Kendall et ses collègues (1999) appellent «insuffler de la vie à un contenu manualisé». Le manuel du programme Expect Respect est un exemple de cette démarche axée sur la souplesse: il énonce le message clé à transmettre à chaque séance et propose plusieurs exemples d'activités pour présenter ce contenu. Toutefois, malgré cette nécessité de faire preuve de souplesse, le recours à des programmes de prévention s'appuyant sur des données empiriques exige aussi une certaine fidélité aux concepts qui forment la base du programme.

DÉMARCHE MODULAIRE

Comment est-il possible d'utiliser les manuels en faisant preuve de souplesse et en étant pourtant fidèle aux «ingrédients efficaces» d'un programme de prévention appuyé par des données empiriques? L'avenir des interventions manualisées repose sur la modularisation (Lock, 2004). En divisant le programme en éléments ou en modules, on maximise la souplesse dans la prestation des composantes du programme, on permet d'inclure de documents pertinents et d'exclure ceux qui le sont moins et on intègre des recommandations sur la manière d'adapter le manuel au mieux pour répondre aux besoins particuliers des participants ou aux enjeux qui peuvent se présenter. Un avantage particulier de la modularisation est qu'elle permet des adaptations systématiques du manuel qui sont fondées sur la recherche, la théorie et les leçons acquises sur le terrain plutôt que de laisser aux utilisateurs du manuel l'obligation de concocter leurs propres solutions

« maison ». Par exemple, les utilisateurs du programme Expect Respect ont pris l'initiative d'adapter le manuel afin d'en accroître la pertinence culturelle, notamment en y ajoutant des lectures qui fournissent aux animateurs des renseignements utiles sur la façon de travailler, avec certains groupes particuliers (Gibbs et Huang, 2003 ; Guerra et Smith, 2005), des exercices pertinents sur le plan culturel, des recommandations de conférenciers, etc. Dans une démarche modulaire, ces adaptations efficaces peuvent être partagées avec d'autres, perfectionnées, puis intégrées au programme. Il faut s'attendre à ce qu'autres sujets de modules émergent, selon la constitution des groupes et les expériences et les préoccupations de leurs membres. Par exemple, dans certains groupes, il y aura des participants qui luttent contre les effets d'agressions sexuelles dont ils ont été victimes dans leur enfance ou d'une agression sexuelle récente. Dans d'autres, la question des femmes agresseures ou des orientations sexuelles différentes peu s'imposer. Dans d'autres groupes encore, certains membres peuvent réagir à la violence dont ils sont victimes dans leurs fréquentations en consommant de la drogue ou en adoptant des comportements autodestructeurs. Pour chacun de ces thèmes, le module pourrait proposer des lectures visant à accroître la connaissance et la sensibilité des animateurs et offrir des suggestions de discussions et d'activités, des documents à distribuer, et l'intégration de pratiques exemplaires issues d'autres programmes d'intervention et de prévention. Par exemple, des thérapies basées sur la conscience pour les adolescents autodestructeurs (Miller, Rathus et Linehan, 2006), de la psychoéducation pour les toxicomanes (Cannabis Youth Treatment Series, <www.samhsa.gov>) et la dissipation de savoirs traumatogènes liés à une agression sexuelle (Cohen *et al.*, 2006).

Sur le plan pratique, l'élaboration de méthodes de manualisation de programmes qui conserveront ce degré de souplesse, de diversité et d'adaptabilité exigera en soi un effort de créativité et d'innovation. Plutôt que de publier un manuel sous la forme d'un document statique qui ne peut être révisé que lorsqu'une nouvelle édition paraît, nous recommandons aux concepteurs de programmes d'afficher leurs manuels sur leur site Web. De cette manière, le manuel pourra plus facilement être mis à jour, révisé et on pourra y ajouter des modules additionnels et des leçons acquises sur le terrain. Les utilisateurs pourront par ailleurs télécharger la version la plus récente du manuel sans avoir à attendre des mois, voire des années, pour obtenir une nouvelle version sur support papier. Une « forum de discussion » sur le site Web pourrait offrir aux utilisateurs un lieu où formuler des propositions et présenter des solutions inspirées, qui pourront ensuite être révisées afin d'être éventuellement incluses dans le manuel par les concepteurs, qui porteront cependant toute l'attention voulue à la qualité des suggestions et à leur fidélité aux théories et aux méthodes de base du programme. Cette façon de fonctionner pourrait cependant priver de revenus de nombreuses organisations qui comptent sur les ventes d'un manuel pour offrir leur programme et appuyer leur travail. Une solution consisterait à offrir le manuel sur abonnement : les abonnés recevraient un mot de passe qui leur donnerait accès à celui-ci sur le Web ainsi qu'aux avis de révision et les autoriserait à télécharger la version la plus récente.

CONCLUSION

En conclusion, les résultats de cette étude permettent d'avancer que les efforts de prévention de la violence dans les fréquentations seront améliorés si l'on porte une plus grande attention aux questions de diversité liées à l'origine ethnique, à la classe sociale, à la culture, au sexe et à l'âge des participants. De plus, la prise en compte des besoins particuliers des jeunes qui sont plus particulièrement à risque peut contribuer de façon importante à la compréhension de la dynamique individuelle et interpersonnelle propre aux auteurs et aux victimes de violence dans les fréquentations. Conformément aux pratiques exemplaires dans l'élaboration d'interventions empiriquement saines et écologiquement valides, un souci de souplesse et de créativité devrait orienter le choix des contenus et des méthodes de prévention ainsi que les modes de diffusion des programmes dans les différentes collectivités. Nos propres expériences dans la mise en œuvre du programme de prévention de la violence dans les fréquentations Expect Respect nous ont enseigné combien il reste de travail à accomplir et, pourtant, à quel point ces efforts seront mobilisateurs et précieux.

BIBLIOGRAPHIE

BALL, B., P.K. KERIG et B. ROSENBLUTH (2007). *"Like a Family Except Better Because You Can Trust Each Other:" The* Expect Respect *Dating Violence Prevention Program* (soumis pour publication).

BARBER, N. (2002). « Parental investment prospects and teen birth rates of Blacks and Whites in American metropolitan areas », *Cross-cultural Research*, vol. 36, p. 183-199.

BARTHOLOMEW, K., A. HENDERSON et D. DUTTON (2001). « Insecure attachment and abusive intimate relationships », dans C. Clulow (dir), *Adult Attachment and Couple Psychotherapy: The « Secure Base » in Practice and Research*, Philadelphie, Brunner-Routledge, p. 43-61.

BLACK, B.M. et A.N. WEISZ (2002). « Dating violence : Help-seeking behaviors of African American middle schoolers », *Violence against Women*, vol. 9, p. 187-206.

BLACK, B.M. et A.N. WEISZ (2004). « Dating violence : A qualitative analysis of Mexican American youths' views », *Journal of Ethnic and Cultural Diversity in Social Work*, vol. 13, p. 69-90.

BURCKY, W., N. REUTERMAN et S. KOPSKY (1988). «Dating violence among high school students», *School Counselor*, vol. 35, p. 353-358.

CAPALDI, D.M. et L.D. OWEN (2001). «Physical aggression in a community sample of at-risk young couples: Gender comparisons for high frequency, injury, and fear», *Journal of Family Psychology*, vol. 15, p. 425-440.

CASCARDI, M. et S. AVERY-LEAF (2000). *Violence against Women: Synthesis of Research for Secondary School Officials*, National Institute of Justice.

CASEY, E.A. et P.S. NURIUS (2006). «Trends in the prevalence and characteristics of sexual violence: A cohort analysis», *Violence and Victims*, vol. 21, p. 629-644.

CENTERS FOR DISEASE CONTROL (2004). «Youth Risk Behavior Surveillance – United States, 2003», *Morbidity and Mortality Weekly Report*, vol. 2, p. 1-98.

CICCHETTI, D. et P.W. HOWES (1991). «Developmental psychopathology in the context of the family: Illustrations from the study of child maltreatment», *Canadian Journal of Behavioural Science*, vol. 23, p. 257-281.

COHEN, D., R.E. NISBETT, B.F. BOWDLE et N. SCHWARZ (1996). «Insult, aggression, and the Southern culture of honor: An "experimental ethnography"», *Journal of Personality and Social Psychology*, vol. 70, p. 945-960.

COHEN, J.A., A.P. MANNARINO et E. DEBLINGER (2006). *Treating Trauma and Traumatic Grief in Children and Adolescents*, New York, Guilford.

CREIGHTON, A. et P. KIVEL (2001). *Young Men's Work: Stopping Violence and Building Community*, Center City, MN, Hazelden.

DIETRICH, L.C. (1998). *Chicana Adolescents*, Westport, CT, Greenwood.

DOWNEY, G., C. BONICA et C. RINCON (1999). «Rejection sensitivity and adolescent romantic relationships», dans W. Furman, B.B. Brown et C. Feiring (dir.), *The Development of Romantic Relationships in Adolescence*, New York, Cambridge Press, p. 148-174.

DOWNEY, G., H. KHOURI et S.I. FELDMAN (1997). «Early interpersonal trauma and later adjustment: The mediational role of rejection sensitivity», dans D. Cicchetti et S.L. Toth (dir.), *Developmental Perspectives on Trauma: Theory, Research, and Intervention*, Rochester, NY, University of Rochester Press, p. 85-114.

FOSHEE, V.A., K.E. BAUMAN, X.B. ARRIAGA, R.W. HELMS et G.F. LINDER (1998). «An evaluation of Safe Dates, an adolescent dating violence prevention program», *American Journal of Public Health*, vol. 88, p. 45-50.

FOSHEE, V.A., K.E. BAUMAN, S.T. ENNETT, G.F. LINDER, T. BENEFIELD et C. SUCHINDRAN (2004). «Assessing the long-term effects of the Safe Dates program and a booster in preventing and reducing adolescent dating violence victimization and perpetration», *American Journal of Public Health*, vol. 94, p. 619-624.

FOSHEE, V. et S. LANGWICK (2004). *Safe Dates: An Adolescent Dating Abuse Prevention Curriculum*, Center City, MN, Hazelden.

GIBBS, J.T. et L.N. HUANG (2003). *Children of Color: Psychological Interventions with Culturally Diverse Youth*, 2e éd., San Francisco, Jossey-Bass.

GOTTMAN, J.M. et J. GOTTMAN (2005). «Assisting couples in the transition to parenthood with preventive intervention», paper presented at *Advances in Theory and Research on Family Development and Family-Based Prevention and Policy*, University of California at Berkeley.

GUERRA, N.G. et E.P. SMITH (dir.) (2005). *Preventing Youth Violence in a Multicultural Society*, Washington, American Psychological Association.

HICKMAN, L.J., L.H. JAYCOX et J. ARONOFF (2004). « Dating violence among adolescents: Prevalence, gender distribution, and prevention program effectiveness », *Trauma, Violence, and Abuse: A Review Journal*, vol. 5, p. 123-142.

JACKSON, S.M. (1999). « Issues in the dating violence research: A review of the literature », *Aggression and Violent Behavior*, vol. 4, p. 233-247.

JAYCOX, L.H., D.F. McCAFFREY, B.W. OCAMPO, G.A. SHELLEY, S.M. BLAKE et D.J. PETERSON (2006). « Challenges in the evaluation and implementation of school-based prevention and intervention programs on sensitive topics », *American Journal of Evaluation*, vol. 27, p. 320-336.

JOURILES, E.N., D.A. WOLFE, E. GARRIDO et A. McCARTHY (2006). « Relationship violence », dans D.A. Wolfe et E.J. Mash (dir.), *Behavioral and Emotional Disorders in Adolescents*, New York, Guilford, p. 621-641.

KENDALL, P.C., B. CHU, A. GIFFORD, C. HAYES et M. NAUTA (1999). « Breathing life into a manual: Flexibility and creativity with manual-based treatments », *Cognitive and Behavioral Practice*, vol. 5, p. 177-198.

KERIG, P.K. (2003). « In search of protective processes for children exposed to interparental violence », *Journal of Emotional Abuse*, vol. 3, p. 149-182.

KRAIZER, S. et C.L. LARSON (1993). *Dating Violence: Intervention and Prevention for Teenagers*, Tulsa, National Resource Center for Youth Services, College of Continuing Education, University of Oklahoma.

KRAJEWSKI, S.S., M.F. RYBARIK, M.F. DOSCH et G.D. GILMORE (1996). « Results of a curriculum intervention with seventh graders regarding violence in relationships », *Journal of Family Violence*, vol. 11, p. 93-112.

LEVY, B. (1999). *Dating Violence: Young Women in Danger*, Seattle, Seal Press.

LEWIS, S.F. et W. FREMOUW (2001). « Dating violence: A critical review of the literature », *Clinical Psychology Review*, vol. 21, p. 105-127.

LING HAN, A. et M.J.T. VASQUEZ (2000). « Group intervention and treatment with ethnic minorities », dans J.F. Aponte et J. Wohl (dir.), *Psychological Intervention and Cultural Diversity*, Boston, Allyn & Bacon, p. 131-148.

LIRA, L.R., M.P. KOSS et N.F. RUSSO (1999). « Mexican American women's defnitions of rape and sexual abuse », *Hispanic Journal of Behavioral Sciences*, vol. 21, p. 236-265.

LOCK, J. (2004). « Psychotherapy in children and adolescents: An overview », dans H. Steiner (dir.), *Handbook of Mental Health Interventions in Children and Adolescents*, New York, Jossey-Bass, p. 485-497.

LOW, G. et K.C. ORGANISTA (2000). « Latinas and sexual assault: Toward culturally sensitive assessment and intervention », *Journal of Multicultural Social Work*, vol. 8, p. 131-157.

MEYER, H. et N. STEIN (2004). « Relationship violence prevention education in schools: What's working, what's getting in the way, and what are some future directions », *American Journal of Health Education*, vol. 35, p. 198-205.

MILLER, A.L., J.H. RATHUS et M.M. LINEHAN (2006). *Dialectical Behavior Therapy with Suicidal Adolescents*, New York, Guilford.

MYHAND, M.N. et P. KIVEL (1998). *Young Women's Lives: Building Self-Awareness for Life,* Center City, MN, Hazelden.

NIEMANN, Y.F. (2001). «Stereotypes about Chicanas and Chicanos: Implications for counselling», *Counseling Psychologist,* vol. 29, p. 55-90.

O'KEEFE, M. (1997). «Predictors of dating violence among high school students», *Journal of Interpersonal Violence,* vol. 12, p. 546-568.

O'KEEFE, M. et L. TREISTER (1998). «Victims of dating violence among high school students: Are the predictors different for males and females?», *Violence against Women,* vol. 4, p. 195-223.

OZER, E.J. (2006). «Contextual effects in school-based violence prevention programs: Conceptual framework and empirical review», *Journal of Primary Prevention,* vol. 27, p. 315-340.

PAYNE, R.K. (1995). *A Framework: Understanding and Working with Students and Adults from Poverty,* Baytown, TX, RFT Pub.

PEACOCK, D. et E. ROTHMAN (2001). «Working with young men who batter: Current strategies and new directions», *VAWnet,* p. 1-11.

PELLEGRINI, A.D. (2002). «Bullying, victimization, and sexual harassment during the transition to middle school», *Educational Psychologist,* vol. 37, p. 151-163.

PURDIE, V. et G. DOWNEY (2001). «Rejection sensitivity and adolescent girls' vulnerability to relationship-centered difficulties», *Child Maltreatment,* vol. 5, p. 338-350.

REITZEL-JAFFE, D. et D.A. WOLFE (2001). «Predictors of relationship abuse among young men», *Journal of Interpersonal Violence,* vol. 16, p. 99-115.

ROSENBLUTH, B. (2004). *Expect Respect: A Support Group Curriculum for Safe and Healthy Relationships,* Austin, SafePlace.

ROSENBLUTH, B., E. SANCHEZ, D.J. WHITAKER et L.A. VALLE (2004). «The Expect Respect project: Preventing bullying and sexual harassment in elementary schools», dans P. Smith et D. Pepler (dir.), *Bullying in Schools: How Successful Can Interventions Be?,* New York, Cambridge University Press, p. 211-233.

SILVERMAN, J.G., A. RAJ, L. MUCCI et M.J. HATHAWAY (2001). «Dating violence against adolescent girls and associated substance use, unhealthy weight control, sexual risk behavior, pregnancy, and suicidality», *Journal of the American Medical Association,* vol. 286, p. 575-579.

STEIN, N. (1995). «Sexual harassment in school: The public performance of gendered violence», *Harvard Educational Review,* vol. 65, p. 145-162.

WEKERLE, C. et D.A. WOLFE (1998). «The role of child maltreatment and attachment style in adolescent relationship violence», *Development and Psychopathology,* vol. 10, p. 571-586.

WEKERLE, C. et D.A. WOLFE (1999). «Dating violence in mid-adolescence: Theory, significance, and emerging prevention initiatives», *Clinical Psychology Review,* vol. 19, p. 435-456.

WEKERLE, C., D.A. WOLFE, D.L. HAWKINS, A.L. PITTMAN, A. GLICKMAN et B.E. LOVALD (2001). «Childhood maltreatment, posttraumatic stress symptomatology, and adolescent dating violence: Considering the value of adolescent perceptions of abuse and a trauma mediational model», *Development and Psychopathology,* vol. 13, p. 847-871.

WELLS, B.E. et J.M. TWENGE (2005). «Changes in young people's sexual behavior and attitudes, 1943-1999: A cross-temporal meta-analysis», *Review of General Psychology*, vol. 9, p. 249-261.

WHITAKER, D.J., S. MORRISON, C. LINDQUIST, S.R. HAWKINS, J.A. O'NEIL, A.M. NESIUS *et al.* (2006). «A critical review of interventions for the primary prevention of perpetration of partner violence», *Aggression and Violent Behavior*, vol. 11, p. 151-166.

WOLFE, D.A. et C. FEIRING (2000). «Dating violence through the lens of adolescent romantic relationships», *Child Maltreatment*, vol. 5, p. 360-363.

WOLFE, D.A. et P.G. JAFFE (2003). «Prevention of domestic violence and sexual assault», *VAWnet*, p. 1-8.

WOLFE, D.A., C. WEKERLE, R. GOUGH, D. REITZEL-JAFFE, C. GRASLEY et A. PITTMAN (1996). *The Youth Relationships Manual: A Group Approach with Adolescents for the Prevention of Woman Abuse and the Promotion of Healthy Relationships*, Thousand Oaks, Sage.

WOLFE, D.A., C. WEKERLE, D. REITZEL-JAFFE et L. LEFEBVRE (1998). «Factors associated with abusive relationships among maltreated and nonmaltreated youth», *Development and Psychopathology*, vol. 10, p. 61-85.

13

L'INTERVENTION AUPRÈS DES HOMMES AUX COMPORTEMENTS VIOLENTS ET LA SOCIALISATION DE GENRE

Pierre Turcotte
Université Laval

François-Olivier Bernard
Université Laval

En 2003, au Québec, le nombre officiel de femmes victimes de violence conjugale était de 13 840, selon les données policières du ministère de la Sécurité publique (2005). Si les taux quinquennaux québécois indiquent une certaine diminution de la prévalence de la violence, le problème reste socialement préoccupant au regard des taux plus élevés de victimisation chez les jeunes femmes (Statistique Canada, 2006) et des séquelles engendrées par la violence intrafamiliale sur les femmes et les enfants. Il importe donc de poursuivre les actions visant à prévenir et à contrer la violence, notamment auprès des conjoints aux comportements violents. La violence conjugale est reconnue comme un problème social majeur au Québec depuis au moins 1992 (Québec, 1992) et l'axe d'intervention, tant auprès des agresseurs que des victimes, vise notamment à combattre les inégalités de pouvoir dans les rapports sociaux de sexe. Le présent article consiste à présenter une recension d'écrits produite dans le cadre d'une expérience de recherche-action actuellement en cours visant la prise en considération de la socialisation de genre dans l'intervention en violence conjugale auprès de la clientèle masculine.

Nous ne voulons pas soutenir que la socialisation de genre constitue l'explication exclusive de la violence, celle-ci étant multifactorielle et multi-dimensionnelle, mais nous privilégions cette dimension pour les fins de cette recherche-action axée sur l'enrichissement de la pratique clinique.

LA VIOLENCE CONJUGALE COMME PROBLÈME SOCIAL

Pour contrer les effets néfastes de la violence conjugale au sein du couple ou de la famille, l'adoption de la Politique gouvernementale de dépistage, de prévention et d'intervention cible particulièrement les groupes de thé-rapie pour les hommes agresseurs, ce qui constitue l'une des stratégies importantes ayant mises de l'avant pour résoudre ce problème qui demeure une priorité pour la société québécoise (Gouvernement du Québec, 1995). Cependant, cette politique développe plutôt sommairement la dimension violence masculine, se résumant à affirmer que les hommes sont respon-sables de leur violence et que les services d'aide pour agresseurs doivent être axés sur la responsabilisation de ceux-ci face à cette violence.

Réduire la compréhension de la violence masculine à sa seule dimension individuelle peut avoir comme conséquence de « psychologiser » le problème plutôt que de le maintenir dans son contexte social plus large. Les nom-breuses études scientifiques de même que les revendications du mouvement féministe ont bien établi que la socialisation sexiste a des effets dévastateurs chez la femme en la contraignant à intégrer le rôle de victime. On connaît par ailleurs beaucoup moins les conséquences chez les hommes, malgré les privilèges qu'ils en ont, de l'intégration du rôle d'oppresseur. En effet, la Politique de 1995 situe bien le lien entre la socialisation sexiste et la victi-misation des femmes, mais ne dit rien quant aux liens entre cette même socialisation sexiste et la construction sociale de la violence masculine.

ÉVOLUTION DE L'INTERVENTION AUPRÈS DES HOMMES AUX COMPORTEMENTS VIOLENTS

DE LA CONTRAINTE À L'AVEU... À L'ACCUEIL RESPECTUEUX

Il y a donc lieu de s'interroger sur l'intervention sociale s'adressant spéci-fiquement aux hommes, tant au plan de l'étiologie sociale (la problémati-sation des comportements humains) qu'au plan de la distribution des services (l'offre d'aide). En effet, comme le soulignent Amiguet et Julier (1996), le social n'est pas un champ neutre: chaque problème social est un construit. La violence conjugale est un problème socialement construit à partir du phénomène des femmes violentées, ce problème ayant donné naissance à une réponse sociale bien précise: la sociojudiciarisation (Lavergne, 1998; Turcotte, 1996). Ainsi, les premiers services d'aide offerts à ces hommes consistaient strictement à les responsabiliser pour qu'ils cessent leurs comportements de violence. C'était le début de la sociojudiciarisation de la violence conjugale où l'intervention sociale était complémentaire – et parfois concomitante – à la criminalisation (Roy et Bélanger, 1993); on appliquait plus ou le moins le principe bien connu en criminologie: *the process is the punishment.* On pourrait presque affirmer qu'aux débuts de l'intervention auprès des «hommes violents», responsabilisation voulait dire culpabilisation. L'intervention auprès des hommes ayant des comportements violents devait surtout contribuer à la protection des victimes en complémentarité avec le système judiciaire (Morier *et al.*, 1991).

Depuis une dizaine d'années, l'expertise en intervention auprès des hommes ayant des comportements violents s'est orientée davantage sur la solution que sur le problème, résultant d'une compréhension plus complexe de la problématique.

En effet, suite aux travaux exploratoires sur la demande d'aide vécue au masculin (Dulac, 1997 et 1999; Turcotte *et al.*, 2002) et des recherches récentes sur l'importance de l'alliance thérapeutique[1] comme facteur de persévérance en thérapie (Rondeau *et al.*, 1999), l'intervention tient maintenant davantage compte du vécu des hommes qui entreprennent une démarche pour violence conjugale et de leur désir fondamental de changer. Ainsi, au-delà de l'intervention curative, les services d'aide aux conjoints violents attachent de plus en plus d'importance à la prévention en sensibilisant la population à la violence conjugale afin de les mobiliser à prévenir de futurs actes de violence. De plus, certains organismes ont pour mission d'intervenir en amont de la violence conjugale et cela, en offrant des services aux hommes vivant des difficultés conjugales (À cœur d'homme, 2003). D'autres organismes offrent des ateliers post-thérapeutiques de socialisation et d'entraide pour hommes ayant complété avec succès leur démarche afin de consolider leurs acquis. Certains organismes font aussi de la sensibilisation et de la socialisation auprès des jeunes adolescents masculins.

---

1. On réfère ici à la notion contemporaine d'alliance thérapeutique, qui propose une formulation basée sur la notion de collaboration entre le thérapeute et le client, ce dernier étant davantage impliqué dans la définition des objectifs et du déroulement de sa thérapie et où sa propre notion de changement est de plus en plus mise à contribution (Piché, 2001, p. 10).

L'organisme provincial regroupant les centres québécois d'aide aux hommes aux comportements violents – À cœur d'homme –, dans un mémoire présenté au ministère de la Santé et des Services sociaux, conclut qu'il est primordial d'offrir des services aux hommes vulnérables qui, lors de moments où il y a séparation ou rupture conjugale, sont enclins à manifester des comportements agressifs et à présenter des risques homicidaires et suicidaires (À cœur d'homme, 2003).

DU CHANGEMENT PERSONNEL AU CHANGEMENT SOCIAL

En examinant l'évolution de l'intervention auprès des hommes aux comportements violents à la suite de la criminalisation de la violence conjugale, on peut avancer qu'elle a eu comme conséquence la création d'un large réseau de ressources s'adressant spécifiquement aux hommes; et bien que ce réseau offre des services pour des hommes ayant des comportements antisociaux, il rend disponible une réponse sociale en dehors de la seule logique du contrôle social. En effet, l'expérience thérapeutique de groupe entre hommes constitue plus que du changement personnel: elle s'inscrit dans un processus de changement non plus seulement individuel, mais social par la remise en question des normes identitaires et comportementales de la masculinité. En effet, en plus de devenir déviants des normes comportementales de la masculinité traditionnelle, qui prescrit la domination envers les femmes et la compétition face aux autres hommes, à travers leur démarche, ces hommes deviennent également déviants de certaines normes sociales de la masculinité interdisant le dévoilement de soi, l'aveu public des côtés sombres de sa vie privée et le rapprochement entre hommes.

Le changement social ainsi opéré autorise l'émergence d'une masculinité plus diversifiée et tenant compte de toutes qualités humaines. Ce changement au plan social se traduit notamment par l'implication de certains de ces hommes dans la consolidation de l'organisme provincial des organismes d'aide aux conjoints aux comportements violents «À cœur d'homme: réseau d'aide aux hommes pour une société sans violence»:

> De plus, plusieurs organismes membres se sont investis dans la promotion et la sensibilisation des rapports égalitaires hommes/femmes, et se sont impliqués dans diverses instances régionales ou locales de concertation pour contrer la violence. Ces expériences d'implication dans le milieu ont amené le développement de solidarité avec le mouvement communautaire, par exemple lors de la Marche mondiale des femmes contre la pauvreté et la violence ou dans le développement de concertation pratique et concrète pour assurer la sécurité tant des femmes que des enfants et des hommes (À cœur d'homme, 2003, p. 15).

FACTEURS FAVORISANT LE CHANGEMENT

Au départ, les services d'aide de type sociojudiciaire visant la responsabilisation des agresseurs en vue de la protection des victimes s'imbriquent principalement dans une vision de contrôle social (À cœur d'homme, 2003; Turcotte, 1996 et 1997). Cette forme de thérapie a connu un faible taux de réussite: la persévérance des hommes durant le processus de traitement se soldait souvent par un abandon (Rondeau *et al.*, 1999). Murphy et Baxter (1997) soulignent par ailleurs que les programmes d'intervention auprès des conjoints violents axés uniquement sur l'attitude de confrontation directe et intense de thérapeutes confrontant des clients ont pour effet d'augmenter les défenses du client et de renforcer sa croyance que les relations humaines sont basées sur la coercition. Comme l'avance Tremblay (1996), entrer en relation d'aide avec un client dont le comportement s'inscrit dans un problème amenant la réprobation sociale (inceste, violence conjugale, viol, harcèlement sexuel, etc.) nécessite plus que jamais que le ou la thérapeute considère le client d'abord comme une personne et non comme un problème: une attitude compréhensive d'accueil de la part de l'intervenant, axée davantage sur les solutions que sur le problème, augmentera sa capacité de jouer un rôle actif dans l'aide apportée au client dans sa démarche vers le changement (À cœur d'homme, 2003). Si on considère les composantes de l'alliance thérapeutique mesurée par la version française de l'Échelle d'alliance thérapeutique de Californie/CALPAS-P (Gaston et Marmar, 1993, dans Rondeau *et al.*, 1999), soit l'engagement du client, la capacité de travail du client, l'engagement et la compréhension manifestés par le thérapeute et le consensus sur les stratégies de travail, il apparaît logique que cette attitude d'accueil respectueux et compréhensif contribue à mieux construire l'alliance thérapeutique, l'un des principaux facteurs favorisant la persévérance en traitement des conjoints aux comportements violents (Rondeau *et al.*, 1999).

De son côté, Hearn (2001), à la suite de son enquête auprès d'hommes en démarche d'aide pour violence (conjugale ou interpersonnelle), conclut que les clés de la réussite sont liées à des objectifs d'intervention mettant l'emphase sur l'arrêt de la violence, la perception de ces hommes comme étant des êtres humains, la reconnaissance d'éléments psychologiques et sociaux pouvant expliquer la violence, et une intervention permettant une compréhension de la violence en lien avec des enjeux de pouvoir, de contrôle et de domination.

Comme le souligne Turcotte (2002), non seulement cette clientèle peut changer, mais une grande proportion de ces clients masculins participent activement à la construction de l'alliance thérapeutique nécessaire au succès de leur thérapie. De plus en plus, les ressources d'aide aux conjoints ayant des comportements violents basent leur intervention sur le principe propre à la relation d'aide, soit la nette distinction entre la personne et le problème, se traduisant notamment par un accueil respectueux de la personne (À cœur d'homme, 2003). Et ce, dans le but d'abord de contribuer à la persévérance des hommes en traitement et, deuxièmement, afin de faciliter l'arrêt d'agir le plus rapidement possible (Bélanger et Turcotte, 2001). Parmi les facteurs individuels qui nuisent à la persévérance, les interventions axées sur les comportements problématiques de l'homme sans regarder l'humain qui se cache derrière rejoignent peu les participants (Bélanger, 2002). D'ailleurs Turcotte (2002) constate, dans son étude qualitative sur le processus de changement de 40 clients masculins en violence conjugale, que la qualité du lien thérapeutique est perçue par les clients comme une préoccupation des intervenants dès les premiers contacts.

Les différents organismes communautaires d'aide pour hommes dont les programmes d'aide visent non seulement l'arrêt des comportements violents, mais aussi la remise en question de leurs conduites et attitudes de contrôle et de pouvoir sur l'autre, connaissent davantage de succès (Hearn, 2001; Scott et Wolfe, 2000). Lorsqu'évaluées par les participants, ces thérapies reçoivent généralement des propos positifs (Hearn, 2001). En effet, l'intervention sociale auprès des conjoints violents autorise chez les intervenants un espace d'autonomie sur la perception du client vu comme acteur responsable, faisant des choix, donc ayant le pouvoir de choisir le changement (À cœur d'homme, 2003).

COMMENT DÉCONSTRUIRE LA VIOLENCE MASCULINE

SOCIALISATION ET CONFLITS DE RÔLE DE GENRE DES HOMMES

La socialisation de genre des hommes (Brooks, 1998; Levant et Pollack, 1995; Pleck, 1981; Tremblay, 1996) et le vécu masculin de la demande d'aide (Dulac, 1997, 1999 et 2001; McMullen et Gross, 1983) sont des composantes essentielles pour comprendre et, corollairement, pour intervenir efficacement en violence conjugale auprès de la clientèle masculine. La compréhension de cette socialisation permet tout d'abord une « prise de conscience des mécanismes relationnels, transgénérationnels et sociaux qui ont provoqué ces drames » (Baraudy, 1997, p. 21). Il peut s'agir notamment des facteurs inhibiteurs de la demande d'aide liés à la socialisation masculine (Dulac, 1997, 1999 et 2001); les contraintes liées à l'intégration rigide des rôles de genre socialement prescrits (Bélanger, 2000; Brooks, 1998; Kreiner, 1999; Pleck, 1989) ou le conflit de rôles de genre (O'Neill,

1982) ; un passé familial dysfonctionnel et particulièrement le rapport père/ fils (Dutton, 1996), ainsi que la peur de l'intimité (Bélanger, 1998 ; Dutton et Browning, 1988), etc.

La socialisation de genre est le processus par lequel l'individu intègre le « sexe social », c'est-à-dire les normes comportementales et identitaires socioculturellement attribuées à une personne de sexe masculin ou féminin. Ce processus de différenciation sociale des sexes vise à contraindre les individus à adopter des rôles culturellement et socialement définis comme étant propres à leur sexe biologique. La socialisation de genre amène notamment les hommes à discriminer et à ne se conformer qu'aux qualités humaines dites « masculines », par opposition aux qualités humaines dites « féminines » (Thompson et Pleck, 1986). Les hommes seraient ainsi gratifiés s'ils adoptent certaines qualités (reconnaissance, leadership, etc.), et punis (dénigrés, isolés, voire violentés) s'ils adhèrent à d'autres. Par ailleurs, Monk (1997), s'inspirant de l'approche structurelle, avance que la socialisation de genre, qui prescrit aux hommes des rôles sociaux de sexe axés sur la domination, permet d'expliquer plusieurs comportements masculins (et leurs conséquences) liés au rôle d'oppresseur des hommes dirigeant leur violence contre eux-mêmes ou les autres.

On en déduit que le genre – le sexe social – prescrit des rôles : le rôle d'oppresseur chez les hommes et le rôle de victime chez les femmes. Selon Pleck (1981), ce processus se produit à partir de contraintes vécues vis-à-vis des rôles de genre :

— Le *gender role discrepancy* (le rôle de genre, un idéal inatteignable) : il s'agit de l'impossibilité pour la plupart des individus à remplir toutes les attentes des rôles de genre masculin, ce qui occasionne une baisse de l'estime de soi et d'autres conséquences psychologiques négatives.

— Le *gender role trauma* (le rôle de genre est traumatisant) : d'une part, même si l'homme arrive à réaliser toutes les attentes du rôle de genre masculin, le processus de socialisation amenant à réaliser ces attentes du rôle de genre est traumatisant. De surcroît, l'atteinte de ces attentes du rôle de genre a des effets négatifs à long terme.

— Le *gender role dysfonction* (le rôle de genre est dysfonctionnel) : les hommes qui réussissent à atteindre ces normes de la masculinité[2] vivent des conséquences négatives, car plusieurs des caractéristiques considérées comme devant être désirables pour les hommes entraînent

---

2. Ces critères de construction des rôles de genre établis par Pleck renvoient à une certaine forme de masculinité, la masculinité hégémonique américaine des années 1980.

des aspects négatifs pour eux-mêmes comme pour leurs proches. Par exemple, assumer prioritairement le rôle de pourvoyeur amène un déséquilibre et crée un conflit entre le travail et la famille.

De plus, pour expliquer la construction du sujet masculin, May (1990) mentionne l'importance du développement de la prise de conscience des émotions, composante essentielle dans l'intervention auprès des hommes, la socialisation de genre des hommes ne valorisant pas les habiletés permettant d'identifier et d'exprimer clairement les émotions (Philpot, 2000; Tremblay *et al.*, 2004).

Les mécanismes psychologiques de défense liés à la vulnérabilité et à la dépendance acquise très tôt chez les hommes ont amené ces derniers à développer une carapace que la socialisation a consolidée (Pollack, 1998, parle du *gender straight-jacket*). Selon cet auteur, les efforts pour percer cette carapace doivent être entrepris avec grand soin. Les hommes ayant tendance à rationaliser leurs émotions, il faut donc les aider à faire la distinction entre le rationnel et le ressenti. Le processus de changement, qu'il se fasse grâce à une démarche thérapeutique ou une conscientisation au sein de groupes d'hommes[3] – les *consciousness raising groups* dont parle Brooks (1998) – permet un renversement de la situation. L'ouverture à ses propres émotions et le partage de celles-ci entre hommes uniquement est à la base de la force du groupe d'entraide (Adams et McCormick, 1982; Hearn, 2001).

L'intervention de groupe permet aux hommes de reconnaître leurs ressemblances et différences et, de ce fait, ils conçoivent plus facilement ce qu'ils peuvent changer (Hearn, 1998; Rondeau, 1989) dans un processus éducatif d'aide mutuelle (Gondolf, 1985; Holmes et Kivlighan, 2000). La prise en considération de la socialisation de genre des hommes permet d'aider les hommes par une compréhension (prise de conscience préalable à tout changement) des raisons fondamentales de leurs comportements. Il ne s'agit donc pas seulement de travailler à changer les comportements de quelques individus étiquetés violents, mais aussi de déconstruire la violence masculine en questionnant les aspects problématiques de la masculinité à la source de cette violence (Brooks et Siverstein, 1995). Un de ces aspects est l'attribution des rôles de genre contradictoires et destructeurs qui sont imposés socialement comme une contrainte – ou tension (*gender role strain*, Pleck, 1981). Les individus intégrant de façon rigide ces rôles sociaux malsains vivent des conflits internes de genre (*gender role conflict*, de O'Neil, 1982).

---

3. Au Québec, le psychanalyste jungien Guy Corneau a aidé à la mise en place de ces groupes de parole et de conscience : le Réseau Hommes Québec. Il y a également à Québec un organisme (L'AutonHommie) qui accompagne des hommes dans des démarches en ce sens.

Plus le niveau de stress de ces hommes est élevé quant à leurs conflits internes de genre, plus il y aurait risque de violence (Brooks et Silverstein, 1995 ; Jakupcak, Lisak et Roemer, 2002). L'intervention peut permettre de déconstruire la violence masculine en remettant en question les différents aspects plus problématiques de la masculinité. Par cette démarche significative de remise en question de sa violence, le client masculin peut aller au-delà de la simple modification d'un comportement : il y a ainsi possibilité pour lui de créer de nouvelles façons de se vivre au masculin et de participer personnellement à l'émergence d'une masculinité plus humaine (À cœur d'homme, 2003).

LIENS ENTRE LA VIOLENCE MASCULINE ET LA SOCIALISATION DE GENRE

Bien que la mise en place des premiers services d'aide pour conjoints violents au Québec ait en partie résulté de l'initiative de groupes d'hommes en condition masculine, notamment des militants du collectif Hom Info (Dulac, 1994 ; Rondeau, 1989), on constate que l'analyse sociopolitique de la violence conjugale à partir de la socialisation masculine s'est estompée au profit d'autres analyses centrées davantage sur l'efficacité, l'impact et la pertinence de l'intervention auprès des hommes ayant des comportements violents (Edleson et Grusznski, 1988 ; Lindsay, Ouellet et St-Jacques, 1993 ; Rondeau, 1994) et la catégorisation des agresseurs et de leur personnalité (Gondolf, 1988). En effet, aux États-Unis, en 1977, le groupe Emerge à Boston, le premier groupe d'hommes à mettre en place un service d'aide pour les hommes ayant des comportements violents avec leur conjointe, adoptait une perspective tenant compte de la socialisation de genre des hommes. Emerge expliquait alors que la violence des hommes envers les femmes avait à sa source la socialisation des garçons à être agressifs, les valeurs sociales sexistes et patriarcales encourageant la domination des hommes sur les femmes et le maintien de ces valeurs dans les institutions sociales comme la famille, l'école, et les médias.

Ces pionniers de l'intervention auprès des conjoints violents étaient très explicites quant à la construction de la violence à travers l'éducation des garçons. Par ailleurs, Brooks et Silverstein (1995), dans leur recension des écrits scientifiques concernant les explications à donner aux comportements dysfonctionnels des hommes, rapportent plusieurs hypothèses centrées sur les normes identitaires et les rôles sexuels issus de la socialisation des hommes prescrivant des comportements d'agression. Ces comportements problématiques seraient donc, selon ces auteurs, issus principalement de la socialisation masculine.

L'utilisation d'une orientation thérapeutique «tenant compte du genre» (*gender sensitive*) permet aux clientèles masculines de percevoir le changement de façon beaucoup moins menaçante et plus souhaitable.

Ce déplacement de l'analyse de la violence conjugale est en partie dû aux groupes qui ont participé au développement de sa problématisation sociale. Une analyse d'auteurs canadiens sur la construction du problème social de la violence conjugale souligne que le discours s'est inscrit depuis les années 1990, aussi bien pour les intervenants auprès des conjoints violents que pour les intervenantes auprès des femmes violentées, dans la logique du féminisme et du professionnalisme (Francis et Ka Tat Tsang, 1997). Mais depuis les cinq dernières années, l'expertise en intervention auprès des hommes ayant des comportements violents s'est orientée davantage sur la solution que sur le problème, résultant d'une compréhension plus complexe de la problématique.

En effet, l'intervention n'est plus axée uniquement sur l'aveu de la responsabilité d'un acte criminel, mais davantage sur l'encouragement et le reflet au client masculin de ses capacités de changement. Suite aux travaux de Dulac (1997, 1999 et 2001), Rondeau *et al.* (1999) et Turcotte *et al.* (2002) sur la demande d'aide vécue au masculin, l'intervention adaptée à la clientèle masculine (Tremblay, 1996 et 2004), et des recherches récentes sur l'importance de l'alliance thérapeutique comme facteur de persévérance en thérapie (Rondeau *et al.*, 1999), l'intervention tient maintenant davantage compte du vécu des hommes qui entreprennent une démarche pour violence conjugale et de leur désir fondamental de changer (Bélanger, 2002). Cette nouvelle orientation va dans le même sens que d'autres travaux aux États-Unis (Brooks, 1998; Gondolf et Hanneken, 1987; Murphy et Baxter, 1997) et en Angleterre (Hearn, 2001).

Turcotte (2002) avance que la violence masculine au sein des rapports hommes/femmes peut notamment s'expliquer à partir du concept «d'oppression de genre» vécue par les deux catégories de sexe, quoique de façon très différente[4]. En s'appuyant sur la définition de l'oppression développée par New (2001) et le point de vue d'Adams et McCormick (1982), qui avancent que la socialisation de genre est un entraînement aliénant conduisant les hommes à mettre de côté une partie de leurs qualités humaines (expression des émotions, intimité avec les autres, soin de soi, demande d'aide, etc.), l'intervention sociale auprès des hommes, qui tient compte de la socialisation de genre, permet non seulement de mieux les aider à cesser les conduites d'agression, mais également de modifier leur conception

---

4. Pour les hommes, l'oppression de genre se traduit par la contrainte sociale à adopter le rôle d'oppresseur, alors que pour les femmes, celui de victime, ou d'opprimée.

de la masculinité. Cette prise en compte de la socialisation de genre des hommes en thérapie permet de mieux distinguer le problème de la personne et d'arriver à voir l'être humain derrière la violence masculine (Brooks, 1998). Cet auteur suggère en effet que le concept de contrainte des rôles de genre développé par Pleck (1981) permet aux thérapeutes de démontrer aux clients masculins à quel point ces rôles sont non seulement antisociaux, contradictoires (et en perpétuel changement), mais aussi source de stress et de conflits internes. Dans une étude récente, Levant et Philpot (2002) avancent que le concept de Pleck peut s'appliquer tant aux hommes qu'aux femmes. Le stress vécu par l'homme concernant les conflits de rôle de genre prédispose à la violence conjugale (Brooks et Silverstein, 1995) et il appert que la gravité des agressions serait plus intense si l'homme adhérait de façon plus rigide au code de valeurs masculines stéréotypées – ou traditionnelles – provenant du patriarcat, telles que l'homophobie, l'hostilité et la violence (Jakupcak *et al.*, 2002).

Certains auteurs postulent aussi que l'utilisation de la violence par les hommes comme moyen pour résoudre les problèmes et se différencier des femmes est le résultat de trois forces interreliées : la socialisation des hommes à être agressifs et dominants dans leurs relations sociales, le renforcement de ces valeurs par l'environnement social, aussi bien par les proches que par les institutions comme la police et l'armée, et la norme sociale de la société patriarcale qui dicte aux hommes qu'ils sont le genre dominant et qu'ils sont libres de l'assumer dans toutes les sphères sociales (Adams et McCormick, 1982 ; Anderson et Umberson, 2001 ; Brooks, 1998 ; Brooks et Siverstein, 1995 ; Hearn, 1998).

CONCLUSION

Le développement d'un modèle d'intervention sensible au genre (*gender sensitive*) auprès des conjoints aux comportements violents trouve toute sa pertinence sociale dans l'optique de déconstruction de la violence masculine, notamment par la remise en question des différents aspects problématiques de la masculinité, et permet ainsi l'émergence de normes identitaires de la masculinité plus saines et plus égalitaires (À cœur d'homme, 2003 ; Kreiner, 1999 ; Philpot, 2000).

Une intervention auprès des hommes sensible au genre permet de questionner ces constructions duelles que sont le masculin et le féminin, dont l'intégration rigide est au cœur du problème de la violence conjugale (Philpot, 2000). Le développement et l'implantation d'un tel modèle d'intervention auprès des hommes se veut donc un levier important dans le domaine de l'intervention sociale dans une perspective de changement social, notamment par la prise en considération de l'oppression de genre des hommes: le concept de genre est théoriquement conçu comme le résultat d'une contrainte socialement construite et non pas comme le reflet d'une identité intrinsèque (Pleck, 1981 et 1995). Une meilleure compréhension sur la façon dont s'opère chez les hommes la socialisation de genre peut amener une intervention plus efficace à travers une perception différente des clients tant au plan du discours social (« hommes violents » *vs* « ayant des comportements violents ») qu'au plan de la prestation des services d'aide : les aider dans leur désir et besoin de changer versus les contraindre à se responsabiliser (pouvant sous-entendre qu'ils ne sont pas responsables).

Ainsi, explorer le « côté sombre » *(dark side)* des comportements masculins, c'est en partie jeter un regard critique sur la masculinité elle-même comme construit socioculturel, et non comme essence.

C'est remettre en question la masculinité telle qu'elle est construite et comme les hommes sont contraints de l'adopter au cours de leur socialisation de genre. La mettre en question, c'est donc la relativiser pour faire apparaître d'autres masculinités possibles ou en émergence. C'est également prendre le même chemin de la lutte contre l'oppression intériorisée entrepris par les femmes dans leur mouvement d'émancipation et permettre aux hommes de sortir de cette oppression de genre qui les confine dans des rôles la plupart du temps inhumains, anti-sociaux et autodestructeurs. En ce sens, l'expérience de recherche-action actuellement en cours visant la prise en considération de la socialisation de genre dans l'intervention en violence conjugale auprès de la clientèle masculine pourrait contribuer à ramener une lecture plus sociopolitique de ce problème social. Plus concrètement, ce type d'intervention sociale autorise chez cette clientèle masculine l'émergence d'une nouvelle façon de se concevoir comme hommes. À travers ce modèle, de nouvelles normes identitaires s'expérimentent desquelles peuvent aussi jaillir de nouvelles normes comportementales masculines, en harmonie avec la conquête de l'égalité entre les sexes par le mouvement féministe. Ces nouveaux modèles masculins posant les hommes non pas en fils du féminisme, mais en frères, donc égaux, sont en gestation au cœur même des lieux de remise en question des manifestations les plus manifestes du patriarcat: la violence conjugale. Le lieu de lutte en est la vie privée ; la forme que cette lutte prend est à la fois sociale et culturelle, car il s'agit autant de création de nouvelles significations que d'affranchissement de l'oppression de genre.

> *De qui dépend que l'oppression demeure ?*
> *De nous !*
> *De qui dépend que l'oppression disparaisse ?*
> *De nous !*
> Berthold Brecht

BIBLIOGRAPHIE

À cœur d'homme (2003). «Inclure la réalité des hommes dans la prestation des services sociaux et de santé au Québec. Afin d'aider les hommes dans leur démarche de changement et promouvoir une société égalitaire et sans violence», rédaction P. Turcotte, Joliette, mémoire présenté au Comité ministériel sur la prévention et l'aide aux hommes, Ministère de la Santé et des Services sociaux du Québec.

Adams, D.C. et A.J. McCormick (1982). «Men unlearning violence: A group approach based on the collective model», dans M. Roy (dir.), *The Abusive Partner: An Analysis of Domestic Battering*, New York, Van Nostrand Reinhold, p. 170-197.

Amiguet, O. et C. Julier (1996). *L'intervention systémique dans le travail social: repères épistémologiques, éthiques et méthodologiques*, Genève, Les éditions IES.

Anderson, K.L. et D. Umberson (2001). «Gendering violence: Masculinity and power in men's accounts of domestic violence», *Gender and Society*, vol. 15, n° 3, p. 358-380.

Barudy, Jorge (1997). «Abord écosystémique de la maltraitance des enfants», *La douleur invisible de l'enfant: approche écosystémique de la maltraitance*, Genève, Erès, p. 17-39.

Bélanger, J. (1998). *Transcription de notre entretien avec le directeur de l'organisme AVIF de Châteauguay* (non publié).

Bélanger, J. (2000). *AVIF: rapport annuel 1999-2000*, Châteauguay, AVIF.

Bélanger, J. (2002). «Les hommes aux comportements violents», dans G. Tremblay (dir.), *Forum sur les groupes d'hommes*, tenu à Tracy le 31 mai 2002, p. 33-39.

Bélanger, J., en collaboration avec P. Turcotte. (2001). «AVIF: un service d'aide aux hommes qui veulent mettre fin à la violence dans leur vie», *L'AutonHomme*, vol. 18, n° 2, p. 8-9.

Bélanger, S. (1998). «Une approche multifactorielle de la violence conjugale», *Intervention*, vol. 106, p. 73-78.

Brooks, G.R. (1998). *A New Psychotherapy for Traditional Men*, San Francisco, Jossey-Bass.

Brooks, G.R. et L.B. Silverstein (1995). «Understanding the dark side of masculinity: An interactive systems model», dans R.F. Levant et W.S. Pollack (dir.), *A New Psychology of Men*, New York, Basic Books, p. 280-333.

Dulac, G. (1994). *Penser le masculin: essai sur la trajectoire des militants de la condition masculine et paternelle*, Québec, Institut québécois de recherche sur la culture.

Dulac, G. (1997). *Les demandes d'aide des hommes. Rapport de recherche*, Montréal, Université McGill (Centre d'études appliquées sur la famille).

Dulac, G. (1999). *Intervenir auprès des clientèles masculines: théories et pratiques québécoises*, Montréal, Université McGill (Centre d'études appliquées sur la famille).

Dulac, G. (2001). *Aider les hommes... aussi*, Montréal, VLB Éditeur.

Dutton, D. (1996). *De la violence dans le couple*, Paris, Bayard.

Dutton, D. et J.J. Browning (1988). «Concern of power, fear of intimacy, and aversive stimuli for wife assault», dans G. Hotaling *et al.* (dir.), *Family Abuse and Its Consequences*, Thousand Oaks, Sage, p. 163-175.

EDLESON, J.L. (1996). «Controversy and change in batterers programs», dans J.J. Edleson et Z. Eizikovits (dir.), *Future Interventions with Battered Women and Their Families*, Thousand Oaks, Sage, p. 154-169.

EDLESON, J.L. et R.J. GRUSZNSKI (1988). «Treating men who batter: Four years of outcome data from the Domestic Abuse Project», *Journal of Social Service Research*, vol. 12, n°s 1 et 2, p. 3-22.

FRANCIS, B. et A. KA TAT TSANG (1997). «War of words/words of war: A dossier on men treatment groups in Ontario», *Canadian Social Work Review*, vol. 14, n° 2, p. 201-220.

GONDOLF, E.W. (1985). *Men Who Batter: An Integrated Approach for Stopping Wife Abuse*, Holmes Beach, Learning Pub.

GONDOLF, E.W. (1988). «Who are those guys? Towards a behavioural typology of batterers», *Violence and Victims*, vol. 3, n° 3, p. 187-203.

GONDOLF, E.W. et J. HANNEKEN (1987). «The gender warrior: Reformed batterers on abuse, treatment, and change», *Journal of Family Violence*, vol. 2, n° 2, p. 177-191.

GOUVERNEMENT DU QUÉBEC (1995). *Politique d'intervention en matière de violence conjugale: prévenir, dépister, contrer la violence conjugale*, Québec, Les Publications du Québec.

HEARN, J. (1998). *The Violences of Men: How Men Talk about and How Agencies Respond to Men's Violence to Women*, Londres, Sage.

HEARN, J. (2001). «Men, social work and men's violence to women», dans A. Christie (dir.), *Men and Social Work: Theories and Practices*, New York, Palgrave, p. 63-86.

HOLMES, S.E. et D.M. KIVLIGHAN (2000). «Comparison of therapeutic factors in group and individual treatment processes», *Journal of Counselling Psychology*, vol. 47, n° 4, p. 478-484.

JAKUPCAK, M., D. LISAK et L. ROEMER (2002). «The role of masculine ideology and masculine gender role stress in men's perpetration of relationship violence», *Psychology of Men & Masculinity*, vol. 3, n° 2, p. 97-106.

KREINER, C. (1999). *Radio Interview with Charlie Kreiner*, retransmission sur le site Internet de *Radical Thoughts* le 8 juin 1999, <www.radthots.com>.

LAVERGNE, C. (1998). *Analyse du processus de construction de la violence faite aux femmes en contexte conjugal comme problème sociopénal au Québec*, Montréal, Université de Montréal, thèse de doctorat.

LEVANT, R.F., et C.L. PHILPOT (2002). «Conceptualizing gender in marital and family therapy research: The gender role strain paradigm», dans H.A. Liddle *et al.* (dir.), *Family Psychology: Science-Based Interventions*, Washington, American Psychological Association, p. 301-329, coll. «Decade of Behavior 2000-2010».

LEVANT, R.F. et W.S. POLLACK (dir.) (1995). *A New Psychology of Men*, New York, Basic Books.

LINDSAY, J., F. OUELLET et M.-C. ST-JACQUES (1993). *Évaluation de l'efficacité d'un programme de traitement pour conjoints violents*, Québec, CRSC.

MAY, R. (1990). «Finding ourselves: Self-esteem, self disclosure, and self acceptance», dans D. Moore et F. Leafgren (dir.), *Problem Solving Strategies and Interventions for Men in Conflict*, Alexandria, AACD, p. 11-21.

McMullen, P.A. et A.E. Gross (1983). «Sex differences, sex roles, and health-related help-seeking», dans B.M. DePaulo, A. Nadler et J.D. Fisher (dir.), *New Directions in Helping*, New York, Academic Press, vol. 2, p. 233-263.

Ministère de la Sécurité publique (2005). *La violence conjugale: statistiques 2003*, <www.msp.gouv.qc.ca/prevention/prevention.asp?txtSection=statistiques&txtCategorie=2003&txtSousCategorie=violconj>, consulté le 15 novembre 2006.

Monk, P.H. (1997). «Théorie structurelle du travail social: applications pratiques aux fins de la prise de conscience chez les hommes», *Le Travailleur social/The Social Worker*, vol. 65, n° 3, p. 125-134.

Morier, Y. *et al.* (1991). *Intervention sociojudiciaire en violence conjugale*, Montréal, Wilson et Lafleur.

Murphy, C.M. et V. Baxter (1997). «Motivating batterers to change in the treatment context», *Journal of Interpersonal Violence*, vol. 12, n° 4, p. 607-619.

New, C. (2001). «Oppressed and oppressors? The systematic mistreatment of men», *Sociology*, vol. 35, n° 3, p. 729-748.

O'Neill, J.M. (1982). «Gender-role conflict and strain in men's lives: Implications for psychiatrists, psychologists, and other human-service providers», dans K. Solomon et N.B. Levy (dir.), *Men in Transition*, New York, Plenum Press, p. 5-44.

Philpot, C.L. (2000). «Socialization of gender roles», dans W.C. Nichols *et al.* (dir.), *Handbook of Family Development and Intervention*, New York, John Wiley and Sons, p. 85-108.

Piché, A.-M. (2001). *Les composantes de l'alliance thérapeutique: un modèle de collaboration*, Québec, Université Laval, Centre d'appui au développement des pratiques et de la recherche en service social, 79 p.

Pleck, J.H. (1981). *The Myth of Masculinity*, Cambridge, MIT Press.

Pleck, J.H. (1989). «Men's power with women, other men and society: A men's movement and analysis», dans M.S. Kimmel et M.A. Messner (dir.), *Men's Lives*, New York, MacMillan.

Pollack, W. (1998). *Real Boys: Rescuing our Sons from the Myths of Boyhood*, New York, Random House.

Québec, Ministère de la Santé et des Services sociaux (1992). *La politique de la santé et du bien-être*, Québec, Les Publications du Québec.

Rondeau, G. (1989). *Les programmes québécois d'aide aux conjoints violents: rapport sur les 16 organismes existants au Québec*, Québec, Ministère de la Santé et des Services sociaux, Direction générale de la planification.

Rondeau, G. (1994). «La violence familiale», dans F. Dumont, S. Langlois et Y. Martin (dir.), *Traité des problèmes sociaux*, Québec, Institut québécois de recherche sur la culture, p. 319-335.

Rondeau, G. *et al.* (1999). *La persévérance des conjoints violents dans les programmes qui leur sont proposés*, Montréal, Centre de recherche interdisciplinaire sur la violence familiale et la violence faite aux femmes (CRI-VIFF), coll. «Études et analyses», n° 7.

Roy, C. et S. Bélanger (1993). «Entre la punition et la thérapie», dans M. Chalom et J. Kousik (dir.), *Violence et déviance à Montréal*, Montréal, Liber, p. 113-124.

Scott, K.L. et D.A. Wolfe (2000). « Change among batterers : Examining men's success stories », *Journal of Interpersonal Violence*, vol. 15, n° 8, p. 827-842.

Statistique Canada (2006). *La violence familiale au Canada : un profil statistique 2006*, Ottawa, Centre canadien de la statistique juridique.

Thompson, E.H. et J.H. Pleck (1986). « The structure of male role norms », *American Behavioral Scientist*, vol. 29, n° 5, p. 531-543.

Tremblay, G. (1996). « L'intervention sociale auprès des hommes : vers un modèle d'intervention s'adressant à des hommes plus traditionnels », *Service social*, vol. 45, n° 2, p. 21-30.

Tremblay, G. *et al.* (2004). « La santé mentale et les hommes : état de situation et pistes d'intervention », *Intervention*, vol. 121, p. 6-16.

Turcotte, D. *et al.* (2002). *Les trajectoires de demande d'aide des hommes en difficulté*, Québec, Centre de recherche interdisciplinaire sur la violence familiale et la violence faite aux femmes (CRI-VIFF), coll. « Études et analyses », n° 21.

Turcotte, P. (1996). *Intervention auprès des conjoints violents judiciarisés : une forme de contrôle social de type pénal ou thérapeutique. Analyse des discours de deux organismes communautaires*, Montréal, UQAM, mémoire de maîtrise.

Turcotte, P. (1997). « Intervention de groupe auprès des conjoints violents et logique du contrôle social », *Service social*, vol. 46, n°s 2-3, p. 227-239.

Turcotte, P. (2002). *Points de vue de clients masculins sur leur processus de changement face à la violence conjugale*, Montréal, Université de Montréal, thèse de doctorat.

14

ASSESSING SAFETY, MANAGING ABUSE
Routine Screening for Domestic Violence in the Family Law System

Judy A. Hughes[1]
University of Northern British Columbia

Over the past 30 years, intimate violence against women has shifted from a silenced problem to one that is now institutionally recognized across a variety of social service settings (Horlick-Jones, 2005), including criminal justice (Bennett, Goodman and Dutton, 2000; Goodman, Dutton, and Bennett, 2000; Mills, Grauwiler, and Pezold, 2006; Robinson, 2006; Williams and Grant, 2006), general and couples counseling (Johnson, 1995; Samuelson and Campbell, 2005; Seith, 2001), child welfare (Findlater and Kelly, 1999; Puldo and Gupta, 2002; Shepard and Raschick, 1999; Spath, 2003), health care (Van Hook, 2000), and the family law system (Ellis and Stuckless, 2006; Garrity and Baris, 1994; Johnson and Campbell, 1993; Stewart, 2001). Identifying women who have been abused, particularly women who have been severely abused or at high risk of future abuse is now routinely described as necessary to ensure services are appropriate and, most importantly, establish safety for abused women and their children

---

1. The author would like to thank the women and professionals who participated in this study and provided their experiences. The research was supported by a doctoral fellowship provided by the Social Sciences and Humanities Research Council (SSHRC).

(Bennett, Goodman, and Dutton, 2000; Goodman, Dutton, and Bennett, 2000; McCloskey and Grigsby, 2005; Puldo and Gupta, 2002; Samuelson and Campbell, 2005; Seith, 2001; Shepard and Raschick, 1999; Van Hook, 2000). A variety of specialized assessment tools and procedures have even been developed to aid professionals in identifying women who have been abused and who could be at risk of future harm (Bennett, Goodman, and Dutton, 2000; Puldo and Gupta, 2002; Robinson, 2006; Williams and Grant, 2006). In the midst of this now increased surveillance a critical question emerges: does this focus on identifying abused women result in improved services and needed safety?

The research described in this chapter examines this question through investigation of the routine abuse assessment procedures of professionals within the Canadian family law system. Understanding how these professionals screen for the presence of intimate violence is crucial, as the ability to recognize abused women is necessary to ensure that custody arrangements provide distance and safety from former abusive partners. The findings reported in this chapter describe how professionals screen for abuse and how this information is employed in custody decision-making processes.

CANADIAN FAMILY LAW: PROFESSIONAL PRACTICES

The Canadian family law system is a complex mix of national and various provincial and territorial statutes as well as public and private programs and services. Few cases are decided within the courts (Shaffer and Bala, 2003), as the majority of custody arrangements are negotiated privately through lawyers, facilitated by mediators in cooperation with parents (Neilson, 2001), or resolved through custody assessors' recommendations (Lee, Beauregard, and Hunsley, 1998; Leverette, Crowe, Wenglensky, Dunbar, 1997). Within Canada, custody and access are areas of shared jurisdiction with a national divorce act and a different statute in each province and territory. Although statutory provisions are distinct, there are important commonalities, in that all stipulate that children best interests are the primary consideration within negotiation and decision-making processes (Grant, 2005), and each jurisdiction primarily uses the terminology of custody or, to lesser extent, guardianship and parental authority. The national *Divorce Act* contains no criteria to define best interests, other than children should have as much contact as possible with both parents so long as this is in the children's best interests. Some provincial legislation contains a list of criteria to guide decision-making and some, but not all of these, contain specific provisions to consider violence from one parent toward the other and the children as a consideration (Jaffe, Lemon, and Poisson, 2003). Despite these differences and the lack of clarity, research suggests that professionals are recognizing intimate violence and the need to engage in routine abuse screening (see for example Austin, 2000; Beaman-Hall, 1996; Bow and Quinnell, 2001; Irving and Benjamin, 1995; Landau, 1995; Lee *et al.*, 1998; Maxwell, 1999; Neilson, 2001; Powell and Lancaster, 2003).

Investigation into abused women's experiences suggests that professionals' attempts to engage in abuse screening and provide safe custody outcomes are problematic. Through this research, women report that their claims of abuse are minimized in custody processes and then ultimately ignored as they are pressured to accept often difficult and sometimes dangerous custody arrangements (Neilson, 2000; Ontario Association of Interval and Transition Houses, 1998; Shalansky, Ericksen, and Henderson, 1999; Sinclair, 2000; Taylor, Barnsley, and Goldsmith, 1996; Varcoe and Irwin, 2004). Research into custody and access arrangements are also described as difficult for many abused women, as the typical result is a standard arrangement of sole custody to the mother with liberal access provided to the father, with safety precautions or restrictions offered in only a minority of situations involving violence (Bourque, 1995; Neilson, 2001; Rosnes, 1997; Schnall, 2000; Shaffer, 2004; Shaffer and Bala, 2003).

In an effort to understand how lawyers practice in situations involving violence against women, Neilson (2001) conducted interviews with parents involved in custody disputes and surveys with family law lawyers. Based on these combined findings, Neilson reported that many surveyed lawyers were not routinely asking women if they had been abused and, even when lawyers were aware that women had been abused, this information was often systematically removed from negotiation processes and legal documents. Neilson suggests that this occurs through a siphoning process wherein lawyers, as experts on the law, shift through women's experiences deciding what legal entitlements and rights will be accepted by the courts and by other lawyers (see also Beaman-Hall, 1996; Robertson, 1997; Smart, 2002).

Only a third of the lawyers in the Neilson (2001) study reported including women's allegations of abuse in legal documents. When allegations were included, these were framed as concerns about the well-being of children and not as concerns about the safety of women. Neilson's surveyed lawyers also reported that they seldom advise clients to seek restrictions on or termination of access. Overall, the result of these lawyering practices is standard custody settlements with sole custody to the mother with liberal access to the father or, in some cases, joint legal custody with primary residence to the mother (Neilson, 2001).

Unlike lawyers who represent clients' interests, custody mediators act as neutral process facilitators to empower former partners to negotiate within a cooperative atmosphere in an effort to arrive at jointly designed, voluntary agreements (Irving and Benjamin, 1995, 2002; Landau *et al.* 1997). Some mediation literature suggests that there is no role for mediation practice in situations involving violence, as the process itself poses danger to the non-abusive partner (Grillo, 1991; Kelly, 1995; Maxwell, 1999). Other literature, however, indicates that screening protocols aid mediators not only in identifying situations in which abuse has taken place, but to decide if the violence is too severe to proceed or determine what modifications to the mediation process, such as individual caucusing as opposed to face-to-face negotiation and agreements that include neutral exchange sites, supervised exchanges, and supervised access, need to be in place to keep victims safe (Irving and Benjamin, 1995; Landau, 1995; Maxwell, 1999; Neilson, 2001; Newmark *et al.*, 1995; Pearson, 1997; Thoennes, Salem, and Pearson, 1995).

Two studies examined mediation outcomes in cases involving violence where mediators used abuse protocols, such as screening modified mediation practices (Magana and Taylor, 1993; Mathis and Tanner, 1998). Although both studies determined that mediators were able to identify cases involving violence through abuse screening and divert the more serious cases of violence into shuttle mediation (partners in separate rooms), only a limited number of the final mediated agreements included safety mechanisms. However, even the agreements with safety provisions stipulated that these were temporary, which requires these abused women to return to mediation and justify the extension of these mechanisms (see also Hahn and Kleist, 2000; Hart, 1990).

A recent review of 200 mediation reports within a court-mandated program found similar results (Johnson, Saccuzzo, and Keon, 2005). Although mediators identified the presence of abuse in 40% of family situations, they failed to recognize violent situations even in cases where there were clear indications of abuse. These researchers suggest that the mediators were more likely to recognize violence in situations where the abuse was more severe and included involvement in the criminal justice system. Custody arrangements in these cases were also problematic, as outcomes for situations involving abuse and those that did not were joint legal custody. Further, these arrangements contained few provisions for supervised access or other safety modifications.

Custody assessors prepare written reports that evaluate the parenting abilities, family relationships, and the best interests of children in families involved in custody disputes (Lee *et al.*, 1998; McGill, Deutsch, and Zibbell, 1999; Vandenberg, 2002). Most of the assessment literature outlines procedures that should be followed by assessors and delineates what should be in assessment reports. Central in the identification of best practices is the recommendation to thoroughly and objectively investigate allegations of sexual and physical abuse (Austin, 2000; Bow and Quinnell, 2001; Lee *et al.*, 1998; Powell and Lancaster, 2003). A survey by Bow and Boxer (2003) asked 148 masters- and doctoral-level clinical psychologists specializing in child custody assessment about their practices in situations involving domestic violence. Seventy-six percent of these assessors suggested that the allegations greatly or extremely affected their work and that they supported allegations of violence in an average of 57% of cases. Despite this focus on investigating and attending to allegations of abuse, these custody assessors also reported that they favor joint legal custody, as children's best interests are served by contact with both parents after separation or divorce. Other surveys of custody assessors' views revealed a similar pattern with 73% (of 198 assessors) in one study favoring joint legal custody (Bow and Quinnell, 2001) and 46% (of 201 assessors) in another (Ackerman and Ackerman, 1996/1997).

Taken together, this research suggests that despite documented evidence of screening, information about intimate relationship violence appears to have little to no impact on final negotiated outcomes, as the majority of custody arrangements result in some form of unrestricted access or joint legal custody without safety provisions (Bow and Boxer, 2003; Johnson, Saccuzzo, and Koen, 2005; Magana and Taylor, 1993; Mathis and Tanner, 1998; Neilson, 2001; Shaffer and Bala, 2003). Given this, it is necessary to explore if and how family law lawyers, mediators, and assessors screen for intimate partner violence and then examine the actual practices and procedures in which they engage once this information has been revealed. What specific questions are being asked to gather information about abuse and what images do professionals hold about battered women? What information about abuse is taken as significant and how is it made relevant or not to custody recommendations and decision-making?

METHODOLOGY

The chosen design for this study is institutional ethnography, which is a method designed by Smith (1986) to uncover how the practices within various institutional settings are constraining individuals' lives. Institutional ethnographers take the standpoint of a group that is marginalized in a particular setting. Research begins with these experiences as a problematic and the aim is to explicate the routine practices through which individuals' lived experiences are marginalized. This study begins in the standpoint of women who experience relationship violence and access the family law system to obtain distance, safety, and independence from former partners. The overall research objective is to document the professional practices through which women's experience of violence is understood and whether and how these influence custody arrangements.

DATA COLLECTION, SAMPLE, AND ANALYSIS

Participation was sought through Internet searches of professional associations, such as the Ontario Family Mediation website, the Ontario Department of Justice website, The Ontario College of Social Workers and the Ontario Association of Social Workers, and Internet searches of lawyer's websites. Additional participants were recruited through a simple snowball technique through which already interviewed participants were asked if they could supply names of other potential participants. Professionals were asked if and how they screen for violence in the lives of their women clients and what images and understandings they hold about domestic violence and abused women. Last, a series of questions focused on the routine practices and processes they follow once they determine that a woman has been abused.

In-depth interviews with 16 Canadian family law professionals, six family law lawyers, three mediator/lawyers, three mediators, two mediator/assessors, and two custody assessors were conducted. All of the lawyers were in private practice. Mediators varied in terms of primary professional background, as some were lawyers, others held social work degrees, and one was a psychologist. Mediators who were social workers also stated that they preformed other roles in and around the family law system, such as parenting coordinators, child/family assessment counselors, marriage and divorce counselors, and facilitators of parent support and education groups. All of the custody assessors, except one psychologist, were social workers. Most of the mediators and assessors were in private practice but some worked within public court services. All interviewed professionals were women, except for one male lawyer. The majority of these individuals practiced within Ontario, while two, one mediator and one assessor, practiced in British Columbia. They also varied in years of experience, as some had only 2 to 3 years of practice experience, while others were in practice for 25-30 years.

As interviews were completed, they were transcribed and read carefully. Interviewing and data analyses were iterative. As one interviewee supplied information about a particular practice or procedure, subsequent participants were asked about these same processes. Analysis of the interview transcripts began with careful listening to each recorded interview and highlighting of important pieces of text within the transcripts. The constant comparison method was used to move between highlighted text pieces within and across the transcripts (Seale, 1999).

FINDINGS

SCREENING FOR ABUSE

All of the interviewed professionals clearly stated that knowing whether a woman had been abused is important and informative to the work they perform. For some, screening for intimate violence simply meant asking women if they had been abused. For the majority of interviewed professionals, however, screening involved a detailed process of asking multiple questions about specific violent incidents. The purpose is to find out as much detail as possible, including what abuse occurred, when, how often, what instruments were used, what belittling or emotionally abusive words were said, and what injuries resulted.

Through discussion of these screening practices, professionals revealed that they make clear distinctions about what constitutes an abusive relationship and what does not. This difference was based on assessment of the frequency and severity of specific incidents, especially physically violent acts. The designation of "true violence" seemed to be saved for "real situations" of domestic violence, including persistent patterns of slapping, hitting, kicking, derogatory name calling, belittling, threatening with weapons, and so on. Some of these interviewed professionals held the category of "seriously abused women" or "truly violent relationships" for the very worst situations, referring as one mediator/assessor did to "reports in the newspaper of women being murdered by their partners" or, as in the case of one mediator/lawyer, "asking women if they feel that their lives are in danger." Women's experiences that do not fit these rather extreme patterns or levels could be dismissed as lesser forms of abuse. Emotional abuse was described as important, but then also dismissed as very prevalent, as many professionals simply stated that "that is just the way that it is during separation/divorce."

Some interviewed professionals also spoke of searching for other patterns of behavior beyond just severity. One group focused on the behaviour or demeanor of women. The expectation is that women who are "truly abused" will behave in particular ways, for example, crying, looking down at the floor, hesitating in speaking, deferring to partners, speaking softly, and being frightened and hesitant to reveal any information:

It's really hard to describe the different levels. It's kind of intuitive and I just know that it is there when I pick up the signs, and they avoid talking about it is sometimes a sign, if their eyes are averted when I ask questions. If they hesitate a lot and take a lot of time before they speak. And I just look for these signs and symptoms (Mediator/Lawyer 002).

I look for the emotionality with which they first resist telling me and then finally tell me. Be leery if they reveal too much too fast. So by the second or third interview, there should be someone crying and telling you that they do not want to talk about this, that it hurts too much. And be able to say, yes I know, we will take time and help me to know, and I think that this is probably the first time you are telling any one. They often don't tell anyone, especially family (Assessor 001).

It is clear from the above quotations that these professionals expect abused women to fit a particular image of a victimized woman. The danger is that women who do not exhibit these victim behaviours will not be recognized as abused women.

Another group described searching for patterns around the timing of the abusive behaviour. If abusive actions occurred largely around the time of separation/divorce or seemed somehow more severe during that time, then some professionals stated that they named these behaviours as separation violence or characterized the relationship as high conflict:

At the point of separation, somebody threw something or somebody hit someone, not a long-standing pattern of woman abuse. So I don't see a lot of that of the extreme type but I do see a lot of high conflict (Mediator/ Assessor 002).

Because divorce is very stressful, pretty high conflict time and some people are able to manage that and some people are into a physical way of dealing with it and they just become physical just at that time and at no other time would they be physical, and then there are other times when the relationship has had some or other form of intimidation and violence and threat in the form of outright violence throughout the relationship, and that is the reason for the relationship ending and becomes high conflict then... some people can look quite pathological when they are going through a divorce. They are really quite okay people, they are just going through a really difficult time. They can look a little off but they are basically intact people. Other people are not, and it takes really careful assessing skills to see whether or not because of the situation or because it is characteristic for them (Mediator/ Assessor 001).

Divorce and the negotiation of custody and access are constructed as emotional events, which somehow seem to create violent behaviors. These incidences of violence are named as "separation violence" or "high conflict" with limits placed on what could be considered abusive either through the way in which minor physical pushing was normalized or emotional abuse in the context of separation/divorce was discounted.

Still others, namely lawyers, reported that as individuals, they recognized violence against women as a broad, multidimensional construct, including emotional, physical, and financial forms of abuse. This group described struggling to bring this broader understanding into a system that only accepts more evident or severe physical abuse as indicative of an abusive relationship:

> *I like the expression wife assault; I use assault because courts hear abuse and they do not accept that as assault. I know that the feminist community has been saying abused women and in fact, when I was first in practice, it was battered women, but they have been using that for a long time because they want to include psychological abuse and emotional abuse and financial abuse, and I understand that but I have a different job, which is that I have to convince unbelieving judges that this really happened and it is really unacceptable. I have to talk about wife assault, because I think that that is an expression that gets a judges attention and gets them to believe […] with emotional and psychological abuse that did not include any physical assault, many family law lawyers would encourage their clients not to make a case or attempt to make a case on the basis of that because they would convince their clients of two things: the difficulty of proof and the fact that judges will minimize and even dismiss it. And I regret to say that they would be right* (Lawyer 001).

Ultimately, even this group must also focus on severe incidents of physical violence, as this is the accepted construction of abuse within the family law system.

PROFESSIONAL PRACTICES

Professionals described their screening practices as a means to identify relationships in which violence had occurred and to determine if this abuse was serious enough to warrant changes to what would be their otherwise normal custody decision-making procedures. Many spoke of colleagues who did not engage in this practice. In contrast, they described their practices as being concerned with the welfare and safety of abused women. What emerged through these interviews' discussions, however, is that these screening practices are simultaneously a means to identify abusive relationships and a method to ensure that these complex situations involving fear, danger, isolation, emotional abuse, and lack of evidence, are bracketed and efficiently managed. The following sections detail how this occurs through the routine practices and processes of each professional group – lawyers, mediators, and assessors.

In interviews, many of the lawyers described the work they do as convincing judges that a woman's experiences of abuse are relevant and important to determinations about child custody. They described how they pulled out specific incidence of severe physical and emotional violence from women clients' stories and then worked to connect these to legal issues. In attempts to do this, they were constrained by a legal discourse of *"what judges are prepared to listen to"* and *"what a policy or legislative framework based on children's best interests and the no-fault divorce"* will allow.

What this means is that in order to make women's experiences of abuse relevant and actionable, legal documents needed to contain a *"thick description"* of violent incidents:

> *First we set out her history, the history of the marriage, the history of the relationship, and the history of that abuse; we would detail the extent of that abuse and the form of it, whether it is physical abuse or sexual abuse or to what degree of emotional or psychological abuse that we could... and we would detail what that is about. And we go, in her instance, in terms of her history, how frequent and how severe it is. Then we discuss the injuries. Then we look at what kinds of evidence to support those allegations that might exist* (Lawyer 003).

> *I would put stuff in the affidavit that says specifically, "he called me a fucking bitch." And you put these words in the court papers to be as shocking as possible, you just want to make it as shocking as possible: "He called me a slut in front of the children or he threatened to go get his gun and shoot me in front of the kids"... you want to put those things in and give as many specific examples as possible and not just "He abused me." Not just "I am afraid of him," but "I am afraid of him because he has done this on March 29th: he took out a knife and held me against the wall and stabbed me with it"* (Mediator/Lawyer 002).

> *The first thing I do is get a very detailed sense of what has happened. I need to know if it was an incident 10 years ago, a history of incidents, and what happened most recently, and does it look like it will happen again. And I need to get a lot of details because if I end up going to court... the court sees these allegations all of the time, and that sounds really sick but I remember one of my early cases, I had a client whose husband threw a beer bottle at her head and he missed. The judge was trying to send them to mediation and I was appalled because the judge was trying to push the clients into mediation. So I find that, like any other issue, the more detail you have the more persuasive it is, and therefore you really need to get into in some depth with your clients* (Mediator/Lawyer 001).

The function is to make these abusive moments relevant for constructing legal arguments for restraining orders and/or to explain the necessity for limitations or restrictions to access. These are not usual outcomes for child custody cases. The norm is as much access as possible for the non-custodial parent (*i.e.* liberal as opposed to restricted or limited access). In order to construct arguments against these norms, lawyers must work to convince judges that the abuse has been severe enough, that there is objective evidence to back these claims of violence, and that what is being asked for is "reasonable" given the severity and level of the violence.

Lawyers then described how, once judges and other lawyers have been convinced of the seriousness of the allegations, they have to connect these abusive acts to harm to the children. This is the only means through which women's experiences of abuse can be made relevant to custody decision-making, if the abusive behaviour occurred in front of the children or that the behaviour is so frequent that children will be exposed to continued conflict and violence during access exchange times:

> *So what you have to do is that any argument that you put forward has to directly relate to parenting. So you do not have to say – I am not suggesting that the parent has hurt the children but the fact of abuse between the parents is only relevant as it relates to custody and access if it affects the children. That is often a difficult thing for the client to understand* (Mediator/ Lawyer 001).

Legal arguments about custody have to be made in reference to the impact of abusive behaviour on the child or children and/or impact on future parenting. This was clearly and succinctly stated by one of the lawyers: "*to make the judge believe that abusing the mother in front of the kids is tantamount to abusing the kids*" (Mediator/Lawyer 002). Violent behaviour experienced by the mother is directly bracketed by this requirement to focus only on harm to the child or children. These lawyers then are screening for violence and inserting thick descriptions of specific abusive incidents into legal documents and negotiation processes, yet the information is bracketed as decisions about custody have to do with parenting only, and not judging or intervening in the relationship between the parents.

All of the interviewed mediators discussed screening as a means to know if mediation would be an appropriate process in a particular family situation and then, if yes, to know what specialized mechanisms were needed to keep women safe during the process. Interviewed mediators stated that once these decisions have been made and the safety mechanisms are in place, they proceed with the main business of the mediation process – negotiation of child custody. Any discussion of abuse must then be kept out of the mediation session because bringing these into the discussion could be dangerous, but also because allegations of abuse disrupt the mediation process:

> *When you have a person that is stuck in their past and they cannot get beyond that, then they are not ready for mediation. Because in order to mediate you have to be thinking about moving forward. And if you are so*

stuck there, two things are going to happen: she may get angry and she may become unreasonable in her anger, which may cause all kinds of problems in the mediation, or, and most likely, she will be so unfocused that she doesn't really know what she really wants or needs (Mediator 002).

I need them to feel comfortable and if they are frightened and if they are flooded by emotions and they can't think straight in the process then it's useless for them. Then I don't want to put them through it. It is way too difficult for someone who is actually terrified – women or men... yeah and then you look at that and then you say, "Well, is that going to be a problem for you? Is that going to get in the way? I mean is that going to be a problem that gets in the way?" If there have been threats of violence then we want to make sure that that doesn't contaminate the mediation for sure (Mediator/ Assessor 001).

One of the reasons we made sure we developed the protocol is, in the early days, when we were still feeling our way around this process, the lawyer had not seen fit to disclose to us anything about that and when we were going through the process and I am trying to apply a little bit of pressure for a settlement, all of a sudden this lady started to scream and say that she had been abused and beaten up badly by this person (Mediator/Lawyer 003).

Past relationship violence must be bracketed, kept from entering into the negotiation process, as the allegations or abused women's anger and fear can emerge and distract or even completely derail the mediation process and the possibility of reaching a resolution.

Once screened and assessed, intimate violence is regarded as separate from the parenting issues that are the main "work" of the process and the primary goal, which is the development of a custody agreement:

Well, we don't usually talk about it during a mediation. Usually, we talk about what they are trying to focus on. No, we don't usually discuss it when we are doing the work. We discuss it before in terms of what impact that is going to have and just acknowledge that I am screening for it... well, I guess when I am mediating I really have a job to do, to get them to work on what they are supposed to be working on, and the past is there but I can not change the past, and I do not want them going to the past because I am trying to move them into the future. And I try to get present focused and if you need some time out to calm down about what you are talking about then that is okay, but let's not try to treat this as such as big deal (Mediator/Assessor 001).

Violence against women is again bracketed as mediators largely regard women's allegations of abuse as potential interruptions that have to be managed so as not to thwart the mediation process. Any suggestion that allegations of violence should enter and be an important consideration with regard to parenting issues was not discussed by these mediators. In fact, interviewed mediators were clear in stating that the role of the mediator is not to judge behaviour, but to facilitate and manage a fair process. Past relationship violence is "de-emphasized" and "not treated as such a big deal," as concern is focused only on the management of behaviour occurring within mediation sessions.

For interviewed assessors, screening for and investigating allegations of violence was described as the main work of writing custody reports. Assessors described asking directly about family violence and then carefully searching for collateral evidence of this abuse:

> I just gather a history, a chronological history of the relationship and the breakdown of the relationship, if there was violence or conflict during the relationship and then what broke down the relationship and whether there was violence or conflict at that time, and what has been going on since that time, and whether the violence or conflict has been going on into the post-separation period. What they have done to keep themselves safe and what their current concerns are, and then what their concerns are around their children, and then I will investigate it and see if their concerns are valid. And if in my mind I feel that the concerns are valid then I will come up with recommendations around that. And if I feel that their concerns are rather exaggerated then I will make recommendations that reflect the level of concern and that are useful and accurate (Mediator/Assessor 001).

Assessors directly investigate the history of family relationships and any allegations of violence to determine "if the concerns are valid or exaggerated." Like lawyers in determining legal relevance, assessors described how they determine if the concerns and experiences of abused woman are severe enough to warrant bringing these into final custody recommendations and reports. If assessors focus on physical abuse and/or severe acts of abuse as being valid and dismiss other allegations as being less severe or exaggerated, then many women's concerns can be dismissed and bracketed from entering into custody decision-making processes.

Once the information is collected, assessors built this into a custody report. Although each assessor's description of their individual practices differed slightly, there was overlap in their accounts of how they structure the final custody report. Assessors describe beginning each report with a section entitled, "History of the Relationship." This section contains the information about abuse and violence. This is followed by other sections that describe the relationships between each parent and child, outline the views of the children, and assess parental capacity:

> I would go through their individual history and standard protocol about their individual history – specific questions I ask everyone, and then the history of the marriage, and I ask specific questions about the marriage and the allegations and about what happened, and I get examples. And then I do an assessment of parenting capacity, and that can be done a number of

different ways but one is a fairly structured interview where I ask the same questions of everybody and various things about parenting (Mediator/ Assessor 002).

This section, parental capacity, is the last and most important section, wherein the ability to do the job of everyday parenting is assessed. This controlled flow of information physically separates past relationship violence from parenting issues. This is accomplished as though what happened within the history of a relationship between two parents, including abuse of one parent by the other, does not overlap and impact concerns about parenting, particularly something called "capacity to parent." In the end, one assessor stated that the effect of this is that custody decisions are based on who can do the job – feed the children, get them to school on time, and so on. Allegations of abuse are included in the final report, but then neatly bracketed with the "History of the Relationship" section.

CONCLUSION

A limitation of design and findings described in this chapter is the reliance on qualitative interviews and analysis. Thus, the findings are not a comprehensive examination of professionals' practices, but rather in-depth information gleaned from a smaller number of interviews. A further limitation is that sampling occurred through Internet searches and snowball sampling. The sample is not representative of all family law professionals, but those that agreed to be interviewed. As the majority of interviewees practice within Ontario, the resulting description of practices is limited to this jurisdiction.

The strength of the analysis is that it provides in-depth data to document the ways in which screening for intimate relationship violence by family law professionals results, simultaneously, in the recognition of some women's experiences and the silencing and bracketing of other women's. These two contradictory outcomes exist because of the ways in which professionals conceptualize their understandings of what constitutes a "truly violent" or "severely abusive" relationship and how custody decision-making processes largely ignore past relationships between parents to focus on resolution of future parenting arrangements.

In hearing women's experiences, these professionals begin questioning processes: "Is this dangerous? Is this severe? Is this real violence?" The focus is on specific behaviours perpetrated by an abuser or the demeanor of women in response to this behaviour. This questioning begins in intimate moments of women's lives and pulls specific incidents of abuse moments from the context of women's lives, and then treats these as facts that can be submitted to some objective framework or patterns that constitute a violent relationship. If professionals understand intimate violence in narrow ways as mostly extreme physical violence, then they will miss the complexity of women's experiences, which includes emotional violence, isolation, and psychological fear. Worse, if women's experiences do not fit within these narrow confines, professionals can minimize the allegations and then dismiss these as irrelevant to custody decision-making (Bennett, Goodman, and Dutton, 2000). This focus on severe physical harm results in only the most severely and obviously abused women being identified and offered safety mechanisms or processes (Phegan, 1994/1995).

Fully understanding women's experiences of violence requires contextualized knowledge that begins in how women themselves articulate their experiences – the daily lived reality of abuse and the pain, fear, and anger of violent relationships. The purpose of this contextualized knowledge is to present more holistic versions of women's experiences and, as described by one lawyer, make judges see the situation through the "*eyes of the victim.*" Bringing knowledge of women's lived realities into the family law system also provides a more meaningful understanding of past family relationships from which decisions about future parenting arrangements can be made.

The movement toward increased screening and recognition of violence against women has not been accompanied by an expansion of resources to deal with these now identified situations (Bennett, Goodman and Dutton, 2000; Van Hook, 2000; Robinson, 2006) or by changes in legislation that would provide professionals with the ability to respond appropriately to women's concerns. Many of the professionals interviewed for this research spoke of the difficulty of working with situations involving intimate relationship violence, including the need to change what are "normal" procedures, by providing extra time to make women comfortable enough to disclose abuse. Beyond this, professionals revealed that much of their practices in situations involving abuse were focused on identifying abused women and then findings ways to ensure women's allegations and safety concerns from impacting or contaminating efficient resolution of custody arrangements. Bracketing women's experiences is necessary as the overall focus is of the Canadian family law system is not on past relationships between parents, but on future parenting arrangements that are believed to be in children's best interests. In this way, established professional practices have not shifted along with the increased focus on identifying abused women.

In practice, children's welfare has been understood to require continued and significant contact with both parents, except in situations involving severe violence or direct abuse of the child or children (Ackerman and Ackerman, 1996/1997; Beaman-Hall, 1996; Vandenberg, 2002). The result is that the safety of adult women is not considered relevant within custody decision-making processes unless the abuse has been severe or also puts children directly at risk of harm. Professionals must minimize and then dismiss women's experiences that do not reach this threshold. If professionals engage in practices to identify abused women, then these professionals must also be accountable in taking the time to fully understand women's situations. Additionally, change in legislation is required to shift away from the notion that children's best interests can be determined in the absence of considering the safety and well-being of the parents who care for them on a daily basis. If women are placed at risk through custody arrangements that do not specify any safety mechanisms or cannot be enforced, then their children are also at risk.

Overall, intimate relationship violence screening is a means for family law professionals to identify situations involving woman abuse, so that women's complex experiences could be bracketed and efficiently managed toward resolution. The cost of these practices can be high for individual abused women, as they are kept in close contact with former abusive partners and placed at greater risk of experiencing continued abuse.

BIBLIOGRAPHY

ACKERMAN, M.J. and M.C. ACKERMAN (1996/1997). "Child custody evaluation practices: A 1996 survey of psychologists," *Family Law Quarterly*, vol. 30, pp. 565-586.

ANDREWS, M., S. DAY SCLATER, C. SQUIRE, and M. TAMBOUKOU (2004). "Narrative research," in C. Seale, G. Gobo, J.F. Gubrium, and D. Silverman (ed.), *Qualitative Research Practice*, Thousand Oaks, Sage.

AUSTIN, W.G. (2000). "Assessing credibility in allegations of marital violence in the high conflict child custody case," *Family and Conciliation Courts Review*, vol. 38, no. 4, pp. 462-477.

BEAMAN-HALL, L. (1996). "Abused women and legal discourse: The exclusionary power of legal method," *Canadian Journal of Law and Society*, vol. 11, no. 1, pp. 125-139.

BENNETT, L., L.A. GOODMAN, and M. DUTTON (2000). "Risk assessment among batterers arrested for domestic assault: The salience of psychological abuse," *Violence against Women*, vol. 6, no. 11, pp. 1190-1203.

BOURQUE, D.M. (1995). "'Reconstructing' the patriarchal nuclear family: Recent developments in child custody and access in Canada," *Canadian Journal of Women and the Law*, vol. 10, no. 1, pp. 1-24.

BOW, J.N. and C.P. BOXER (2003). "Assessing allegations of domestic violence in child custody evaluations," *Journal of Interpersonal Violence*, vol. 18, no. 12, pp. 1394-1410.

Bow, J.N. and F.A. Quinnell (2001). "Psychologists' current practices and procedures in child custody evaluations: Five years after American Psychological Association Guidelines," *Professional Psychology, Research and Practice*, vol. 32, no. 3, pp. 261-268.

Ellis, D. and N. Stuckless (2006). "Separation, domestic violence, and divorce mediation," *Conflict Resolution Quarterly*, vol. 23, no. 4, pp. 461-485.

Findlater, J.E. and S. Kelly (1999). "Child protection services and domestic violence," *The Future of Children: Domestic Violence and Children*, vol. 9, no. 3, pp. 84-96.

Garrity, C.B. and M.A. Baris (1994). *Caught in the Middle: Protecting the Children of High Conflict Divorce*, New York, Lexington Books.

Goodman, L.A., M. Dutton, and L. Bennett (2000). "Predicting repeat abuse among arrested batterers: Use of the danger assessment scale in the criminal justice system," *Journal of Interpersonal Violence*, vol. 15, no. 1, pp. 63-74.

Grant, K.L. (2005). "Deserving of further attention: A case streaming approach to child custody and access in the context of spousal violence," *Canadian Journal of Family Law*, vol. 22, no. 1, pp. 57-100.

Grillo, T. (1991). "The mediation alternative: Process dangers for women," *Yale Law Journal*, vol. 100, no. 6, pp. 1545-1610.

Hahn, R.A. and D.M. Kleist (2000). "Divorce mediation: Research and implications for family and couples counselling," *The Family Journal: Counseling and Therapy for Couples and Families*, vol. 8, no. 2, pp. 164-171.

Hart, B.J. (1990). "Gentle jeopardy: The further endangerment of battered women and children in custody mediation," *Mediation Quarterly*, vol. 7, no. 4, pp. 317-330.

Horlick-Jones, T. (2005). "On 'risk work': Professional discourse, accountability, and everyday action," *Health, Risk, & Society*, vol. 7, no. 3, pp. 293-307.

Irving, H.H. and M. Benjamin (1995). *Family Mediation: Contemporary Issues*, Thousand Oaks, Sage.

Irving, H.H. and M. Benjamin (2002). *Therapeutic Family Mediation: Helping Families Resolve Conflict*, Thousand Oaks, Sage.

Jaffe, P.G., N.K.D. Lemon, and S.E. Poisson (2003). *Child Custody and Domestic Violence: A Call for Safety and Accountability*, Thousand Oaks, Sage.

Johnson, M.P. (1995). "Patriarchal terrorism and common couple violence: Two forms of violence against women," *Journal of Marriage and the Family*, vol. 57, pp. 283-294.

Johnson, N.E., D.P. Saccuzzo, and W.J. Keon (2005). "Child custody mediation in cases of domestic violence: Empirical evidence of failure to protect," *Violence against Women*, vol. 11, no. 8, pp. 1022-1053.

Johnston, J. and L. Campbell (1993). "Parent child relationships in domestic violence families disputing custody," *Family and Conciliation Courts Review*, vol. 31, no. 3, pp. 282-298.

Kelly, J.B. (1995). "Power imbalance in divorce and interpersonal mediation: Assessment and intervention," *Mediation Quarterly*, vol. 13, no. 2, pp. 85-98.

Landau, B. (1995). "The Toronto forum on women abuse: The process and outcome," *Family and Conciliation Courts Review*, vol. 33, no. 1, pp. 63-78.

LANDAU, B., M. BARTOLETTI, and R. MESBURN (1997). *Family Mediation Handbook*, Markham, The Butterworth Group of Companies.

LEE, C.M., C.P.M. BEAUREGARD, and J. HUNSLEY (1998). "Lawyers' opinions regarding child custody mediation and assessment services: Implications for psychological practice," *Professional Psychology: Research and Practice*, vol. 29, no. 2, pp. 115-120.

LEVERETTE, J., T. CROWE, R. WENGLENSKY, and M. DUNBAR (1997). "Judicial case management and the custody and access assessment: Melding the approaches," *Canadian Journal of Psychiatry*, vol. 42, p. 649-655.

MAGANA, H.A. and N. TAYLOR (1993). "Child custody mediation and spouse abuse: A descriptive study of a protocol," *Family and Conciliation Courts Review*, vol. 31, no. 1, pp. 50-64.

MATHIS, R.D. and Z. TANNER (1998). "Effects of unscreened spouse violence on mediated agreements," *The American Journal of Family Therapy*, vol. 26, no. 3, pp. 251-260.

MAXWELL, J.P. (1999). "Mandatory mediation of custody in the face of domestic violence: Suggestions for courts and mediators," *Family and Conciliation Courts Review*, vol. 37, no. 3, pp. 335-355.

McCLOSKEY, K. and N. GRIGSBY (2005). "The ubiquitous clinical problem of adult intimate partner violence: The need for routine assessment," *Professional Psychology, Research and Practice*, vol. 36, no. 3, p. 264-275.

McGILL, J.C., R.M. DEUTSCH, and R.A. ZIBBELL (1999). "Visitation and domestic violence: A clinical model of family assessment and access planning," *Family and Conciliation Courts Review*, vol. 37, no. 3, pp. 315-334.

MILLS, L.G., P. GRAUWILER, and N. PEZOLD (2006). "Enhancing safety and rehabilitation in intimate violence treatments: New perspectives," *Public Health Reports*, vol. 121, pp. 363-368.

NEILSON, L. (2000). "Partner abuse, children and statutory change: Cautionary comments on women's access to justice," *Windsor Yearbook of Access to Justice*, vol. 18, pp. 115-152.

NEILSON, L. (2001). *Spousal Abuse, Children and the Legal System: Final Report for Canadian Bar Association Law for the Futures Fund*, Fredericton, Muriel McQueen Fergusson Centre for Family Violence Research.

NEWMARK, L., A. HARRELL, and P. SALEM (1995). "Domestic violence and empowerment in custody and visitation cases," *Family and Conciliation Courts Review*, vol. 33, no. 1, pp. 30-62.

ONTARIO ASSOCIATION OF INTERVAL AND TRANSITION HOUSES (1998). *Falling through the Gender Gap: How Ontario Government Policy Continues to Fail Abused Women and Their Children*, The Ontario Association of Interval and Transition Houses, November, <www.owjn.org/archive/gender2.html>, accessed December 20, 2002.

PEARSON, J. (1997). "Mediating when domestic violence is a factor: Policies and practices in court-based divorce mediation programs," *Mediation Quarterly*, vol. 14, no. 4, pp. 319-335.

PHEGAN, R. (1994/1995). "The family mediation system: An art of distributions", *McGill Law Journal*, vol. 40, pp. 365-414.

POWELL, M. and S. LANCASTER (2003). "Guidelines for interviewing children during child custody evaluations," *Australian Psychologist*, vol. 38, no. 1, pp. 46-54.

PULDO, M.L. and D. GUPTA (2002). "Protecting the child and the family: Integrating domestic violence screening into a child advocacy center," *Violence against Women*, vol. 8, no. 8, pp. 917-933.

ROBERTSON, C. (1997). "The Demystification of legal discourse: Reconceiving the role of the poverty lawyer as agent of the poor," *Osgoode Hall Law Journal*, vol. 35, pp. 637-661.

ROBINSON, A.L. (2006). "Reducing repeat victimization among high-risk victims of domestic violence: The benefits of a coordinated community response in Cardiff, Wales," *Violence against Women*, vol. 12, no. 8, pp. 761-788.

ROSNES, M. (1997). "The invisibility of male violence in Canadian child custody and access decision-making," *Canadian Journal of Family Law*, vol. 14, pp. 31-60.

SAMUELSON, S.L. and C.D. CAMPBELL (2005). "Screening for domestic violence: Recommendations based on a practice survey," *Professional Psychology, Research and Practice*, vol. 36, no. 3, pp. 276-282.

SCHNALL, E.M. (2000). "Custody and access and the impact of domestic violence," *Canadian Family Law Quarterly*, vol. 18, pp. 99-222.

SEALE, C. (1999). *The Quality of Qualitative Research*, Thousand Oaks, Sage.

SEITH, C. (2001). "Security matters: Domestic violence and public social services," *Violence against Women*, vol. 7, no. 7, pp. 799-820.

SHAFFER, M. (2004). "The impact of wife abuse on child custody and access decisions," *Canadian Family Law Quarterly*, vol. 22, no. 1, pp. 85-151.

SHAFFER, M. and N. BALA (2003). «Wife abuse, child custody and access in Canada," *Journal of Emotional Abuse*, vol. 3, no. 3/4, pp. 253-275.

SHALANSKY, C., J. ERICKSEN, and A. HENDERSON (1999). "Abused women and child custody: The exposure to abusive ex-partners," *Journal of Advanced Nursing*, vol. 29, no. 2, pp. 416-426.

SHEPARD, M. and M. RASCHICK (1999). "How child welfare workers assess and intervene around issues of domestic violence," *Child Maltreatment*, vol. 4, no. 2, pp. 148-156.

SINCLAIR, D. (2000). *In the Centre of the Storm: Durham Speaks Out; A Community Response to Custody and Access Issues Affecting Woman Abuse Survivors and Their Children; Summary Report*, Durham, ON, Status of Women Canada.

SMART, C. (2002). *Feminism and the Power of Law*, New York, Routledge.

SMITH, D.E. (1986). "Institutional ethnography: A feminist approach." *Resources for Feminist Research*, vol. 15, no. 1, pp. 6-12.

SPATH, R. (2003). "Child protection professionals identifying domestic violence indicators: Implications for social work education," *Journal of Social Work Education*, vol. 39, no. 3, pp. 497-518.

STEWART, R. (2001). *The Early Identification and Streaming of Cases of High Conflict Separation and Divorce: A Review*, Ottawa, Department of Justice Canada.

TAYLOR, G., J. BARNSLEY, and P. GOLDSMITH (1996). *Women and Children Last: Custody Disputes and the Family "Justice" System*, Vancouver, Vancouver Custody and Access Support & Advocacy Association.

THOENNES, N., P. SALEM, and J. PEARSON (1995). "Mediation and domestic violence: Current policies and practices," *Family and Conciliation Courts Review*, vol. 33, no. 1, pp. 6-29.

VANDENBERG, G.H. (2002). "Custody Evaluation: The Expert Witness and the Assessment Process," *American Journal of Family Law*, vol. 16, no. 4, pp. 253-259.

VAN HOOK, M.P. (2000). "Help seeking for violence: Views of survivors," *Affilia*, vol. 15, no. 3, pp. 390-408.

VARCOE, C. and L. IRWIN (2004). "'If I killed you, I would get the kids': Women's survival and protection work with child custody and access in the context of woman abuse," *Qualitative Sociology*, vol. 27, no. 1, pp. 77-99.

WILLAMS, K.R. and S.R. GRANT (2006). "Empirically examining the risk of intimate partner violence: The Revised Domestic Violence Screening Instrument (DVSI-R)," *Public Health Reports*, vol. 121, pp. 400-408.

5

RÉFLEXIONS SUR LES PRATIQUES DE LUTTE CONTRE D'AUTRES VIOLENCES

15

LUTTE CONTRE LA VIOLENCE FAITE AUX FEMMES EN AFRIQUE DE L'OUEST
Spécificités du contexte dans la prévention du phénomène et la prise en charge des victimes

Mylène Bigaouette
Oxfam-Québec/ Burkina Faso

En Afrique de l'Ouest, les formes que prend la violence faite aux femmes sont multiples et, dans certains cas, cautionnées par des pratiques traditionnelles et par certains pouvoirs exercés. Ces violences s'inscrivent dans un contexte où l'appartenance à la communauté est très forte, où les femmes connaissent peu leurs droits et où le recours aux ressources externes et au système judiciaire demeure peu valorisé. Dans ces milieux où la communauté prime sur l'individu, la prise en charge des victimes est un défi auquel toutes les réponses du Nord ne peuvent s'appliquer. Cependant, le partage de certaines initiatives mises de l'avant dans les pays du Sud pourrait favoriser une résolution plus efficace de certaines problématiques. Face à des réalités si différentes, quelle collaboration est possible entre les pays du Sud et du Nord ? La collaboration entre pays du Sud ne serait-elle pas plus porteuse ? Quels rôles pourraient tenir les pays du Nord pour appuyer cette collaboration Sud-Sud ? Ces questions sont d'actualité dans le domaine du développement durable et elles doivent plus particulièrement se poser dans le cadre de la recherche de solutions aux problématiques sociales, telle que la violence faite aux femmes, où le contexte est en lien direct avec les causes de celle-ci et influence les solutions que l'on pourra y apporter.

CONTEXTE OUEST-AFRICAIN DE LA VIOLENCE FAITE AUX FEMMES

Bien que la situation diffère d'un pays à un autre en Afrique de l'Ouest francophone[1], des inégalités entre les hommes et les femmes se remarquent dans tous les pays de la région. En effet, de manière générale, les femmes ont un accès plus limité aux ressources et à la gestion des ressources (terres, crédits, technologies, etc.) ; elles sont plus vulnérables face aux problématiques présentes et sont souvent affectées différemment par celles-ci (analphabétisme, pauvreté, violences basées sur le genre, difficultés d'accès aux soins de santé, etc.) ; elles sont également largement affectées par les crises touchant la sous-région (conflits, augmentation du VIH/ SIDA, etc.).

Les données suivantes permettent de voir certaines inégalités existant entre les hommes et les femmes :

– Les femmes qui vivent en Afrique subsaharienne ont une chance sur seize de mourir pendant leur grossesse ou pendant l'accouchement. En Amérique du Nord, les risques sont de 1 sur 3 700[2].

– Le taux d'alphabétisation des femmes est généralement inférieur à celui des hommes en Afrique de l'Ouest. Au Sénégal, selon le Rapport mondial sur le développement humain 2006, 29,2 % étaient alphabétisées au Sénégal contre 51,1 % d'hommes. Au Bénin, on comptait 23,3 % et 47,9 % d'hommes alors qu'au Niger, ces taux étaient de 15,1 % pour les femmes et de 42,9 % pour les hommes[3].

---

1. Les pays inclus dans l'appellation «Afrique de l'Ouest» varient d'une organisation à une autre. Selon l'organisation Oxfam International, 16 pays sont inclus dans l'Afrique de l'Ouest à savoir le Sénégal, le Mali, le Burkina Faso, le Niger, le Tchad, la République Centrafricaine, la Guinée-Bissau, la Guinée, le Libéria, la Sierra Leone, la Côte-d'Ivoire, le Ghana, le Bénin, le Togo, le Nigeria et le Cameroun. De manière générale, le territoire considéré comme Afrique de l'Ouest est plus circonscrit et les pays considérés comme faisant partie de l'Afrique de l'Ouest francophone sont le Sénégal, le Mali, le Burkina Faso, le Niger, la Guinée, la Côte-d'Ivoire, le Togo et le Bénin. La Mauritanie peut, dans certains cas, s'ajouter à cette liste.

2. Site web Millenium Project des Nations Unies : <www.unmillenniumproject.org/facts/index_french.htm>.

3. PNUD (2006), p. 314.

– Dans tous les pays de la région, comme dans la plupart des pays du monde, le revenu annuel estimé du travail des femmes est inférieur à celui des hommes. Ainsi, le revenu des hommes au Burkina Faso est de 37 % supérieur à celui des femmes alors qu'il est de 68 % supérieur au Mali. Au Niger, cet écart atteint 75 % avec un revenu annuel estimé de 601 $US pour les femmes et de 1 056 $US pour les hommes[4].

– Les femmes sont très peu présentes et participent peu aux instances décisionnelles et politiques. Au Niger, l'on retrouve 12,4 % de femmes parlementaires alors que ce pourcentage est de 11,7 % au Burkina Faso et de 10,2 % au Mali[5].

Cette situation est la résultante de plusieurs facteurs qui sont en partie interreliés. Parmi ces facteurs, il faut noter ceux-ci :

– Le système patriarcal fortement présent et peu flexible affecte les relations entre les hommes et les femmes.

– La perpétuation de rôles traditionnels cantonne la femme dans une majorité d'activités peu productives sur le plan économique et favorise un manque de confiance en soi chez celles-ci.

– Les croyances et pratiques traditionnelles et religieuses cautionnent certaines violences basées sur le genre telles que les mariages forcés et/ou précoces, les mutilations génitales féminines, le lévirat[6], les interdictions alimentaires, etc.

– L'environnement légal est souvent peu favorable à l'égalité entre les sexes. À ce niveau, l'un des principaux problèmes qui se pose est la non-concordance entre les textes nationaux et internationaux. À titre d'exemple, nous pouvons citer la question de la polygamie. L'article 16 de la Convention sur l'élimination de toutes les formes de discrimination à l'égard des femmes (CEDEF) prévoit l'élimination de la discrimination dans toutes les questions associées au mariage et aux rapports familiaux. Selon les organisations Droit et démocratie et Femmes vivant sous loi musulmane, dans leur ouvrage *Documenter les violations des droits des femmes par les acteurs non étatiques*, cela implique qu'un pays qui aurait ratifié la CEDEF ne pourrait autoriser les hommes à pratiquer la polygamie et l'interdire chez les femmes (Bauer et Hélie, 2006, p. 34 à 37). Or, bien que le Burkina Faso, le Mali, le Niger et le Sénégal aient ratifié cette convention, la polygamie

---

4. PNUD (2005), p. 314.

5. PNUD (2006), p. 370.

6. « Coutume selon laquelle la ou les épouses d'un homme deviennent à sa mort les épouses de son, de ses frères ». *Petit Larousse illustré* (2005), p. 629.

demeure admise, uniquement pour les hommes, dans le cadre des mariages civils régis par le *Code des personnes et de la famille* de chacun de ces pays.

– L'application effective des textes existants se heurte à des difficultés majeures, notamment dues à l'ignorance de la loi par une large partie de la population, au manque de ressources (financières, humaines et matérielles) au sein du système judiciaire, à l'absence de volonté politique dans ce domaine et à la cohabitation du droit coutumier, du droit musulman et du droit légal. Dans *Évaluation stratégique des enjeux en matière de genre au Mali*, l'on rapporte que les faits d'abroger le droit coutumier et de ratifier des instruments juridiques inter-nationaux à caractère obligatoire « n'ont pas suffi à rompre la pré-dominance du droit coutumier sur le droit moderne[7] ».

– La surcharge de travaux domestiques vécue par les femmes joue également en leur défaveur et est généralement l'un des facteurs en cause dans les différents problèmes de santé qu'elles vivent, dans le manque de temps auquel elles sont confrontées, dans les difficultés d'accès à l'éducation et dans leur faible implication au niveau de la vie politique de leurs communautés[8].

Au niveau du contexte de l'Afrique de l'Ouest, il importe également de souligner qu'un problème se pose quant à la disponibilité d'informations rigoureuses sur la violence faite aux femmes dans la région. Au cours de l'année 2006, dans le cadre de l'un de ses projets, Oxfam-Québec a collecté des études portant sur la violence faite aux femmes dans quatre pays de l'Afrique de l'Ouest (Bénin, Burkina Faso, Mali et Niger). Cette démarche avait pour objectif de résumer certaines études et de les diffuser dans le cadre d'un recueil. La consultante qui a réalisé les analyses et les résumés d'études est arrivée aux conclusions suivantes :

– Peu de références bibliographiques sont incluses dans les études.

– L'ensemble des thèmes, bien qu'ils soient variés, ne couvre pas toutes les problématiques de la violence faite aux femmes.

– Plusieurs études sont exploratoires ou descriptives. Peu d'études proposent des analyses approfondies des données et mettent en relation ces données (analyses croisées, corrélations, etc.).

---

7. Diop Diagne *et al.* (2005), p. 60.
8. Oxfam-Québec (2006), p. 14-15.

– Bien que plusieurs études semblent avoir suivi une méthodologie rigoureuse, un nombre très limité décrit précisément cette méthodologie, la justifie et analyse l'influence de celle-ci sur les résultats de l'étude[9].

Cette réalité rend plus difficile le travail des organisations œuvrant dans la lutte contre la violence faite aux femmes, compte tenu qu'elles détiennent peu de données leur permettant d'orienter leurs interventions et d'alimenter leurs plaidoyers. Leur travail est ainsi plus facilement remis en cause et la problématique de la violence faite aux femmes peut être sous-évaluée autant au niveau de la diversité des formes qu'elle prend que de sa prévalence ou de ses causes.

DES RÉPONSES DU NORD À LA VIOLENCE FAITE AUX FEMMES DANS LES PAYS DU SUD

Tenant compte du fait que ces femmes vivent dans des sociétés où le droit de la communauté a préséance sur celui de l'individu, où la femme est tenue au devoir conjugal, donc peut difficilement exercer un pouvoir décisionnel quant à sa sexualité et à la planification familiale (Ilboudo, 2006, p. 55-56), où «une discrimination est créée dès l'enfance pour montrer à la fille qu'elle est faite pour être sous tutelle de l'homme, qu'il soit le père, le frère ou le mari[10]», il nous apparait juste de dire que les réalités vécues par ces femmes ouest-africaines diffèrent de celles de la plupart des femmes vivant dans les pays du Nord. Ces différences ressortent dans différents domaines qui ont une influence directe sur les populations, de manière générale, mais particulièrement sur le potentiel de développement et le vécu des femmes. Le tableau suivant offre donc quelques éléments de comparaison, dans différents secteurs, entre des pays du Nord et des pays du Sud.

Ces différences ne présupposent pas que la violence faite aux femmes est plus importante dans l'un ou l'autre de ces groupes de pays, mais plutôt que le contexte dans lequel elle naît et se perpétue est différent, donc que les solutions le sont également. Par contre, cela ne signifie pas que toutes les réponses données à la violence faite aux femmes dans les pays occidentaux ne s'appliquent pas dans les pays du Sud, mais il faut savoir que de manière générale, elles doivent être repensées et adaptées; dans certains cas, elles ne peuvent effectivement pas s'appliquer.

---

9. Oxfam-Québec (2007), p. 14.
10. UNICEF (2000), p. 90.

Tableau 1
Éléments comparatifs entre des pays du Nord et des pays du Sud de l'Afrique de l'Ouest francophone

	Pays du Nord (Pays à développement humain élevé)			Pays du Sud/ Afrique de l'Ouest francophone (Pays à faible développement humain)*			
	Norvège	Canada	France	Sénégal	Bénin	Burkina Faso	Niger
Classement selon l'indice de développement humain	1	6	16	156	163	174	177
Espérance de vie des femmes à la naissance (en années), 2004	82,0	82,6	83,1	57,2	55,0	48,6	44,7
PIB par habitant en $US (2004)	54 465	30 586	33 896	683	498	376	228
Taux brut de scolarisation des femmes combiné dans le primaire, le secondaire et le supérieur (en %) 2004	105	96	95	36	41	23	18
Taux de fécondité (naissances par femme) 2000-2005	1,8	1,5	1,9	5,0	5,9	6,7	7,9
Utilisation de moyens de contraception (en % de femmes mariées âgées de 15 à 49 ans)	Non spécifié	75	75	11	19	14	14
Accouchements assistés par un personnel de santé qualifié (en %)	100	98	99	58	66	38	16
Taux de mortalité maternel (pour 100 000 naissances vivantes), taux ajusté (2000)	16	6	17	690	850	1000	1600
Consommation de combustibles traditionnels (en % du total des besoins énergétiques)**	6,1	4,3	4,6	70,9	81,3	83,3	85,6

* Si l'on tient compte de la définition de l'Afrique de l'Ouest faite par Oxfam International, incluant 16 pays, seulement deux pays ne sont pas classés dans le groupe des pays à faible développement humain. Il s'agit du Cameroun (144e pays sur 177) et du Ghana (136e pays sur 177), qui font partie du groupe des pays des pays à développement humain moyen.

** Le bois de chauffe est l'un des combustibles traditionnels les plus utilisés en Afrique de l'Ouest. La cueillette du bois est une tâche qui incombe aux femmes et aux filles.

Source: PNUD, 2006, p. 283 à 391.

Parmi les exemples de solutions qui, dans le contexte actuel, sont peu adaptées aux contextes des pays de l'Afrique de l'Ouest, se trouve le concept de Centre d'hébergement pour les femmes victimes de violence. Que ce soit au Bénin, au Burkina Faso, au Mali ou au Niger, nous pouvons dire, à ce stade-ci, que ce service, tel qu'implanté dans certains pays du Nord, ne semble pas adapté aux réalités et aux besoins des populations de ces pays. Des expériences d'implantation de tels centres ont été faites dans différents pays de l'Afrique de l'Ouest, mais l'exemple d'un centre d'écoute et d'accueil pour les femmes victimes de violence au Bénin a été retenu pour illustrer les difficultés qui sont rencontrées. Ce centre, qui a souhaité demeurer anonyme, avait été mis en place par un réseau régional œuvrant dans le domaine de la promotion et de la défense des droits des femmes. Les services offerts dans le cadre de ce centre visaient plus particulièrement les femmes victimes de violence conjugale. Après une année de fonctionnement, les instigatrices du projet se sont rendu compte que le nombre de personnes qui avaient bénéficié du service d'hébergement était de beaucoup inférieur aux objectifs qu'elles s'étaient fixés et un nombre encore plus restreint de bénéficiaires étaient des femmes victimes de violence conjugale. Selon la coordonnatrice de l'organisation, les services qui étaient les plus fréquemment utilisés étaient les services d'écoute, de conseil et d'accompagnement juridique sur les questions de succession et de droit matrimonial (abandon familial, pension alimentaire, garde des enfants, etc.). Il est légitime de se demander si cette basse fréquentation n'était pas due à une méconnaissance du centre par la population ou à l'inexistence du phénomène de la violence conjugale. Cependant, le taux de fréquentation du centre pour les services d'accompagnement et d'appui-conseil dans le domaine juridique démontre que le centre est connu des femmes. Quant au phénomène de la violence conjugale, différents ouvrages et études ouest-africains démontrent également son existence[11]. En réalité, les motifs pour lesquels peu de femmes victimes de violence conjugale font appel aux services des associations travaillant dans la promotion et la défense des droits des femmes ou offrant des services d'hébergement sont d'ordre socio-culturel. Dans les pays ouest-africains, les questions de violence conjugale sont considérées comme faisant partie du domaine familial, donc privé, et le mariage demeure une alliance entre deux familles et non entre deux individus (Ilboudo, 2006, p. 74-77). Ainsi, la violence conjugale concerne la famille et est une situation qui doit se régler en famille. Si plusieurs des

---

11.   Sans être exhaustif, nous trouvons parmi ces études et ouvrages *Violences conjugales dans la communauté urbaine de Niamey: cas des couples qui se plaignent au niveau de l'Association islamique du Niger, Étude sur les conflits familiaux vus sous l'approche genre dans quatre départements du Bénin, Étude sur les violences conjugales faites aux femmes, Le livre blanc: La situation de la femme malienne. Cadre de vie, problèmes, promotion et organisations.*

victimes de violence conjugale trouvent effectivement écoute et accueil au sein de leur propre famille, ce système ne résout pas forcément le problème. Ces conceptions fondamentalement différentes du mariage ainsi que du rôle de la famille dans la vie d'un individu font en sorte que l'hébergement des victimes de violence conjugale ne constitue pas, à ce jour, un besoin largement exprimé par les femmes. Par contre, l'information des populations et plus particulièrement des femmes quant à leurs droits ainsi qu'aux moyens dont elles disposent pour les faire valoir est incontournable et le besoin de celles-ci d'être accompagnées dans cette démarche est fortement exprimé.

Cet exemple où l'application d'un modèle du Nord dans un pays du Sud n'a pas été concluante n'est pas unique, et une telle situation peut se rencontrer dans différents domaines. Cela ne signifie pas pour autant que le partenariat Nord-Sud soit impossible, mais une réflexion s'impose quant à la manière de vivre ce partenariat ainsi qu'aux éléments que chacun peut apporter pour enrichir cette collaboration. Cela implique qu'il ne faut pas seulement se demander ce que les pays du Nord peuvent apporter aux pays du Sud. Les questions suivantes doivent aussi se poser:

– Premièrement, que peuvent apporter les intervenants du Sud à ceux du Nord? Il est clair qu'un apport des acteurs impliqués dans la lutte contre la violence faite aux femmes au niveau des pays du Sud n'est pas à négliger dans le contexte où l'immigration est en constante augmentation dans les pays du Nord et où les femmes immigrantes vivent des réalités propres à elles, notamment en termes d'exclusion et d'isolement. Mais la collaboration Sud-Nord devrait et doit aller au-delà de ce champ d'action.

– Deuxièmement, qu'est-ce que les pays du Sud peuvent mutuellement s'apporter?

COLLABORATIONS SUD-SUD

Dans les dernières années, il nous a été donné d'observer et/ou d'appuyer des projets où des collaborations à la fois Nord-Sud et Sud-Sud ont été mises de l'avant. Dans plusieurs cas, ces collaborations ont été fructueuses. À titre d'exemple, nous pouvons présenter l'expérience vécue par deux organisations locales partenaires d'Oxfam-Québec au Burkina Faso et au Niger.

Au niveau du Burkina Faso, l'exemple du Mouvement de la Marche mondiale des femmes, dont la coordination nationale y a été très dynamique, est incontournable. En effet, le mouvement burkinabè a, dès 1998, largement contribué au mouvement international de l'organisation. La coordination nationale du Burkina Faso a notamment été membre du comité international de la Marche mondiale des femmes jusqu'en juillet 2006 et a accueilli, en octobre 2005, la finale des actions internationales « La marche à relais ». Au cours des premières années, le mouvement de la Marche mondiale des femmes n'a cependant pas pu prendre le même envol au Mali et au Niger. En vue des actions de 2005, la coordination nationale du Burkina Faso a donc choisi d'appuyer le mouvement de la Marche mondiale des femmes au Niger et au Mali afin de redynamiser les activités en Afrique de l'Ouest et de susciter un réel mouvement régional. L'objectif n'a pu être atteint au Niger mais a largement été dépassé au Mali : pour la première fois, en 2005, des activités nationales et internationales ont pu être menées dans ce pays dans le cadre de la Marche mondiale des femmes. Également, la coordination nationale du Mali a été retenue, lors de la dernière rencontre internationale de Lima, en juillet 2006, comme l'un des deux pays représentant le continent africain au niveau du comité international de l'organisation. La décentralisation des activités internationales dans les pays du Sud a donc permis cet appui Sud-Sud mais a également favorisé une plus grande participation des femmes de la région. En effet, des femmes provenant de pays de l'Afrique de l'Ouest où les activités de la marche mondiale ne pouvaient être réalisées ont pu prendre part aux actions menées au Burkina Faso. Bien que dans certains pays ce soit pour des raisons d'ordre logistique que les activités n'ont pu se tenir, il faut savoir que dans d'autres pays le mouvement de la Marche mondiale des femmes est mal vu, voire interdit. Cela est notamment dû au fait que le mouvement défend le droit des femmes de « vivre librement leur sexualité de façon responsable[12] », énoncé qui peut être associé à la question de l'orientation sexuelle, et « le droit de prendre librement des décisions qui concernent leur corps, leur sexualité et leur fécondité[13] » qui est lié à l'accès aux moyens de contraception, au droit de choisir parmi ces moyens et au droit à l'avortement. En Afrique de l'Ouest, où l'homosexualité n'est pas admise et demeure taboue, et où l'avortement est théoriquement permis dans des situations précises (grossesse découlant d'un viol, grossesse à risque pour la mère, etc.), mais très rarement pratiqué, ces articles de la *Charte mondiale des femmes pour l'humanité* ont, dans certains pays, posé problème.

---

12. Extrait de l'affirmation 2 de la valeur « Liberté » de la *Charte mondiale des femmes pour l'humanité*.

13. Extrait de l'affirmation 4 de la valeur « Liberté » de la *Charte mondiale des femmes pour l'humanité*.

Un autre exemple de collaboration Sud-Sud qu'il nous a été donné de voir en Afrique de l'Ouest se situe dans le domaine de la lutte contre la fistule obstétricale. La fistule obstétricale est une lésion qui se crée entre la paroi du vagin et la vessie ou entre la paroi du vagin et le rectum. Cette fissure cause une incontinence de différente importance chez les femmes qui en souffrent (écoulement constant par le vagin d'urine ou de selles). La fistule obstétricale résulte d'un accouchement et elle est causée par un travail prolongé et difficile, souvent sans assistance médicale. Il existe une forme similaire de fistule, nommée fistule traumatique, qui se retrouve généralement chez les femmes vivant en zone de conflit où le viol est utilisé comme arme de guerre. Dans certaines de ces zones, la fistule traumatique est considérée comme une blessure de guerre et les médecins l'enregistrent comme un crime de guerre[14]. En Afrique de l'Ouest, où c'est plutôt la fistule obstétricale que la fistule traumatique qui est présente, la problématique est sans contredit liée à la santé sexuelle et de la reproduction des femmes, mais elle est également directement reliée aux questions de la violence faite aux femmes puisque les femmes souffrant de la fistule se voient exclues de leur communauté et de leur famille. En effet, ces femmes sont souvent répudiées par leur mari et parfois elles sont également rejetées de leur famille d'origine. Si elles ne sont pas répudiées ou rejetées, elles sont, au minimum, mises à l'écart et ont très peu de contacts avec les membres de leur communauté. Cette affectation les marginalise également en leur retirant leur statut de femme, c'est-à-dire d'épouse et de femme pouvant avoir des enfants. Bien que nous ne disposions pas de chiffres exacts sur la question, cette problématique est très présente au Niger et son traitement demeure peu accessible. Un nombre restreint de médecins nigériens ont été formés à la réalisation de l'intervention chirurgicale permettant la réparation de la fistule obstétricale mais tous n'acceptent pas de pratiquer l'opération. Au Burkina Faso, ce problème est très peu pris en compte dans les actions nationales de lutte contre la violence faite aux femmes, malgré qu'il soit présent.

Au Niger, l'organisation « Santé de la reproduction pour une maternité sans risque » (DIMOL) a décidé de se spécialiser dans la lutte contre la fistule obstétricale et a amené le débat autour de cette problématique sur la place publique. La collaboration entre cette organisation et des organisations et personnes ressources provenant d'autres pays de l'Afrique de l'Ouest a été multiple et elle a permis une meilleure prise en charge, à différents niveaux, des femmes victimes de la fistule obstétricale. Premièrement, l'organisation a collaboré avec des médecins du Nigeria au niveau des techniques chirurgicales permettant la réparation de la fistule obstétricale.

---

14. Site Internet du Fonds des Nations Unies pour la population : <www.unfpa.org>.

En effet, différentes techniques chirurgicales existent dans le domaine de la réparation de la fistule obstétricale. Initialement, la technique utilisée au Niger ne permettait qu'un taux très faible de réparation de la lésion. Au Nigeria, une technique plus performante avait cependant été mise au point (taux de réussite de plus de 85 %) et l'association DIMOL a pris contact avec des médecins nigérians la pratiquant afin de pouvoir former des médecins nigériens à cette technique. Aujourd'hui, cette technique plus performante est la plus utilisée dans les chirurgies réparatrices de la fistule obstétricale au Niger. Un deuxième exemple de collaboration se situe au niveau de la prise en charge en tant que telle des femmes souffrant de la fistule obstétricale. Au moment où DIMOL a débuté ses activités, aucun centre n'offrait les mêmes services au Burkina Faso, malgré la présence de la problématique, notamment dans la zone du Nord-Est. Des femmes burkinabè ont alors pu bénéficier des services de DIMOL au Niger, à savoir hébergement, soins de santé et appui à la réinsertion dans leur milieu d'origine. Troisièmement, DIMOL a mis au point une stratégie de réinsertion des femmes ayant souffert de la fistule obstétricale et ayant pu être opérées dans leur milieu d'origine. Cette stratégie prévoit un accompagnement de la femme par des animatrices lors de son retour dans son milieu d'origine, la sensibilisation de sa communauté à la problématique de la fistule obstétricale (causes, manifestations, moyens de la prévenir, appui à donner aux femmes en étant victimes, etc.) et l'appui à la mise en place de petites activités génératrices de revenu. Ce processus de réinsertion des femmes opérées dans leur milieu d'origine a obtenu de très bons résultats et a pu être reproduit dans d'autres pays, notamment au Ghana[15].

Aujourd'hui, DIMOL, qui a permis l'opération de 263 femmes entre 2004 et 2006, demeure un acteur incontournable dans la lutte contre la fistule obstétricale dans la région et il est en contact avec plusieurs autres organisations qui mènent des activités semblables au Burkina Faso, au Mali et au Ghana.

Dans les deux cas présentés, le réseautage Sud-Sud a apporté des avantages incontestables, et des appuis complémentaires de certaines organisations du Nord ont contribué à assurer cette réussite. Au niveau de l'exemple de la Marche mondiale des femmes, plusieurs organisations de coopération internationale ont apporté appui technique et financier aux coordinations du Sud afin de favoriser leur mise en place et le développement de leurs activités. Au-delà des financements, la Coordination nationale du Burkina Faso a bénéficié de l'appui de volontaires de plusieurs

---

15. Les informations concernant l'organisation DIMOL et ses actions de lutte contre la fistule obstétricale ont été recueillies au cours d'un entretien qui a eu lieu à Niamey (Niger), le 20 juillet 2006, avec Madame Salamatou Traoré, présidente de l'organisation.

organisations qui ont contribué au renforcement des capacités de la structure dans le domaine des communications, des nouvelles technologies de l'information et de la communication, de la gestion de projet, etc.

Au niveau de l'organisation DIMOL, jusqu'à aujourd'hui, la grande majorité des interventions chirurgicales visant la réparation de la fistule obstétricale sont pratiquées par des médecins étrangers (majoritairement des Pays-Bas et des États-Unis mais également du Nigeria) qui, par la même occasion, assurent la formation de médecins nigériens dans ce domaine afin que dans l'avenir, le traitement de la fistule obstétricale puisse être pris en charge par des médecins nigériens.

RENFORCEMENT DES CAPACITÉS DES ORGANISATIONS IMPLIQUÉES DANS LA LUTTE CONTRE LA VIOLENCE FAITE AUX FEMMES AU SAHEL

C'est dans cet esprit de collaboration Sud-Sud et Nord-Sud qu'Oxfam-Québec a décidé d'orienter, vers une dynamique régionale, ses activités d'appui à la lutte contre la violence faite aux femmes. Un projet régional intitulé « Renforcement des capacités des organisations impliquées dans la lutte contre la violence faite aux femmes au Sahel » a donc été élaboré. Ce projet, qui couvrait la période d'avril 2006 à avril 2007, comportait trois activités principales :

- l'édition d'un recueil présentant des résumés d'études réalisées au Bénin, au Burkina Faso, au Canada, au Mali et au Niger, dans le domaine de la violence faite aux femmes ;

- un appui technique et financier aux activités des organisations locales impliquées dans la campagne 2006 « 16 jours d'activisme dans la lutte contre la violence faite aux femmes[16] » ;

- la réalisation d'un atelier régional de capitalisation des actions menées dans le cadre de la campagne au Bénin, au Burkina Faso, au Mali et au Niger.

---

16. Cette campagne internationale est menée du 25 novembre au 10 décembre de chaque année. Elle a été développée par le premier institut du Women's Global Leadership sous l'égide du Center for Women's Global Leadership. Par le choix des dates de la campagne, les participants souhaitaient créer un lien entre le phénomène de la violence faite aux femmes (25 novembre : Journée internationale pour l'élimination de la violence à l'égard des femmes) et les droits humains (10 décembre : Journée internationale des droits de l'homme) en mettant plus d'emphase sur le fait que la violence faite aux femmes est une violation des droits humains. La campagne « 16 jours d'activisme contre la violence faite aux femmes » implique des individus et des organisations, à travers le monde, luttant pour l'élimination de toutes les formes de violence faite aux femmes.

Par ce projet, Oxfam-Québec souhaitait favoriser le réseautage d'organisations locales impliquées dans la lutte contre la violence faite aux femmes sur les bases nationale et régionale, le partage d'informations et de compétences dans le domaine ainsi que contribuer à la sensibilisation de citoyens du Nord et du Sud sur les questions de violence faite aux femmes. Notamment, des actions concertées ont été appuyées et menées dans chacun des pays dans le cadre de la campagne 2006 « 16 jours d'activisme dans la lutte contre la violence faite aux femmes ».

Afin de permettre un partage des connaissances, de faire ressortir les succès et difficultés rencontrées dans chacun des pays ainsi que favoriser un mouvement régional pour la pérennisation de cette campagne, un atelier régional de capitalisation a été réalisé. Cette initiative a donc permis aux organisations provenant des différents pays de présenter les actions menées dans la campagne 2006 au niveau de leur pays respectif et les résultats qu'ils ont obtenus à court terme, mais aussi d'échanger sur la thématique de la violence faite aux femmes en tant que tel et de partager certaines de leurs pratiques. Cet atelier régional a également été l'occasion de partager les savoirs du Nord et du Sud. Ainsi, des spécialistes canadiennes ont été invitées à participer à l'atelier et à présenter des communications sur les thématiques de la recherche (critères de recherches méthodologiquement fiables, importance de mener des études fiables, lien entre la recherche et le plaidoyer) et du plaidoyer (comment faire ressortir les résultats concrets d'un plaidoyer et comment utiliser ces résultats pour poursuivre le plaidoyer).

CONCLUSION

À l'heure actuelle, en Afrique de l'Ouest, beaucoup d'activités d'information, d'éducation et de communication restent à faire pour que, dans un premier temps, les femmes et les populations en général connaissent et reconnaissent les droits des femmes et pour qu'ensuite, les femmes puissent faire valoir leurs droits et bénéficient des ressources nécessaires pour les protéger. Tel qu'indiqué précédemment, dans les quatre pays ouest-africains impliqués dans le projet, des incohérences notables existent entre les lois nationales et les instruments internationaux, pourtant dûment ratifiés, en matière de droits humains et plus particulièrement de droits des femmes. Au Mali et au Niger, le code des personnes et de la famille est en révision depuis de nombreuses années, ne permettant pas, jusqu'à ce jour, la modification ou le retrait de certains articles défavorables à l'exercice des droits des femmes. Au Niger, des groupes religieux font des pressions pour que le code des personnes et de la famille soit plus conforme à la *Charia*[17], ce qui entraînerait un important recul pour les femmes quant à leurs droits.

Dans ce contexte, il apparaît plus que pertinent de susciter la discussion et l'échange entre les acteurs impliqués dans ces différents pays afin que certaines solutions, certaines façons de faire puissent être partagées et que les pays ayant déjà avancé sur certaines questions puissent faire bénéficier les autres de leurs expériences. En ce sens, la révision du *Code des personnes et de la famille*, la lutte contre l'excision incluant l'adoption de lois interdisant cette pratique, et la prise en charge des femmes victimes de violence sont des thèmes d'actualité où l'expérience des uns servirait sans aucun doute la résolution de certains problèmes chez d'autres. Également, il serait approprié de favoriser un mouvement régional afin d'exercer des pressions politiques plus importantes et ainsi permettre l'adoption de lois et procédures ne portant pas préjudice aux groupes traditionnellement exclus, généralement les femmes.

Au niveau de la collaboration Nord-Sud, l'appui technique et financier aux organisations de la société civile du Sud demeure, pour les organisations non gouvernementales du Nord, plus que pertinent afin d'assurer un renforcement des capacités des organisations du Sud dans les domaines pour lesquels elles expriment des besoins. Dans l'autre direction, à savoir la collaboration Sud-Nord, la volonté d'impliquer activement les hommes dans les actions de sensibilisation et de plaidoyer, en Afrique de l'Ouest, donne à réfléchir. Bien que les femmes soient généralement les victimes de la violence basée sur le genre, d'où le terme «violence faite aux femmes», la prévention du phénomène et la solution du problème ne peuvent se réaliser sans l'implication des hommes. Cette façon de faire qui se retrouve particulièrement en Afrique de l'Ouest est, à notre avis, un exemple ne pouvant que favoriser un développement harmonieux et respectueux de la communauté dans son ensemble dont certains milieux occidentaux pourraient s'inspirer. Dans le contexte actuel de mondialisation et de libéralisation des outils de communication, nous sommes convaincus que de tels partenariats sont possibles et peuvent être fructueux.

---

17. «Loi canonique islamique régissant la vie religieuse, politique, sociale et individuelle, appliquée de manière stricte dans certains États musulmans», *Petit Larousse illustré* (2005), p. 228.

BIBLIOGRAPHIE

ASSOCIATION POUR LE PROGRÈS ET LA DÉFENSE DES DROITS DES FEMMES MALIENNES (APDF) (2000). *La femme au Mali. Cadre de vie, problèmes, promotion, organisations*, Livre blanc, Gouvernement du Mali.

BARA MOUSTAPHA, M. (2005). *Violences conjugales dans la communauté urbaine de Niamey : cas des couples qui se plaignent au niveau de l'Association islamique du Niger*, mémoire pour l'obtention du diplôme d'État de technicien supérieur de l'action sociale, Niger.

BARRY, H. et J. KABORÉ (1998). *Étude sur les violences conjugales faites aux femmes*, Burkina Faso, RECIF/ ONG-B.F.

BAUER, J. et A. HÉLIE (2006). *Documenter les violations des droits des femmes par les acteurs non étatiques*, Canada, Droits et démocratie/ Femmes sous loi musulmane.

BOKO NADJO, G. et A. VIGNON (2005). *Étude sur les conflits familiaux vus sous l'approche genre dans quatre départements du Bénin*, Bénin, WiLDAF/FeDDAF-Bénin.

DIOP DIAGNE, A. *et al.* (2005). *Évaluation des enjeux stratégiques en matière de genre au Mali*, Mali, Banque mondiale.

ILBOUDO, M. (2006). *Droit de cité : être femme au Burkina Faso*, Montréal, Les Éditions du Remue-ménage.

MOUVEMENT INTERNATIONAL DE LA MARCHE MONDIALE DES FEMMES (2005). *Charte mondiale des femmes pour l'humanité*.

ONU (1979). *Convention pour l'élimination de toutes les formes de discrimination à l'égard des femmes*, New York, Nations Unies.

OXFAM-QUÉBEC (2005). *État des lieux sur l'égalité entre les sexes*, Burkina Faso.

OXFAM-QUÉBEC (2007). *Rapport général de l'atelier régional sur la lutte contre la violence faite aux femmes en Afrique de l'Ouest*, Burkina Faso.

Petit Larousse illustré (2005). Éditions Larousse.

PROGRAMME DES NATIONS UNIES POUR LE DÉVELOPPEMENT (2005). *Rapport mondial sur le développement humain 2005*, Éditions Economica.

PROGRAMME DES NATIONS UNIES POUR LE DÉVELOPPEMENT (2006). *Rapport mondial sur le développement humain 2006*, Éditions Economica.

Site Internet du Fonds des Nations Unies pour la population : <www.unfpa.org>.

Site Internet du Millenium Project des Nations Unies : <www.unmillenniumproject. org/facts/index_french.htm>.

UNICEF (2000). *Enfants et femmes du Burkina Faso : défi et espoir*, New York, Nations Unies, 140 p.

16

WALKING THE TIGHTROPE
Providing Sexual Assault Resistance Education for University Women without Victim Blame[1]

Charlene Y. Senn
University of Windsor, Ontario

Kristin Saunders
University of Windsor, Ontario

Stephanie Gee
University of Windsor, Ontario

By conservative estimates between 20 and 25 percent of women will be sexually assaulted in their lifetimes (Laumann *et al.*, 1994; Canadian Panel on Violence against Women, 1993). Girls and women, regardless of their sexual orientation, are most at risk of being sexually assaulted[2] between the ages of 14 and 24 (Laumann *et al.*, 1994; Russell, 1984; Canadian Panel on Violence against Women, 1993). Therefore, efforts to protect women from these experiences must take place prior to or within this ten-year window.

---

1. This research is funded by the Canadian Institutes of Health Research (2005-2006) and the Ontario Women's Health Council Secretariat through a career award (2005-2008) to the first author.
2. Sexual abuse is not discussed here.

While many sexual assaults occur during the high-school years (Pacifici, Stoolmiller, and Nelson, 2001), there are startling levels of sexual coercion on university campuses across North America (Dekeseredy, Schwartz, and Tait, 1993; Koss, Gidycz, and Wisniewski, 1987). Prospective investigations of sexual coercion have shown that between 11 and 18 percent of university women are sexually coerced or assaulted by men they know within any three- to four-month period (Gidycz *et al.*, 1993; Mac Greene and Navarro, 1998). For this reason, it was the decision of the first author to develop a sexual assault resistance education program for first-year female university students.

The long-term goal of this research program is to reduce completed sexual coercion and sexual assault on Canadian campuses. Even a small reduction in sexual assault would result in a substantial improvement in the safety and the mental and physical health of university women. What we[3] are attempting to achieve with this program is to enhance women's existing skills and knowledge in order to increase their ability to act in their own self-defence in such a way that maximizes the chances of a good outcome (the end of the coercion or reduction of harm). We are aware that because we developed programs for women rather than for men, we have to fight against the perception that we are holding women responsible for stopping rape. In the development of the program, we were also cognizant that we would have to actively struggle to empower women to act effectively in their own defence, while ensuring that they know that if a sexual assault occurs, the fault lays entirely with the man/men who assaulted them and not with their inability to utilize our teachings. This paper is a partial examination of the success of our journey so far as we walk this tightrope.

BACKGROUND AND CONTEXT OF DEVELOPMENT OF THE PROGRAM

The foundation of this work is grounded in feminist writing and my[4] thinking about violence against women. Two assertions have threaded themselves through feminist discourse on sexual assault and rape since the beginning of the second wave of the women's liberation movement. The first is that

---

3. The team is composed of Charlene Senn (the primary investigator), and Kristin Saunders and Stephanie Gee who were the graduate student research assistants and facilitators of the program, along with other students involved in various portions of the research. Our special thanks are given to undergraduate assistants, Holly Sweet and Jessica Portelli, for their assistance in the first year.

4. First author.

women are physically capable of defending themselves and have the right to defend themselves physically against threats to their sexual and physical integrity (Ullman and Knight, 1992; Bart and O'Brien, 1985). The second, and arguably most important thread, is that (all) men are responsible for stopping rape (Brownmiller, 1975) by eliminating their coercive, abusive, and violent sexual behaviour and changing social norms so that violence against women by other men is not tolerated.

Some feminist researchers, supporting the work of feminist self-defence educators, have concentrated on the first assertion, demonstrating that myths promulgated about women and self-defence are baseless. These myths have included beliefs such as, women who fight back will suffer more injuries, that fighting back only makes rapists angrier, or that most women are not capable of defending themselves against larger men. For example, it is now established wisdom in the research literature in psychology and sociology that women who fight back forcefully, either verbally or physically, are more likely to avoid rape, to reduce the severity of the attack, and to have lower levels of injury than women who use passive strategies (Ullman, 1997). In other words, women's active and forceful resistance is likely to result in more positive outcomes for them/us.

The second thread in feminist discourse, that men are entirely responsible for the occurrence and cessation of sexual assault, is evident throughout feminist non-academic and academic writing. Feminists have raised public awareness about the many myths regarding rape held by people in North America and elsewhere (Burt, 1980). Efforts to convince society that sexual assault is not rare, that it is most likely to be committed by known men not strangers, and that women are not responsible for their own sexual assaults because of their appearance or behaviour, have been fairly successful, with somewhat improved attitudes toward rape victims (Hinck and Thomas, 1999). However, in the mainstreaming of the feminist message, the important thread that men are responsible for stopping rape has been lost. What is called "rape prevention" on university campuses across North America is almost entirely composed of basic education on the facts of sexual assault and a debunking of rape myths presented to a mixed-gender audience (see Lonsway, 1996; Breitenbecher, 2000 for reviews). While no one would argue that these are not important aspects of the fight against harmful attitudes about sexual assault, no one has demonstrated that either lack of rape knowledge or belief in rape myths leads men to sexually assault women (Schewe and O'Donohue, 1996) nor that teaching women about rape myths is going to protect them from being coerced or forced sexually by a man. Therefore, these efforts are not prevention. They are basic education.

Effective primary prevention efforts would need to focus on men's behaviour and compel them to stop their sexually coercive and violent behaviour. These types of programs are a minority of all education efforts (Breitenbecher, 2000; Flores and Hartlaub, 1998). What is most disappointing, from a feminist scholar's standpoint, is that when these interventions are evaluated for their effectiveness in reducing men's coercive behaviour (and they seldom are) the findings have been largely negative (Breitenbecher, 2000). For instance, one theoretically promising program actually demonstrated backlash effects, where men who took the program were more likely to report that they would be sexually aggressive in the future than men who did not take the program (Berg, Lonsway, and Fitzgerald, 1999). Furthermore, for the minority of programs that have demonstrated positive outcomes, the studies were often methodologically inadequate and the results were unreliable. Few studies actually measure behavioural outcomes (see Linz, Fuson, and Donnerstein, 1990 for an exception) which are needed to indicate the real-world effectiveness of rape prevention programs. And even when other effects are found, they are often not maintained; for example, small attitudinal shifts were no longer evident three months later (Breitenbecher, 2000). Much work still remains to be done before researchers can claim that there are effective sexual assault prevention programs for men.

As feminists and scholars of violence against women then, we are left with the situation we started with; women on university campuses are at high risk of being sexually assaulted by men they know. Thus, until prevention programs for men are effective, we must do the best we can to strengthen women's abilities to defend themselves against the attacks.

Other feminist or pro-feminist researchers have also adopted this strategy (Hanson and Gidycz, 1993; Gidycz et al., 2006;[5] Marx et al., 2001). Hanson Breitenbecher's program was a promising start, demonstrating a lower incidence of sexual assault across a university quarter for women who completed the program than for women who had not taken it, but only for women who had never previously been sexually assaulted (Hanson and Gidycz, 1993). A later program trying to extend the effects for previously victimized women was unsuccessful for either group of women (Breitenbecher and Gidycz, 1998). Therefore, the search for effective programs continues.

---

5. This study was published after our program was developed and piloted.

OUR RAPE RESISTANCE PROGRAM AND PROCEDURES

Our project is the result of several years of development and adaptation of the existing best practices of rape resistance. We used Rozee and Koss' (2001) "AAA: Assess, Acknowledge, Act" theoretical model that had never previously been put into practice (personal communication, Rozee, Aug. 2004), and enhanced it with aspects of Nurius and Norris' (1996) cognitive ecological model and persuasion theory principles. Due to our extensive use of psychological theory, the sexual assault resistance education program is more theoretically grounded than all but one of the programs described in published studies to date.

Nurius and Norris' (1996) cognitive ecological model analyzes the origins of obstacles for women in perceiving danger in sexual assault situations and acting in their own self-defence. The ecological aspect of the model acknowledges the multiple levels at which individuals are influenced by their society and other people. These levels include: "(1) the macrosystem, which includes broader cultural values and belief systems, such as the messages pairing male sexual coercion with success and acceptance and the 'normality' of sexual coercion [...]; (2) the ontogeny, or individual development factors, such as dating socialization, assertiveness, and prior experience with sexual victimization; (3) the exosystem, which includes both social units, such as peer influences and relationship variables, and interpersonal goals and expectations; and (4) the microsystem, [which] is defined both in terms of the immediate setting within which a man and woman interact, as well as the woman's prevailing cognitive appraisal of that context" (Nurius and Norris, 1996, p. 120). Nurius and Norris' model suggests that we will have the most immediate impact on individual women's safety by focusing at the microsystem level. If a woman does not perceive danger in an interpersonal situation she is less able to defend herself or resist coercive behaviours. The cognitive aspect of the model stresses that thought processes play a large role in individuals' attempts to perceive, understand and make meaning of situations (Nurius and Norris, 1996, p. 120). For instance, this model details how social cues present at parties and in other social occasions (alcohol and music associated with fun and enjoyment) may distract women from perceiving danger, how women's relationship goals (making friends, wanting to be nice or liked, wanting a romantic relationship, etc.) influence their willingness and ability to act on risk cues they do see, and many other cognitive and emotional obstacles to women protecting themselves from assault. Our program therefore focuses on these aspects of sexual assault resistance that are most important for women to know, but which can also be the most difficult for them to learn outside of feminist education.

Persuasion theory principles were also used in the development of the content and the way the program content would be offered to ensure that the components of the program would be well received, remembered and considered relevant by the women who took the program. In brief, persuasion theories such as the Elaboration Likelihood Model (Petty and Cacioppo, 1986) describe two major avenues by which people are influenced to change their attitudes or ideas. When people are not fully engaged intellectually (low attention, low interest – things that could be true of a first-year female student at some point in a nine-hour program) they tend to be influenced by indirect routes, or *peripheral cues*. Peripheral cues are things that influence individuals even though they may actually have very little to do with the content of the message being delivered. They are the intellectual shortcuts that people use when they do not think through arguments fully. For example, expert peer facilitators were used because this theory (and other supporting research) tells us that perceptions of the communicator's expertise and similarity to the listener/audience are important to both gaining audience attention, and having the message influence them, even when they are paying only limited attention. As a result, a student who is ambivalent about the prospect of spending the next three hours in the program might think, "if someone similar to me (*i.e.*, a female student) but with much more knowledge about sexual assault (*i.e.*, highly trained) says we are all at risk of sexual assault, then it is probably true and this program is important." The other way people are influenced by education/persuasive messages is when they think about and more deeply process the arguments and information being presented. This is called central route processing. We therefore made sure that the program content would facilitate deeper processing. For example, university-specific statistics were used to promote personal relevance for the women (*i.e.*, that they are personally at risk). This has been shown to be important to central route processing. Under these circumstances, a woman taking the program might think, "if the rates of sexual assault are this high on my own campus then I should really pay attention so I can figure out what I can do to protect myself and help other women I know."

The structure of the program itself was based on the AAA model of sexual assault resistance (Rozee and Koss, 2001). In order to ensure that theory was incorporated into the program properly and that the women would have time to process the material presented, our program was 7.5 hours in length. This length is considerably longer then other rape resistance programs which are typically 60-90 minutes. The program was offered in three 2.5-hour-long units (one per week for three weeks or collapsed into a single weekend) with each session covering one component of the AAA model. The sessions were co-facilitated by two well-trained female graduate students.

The first program unit was named **Assess**. In the AAA model, Rozee and Koss describe how women must learn how to assess which situations put them at higher risk for experiencing sexual assault. Women are therefore provided with knowledge of the "real" (*i.e.*, based on research by Rozee, Bateman and Gilmore, 1991; Ullman, 1997 and others) danger cues in situations and in men's behaviour. When these cues are present, risk of sexual coercion/assault is increased. A good resistance program trains women to assess these situations as dangerous ones, taking into account aspects of the situation such as its isolation, possible escape routes, etc. The women are then given time to practice identifying these cues through various activities.

The second unit is designed to help women to **Acknowledge** the dangerousness inherent in coercive situations they have identified. As Rozee and Koss point out, "[r]eluctance to label the situation as rape slows [women's] protective response" (p. 299). In this session, women are provided with a context in which they can question their socialization and any emotional barriers they may personally face so that they can acknowledge risk cues when they are present and take action. This part of the program involves learning more about sexual assault laws and rights, the sexual scripts for both sexes in western cultures and how these relate to coercive practices, as well as common tactics utilized by coercive men (Cleveland, Koss, and Lyons, 1999). The Assess and Acknowledge stages of the program are designed to decrease this time lag and improve assessment of risk through explicit discussion of the balance between desire for a relationship and need for personal safety (Nurius *et al.*, 2004).

The last unit of the program provides women with a range of potential options for **Action** (resistance) depending on the elements of the situation, the man's responses, and the success of early strategies. These options are often taught in basic self-defence courses but not within the context of an acquaintance rape situation. For this reason typical self-defence strategies are often rejected by women, because they are reluctant to use tactics such as "keys in the eye" against a man they have been dating or know socially. In fact, the strategies women are most likely to use in acquaintance rape situations are precisely those that men say they are most likely to ignore (Nurius *et al.*, 1996) and are least effective at stopping the coercion or assault (Ullman, 1997, 2002). Our action component of the program therefore includes instruction about how to assess whether an escape is possible, presentation of research evidence on the ineffectiveness of certain tactics and of the effectiveness of forceful verbal and physical resistance, physical self-defence training focused on acquaintance situations, along with a discussion of the myths about the dangers for women in defending themselves (Bart and O'Brien, 1985; Sochting, Fairbrother, and Koch, 2004; Ullman,

1998). This component also includes discussion of the emotional aspects of physically defending one's self against male acquaintances when the threat demands it.

Because of the program's content and activities focusing on building women's knowledge and skills, it is easy to see how sexual assault resistance education could be interpreted as victim blaming. It is critical, therefore, for researchers and other educators to recognize and acknowledge the difficulties of providing these programs in a way that ensures women do not feel responsible for sexual assault. In the following sections, we first describe the participants in the study, and then outline the points in the research project and the pilot phase of the program itself where we walked the tightrope across the abyss of woman blame in sexual assault, trying to avoid perceptions of, and actual, victim blame.

THE PARTICIPANTS

The women who participated in the program were recruited in two ways. We began recruitment through the psychology participant pool at our university in the fall semester. We randomly selected 75 first- and second-year women from the pool to participate in a one-hour survey of women's sexual and social experiences (the pre-test). We then offered women the opportunity to participate in the rape resistance program. Thirty-six women expressed interest in the program and 22 signed up when they were later contacted. Of those 22, 12 showed up for the program on their assigned night. While this rate of actual attendees to those confirmed was disappointing, we were reassured by our Residence Life Coordinator that this was typical for any event for first-year students and was not specific to our program (personal communication, Tammy Brown, Nov. 2005). In the winter term, additional program participants were recruited through flyers and voice mail invitations in residences. Forty-three women expressed interest and 32 signed up for the program and were pre-tested while 21 showed up for their first program session. We had hoped to offer the program to groups of approximately 15 women, however due to the attrition prior to the program, the actual group size across both semesters ranged from 5 to 8. The 73 women who did not volunteer for the programs or who did not show up for their assigned program were considered the quasi-control group, however only 54 of these women completed the post-test and were therefore used as the final comparison group. All women (control and program) completed post-test measures (45 minutes in length) approximately one week after the conclusion of the program. The final sample ranged in age from 17 to 24 ($M = 18.97$; $SD = 1.90$).

We evaluated whether women who ended up taking the program were different from women in the quasi-control group on all measured demographic (*i.e.,* age, sexual orientation, relationship status, living situation), experience (*i.e.,* child sexual abuse history, age of first sexual experience, number of sexual partners, consensual sexual experience, coercive sexual experience, dating behaviour), and attitudinal and belief (*i.e.,* fear of rape, perception of risk of rape for self and others, rape myth acceptance, perceived causes of rape, self-defence self-efficacy) variables we had measured. There were no demographic differences except that program women were more likely to live in residence ($p = .01$) than control women, which is not surprising given our recruitment for the program in the dorms during the second semester. There were no experience differences between women who volunteered for the program and those who did not. The only significant difference in attitudes or beliefs between the two groups was that women who volunteered for the program believed that a woman their age was more likely to be a victim of sexual assault by an acquaintance than did women who did not volunteer. However, the two groups did not differ in their perceptions of their personal risk of sexual assault. Marginal differences ($p = .06$) between the groups were found in two Perceived Causes of Rape subscales, with control women exhibiting greater belief in "male pathology" and "female precipitation" as causes of rape. Therefore despite the self-selection into the program, we are confident that pre-existing differences are minor and cannot account for the program outcomes we observed.

PREPARING TO WALK THE TIGHTROPE – COMMUNICATION ABOUT THE PROJECT

From the beginning of this project, I realized that I would have to be very careful in my description of this project and why it was focused on female university students. In my application for the first phase of research funding, I came up with an analogy that I thought health funding reviewers would be able to relate to. I stated, "While men alone can stop sexual assault, women can, in some instances, reduce the likelihood that they will be the victim of a completed rape. To use a medical analogy, there is not much a lay-person can do to remove natural pathogens, including viruses from their daily travels. However they can do a number of things to improve their own physical health so that their immune system is strong enough to resist such threats when they are present. This is the logic behind rape resistance education and the proposed research program. While we await successful programs that will reduce or eliminate predatory tendencies in male students, we must work toward extensive rape resistance education for female students."

I continued to walk the tightrope prior to the start of the program sessions in my interactions with the media and other people who heard about the research. In my preparation, I had not anticipated that I, as a self-identified radical feminist researcher, would be perceived by other feminists as blaming women because of the research program I was developing. My first experience of this was when a short article on my new grant and the rape resistance education research was written by the public relations division of my university. Although they did make a number of errors, (including a misinterpretation of the virus analogy which then implied that I thought rape was as inevitable as the cold virus!), the article in general was not bad. However, those minor twists of my meaning meant that the research could be read as woman-blaming. For example, in a post on a feminist discussion list, referring to the aforementioned article, a young feminist said,

> These recent subtler forms of victim-blaming and "invisibilizing" women (e.g. above article [ref to Senn's research], or Dr. Phil episode or violence against women workshop you spoke of) ignore men's responsibility and have somehow managed to twist around the meaning of "women's equality" to include women's equal responsibility for violence... a very disturbing trend indeed. (Post on PAR-L, Oct. 8, 2005, 7:54 pm.)

We can reduce the likelihood of this type of interpretation in the future by insisting (or trying to insist) on final copy approval for media coverage for public dissemination.

THE TIGHTROPE SWAYS: THE PROGRAM ITSELF

Perhaps our most challenging encounters with woman blame, however, come from the content and facilitation of our program itself. The majority of the young women who participate in our rape resistance education program have been raised and socialized within North American society, which holds women at least somewhat responsible for being sexually assaulted (Burt, 1980; Sapiro, 1991). Not surprising then, many women start the program with misperceptions about the role women play in sexual assault situations. We knew in advance that skilled facilitators would be needed to negotiate this terrain. Substantial planning and time were devoted to developing the facilitation skills of the two female graduate students who lead the program sessions. These graduate students were required to read a large and varied body of literature on sexual assault and were trained to deal with anticipated women blaming comments from the participants. They were also video recorded in the first year of the program delivery and provided with continual feedback and guidance about negotiating the more difficult comments from the women in the program.

In addition to the comments made by the women who participate in the program, we recognized that in many instances there would be specific program content that these women may themselves perceive as victim blaming. Therefore, great care was taken to identify these areas, and content was developed in order to counter such beliefs.

To set the stage, we introduce the first session of the program by describing the difference between rape prevention and rape resistance so that women would start the program with a clear understanding that only men are responsible for stopping rape. Because this may be the first time that the women in the program are exposed to this idea, we also present them with the virus analogy detailed earlier.

Early in the program, the participants are taught the cues in the environment (*e.g.*, isolation) and in men's behaviour (*e.g.*, dominance and control) that indicate a higher risk situation for sexual assault (Rozee, Bateman, and Gilmore, 1991; Ullman, 1997). We discuss how these risk cues relate to societal dating norms (*e.g.*, men picking up women in their cars, choosing the place, etc.). Time is spent encouraging the participants to brainstorm to come up with some modified dating practices which would help decrease risk (*e.g.*, such as driving their own car, refusing to go to isolated locations, splitting the cost of dates, choosing non-controlling men, etc.) but still meet their social needs. Unfortunately, the nature of the discussion surrounding risk cues has the potential for being perceived as victim blaming because it could be interpreted as promoting the idea that women behave in ways that cause them to be assaulted, and that if women could simply change their behaviour, sexual assault would not occur. In order to counter this idea, we ensure that women understand that assaults only happen because the man in the situation is coercive and that the same behaviour in a situation where the man was non-coercive would never lead to sexual assault.

To highlight this point, and to give the women practice in detecting danger cues and self-protective behaviours, the women are shown two video clips (remade with permission from Hanson and Gidycz, 1993) in which a coercive man attempts to assault his date at a house party. In both clips the man's coercive behaviour is the same. However, the woman's behaviour is different in each. In the first video the woman does not engage in self-protective behaviours and, once assaulted, is not able to defend herself against him. In the second video, she does take a number of steps to change the risk of the situation and is therefore able to detect the danger and leave the situation before the assault is completed. This activity is important because it offers a visual reminder that although women can act in self-protective ways, sexual coercion and assault occur because of men's behaviour.

Once the women have gained proficiency in assessing risk cues for sexual assault, we delve into the very difficult topic of addressing the social and emotional barriers women experience to being able to acknowledge these risk cues when they are present. A conundrum is raised by the reality that many women who have experienced assaults at the hands of men they know report that they ignored their own fears and concerns, that they stomped down on their feelings of unease before the assault and were often left feeling that they should have acted differently (*e.g.*, Nurius *et al.*, 2000; Wood and Rennie, 1994). In fact, self-blame[6] is a common reaction to assaults that rape crisis workers and other feminist therapists work hard to counter (Breitenbecher, 2006; Katz and Burt, 1987). The tightrope therefore becomes more difficult to negotiate when we discuss barriers to acting because we are now focusing on women's personal emotional responses to assault situations.

In order to reduce the impulse to blame themselves or other women during the discussion of the obstacles to resisting sexual coercion, we focus on the "normality" of emotional and personal goals women have, such as wanting to be liked or desiring a relationship, and our socialization to be "good girls." We contrast these with other goals women also have, such as strong desires to maintain our bodily and sexual integrity and to have good relationships built on trust and equality. We then discuss the need to tip the balance in our thoughts and actions towards valuing our own safety. We again stress perpetrator responsibility by sharing research findings that show that men understand that women have these personal goals, and that coercive men use this knowledge against women (Cleveland *et al.*, 1999; Harned, 2005).

We also counter victim blame head-on with a powerful video that depicts an assault situation between a man and a woman who have been set up at a small gathering by friends (Simon, 1994). In this video, the inebriated female character is taken back to her dorm by the male character who sexually coerces and then assaults her. She likes the man and is clearly confused by his behaviour. Because she has been drinking and is resisting in a non-forceful manner, it is easy for the program women to initially blame her for being assaulted. We counter victim blame directly by encouraging the women to put themselves in the character's shoes and identify the myriad of emotions and thoughts she is likely having in this situation. We are able to use this opportunity to again discuss with the participants the

---

6. Breitenbecher (2006) and others have differentiated between the damaging effects of characterological self-blame and the less harmful or even potentially helpful behavioural self-blame. We recognize the importance of the distinction and see it as related to the task we have set ourselves but do not discuss it in detail here.

role that socialization plays (*e.g.*, self-doubt about perceptions, fear of being wrong or embarrassed, pressure to be nice, not to hurt feelings, etc.) in the different types of responses that women can have when they are assaulted. However, the most important aspect of this discussion is that we are able to move the women toward recognizing that in assault situations, there are many things men can do to ensure their partners want to have sex. They come to see that the man in the video is purposely ignoring cues to the contrary. We emphasize that it is not only the man's personal responsibility, but also his legal responsibility to ensure that the woman wants to engage in sexual activity.

Using a different video (Coulter, 2005) and exercise created at Queen's University (one section of *Dating Basics Kit*) a little later on, we facilitate a discussion of the miscommunication hypothesis which we believe we need to directly challenge to avoid woman blaming in sexual assault. The miscommunication hypothesis (McCaw and Senn, 1998; based on Muehlenhard, 1988 and others) refers to the perception or belief that sexual assault occurs in many situations because of misunderstandings between men and women. Despite many challenges to this theory (*e.g.*, McCaw and Senn, 1998), undergraduates are exposed to it in their textbooks, in newspapers, on television, and in movies, so it is an issue that must be confronted (Corcoran, 1992). While watching the video, we ask the program women to gather evidence that miscommunication is *not* happening. During the discussion about the video, we acknowledge that in assault situations women may, for example, smile or act politely while they are demurring instead of forcefully resisting because of our socialization to be "nice" and "good." However, we present research to show that men do understand that even these non-forceful actions are in fact refusals, and that the full range of women's responses in assault situations are clearly refusals to men (Frith and Kitzinger, 1997; McCaw and Senn, 1998; O'Byrne, Rapley, and Hansen, 2006). To illustrate our point further, we also discuss the research that documented more than half of men admit that they will not stop trying to engage in sexual activity with a woman until she says "no" more than once (Muehlenhard, Andrews, and Beal, 1996), reports that men are more likely to honour women's refusals if they are concerned about what the woman thinks about them (Nurius *et al.*, 1996), as well as claims that men are less likely to accept women's refusals in earlier stages of dating (Quinn *et al.*, 1991).

On the other hand, we address the grain of truth in the miscommunication hypothesis by encouraging the program participants to be verbally assertive when they are not interested in engaging in sexual activity. We frame this as being yet another self-protective practice because if they are sure that they were crystal clear in their communication of refusal then they will more quickly feel justified in verbally and physically resisting men who attempt to assault them, and fast responses maximize their chances of escape. Moreover, in the aftermath of a sexual assault they would also be clear that what happened was sexual assault despite the man's possible claims to the contrary (Wood and Rennie, 1994) and would be in a position to immediately access appropriate services such as rape crisis centres and/or the police.

As mentioned previously, a large portion of the final session of the rape resistance program focuses on teaching the women self-defence with a focus on defence against acquaintances. Before teaching the actual self-defence techniques we spend time promoting the idea of being prepared and emotionally ready to physically defend themselves against men they know. During this self-defence component we thoroughly examine what self-defence strategies are most and least effective based on the best research available (*e.g.*, Ullman, 1997; Ullman and Knight, 1992).We recognize that while we are doing this, there is a possibility that women may judge and perhaps blame themselves because of the strategies that they have used to deal with men's sexually coercive or assaultive behaviour in the past. In order to counter this self-blame, we frame the lesson within the context of looking forward and not backward (based on the idea from Morrison, 1990). We emphasize that no matter what they may have done in the past to get through an assault situation, it was effective because they are here now and survival is successful resistance. Our focus, we explain, is to teach them additional tools that they can use to defend themselves so that they have a broader range of options if they are confronted by a coercive man in the future.

Throughout the entire program, we work to empower women by demonstrating that they are not only worth defending, but also that it is their legal right to defend themselves from harm. We provide them with knowledge, skills, and practice so that they can increase their power and control in making decisions to protect themselves. However, in the next breath we always remind them that no matter what choices they do make, or what actions they do or do not do, they are never responsible for being sexually assaulted.

ARE WE SAFELY WALKING THE TIGHTROPE? PRELIMINARY EVIDENCE OF SUCCESS

So far we have outlined our struggles and strategies to stay on the tightrope and to avoid the tumble off into woman blame. We would like now to provide some evidence from our pilot testing that we are indeed keeping our balance. As described earlier, our sample is based on the first 34 women who took the program during the first year of pilot tests compared to a no-program quasi-control group[7] (*n* = 54). As part of our post-program survey battery we included two measures of attitudes and beliefs about rape. The first was the *Illinois Rape Myth Acceptance Scale – Short Form* (IRMA-SF: Payne, Lonsway, and Fitzgerald, 1999). In reviews of various rape myth acceptance scales (Lonsway and Fitzgerald, 1994), many psychometric problems were identified. Lonsway and her colleagues developed the IRMA to counter these criticisms. The IRMA has the strongest psychometric properties of any scale having excellent criterion-related validity (correlations with well-known measures of sexism and hostility toward women) and reliability. Internal consistency is high (Cronbach's alpha above 0.82 in the original article and our study). The short form has been very widely used by researchers since the late 1990s. Examples of the 20 items answered on a seven-point Likert-type scale from *not at all agree* to *very much agree* are, "If a woman is raped while she is drunk, she is at least somewhat responsible for letting things get out of control," "It is usually only women who dress suggestively that are raped." Our Canadian sample had somewhat higher scores on the scale (average 2.5 on items) than women of a comparable age in Payne *et al.*'s U.S. sample (average 2.1). Women who were provided with the program decreased their belief in rape myths significantly from pre- (*M* = 50.29, *SD* = 3.13) to one week post-program (*M* = 44.57, *SD* = 3.14) and maintained these lower scores for at least three months (*M* = 43.30, *SD* = 3.23) compared to women who were not in the programs who maintained their scores around a mean of approximately 50, $F(1,42) = 3.79$, $p < 0.05$.[8]

The second measure of interest here is the *Perceived Causes of Rape Scale* (Cowan and Campbell, 1995; revised, Cowan and Quinton, 1997). This measure "provides [an] assessment of a range of people's beliefs about the causes of rape that are not exclusively rape myths" (Cowan and Quinton, 1997, p. 228). This 32-item scale (revised version) provides participants with the stem "Rape is caused by ...." and they must answer for a list of causes on a seven-point Likert scale from *strongly agree* to *strongly disagree*. The factor structure of the scale is well defined for 6 factors/subscales and accounts for 61.9% of the variance. While all items were given to ensure that the scale's integrity was maintained, we were primarily interested in the *Female Precipitation* six-item subscale. This subscale has excellent internal

---

7. The full experimental test of the program occurred in 2006-2007 with results currently pending.

8. Only 44 women completed the unplanned three-month follow-up so sample size is reduced here. In all cases the pre- to post- changes are similar to the full sample results.

consistency with a Cronbach's alpha of 0.90 reported by the authors and replicated in our sample. Test-retest reliability is also good. Validity for the scale has been demonstrated in a number of ways. The subscales do not correlate with social desirability (discriminant validity). Female Precipitation is negatively correlated with feminist self-identification and support for the women's movement (Cowan and Quinton, 1997). We are therefore confident that the scale is a good one. Our sample (control and program combined) had much lower beliefs in female precipitation (average 2.6 on items) than did the women in Cowan and Quinton's and Cowan and Campbell's U.S. samples (average 3.4-3.6) from a decade ago. Women who completed the program experienced a significant drop in their subscale scores (pre: $M = 13.54$, $SD = 5.68$; post: $M = 9.36$, $SD = 4.77$) which include beliefs that, for example, "Rape is caused by women who tease men" or "Rape is caused by women's use of drugs or alcohol," whereas control women did not (pre: $M = 15.82$, $SD = 7.35$; post: $M = 15.55$, $SD = 8.04$), $F(2,41) = 3.57$, $p < .05$. This was true even though women who took the program already had somewhat lower ($p = .06$) beliefs in female precipitation to begin with. We are therefore confident that we have not communicated inadvertently that women are responsible in any way for sexual assault even though we discuss the increased risks for women when alcohol is present (consumed by either person) and other difficult issues. These results suggest that program facilitators and other educators can carefully lead discussions of risk without removing responsibility for the assault from the male perpetrators.

CONCLUSION

We continue to walk the tightrope in our program, always making sure that we empower women to make healthy choices, to know and stand up for their rights, and to fight back (verbally and/or physically) when a man is sexually coercive. Because we recognize that some of the women who have participated in the program will experience a sexual assault, or they will know someone else who will, we provide them with the information necessary to deal with any sexual assault perpetrated against them or their friends and family. We stress that if they are assaulted, they need to remember that they are not responsible and have a right to demand care and justice, no matter what they said, did or did not do, prior to, during, or following the assault. In our view, ongoing vigilance to these issues and to the reality that it *is* a tightrope we are walking, will make our programs more effective and women safer. But of course, the real answer is still that we require social change and education efforts to enhance women's equality and to create a new norm where male violence against women is unthinkable.

BIBLIOGRAPHY

BART, P.B. and P.H. O'BRIEN (1985). *Stopping Rape: Successful Survival Strategies*, Elmsford, Pergamon Press.

BERG, D.R., K.A. LONSWAY, and L.F. FITZGERALD (1999). "Rape prevention education for men: The effectiveness of empathy-induction techniques," *Journal of College Student Development*, vol. 40, no. 3, pp. 219-234.

BREITENBECHER, K.H. (2000). "Sexual assault on college campuses: Is an ounce of prevention enough?," *Applied and Preventative Psychology*, vol. 9, pp. 23-52.

BREITENBECHER, K.H. (2006). "The relationships among self-blame, psychological distress, and sexual victimization," *Journal of Interpersonal Violence*, vol. 21, pp. 597-611.

BREITENBECHER, K.H. and C.A. GIDYCZ (1998). "An empirical evaluation of a program designed to reduce the risk of multiple sexual victimization," *Journal of Interpersonal Violence*, vol. 13, pp. 472-488.

BROWNMILLER, S. (1975). *Against Our Will: Men, Women and Rape*, New York, Bantam Books.

BURT, M.B. (1980). "Cultural myths and supports for rape," *Journal of Personality and Social Psychology*, vol. 38, no. 2, pp. 217-230.

CANADIAN PANEL ON VIOLENCE AGAINST WOMEN (1993). *Changing the Landscape: Ending Violence, Achieving Equality*, Ottawa, Ministry of Supply and Services Canada.

CLEVELAND, H.H., M.P. KOSS, and J. LYONS (1999). "Rape tactics from the survivors' perspective: Contextual dependence and within-event independence," *Journal of Interpersonal Violence*, vol. 14, pp. 532-547.

CORCORAN, C.B. (1992). "From victim control to social change: A feminist perspective on campus rape prevention programs," in J.C. Chrisler and D. Howard (eds.), *New Directions in Feminist Psychology: Practice, Theory and Research*, New York, Springer, pp. 130-140.

COULTER, M. (2005). *Todd and Maxine, from Dating Basics Kit*, Human Rights Office of Queen's University at Kingston, Ontario [video].

COWAN, G. and R.R. CAMPBELL (1995). "Rape causal attitudes among adolescents," *Journal of Sex Research*, vol. 32, pp. 145-153.

COWAN, G. and W.J. QUINTON (1997). "Cognitive style and attitudinal correlates of the Perceived Causes of Rape Scale," *Psychology of Women Quarterly*, vol. 21, pp. 227-245.

Dating Basics Kit (2003). Available from Queen's University, Human Rights Office, Kingston, Ontario.

DEKESEREDY, W.S., M.D. SCHWARTZ and K. TAIT (1993). "Sexual assault and stranger aggression in a Canadian university," *Sex Roles*, vol. 28, no. 5-6, pp. 263-277.

EAGLY, A.H. and S. CHAIKEN (1984). "Cognitive theories of persuasion," in L. Berkowitz (ed.), *Advances in Experimental Social Psychology*, San Diego, Academic Press, pp. 267-359.

EAGLY, A.H. and S. CHAIKEN (1993). *The Psychology of Attitudes*, New York, Harcourt Brace Jovanovich.

FLORES, S.A. and M.G. HARTLAUB (1998). "Reducing rape myth acceptance in male college students: A meta-analysis of intervention studies," *Journal of College Student Development*, vol. 39, pp. 438-448.

FRITH, H. and C. KITZINGER (1997). "Talk about sexual miscommunication," *Women's Studies International Forum*, vol. 20, no. 4, pp. 517-528.

GIDYCZ, C.A., C. NELSON COBLE, L. LATHAM, and M.J. LAYMAN (1993). "Sexual assault experience in adulthood and prior victimization experiences: A prospective analysis," *Psychology of Women Quarterly*, vol. 17, no. 2, pp.151-168.

GIDYCZ, C.A., C.L RICH, L. ORCHOWSKI, C. KING, and A.K. MILLER (2006). "The evaluation of a sexual assault self-defense and risk-reduction program for college women: A prospective study," *Psychology of Women Quarterly*, vol. 30, pp.173-186.

HANSON, K.A. and C.A. GIDYCZ (1993). "Evaluation of a sexual assault prevention program," *Journal of Consulting and Clinical Psychology*, vol. 61, no. 6, pp. 1046-1052.

HARNED, M.S. (2005). "Understanding women's labelling of unwanted sexual experiences with dating partners: A qualitative analysis," *Violence against Women*, vol. 11, pp. 374-413.

HINCK, S.S. and R.W. THOMAS (1999). "Rape myth acceptance in college students: How far have we come?," *Sex Roles*, vol. 40, no. 9-10, pp. 815-832.

KATZ, B.L. and M.R. BURT (1987). "Self-blame: Help or hindrance in recovery from rape?," in Ann Burgess (ed.), *Rape and Sexual Assault, Volume II*, New York, Garland Press.

KOSS, M.P., C.A. GIDYCZ, and N. WISNIEWSKI (1987). "The scope of rape: Incidence and prevalence of sexual aggression and victimization in a national sample of students in higher education," *Journal of Consulting and Clinical Psychology*, vol. 55, no. 2, pp. 162-170.

LAUMANN, E.O., J.H. GAGNON, R.T. MICHAEL, and S. MICHAELS (1994). *The Social Organization of Sexuality: Sexual Practices in the United States*, Chicago, University of Chicago.

LINZ, D., I.A. FUSON, and E. DONNERSTEIN (1990). "Mitigating the negative effects of sexually violent mass communications through preexposure briefings," *Communication Research*, vol. 17, no. 5, pp. 641-674.

LONSWAY, K.A. (1996). "Preventing acquaintance rape through education: What do we know?," *Psychology of Women Quarterly*, vol. 20, no. 2, pp. 229-265.

LONSWAY, K.A. and L.F. FITZGERALD (1994). "Rape myths: In review," *Psychology of Women Quarterly*, vol. 18, no. 2, pp. 133-164.

MAC GREENE, D. and R.L. NAVARRO (1998). "Situation-specific assertiveness in the epidemiology of sexual victimization among university women," *Psychology of Women Quarterly*, vol. 22, pp. 589-604.

MARX, B.P., K.S. CALHOUN, A.E. WILSON, and L.A. MEYERSON (2001). "Sexual revictimization prevention: An outcome evaluation," *Journal of Consulting and Clinical Psychology*, vol. 69, pp. 25-32.

McCAW, J.M. and C.Y. SENN (1998). "Perception of cues in conflictual dating situations: A test of the miscommunication hypothesis," *Violence against Women*, vol. 4, no. 5, pp. 609-624.

MORRISON, L. (1990). *The Ohio State University Rape Education and Prevention Program: General Curriculum Guide*, Columbus, The Ohio State University Rape Education and Prevention Program.

MUEHLENHARD, C.L. (1988). "'Nice women' don't say yes and 'real men' don't say no: How miscommunication and the double standard can cause sexual problems," *Women and Therapy*, vol. 7, no. 2-3, pp. 95-108.

MUEHLENHARD, C.L., S.L. ANDREWS, and G.K. BEAL (1996). "Beyond 'just saying no': Dealing with men's unwanted sexual advances in heterosexual dating contexts," in E.S. Byers and L.F. O'Sullivan (eds.), *Sexual Coercion in Dating Relationships*, New York, Haworth, pp. 141-168.

NURIUS, P.S. and J. NORRIS (1996). "A cognitive ecological model of women's response to male sexual coercion in dating," *Journal of Psychology and Human Sexuality*, vol. 8, pp. 117-139.

NURIUS, P.S., J. NORRIS, L.A. DIMEFF, and T.L. GRAHAM (1996). "Expectations regarding acquaintance sexual aggression among sorority and fraternity members," *Sex Roles*, vol. 35, pp. 427-444.

NURIUS, P.S., J. NORRIS, R.J. MACY, and B. HUANG (2004). "Women's situational coping with acquaintance sexual assault," *Violence against Women*, vol. 10, no. 5, pp. 450-478.

NURIUS, P.S., J. NORRIS, D. YOUNG, T.L. GRAHAM, and J. GAYLORD (2000). "Interpreting and defensively responding to threat: Examining appraisals and coping with acquaintance sexual aggression," *Violence and Victims*, vol. 15, pp. 187-207.

O'BYRNE, R., M. RAPLEY, and S. HANSEN (2006). "'You couldn't say 'no', could you?': Young men's understandings of sexual refusal," *Feminism & Psychology*, vol. 16, no. 2, pp. 133-154.

PACIFICI, C., M. STOOLMILLER, and C. NELSON (2001). "Evaluating a prevention program for teenagers on sexual coercion: A differential effectiveness approach," *Journal of Consulting and Clinical Psychology*, vol. 69, no. 3, pp. 552-559.

PAYNE, D.L., K.A. LONSWAY, and L.F. FITZGERALD (1999). "Rape myth acceptance: Exploration of its structure and its measurement using the Illinois rape myth acceptance scale," *Journal of Research in Personality*, vol. 33, pp. 27-68.

PETTY, R.E. and J.T. CACIOPPO (1986). "The elaboration likelihood model of persuasion," in L. Berkowitz (ed.), *Advances in Experimental Social Psychology*, New York, Academic Press, pp. 123-205.

QUINN, K., J. SANCHEZ-HUSCLES, G. COATES, and B. GILLEN (1991). "Men's compliance with a woman's resistance to unwanted sexual advances," *Journal of Offender Rehabilitation*, vol. 17, pp. 13-31.

ROZEE, P.D., P. BATEMAN, and P. GILMORE (1991). "The personal perspective of acquaintance rape prevention: A three-tier approach," in A. Parrot and L. Bechhofer (eds.), *Acquaintance Rape: The Hidden Crime*, New York, John Wiley & Sons, pp. 337-354.

ROZEE, P.D. and M.P. KOSS (2001). "Rape: A century of resistance," *Psychology of Women Quarterly*, vol. 25, no. 4, pp. 295-311.

RUSSELL, D.E.H. (1984). *Sexual Exploitation: Rape, Child Sexual Abuse and Workplace Harassment*, Beverly Hills, Sage.

SAPIRO, V. (1991). "Feminism: A generation later," *Annals, AAPSS*, vol. 514, pp. 10-22.

SCHEWE, P.A. and W. O'DONOHUE (1996). "Rape prevention with high-risk males: Short-term outcome of two interventions," *Archives of Sexual Behavior*, vol. 25, no. 5, pp. 455-471.

SIMON, T. (1994). *Sex without Consent: When a Kiss Is Not Just a Kiss*, New York, Mumbleypeg Productions [video].

SOCHTING, I., N. FAIRBROTHER, and W.J. KOCH (2004). "Sexual assault of women: Prevention efforts and risk factors," *Violence against Women*, vol. 10, no. 1, pp. 73-93.

ULLMAN, S.E. (1997). "Review and critique of empirical studies of rape avoidance," *Criminal Justice and Behavior*, vol. 24, pp. 177-204.

ULLMAN, S.E. (1998). "Does offender violence escalate when rape victims fight back?," *Journal of Interpersonal Violence*, vol. 13, no. 2, pp. 179-192.

ULLMAN, S.E. (2002). "Rape avoidance: Self-protection strategies for women," in P.A. Schewe (ed.), *Preventing Violence in Relationships*, Washington, American Psychological Association, pp. 137-162.

ULLMAN, S.E. and R.A. KNIGHT (1992). "Fighting back: Women's resistance to rape," *Journal of Interpersonal Violence*, vol. 7, pp. 31-43.

WOOD, L.A. and H. RENNIE (1994). "Formulating rape: The discursive construction of victims and villains," *Discourse and Society*, vol. 5, no. 1, pp. 125-148.

17

THE VOICES OF NGOs
Demand and Supply for Protection
Services for Victims of Trafficking

Jacqueline Oxman-Martinez
Université de Montréal

Jill Hanley
McGill University

Marie Lacroix
Université de Montréal

This chapter, based on results from a qualitative research project commissioned by the Canadian Department of Justice, analyzes the availability of protection services for victims of trafficking in persons in Canada from the perspective of demand and supply.[1] A first objective is to identify and highlight discrepancies between the "demand" for victim protection services versus the "supply" of community-based services. A second objective is to determine the root causes of these discrepancies. The voices of the NGOs who participated in the project will illustrate these dynamics. Policy recommendations to correct the imbalances between victims' needs for services and NGOs' ability to provide those services will conclude the chapter.

---

1. Despite the convention which usually places the word supply first when referring to supply and demand, the authors choose to inverse the terms in order to emphasize the demand aspect.

An overview of the phenomenon of human trafficking will situate the Canadian experience within an international context and the evolution of awareness and debates around trafficking among Canadian academics, policymakers and practitioners will be discussed. A brief description of the research project on which this chapter is based will be offered. The authors will specify the methodology applied and the results will be presented, discussing how the theory of demand and supply can be used to understand the dynamics surrounding community-based services for trafficking victims. The voices of NGOs, expressed through interview data, will illustrate the "demand" for services in terms of the needs of victims NGOs encounter and the "supply" of such services by community-based actors. An analysis of the gaps that exist between the demand and supply of services will precede the final section where policy recommendations will be offered to diminish the gaps in the hopes of better respecting the human rights of the victims of human trafficking.

HUMAN TRAFFICKING: A CANADIAN PROBLEM IN AN INTERNATIONAL CONTEXT

DEFINITION

Trafficking in persons is defined in the United Nations *Protocol to Prevent, Suppress and Punish Trafficking in Persons, Especially Women and Children* (United Nations, 2000) as:

> the recruitment, transportation, transfer, harbouring or receipt of persons, by means of the threat or use of force or other forms of coercion, of abduction, of fraud, of deception, of the abuse of power or of a position of vulnerability or of the giving or receiving of payments or benefits to achieve the consent of a person having control over another person, for the purpose of exploitation.

Trafficking is often confused with smuggling in persons, as both typically involve illicit movement of people across borders. Trafficking is distinct from smuggling insofar as trafficking involves the "threat or use of force or other forms of coercion, of abduction, of fraud, of deception, of the abuse of power or of a position of vulnerability" (UNHCHR, 2002). Distinguishing trafficking and smuggling is important as differing policy responses are required to address the different issues.

The International Context of Trafficking

Awareness of and concern over trafficking in persons remained fairly low until the 1990s. The debate over trafficking dates back to the late nineteenth century, with the campaign against "white slavery" (Laczko and Gozdziak, 2005). In the 1970s, concern grew over the ever-increasing numbers of Southeast Asian women trafficked into the Western European sex trade (Jahic and Finckenauer, 2005). Over the past twenty years, an increase in research, publications and conferences concerning human trafficking, national intervention programs and UN declarations, demonstrate global awareness of the trafficking issue (Laczko and Gozdziak, 2005).

Based on a survey of available sources, the Royal Canadian Mounted Police (RCMP) (2004) estimates that between 700,000 and four million people are trafficked every year worldwide. This number is difficult to determine because of the clandestine nature of the activity and the relative lack of research in this area. In spite of the lack of trafficking-related statistics before the late 1990s, it is widely believed that the numbers of trafficking victims have been steadily increasing in response to global trends, including growing inequalities of wealth (D'Cunha, 2002; Oxman-Martinez *et al.*, 2001; Kelly and Regan, 2000), displacement of rural populations (Kempadoo and Doezema, 1998), rolling back of social programs in developed and developing countries (Kempadoo and Doezema, 1998; Cwikel and Hoban, 2005), rising pressures to take part in the consumption of the global economy (Bruckert and Parent, 2002), globalization of – and rising labour demands in – the sex industry (Makkai, 2003; Cwikel and Hoban, 2005), improved communications and spread of information (Oxman-Martinez *et al.*, 2005a; Cwikel and Hoban, 2005), war (Kelly and Regan, 2000; D'Cunha, 2002), environmental disasters (D'Cunha, 2002), and the greater international mobility of people, particularly women (Sassen, 2000; Ndiaye, 2006).

Characteristics of Trafficking in Canada

The approximately 200,000 undocumented migrants estimated by Citizenship and Immigration Canada (CIC) (2006) to be living in Canada are typically subjected to exploitative working conditions (U.S. Bureau of Democracy, Human Rights, and Labour, 2005), but most can be differentiated from trafficking victims. These migrants,[2] in contrast to trafficked persons, usually retain freedom of movement once having reached their destination, are

---

2. Undocumented migrants in Canada often enter the country with a legal visa and become undocumented when their status expires. A proportion of undocumented migrants were originally smuggled into the country (Crépeau and Nacache, 2006).

relatively free from coercion and their labour is not controlled exclusively by a third party. The illegal nature of their migration and labour situation, however, severely limits informal migrants' ability to defend their labour and human rights, leaving them in a vulnerable position.

Canada is not immune from the problem of trafficking, and has been identified as a destination, transit and, to a lesser degree, a source country for trafficked persons (Oxman-Martinez *et al.*, 2005a; U.S. Department of State, 2007). Like elsewhere, trafficking in Canada is a response to a complex interaction of market forces, immigration policy and socioeconomic vulnerability. A high-income and politically stable country, Canada is an attractive destination for those seeking to leave a situation of poverty and having few options for socioeconomic advancement in their home country. These would-be migrants are extremely exposed to traffickers' promises of a better life in the destination country, and will run considerable risk in the hope of improving their situation (Oxman-Martinez *et al.*, 2005a; Bruckert and Parent, 2004). When asked what led victims into the hands of traffickers, one interview respondent replied:

> *Really, poverty, you know? I mean, what else? Well, maybe a false sense of adventure. Still, again, it's poverty. Really, it's poverty. Most of the women we've met, really there's no other thing that they say about why they're doing what they're doing now or how they got to where they are. It's because they needed to. They wanted to help their families, most of the time, especially if you're talking to women from Asia. I find that it is a sort of a recurring motive. "Help my family, earn for my family, etc., etc."* (Oxman-Martinez *et al.*, 2005a, p. 11).

At the same time, rising demand for low-cost, low-skill or unskilled labour in a variety of industries creates opportunities for international migrant workers. Areas of particularly high demand include construction (Bailey, 2006; Chute, 2005; Fennell and Xue, 2006; Jimenez, 2003), agriculture (Fennell and Xue, 2006; Jimenez, 2003), restaurants (Jimenez, 2001; Jimenez, 2003), the sex industry (McDonald, Moore, and Timoshkina, 2000; Bruckert and Parent, 2002), and other factory, garment, domestic, and janitorial workers (Chute, 2005; Fennell and Xue, 2006). Current immigration policy is insufficient to fill the demand through legal channels (especially since Canadian immigration policy is focused on recruiting highly educated migrants), thereby encouraging clandestine migration. Traffickers operating in Canada, who range from individual entrepreneurs to sophisticated organized crime rings (Makkai, 2003; Bruckert and Parent, 2004), take advantage of the ambitions and vulnerabilities of would-be victims. Once in the destination country, traffickers will control their victims through debt or drug addiction (Makkai, 2003).

In terms of the scope of trafficking in Canada, the RCMP provides the only available statistical description of the trafficking situation in Canada. It is estimated that approximately 800 people are trafficked into Canada each year specifically for the sex trade and that some 1,500 to 2,200 persons are trafficked each year from Canada into the United States (RCMP, 2004). Victims who arrive in Canada come from a variety of source countries, but Asian countries and those of the former Soviet Union have been identified as primary sources (RCMP, 2004). There is also growing awareness of First Nations women being trafficked within the country or from Canada to the U.S. One NGO worker described the situation as follows:

> We certainly get Aboriginal women lured from the north as well as young women from all the provinces. And sometimes American women were brought up in the circuit. That's true about my centre. Other centres in the country are dealing with women across the American border but they are also coming from rural areas into urban areas. We also are dealing with women introduced to the circuit which exists between Toronto, Montreal and New York, Seattle, Vancouver, Edmonton, those commercial trafficking circuits. But also, there is a big one between Vancouver and New York, and Northern centres like Prince Rupert and Vancouver. So we know some routes (Oxman-Martinez et al., 2005a, p. 13).

Within Canada, human trafficking corridors have been identified running north-south in Alberta and British Columbia and east-west between the Pacific and central Canadian provinces (Oxman-Martinez et al., 2005). Documented human smuggling corridors between Canada and the United States exist in along the British Columbia-Washington state border (U.S. Department of Homeland Security, 2006; Washington State Work Group on Human Trafficking, 2005); between the Garden River First Nation territory in the Sault Ste. Marie area and Michigan (Canadian Embassy in Washington, 2005); between Ontario and New York State by boat (Jimenez, 2001; NYS Division of Criminal Justice Services, 2006); between southern Ontario and Michigan (House Republication Communications Services, 2006); and across the Akwesasne Mohawk territory that straddles the border area between Quebec, Ontario, and New York state (Jimenez, 2001; U.S. Department of Justice, 1998).

Women appear to be over-represented among trafficking victims in Canada and, according to NGOs, victims tend to be young (18-35). The types of work people are trafficked into are also gendered, with women more likely to be exploited in the sex trade, domestic work and forced marriage and with men more likely to be exploited in agriculture or industrial work. International trafficking of children into Canada is reported to be rare, but in such cases international child victims are concentrated in the sex and adoption industries and Canadian Aboriginal children are at times trafficked for the sex or drug trades.

VICTIM PROTECTION IN CANADA

To date, various levels of government have failed to recognize the full extent of victims' needs and rights and therefore to establish victim protection policies and programs. The results have been perilous for trafficking victims. In 2000, Canada was among the first signatories to the UN Protocol on Trafficking in Human Beings, which focused on three key policy areas: prevention of human trafficking, protection of trafficking victims, and the prosecution of traffickers.[3] Since this time, progress in the three areas has been uneven, and Canada's commitments to victim protection have gone unmet (The Future Group, 2006; Oxman-Martinez *et al.*, 2005a; Bruckert and Parent, 2004).

In May 2006, there was an important step forward in protecting victims of trafficking with the creation of a temporary resident permit for victims of human trafficking.[4] The permit carries no processing fee, gives victims up to 120 days in Canada to decide whether to return to their home country or to apply for permanent status in Canada, and grants eligibility for health-care benefits and counselling services under the Interim Federal Health Program.[5] It is expected that the permit will address some of the human rights problems for trafficking victims, such as decreasing the frequency of detention and deportation and by providing access to health care, without providing an all-encompassing answer to victims' rights.

---

3. In terms of prosecution, human trafficking was specifically prohibited under the *Immigration and Refugee Protection Act* as well as the *Criminal Code.* July 29th, 2007, Department of Justice Canada C-46, section 279.01 (<laws.justice.gc.ca/en/ShowFullDoc/cs/I-2.5///en>) (Full Document) (<laws.justice.gc.ca/en/ShowTdm/cs/I-2.5>) (June, 2007); *Criminal Code* (R.S., 1985, c. C-46) Act current to May 29th, 2007, Department of Justice Canada (<laws.justice.gc.ca/en/ShowFullDoc/cs/C-46///en>) (Full Document) (<laws.justice.gc.ca/en/ShowTdm/cs/C-46>) (June, 2007).

4. Citizenship and Immigration Canada (CIC), *Annual Report to Parliament on Immigration,* 2006, Selecting Foreign Nationals as Permanent and Temporary Residents, (<www.cic.gc.ca/english/resources/publications/annual-report2006/section3.asp>) (June, 2007); *Rapport annuel au Parlement sur l'immigration 2006* (<www.cic.gc.ca/FRANCAIS/pdf/pub/immigration2006_f.pdf>), p. 25 (June, 2007).

5. The Interim Federal Health Program was created to provide public health insurance to refugee claimants, Immigration and Citizenship Canada (CIC), *Interim Federal Health Program (IFH)* (<www.cic.gc.ca/english/refugees/outside/resettle-assist.asp>) (June, 2007). This is the first time it has been extended to cover another category of migrant.

Other governmental initiatives in victim protection are: Justice Canada's "Victim's Fund" to which NGOs may apply to fill gaps in service delivery to victims, including trafficking; development by CIC of a document to aid immigration officers in the detection and referral of victims of trafficking (Hanley and Oxman-Martinez, 2004); and collaboration between the RCMP in British Columbia and the British Columbia Public Safety Ministry to implement a pilot project for victims of trafficking (U.S. Department of State, 2006).

Apart from these isolated initiatives, protection services are provided primarily by the third sector: NGOs and community groups. Members of the Interdepartmental Working Group on Trafficking in Persons (IWG-TIP),[6] the coordinating and action body for federal trafficking-related activities, consider community organizations as a key area for potential government support for trafficking victims. In the absence of an official victim protection framework, however, there is no official policy structure to ensure provision of services, and thereby adequate protection of victims' human rights.

DOCUMENTING THE COMMUNITY-BASED RESPONSE TO HUMAN TRAFFICKING

Given the lack of centralized information on community-based service providers, turning to them directly was the most reliable information source for documenting their response to human trafficking. Forty semi-structured telephone interviews with front-line workers in community organizations working with victims of trafficking were conducted, at four sites: Vancouver, Winnipeg, Toronto and Montreal. A broad range of service providers was considered: women's organisations, Aboriginal and ethnic organizations, religious organizations, and NGOs providing settlement services, immigration and refugee services, victim services, and community or health services. Responses were recorded and transcribed before being coded and analyzed in terms of the following themes: victims' needs; NGOs' capacity to meet the needs of victims by providing adequate services (quantity and quality); gaps in services needed; and the problems NGOs face in delivering adequate services to victims of trafficking.

---

6. The federal government's efforts regarding trafficking are coordinated by an *ad hoc* Interdepartmental Working Group on Trafficking in Persons (IWG-TIP), which brings together representatives from federal departments sharing an interest in furthering the anti-trafficking agenda (<www.justice.gc.ca/en/fs/ht/iwgtip.html>) (June, 2007).

The analysis of NGO provision of victim protection services is approached from the perspective of the "production process" of such services. Like private production processes, the provision of services by nongovernmental community organizations can be characterized by the dynamics of demand and supply for those services (Knapp, 1984). But, whereas in the realm of private exchange, demand and supply are principally determined by the market, in the public realm the market is not an appropriate tool to determine the allocation of goods and services. Protecting victims' human rights requires that the supply of services be matched as well as possible to the demand, in other words, that provision of services is adequate in meeting victims' needs (Breda and Crets, 2001). According to this theoretical approach, the supply can be matched to the demand through appropriate policy and adequate levels of social spending.

TRAFFICKING VICTIMS ENCOUNTERED BY NGOs: THEIR NEEDS AND DEMAND FOR SERVICES

Researchers asked NGOs to share their perspectives on the needs of trafficking victims encountered through their work and the types of services demanded by these victims. Responses suggest that exiting a trafficking situation and seeking to re-establish a life of independence and freedom is a process in which three stages can be identified, each with a related demand for (often overlapping) protection services:

Stage I: Assistance in leaving or escaping from a trafficking situation, which may require: outreach, direct intervention for escape, protection from criminalization, detention and deportation, and emergency shelter;

Stage II: Physical and emotional stabilization, which may require: physical and legal protection for family in the country of origin and for the victims themselves, regularizing immigration status, mental and physical health services, addiction services, translation services, and temporary income support;

Stage III: Social insertion and integration, which may require: language training, and employment and training services.

Respondents stressed that individual victims may have differing profiles and needs. The intersection of social categories such as gender, "race," age, education, class, etc., make victims' experiences of exploitation and the possibilities open to them in terms of escape or seeking alternative forms of migration, qualitatively distinct.

COMMUNITY-BASED NGOs: THE EXISTING SUPPLY OF PROTECTION SERVICES AND GAPS IN PROVISION

Interviews revealed that examples of nearly all of the types of services needed by trafficking victims already exist in the community sector. However, not all the necessary services were available at all sites and accessibility was an issue for the services available. We will review existing services and basic gaps in availability.

STAGE I: ASSISTANCE IN LEAVING OR ESCAPING FROM A TRAFFICKING SITUATION

As mentioned above, the first stage of needs is to get out of the situation of trafficking. The organizations interviewed provide several services in this vein.

Outreach

Outreach activities described by interview respondents aim to educate trafficking victims on their rights and options, and to encourage them to exit the trafficking situation and reach safety.

Organizations seek to reach potential victims on the streets or in massage parlours, bars or strip clubs, within ethnic communities, in churches, and sometimes through websites. Organizations' success in outreach depends largely on their ability to communicate with victims, many of whom may not speak English or French. Apart from English and French, the community organisations interviewed provided information and services in Mandarin, Cantonese, Spanish, Tagalog, Romanian, Thai and Hindi. Addressing victims' fears was a major objective of outreach work:

> *The first question is that you must understand the culture of the gangs, of the sex trade work. They don't have status; they even don't know if the Canadian law will protect them. They just came here. They didn't intend to stay here forever. They just come here to get money and they eventually need to leave the country. They don't know if the government is willing to help these kinds of victims* (Oxman-Martinez *et al.*, 2005a, pp. 21-22).

It was suggested that peers should be hired to do outreach work in immigrant communities, where trafficking sometimes occurs between members. Outreach activities were hampered by lack of financial and human resources and the feeling that groups were already stretched in addressing the needs of the individuals who presented themselves to the organization before using scarce resources to go out and attract new users.

Direct Intervention for Escape

For a time in Toronto, Metro Police and a sex workers' organisation collaborated in a series of investigations and busts of local strip clubs suspected of trafficking. Examples of similar operations were related by interviewees in Vancouver and Montreal. Community organizations' evaluations of other cases where police operations uncovered trafficking activities were mixed, however. Whereas some of the women uncovered eventually secured permanent status in Canada and received support in re-establishing their lives, trafficking victims were sometimes charged with prostitution-related offences, or directly turned over to the Canada Border Service Agency and subsequently deported.

More informal initiatives were also documented. In Vancouver, Toronto and Montreal, activists and/or community groups reported physically intervening to help a woman caught up in a trafficking situation, in a so-called "rescue" operation. Victims communicated with community-based or activist organizations after referrals from medical practitioners, chance meetings at church or in grocery stores or other public places. Personal referrals were most often through members of their own ethnic group:

> We provide the so-called "rescue operations" at the centre. They call us up and say, "I really want to leave." They need to immediately leave the employer because they can no longer stand the abuse. We immediately support them and go get them. Without any questions, we just go pick them up (Oxman-Martinez et al., 2005a, p. 20).

Protection from Criminalization, Detention and Deportation

Being trafficked into an illegal occupation, such as the sex or drug trades, increases the risk of being treated as a criminal rather than a victim of human trafficking. Interview respondents raised the problem as particularly acute for those involved in the sex trade. Criminalization of sex workers interferes with prevention and protection efforts, as victims' fear of arrest or deportation can lead them to avoid accessing necessary services and also makes it difficult for agencies to identify and gain the trust of sex workers. It is unclear whether victims will be eligible for the temporary residence permit if they have been charged with a criminal offence.

Victims who lack a legal immigration status are at high risk of being detained, deported as illegal migrants, having their children removed by child protection services, and they are denied many social rights. A refugee advocacy organisation related this story:

> There was recently a woman who was deported [...] She was one of the women in our group [...] The government's whole mentality, their bosses told her what to do and she did it, that's it. They don't care about us. There

was an amazing demonstration, but, finally, she was deported (Oxman-Martinez *et al.*, 2005a, p. 23).

Detention, whether for criminal or immigration reasons, constitutes a serious obstacle to the provision of needed services. In terms of deportation, returning to the country of origin is often the last thing that victims want, for reasons of security or family shame. NGO workers reported serious concerns for their own safety as well as that of the victims they aim to help:

> *We, too, have had threats. The women, too, have threats. All kind of threats, like on your own person. That's why I hope you will respect the confidentiality, and why we can't mention the names of the people, of the victims nor the groups either. We want to make it good but we don't want to have a string of bad things happening to those who helped out with their heart* (Oxman-Martinez *et al.*, 2005a, p. 22).

In cases where victims knew their trafficker(s) before being trafficked, they may have a legitimate fear for their own and/or their family's safety in the country of origin. In cases of women trafficked into the sex trade, victims may be ostracized by their home community for their involvement in sex work.

Emergency Shelter

One of trafficking victims' most immediate needs is to escape confinement and find a safe place to stay. When victims need emergency shelter, service providers most often turn to domestic violence or refugee shelters. Victims will not always fit into one or the other category; in such cases organizations may seek to place victims in homeless shelters, which can be traumatizing:

> *The most common problem is lack of shelter. They have no place to go. There really isn't much for transition housing for these women... They should just take them as they are* [possibly intoxicated] *because they may have no place to go. If they're homeless, they're vulnerable* (Oxman-Martinez *et al.*, 2005a, p. 17).

Women-only facilities were deemed important for the physical safety and peace of mind of female trafficking victims, most of whom have been exploited by male traffickers, but there are usually not enough spaces available. In Vancouver, Toronto and Montreal, activist organizations sometimes arrange for victims to stay in their members' homes, although respondents reported uneasiness about this situation. For longer stays, residential facilities are sought out, but these are usually only for detoxification and their long waiting lists prevent many from accessing such facilities. Several organisations working with women in the sex trade highlighted the need for residential facilities for transitioning out of forced prostitution.

STAGE II: PHYSICAL AND EMOTIONAL STABILIZATION

Once a victim has exited the control of their trafficker, they need short-term services to help them return to a more normal life.

Physical and Legal Protection for Victims and Their Family

Being safe from their traffickers is often at the forefront of victims' concerns once they have escaped the immediate situation. For immediate protection of the victim, women were often referred to domestic violence shelters. In some cases, refugee shelters actually send their clients to another city in Canada or even to the U.S. in order to ensure their safety.

For longer-term protection, the only official recourse of victims is witness protection, which requires that the victim participate in the prosecution of the trafficker. Fear of retaliation against the victim's family, who is not protected by witness protection, or fear that traffickers will find the victim anyway, can present serious obstacles.

Immigration and Settlement Services

Immigration or refugee settlement services are the primary mandates of many of the organizations working with trafficking victims. Helping individuals deal with immigration procedures, making referrals to specialised organisations, or *pro bono* collaboration with lawyers to complete applications are some of the services offered. Given the implications of an unfavourable immigration decision, most groups prefer to rely on specialists. The most common procedures are refugee claims, humanitarian and compassionate applications for permanent residency, permanent residency applications for those in the Live-In Caregiver Program (LCP), or other temporary visas. The central role of immigration status was underlined by NGO workers:

> Well, if they are trafficked, first of all they need to have their status. They need to stay where they've been trafficked because, once they go back to their country of origin, there is no way for them to be supported. It's a given because these people come from third world countries. There are no such services (Oxman-Martinez *et al.*, 2005a, p. 19).

Immigrant and refugee settlement services also extend their regular services to victims of trafficking, services which include information and referrals related to social benefits, introduction to Canadian culture and society and establishment of social networks.

Work relating to immigration, settlement services, problems with prison and criminal justice authorities is also done in detention facilities or prisons where women are held, both around Vancouver itself, in the interior of

British Columbia and on Vancouver Island. If deportation is imminent, groups will sometimes offer emergency assistance through legal intervention, political lobbying, media work, activism, and even civil disobedience.

Mental and Physical Health Services

None of the community organizations interviewed were health care providers, with the exception of one organization in Winnipeg that had nurses on staff. However, health education was a priority in all four cities. In Vancouver and Winnipeg, women's groups, drop-in centres and sexual assault centres undertook health prevention; in Toronto and Montreal, refugee services, sex workers' and domestic workers' organizations carried out this type of outreach and education. Two examples of successful health outreach strategies were pointed out by respondents: collaboration between a sex workers' association and the Peel Board of Health (Greater Toronto area) in order to gain access to strip clubs and massage parlours, and the use of peer educators to gain access to sex trade workplaces in Vancouver and Montreal.

One Montreal organization had arranged its own weekly health clinic in collaboration with Médecins du monde, offering free frontline medical services regardless of immigration status or provision of personal identification.

> *They are really endangered, being infected or addicted and they need good advice and orientation about how they can take care of themselves, anything about health system* (Oxman-Martinez *et al.*, 2005a, p. 17).

Another group found doctors within ethnic communities willing to volunteer their services as the need arose. Several organizations in each city, especially the sexual assault centres, reported accompanying victims to health appointments in order to defend their rights and to explain procedures.

Organizations offer counselling services around issues such as sexual assault, refugee experiences, domestic work experiences, or addictions. In many cases, the trafficking situation was discovered because victims sought out help relating to one of these issues. Demand for counselling services, however, is significantly higher than the availability of services. Also lacking is training for counsellors on the specific dynamics and implications of human trafficking, including techniques to develop victims' trust and to bring them out of their isolation.

> *Once the trafficked people arrive in their destination, the most important thing for traffickers is that victims be isolated from their own community and even from each other. Most of the time, what happens is that their papers*

> *are confiscated and then they are usually herded and placed in dormitory-type arrangements where they are not free to come and go, except to do their work. They are very afraid to come forward* [...] *They are afraid of being killed* (Oxman-Martinez *et al.*, 2005a, p. 26).

Apart from the difficulties in providing community-based health services, NGO workers stressed that accessing public services was a challenge, in part because of the lack of awareness about trafficking among health professionals. Training of helping professionals was seen as important to providing sensitive and appropriate support: "*Yes. The difficulty with the specific area of trafficking is that there isn't a specific training course on how to help victims of trafficking*" (Oxman-Martinez *et al.*, 2005a, p. 25).

Addiction Services

Drug and alcohol addiction is an area of particular importance for the health of trafficking victims. Drug dependency is often encouraged by traffickers to trap their victims in a relationship of dependence. Other victims may resort to drug and alcohol use in order to cope with their situation. Counselling and referral to detoxification facilities are the most frequent services offered for addicted victims. Lack of detoxification beds is a serious problem, and one that is especially severe in Vancouver and Winnipeg for internally-trafficked Aboriginal women. It is a particularly pressing issue given that many shelters deny services to the intoxicated. A drop-in centre worker shared this experience:

> *I had a woman come into my office. She was obviously very high, obviously hadn't slept for a few days. She was falling asleep while sitting up. She was very young. She was hardly dressed. I was trying to find shelter for her but nobody wanted to take her as long as she was inebriated. The best I could offer her was, there was a church called First United Church down here. They'll let you sleep on one of the pews. They're pretty supportive. But that was about all I could offer her. She got frustrated fairly quick because most of these women haven't really had any support, don't trust any of the systems in place. And so she took off before I could actually finish. I gave her clothes, gave her food. She grabbed all that she could before she left. She ran out in a huff* (Oxman-Martinez *et al.*, 2005a, p. 23).

Translation Services

Translation services for official documents or even interpretation at victims' court appearances, legal and health appointments or contacts with various government agencies, were offered by some organizations, but it was not possible for any one organization to offer services in all the languages of their clients. In response to this problem, some organizations cooperated with other groups, volunteers or public services to provide access to translators. Finding translators in crisis situations is difficult, and many respondents suggested the need for an on-call, 24-hour, government-funded bank of interpreters.

Income Support

For victims housed in shelters, the organizations are often able to provide them with some pocket money. Obtaining welfare is possible for refugee claimants or permanent residents in Canada, but undocumented migrants or those who are in Canada on a temporary visa cannot generally access provincial welfare payments. There are currently no clear policies on whether holders of the temporary residence permit for trafficking victims will have access to income support programs from each of the provinces. *"They really need a source of income. I see welfare as a guarantee of income. It is very necessary to make it possible for the women to succeed in their situation"* (Oxman-Martinez *et al.*, 2005a, p. 18).

For those who are ineligible for an income security program, workers said that they attempted to seek funds through alternative channels: charitable donations, and referring victims to churches and other religious organizations, food and clothing banks. Groups have also organized fundraising events to help victims, or even soliciting donations among their own staff or volunteers when all else fails.

STAGE III: SOCIAL INSERTION AND INTEGRATION

Finally, once victims have reached some sort of stability and have overcome their initial crisis situation, there is a need to turn to more long-term, sustainable personal development.

Language Training

Some community or religious organizations offer language courses, and groups were also sometimes able to register victims in government language courses. The inability to secure spots in language courses – especially for those with less flexible schedules, lack of identification or immigration papers or no income to pay for the course or the transportation costs – was reported by respondents as problematic. In the absence of language training, trafficking victims face considerable barriers to accessing available services.

Employment and Training Services

Given that economic need was one of the primary motivations for victims initially seeking to migrate, those who achieve permanent status or who face a long wait for the resolution of their cases require support in securing gainful, stable employment. Finding decent work was seen as key to long-term successful integration and recovery.

Community workers, however, as stated in their responses, were confronted with numerous difficulties in providing jobs to victims and in offering training facilities. Trafficking victims face eligibility problems in accessing employment services and, once in the workforce, trafficking survivors face challenges of racism, lack of recognition of foreign credentials and work experiences and gender discrimination. For labour complaints, some organizations reported accompanying legal migrant workers through the complex complaint process at the Labour Board. Little information is available on the real working conditions of trafficking survivors except for those who now work at advocacy organizations towards stopping trafficking.

BARRIERS TO FULL PROTECTION SERVICES FOR VICTIMS OF HUMAN TRAFFICKING: UNDERSTANDING THE GAPS

Our analysis of the interview data suggests important gaps in services for the protection and rehabilitation of human trafficking victims. Understanding what is behind the gaps, however, is what is necessary in order to correct the situation and improve the support available for those who have become embroiled in human trafficking. We would argue that there are four main shortfalls that allow gaps in services to exist and continue: lack of awareness of the phenomenon; lack of federal policy framework for victim protection; lack of funding for community groups; and lack of state/NGO communication and cooperation around the issue. In this section, we will present an overview of these shortfalls before turning to a discussion of their underlying reasons.

SHORTFALLS THAT BLOCK SERVICE PROVISION FOR TRAFFICKING VICTIMS

The first shortfall reported in interviews was lack of awareness about human trafficking. Members of the public, workers in community groups and government authorities do not usually think of human trafficking as a possibility when they encounter migrants in difficult situations.

If they do not address the possibility head on, it is even more difficult for victims to raise the issue and ask for help. Related to this overall lack of awareness, community workers reported a lack of training about how to serve victims of trafficking, a lack they felt was also present among law enforcement and immigration officials:

> *Once we had a caregiver who was trafficked from Saudi Arabia, she was Filipino. We went to the police station to file a complaint. He said: I can't put any crime in your complaint because my code says... there is no such thing as slavery* (Oxman-Martinez *et al.*, 2005a, p. 19).

Respondents viewed the lack of federally-driven protection policies and programs for trafficking victims and their families in the country of origin as a primary barrier to effective service provision. The introduction of the temporary visa was a welcome step forward but it still offers no clear channel for regularization but, rather, only a temporary reprieve from deportation. The visa also entails an underlying pressure for the victim to participate in the prosecution of her trafficker. Neither is there a guarantee that victims will be accepted for permanent residence or refugee status.

Physical protection for victims and their families (likely still in the home community) also has yet to be specified on a policy level. Victims have told community workers that this is one of the primary reasons they hesitate to try to escape their traffickers. Service providers, themselves, also sometimes felt threatened in doing this work and wanted protection in specific situations.

In Calgary and Montreal, for example, some service providers have received threats related to their work on human trafficking. Workers fear exposing victims and themselves or colleagues to retaliation by traffickers. Respondents were not in favour of tying immigration status to a willingness to participate in the prosecution of traffickers.

As is clear in the previous section, community groups have innovated services for trafficking victims but feel limited in the scope or supply they can provide. Respondents noted that the biggest obstacle to service provision at the level of community and grassroots agencies is financial. Few resources and funds exist to offer and develop a broad range of services. Moreover, there is a lack of office space and problems related to hours of operation. So far, although the federal government has suggested that community groups are their principal allies in protecting victims, they have not created any funding programs to provide services to trafficking victims. In fact, most federal funding programs specifically exclude irregular migrants from eligibility. Since the government has not acknowledged the rights of trafficked persons under the law, NGOs have not allocated specific resources to deal with trafficking victims. Only five of the forty NGOs dealt specifically with trafficking issues, and only two had a mandate for direct service provision.

A lack of state/NGO communication and cooperation was also pointed to by interview respondents. Community groups felt that they were called in occasionally for government consultation without their views being taken into serious consideration for implementation. And, after the consultations, they felt that there was little effort made to report back on results or to establish ongoing communication.

UNDERSTANDING THE GAPS

Understanding what allows these gaps to exist and persist is more difficult. A first point may simply be that it takes time to work out how to respond to a relatively new phenomenon. The public, community workers and government officials may all need time to fully grasp the scope and implications of human trafficking before they are able to develop effective responses. Strategies to speed the positive evolution of attitudes and awareness need to be pursued.

On a political level, however, there are overall trends that present a barrier to effective protection of trafficking victims. The security and criminality focus of immigration and foreign policy, especially since 9/11, limits the success of those advocating the human rights approach to trafficking. Many of the problems concerning protection of victims and service provision are associated with Canada's tendency to frame the issue of trafficking in persons within a law enforcement perspective. Taking a human rights approach to these issues, without excluding the necessity of pursuing and punishing traffickers under the law, would lead to a greater recognition of the central importance of protecting victims' rights. Related to the state's desire to ensure "security" is its desire to distinguish trafficking victims from other types of irregular migrants, the implication being that while trafficking victims deserve protection, other irregular migrants deserve prosecution, detention and/or deportation.

The Canadian public is also wary of supporting the efforts of people suspected of possibly being "queue jumpers" of the regular immigration process. The major costs required to protect and rehabilitate trafficking victims may be contributing to the reluctance to spend public dollars on non-Canadians or people otherwise deemed "undeserving." The stigmatization of people involved in the sex trade and other industries at the bottom of the economic ladder is one more element of exclusion or lack of sympathy from the general public and state service providers and funders.

Finally, the high degree of specialization of services required to serve trafficking victims may be causing a slow-down in the development of protection responses. Domestic violence, refugee and homeless shelters are limited in their appropriateness for trafficking victims. Their mandates are geared to specific populations and inhibit the provision of services to meet the needs of trafficking victims, such as protection, immigration accompaniment or specialized counselling and health services. Several NGOs cited the unwillingness of some shelters to admit people under the influence of drugs and alcohol, which creates an additional barrier to accessing shelter and other services for trafficking victims under extreme psychological distress.

CONCLUSION

The analysis of demand and supply of protection service for trafficking victims highlights the importance of approaching trafficking from a human rights perspective. Such a perspective emphasizes the fact that trafficking in persons "violates the universal human right to life, liberty, and freedom" (U.S. Department of State, 2005, p. 13) and reveals the imperative of providing adequate victim protection services by drawing the link between services to the protection of victims' basic human rights.

Protecting trafficking victims' human rights therefore requires that the availability, scope and quality of services match up with the scope, nature, and geographical distribution of victims' needs. Governmental intervention is necessary as those who demand these sorts of services rarely have the ability to pay for them. Funding must be sufficient and linked to specific trafficking mandates. Funding service providers, however, is not enough to ensure that the supply of services will match the demand for those services. Research, monitoring, and analysis of the availability of and demand for services are also needed. NGOs do not have the resources to collect this information; a federal framework of analysis, policy, and coordination of intervention strategies is therefore very much needed.

In the absence of a policy and funding framework, Canadian NGOs are nevertheless attempting to meet the needs of those victims who present themselves to service providers.

The gaps in service provision identified above are the direct result of the lack of funding and coordination of community-based service providers. Furthermore, the hidden nature of trafficking renders highly probable that the gaps in services as compared to the need for these services is even greater than observed in this study. Demand is easily underestimated in this area, as many trafficking victims are reluctant or unable to manifest their needs for services. We therefore recommend that the federal government establish a comprehensive policy framework for service provision that includes regular assessment of the effectiveness and adequacy of coverage of the services offered.

It is also important to establish whether NGOs are the most appropriate provider of services to trafficking victims. Access to the Interim Federal Health Program through the temporary residence permit has effectively transferred responsibility for providing for most health services for trafficking victims to the state sector. We consider this to be an appropriate move, as the high costs and infrastructure needs associated with providing health services mean that NGOs cannot possibly provide for all victims' health needs. It could possibly be argued that the state sector could provide other services directly to trafficking victims.

However, NGO service providers across the country have developed considerable expertise and experience in working with trafficking victims, demonstrating their ability to effectively respond to many of the needs of trafficking victims. Sophisticated and efficient networks have also developed to enable NGOs to provide, through cooperation, a full range of services to victims, although not at the level they feel is necessary. Furthermore, victims whose experiences of exploitation and permanent state of insecurity may have eroded their trust in state officials and service providers are often more comfortable receiving services from NGOs, due to their organizational independence from government (Oxman-Martinez *et al.*, 2005a). Community organizations are therefore the most appropriate service providers of many victim protection services, and the already established service networks provide an ideal basis on which to develop a comprehensive service provision framework.

On a final note, the perspective of demand and supply underscores the importance of developing an integrated approach to meeting victims' needs not only through matching services to demand, but also the reduction of the demand for protection services through prevention of trafficking. Canada has made moderate efforts in prevention, at home and abroad. Within Canada, prevention efforts have consisted of awareness-raising and education campaigns (Oxman-Martinez *et al.*, 2005b) while Canada's source country prevention efforts have involved lobbying and education in source countries and funding contributions for international anti-trafficking projects (Stewart et Gajic-Veljanoski, 2005; Oxman-Martinez *et al.*, 2005b). Prevention, while not the focus of this chapter, is nevertheless the most effective way to avoid trafficking-related human rights violations; we therefore strongly advocate for the continuation and expansion of these and other prevention activities.

BIBLIOGRAPHY

BAILEY, I. (2006). "B.C. desperate for construction workers," *CanWest News Service*, <www.canada.com/topics/news/national/story.html?id=cc4748ad-8e13-46e8-9f91-cc2454f7c575&k=14502>, accessed August 1, 2006.

BREDA, J. and S. CRETS (2001). "Managing the quality paradox: Producing welfare services in an turbulent environment," *International Social Work*, vol. 44, no. 1, pp. 43-55.

BRUCKERT, C. and C. PARENT (2002). *Trafficking in Human Beings and Organized Crime: A Literature Review*, Ottawa, Royal Canadian Mounted Police.

BRUCKERT, C. and C. PARENT (2004). *Organized Crime and Human Trafficking in Canada: Tracing Perceptions and Discourses*, Ottawa, Royal Canadian Mounted Police.

CANADIAN EMBASSY IN WASHINGTON (2005). *Pacific IBET*, <canadianembassy.org/border/ibets-en.asp>, accessed July 31, 2006.

CHUTE, T. (2005). *Globalization, Security and Exclusion*. CRS Working Paper Series No. 3, Toronto, Centre for Refugee Studies.

CITIZENSHIP AND IMMIGRATION CANADA (CIC) (2005). *Interim Federal Health Program (IFH)*, <www.cic.gc.ca/english/refugees/outside/resettle-assist.asp>, accessed June 14, 2007.

CITIZENSHIP AND IMMIGRATION CANADA (CIC) (2006). «Selecting foreign nationals as permanent and temporary residents», *Annual Report to Parliament on Immigration*, <www.cic.gc.ca/english/resources/publications/annual-report2006/section3.asp>, accessed June 14, 2007.

CITIZENSHIP AND IMMIGRATION CANADA (CIC) (2006). *Rapport annuel au Parlement sur l'immigration*, <www.cic.gc.ca/FRANCAIS/pdf/pub/immigration2006_f.pdf>, accessed June 14, 2007.

CITIZENSHIP AND IMMIGRATION CANADA (CIC) (2006). *Canada's Immigration Policies: Misperception vs. Reality*, <www.cic.gc.ca/english/facts- myths/united-states.html>, accessed July 30, 2006.

CRÉPEAU, F. and D. NACACHE (2006). "Controlling irregular migration in Canada: Reconciling security concerns with human rights protection," *Choices*, Institute for Research on Public Policy, vol. 12, no. 1.

CWIKEL, J. and E. HOBAN (2005). "Contentious issues in research on trafficked women working in the sex industry: Study design, ethics, and methodology," *Journal of Sex Research*, vol. 42, no. 4, pp. 306-316.

D'CUNHA, J.D. (2002). "Trafficking in persons: A gender and rights perspective," paper presented at Expert Group Meeting on "Trafficking in women and girls," November, 18-22, 2002, Glen Coe, NY, USA, <www.un.org/womenwatch/daw/egm/trafficking2002/reports/EP-DCunha>, accessed September 12, 2006.

DEPARTMENT OF JUSTICE CANADA (1985). *Criminal Code (R.S., 1985, c. C-46)*, <laws.justice.gc.ca/en/ShowFullDoc/cs/C-46///en> (Full Document) <laws.justice.gc.ca/en/ShowTdm/cs/C-46>, accessed June 14, 2006.

DEPARTMENT OF JUSTICE CANADA (2001). *Immigration and Refugee Protection Act (c. 27) C-46, section 279.01*, <laws.justice.gc.ca/en/ShowFullDoc/cs/I-2.5///en> (Full Document) <laws.justice.gc.ca/en/ShowTdm/cs/I-2.5>, accessed June 14, 2006.

DEPARTMENT OF JUSTICE CANADA (2007). "Interdepartmental Working Group on Trafficking in Persons (IWGTIP)," *Trafficking in Persons*, <www.justice.gc.ca/en/fs/ht/iwgtipp.html>, accessed June 14, 2006.

FENNELL, T. and S. XUE (2006). *Human Smuggling*, <www.thecanadianencyclopedia.com/index.cfm?PgNm=TCE&Params=M1ARTM0012283>, accessed July 31, 2006.

FUTURE GROUP, THE (2006). *Falling Short of the Mark: An International Study on the Treatment of Human Trafficking Victims*, Calgary, The Future Group.

HANLEY, J. and J. OXMAN-MARTINEZ (2004). *A Report on Trafficking in Persons*, Metropolis Conversation Series, no. 18, pp. 1-8.

HOUSE REPUBLICATION COMMUNICATIONS SERVICES (2006). *Legislators Fight to End Human trafficking*, [Press release], Lansing, MI: House Republication Communications Services.

JAHIC, G. and J.O. FINCKENAUER (2005). «Representations and misrepresentations of human trafficking», *Trends in Organized Crime*, vol. 8, no. 3, pp. 24-40.

JIMENEZ, M. (2001). «The promised land», *Saturday Night*, vol. 116, no. 3, p. 16.

JIMENEZ, M. (2003). "200,000 illegal immigrants toiling in Canada's underground Economy," *The Globe and Mail*, <are.berkeley.edu/APMP/pubs/agworkvisa/canada111503.html>, accessed August 1, 2006.

KELLY, L. and L. REGAN (2000). *Stopping Traffic: Exploring the Extent of, and Responses to, Trafficking in Women for Sexual Exploitation in the UK. Police Research Series Paper 125*, London, Home Office.

KEMPADOO, K. and J. DOEZEMA (eds.) (1998). *Global Sex Workers. Rights, Resistance, and Redefinition*, New York, Routledge.

KNAPP, M. (1984). *The Economics of Social Care*, London, Macmillan.

LACZKO, F. and E. GOZDZIAK (2005). *Global Data and Research on Human Trafficking*, Geneva, International Organization for Migration (IOM).

MAKKAI, T. (2003). *Thematic Discussion on Trafficking in Human Beings*, paper presented at 12th Session of the Commission on Crime Prevention and Criminal Justice, Vienna.

McDONALD, L., B. MOORE, and N. TIMOSHKINA (2000). *Migrant Sex Workers from Eastern Europe and the Former Soviet Union: The Canadian Case*, Toronto, Centre for Applied Social Research, University of Toronto.

NDIAYE, N. (2006). *Mujer, Migracion y Desarrollo*, presentado a Second International Conference on Women's Human Rights: Actions for their Protection, Mexico City.

NEW YORK STATE DIVISION OF CRIMINAL JUSTICE SERVICES (2006). *Testimony of Chauncey G. Parker, Director of Criminal Justice for the State of New York, to the Senate Hearing on Human Trafficking*, <criminaljustice.state.ny.us/pio/2006-2-02testimony.htm>, accessed July 31, 2006.

OXMAN-MARTINEZ, J., M. LACROIX, and J. HANLEY (2005a). *Victims of Trafficking in Persons: Perspectives from the Canadian Community Sector*, Ottawa, Research and Statistics Division, Department of Justice Canada.

OXMAN-MARTINEZ, J., J. HANLEY and F. GOMEZ (2005b). «Canadian policy on human trafficking: A four-year analysis», *International Migration*, vol. 43, no. 4, pp. 7-29.

Oxman-Martinez, J., A. Martinez, and J. Hanley (2001). «The traffic of women in Canada: Gendered experiences of immigration policies», *Journal of International Migration and Integration*, vol. 2, no. 3, pp. 297-313.

Royal Canadian Mounted Police (2004). *Project SURRENDER: A Strategic Intelligence Assessment of the Extent of Trafficking in Persons to Canada* (unpublished manuscript), Criminal Intelligence Directorate, Royal Canadian Mounted Police.

Sassen, S. (2000). «Women's burden: Counter-geographies of globalization and the feminization of survival», *Journal of International Affairs*, vol. 53, no. 2, pp. 504-524.

Stewart, D.E. and O. Gajic-Veljanoski (2005). «Trafficking in women: The Canadian perspective», *CMAJ*, vol. 173, no. 1, pp. 25-26.

United Nations (2000). *Protocol to Prevent, Suppress and Punish Trafficking in Persons, Especially Women and Children.*

United Nations (2006). «Toolkit on combating Trafficking in persons, United Nations, New York», *Office on Drugs and Crime*, <www.unodc.org/pdf/Trafficking_toolkit_Oct06.pdf>, accessed March 26, 2007.

United Nations (2007). «Launches global initiative to fight human trafficking», *Office on Drugs and Crime UNODC*, <www.unodc.org/unodc/press_release_2007_03_26.html>, accessed March 26, 2007.

U.S. Bureau of Democracy, Human Rights, and Labor (2005). *Country Reports on Human Rights Practices – 2005*, <www.state.gov/g/drl/rls/hrrpt/2005/61719.htm>, accessed July 30, 2006.

U.S. Department of Homeland Security (2006). *Fourteen Charged as U.S., Canada Dismantle Major Human Smuggling Network*, [Press release], Washington, U.S. Fed News Service.

U.S. Department of Justice (1998). *U.S. Cripples Major International Chinese Alien Smuggling Operation*, [Press Release], Washington, U.S. Department of Justice.

U.S. Department of State (2005). *Trafficking in Persons Report 2005*, Washington, U.S. Department of State.

U.S. Department of State (2006). *Trafficking in Persons Report 2006*. Washington, U.S. Department of State.

U.S. Department of State (2007). *Trafficking in Persons Report 2007*. Washington, U.S. Department of State, <www.state.gov/documents/organization/82902.pdf>, accessed June 12, 2007.

United Nations (2000). *Protocol to Prevent, Suppress and Punish Trafficking in Persons, Especially Women and Children, Supplementing the United Nations Convention against Transnational Organized Crime*, <www.unodc.org/pdf/crime/a_res_55/res5525e.pdf>, accessed April 25, 2005.

United Nations High Commissioner for Human Rights (UNHCHR) (2002). *Recommended Principles and Guidelines on Human Rights and Trafficking*, <www.ohchr.org/english/about/publications/docs/trafficking.doc>, accessed August 29, 2006.

Washington State Work Group on Human Trafficking (2005). *The Report of the Washington State Work Group on Human Trafficking*, Olympia, Office for Crime Victims Advocacy, State of Washington.

P A R T I E

PRATIQUES VARIÉES,
D'ICI ET D'AILLEURS

18

LE PROCESSUS DE DOMINATION CONJUGALE
Un modèle interactif et évolutif

Manon Bouchard
La Séjournelle inc.

Denise Tremblay
La Séjournelle inc.

MISE EN CONTEXTE

En 1995, l'équipe de La Séjournelle[1] amorçait une vaste réflexion sur sa pratique en vue d'améliorer ses actions cliniques, préventives et partenariales. C'est à partir de l'observation et de l'expérience auprès des victimes de violence conjugale que s'est développé le modèle du Processus de domination conjugale (PDC). Le développement de ce savoir correspond à ce que Racine (2000) nomme «la connaissance expérientielle», qui se définit comme «l'élaboration d'un corpus de connaissances» fondé sur l'expérimentation dans la pratique et renvoie aux travaux de recherche de Schön (1994).

---

1. La Séjournelle est une ressource d'aide et d'hébergement implantée au Centre-de-la-Mauricie depuis 1984. Elle rejoint annuellement plus de trois cents victimes et leurs réseaux d'aide. Elle a développé une approche partenariale avec l'Université du Québec à Trois-Rivières, L'Accord Mauricie (Centre d'intervention pour hommes violents) et les milieux de la justice. La Séjournelle est membre du Regroupement provincial des maisons d'hébergement et de transition pour femmes victimes de violence conjugale.

Le modèle du PDC a été soumis à une procédure scientifique de validation[2] avec l'apport de M. Pierre Potvin, Ph.D., professeur-chercheur au Département de psychoéducation de l'Université du Québec à Trois-Rivières, de spécialistes en intervention auprès des victimes et des agresseurs et avec le soutien financier de l'Agence de santé et de services sociaux de la Mauricie et du Centre-du-Québec. Les concepts développés sont donc issus de la confrontation entre un savoir expérientiel auprès des victimes et des agresseurs et un savoir scientifique tel que suggéré par Nadeau (triangulation, vérification interne et vérification externe). Dans son ensemble, le processus de recherche s'inspire de la philosophie du Fonds québécois de recherche sur la société et la culture (FQRSC), qui préconise la recherche dite appliquée, menée en équipe, dans une perspective trans-disciplinaire et transsectorielle sollicitant le partenariat bidirectionnel entre chercheurs et intervenants (Gauthier, 1987, p. 26).

LE MODÈLE DU PROCESSUS DE DOMINATION CONJUGALE

Le modèle du PDC examine la violence conjugale sous l'angle d'un processus interactif et évolutif où interagissent une *personne dominante*, une *personne soumise aux tentatives de domination* et des *réseaux sociaux* qui constituent l'environnement de la dyade dominante-dominée. Tel qu'illustré dans la figure 1, les composantes du PDC sont les suivantes: la socialisation et les apprentissages antérieurs, les stratégies de contrôle du dominant, les positionnements de protection de la personne dominée, le système de jus-tification qui contribue à légitimer l'usage des abus de pouvoir, les posi-tionnements des réseaux sociaux et, en conséquence, les coapprentissages de domination et de victimisation dans la relation conjugale. L'analyse de l'ensemble des interactions entre ces composantes permet d'identifier trois dynamiques de domination conjugale. Plus l'ascendance de la personne dominante est forte, plus la dynamique de domination conjugale présente un motif raisonnable de croire à l'imminence d'un danger de blessures graves ou de mort.

L'interaction entre les *stratégies de contrôle* du dominant, les *stratégies de protection* de la victime et les positionnements des *réseaux sociaux* a un impact sur les apprentissages de domination-victimisation. Pour la personne dominante, les *apprentissages de domination–non-domination* résultent de la réussite ou de l'échec de ses stratégies de contrôle. Pour la personne faisant

---

2. Ce texte renvoie principalement à des extraits de Bouchard et Tremblay (2002), Bouchard *et al.* (2006) et Brisson *et al.* (2006).

Figure 1
Le Processus de domination conjugale (PDC)

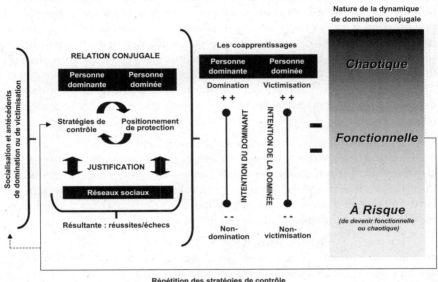

l'objet des tentatives de domination, les *apprentissages de victimisation–non-victimisation* résultent de la réussite ou l'échec de ses positionnements de protection.

L'intention d'établir, de consolider, de démontrer ou de rétablir sa position dominante amène le dominant à répéter, à varier et à amplifier ses stratégies de contrôle. Face aux tentatives de domination, nous pouvons observer que la victime répétera, variera et amplifiera elle aussi, ses actions pour se protéger, protéger les siens, contrer les tentatives du dominant de la subordonner à ses besoins ou pour se soustraire à son emprise[3]. Le positionnement de protection que la victime privilégie est fonction de sa socialisation, de ses expériences et des possibilités de l'actualiser en regard de l'emprise du dominant et du soutien des réseaux sociaux.

---

3. Les positionnements de protection de la victime (négation, subordination, survie, négociation, contre-pouvoir et résistance) réfèrent à des stratégies d'ajustement à l'adversité, Paulhan et Bourgeois (1995).

Contrairement au modèle de l'escalade de la violence[4], le modèle du PDC mesure l'intensification[5] par la répétition, la variation et l'amplification de l'ensemble des stratégies de contrôle et des stratégies de protection. Le modèle du PDC inclut des stratégies de nature agressive (tension, agressions psychologique, physique et sexuelle) ainsi que des stratégies « d'apparence non violente » (contrôle économique et social, dénégation, attrition et réconciliation). Ce faisant, lorsque l'on examine la genèse du processus de domination, il est possible de comprendre pourquoi certaines victimes n'ayant jamais subi d'agression physique directe peuvent être en danger de mort comme certaines autres qui sont violentées physiquement à répétition.

Une autre des caractéristiques du modèle du PDC est l'importance qu'il accorde aux réseaux sociaux[6]. Ceux-ci peuvent concourir à résorber la dynamique de domination conjugale comme contribuer à son aggravation. Lorsque ces réseaux s'opposent aux intentions du dominant, ils peuvent faire l'objet eux aussi de tentatives de contrôle de la part du dominant et adopter, le cas échéant, un positionnement de protection.

La finalité du processus de domination est l'acquisition pour la personne dominante d'un *pouvoir de subordonner l'autre* à ses besoins, et ce, peu importent les impacts négatifs pour la personne asservie. L'analyse de séquences d'événements dans le temps permet d'établir si le dominant réussit ou non à acquérir cette ascendance sur l'autre. Le modèle du PDC identifie trois dynamiques de domination conjugale : *À Risque* (de devenir fonctionnelle ou chaotique), *Fonctionnelle* et *Chaotique*, qui orientent l'intervention au plan de la sécurité des victimes et de ses proches, y compris la personne dominante.

La dynamique est dite *À Risque* lorsque le dominant maintient ses tentatives pour établir sa position dominante alors que les stratégies de protection de la victime sont efficaces, avec ou sans l'aide des réseaux sociaux. Comme l'intensification du processus de domination est faible (répétition avec variation et amplitude faible), la victime n'est pas toujours en mesure

---

4. Dans le modèle de l'escalade de la violence conjugale, la violence suit une trajectoire progressive allant de la violence psychologique à la violence verbale, puis à la violence physique pour culminer en homicide.

5. L'intensification du PDC se mesure par l'observation d'une fréquence de plus en plus rapprochée des stratégies de contrôle et de protection, par l'utilisation d'une variété de stratégies de contrôle et de protection et par des stratégies qui sont de plus en plus intenses (Exemple : menace sous-entendue, menace directe envers la victime, menace directe envers la victime et ses proches).

6. Les réseaux sociaux comprennent l'ensemble des individus et des entités présent dans l'entourage du couple. Ils peuvent être de niveaux primaire (parents, amis, voisins), secondaire (réseaux d'aide publique, communautaire) et tertiaire (lois, réglementations).

d'identifier les tentatives de contrôle. Celles-ci sont perçues comme des ajustements « acceptables » dans la relation de couple. Les actions préventives axées sur des relations égalitaires sont de la première importance pour résorber ce type de dynamique de domination conjugale.

La dynamique devient *Fonctionnelle* lorsque le dominant réussit à établir et à consolider sa position dominante. L'analyse des interactions dominant-dominée-réseaux sociaux permet d'identifier une intensification qui ira de faible à prononcée (répétition prononcée, variation et amplitude de faible à prononcée). Dans ce type de dynamique, même si la victime est active pour rétablir sa perception de pouvoir sur sa vie, elle fera face à des échecs à répétition. La dynamique *Fonctionnelle* est dite *permanente* lorsque le dominant peut exercer son pouvoir sans risque de réprobation ou de sanctions des réseaux sociaux. Le seul pouvoir dont dispose la victime est celui d'assurer sa protection immédiate.

La dynamique devient *Chaotique* lorsque le dominant maintient ses intentions de rétablir sa position dominante malgré le fait qu'il fait face à des échecs répétitifs et de plus en plus fréquents. Le processus de domination s'intensifie (répétition, variation et amplitude prononcées). Le maintien de l'intention de la victime de rétablir sa perception de pouvoir sur sa vie est à l'opposé de celle du dominant qui tente de rétablir sa position dominante. La dynamique est alors grave et extrêmement difficile à modifier. À ce stade, elle présente des risques élevés de blessures graves et d'uxoricide.

En analysant des séquences d'événements dans le temps, il est possible d'observer l'évolution de la dynamique de domination conjugale et d'établir la sévérité de la situation et, par voie de conséquence, d'orienter l'intervention. De façon générale, la dynamique de domination conjugale évolue d'une dynamique *À Risque* vers une dynamique *Fonctionnelle* jusqu'à une dynamique *Chaotique*. Toutefois, lorsque le dominant a des antécédents importants[7] de domination, la dynamique peut évoluer de *À Risque* à *Chaotique* sans transiter par une dynamique *Fonctionnelle*. La version de la victime (ou de la présumée victime) sur le vécu conjugal et le contexte entourant l'utilisation de stratégies de contrôle de la part de l'auteur (ou du présumé auteur) permet une évaluation exhaustive de la situation.

---

7. À noter que les antécédents de domination peuvent avoir été ou non judiciarisés. De plus, une personne dominante révélera peu ses antécédents et lorsqu'elle présentera les faits, cela se fera à son avantage. Dans le même ordre d'idées, la personne dominante révélera peu à un tiers ses agirs dominants.

Le modèle du PDC analyse la violence conjugale sous l'angle d'un processus interactif et évolutif, sans rejeter pour autant les facteurs de risques actuariels ou cliniques. Selon Wald et Woolverton (1990) et Landreville et Trottier (2001), c'est l'utilisation des connaissances sur la problématique de la violence conjugale et de l'homicide conjugal, combinée avec l'expérience pratique et le jugement de l'intervenant, qui constitue à l'heure actuelle le meilleur moyen d'anticiper et de prévenir le danger de mort ou de blessures graves.

BIBLIOGRAPHIE

BÉLANGER, C. *et al.* (1993). « Les corrélats comportementaux des attentes d'efficacité en matière de résolution de problème personnels », *Journal international de psychologie*, vol. 28, n° 4, p. 443-458.

BILODEAU, A. (1994). « Dynamique de recherche d'aide des femmes victimes de violence conjugale », dans M. Rinfret-Raynor et S. Cantin, *Violence conjugale : recherches sur la violence faite aux femmes en milieu conjugal*, Boucherville, Gaëtan Morin, p. 231-250.

BOISVERT, R. (1996). « Éléments d'explication sociale de l'uxoricide », *Criminologie*, vol. 29, n° 2, p. 73-87.

BOUCHARD, M. et D. TREMBLAY (2002). *Rapport de recherche – Phase I : Validation des concepts relatifs à l'estimation de la sévérité d'une dynamique de domination conjugale*, Shawinigan, La Séjournelle inc.

BOUCHARD, M. et D. TREMBLAY (2006). *Projet de développement des actions intersectorielles pour améliorer la sécurité des victimes de violence conjugale – Phase II : Mise en œuvre et implantation*, Shawinigan, La Séjournelle inc.

BOUCHARD, M. *et al.* (2006). *Rapport de recherche – Phase II : Modèle du processus de domination conjugale (PDC)*, Shawinigan, La Séjournelle inc.

BRISSON, M. *et al.* (2006). *Exploration et compréhension de la justification de la violence chez les conjoints à comportements violents*, Trois-Rivières, L'Accord Mauricie inc.

CAMPBELL, J.C. (1995). « Prediction of homicide of and by battered women », dans J.C. Campbell, *Assessing Dangerousness : Violence by Sexual Offenders, Battered and Child Abusers*, New York, Cambridge University Press, p. 96-113.

CAMPBELL, J.C., P.E. SHARPS et N. GLASS (2001). *Risk Assessment for Intimate Partner Homicide*, New York, Cambridge University Press.

CAMPBELL, J. *et al.* (2003). « Risk factors for familicide in abusive relationships : Results from a multisite case control study », *American Journal of Public Health*, vol. 93, n° 7, p. 1089-1097.

CATTANEO, L.B. et L.A. GOODMAN (2003). « Victim-reported risk factors for continued abusive behavior : Assessing the dangerousness of arrested batterer », *Journal of Community Psychology*, vol. 31, n° 4, p. 349-369.

CQRS (1997). *Plan stratégique 1997-2000 : Pour une politique de recherche et de développement en matière sociale*, Québec, Gouvernement du Québec.

DAVIES, J., E. LYON et D. MONTI-CATANIA (1998). *Safety Planning with Battered Women: Complex Lives/Difficult Choices*, Thousand Oaks, Sage.

DECKER, M.R., S.L. MARTIN et K.E. MORACCO (2004). *Homicide Risk Factors among Pregnant Women Abused by Their Partners, Violence against Women*, Thousand Oaks, Sage.

DROUIN, C. (2001) *Intervenir dans les situations de violence à haut risque de létalité: le point de vue des acteurs pénaux et des victimes*, mémoire de maîtrise, Montréal, École de criminologie, Université de Montréal.

DROUIN, C. *et al.* (2004). *Agir pour prévenir l'homicide de la conjointe: guide d'intervention*, Québec, CRI-VIFF en collaboration avec la Fédération de ressources d'hébergement pour femmes violentées et en difficulté du Québec.

DUTTON, D.G. et P. KROPP (2000). «A review of domestic violence risk instruments», *Trauma, Violence and Abuse*, vol. 1, n° 2, p. 171-181.

FITZGERALD, R. (1999). *La violence familiale au Canada: un profil statistique*, Ottawa, Centre canadien de la statistique juridique.

GAUTHIER, F. (1987). *La recherche sociale effectuée en lien avec les milieux de pratiques et d'intervention: conditions favorables à sa réalisation*, Québec, Conseil québécois de la recherche sociale.

GONDOLF, E.W. (2002). *Batterer Intervention Systems: Issues, Outcomes and Recommendations*, Thousand Oaks, Sage.

GOUVERNEMENT DU QUÉBEC (1995). *Politique d'intervention en matière de violence conjugale: Prévenir, dépister, contrer la violence conjugale*, Québec, Gouvernement du Québec.

HART, B. (1988). «Beyond the "duty to warn": A therapist's "duty to protect" battered women and children», dans K. Yllö et M. Bograd (dir.), *Feminist Perspectives on Wife Abuse*, Newbury Park, Sage, p. 234-248.

HILTON, Z.N., G.T. HARRIS et M.E. RICE (2001). «Predicting violence by serious wife assaulters», *Journal of Interpersonal Violence*, vol. 16, n° 5, p. 408-423.

HUTTON, T. (2001). «Spousal violence after separation», *Juristat*, vol. 21, n° 7, p. 1-9.

LANDREVILLE, P. et G. TROTTIER (2001). «La notion de risque dans la gestion pénale», *Criminologie*, vol. 34, n° 1, p. 3-8.

LAROUCHE, G. (1987). *Agir contre la violence: une approche féministe à l'intervention auprès des femmes battues*, Montréal, Éditions de la Pleine Lune.

NADEAU, M.A. (1988). *L'évaluation de programme: théorie et pratique* (2ᵉ éd.), Québec, Les Presses de l'Université Laval.

NICOLAIDIS, C. *et al.* (2003). «Could we have known? A qualitative analysis of data from women who survived on attempted homicide by an intimate partner», *Journal of Internal Medicine*, vol. 18, n° 10, p. 788-794.

PAULHAN, I. et M. BOURGEOIS (1995). *Stress et coping: les stratégies d'ajustement à l'adversité*, Paris, Presses universitaires de France.

RACINE, G. (2000). *La production de savoirs d'expérience chez les intervenants sociaux: le rapport entre l'expérience individuelle et collective*, Paris, Montréal, L'Harmattan, coll. «Action et savoir».

REGROUPEMENT PROVINCIAL DES MAISONS D'HÉBERGEMENT ET DE TRANSITION POUR FEMMES VICTIMES DE VIOLENCE CONJUGALE (2005). *Statistiques provinciales des maisons d'hébergement du RPMHTFVVC: 2003-2004*, Montréal, RPMHTFVVC.

RONDEAU, G. *et al.* (2002). *Les situations de violence conjugale comportant un haut risque de létalité: éléments de réflexion et d'analyse sur l'intervention*, Montréal, CRI-VIFF.

ROURE, L. (1991). *L'état dangereux: aspects sémiologiques et légaux*, Paris, Masson.

SAUNDERS, D.G. (1995). *Prediction of Wife Assault in Assessing Dangerousness: Violence by Sexual Offenders, Batterers, and Child Abusers*, Thousand Oaks, J.C. Campbell et Sage Publications.

SCHÖN, D.A. (1994). *Le praticien réflexif*, Montréal, Éditions Logiques.

WALD, M.S. et M. WOOLVERTON (1990). « Risk assessment: The emperor's new clothes? », *Child Welfare*, vol. 69, n° 6, p. 483-511.

WEBSDALE, N. (1999). *Understanding Domestic Homicide*, Boston, Northeastern University Press.

19

A SELF-HELP GROUP
The Association for Rural Indian Women

Sujit Kumar Paul
Visva-Bharati University
Birbhum, West Bengal, India

Indian society is male-dominated and the status of women is secondary. But from the Vedic ages to the times of the Ramayana, women were given importance in the family as well as in society. Women are the mothers of the race and the liaison between generations. Nehru, the first Prime Minister of India and a great thinker, once said, "To awaken people it is the woman who must be awakened. Once she is on the move the family moves, the village moves, the nation moves." All over the world women are agitating and struggling for their rights and privileges. The question of women's development in terms of raising their social and economic status received low priority in Government programs till the mid-seventies. The United Nations declared 1975 as the International Women's year and 1975-85 as the International Women's decade. The publication of the report of the Committee on Status of Women, the declaration of the International Year and the U.N. Decade of Women, the data generated by various government and non-government organizations on socioeconomic conditions of women, and the formation of working groups on women's issues in the government led to an appreciable focus on women's development in government programs. For the first time in India, the Sixth Five-Year Plan included a chapter on "Women in Development" and the perspective shifted from a welfare approach to a development approach.

Empowerment lies at the very root of democratic society. It is the watchword especially in the context of poverty alleviation and rural development because the rural poor, especially rural women, are too unorganized and powerless to be individually able to better their lot in society. The benefits of growth failed to trickle down to the poor who are often marginalized if not excluded from the mainstream of development process. Empowering rural women enhances the self-confidence, dignity and capacity of self-determination in women and helps to eliminate the implicit and explicit socioeconomic disadvantages, thereby providing a means to improve the effectiveness of development policy initiatives and programs.

Women under the Indian rural setup were not able to participate actively in decision-making, income-generation economic activities and the experience in public and political life due to historical and sociocultural reasons. Woman has the double burden of being a woman and being poor. She is an unpaid or underpaid worker outside. She does not own land or other assets. She is dependent on the male members of the family and has no say in the decision-making process. Illiteracy, low level of skills, lack of access to training and credit facilities, coupled with lack of entrepreneurship, invisible contribution to family economy, restricted mobility as a result of gender bias are some of the contributing factors. This has meant that opinions of men were more likely to be heard and acted upon. The women of rural India are victimized right from their birth to death. The need of the hour is mobilization of women to fight for their equal share in all spheres. The question of women's development in terms of raising their social and economic status received low priority in government programs till the mid-seventies. Particular efforts may have to be made to include women in this process and to build support systems or resources to enable them to continue their equal participation.

VIOLENCE AGAINST RURAL INDIAN WOMEN

Women represent nearly half of the total population who participate in all the development activities and play a constructive role in social development. Apart from maintaining household activities, women participate in various economic activities. Today women occupy many high positions in spite of social imbalances. The status of women has gone through many ups and downs. In spite of their achievements, the fact remains that women's condition is still pathetic, especially in rural India. The situation on the economic front is not better. The work of rural women in the house includes cooking of food, collection of firewood, bringing water from long distances, helping in the family business, and yet their services are in no way recognized, because their labour is not accounted for. Women are victims of the kinds of violence that are common in rural India.

1. Foeticide of girl child

   Dowry is a social evil in India. It has been declared illegal by the *Dowry Prohibition Act* since 1961. But it is widely and openly practiced. In addition to dowry, the cost of the wedding ceremony on the part of the bride's party is very expensive. Many of the bride's family sell their landed and other property to cover the cost of wedding ceremony and to pay dowry. Even after marriage, the lives of many newly married women become miserable due to this crude illegal dowry system. Many families feel that daughters are a liability to them and try to get rid of their burden at any cost, even at the expense of the daughter's life. Therefore, in most of the cases, the family members arrange to destroy female foetuses.

2. Girl child abuse

   Most of the Indian rural people are poor and all the family members go to work for their earnings. In that case the girl child is used to keep and take care of her younger brothers or sisters and do household work. Though it is the time for her education and play, she is compelled to do this. The thinking of her parents is that after her marriage she will go away to her husband's family and will be other's property. In this way child abuse takes place.

3. Child marriage/Forced marriage

   The normal age of women at marriage is 18. But child marriage and forced marriage are common in rural India. After marriage, the bride goes to her husband's house and stays with him. The parents' thinking is that ultimately she will be no use to them, so it is better to send her to her husband's house as early as possible. Moreover, the grooms also prefer a 10-15 year-old bride for marriage. At the time of marriage the girl child is not mature physically and mentally. To get a good bargain where the girls' parents have to pay less dowry, older bridegrooms, even ill and crippled, are often preferred. After marriage, the wife is forced to conceive frequently. Thereby her physical health conditions deteriorate. This leads to high infant and maternal mortality rates. In this condition, husbands are involved in extramarital relations and gradually the wives with their children are very much ignored and tortured, thereby suffering in every respect.

4. Wife beating

   Wife beating is very common in rural India. Dowry, age differences, infertility, drinking behaviour of male members of the family, and extramarital relations are the major factors for wife beating.

5. Heavy physical labour

   Women are forced into physical labour beyond their capacity, leading to ill health. Rural women are hard-working in nature. They do all kinds of domestic work. They collect drinking water and fuel wood from long distances. In the family they play a major role, the most important part of which is the responsibility for rearing their children. Actually they perform a wide variety of work covering longer periods compared to their male counterparts in a single day. In this way they are physically exploited.

6. Sexual abuse and exploitation

   In India, girls who live through difficult circumstances are particularly vulnerable to sexual abuse. This includes children who work as domestic help. It was observed that the abuser is often a close acquaintance of the child and, in many cases, a close relative. Rural women contribute a good deal to the economy of their family through earning as daily labourers. During their work in the field, they are sexually exploited. Sometimes, the rural women are compelled to develop sexual relations with their masters or work supervisors for their income. Sexual abuse is rampant in rural India. Unfortunately, the pervasive culture of silence surrounding sex has led to a subconscious negation of this reality, often by the victims' own parents. Since notions of honour are also strongly ingrained, most women, including the children who are being victimized, find it difficult to confide to anybody.

Since the early nineteen eighties, the Government of India and the non-governmental organizations (NGOs) introduced a variety of programs under different sectors of development to enhance the working conditions of women and raise their socioeconomic status. Of late, the GOs, NGOs and other extension departments are trying to help women through self-help groups. The self-help group (SHG) has emerged as the most successful strategy in the process of participatory development and empowerment of women. Today, the self-help-group movement is being increasingly accepted for the empowerment and active participation of the rural women in the development process.

In the present study however, an attempt has been made to discuss the role of women's group formation for the socioeconomic empowerment of women. The concept of SHG has been suggested as an alternative strategy to protect rural women from violence and exploitation and to promote their socioeconomic empowerment. The study was carried out in a village of Bolpur-Sriniketan Block of Birbhum District, West Bengal, India. All the SHGs of the village have been considered for the collection of data. The primary data were collected through interviews, group discussions and case studies.

SELF-HELP GROUP

The self-help group may be defined as a collection of individuals belonging to certain households agreeing to work or already working with a bond of common interest, needs, socioeconomic condition, location and kinship to achieve a common goal. SHGs are voluntary associations of women residing in the same area, formed democratically and without any political association. The basic principles on which SHGs function are group approach, mutual trust, manageable small groups, group cohesiveness, spirit of thrift, demand-based lending, collateral-free and peer-group pressure in repayment, skill training, capacity building and empowerment.

The concept of SHG in rural India was founded in the form of a food-grain storage practice. Previously, it was observed that most of the time various groups such as cultural groups, sports groups, etc. were created to control various kinds of activities. But the self-help group is little different from these groups. In this group the members are from homogeneous socioeconomic conditions. They are also participating in the process of development.

NEED FOR THE SELF-HELP GROUP

The necessity of forming such a group is a big question. We all know that a single stick will break easily but when a number of single sticks are put together it becomes unbreakable or very difficult to break. In the same way a single person cannot do everything which is necessary for socioeconomic development but when several persons form a group the work becomes easier for them. Group members may discuss and find solutions to their common problems and gain confidence by developing managerial skills through SHGs.

SHGs are now being viewed as dependable vehicles for rural credit delivery. SHGs have a number of advantages over the traditional system. In the traditional banking system, there has been a strong focus on issues such as economical feasibility and loan size, collateral and guarantees, loan productivity, structured loans, unit costs, and scheduled assets.

The SHGs offer a unique opportunity for dispensing cheap credit (complementing the existing banking system) at the doorstep of the poor with almost assured repayment at terms and requirements suitable to the poor. The SHGs follow collective decision-making on issues such as meetings, thrift and credit decisions. The participative nature of the group makes it a responsible borrower. However, the most critical factor which stands out is the fact that lending through SHGs focuses exclusively on the poor, who have hitherto been circumvented by the formal system. They initiate an empowerment process amongst the poor, especially the women.

Banks find it easier to dispense credit through self-help groups. The SHGs, on the other hand, are able to cater to the immediate and often emergent credit needs of the individual members. The members have the freedom, probably for the first time in their lives, to decide as to which member's credit needs are more emergent, what should be the interest rate, under what terms and conditions should the loan be dispensed, etc. This helps them acquire confidence to manage credit, use problem-solving skills, prioritize needs, and function in a democratic manner.

The SHGs also ensure that women emerge from being passive recipients of doles to active participants and actors in decisions concerning their own lives. Women pool their expertise and create a sense of ownership in their own collective. This also gives them confidence to act as an alternate social mechanism at the grassroots. Women begin to increasingly take charge of their own local development and governance. The group becomes probably the first organized (though initially informal) space for poor, marginalized women to share and voice their concerns.

Savings and credit groups also provide a base for poor women to organize themselves, expand options for livelihoods and participate actively in development. Importantly, the capacity of women is built up in spheres that were previously not their domain, for example, opening and operating bank accounts, visiting local offices, accessing loans, etc. This also presupposes a number of skills that women must acquire to be able to operate effectively in the SHG. The SHG thus often provides a platform for women to become functionally literate, sharpen communication and conflict resolution skills, acquire skills in democratic functioning and institution building, etc.

Empowerment of women can be promoted through self-help groups and other forms of groups and collectives at the grassroots pioneered through the microfinance movement. The latent leadership and entrepreneurial abilities of the poor can be harnessed through microfinance activities. Experience in Bangladesh has proved that enterprise development and large-scale employment generation can be promoted in remote rural areas and many of the poor who were eking out a living through wage employment have become entrepreneurs due to a wide variety of services that they can access through the microfinance system.

MEMBERSHIP CRITERIA

Poor people, especially women, are the main target group for the self-help group formation. Poor are those people who have lack of **P**ower, **O**pportunity, **O**utlook and **R**esource. So, to uplift their socioeconomic condition it is necessary to achieve Power, Opportunity, Outlook and Resource, and it is possible when they come under a single umbrella. For easy understanding we can divide the following groups:

 – landless and marginal farmers,
 – rural entrepreneurs,
 – poor women,
 – hawkers, small businessmen, fishermen, daily labourers and the like.

But priority for the group formation is given to women and also to the backward and scheduled caste and tribal people[1] aged between 18 to 60 years, because those less than 18 years cannot get the facility from the bank and those over 60 are not able to work hard.

GOALS AND OBJECTIVES OF SHGs

The main objectives for making SHGs are to eradicate poverty and raise the income of people in need:

 – To make a habit of savings.
 – To gain self-reliance and self-respect.
 – To change attitudes and thinking power.
 – To sort out problems and find solutions.
 – To create an adequate environment for group activity.
 – To foster capital formation.
 – To improve decision-making power.
 – To be free from superstition.
 – To establish equal rights and equal distribution.
 – To be free from money indebtedness.

---

1. Scheduled castes and tribes represent the list of those castes which have been enlisted in the schedule of Indian Constitution. The schedule has tried to enlist those castes and tribes which needed special emphasis for development on regional basis and asked for special measures for those castes. It is very important to note here that a particular caste or tribe may not be holding the same status all over the country (India).

- To create a habit of loan repayment.
- To make plans for income generation and implement that plan properly.
- To create linkages with development agencies.
- To eradicate illiteracy and dissemine the light of education.
- To foster de-addiction.
- To generate health awareness.
- To foster cultural development.
- To ensure active participation in the development process.
- To raise voice against any kind of violence.
- And overall, to ensure the development of the society.

SOME RULES FOR SHG FORMATION

1. **More than 6 but less than 20 members:** Legislative problems may arise if a group has more than 20 members. According to the 1956 *Company Act*, s. 2, if the members are more than 20 they have to register them-selves. On the other hand more than 20 members can create problems in the decision-making process. To avoid such problems a group should ideally comprise 20 or less members. But the members must be more than 6 for collective work.

2. **One member per household/family:** Another feature of the group is that only one member may come from a given family. If more than one member comes from the same family they might try to dominate the others. So a rule may be created that groups cannot be formed with blood relatives.

3. **Members of the group may come from the same socioeconomic condition:** The same mentality grows in the same socioeconomic con-dition. If the group is of marginal farmers then it is necessary that all members be marginal farmers. If there is a mixed economy in a single group then there is a chance that those better off may try to control the weaker sections.

4. **Never a sexually mixed group:** The group may be either comprised of female or male members, but mixed groups are never created, because the male members try to dominate female members due to sex biases.

5. **Members from the same village:** The members must belong to the same village so that they are like-minded. Another plus is that, in a short notice, they can gather in a place and contact each other.

6. A person is not allowed to take membership in more than one group.

7. Avoid giving membership to any politician or moneylender.

STEPS FOR GROUP FORMATION

FIRST STEP

- Visit the poor families in the village.
- Talk to them.
- Speak to the womenfolk.
- Build rapport.
- Win the trust of the people.
- Select an area.
- Identify willing families.
- Select a bank.
- Make an idea about self-reliance and self-workability.

SECOND STEP: SELECTION OF MEMBERS

- Economically poor.
- Same caste.
- Same occupation.
- Helpful mentality.
- Neighborhood family.
- Query about previous loan; if yes, then arrangement for loan repayment; after loan repayment, include as a member.
- Only one member per family.
- Member from a willing family.

GROUP FORMATION

- Arrange a meeting with the selected members.
- Select a name for the group.
- Make a decision about the monthly subscription.
- The group must contain more than 6 members and less than 20 members.

- Select a bank.
- Make a rubber stamp in the name of the group.
- Elect the group leader, assistant group leader and treasurer.
- Take a passport photograph of the leader, assistant leader and treasurer.
- Arrange cash book, ledger book, minute book and resolution book.
- Make a personal pass book.

SELECTION OF GROUP LEADER, ASSISTANT LEADER, AND TREASURER

- Must be literate.
- Has capacity for group management.
- Has enough time for group work.
- Is capable of travelling alone.
- Is honest and peace-loving.
- Is sympathetic.
- His/her family is willing.
- Is self-reliant and self-dependent.
- Has basic arithmetic skills.

ACTIVITIES OF LEADER

- Meeting organization and management (minimum one meeting in a month).
- Opening of group passbook in the local bank and making linkage with the bank.
- Noting down the decision which is taken in the meeting.
- Collection of members' subscription.
- Deposits in and withdrawals from the bank.
- Giving loans and collecting repayment of loans.
- Paperwork and maintenance.
- Linkage with various developmental organizations.
- Arrangement of training according to needs.
- Taking responsibility to make every member become active.
- Taking initiatives so that every member participates in the discussion.
- Presenting an account report at the meeting.

- Making personal passbook in the name of every member.
- Writing monthly savings and loan amounts.
- Taking initiatives to abolish addiction and superstition.
- Making bank deposits within ten days of any month.
- Regular connection with the members.
- Taking the final decision after consulting all the members.
- Making rules and regulations for group management.
- Arrangement for awareness-generation camp and skill-development training on a regular basis.

ACTIVITIES OF TREASURER

- Proper accounts record maintenance after each meeting.
- Personal savings records to be included in the member's personal passbook.
- Regular audit at the time of money transactions.
- Cash counting in front of all the members and tally with the cash book.
- Locking the cash box and having the key kept by another person who is reliable.
- Cashbook, ledger book, and loan money record book maintenance.
- Authorized signatory for withdrawal of money from the bank.

ACTIVITIES OF ASSISTANT GROUP LEADER

- Proper management of the meeting.
- Verifying the attendance of members.
- If any member is absent from more than two meetings, taking information about the reason behind the absence.
- If anybody is unable to submit the monthly savings money and loan money, proceeding to investigation.
- Making linkage with the financial institute.
- Group meeting management in case of absence of group leader.
- Minute-book maintenance.
- Taking initiative for teamwork.
- Cooperating with the leader for group sustenance.

ACTIVITIES OF GROUP MEMBERS

- Regular attendance in each and every meeting.
- Giving opinion.
- Timely payment of savings and loan money.
- Taking personal accounts from the leader and write down in their own copy.
- Sometimes going to the bank.
- Taking group accounts clarification from the leader.
- Active cooperation with leader in group management.
- Addiction is prohibited at the time of meeting.
- Obediently following the group rules and regulations.
- Giving opinion at the time of discussion for taking decisions on rate of interest on loan money, etc.
- Making a family bond within the members.

SOME IMPORTANT RULES AND REGULATIONS FOR GROUP MANAGEMENT

- The group must have a name.
- There is a rubber stamp in the name of the group.
- The group has to make an account in its name in the nearest bank.
- The group must have a leader and assistant leader for group management.
- The leader, assistant leader and treasurer are authorized to make any kind of bank transaction.
- The group cannot be formed of less than 6 or more than 20 members.
- At least one meeting must be held every month, preferably more.
- Meetings are held at fixed dates.
- Every decision can be finalized in the meeting and the final decision is recorded in the resolution copy.
- Every member has to participate in the meeting and take an important role in decision-making.
- Any kind of decision can be finalized on the basis of majority support.
- Any member absent from a meeting without reason must pay a penalty to the group; this money goes to the group's savings.

- The leader and assistant leader cannot take any kind of decision without discussing it with the members.
- Every member has a right to express his/her opinion in any discussion.
- No one can carry his/her personal clashes with other members in the group meeting.
- No one may attend the meeting with an unsound mind. A penalty must be applied in such a case.
- The group has to create an emergency fund by equal distribution of money by the members. In any emergency, a member may withdraw money from this fund; the member is then responsible for repayment within 15 days or interest will be applicable.
- Every member is responsible for the deposit of their savings money within the first 5 days of the month and for noting down the amount in their personal book.
- The monthly subscription must be the same for every member.
- The total subscription money has to be deposited in the bank within the first 10 days of the month.
- To take a loan from the group money, a member shall apply to the leader, mentioning the amount of money, cause, and time for repayment.
- A loan can be sanctioned in the group meeting with clear discussion of rate of interest.
- Loan repayments shall be paid with interest to the leader within the first five days of the month.
- No one may receive a new loan without repaying any previous loan.
- The loan can be disbursed on a priority basis in case of more than one application.
- Any withdrawal of money from the bank is decided in the meeting, and the decision with cause has to be recorded in the resolution copy. At the time of withdrawal, a photocopy of the resolution must be submitted to the bank.
- The group leader and assistant leader are responsible for discussing the accounts in the meeting.
- Every member has to bear equal share for any kind of group management expenditure.

- The group should have two different registers or record books, one for monthly savings, the other for loans. The record must be transparent and up to date. One able member is responsible for record maintenance.

Some Common Problems for Group Management

- Sometimes the group leaders and assistant leaders can only write their signature, being unable to write down the daily report. They have to depend on someone else for accounts and calculations.
- Sometimes members are unable to deposit their monthly subscription on a regular basis due to poor economy.
- The leader and assistant leader become engaged for a whole day when they go to the bank, so they are unable to earn that day's wages.
- Sometimes a male person of the village interferes in the group work.
- Sometimes personal clashes become a barrier for group management.

Causes for Group Dissolution

- Becoming a member without taking permission from the guardian (husband).
- High ambition and expectations from the group.
- Dependence on family for monthly savings.
- Joining a group without having the rules and regulations of the group clarified.
- Misunderstanding between the members.
- Interference of moneylenders.
- Discussion about personal clashes at the time of group meeting.
- Political influence.
- Lack of cooperation to the leader from the members.
- Lack of humility from the leader.
- Lack of faith in the leader, assistant leader and treasurer.
- Irregular meetings.
- Absenteeism in the meetings.
- Irregular savings.
- Unwillingness to repay loans.

- Unavailability of loans when more than one member applies for a loan.
- Lack of interest for regular monitoring and audit from the forming agent.

A SHG is a voluntary group, formed to attain some common goals; most of its members have similar social identities, heritages, castes or traditional occupations and come together for a common cause and to manage resources for the benefit of the group members. These groups are called "solidarity groups" as they provide monetary and moral support to individual members in times of difficulties.

INTERVENTION OF THE SELF-HELP GROUP

Most of developing countries have recognized that economic development is not the only factor of development. But empowerment of women shapes the destiny of a nation. All these countries are aware that women empowerment will play a key role in the 21st century. It is instrumental to developing the human resource and transforming the national economy. The experience in developing countries shows that provision of small credit to the poor through the linkage process has contributed to the process of rural development by creating conditions that are conducive to human development. It is reported that significant changes in the living standards of SHG women members have taken place in terms of increase in income levels, assets, savings, borrowing capacity and income-generating activities. Moreover, the participation of women in the economic activities and decision making at the household and society level is increasing and is making the rural development process participatory, domestic and sustainable. The primary strength of the program is that its foundations are based on women's own resources, where they save and contribute to group funds. Collective savings have been used as the basis for group formation at the hamlet level. The impact of converting individual savings into group funds not only provides the rationale for group formation but also enables the social utilization of women's resources for their own development.

GROUP FORMATION AND GROUP SAVINGS

In the study area, four female self-help groups were formed by the developing agencies. All these four groups were formed in the year 2002. Out of 121 women of the village, 40 are members of one of these four self-help groups. The number of members in each group ranges from 8 to 12. All these 40 group members belong to the socially and economically backward community. The members of each 'group belong to the same caste and same socioeconomic status. Even though individually each member saves from Rs. 10/– to Rs. 50/– (approx. US$0.20 to US$1.00) per month, collectively all the 4 groups have saved Rs. 42,097/– (nearly US$1050) up to December 2005. The group members deposit the money at the local Moyurakshi Gramin Bank on a regular basis and maintain a good record of their savings as well as items discussed at meetings. In most cases the women members of the family used to depend on the male members for money for their day-to-day family expenses or any essential purposes as they used to give their earnings to the male members. Since the formation of the group, women members now keep some money for giving the subscription in the SHG. The program, from one perspective, has promoted a savings movement among the women where groups compete with one another on how much they can save. It is also found that some of the groups have increased the monthly subscription rate per head per month from the beginning. The social impact of this has been a tremendous enhancement of confidence among the women that they can save and use their own resources to solve their own problems. Self-confidence in terms of women's empowerment is the most crucial aspect of violence against women, which is being achieved through SHGs.

DEVELOPMENT OF LEADERSHIP AND CAPACITY BUILDING

The group members themselves select the leaders. The Panchayats (local self-government), banks and other developing agencies arrange intensive training on different aspects of leadership relating SHGs to all such leaders. Every group has an opportunity to change its leader. The process of selecting a leader has been ensured in such a manner that a woman who can play effective leadership roles for the benefit of group members is chosen. There is clarity among the majority of members on the necessary qualities, roles and responsibilities of a good leader. This investment in leadership building among the women has provided the social base and energy to the entire developmental programs beyond the actual savings-credit program. Seeing the successful leadership capacity and good interaction among the village people and also the active participation in community activities, the villagers elected one self-help-group leader as Gram Panchayat (local self-government) member. Most of the group members are actively participating in Panchayat activity. Thus the women group members are becoming politically aware. Normally, the group members organize meetings once a week.

This type of meeting is very important for self-sustainability. All group members have to participate actively in the group meetings. The members discuss every issue for their self-development. The members also invite the victim women and try to solve their problems. The groups try to solve divorce cases, child marriages, girl child abuses, foeticides of girl children, dowries, beating of wives, abortions of girl children and so on. If the problem is critical, all the groups of the village jointly solve the problem. Regarding sexual exploitation, as the victim women still are not able to confide to anybody, the group members are helpless to do anything against sexual harassment. Still the members discuss about the issue among themselves. Group participation is one of the major elements of SHGs. Interaction in meetings helps to develop friendship, express solidarity with the problems of others, nurture leadership and enhance one's own capacity in development. Women find a new identity through SHGs and provide efficient social support system to the community. Self-help groups are a potential source to empower and institutionalize participatory leadership among the marginalized and to identify, plan and initiate development activities.

SKILL DEVELOPMENT AND SOCIAL DEVELOPMENT

One of the important strategies followed is to promote and sustain learning opportunities among women. The local self-government and NGOs organize several self-oriented employment generation training and awareness generation programs as well as discussions for different groups in different locations, according to the needs of the community (see Tables 1 and 2). Besides the SHG members, some male counterparts also take part in different training and awareness programs, which help them to tackle the problems in their lives and their work. Through the group discussion, training and awareness programs, they realize that they have the knowledge, capacity, and ability to be creative if they take initiative. Through these awareness and training programs the group members are gathering knowledge and applying it in their day-to-day life. Almost all the members were trained on different income-generating schemes according to their needs. Most of them have started the income-generating activities after completing the training. These group members are taking physical and financial help from their own groups. Through this type of work, presently, the women members do not depend on their male counterparts for the development of their family. Through economic self-sufficiency, rural women are avoiding most of the violence and exploitation. Rural women have been able to be economically self-sufficient through the self-help-group movement.

Table 1
Training Conducted for the SHG Members

Subject	Duration	Participants	
		Male	*Female*
Piggery	6 days		7
Preparation of macrame ornaments	15 days	–	12
Cutting and tailoring	31 days	–	5
Preparation of Monipuri handloom	30 days	–	5
Incense-stick making	15 days	–	3
Pisciculture	5 days	3	10
Kitchen gardening	4 days	12	20
Poultry rearing	5 days	8	24

Table 2
Awareness Programs Conducted for the SHG Members

Subject	Duration	Participants	
		Male	*Female*
Quality of life	5 days	10	10
Health and nutrition of mother and child	2 days	–	27
Health awareness	4 days	–	39
Safe drinking water	1 day	–	32
Role of women in rural development	6 days	–	12
Disability awareness and sensitization program	1 day	–	24
Crop planning	1 day	12	27
Rights of women	2 days	–	35
Status of women	1 day	–	24
Role of husband and wife in family	2 days	18	36

The group members are directly involved in the social development of the village. Various extension departments organized group discussions on social issues such as a campaign of pulse polio and immunization, eradication of illiteracy, population education, women's rights, health and nutrition among women and children, health awareness, low-cost sanitation, safe drinking water, enlistment in the voter list and so on. After these group discussions, the group members use their knowledge in the practical field. Now all the mothers and children are well immunized. The pulse polio and family planning programs are going on successfully. All the members are sending their children, including girls, to school. Country liquor intake behaviour in the village was very high. The women group members found that most of the violence against women, including wife-beating, takes place due to this liquor intake. After the formation of groups all the members of the four women groups discussed this particular issue among themselves and started a campaign against drinking. Now the liquor sellers are compelled to stop selling and the country liquor intake has reduced a lot. So, the group members have brought a revolution against drinking in this locality. The groups are also directly involving in government programs in various levels. The literate SHG members are also involved in the education of their illiterate partners. As far as learning competencies are concerned the achievement of the learners appeared to be satisfactory. Many of the members were found to have achieved the basic competencies. The groups sometimes organize games and sports and cultural activities. The members, including their children, and other village people participate in those programs. Participation in the games and sports and other cultural activities has definitely promoted an atmosphere of amity, cooperation and encouragement. In this way all the group members are involved in many such social and community development activities. These groups help women to establish a common participatory platform to voice and solve their problems. This participation helps women come out in the open and discuss their problems; this helps to bring about awareness on various issues and makes them self-reliant.

SAVINGS FOR CREDIT NEEDS

For each group formed under collective savings, the savings are immediately put to use as credit to individual group members. The groups immediately see the benefit of pooled savings as it solves their emergency credit needs for which they had earlier access to moneylenders. All the 40 members of the four groups have taken Rs. 39,350/– ($US895) as loan from their own fund. Repayment is also good and the repayment amount is Rs. 23,600/– ($US537). Total two groups collectively had taken Rs. 27,000/– ($US614) as loan from bank. Out of Rs. 27,000/–, the members repaid Rs. 19,700/– ($US448). The loan has been taken by the individual members for income generating activities, consumption purposes, immediate contingency purposes, for medical treatment, education for their children, for the betterment of the future generation, and so on. Inter-group lending within the village has also started. Such types of work develop the friendship among the group members, enable people to utilize their own resources and also develop cooperation among the community. The credit cycle also trains the groups in the management of a financial system. It forces them to establish group norms for lending and repayment, and enables the group to take decisions, where choices have to be made on who should get priority in credit. Using their own funds, where ownership is stronger and stakes are higher, brings into the system a greater sense of diligence and account-ability. All the above features ensured a strong community-based financial system that realizes people's own resources, that teaches them efficient financial management and that meets their needs for small consumption credit on a timely and accessible basis. The rate of interest for repayment is higher than the bank but much lesser than the moneylenders. The motive to charge a higher rate of interest than the bank is that through this lending the group members can increase their own fund. The group members are also taking loans from the banks for various purposes. All the groups have their emergency fund. Normally they keep this fund in the custody of the group leader so that the group members, even the villagers, can get the money for emergency needs. Hence, it makes clear that the groups have a specific vision. In well-established SHGs, members contribute substantially to their family development in the form of getting credit for education of children, health needs and even for marriages, construction of houses and creating assets. Self-help groups enhance equality of status of women as participants, decision makers and the beneficiaries in the democratic, eco-nomic, social and cultural spheres of life. SHGs encourage women to save and utilize savings to build self-reliance and confidence and provide great access to and control over resources.

CRITICAL OBSERVATIONS

By summing up all these broad and general observations, some of the specific and critical observations can be depicted as the essence of the study. These are as follows:

- Thrift habits among the women have developed.
- SHG members have developed skills relating to efficient management of funds.
- Groups initiated learning and served as forum for sharing the ideas and skills.
- They have started income generating activities.
- They have checked exploitation from the moneylenders.
- Both consumption and production requirements of the women are fulfilled to some extent.
- Groups have developed microcredit to rural women.
- Repayment habits have developed.

- Women become articulate and self-expressing through interaction.
- Women develop themselves as leaders, account keepers and decision makers.
- Women's mobility has increased due to participation in training, exposure visit and other group work.
- SHGs function as platforms for raising social issues.
- Groups raise a voice against any kind of violence through the group.
- They are preparing grassroots level plan for the development of the community.
- They are inspiring and helping other women of the village to form SHGs.

CONCLUSION

The social and economic impact of the self-help group has been a tremendous enhancement of confidence among the women that they can do something to solve their own problems and improve the quality of life. Self-help groups enhance the quality of the life of the rural women. SHGs encourage women to save and utilize savings to build self-reliance and confidence. Participation of women in SHGs makes a significant impact on their empowerment. Group cohesiveness, group integration among the members is a positive impact of SHG. The saving habit and credit management have created self-reliance in women as they have their own resource base. The group activities encourage mutual dependency among the members. The active participation of group members shows that they can train others in capacity building, generate their own resources, and ask help from the government for the social, economic and physical development of their communities. The women are trained to identify their needs and necessities and accordingly they are participating in rural welfare activities after becoming members of SHGs. This has developed the participatory approach in the villages.

SHGs as a group denote the power and strength of women, which came into existence in India. They have emerged as a force to meet the challenge of protecting women against violations. The SHGs are involved not only in safeguarding the rights of women but also in the activities aimed at the progress and welfare of the society. Today, SHGs are doing all sorts of activities that deal with the socioeconomic empowerment of rural women and also act as a support association of victim women.

Members of SHGs should be trained to tackle the problem of violence against women through education, training, group discussions, audio-visual teaching aids, films, etc. Women should be made aware of their rights and, with help from SHGs, fight back socially and legally. Women should establish a common participatory platform to voice and solve their problems through SHGs. A special cell should be created to tackle the problems of violence against women. Women leaders, Panchayat (local self-government) persons, the local police, legal experts and medical personnel should be included in that special cell as members.

BIBLIOGRAPHY

BHAGYALAKSHMI, J. (2000). "Women in development," *Employment News,* vol. 25, no. 3, April, pp. 15-21.

D'LIMA, H. (1983). *Women in Local Government,* New Delhi, Concept Publishing Company.

GOELA, U. (1992). «Programs for the development of women in the Government of India», in L.C. Mishra (ed.), *Women's Issues – An Indian Perspective,* New Delhi, Northern Book Centre.

MAHAJAN, V. (1999). "Is micro credit the answer to poverty eradication?," *Adult Education and Development,* Institute for International Co-operation of the German Adult Education Association, vol. 53, pp. 325-329.

ORTNER, S. (1974). "Is female to male as nature is to culture?," in M. Rosaldo and L. Lamphere (ed.), *Women, Culture and Society,* Los Angeles, Standford University Press.

PAUL, S.K. (1999). "Women in development – A participatory approach," *Bulletin of the Cultural Research Institute,* vol. 20, no. 3, Backward Classes Welfare Department, Government of West Bengal.

PAUL, S.K. (2004). "Women empowerment through self-help group," *Journal of Extension and Research,* vol. 6, no. 1 and 2, January.

PAUL, S.K. (2006). "Women participation in development: The shifting paradigm through self-help group," in R. Paramanik and A.K. Adhikary (ed.), *Gender Inequality and Women Empowerment,* New Delhi, Abhijit Publication.

PAUL, K. and S.K. PAUL (2005). "Economic empowerment of tribals through self-help groups," in N. Narayana (ed.), *Economic Development Issues and Policies,* New Delhi, Serials Publications.

SUNDER RAJ, D. (2004). "SHGs and women's empowerment," *Social Welfare,* vol. 50, no. 10, January.

UNITED NATIONS DEVELOPMENT PROGRAM (1995). *Human Development Report,* New Delhi for UNDP, Oxford University Press.

WEEDON, C. (1987). *Feminist Practice and Poststructuralist Theory,* Oxford, Blackwell.

20

VIOLENCE ET PRÉVENTION DES ITSS
Expérience d'un projet de lutte en Haïti

Ginette Noël
Experte internationale en équité entre les femmes et les hommes

Anne-Marie Thimothé
Projet PALIH, Haïti

Les formes de violence vécues par les femmes sont multiples et présentes dans tous les pays. Haïti ne fait pas exception à la règle. Plusieurs formes de violence sont vécues par les petites filles, les adolescentes et les femmes adultes: violence sexuelle, violence conjugale, violence psychologique, violence économique.

Plusieurs organisations non gouvernementales intervenant sur différentes problématiques dans le pays appuient les organisations féministes haïtiennes et le gouvernement haïtien dans la lutte contre les violences faites aux femmes, et certains ont développé des activités spécifiques à cette problématique. C'est le cas du Projet d'appui à la lutte contre les ITSS/ VIH-sida en Haïti (PALIH) sous la coordination d'un consortium composé de deux organisations non gouvernementales canadiennes, le Centre canadien d'étude et de coopération internationale (CECI) et le Centre de coopération internationale en santé et développement (CCISD), subventionné par l'ACDI depuis bientôt cinq ans.

Nous vous ferons part des grandes lignes de ce projet et du contexte dans lequel il s'inscrit. Par la suite, nous décrirons les stratégies et les activités du volet de la «Lutte contre les violences faites aux femmes» mis en place par les membres du projet ainsi que les résultats obtenus à ce jour (octobre 2006).

CONTEXTE SOCIOPOLITIQUE[1]

Deux siècles après son accession à l'indépendance, Haïti se classe, en 2005, au 153e rang[2] sur les 177 pays cotés en fonction de l'indice de développement humain (IDH). La très forte instabilité politique, la mauvaise gouvernance et la débâcle économique des dernières décennies ont fragilisé une population de plus en plus exposée à la précarité et à l'inadéquation des mécanismes traditionnels de survie. La population totale est actuellement évaluée à 8,3 millions personnes et, compte tenu d'une croissance annuelle de la population de 1,3%, la pression démographique sera quasi doublée d'ici 2030. Avec les deux tiers de sa population vivant sous le seuil de pauvreté monétaire, Haïti constitue le pays le plus pauvre de l'hémisphère Ouest et ses indicateurs sociaux sont désastreux. On estime que 80% des Haïtiennes et des Haïtiens en zone rurale vivent sous le seuil de pauvreté monétaire (moins de 1 $US par jour)[3].

En 2004, le pays traverse une crise sociopolitique sans précédent, sur fond de transition politique. La corruption et l'absence de politiques économiques et commerciales adéquates ont découragé les investissements privés dans les différents secteurs productifs. Pendant de nombreuses décennies, l'État haïtien a failli à la collecte des taxes, à la rationalisation des dépenses publiques, à la création d'un dialogue social, à la mise en place d'une administration de services et de proximité. Il doit par conséquent composer avec un appareil institutionnel dont le niveau d'efficacité est largement insuffisant.

Aussi, au cours des dernières années, Haïti a aussi dû faire face à des désastres naturels jumelés à une détérioration environnementale. Les cyclones et tempêtes tropicales qui se sont abattus sur Haïti ont non seulement eu un impact sur la vie de plusieurs personnes mais aussi aggravé la misère économique d'une partie de la population.

---

1. CCISD-CECI, *Proposition du PALIH 2 (2006-2011)*, janvier 2006.
2. PNUD, *Rapport sur le développement humain*, 2005.
3. PNUD, *Rapport mondial sur le développement humain*, 2004.

Il règne actuellement en Haïti un climat de méfiance accrue, de peur et d'instabilité, entretenu par les différentes forces politiques opposées et aggravé par une vague persistante d'enlèvements contre rançon. De façon générale, l'agitation populaire et sociopolitique se fait sentir principalement à Port-au-Prince, épisodiquement dans les autres villes du pays – bien que celles de Saint-Marc et des Gonaïves dans l'Artibonite (département cible du projet) soient des foyers d'agitation politique. Des mesures de grande prudence s'imposent sur les routes, où il vaut mieux ne pas circuler la nuit.

Dans son organisation sociale, la société haïtienne est patriarcale et matrifocale; les hommes/pères représentent la force et l'autorité, mais c'est aux femmes/mères que revient la gestion concrète du quotidien et c'est autour d'elles que la vie familiale s'organise. L'enquête Emmus-111[4] révèle que la femme haïtienne participe activement à la gestion des affaires reliées à la famille, en particulier en ce qui concerne le soin des enfants, les visites à la famille et les choix de nourriture. Cependant, rien n'indique son niveau de participation aux décisions concernant les dépenses reliées à ces activités, ni l'accès qu'elle a aux ressources financières familiales.

Les tâches domestiques sont assumées traditionnellement par les femmes et rares sont les hommes qui y participent. De plus, dans 43 % des familles, la responsabilité de « chef de ménage » est assumée par les femmes et leurs revenus atteignent à peine 64 % de ceux des hommes chefs de ménage. Moins scolarisées et analphabètes en plus grand nombre que les hommes, 47,8 % des femmes participent à la vie économique du pays, ce qui est le plus haut taux dans la zone des Caraïbes et de l'Amérique Latine. On les retrouve surtout dans le secteur du commerce. Comme ailleurs, les revenus des femmes sur le marché du travail sont inférieurs à ceux des hommes, quel que soit le secteur d'activité investi.

En Haïti, les femmes assument largement les responsabilités dans les sphères privées (domestiques), sans pour autant avoir accès aux ressources financières équivalentes à celles des hommes de même qu'aux postes décisionnels de la société.

La violence contre les femmes est un phénomène social répandu et affecte l'ensemble des femmes, quel que soit leur niveau d'instruction et leur état matrimonial. Selon Emmus-111[5], 35 % des femmes déclarent avoir subi des violences physiques depuis l'âge de 15 ans, dont 15 % durant l'année précédant l'enquête. La proportion de femmes rapportant avoir

---

4. Titre abrégé de l'*Enquête Mortalité, morbidité et utilisation des services 2000*.
5. Bureau des statistiques (2004). *Enquête Mortalité, morbidité et utilisation des services 2000*, Port-au-Prince, Gouvernement d'Haïti.

subi une forme ou une autre de violence conjugale est de 30 %, dont 18 % de violence physique et 17 % de violence sexuelle ; 13 % des hommes avouent avoir déjà battu leur conjointe. L'enquête révèle aussi que les hommes exercent de façon générale une forte domination sur leur conjointe.

LES QUESTIONS DE GENRE ET LA LUTTE AUX ITSS

Tout d'abord, il faut savoir que le principal bailleur de fonds du projet, l'Agence canadienne de développement international (ACDI), exige que tous les projets qu'elle subventionne prennent en compte la dimension de l'équité entre les sexes. Pour ce faire, l'approche Genre est souvent utilisée par les organisations internationales, comme le CECI et le CCISD, qui coordonnent le projet. Il a donc été décidé que l'approche Genre serait appliquée de façon transversale dans tous les volets du projet PALIH. Afin de bien saisir les stratégies choisies dans ce projet, il est important de comprendre ce qu'est l'approche Genre et son apport dans le projet PALIH.

L'approche Genre[6] est née dans les années 1980 et se caractérise par :

- une approche qui cherche à promouvoir l'égalité entre les sexes par l'autonomisation (*empowerment*) des femmes et des hommes dans la population et dans les activités de développement ;
- une stratégie qui vise à permettre l'intégration des préoccupations de genre dans l'analyse, la planification et l'organisation de politiques, programmes et projets de développement ;
- une approche qui prône des valeurs d'égalité dans tous les domaines où les écarts entre les hommes et les femmes sont grands, notamment dans la division du travail, l'accès aux services et aux ressources, le contrôle des ressources et des bénéfices et le pouvoir décisionnel ;
- une approche qui ne se concentre pas uniquement sur les femmes ou sur les hommes, mais plutôt sur la transformation des rapports entre les genres dans un sens plus égalitaire ;
- une approche qui ne tente pas de marginaliser les hommes mais d'élargir la participation des femmes à tous les niveaux ;
- une approche qui ne vise pas à transformer les femmes en hommes, mais bien à s'assurer que l'accès aux ressources ne relève pas de l'appartenance à un sexe.

---

6. Thibault, C. et Y. Geadah (2004). *Trousse de formation Genre et Développement*, Association québécoise des organismes de coopération internationale (AQOCI).

Cette approche permet de montrer en quoi des rapports inégalitaires peuvent être des facteurs de blocage du développement en général et dans des secteurs spécifiques. Suite à un diagnostic sur les situations non équitables, il est possible d'identifier des mesures visant à lever les facteurs faisant obstacle à l'équité recherchée.

En ce qui concerne la lutte contre le sida, l'application de l'approche Genre met en lumière les différences biologiques spécifiques aux hommes et aux femmes qui les rendent vulnérables. Elle permet aussi de cerner les rôles sexuels, les valeurs et les attitudes propres à un sexe ou à l'autre qui peuvent être des facteurs de vulnérabilité dans la transmission du VIH-sida. Voici quelques constats faits à la suite de son application dans le dossier.

– Du point de vue biologique, comparativement au corps de l'homme, le corps de la femme présente des zones plus grandes de muqueuses pouvant être exposées aux virus et la présence de lésions. Très souvent, ces lésions sont les conséquences d'une ITSS non traitée ou d'un viol. Ces caractéristiques biologiques rendent les femmes plus vulnérables à la transmission du VIH-sida.

– Du point de vue socioculturel, les déterminants qui ressortent de l'étude du CERA[7] sur les jeunes démontrent que les principaux facteurs qui augmentent la vulnérabilité des femmes sont le manque d'information, les échanges de partenaires, le faible pouvoir de négociation pour des rapports sexuels protégés, les croyances culturelles ainsi que la pauvreté des jeunes mères menant à la prostitution. Quant aux hommes, les principaux facteurs sont les échanges de partenaires, les rapports sexuels non protégés, la bisexualité ou l'homosexualité cachée et le recours à la prostitution féminine ou masculine.

Une autre recherche confirme ou indique d'autres composantes sociales qui augmentent le taux de transmission chez les femmes haïtiennes[8] :

– le manque d'équité dans les relations sexuelles, où les femmes ne peuvent négocier des relations sexuelles égalitaires ;

– les unions sexuelles plaçant les femmes à risque d'infection : p. ex., le *plasaj*, qui est la vie commune d'un homme et d'une femme sans être mariés et qui n'engage pas le même niveau de responsabilités familiales que dans le mariage ;

– la prévalence des ITSS et le manque d'accessibilité aux soins ;

---

7. Centre d'étude et de recherche appliquée (2003). *Enquête mai 2003*, Haïti, CERA.

8. Farmer, P. (1997). *Culture, pauvreté et transmission du VIH : le cas des zones rurales haïtiennes*, Haïti.

- la persistance de la crise politique qui accentue les faiblesses du MSPP, qui a déjà des difficultés à organiser les services ;
- le manque d'outils de promotion culturellement appropriés ;
- la violence politique qui entraîne aussi une hausse de la violence sexuelle.

Plusieurs de ces facteurs étaient pris en compte par les activités des deux premières années du projet, mais nous n'avions pu retenir la problématique de la violence sexuelle étant donné les limites des fonds disponibles. Cependant, des événements nous ont obligées à reconsidérer cette problématique dans la lutte que nous menions.

Avant d'expliquer ce volet, voici brièvement les grandes lignes d'action du PALIH.

LE PROJET D'APPUI À LA LUTTE CONTRE LES ITSS/VIH/SIDA EN HAÏTI : OBJECTIFS, APPROCHES ET INTERVENTIONS

L'objectif visé par le Projet d'appui à la lutte contre les ITSS/VIH/sida en Haïti (PALIH) (2002-2007) est de « contribuer, de façon durable, à la réduction de la transmission des ITSS/VIH/sida dans la population haïtienne, en vue d'en minimiser les impacts sur les individus, hommes et femmes, et les communautés affectées ». Le projet a pour but d'appuyer la lutte contre les ITSS/VIH/sida en Artibonite, région administrative du centre-ouest d'Haïti.

Outre la population générale, le projet s'adresse à des groupes identifiés comme vecteurs importants pour la transmission des ITSS/VIH/sida et sur lesquels des actions spécifiques peuvent avoir un impact plus significatif. Les jeunes et les travailleuses du sexe (TS) ainsi que les personnes vivant avec le VIH (PV-VIH) sont donc les populations-cibles visées par le projet, sans toutefois négliger les personnes infectées par les ITSS/VIH/sida et les femmes enceintes affectées par le virus.

Le 1er volet, *l'appui à la gouvernance*, se traduit par un appui aux responsables de la Direction départementale de santé de l'Artibonite et des Unités communales de santé (UCS) pour la planification et le suivi de leurs activités et par un soutien financier à leurs réalisations. De plus, l'appui au renforcement du système d'information sanitaire et de la surveillance épidémiologique est réalisé par un soutien technique, l'acquisition d'infrastructures, d'équipements et de matériel, ainsi que par le renforcement des compétences des épidémiologistes et des auxiliaires statisticiens.

Le 2e volet, *l'appui aux soins de santé intégrés*, se traduit par un renforcement des services de santé de base en matière de IST/VIH-sida, un appui aux centres de dépistage volontaire et aux centres de prévention mère-enfant et, finalement, par un renforcement des compétences du personnel de santé.

Le 3e volet, *l'appui aux initiatives spécifiques*, se traduit par un soutien technique et financier aux partenaires intervenant auprès des clientèles cibles, le développement de matériels de communication ainsi que le renforcement institutionnel des organismes communautaires.

Suite à l'analyse de la situation selon l'approche Genre, telle que décrite plus haut, plusieurs activités ont été mises en place. En voici quelques exemples :

- des activités de sensibilisation auprès des membres du personnel du PALIH sur la dimension d'équité entre les sexes et le soutien d'une experte-conseil auprès du personnel pour l'intégration de cette dimension dans la réalisation de leurs responsabilités respectives (grille d'analyse de dossier et d'évaluation) ;
- une session de formation sur la gestion axée sur les résultats intégrant la dimension Genre pour les membres des instances décisionnelles du département de la santé et un exercice de planification annuelle de leurs services réalisé avec cette approche ;
- la participation de toutes les ONG partenaires à des sessions de sensibilisation et la prestation de services-conseils pour l'intégration du Genre dans toutes les dimensions de leurs activités. Par la suite, plusieurs activités des organisations communautaires de jeunes ont visé le renforcement du leadership féminin ;
- l'identification et la mise en place de stratégies pour rejoindre la clientèle masculine ayant une ITSS ;
- une campagne de promotion pour l'utilisation du condom féminin.

LUTTE CONTRE LES VIOLENCES FAITES AUX FILLES ET AUX FEMMES

Au début du projet, la problématique des violences faites aux filles et aux femmes n'avait pas été retenue comme volet d'intervention pour les raisons mentionnées plus haut. Cependant, en 2004, une nouvelle crise politique a eu lieu en Haïti suite au départ du président Aristide. Dans les mois qui suivirent, plusieurs organisations internationales et haïtiennes ont dénoncé l'augmentation des cas d'agressions sexuelles dont étaient victimes les femmes de la part de bandits de bandes adverses.

Dans la même période, les résultats d'une enquête faite dans le cadre du projet furent publiés. Ils indiquaient l'ampleur de la violence vécue par les femmes de la région dans laquelle nous intervenions. Cette enquête a été menée auprès de 880 jeunes filles et garçons scolarisés de 15 à 24 ans dans les zones du projet et chez 300 travailleuses du sexe de la principale ville du projet, St-Marc ; elle révélait que :

- chez les jeunes sexuellement actifs de moins de 18 ans, 26 % des filles avaient eu des rapports sexuels forcés ;
- chez les jeunes sexuellement actifs ayant plus de 18 ans, 74 % des filles avaient été victimes de violence sexuelle ;
- 31 % des travailleuses du sexe avaient été victimes de violences sexuelles et de sévices physiques.

Étant donné la relation entre les violences vécues par les femmes et la transmission du VIH-sida ainsi que l'injection de nouveaux fonds au projet, un volet de lutte contre les violences faites aux filles et aux femmes a été introduit dans le projet en janvier 2005.

Dans le pays, plusieurs organisations féministes travaillaient déjà à enrayer ce fléau et à aider les victimes. Afin de nous aider à identifier une stratégie d'action, nous avons rencontré ces organisations ainsi que le ministère à la Condition féminine et aux Droits des femmes pour faire un état de situation sur les besoins des femmes victimes de violence et les services déjà existants en Artibonite. En voici les grandes lignes :

Au niveau national, un comité tripartite (gouvernement/société civile/coopération internationale) a été mis sur pied en mai 2004. Ce comité est constitué des ministères de la Santé, de la Justice et de l'Éducation, sous le leadership du ministère à la Condition féminine et aux Droits des femmes (MCFDF) pour la partie gouvernementale ; d'un ensemble d'organisations féminines regroupées en une Coordination nationale pour le plaidoyer pour les droits des femmes (CONAP), représentant la société ; finalement, des agences internationales d'aide, notamment du Fonds des Nations Unies pour la population (UNFPA) pour le système des Nations Unies en Haïti.

L'objectif de cette concertation est de favoriser une coordination entre les différentes initiatives en cours dans le domaine de la lutte contre les violences faites aux femmes, notamment les violences sexuelles, en vue de l'élaboration d'un plan national de prévention et de lutte contre les violences faites aux femmes.

Après l'analyse du plan de travail du comité, nous avons décidé que les activités développées par le PALIH devaient s'inscrire dans les orientations de la Table nationale tout en nous associant aux organisations déjà militantes sur cette problématique. De plus, le PALIH a décidé de participer aux travaux nationaux.

Afin d'intervenir correctement dans cette problématique, nous avons privilégié, dans un premier temps, de répondre adéquatement à la demande d'aide des victimes en organisant des services d'aide et de soutien aux victimes. Nous avons travaillé à consolider et à mettre en place les services pour les victimes de violence en nous associant les organisations communautaires et publiques principalement concernées dans ce dossier : UCS, organisations de femmes, etc.

Nous avons travaillé à renforcer les ressources humaines et avons injecté les ressources matérielles nécessaires à l'organisation de nouveaux services. Nous avons donné des sessions de mise à jour et de formation sur les interventions appropriées auprès des victimes et l'organisation matérielle de centres d'aide. Par la suite, nous avons mis en place des activités de sensibilisation auprès des groupes de femmes et de la population en général.

RÉSULTATS

Voici un bref rappel des objectifs tels qu'élaborés dans le projet, des principales activités réalisées, des résultats obtenus ainsi que des principaux impacts constatés.

L'objectif général du volet sur la violence faite aux filles et aux femmes était de « contribuer à une meilleure prise en charge des victimes d'agression sexuelle dans les communes de l'Artibonite desservies par le PALIH » et les deux objectifs spécifiques :

- organiser les services d'aide et de soutien aux filles, adolescentes et femmes victimes de violence ;
- sensibiliser et informer les femmes et les hommes à la violence faite aux femmes, à ses impacts, aux services disponibles.

Les principales activités réalisées ont été :

- des échanges et des ententes avec les principaux partenaires nationaux et locaux concernés par ces services : UCS, groupes de femmes, responsables de police et de justice, etc. ;

- l'élaboration et la diffusion du matériel nécessaire aux activités de formation des organisations partenaires;
- la formation des médecins, infirmières;
- la formation et des activités de soutien auprès des intervenantes pivots provenant des groupes de femmes;
- la mise en place des services aux victimes par les centres d'accueil et les services publics et les centres d'accueil;
- l'élaboration de la stratégie de sensibilisation, formation d'une équipe de multiplicateurs et de multiplicatrices et tournée de sensibilisation.

Les résultats suivants ont été obtenus:

- cent cinq médecins et infirmières, soit 80 % des prestataires des soins de santé dans les UCS, formés pour la prise en charge des filles et des femmes victimes de violence sexuelle avec l'appui de l'Unité de recherche et d'action médico-légale française (URAMEL);
- vingt-deux intervenantes pivot formées pour l'animation des centres d'accueil;
- trente-cinq juges et policiers formés sur le processus judiciaire et les lois en matière de violences faites aux femmes;
- dix centres d'accueil pour la prévention et l'accompagnement des femmes victimes de violence mis en place avec le support des communautés;
- des ententes entre juges, policiers, officiers municipaux officialisées pour la communication des cas déclarés et la référence vers les services de soins;
- la mise à jour des données statistiques sur la problématique et transmission à la Commission de la Table de concertation sur la violence;
- la standardisation des certificats médicaux;
- en six mois, 360 femmes accompagnées et référées aux structures de prise en charge (36 étaient victimes de viol);
- cent vingt animatrices et leaders d'organisations de femmes entraînées et outillées pour des séances de sensibilisation au sein de leurs communautés (guide en créole élaboré);
- six mille femmes et 3 000 hommes de 14 municipalités rejoints par des activités de sensibilisation tel que le théâtre populaire, des marches, des rassemblements, des émissions de radio, etc.

À ce jour, nous pouvons dire que ces activités ont permis d'atteindre les impacts suivants :

- une meilleure prise en charge des femmes et des filles victimes de violence sexuelle est disponible suite aux ateliers de formation de prise en charge médicale et d'accompagnement psychosocial ;
- un plus grand nombre de victimes ont recours aux institutions de santé et sont soignées selon les protocoles établis ;
- les victimes reçoivent un appui psychologique par les animatrices et leaders et sont aiguillées vers les structures de soins ;
- la population est plus sensibilisée et informée sur les conséquences négatives de la violence sexuelle ;
- les secteurs de la police et de la justice participent à la mise en place du programme de prévention et encouragent les requérantes à se rendre dans un centre de soins dans les meilleurs délais ;
- une plus grande implication des notables se fait sentir ; grâce à leur appui, dix locaux ont été mis à disposition des animatrices pour le fonctionnement des centres d'accueil ;
- les groupements communautaires de femmes se sont solidarisés et mobilisés pour la mise en œuvre d'une stratégie de lutte contre la violence.

CONCLUSION

Le projet n'est qu'à sa première année de réalisation et une évaluation n'est prévue qu'à la fin de la deuxième année, période retenue pour une évaluation mi-parcours de l'ensemble du projet PALIH.

Cependant, nous pouvons déjà dire que les stratégies retenues ont donné à ce jour de bons résultats par rapport à la prise en charge des femmes et des filles victimes de violence.

En effet, le fait d'avoir intégré nos actions dans la foulée des orientations nationales a permis d'associer rapidement les partenaires institutionnels concernés par la problématique. Nous avons pu obtenir rapidement la collaboration des organisations nationales reconnues comme spécialistes pour assurer la formation en accompagnement psychosocial, en soins médicaux ainsi qu'en recours juridique pour les filles et les femmes victimes de violence.

Aussi, le fait de faire appel aux forces vives du milieu qui avaient déjà été interpellées et associées aux autres volets du projet PALIH a permis d'identifier rapidement des personnes pivots, leaders dans leur communauté respective. Après une formation spécifique et un appui financier, celles-ci ont pu mettre en place des centres d'accompagnement et de soutien aux victimes en faisant appel aux ressources de leur communauté.

Les activités de sensibilisation, de recrutement et de formation nous ont permis de commencer la mise en place des services visés par ce volet d'intervention. Certes, il est intéressant de constater que déjà plus de femmes et de filles ont été référées, accompagnées et ont reçu des soins appropriés à leur situation. Puisqu'il n'y avait aucun service identifié et spécifique dans cette problématique, toute action est positive.

Cependant, pour assurer la pérennité des services mis en place, il faut structurer davantage l'organisation de chacun des volets tant du côté institutionnel (hôpital, services policiers et de justice) que de la communauté pour l'accompagnement, le soutien et la sensibilisation de la population. Il faut aussi consolider l'expertise des ressources formées et les soutenir dans le transfert de leurs nouvelles connaissances dans leur pratique, tout en maintenant leur intérêt à poursuivre.

Nous pouvons donc conclure que le travail est bien commencé, mais des efforts de consolidation devront être faits afin d'en assurer la continuité.

BIBLIOGRAPHIE

BUREAU DES STATISTIQUES (2004). *Enquête Mortalité, morbidité et utilisation des services 2000*, Port-au-Prince, Gouvernement d'Haïti.

CCISD-CECI (janvier 2006). *Proposition du PALIH 2 (2006-2011)*, Haïti.

CENTRE D'ÉTUDE ET DE RECHERCHE APPLIQUÉE (2003). *Enquête mai 2003*, CERA, Haïti.

FARMER, P. (1997). *Culture, pauvreté et transmission du VIH: le cas des zones rurales haïtiennes*, Haïti.

PROGRAMME DES NATIONS UNIES POUR LE DÉVELOPPEMENT (PNUD) (2004). *Rapport mondial sur le développement humain*, New York, ONU.

PROGRAMME DES NATIONS UNIES POUR LE DÉVELOPPEMENT (PNUD) (2005). *Rapport mondial sur le développement humain*, New York, ONU.

THIBAULT, C. et Y. GEADAH (2004). *Trousse de formation – Genre et Développement*, mars, 2004, Montréal, Association québécoise des organismes de coopération internationale (AQOCI).

21

STRATÉGIES DE LUTTE CONTRE LES MARIAGES PRÉCOCES ET FORCÉS DANS L'EXTRÊME-NORD DU CAMEROUN[1]

Aïssa Ngatansou Doumara
Association de lutte contre les violences faites aux femmes dans l'Extrême-Nord du Cameroun

Billè Sikè
Association de lutte contre les violences faites aux femmes dans l'Extrême-Nord du Cameroun

Le Cameroun a réglementé les mariages par la ratification de plusieurs conventions internationales relatives à la promotion des droits humains et des politiques nationales. Dans l'article 52 de l'*Ordonnance n° 81-02 du 29 juin 1981*[2], il est stipulé qu'« aucun mariage ne peut être célébré si la

---

1. Liste des acronymes et définitions : ALVF : Association de lutte contre les violences faites aux femmes – ALVF EN : Association de lutte contre les violences faites aux femmes – Antenne de l'Extrême-Nord – CVF : Centre Vie de femme – DSRP : Document de stratégie de réduction de la pauvreté – Survivante : Fille ou femme ayant vécu une violence et qui va vers les structures opérationnelles (un CVF) de l'ALVF pour demander de l'aide – Victime : Jeune fille menacée par sa famille de mariage précoce et forcé venue dans un centre vie de l'ALVF ou cas dénoncé. La victime n'a pas encore consommé le mariage, alors que la survivante nous arrive après les faits.

2. L'*Ordonnance N° 81-02 du 29 juin 1981* est un décret signé par le Président de la République Unie du Cameroun pour compléter les mesures civiles de protection des personnes sur les affaires en relation avec le mariage.

fille est mineure de 15 ans [...] sauf dispense accordée par le président de la république pour motif grave ». Bien plus, dans la politique sectorielle du Cameroun en matière d'éducation, l'école primaire est obligatoire pour tous les enfants de cinq à 16 ans. Or le mariage précoce est encore pratiqué dans l'Extrême-Nord du Cameroun. Dans cette région, les fillettes de huit, neuf et dix ans sont mariées. En conséquence, les filles et femmes sont moins instruites que les hommes. Ce qui se vérifie dans le document intitulé *Enquête démographique et de santé au Cameroun 2004*, d'où il ressort que le niveau d'instruction chez les femmes est moins élevé que celui des hommes. Les statistiques recueillies par les services de l'éducation de base de l'Extrême-Nord à Maroua confirment davantage cette assertion.

Malgré toutes ces dispositions légales et des faits avérés, l'État reste passif et laisse sévir cette pratique au grand malheur des filles et des femmes. Cette passivité s'explique par le fait qu'eu égard à la loi, des parents, des leaders religieux et traditionnels pratiquent ces unions illégales et non légitimes sous le regard complice de l'État, censé être le garant de la sécurité des citoyens. Les auteurs de ces crimes ne sont même pas inquiétés et vivent en toute impunité ; pourtant certaines dispositions du *Code pénal* camerounais, notamment l'article 356, affirment que : « Est puni d'un emprisonnement de 5 à 10 et d'une amende de 25 000 à 100 000 francs celui qui contraint une personne au mariage, celui qui donne en mariage une fille mineure de quatorze ans ou un garçon mineur de seize ans ». L'article 217 stipule que : « est puni d'une amende de 5 000 à 30 000 francs et en cas de récidive d'un emprisonnement de 1 à 5 ans le ministre de culte qui, n'étant pas habilité à célébrer un mariage civil, procède à la cérémonie religieuse sans qu'il lui ait été justifié d'un acte de mariage préalablement reçu par l'officier d'État civil ». C'est partant de ce constat que l'ALVF a ouvert ses portes dans la province de l'Extrême-Nord du Cameroun en mai 1996. Suite aux entretiens, aux séances de travail avec les filles, les femmes victimes de violences, les professionnels/les intervenant auprès des femmes et le recueil des statistiques des cas de violences enregistrés dans le Centre Vie de femme de l'ALVF à Maroua, il en ressort que le mariage précoce et forcé est la violence la plus vécue par les filles ici. Quelles démarches et quelles stratégies ont été développées pour lutter contre cette violence par notre association ? Nous décrirons ci-après les stratégies utilisées pour éradiquer ce mal.

LE CONTEXTE

Dans toute l'étendue de la province de l'Extrême-Nord du Cameroun, le système patriarcal est vivace avec comme corollaires des traditions très misogynes. Les hommes détiennent le contrôle des activités socioéconomiques.

Dans le *Document de stratégie de réduction de la pauvreté*[3], le gouvernement camerounais déclare, sous le titre «Les autres politiques et stratégies de développement sociales», l'amélioration des conditions de vie de la femme en favorisant l'accès des femmes aux crédits à travers le modèle lancé par Yunus. Yunus promeut la protection par des mécanismes de marchés en ciblant les femmes des pays les plus pauvres. Or, on constate que, derrière le but affiché d'aider les femmes, les plus appauvries par le modèle de développement dominant, le microcrédit, présenté comme une panacée par le Fonds monétaire international, la Banque mondiale et l'ONU, non seulement ne produit pas l'effet escompté, mais au contraire appauvrit les femmes et permet le renforcement du modèle néolibéral qui leur est si préjudiciable. Il faut relever que non seulement la survivante ne dispose pas des capacités pour gérer un microcrédit, mais très souvent elle ne répond pas aux critères standards d'obtention des crédits. Elle se soucie préalablement de se trouver à manger, de quoi se vêtir, où dormir et comment se soigner. Elle est aussi une personne très instable, n'ayant pas d'adresse fixe. Alors, lui octroyer une dette revient à la contraindre à dépenser le capital emprunté pour la résolution de ces besoins pratiques énumérés ci-dessus. Au lieu de la sortir du gouffre, le système social oblige la survivante d'un mariage précoce et forcé à vivre doublement la domination: l'oppression provenant du système patriarcal et du système capitaliste où l'accent est mis sur la course aux capitaux, aux marchés et à l'accumulation des richesses, sans la prise en compte des véritables besoins pratiques et intérêts stratégiques du groupe social le plus marginalisé que sont les femmes.

La naissance des filles est mal vécue et l'espace politique est entièrement occupé par les hommes. Aussi, la majorité des filles/femmes vit-elle des discriminations encouragées par le système patriarcal qui utilise des moyens comme le poids des us et coutumes, l'ignorance des lois, le non-respect des droits de la fille, la confusion entre la religion et la tradition locale, la non-application des lois et des lois inappropriées, le vide juridique…

Cette situation amène les survivantes à connaître des violences telles que: les mariages précoces et forcés spécifiquement; l'expulsion du domicile parental à la suite d'un refus de se marier ou après répudiation; les violences politiques: absence des femmes dans les postes stratégiques des partis politiques; le lévirat (l'obligation des veuves d'épouser leurs beaux-fils ou beaux-frères); le sororat (la contrainte pour les sœurs d'épouser leur beau-frère); les mutilations génitales féminines (l'excision); les répudiations abusives; la sous-scolarisation de la fille (très souvent, la fille est

---

3. *Document de stratégie de réduction de la pauvreté*, avril 2003, al. 376, p. 94: ce document renferme les politiques mises en perspective par le gouvernement camerounais en vue de réaliser les Objectifs de développement pour le millénaire.

retirée de l'école à partir de la classe de deuxième année du cours élémentaire) ; la condition d'infériorité généralisée par rapport au statut du garçon, notamment au sujet du droit à la parole ; les femmes ne sont pas propriétaires des terres…

La pratique des mariages précoces et forcés devient de plus en plus une préoccupation des femmes de l'Extrême-Nord. Ceci est constamment noté lors des différentes rencontres des femmes, d'une part, et dans les résultats obtenus dans nos Centres Vie de femmes, d'autre part. Le plus souvent, la fille envoyée en mariage avant l'âge de 18 ans s'imagine au départ qu'elle se rend en vacances chez un parent ou un ami de la famille. Ce n'est qu'arrivée dans sa nouvelle famille qu'elle se surprend à vivre la vie d'une adulte.

Par ailleurs, dans notre pays, il n'existe aucune structure pour l'encadrement des filles/femmes victimes de violence et l'encadrement des femmes en matière politique. Très peu d'entre elles connaissent ce domaine et sont présentes aux avant-gardes dans les rôles politiques. Par exemple, c'est l'époux qui donne les directives de vote. Quant à celles qui sont membres des partis politiques, il leur est attribué des rôles de mobilisation d'autres militantes, d'activités d'animation et d'intendance culinaire lors des réunions, alors que les sphères de décision sont occupées entièrement par les hommes. La majorité d'entre elles méconnaissent les textes de base de leur propre parti politique.

C'est dans cet environnement et compte tenu de ce qui précède que l'Association de lutte contre les violences faites aux femmes a pris l'initiative de mener une lutte acharnée contre la pratique des mariages précoces et forcés dans l'Extrême-Nord du Cameroun.

L'ANALYSE DE LA PROBLÉMATIQUE DES MARIAGES PRÉCOCES ET FORCÉS

Les enjeux des mariages précoces et forcés (MPF) sont cruciaux aux yeux des populations d'ici. Ils sont pratiqués selon les rites coutumiers ou religieux. Pour la population, le mariage en lui-même est une valeur. Marier sa fille à un âge très jeune et à quelqu'un que l'on a choisi pour elle est un gage de longévité de l'union et montre à l'entourage que l'éducation de la fille a réussi. Selon la croyance populaire, cette union agrandit la notoriété, l'honneur du père et la dignité de la famille, d'une part, et diminuera les problèmes sociaux, spécifiquement les grossesses hors mariages, la prostitution, etc., de l'autre. Le futur époux, quant à lui, aura une jeune aide à ses côtés pour s'occuper de lui et assouvir ses instincts sexuels. Une aide qu'il pourra remplacer autant que ses moyens le lui permettront, étant donné que la société lui reconnaît ce droit. Pourtant, célébrés hors des centres d'état civil (mairie), les MPF ont un caractère non légal au Cameroun, souvent facile à défaire et au détriment de la fille, causant ainsi son malheur. Le témoignage d'une adolescente que nous avions reçue, il y a quelques mois, traduit bien le désarroi des enfants dont le seul péché est d'être né de sexe féminin :

> J'avais maintes fois dit à mon père que je ne voulais pas de cet homme et il ne me répondait pas. J'avais également dit à Bouba que je ne l'aime pas lors d'une de ses visites à la maison, mais il a continué à fréquenter mon père. C'est alors qu'un jour j'ai surpris mon père dans une conversation avec ma cousine, il disait qu'il était d'accord avec la demande de Monsieur Bouba pour qu'il m'épouse. Je me suis mise à pleurer en lui disant que je ne voulais pas épouser un homme âgé et en plus un polygame. Je suis âgée à peine de quinze ans. Ce que je demande à présent est que mon père puisse accepter de rembourser la dot et que Monsieur Bouba cesse de me harceler. Je ne voudrais pas voir mon père en prison car il tient une famille nombreuse [onze enfants et deux femmes] et que ma mère puisse vivre en paix.

Depuis la création des Centres Vie de femme, qui sont des structures opérationnelles de l'ALVF chargées de l'encadrement et du suivi de filles/femmes victimes de violences dans la ville de Maroua, en 1998, 90 % des victimes sur environ 500 cas enregistrés, ont connu des mariages précoces et forcés. L'examen continu de la problématique des MPF nous a permis de relever leurs origines, leurs causes et leurs conséquences comme suit :

Les origines des mariages précoces et forcés reposent, selon nous, sur le système patriarcal, qui recherche à tout prix l'honneur de la famille et la dignité du père, et ses manifestation à travers le système capitaliste, qui contraint la majorité des populations à être de plus en plus pauvres au point de vendre leur fille, à partir des conditionnalités imposées par les pays du Nord aux pays du Sud par la Banque mondiale et le Fonds monétaire international, à partir de la politique de développement basée sur le *Document de stratégie de réduction de la pauvreté*. Les contraintes du système capitaliste sont bien reprises par André Michel, dans la préface du livre *Femmes du Sud : autres voix pour le XXIᵉ siècle*, où il les désigne comme « le mode de développement dominant conduisant à des fléaux [...] la course du marché libre, de la course aux technologies de pointe, de la soumission de la nature [...] modèles préétablis à la base d'un mal-développement qui favorise les reproductions des privilèges injustes des pays du Nord sur les pays du Sud, des riches sur les pauvres, des hommes sur les femmes » (DAWN, 1992, p. 10). En effet, sous la houlette de cette organisation sociale, les filles/femmes sont sous le joug des violences de la misère, de l'ignorance, du chômage, de charges domestiques accablantes, de l'absence de maîtrise de leur fécondité ; elles forment la majorité des pauvres, des sous-employés et des défavorisés économiques et sociaux dans la plupart des sociétés. Mais elles subissent un fardeau supplémentaire, celui que leur imposent les discriminations fondées sur le sexe. Lors des séances de sensibilisation, les parents n'hésitent pas à nous dire souvent : « quand on n'a même pas assez d'argent pour nourrir nos enfants, marier nos filles nous permettra d'élever les autres, car de toutes les façons la fille est appelée à partir, elle appartient toujours à la famille de son époux ».

La violence faite aux femmes s'appuie également sur la socialisation définie par le sociologue Guy Rocher comme « un processus par lequel la personne humaine apprend et intériorise tout au cours de sa vie les éléments socioculturels de son milieu, les intègre à la structure de sa personnalité sous l'influence d'expériences et d'agents sociaux significatifs et par là, s'adapte à l'environnement où elle doit vivre » (Rocher, 1968, p. 34).

Les causes se résument par les construits sociaux où le poids de la tradition, l'ignorance des lois, l'existence de lois inadaptées, le vide juridique, la faible participation des femmes dans la prise de décision, l'analphabétisme des populations, la crainte des grossesses hors mariage, la mauvaise interprétation de la religion, l'image de la femme, la pression sociale et la corruption en sont le socle.

Les conséquences de cette pratique sur la vie des survivantes, groupe défavorisé, contraintes de vivre l'esclavage sous la houlette des mâles, s'observent aux niveaux psychologique, sanitaire, social et physique. Selon une enquête intitulée « Accouchement des adolescentes à l'Extrême-Nord du Cameroun : des proportions inadmissibles ! », « les adolescentes en général contribuent pour 26,54 % dans les accouchements à la maternité de l'Hôpital provincial de Maroua. Les adolescentes de 16 ans et moins représentent 7,58 % des accouchements et celles de 17 à 19 ans représentent 18,95 % » (Tebeu *et al.*, 2006). C'est dire combien des « enfants-femmes » risquent leur vie à cause de la pratique des MPF.

– **Sur le plan psychologique :** la survivante de MPF subit le viol conjugal régulièrement en ayant des relations sexuelles avec un mari imposé, de trois à quatre fois plus âgé qu'elle. Elle est frustrée, traumatisée, frigide et perd confiance en elle-même. Cette adolescente n'a aucun pouvoir de contrôle sur sa sexualité et est animée constamment par un sentiment de peur face à tout acte sexuel.

– **Sur le plan de sa santé sexuelle :** les spécialistes de la santé avec lesquels nous travaillons affirment très souvent que le corps d'une adolescente de moins de 20 ans n'est pas assez mature pour accueillir un bébé. Les survivantes de MPF sont exposées aux grossesses précoces qui entraînent souvent des fistules vésico-vaginales (incontinence chez la femme), un accouchement difficile ou par césarienne, un risque de prééclampsie, la morbidité maternelle, la stérilité… Une survivante de mariage précoce et forcé est une adolescente n'ayant pas d'aptitudes à négocier et par conséquent est exposée aux IST/VIH/sida à cause de l'influence de son partenaire à qui elle ne peut pas demander sa sérologie ou négocier le port du préservatif.

– **Sur le plan social :** la survivante de MPF est sujette à des répudiations abusives, car il faut également savoir que ces mariages sont instables et célébrés hors des mairies, ce qui ne leur confère pas un caractère légal. C'est ainsi que la pauvre fille-femme connaît des mariages répétitifs dans le but d'être acceptée dans son milieu, qui fait du mariage une valeur sociale. Par ailleurs, ayant été retirée du système scolaire dès l'âge de neuf ans ou n'y étant jamais allée, elle ne sait pratiquement pas exercer une profession bien rémunérée. Si elle ne trouve pas de mari qui veuille l'épouser et subvenir à ses besoins élémentaires et à ceux de sa progéniture, l'adolescente survivante de mariage précoce est obligée de se prostituer. Cette prostitution qui ne dit pas son nom est une porte d'entrée à toutes sortes d'infections sexuellement transmissibles, y compris le VIH/sida.

– **Sur le plan physique :** du fait que son organisme n'est pas mature, avoir des relations sexuelles fréquentes avec un partenaire plus âgé qu'elle engendre des conséquences telles que des déchirures au niveau de ses organes génitaux, l'arrêt de la croissance…

La comparaison entre les avantages que la famille retire d'un mariage précoce et forcé et ce que l'adolescente subit par la suite démontre que la fille vit beaucoup de difficultés pendant et après un mariage précoce et forcé. Elle est la seule à tout supporter. Si marier une fille de force et avant sa maturité fait le bonheur de la famille, et particulièrement celui du père, c'est au contraire faire le malheur de la fille.

IDENTIFICATION DES BESOINS DES SURVIVANTES

Pour déterminer de manière précise les besoins des survivantes, nous avons établi, à partir des données relevées dans nos Centres Vie de femme, un portrait type d'une rescapée de cette pratique. C'est une fille qui est :

– âgée de 15 à 25 ans ;
– abandonnée par son partenaire en état de grossesse ou avec un, deux, voire trois enfants à sa charge ;
– ignorante de ses droits ; analphabète ;
– traumatisée par le fait d'être « mariée » à un âge variant de 9 à 16 ans ;

- exclue des prestations offertes par son milieu ;
- répudiée régulièrement ;
- condamnée aux partenaires multiples ;
- « mariée » sans acte d'état civil ;
- démunie d'acte de naissance, de carte nationale d'identité ;
- exposée aux grossesses précoces et non désirées ;
- exposée aux IST/VIH/sida ;
- dépourvue de moyens financiers ;
- privée du contrôle de sa sexualité ;
- rejetée par sa famille et la société ;
- exposée à la prostitution ;
- exposée aux violences sexuelles : violée en permanence par son partenaire ;
- exposée au traumatisme psychologique ;
- exposée au suicide et aux fugues ;
- exposée à la mort.

Ce portrait nous a révélé que la survivante a deux types de préoccupations : l'amélioration de ses conditions de vie à travers la résolution de ses besoins pratiques et le changement de son statut social par l'atteinte de ses intérêts stratégiques. Ce portrait est un précieux outil de travail.

À partir des éléments susmentionnés, nous avons développé des programmes adaptés aux survivantes de mariages précoces et forcés en vue de favoriser leur autonomisation.

PROGRAMMES D'AIDE AUX SURVIVANTES ET DE PRÉVENTION DES MARIAGES PRÉCOCES ET FORCÉS

PROGRAMMES D'AIDE AUX SURVIVANTES

Encadrement et suivi des survivantes de mariages précoces et forcés

Les activités d'encadrement et de suivi sont réalisées à travers : l'accueil des victimes, l'écoute attentive et active, le counseling, l'accompagnement des survivantes dans leurs choix.

L'activité de counseling a pour objectif la résolution des besoins pratiques des survivantes. Ceci s'opère à travers l'utilisation de l'intervention féministe.

Nos interventions s'appuient sur l'idéologie et l'intervention féministe. La première permet une analyse sociopolitique des problèmes liés à la condition des femmes tandis que la seconde place la survivante ou victime au centre de l'analyse.

Les programmes d'autonomisation pour les survivantes

Le processus d'autonomisation recherche la prise en compte des intérêts stratégiques des survivantes, des victimes et des femmes. Il s'opère à travers l'utilisation des outils et approches en genre. Pour y parvenir, l'ALVF EN a développé cinq niveaux de programmes d'autonomisation pour les survivantes de mariages précoces et forcés. Ce sont:

– **L'autonomisation personnelle:** elle vise à doter les survivantes d'aptitudes diverses pour une restauration totale de leur estime de soi. C'est ainsi qu'elles apprennent, par exemple, à lire, à écrire et à parler le français; elles suivent des cours d'alphabétisation qui leur sont dispensés à cet effet dans les Centres Vie de femme de Kousseri et Maroua. Cette activité porte également sur l'éducation à la sexualité, qui va développer chez elles des aptitudes à contrôler leur sexualité. Ce programme couvre les chapitres portant sur l'anatomie, les méthodes contraceptives, les grossesses précoces, l'avortement, les IST/VIH/sida, la prévention des violences…

– **L'autonomisation légale:** ici, les capacités des survivantes sont renforcées sur la connaissance de leurs droits, la connaissance des lois en rapport avec les mariages précoces et forcés, le droit à l'éducation…

– **L'autonomisation politique:** elle consiste à donner aux survivantes une éducation à la citoyenneté, contribuant ainsi à la pratique du vote utile par celles-ci. Il s'agit de l'utilisation du processus d'obtention de la Carte nationale d'identité, la maîtrise du processus électoral et la connaissance des enjeux des différentes élections. Ainsi, les survivantes deviennent des citoyennes à part entière à partir d'un vote utile.

– **L'autonomisation économique:** ici, l'ALVF EN encadre les survivantes dans la réalisation des activités génératrices de revenus. Cette activité se réalise à travers le renforcement de leurs capacités dans le montage, l'exécution, le suivi et l'utilisation de leurs revenus. Ce programme permet à la fille de résoudre par elle-même ses besoins pratiques et d'atteindre ses intérêts stratégiques; notamment d'avoir accès aux moyens contraceptifs, de se protéger contre le VIH/sida, de subvenir à ses besoins fonctionnels et à ceux de ses enfants, d'ouvrir un compte d'épargne afin de pouvoir obtenir un crédit bancaire.

– **L'autonomisation sociale :** à travers ce volet, nous appuyons les survivantes suivies et encadrées dans nos Centres Vie de femme en les encourageant à se regrouper au sein des Associations pour la promotion de l'autonomie et des droits de la fille (APAD). À ce jour, nous comptons deux associations : une à Kousseri et une à Maroua.

PRÉVENTION DES MARIAGES PRÉCOCES ET FORCÉS

La prévention des mariages précoces et forcés implique plusieurs acteurs sociaux, notamment les détenteurs de pouvoir, les décideurs et les personnes influentes. La prévention s'articule autour de la sensibilisation, du renforcement des capacités et du plaidoyer/lobbying.

Sensibilisation des leaders traditionnels, religieux et administratifs

Les activités de sensibilisation sont réalisées à travers des entretiens individuels. Elles ont pour but de susciter l'adhésion des personnes influentes de notre environnement de travail à la lutte contre les violences faites aux femmes. Ces activités sont dirigées vers :

– des autorités administratives ;
– des autorités judiciaires ;
– des autorités traditionnelles ;
– des autorités religieuses ;
– des autorités politiques ;
– des associations des femmes ;
– des structures d'encadrement des jeunes et des filles ;
– des responsables des médias.

Renforcement des capacités des leaders traditionnels, religieux et administratifs en genre, mariages précoces et forcés et droits de la fille

Il s'agit ici de regrouper les autorités au cours des ateliers pour leur conscientisation sur les origines, causes et conséquences des mariages précoces et forcés en utilisant les outils de genre. Lors de ces assises, chacun des participants s'engage à lutter contre cette pratique en concevant un plan d'action individuel, appelé à être réalisé par lui. Une date est fixée où les participants se retrouveront pour présenter les résultats de leurs réalisations aux autres membres du réseau de lutte contre les mariages précoces et forcés. Cette activité contribue beaucoup au changement de comportement des détenteurs du pouvoir.

Encadrement et suivi des femmes leaders des associations et militantes des partis politiques

Les objectifs de cette activité consistent à accroître la présence des femmes dans les instances décisionnelles de la gouvernance locale et à leur permettre de voter utile. Il est important de relever, selon les termes de *l'Enquête démographique et de santé, Cameroun 2004*[4], que dans la majorité des cas, la femme n'a le dernier mot dans aucune décision, encore moins lors de l'envoi de la fille en mariage.

L'encadrement et le suivi des femmes leaders des associations et militantes des partis politiques s'articulent autour des activités suivantes :

- la formation des femmes en féminisme, genre, droits humains, gouvernance locale et techniques de plaidoyer/lobbying ;
- le renforcement des capacités dans l'utilisation de ces techniques et l'identification des détracteurs et alliés favorables à la prise en compte des besoins spécifiques des femmes et des survivantes dans les plans de développement locaux ;
- le renforcement des capacités en gestion des réseaux de soutien à la plateforme électorale conçue par les femmes de la province de l'Extrême-Nord du Cameroun ;
- la formation en leadership politique pour les candidates aux élections municipales et législatives ;
- l'éducation des femmes des associations et des partis politiques à l'utilisation du processus d'obtention de la Carte nationale d'identité, au processus électoral et au « vote utile » ;
- l'accompagnement des femmes à l'inscription sur les listes électorales ;
- l'accompagnement des femmes dans leurs actions de plaidoyer/ lobbying auprès de leurs partis politiques. Ces démarches de lobbying visent spécifiquement la prise en compte de leurs préoccupations et celles des survivantes dans les programmes électoraux et le respect des quotas des femmes sur les listes des candidats et candidates lors des élections.

---

4. *Enquête démographique et de santé, Cameroun 2004,* Institut national de la statistique, Ministère de la Planification, de la Programmation du Développement et de l'Aménagement du Territoire, Yaoundé, Cameroun (2005).

Les brigades de dénonciation des mariages précoces et forcés

Les brigades de dénonciation sont composées de membres de la communauté éducative, notamment : un représentant des enseignants, le chef de quartier, deux leaders religieux (chrétien et musulman), un parent, un représentant des élèves, un élu local. Elles sont plus proches du lieu de retrait de la fille de l'école pour être envoyée en mariage. Elles vont être expérimentées par l'ALVF EN à partir de 2007 dans quatre départements de la province de l'Extrême-Nord du Cameroun.

Leurs rôles consisteront à dénoncer les cas de filles retirées de l'école pour être mariées précocement et de force, à recueillir les informations sur les cas de MPF et à transmettre les statistiques à l'ALVF EN et aux structures étatiques en charge de l'éducation des enfants. Les brigades auront également pour rôle d'analyser la situation de la fille en relation avec l'école et son environnement, de conscientiser les parents lors des inscriptions et pendant les réunions des associations des parents d'élèves, d'éduquer les parents sur les droits de la fille et de mobiliser toute la communauté éducative dans la lutte contre la pratique des MPF.

Les stratégies de mise en place des brigades consistent, premièrement, à conduire des entretiens individuels avec les responsables de l'éducation, les jeunes, les enseignants, les parents et les membres de la communauté éducative. Deuxièmement, il s'agira de renforcer les capacités des membres des brigades de dénonciation en genre, droits de la fille, mariages précoces et forcés et techniques de plaidoyer/lobbying. Enfin, il sera question d'élaborer des bases de données sur l'éducation de la fille et les mariages précoces et forcés et d'encourager la mise en réseau des brigades à long terme.

Le réseau de lutte contre les mariages précoces et forcés

Le réseau de lutte contre les mariages précoces et forcés a été créé en 2005 et est composé des élus locaux et leaders religieux et traditionnels de la ville de Maroua et du département du Logone et Chari. Son rôle comprend les fonctions suivantes :

- analyser la situation des mariages précoces et forcés dans la ville de Maroua et le département du Logone et Chari ;
- identifier les alliés et détracteurs ;
- conscientiser les autorités religieuses, traditionnelles, administratives et les élus locaux ;
- vulgariser les droits de la fille ;
- contrôler l'application des droits de la fille ;
- mobiliser les élus locaux et les autorités religieuses et administratives.

Ce réseau favorise :
- le renforcement des capacités en technique de plaidoyer à travers des séances de travail ;
- l'analyse des résultats obtenus individuellement lors des séances de plaidoyer à travers des séances de travail.

Le cadre de concertation sur la situation de la fille

Ce cadre mis en place en 2005 est constitué des structures qui encadrent les jeunes et les filles dans les villes de Maroua et de Kousseri. Son rôle consiste à :
- mobiliser des structures d'encadrement des jeunes dans la lutte contre les MPF ;
- analyser la situation de la fille ;
- faire des propositions pour le changement.

Cette stratégie permet la conscientisation sur la situation actuelle de la fille de l'Extrême-Nord.

Dénonciation dans les lieux publics

Cette dénonciation se fait lors des célébrations des journées commémoratives destinées aux femmes (p. ex., manifestations lors de la Journée internationale de la femme, le 8 mars, ou lors de la Journée internationale de la femme africaine, le 31 juillet) par divers moyens :
- des entretiens individuels,
- la distribution de brassards,
- la distribution de livrets,
- des marches,
- l'utilisation des médias,
- l'utilisation de messages qui appellent à la conscientisation.

RÉSULTATS ET CHANGEMENTS OBSERVÉS

Les changements observés chez les survivantes et dans leur environnement depuis l'ouverture de l'agence de l'Association dans l'Extrême-Nord du Cameroun, de 1996 à nos jours, se résument en trois points essentiels : changements par rapport aux taux de fréquentation, au statut de la survivante et à l'organisation.

Fréquentation des Centres Vie de femme de l'ALVF EN

Grâce aux outils, méthodes et stratégies d'intervention appliqués, le nombre de filles et de femmes venues demander de l'aide dans nos structures est allé croissant. Entre 1996 et 1999, nous avions en moyenne 10 survivantes encadrées et suivies par an. De 2000 à 2003, ce chiffre est passé à plus de 40 survivantes. En 2005, avec l'ouverture d'un second Centre Vie de femme dans la localité de Kousseri, située à près de 210 km de Maroua, les statistiques sont passées à environ 200 cas par an. Ces faits sont des indicateurs qui nous renseignent constamment sur le niveau de satisfaction des bénéficiaires de nos services.

Statut de la survivante

La situation sociale de la fille, de la femme et particulièrement de la survivante, commence à être reluisante. Nous en voulons pour preuve la prise en compte de l'âge du mariage dans le projet du *Code de la famille*: l'âge du mariage de la fille passe de 15 à 18 ans. Par ailleurs, les pratiques de mariages précoces et forcés sont devenues un débat public au niveau local et national, à telle enseigne qu'elles sont dénoncées dans les discours des responsables administratifs au niveau provincial et national. À travers la création des APAD, on peut observer la construction d'un tissu associatif par les survivantes. La solidarité entre les femmes de tous les partis politiques est augmentée et l'ambition des femmes pour accéder aux postes de prise de décision s'est développée.

Consolidation de l'ALVF EN

Le cercle des partenaires de l'ALVF EN s'est agrandi avec la mise en place d'un réseau de lutte contre les mariages précoces et forcés composé de partenaires stratégiques et financiers. Par ailleurs, le féminisme est au centre des débats publics dans notre région d'intervention, un espoir pour les femmes de comprendre leurs besoins communs et de mieux comprendre leur environnement socio-politico-culturel, afin de développer elles-mêmes des stratégies pour changer leur situation.

Difficultés rencontrées

Bien que nous observions quelques changements remarquables au niveau des survivantes, il subsiste encore des difficultés au niveau de l'acceptation de notre association dans notre région qui, si elles sont surmontées, nous permettront d'aboutir à un changement plus visible. Ces difficultés se résument ainsi:

- la persistance des pesanteurs socioculturelles sur les victimes et survivantes ;
- la non-harmonisation entre les instruments juridiques internationaux ratifiés par le Cameroun et les lois nationales ;
- la non-application systématique des lois face à un cas de mariage précoce et forcé ;
- l'analphabétisme des survivantes et de la population en général ;
- la confusion des missions de l'ALVF EN avec celles des services publics par l'État et la population ;
- la dépendance financière de l'association.

DÉFIS

Les défis ci-après constituent, à notre avis, la clé pour braver les nombreuses difficultés qui freinent l'éradication des mariages précoces et forcés dans la province de l'Extrême-Nord du Cameroun :

- l'implication des parents dans la lutte contre les pratiques des mariages précoces et forcés ;
- la prise en compte des besoins spécifiques des femmes dans les programmes des partis politiques ;
- la prise en compte de la problématique des mariages précoces et forcés dans les politiques publiques nationales et internationales ;
- la présence des femmes dans les instances de prise de décision ;
- la valorisation du statut de la fille au sein de la famille ;
- l'émergence d'un mouvement de femmes dans la province de l'Extrême-Nord du Cameroun.

CONCLUSION

Après dix ans environ d'intervention auprès des survivantes de mariages précoces et forcés et après avoir vécu avec les femmes de l'Extrême-Nord du Cameroun depuis 1998, nous faisons le constat selon lequel la pratique des mariages précoces et forcés, entretenue par le système patriarcal avec la complicité à la fois de l'État, de la Banque mondiale et du Fonds monétaire international, est l'une des violences les plus vécues par les filles dans la province. Cette pratique discriminatoire freine leur éducation, leur instruction et occasionne chez elles de graves problèmes de santé, tels que les

grossesses précoces et leurs conséquences. Ces fillettes/femmes vivent per-
pétuellement des viols conjugaux qui ne sont encore dénoncés par personne. En outre, cette pratique emprisonne les femmes dans un cycle de
pauvreté qui va les suivre, elles et toute leur descendance, des années durant.
La contribution de l'ALVF EN dans la lutte contre cette pratique a permis
aux survivantes de reprendre progressivement du pouvoir sur leur vie, d'une
part, et d'influencer la révision de l'âge du mariage dans le projet du *Code
de la famille*, où cet âge pour la fille passe de 15 à 18 ans, d'autre part. Ces
petits progrès sont gratifiants pour nous mais en même temps, nous reconnaissons qu'il faut continuer la lutte pour que cette pratique soit éradiquée
dans notre région, étant donné que le changement social est très lent.
Comme le dit si bien la Croix-Rouge camerounaise, en ce qui concerne les
mutilations génitales féminines, «la loi seule ne suffit pas pour y mettre
fin, ou du moins pour limiter la pratique. Il faut recourir à d'autres moyens
pour convaincre les gens à abandonner [les MPF]» (p. 14479). C'est pourquoi nous continuerons de nous battre, en collaboration avec la chaîne de
l'espérance constituée de nos partenaires, jusqu'à la disparition complète
de cette forme de violence, pour l'avènement d'un monde sans violence
d'aucune nature où les hommes et les femmes vivront en toute égalité.

BIBLIOGRAPHIE

ALVF EN, *Rapport d'activités ALVF EN, 1998, 1999, 2000, 2001, 2002, 2003, 2004,
2005, 2006,* Maroua, Cameroun.

BIGAOUETTE, M. *et al.* (2006). *Études sur la violence faite aux femmes en Afrique de l'Ouest,*
Montréal, Oxfam-Québec.

BISILLIAT, J. (dir.) (2003). *Regards de femmes sur la globalisation : approches critiques,*
Paris, Karthala.

BUNCH, C., C. HINOJOSA et N. REILLY (dir.) (2000). *Les voix des femmes et «les droits
de l'Homme» : la Campagne internationale pour l'affirmation des droits humains des
femmes,* New Brunswick, NJ, Rutgers University, Centre for Women's Global
Leadership.

CODE PÉNAL CAMEROUNAIS, articles 217 et 356.

CÔTÉ, I., L.-F. DALLAIRE et J.-F. VÉZINA (2005). *Tempête dans la famille. Les enfants et
la violence conjugale,* Montréal, Éditions de l'Hôpital Sainte-Justine.

DAWN (1992). *Femmes du Sud : autres voix pour le XXIᵉ siècle,* Paris, Côté-femmes.

Document de stratégie de réduction de la pauvreté (avril 2003), République du Cameroun,
Ministère de l'Administration territoriale et de la Décentralisation, <www.ifrc.
org>.

INSTITUT NATIONAL DE LA STATISTIQUE, MINISTÈRE DE LA PLANIFICATION, DE LA
PROGRAMMATION DU DÉVELOPPEMENT ET DE L'AMÉNAGEMENT DU TERRITOIRE,
YAOUNDÉ, CAMEROUN (2005). *Enquête démographique et de santé, Cameroun 2004,*
ORC Macro Calvereton, Maryland, USA.

LAROUCHE, G. (1993). *Aux formatrices en intervention auprès des femmes violentées*, Montréal, Wilson et Lafleur.

MacLEOD L. (1987). *Pour de vraies amours: prévenir la violence conjugale*, Ottawa, Conseil consultatif canadien sur la situation des femmes.

Ordonnance N° 81-02 du 29 juin 1981 portant organisation de l'état-civil et diverses dispositions relatives à l'état des personnes physiques (26/06/1991), Le président de la République Son Excellence Ahmadou Ahidjo, Yaoundé, Cameroun.

ROCHER, G. (1968). *Sociologie générale, tome 1: regards sur la réalité sociale*, Montréal, HMH.

VALVERDE, M. (1989). *Sexe, pouvoir et plaisir*, Montréal, Les Éditions du Remue-ménage.

TEBEU, P.M. *et al.* (2006). «Accouchement des adolescentes à l'Extrême-Nord du Cameroun: des proportions inadmissibles!», *Revue médicale de Liège*, vol. 61, n° 2, p. 124-127.

TONYE KIBOUM, J. et D. TAKOUMBO (6 août 2006). *La Croix Rouge camerounaise met en place une stratégie de lutte contre l'excision*, <www.ifrc.org>, Fédération internationale des Sociétés de la Croix-Rouge et du Croissant-Rouge, Yaoundé, Cameroun.

22

DOMESTIC VIOLENCE
A Shelter's Response in Nigeria

Olabimpe Olatubosun
University of Ibadan, Nigeria

One of the most common forms of violence against women is domestic violence, also known as intimate partner violence. Though the issue of domestic violence has not been systematically studied, studies by Gupta *et al.* have shown that 20-50% of women worldwide have been beaten by a male intimate (Gupta *et al.*, 1996, p. 7).

> Domestic violence is broadly defined as a pattern of assaultive and coercive behaviours including physical, sexual and psychological attacks as well as economic coercion that adults or adolescents use against their intimate partner. (Schechter and Ganley, 1995, p. 10)

The social, political and legal environment in which domestic violence occurs needs to be understood, as it provides an insightful and useful backdrop to understanding domestic violence in the Nigerian context. Women constitute half of Nigeria's estimated 130 million people.[1] In most African cultures, some Nigerian ones inclusive, violence against women is condoned as a fact of married life (Atinmo, 1997, pp. 80-81). Most women victims would rather endure the violence or face the consequences rather than move away from their matrimonial homes. Women comprise a larger

---

1. *Nigerian Population Census 1999.*

percentage of victims of domestic violence while men form the larger percentage of the perpetrators. Oftentimes it takes place where the women should feel most secure – their homes. In Nigeria, acts of violence, if perpetrated in public, would be punished by law, but they often go unchallenged when men direct them at women in the confines of the home, out of public view. Even most witnesses, neighbours inclusive, ignore it and do not intervene, which demonstrates that it is a socially permissible phenomenon. According to Odujurin (1999), 81% of Nigeria's female citizens experience domestic violence while two-thirds of women in some parts of Lagos State experience domestic violence (Amnesty International, 2005). Yet the Nigerian State (Police, Judiciary, Welfare, etc.) is not accountable.

There are no laws or policies in place to protect Nigerian women's rights vis-à-vis violence. Rather existing laws such as Nigeria's customary laws and the *Nigerian Penal Code* discriminate against women's citizenship and rights vis-à-vis domestic violence. For instance, according to section 55 of the *Northern Nigerian Penal Code*, wife beating is allowed, if it is with the intention to correct an erring wife, as long as it does not amount to grievous hurt upon any person. Grievous hurt is defined in section 241 of the same *Penal Code* to include emasculation, permanent loss of sight, ability to hear or speak, facial disfigurement, destruction or deprivation of any member joints, bone fracture or tooth dislocation. It also includes any hurt which endangers life or which causes the sufferer to be during the space of twenty days in severe bodily pain or unable to follow her ordinary pursuits. The literal interpretation of these two sections indicates that a man is still a law-abiding citizen as long as all the above do not occur while he is "correcting" his wife. One may very well ask about injuries which are not obvious like internal haemorrhaging or the psychological trauma, and economic costs of such acts to the female citizen's right to dignity and security. Thus these laws discriminate against women's rights vis-a-vis violence, by constraining the conditions which define what domestic violence is and what it is not.

Unlawful assault on males in section 353 of the *Nigerian Criminal Code* is punishable by three years' imprisonment, while a similar assault on a woman is punishable by two years' imprisonment in section 360; this is obviously a discriminatory provision. The law on assault is limited in its application within the home; this is because there is no provision for a protection order which will ensure the safety of the woman within the home if and when she files a criminal charge of indecent assault on her intimate partner. It should be noted that this lack of a protection order makes the law on assault only applicable to victims attacked in public, not in the privacy of their homes. This obviously does not ensure the safety of women who are physically assaulted in their homes, where domestic violence takes place.

Furthermore the law on rape is not impressive. Section 357 of the *Nigerian Criminal Code* stipulates that rape can only be punished if there were witnesses to the crime; where the woman cannot provide the required corroboration or provide medical evidence of penetration and physical injury, the only charge that can be brought against the perpetrator is indecent assault. Now the question is: which rapist would want to get caught in the act by witnesses? Of course he will rather pounce on his victim when he sees that the coast is clear. In addition marital rape is not deemed as rape within the *Nigerian Criminal Code Act 1990*, Section 6. This is because rape is defined as unlawful carnal knowledge. The law defines lawful carnal connection as that which takes place between husband and wife. Within this definition, therefore, marital rape cannot be regarded as rape.

Field experiences reveal that when women make efforts to access justice by reporting cases of violence to existing institutions of state such as the police, the police tend to turn a nonchalant attitude, and if they will act at all they do not act immediately. Police often regard domestic violence as a private family affair. They more often than not remind wives that the Nigerian culture allows men to beat women. Moreover the complainant is usually advised to go and mend her ways as she is likely to be battered due to her own misdemeanour. They only take cognitive action when it turns out to be a serious case such as grievous hurt, assault or murder – but why should the police take action when the case has degenerated to death? Corruption in form of bribes, which also leads to complicity on the part of the police, is pervasive in the Nigerian political system so that justice may be perverted. Summoning and investigating perpetrators may be stalled if the perpetrator or his relatives are financially buoyant to stall the investigation process.

It is against this background that this study hypothetically adopts the human rights theoretical framework which can be traced to the *Universal Declaration of Human Rights* of 1948 by the United Nations General Assembly. The United Nations *Declaration on the Elimination of Discrimination against Women* emphasizes the reality that women have rights to non-violence. Article 4 of the declaration reads: "States should condemn violence against women and should not invoke any custom, tradition, religious consideration to avoid their obligations with respect to elimination."

The strength of this framework lies in the fact that it demands the state's accountability to the citizens' welfare. The above review of the Nigerian Penal and Criminal code vis-à-vis violence against women indicates that the Nigerian State needs to be more accountable to the plight of her abused female citizens' welfare.

Shelters all over the world often monitor the accountability of states' mainstream actors to the plight of victims; they also serve as sources of refuge to the victims. In recent times there has been a proliferation of shelters in high-income developed countries such as the United States, where there are over 1200 shelters in operation (Chalk and King, 1998), whereas in middle- and low-income countries they remain rare (Larraín, 1999). Nigeria falls within the range of the latter. Nigeria has three shelters in operation, all opened in the last four years, "Sophia's Place" being the very first of these shelters. Sophia's Place was established in May 2001 by the executive Director of its outreach office Project Alert – Mrs. Josephine Chukwuma. The shelter consists of four well furnished bedrooms, all painted green, while the living room is cream. The floors are well rugged. The living room has the facilities of chairs, television, video and radio speaker. The kitchen is also equipped for inmates' cooking convenience. Nursing mothers or mothers with children are given four-and-a-half-by-six-foot family beds while single women sleep on double-decker bunks.

It has been discovered that little is known about the impact of shelters on their victim clients' conditions worldwide (McNamara *et al.*, 1997; Tutty *et al.*, 1999). Therefore the gap located in the existing literature, within the Nigerian context, is the need for a systematic academic study of the strategic responses of a non-state actor on domestic violence as a social problem needing effective policy action.

STATEMENT OF PROBLEM

The central problem that this paper seeks to address, therefore, is the state's unaccountability in its response to domestic violence, with the objective to identify and examine the social responses and engagements of Sophia's Place with regard to abused female citizens.

OBJECTIVES

The central objective of this paper is:

1. To identify and examine the social responses and engagements of Sophia's place – the first shelter for victims of domestic violence in Nigeria with ten "lived-in" domestic violence victims at the shelter.

2. To highlight the effective and ineffective strategies that Sophia's Place engages in to minimize the victims' plight.

METHOD

Adopting the "Case Study cum Responsal Approach," methodologically the paper relies on in-depth interviews with ten "lived-in" domestic violence victims at the shelter, and their diverse experiential case studies. In cases where they could not be reached their self-written case files were consulted. A key-informant interview was also conducted on the executive director of the shelter, Mrs. Josephine Effah-Chukwuma.

The sampling aim was to locate women victim/survivors from diverse demographic characteristics and social backgrounds. The interview guide included a series of broad, open-ended questions about the lived-in residents' experiences of abuse and their responses. All the interviews were tape-recorded and then transcribed verbatim. The analysis of the interviews followed the technique of thematic clustering, guided by phenomenological discourse analysis. The Open Code package computer software was used to manage code and explore the data.

In-depth interviews were also conducted on two divisional police officers, social welfare officers, legal officers of the Lagos State Directorate of public prosecutions, and staff of women's rights organizations with which the shelter collaborates.

A key-informant interview was also conducted with Honorable Funmi Smith Tejuosho, the principal legislator lobbying for the Domestic Violence bill to be signed into law in Lagos State, Nigeria.

LIMITATIONS

Due to the ethics involved in shelter administration and the shelter's policy the location of the shelter will not be revealed, except that it exists in the Lagos metropolis. Due to the victim/survivors reposed confidentiality with the executive director of the shelter, the executive director directed that their names should not be revealed.

For ethical reasons the case files of the victim/survivors could not be directly accessed by the researcher to elicit their written responses. The researcher had access through a staff delegated by the executive director of the shelter.

FINDINGS

According to Williams (1997), there is a myth of equal oppressions which generalizes the fact that women are oppressed in the same form. However Russo (2001) has noted that such a notion of universal sisterhood under-statedly reduces the unique complexities of many survivor/victims testimonies and unduly minimizes the societal, historio-cultural, enviro-contextual experiences of domestic violence that each woman has undergone. This paper concurs with Russo's view, hence its adoption of the case study narrative and response approach in order to understand the unique complexities inherent in the victims'/survivors experiences.

CASE STUDY NARRATIVES

CASE STUDY 1

Case Study 1 had been taken to live in the United States when her parents emigrated to live and work there. So she practically grew up in the U.S. while her two sisters were born there. Her dad went to jail for gunrunning in America and served two years. She is a twenty-year-old incest survivor. She and her two sisters were consistently raped by their father for about three years. According to her, her father moved with a lot of strange ladies and under one pretext or the other he often brought the ladies to their home and used to have sexual orgies with them. Her mother was a witness to his acts but was complacent about them. Case Study 1, however, could not stand it and after one of such acts she challenged her father. His response to her query was to slap her, tear her clothes and rape her. She said despite her screams for help, her mother and her sisters who were in the same house when the act occurred did not come to her aid. Rather when she confronted her mother, her mother pleaded with her to keep quiet about it and not let anyone else know what her father did to her because it is a stigma and society frowns on people with such history, so she kept quiet about it. Shortly after the incident, though her mother did not challenge her father, she noticed that her mother was traumatized psychologically. Consequently her father also cajoled her mother to move out of the house and go and live in the village. The Nigerian Television Authority aired her plight and those of her siblings on the news. This was how the shelter took them in, and came to their rescue. After the news, The United States Consular in Lagos took it upon them to put the two sisters who were American citizens into foster homes in the United States, but Case Study 1 was left behind as she is not an American citizen.

The Shelter's Response

She and her mother were accommodated in the shelter and counselled and encouraged to move on with their lives. The shelter has also helped them to procure funding to get accommodation.

Case Study Analysis of Case Study 1 Subject to Nigerian Law

Regrettably in Nigeria there is no provision in Nigerian law on incest. However, the law on rape could have been applicable here if the victim had reported the rape immediately at the police station with supporting medical evidence from a certified government hospital. This was even if her mother and sisters had refused to attest to knowledge of the rape. By the time the media reported the incident the father had absconded and is presently still at large, yet to be prosecuted.

CASE STUDY 2

She is presently 18 years old, she is the product of a separation between her father and her mother. Her dad had warned her several times to desist from visiting her mum who had since remarried. But she still did. So, in order to teach her a lesson her father refused to allow her to move back into the house after her last visit to her mother's. She had nowhere to go so she took up residence on her father's balcony, in the open, for eight months. He took her up and wanted to hand her over to the social welfare unit as a juvenile delinquent: but it was even at the Welfare Office that he was informed by the social workers that she had done nothing to be named a delinquent and that he should rather live up to his responsibility as her father and take her back into the house. Despite the fact that he saw how appalling her living conditions were, he did not take her back into his house. She needed food and money for upkeep so she applied to a primary school near their house and got herself a job as a nursery school teacher. From the salary she fed herself. She decided to visit their neighbour in order to watch television. It was while she was there that their neighbour took advantage of her and her situation and raped her. So she started falling sick and her dad took her to the hospital where she was diagnosed as pregnant. Her father there and then decided that she must pack all her belongings off his balcony. She went to the neighbor's parents and they took her in, though their son had earlier denied the pregnancy as his. While she was there she was however ill treated by the man's parents and she suspected that she might be poisoned. This made her to eat out a lot. It was while she was at a canteen that she saw one of the bulletins advertising the outreach office of the shelter. She went to the outreach office of Project Alert, where she was warmly received and counselled. Then she was taken to the shelter in the eighth month of her pregnancy under strict confidentiality.

The Shelter's Response

When she had spent three weeks at the shelter she developed complications in her pregnancy and the doctor at the Sam Ewang Air Force Base at Oshodi recommended that she needed a bed rest. So she was granted a bed space at the Air Force Base hospital due to the goodwill that Mrs. Chukwuma enjoyed from the hospital. The shelter footed all her hospital bills. During the period the shelter staff visited and encouraged her; they also took warm clothing and hot meals to her intermittently.

Eventually both her father and the man who raped her were contacted for reconciliation and footing of bills for her welfare, but they refused to appear in person nor did they foot her bills. After she had put to bed, the Director of the shelter Mrs. Chukwuma decided that the environment of the shelter was not conducive for her as a young nursing mother amidst mature mothers with their children. Besides residents were expected to move out of the shelter by the fourth week of their stay at the shelter, a period by which inmates are expected to have recuperated and decided what their next step of action would be. Mrs. Chukwuma therefore referred her to a faith-based shelter which specializes in rehabilitating young girls.

Case Study Analysis of Case Study 2 Subject to Nigerian Law

If Case Study 2 had been aware of her rights and had gone immediately to report the crime at the police station with substantial medical evidence of the rape when it occurred, she could have sued the neighbour on rape charges. But even then she still needed to be financially capable of footing the medical bill for a medical examination report, which she was not.

CASE STUDY 3

Her stepbrother brought her to Lagos from the village and promised her parents that he was bringing her to the city of Lagos to enrol her in a school. Contrary to expectations he and his wife put her under servitude as a housemaid and did not enrol her in school. Coupled with this she was also being sexually harassed by her stepbrother when his wife was not at home. She reported him to his wife, who admonished her to endure it. The wife also said that it was because her husband had also harassed her own younger sister that the latter had to stop living with them. Case Study 3 reported him at the police station, he was arrested and let go after a few hours in police custody. She suspects that the police officers received bribe from her brother. Once he came back from police custody the situation did not change. The victim client began to try and keep out of her brother's way by sitting outside on the balcony of his house. Unconsciously while sitting on the balcony she would find tears steaming down her eyes. A neighbour had been noticing her reluctance to enter the house for a space of days and after much coaxing, she confessed that she was a victim of incest by her stepbrother. The neighbour took it upon himself to take her to Project Alert, the outreach office of the shelter.

The Shelter's Response

Case Study 3 was warmly received at the shelter and she spent four weeks at the shelter. A summons letter was issued out to the victim client's brother; he went to Project Alert, the outreach office of Sophia's Place, and denied the allegation. Sophia's Place has established friendly links with most police divisions in Lagos State. These links to police make for effective interventions to access justice for victim clients. The shelter's director reported his offence at the police station. He was arrested and remanded in police custody. Later he confessed to the act and asked for his sister's forgiveness; he alleged that he might have been possessed by a demon and pleaded with the shelter not to inform their parents as it is a taboo in their village. He also pleaded for an out-of-court settlement, to which the victim client obliged. However the victim client refused to go back and live with him. She gave the shelter staff a cousin's cell-phone number and that cousin came and took her from the shelter's outreach office to return her to her parents in the village.

Case Study Analysis of Case Study 3 Subject to Nigerian Law

Under Nigerian law this is rape. The *Criminal Code* Section 357 defines rape as "unlawful carnal knowledge of a woman or girl without her consent." Case Study 3 obviously knew her rights and reported the crime at the police station, but since her brother bribed the police officers, she could not gain access to justice. It took the collaborative efforts of the shelter with the police to access justice on behalf of the victim.

CASE STUDY 4

Case Study 4 is a twenty-year-old. Her father and mother had been separated for six years. She lived in a three-bedroom flat with her father and two brothers. Her father, a bank employee, lost his job, became severely ill and was in dire need of money. This made him let out one of the rooms in the three-bedroom flat to a young male tenant. She arrived early from school one day and the tenant was the only one at home. He forcefully pinned her to the wall with his elbow, lifted her skirts and raped her. He later apologized and said he had been drunk. Her father was an authoritarian so she could not bring herself to tell him what had happened. She discovered she was four months pregnant and her father got the tenant locked up under police custody. Her father also sent her packing out of the house at around 10 p.m. She found nowhere to sleep that night but out in the open at the bar beach. Some thugs at the beach tried to rape her but she was rescued by security guards. In the morning she went to her uncle – her father's brother – who took her to his pastor. The pastor referred her to Women's Consortium of Nigeria (WOCON) from where she was referred to the Women Advocates Research and Documentation Center (WARDC). The latter made a phone call to Mrs. Chukwuma and a space was made ready for Case Study 4 at the shelter. She stayed at the shelter till she put to bed. Her mum also came to stay with her at the shelter all through the period.

The Shelter's Response

A summons was made to the victim client's father. He came and still refused to take her back into his house; neither did he want to sponsor her education any longer. The tenant and his father also came and signed a memorandum of understanding that they would provide cash and kind for the baby's needs and money for its upkeep. This the tenant and his father have faithfully adhered to till date. The shelter and WOCON footed the hospital bills of the victim client as she could not afford it. The shelter also paid the fees for her Senior Secondary School Examination, which she passed.

Case Study Analysis of Case Study 4 Subject to Nigerian Law

Case study 4 was not bold enough to report the rape as a crime at the time it occurred. Even though her father later reported the crime, the perpetrator settled for out of court settlement of providing for the baby's needs.

CASE STUDY 5

Case Study 5 is a twenty-seven-year-old married woman who had two children for a man. He started keeping late nights and whenever she confronted him he would beat her up. On one of such occasions he beat her up in a frenzied state, tore her clothes and bit her on the right breast that she started bleeding profusely. Despite this he sent her packing out of his house with her two children. She reported him at the police station but when the police went to arrest him they met his absence. She also notified the Nigerian

Television Authority through the New Dawn Television program. The presenter of the program took her to Project Alert so that she might be lodged at Sophia's Place.

The Shelter's Response

The shelter took her in and offered her a refuge coupled with proactive counselling. Her husband reappeared one month later to plead with her for reconciliation through the executive director, Mrs. Chukwuma. Both of them were reconciled by the shelter staff. Case Study 5 forgave her husband and she is back with him.

Case Study Analysis of Case Study 5 Subject to Nigerian Law

Case Study 5 was aware of her rights and reported the crime under the law as indecent assault at the police station, but the man absconded and the police could not trace his whereabouts. She also eventually settled for out-of-court reconciliation.

CASE STUDY 6

This lady was a twenty-nine-year-old woman who was brought from the village to marry the chairman of the Ketu Alapere Bus Drivers' Association in Lagos. He used to beat her black and blue; there was hardly a week when she had no wound or plaster on a part of her body. She reported him at the police station, but he just bribed the officers in charge and he was let to go scot-free. She moved out of her matrimonial home and went to stay with her friends at Ibafo, a little village on the outskirts of Lagos. Even then he kept stalking her. She went to the Lagos State Directorate of Public Prosecutions to lodge a complaint; from there she was referred to Project Alert.

The Shelter's Response

She lodged at the shelter for four weeks. Mrs. Chukwuma made a summons to the victim client's husband and she warned him that he should stop stalking Case Study 6 or face serious legal consequences. There and then the stalking stopped. The victim client's fees to learn the art of beadmaking were paid by the shelter. This was done so that she could become financially empowered independently of her husband.

Case Study Analysis of Case Study 6 Subject to Nigerian Law

The husband of Case Study 6 realized that the shelter had links with the police and could make good its claims of arresting him on a charge of indecent assault; he therefore reneged from stalking Case Study 6.

CASE STUDY 7

Case Study 7 is educated and married to an engineer. They live in one of the rich estates in Lagos. They have three girls and a baby boy. Six years into their marriage the man started being quite possessive and stopped her from going to functions, visiting friends and relatives. One day she went to the market and came back only to receive the beating of her life. Her husband accused her of having extramarital affairs. At times, he beat her up in the middle of the night. Then she discovered that he was sexually fingering their three daughters because they told her. When she confronted him he beat her up and began to lock her up in the house when he went to work. Neighbours alerted Project Alert.

The Shelter's Response

Mrs. Chukwuma alerted the police at Ilupeju Police Station and the Ilupeju Police Station alerted the Ikoyi Police Station, which was closer to the estate where the woman lived. A warrant was issued and two police officers were mandated to help pack out the woman's property from the house. The police broke into the house and rescued the lady and her children. The husband was also arrested and detained in police custody. The lady took refuge in the shelter with her children for three weeks before she relocated. Though the husband has sought to be reconciled to her she would not hear of it. As she said: "It is only when you are alive that you can be a wife and a mother, not when you are dead."

Case Study Analysis of Case Study 7 Subject to Nigerian Law

Though Case Study 7's husband was detained in police custody on the charge of indecent assault, he was also let go by the police because Case Study 7 did not press for charges.

CASE STUDY 8

This is a case of an educated architect who has an eight-year-old child. She however refused to grant the researcher an interview.

CASE STUDY 9

This is the case of an educated 32-year-old Congolese refugee who migrated from the Democratic Republic of Congo during the war years. She migrated with four of her five children and she was a victim of domestic violence. Her husband was a fervent Christian, but he used to demand sex from her several times a day. She could not cope and if she refused him sex he beat her. She had reported him to relatives and friends who could not believe her because he was to all a very dedicated Christian gentleman who could not possibly be beating his wife. Due to his excessive sexual demands she fell sick several times. Even when she returned from the hospital with a new baby and he had been warned by the doctor to let her recuperate he still forcefully had sex with her, without her consent. The worst of all her experiences was when she refused him he tied her two wrists together and attempted to insert a small pestle in her private parts; she screamed and he came to his senses. Now she does not even want him to know her whereabouts or that of her children.

The Shelter's Response

An official at the Congolese Embassy, who was aware of the Congolese woman's plight as a war survivor and also a survivor of domestic violence who had immigrated to Nigeria, liaised with Mrs. Chukwuma on her behalf. Mrs. Chukwuma graciously took the woman into the shelter for a period of time. When Mrs. Chukwuma noticed that the lady had recuperated and was ready to move on, she got the lady a job in an establishment where her fluency in French are being put to use. The shelter helped the lady to secure an accommodation.

Case Study Analysis of Case Study 9 Subject to Nigerian law

This is a case of marital rape. Case Study 9's domestic violence experience would not have been treated as marital rape within Nigerian law. This is because in Nigerian law there is no such term as marital rape. Rape is defined among other definitions in Nigerian law to include "unlawful carnal knowledge"; this excludes the carnal connection which takes place between husband and wife. This makes it clear that any carnal relations including marital rape between a husband and wife is deemed lawful within Nigerian law (*Criminal Code Act 1990*, Section 6).

CASE STUDY 10

This is the case of an educated 34-year-old woman who is a cripple and has a postgraduate diploma in Banking and Finance. She has three children, one for her late husband and two for her intimate partner. Even though she has a bad leg she still was able to fend for herself: she roasted fish which she bought from Badagary, a border town near Lagos. From the proceeds and the money she received from people who took pity on her plight she paid for his diploma course at Lagos State Polytechnic. Her parents had never wanted her to associate with her intimate partner. She however was impregnated by him and had her second child by him. Then her parents became hostile and sent her packing. The man got a one-room apartment for her at Oshodi. His mother and brother also lived with her in the one-room apartment. Through a friend she applied for a job for him as a driver at one of the fast-food eateries in Lagos and he got the job. His mum and his brother used to beat her mercilessly on one pretext or the other. Her intimate partner did not however stay with them; he resided with his friend at Festac town. He used to come once a month with only one thousand naira ($8.50) and he used to have sexual relations with her but he made her take pills to prevent pregnancy because he and his mother had an ulterior motive – to take her baby daughter from her once she had weaned the baby and to throw her, the victim client, out. But she outsmarted them and quickly got impregnated for the man again. Even though she was three months pregnant they threw her out. Being educated she knew her rights and she reported him at the welfare office at Alausa Lagos. She was however not speedily attended to. Her parents accommodated her till she put to bed. But once she delivered the baby, they ejected her and she started moving from one relative's house to the other. She put up with her younger brother who was also soon to be ejected by his landlord as he had not paid his accommodation fees. While visiting a friend she came across the *Genieve* magazine where contact details about the shelter were printed. She contacted the shelter.

The Shelter's Response

The shelter accommodated her and liaised on her behalf with the Social Welfare Office at Alausa. Her intimate partner was summoned and made to sign a memorandum of understanding to the effect that he would pay for her accommodation and that of their two children. He had no choice but to comply with this.

Case Study Analysis of Case Study 10 Subject to Nigerian Law

Within Nigerian law Case Study 10 could not press charges of assault on her intimate partner's relatives because even though she was frequently battered by them, there was no grievous hurt. However Case Study 10 knew her rights and therefore sought Welfare Office assistance for the upkeep of the children. Project Alert, the outreach office of the shelter, remains a staunch member of the Legislative Advocacy Coalition on Violence against Women (LACVAW), a coalition of 45 founding members seeking to lobby legislators in the Federal and State Houses of Assembly to sign the draft domestic violence bills into law, particularly in Lagos State, where the shelter is situated. Project Alert is liaising in conjunction with the Deputy Chief Whip, Chief Mrs. Funmi Smith Tejuosho, the first among the only two female legislators among the 40 members in the Lagos State House of

Assembly. In Lagos State a draft Domestic Violence Bill, which has received two readings in the House of Assembly as at November 20, 2006, continues to face resistance emanating from male legislators and was hinged on the subject of fierce debate about cultural values, as they did not agree for the criminalization of perpetrators.

RECOMMENDATIONS

It is critical at this crossroads to ponder on the shelter and its strategies. The shelter is doing a great deal to help salvage battered women's lives and to move them forward. In the first place there is more the shelter could do with funding as the needs of the shelter are still great. The rate of violence is increasingly escalating as more and more women are becoming family breadwinners and not only eaters; it is fuelling a lot of jealousies and frustrations on the part of men-folk who unleash them out at the home-front in the form of violence. Therefore there are no hopes for the percentage of women being battered to decrease; in actual fact it will increase. The shelter therefore needs more funds to be able to get better housing to accommodate as many as come to its refuge. The likes of Case Study 7 who was referred to another home for young girls need not be referred if the shelter can have access to funds to meet their needs.

Most victims usually contacted the shelter on cases which involved grievous hurt, rape or assault which the Nigerian law provides for inadequately. This implies that those who are undergoing mental cruelty, psychological trauma and those who are absent from work for a few days (which may not be up to twenty days) due to bodily hurts not listed in section 241 of the *Penal Code* cannot be said to have undergone domestic violence under Nigerian law. Rather they can only be said to have been "corrected by their husbands" under Nigerian law. There is therefore a need for a law that adequately defines what domestic violence is; it should also include the penalty for incest within it. The law should be one which prevents the violence from escalating into assault. Without the Nigerian State signing the bill on violence against women into law, the concerned institutions of state will not take effective action. There is therefore the need to still lobby the legislators in the State House of Assembly and at the national level to sign the bill into law.

An ineffective strategy which has basically hampered the shelter from aiding some victims is its method of summoning of perpetrators. Some perpetrator husbands or intimate partners refuse to appear at the shelter's outreach office when they are invited. So there is need for the shelter to collaborate with the Social Welfare Offices, which have authority under law to issue a bench warrant and a court summons to the perpetrator. This is because the issuance of a court summons leaves the perpetrator no choice but to appear or face a legal action.

On a final note, the shelter needs to continually increase its network collaborations with concerned state institutions. It should also widen its scope for information dissemination and education awareness literature so that more and more victims might be informed of its existence.

CONCLUSION

The response of Sophia's Place to her victim clients' plight is essentially a response to patriarchal terrorism and the masculinity inherent in some Nigerian cultures. "Patriarchal terrorism involves the systematic use of not only violence, but economic subordination, threats, isolation, and other control tactics" (Johnson, 1995, p. 284).

As it is apparent from the case studies most of the victims were under threat, just as Case Study 3 was made to have sexual relations with her brother under duress. The intimate partner of Case Study 10 refused to pay for her upkeep until he was made to sign a memorandum of understanding which had legal backing. Patriarchal terrorism is mostly fuelled by the dependence of the woman on the man due to poverty. The significant role of culture, ethnicity and race as an intervening factor when domestic violence occurs has been observed (Bent-Goodley, 2001; Hampton and Yung, 1996; Richie, 1996). Most African cultures condone domestic violence and it usually occurs when a woman is perceived by her husband or intimate partner not to be fulfilling her ascribed gender roles. Male perpetrators view it as a form of reasserting their authority over their intimate partner whom they perceive is not performing her ascribed gender roles efficiently. Case Study 9's case is a good example – her husband expected her to be willing to have sexual relations with him at all times. This indicates that there is interconnectedness between culture and violence. When she refused to fulfil his perceived gender roles it resulted in physical and sexual violence. Sophia's Place's strategies of mediation, counselling, housing provision and economic empowerment are an indicator that ethnocentrism is taking place in Nigeria, though it is a gradual process. In other words, Nigerian non-state actors working on violence against women are beginning to constitute agents of change advocating for nonviolence in the Nigerian sociocultural context.

BIBLIOGRAPHY

AMNESTY INTERNATIONAL (2005). *Nigeria: Unheard Voices – Violence against Women in the Family*, Lagos, Nigeria, 31 May.

ATINMO, M. (1997). "Sociocultural implications of wife beating among the Yoruba in Ibadan, Nigeria," in F. Oyekanmi (ed.), *Men, Women and Violence*, CODESRIA 80-81,93,1.

BENT-GOODLEY, T.B. (2001). "Eradicating domestic violence in the African American community: A literature review, analysis and action agenda," *Trauma, Violence, and Abuse*, vol. 2, pp. 316-330.

CHALK, R. and P. KING (eds.) 1998. *Violence in Families: Assessing Prevention and Treatment Programs*, National Research Council and the Institution of Medicine, Washington, National Academy Press.

GUPTA, G.R., L. HEISE, E. WEISS, and D. WELAN (1996). Unpublished paper presented at the 11th International Conference on AIDS, Vancouver, Canada, July 7.

HAMPTON, R.L. and B.R. YUNG (1996). "Violence in communities of color: Where we were, where we are, and where we need to be," in R.L. Hampton (ed.), *Preventing Violence in America*, Thousand Oaks, Sage, pp. 53-86.

JOHNSON, M. (1995). "Patriarchal terrorism and common couple violence: Two forms of violence against women," *Journal of Marriage and the Family*, vol. 57, pp. 283-294

LARRAÍN, S. (1999). "Curbing domestic violence: Two decades of action," in A. Morrison *et al.* (eds.), *Too Close to Home: Domestic Violence in the Americas*, Washington, Inter-American Bank, pp. 105-130.

MCNAMARA, J.R. *et al.* (1997). "Short-term response to counseling and case management intervention in a domestic violence shelter," *Psychological Report*, vol. 81, pp. 1243-1251.

Nigerian Criminal Code, Sections 353, 357, 360.

Nigerian Criminal Code Act 1990, Section 6.

Nigerian Northen Penal Code, Section 55.

Nigerian Penal Code, Section 241.

Nigerian Population Census 1999.

ODUJURIN, O. (1999). "Wife battering in Nigeria," *International Journal of Gynaecology and Obstetrics*, vol. 41, no. 2, pp. 159-163.

RICHIE, B.E. (1996). *Compelled to Crime: The Gender Entrapment of Battered Black Women*, New York, Routledge.

RUSSO, A. (2001). *Taking Back Our Lives: A Call to Action for the Feminist Movement.* New York, Routledge.

SCHECHTER, S. and A.L. GANLEY (1995). *Domestic Violence: A National Curriculum for Family Preservation Practitioners*, San Francisco Family Violence Prevention Fund.

TUTTY, L.M. (1996). "Post-shelter services: The efficacy of follow-up programs for abused women," *Research on Social Work Practice*, vol. 6, no. 4, pp. 425-441.

TUTTY, M.L., G. WEAVER, and M.A. ROTHERY (1999). "Residents' views of the efficacy of shelter services for assaulted women," *Violence against Women*, vol. 5, no. 8, pp. 898-925.

UNITED NATIONS (20 December 1993). *Declaration on the Elimination of Violence against Women*, General Assembly Resolution 48/104, New York, UN.

WILLIAMS, P.J. (1997). *Seeing a Color Blind Future: The Paradox of Race*, New York, Farrar, Straus, and Giroux.

23

ÉLABORATION D'UN GUIDE D'INTERVENTION PRÉVENTIVE DE L'HOMICIDE CONJUGAL EN MAISON D'HÉBERGEMENT

Christine Drouin
*Centre de recherche interdisciplinaire sur la violence familiale
et la violence faite aux femmes (CRI-VIFF)*

Au Canada, entre 1994 et 2003, le taux officiel de victimes d'homicide conjugal s'élève à 18 %, soit approximativement un homicide résolu sur cinq, et représente près de 47 % de tous les homicides familiaux résolus (Statistique Canada, 2005). En 2004, au pays, l'homicide conjugal a fait 62 victimes féminines et 12 victimes masculines (Statistique Canada, 2005). Au Québec, pour la même période, 23 homicides conjugaux ont été perpétrés et dans 22 cas, la victime était une femme (Ministère de la Sécurité publique, 2006). De plus, la dernière enquête de Santé Québec portant sur la violence dans les couples québécois révèle que 14 % des participantes interrogées lors de l'enquête, soit l'équivalent de 17 000 femmes dans la province, ont affirmé avoir craint pour leur vie au cours de l'année précédente (Riou, Rinfret-Raynor et Cantin, 2003).

CONTEXTE DE LA RECHERCHE

En 2002, Rondeau *et al.* ont mené une recherche portant sur la gestion des situations de violence conjugale à haut risque de létalité. Ils visaient principalement à explorer le processus d'intervention lors de situations de violence conjugale à haut risque de létalité afin d'améliorer la façon de prévenir l'homicide de la conjointe. La recherche a permis de définir les types de situations à haut risque de létalité pouvant être rencontrées par les intervenants des différents milieux de pratique et, dans un deuxième temps, d'identifier les interventions les plus pertinentes afin de prévenir l'homicide de la conjointe. Elle a ainsi permis de faire ressortir les besoins des intervenantes et des intervenants par rapport à l'intervention lors de situations de violence conjugale à haut risque de létalité. L'expérience des répondants illustre la spécificité des situations à haut risque de létalité en ce qui a trait à la prise de décisions quant au moment et au choix des interventions. Le niveau élevé d'urgence d'une telle situation contraint ainsi les intervenants à réagir rapidement, avec les informations et les obstacles inhérents à une telle situation. Les recommandations effectuées par les intervenantes et les intervenants lors des entrevues de recherche soulignent l'importance d'avoir de meilleurs outils afin d'évaluer le risque d'homicide conjugal et de connaître les méthodes d'intervention les plus adéquates pour le prévenir. Les intervenantes rapportent aussi le manque de sensibilisation des femmes victimes de violence conjugale à la problématique de l'homicide conjugal et au danger qu'elles peuvent encourir.

Lors de la diffusion de ces résultats, les intervenantes œuvrant dans les maisons d'hébergement de la Fédération de ressources d'hébergement pour femmes violentées et en difficulté du Québec[1], partenaire du projet, ont insisté sur l'importance de développer un outil pour sensibiliser et former les intervenantes, de même que les femmes victimes, à la problématique de l'homicide de la conjointe. Le développement et la diffusion d'un tel outil de sensibilisation vise à combler différentes lacunes rapportées par les intervenantes en maison d'hébergement :

1. le manque d'informations pour faire face aux situations de violence conjugale à haut risque de létalité lorsque celles-ci surviennent ;

2. l'absence d'outils permettant aux intervenantes de travailler avec les femmes afin d'évaluer le niveau de dangerosité et d'agir de façon préventive ;

3. le peu d'échanges et de réflexions sur la problématique de l'homicide conjugal et sur ses conséquences pour les femmes et les travailleuses elles-mêmes.

---

1. Organisme provincial regroupant une quarantaine de maisons d'hébergement, réparties à travers le Québec, et qui accueillent des femmes victimes de violence conjugale et des femmes en difficulté.

Cette nouvelle recherche est un projet en partenariat entre des chercheurs du Centre de recherche interdisciplinaire sur la violence familiale et la violence faite aux femmes (CRI-VIFF) et la Fédération de ressources d'hébergement pour femmes violentées et en difficulté du Québec (FRHFVDQ)[2]. Elle a été réalisée à la demande des intervenantes en maison d'hébergement. Dans un premier temps, son objectif était d'habiliter les intervenantes des maisons d'hébergement de la FRHFVDQ à mieux dépister, intervenir et prévenir l'homicide conjugal dans ces milieux d'intervention. Les moyens utilisés afin de réaliser cet objectif ont d'abord consisté à mettre au point, avec la collaboration de la FRHFVDQ, un guide d'intervention portant sur les différentes stratégies nécessaires pour prévenir l'homicide de la conjointe. Dans un deuxième temps, l'objectif poursuivi était l'implantation du guide d'intervention dans les maisons d'hébergement, et l'évaluation de son impact sur la pratique des intervenantes.

La partie qui suit traitera principalement de la conception du guide d'intervention visant la prévention de l'homicide conjugal intitulé *Agir pour prévenir l'homicide de la conjointe* (Drouin et Drolet, 2004) qui a été conçu dans le cadre d'un projet de recherche mené par Rondeau, Dubé, Lindsay et Brochu. En second lieu, la démarche d'implantation ainsi que les résultats rattachés à l'évaluation de celle-ci seront présentés.

GUIDE D'INTERVENTION

CONCEPTION DU GUIDE D'INTERVENTION

Le premier volet de la recherche a consisté à élaborer le guide d'intervention (Drouin et Drolet, 2004). Pour ce faire, l'équipe de recherche a eu recours à trois principales sources d'information. D'abord, une recension exhaustive des écrits concernant la problématique de l'homicide conjugal a été effectuée. Également, les résultats de recherche du projet ont été intégrés afin de documenter les interventions effectuées lors de situations de violence conjugale à haut risque de létalité. Finalement, via un comité consultatif, l'expertise des intervenantes en maison d'hébergement est venue compléter les informations nécessaires à la rédaction du guide d'intervention. Le comité, composé d'intervenantes œuvrant dans des maisons d'hébergement

---

2. La recherche est dirigée par G. Rondeau (École de service social, Université de Montréal), M. Dubé (École de service social, Université de Montréal), J. Lindsay (École de service social, Université Laval) et S. Brochu (École de criminologie, Université de Montréal) et financée par la Stratégie nationale pour la prévention du crime du gouvernement du Canada, en collaboration avec le ministère de la Sécurité publique du Québec.

membres de la Fédération et dans les trois centres de femmes associés au projet, a été impliqué au moyen de rencontres de travail à toutes les étapes d'élaboration du guide d'intervention.

À la suite de sa rédaction, le contenu du guide d'intervention a été validé. La démarche préconisée par l'équipe de recherche a consisté à consulter des groupes d'experts dans les domaines de la pratique en maison d'hébergement et de l'intervention dans des situations de violence conjugale à risque élevé d'homicide. Un groupe formé de dix travailleuses en maison d'hébergement, possédant en moyenne huit années d'expérience au sein de leur organisme, de même qu'un groupe de chercheurs et intervenants provenant d'autres milieux de pratique mais ayant à collaborer régulière-ment avec les maisons d'hébergement, ont été mis à contribution afin de valider le contenu du guide d'intervention.

Il avait été prévu d'organiser des groupes de discussion avec des femmes hébergées afin de valider le contenu du guide ainsi que la présen-tation des outils de sensibilisation regroupés dans le document. Toutefois, à la suite des recommandations des membres du comité consultatif, les chercheurs ont pris la décision de valider les deux outils au même moment que le guide d'intervention. La démarche auprès des femmes était diffici-lement réalisable étant donné que peu de femmes vivant une situation de violence conjugale à haut risque de létalité se retrouvent en même temps dans une maison d'hébergement. De plus, ces femmes sont en situation de crise lors de leur séjour en maison d'hébergement et généralement moins disposées à participer à une recherche.

DESCRIPTION DU GUIDE D'INTERVENTION

L'outil développé par l'équipe de recherche se divise en deux sections principales. La première section dresse un portrait de la problématique de l'homicide commis sur la conjointe. Elle fait état des facteurs associés à l'homicide conjugal rapportés par les différents auteurs travaillant dans ce domaine d'expertise. Cette partie illustre également les motifs sous-jacents à la commission d'un tel meurtre ainsi que les différentes typologies de conjoints homicides avancées par les chercheurs.

La seconde section du guide d'intervention traite des pratiques relatives à la prévention de l'homicide conjugal. Elle comporte les différents outils développés par les auteurs du projet à partir des données de la recherche portant sur la gestion des situations de violence conjugale à haut risque de létalité (Rondeau *et al.*, 2002). Les outils créés servent à l'évalua-tion du danger et présentent des interventions à privilégier selon le degré de dangerosité de la situation, et ce, en se basant sur la typologie des situations de violence conjugale à haut risque d'homicide.

Parallèlement au développement du guide d'intervention, des outils s'adressant aux femmes ont été élaborés. Il s'agit d'un dépliant donnant des informations sur l'homicide conjugal ainsi que sur les moyens auxquels elles peuvent recourir pour quitter une relation qu'elles considèrent dangereuse. Ce dépliant est un outil de sensibilisation pouvant être distribué largement dans tous les présentoirs des organismes offrant des services aux femmes victimes de violence conjugale (centres de femmes, centres de santé et de services sociaux [CSSS], etc.). Une brochure a également été conçue pour la clientèle en maison d'hébergement. Cette brochure vise à sensibiliser les femmes aux facteurs de risque reliés à l'homicide conjugal. Elle permet également aux femmes d'évaluer elles-mêmes le danger dans leur situation et d'en discuter, par la suite, avec une intervenante.

Comme l'indique son nom, le guide d'intervention *Agir pour prévenir l'homicide de la conjointe* a été conçu dans le but d'offrir aux intervenantes des outils pour les aider à identifier la présence d'un risque d'homicide pour la femme et de suggérer des interventions à prioriser lors de ces situations. L'équipe de recherche ne souhaite pas une implantation intégrale du guide, mais plutôt que les intervenantes s'en approprient le contenu et l'intègrent à leur pratique d'intervention. Ainsi, les modes d'utilisation du guide sont laissés à la discrétion des intervenantes.

La première section du guide vise à sensibiliser les intervenantes en maison d'hébergement à la problématique de l'homicide de la conjointe. Elle comprend des statistiques en lien avec l'homicide de la conjointe, ainsi que les principaux facteurs qui y sont associés. La présentation des principaux écrits sur le phénomène permet aux intervenantes de lier les facteurs associés aux indices retrouvés dans les outils proposés dans la seconde section du guide d'intervention.

Portrait de l'homicide conjugal

Les facteurs retrouvés le plus fréquemment dans les recherches sont les antécédents de violence conjugale (Block et Christakos, 1995 ; Campbell, 1995 ; Drouin, 2001 ; Stout, 1993 ; McFarlane *et al.*, 1999 ; Pratt et Deosaransingh, 1997) ; le harcèlement (McFarlane, Campbell et Watson, 2002 ; Walker et Meloy, 1998), qui est souvent associé aux menaces de mort (McFarlane, Campbell et Watson, 2002 ; McFarlane, Campbell et Wilt, 1999 ; Meloy, 1996 ; Pottie Bunge, 2002) ; le risque de suicide chez le conjoint (Bourget, Gagné et Moamai, 2000 ; Starzomski et Nussbaum, 2000) ; ainsi que l'accessibilité à une arme à feu (Bailey *et al.*, 1997 ; Kellermann et Heron, 1999 ; Saltzman *et al.*, 1992). D'autres études rapportent aussi comme facteurs associés le jeune âge de la conjointe (Shackelford, Buss et Peters, 2000 ; Wilson, Johnson et Daly, 1995), la différence d'âge entre les conjoints

(Regoeczi, 2001 ; Wilson et Daly, 1996), ainsi que les relations conjugales en contexte d'union de fait ou de fréquentations amoureuses (Dawson et Gartner, 1998 ; Goetting, 1989 ; Wilson, Johnson et Daly, 1995 ; Wilson et Daly, 1996). Parmi les facteurs associés à l'uxoricide, la plupart des études montrent que la séparation du couple représente le facteur de risque le plus important de l'homicide de la conjointe (Aldrige et Browne ; 2003 ; Block, 2000 ; Boisvert, 1996 ; Bourget, Gagné et Moamai, 2000 ; Campbell, 1995 ; Frigon, 1996 ; Gartner, Dawson et Crawford, 1998-1999 ; Hotton, 2001 ; Johnson et Hotton, 2003 ; McFarlane *et al.*, 1999 ; Stout, 1993 ; Wallace, 1986 ; Wilson et Daly, 1996).

Certains auteurs ont tenté d'établir les points de repère d'une prédiction rapide d'une agression dans des situations ponctuelles et circonscrites. Ainsi, dans une situation de crise spécifique, l'intervenant doit recueillir des informations sur le contexte de la crise et sur les relations entre l'individu potentiellement dangereux et ce même contexte. Ces informations doivent être combinées avec les connaissances générales sur les facteurs de risque et, s'il y a lieu, sur la personnalité de l'agresseur. Ces quatre éléments constituent, selon Hoff (1989), la pierre angulaire d'une évaluation du risque à court terme. D'autres modèles de prédiction de la dangerosité à court terme reprennent, à leur façon, ces principes fondamentaux. Il n'en demeure pas moins que nous ne disposons pas à l'heure actuelle d'instruments psychométriques capables de prédire avec certitude un passage à l'acte imminent.

Il existe toutefois un questionnaire d'évaluation du danger, développé par Campbell (1986 ; 1995 ; Stuart et Campbell, 1989), qui peut donner des pistes aux intervenantes et aux intervenants travaillant auprès des femmes sur le niveau de risque de létalité d'une situation. Ce questionnaire, qui a fait l'objet d'études de validité, vise spécifiquement à aider les femmes violentées à jauger le risque qu'elles deviennent victimes d'homicide. Il comporte deux parties. Dans la première, les femmes sont invitées à inscrire sur un calendrier tous les événements de violence dont elles ont été victimes au cours de la dernière année, en précisant la durée des incidents et en cotant chaque incident selon le niveau de gravité. La deuxième partie comprend quinze questions portant sur les comportements du conjoint. Bien que ce questionnaire ne permette pas de faire des prédictions formelles, il attire l'attention des victimes sur une série de facteurs de risque reconnus dans la littérature et les aide à dresser un portrait complet de leur situation. Il amène les femmes à s'interroger et à décider de passer à l'action après qu'elles ont pris conscience de leur situation.

Intervention

La seconde partie du guide porte sur la pratique des intervenantes. Elle comprend les outils développés par l'équipe de recherche afin de soutenir les travailleuses en maison d'hébergement dans leur évaluation du risque d'homicide ainsi que dans leurs interventions. Les outils plastifiés se retrouvent dans une pochette à la fin du document. Les intervenantes peuvent ainsi les utiliser avec les femmes sans avoir l'ensemble du document devant elles.

La **Grille d'imminence du danger** permet à l'intervenante d'évaluer rapidement le niveau d'urgence de la situation dans laquelle se retrouve la femme rencontrée. Elle présente les principaux points de repère qui déterminent le délai dans lequel risque de survenir l'homicide. Une fois le niveau d'urgence évalué, l'intervenante peut alors orienter ses actions en fonction du temps dont elle dispose pour agir. La grille est divisée en trois parties : danger imminent, danger à court et moyen termes et danger persistant. À ces niveaux d'imminence du danger sont rattachés les outils d'évaluation et d'intervention développés dans le guide.

Les **Indices d'évaluation du danger** consistent en une liste des différents éléments d'une situation qui constituent un risque d'homicide. Les indices sont répertoriés selon quatre catégories : le contexte situationnel (présence d'arme, cris entendus, épisodes de violence physique grave, avis d'autres intervenants qui considèrent la situation dangereuse, etc.), le contexte relationnel (situation de séparation, conjoint qui n'accepte pas la séparation, antécédents de violence conjugale, dégradation accélérée de la relation, etc.), les indices relevés du côté de l'homme (menaces de mort, harcèlement, menaces de suicide, plan homicide, jalousie, état dépressif, idées suicidaires, etc.) ainsi que les indices relevés chez la femme (blessures, peur pour sa vie, ambivalence à recevoir de l'aide, banalisation du danger, etc.). Cet outil permet aux intervenantes d'évaluer le risque d'homicide que court une femme en identifiant les indices mentionnés dans la liste. Il sert en quelque sorte d'aide-mémoire lorsque l'intervenante évalue la situation d'une femme violentée en contexte conjugal.

De plus, la section portant sur l'intervention comprend la grille d'évaluation du danger développée par Campbell (1995). Cet outil, présenté précédemment, s'utilise lorsque l'intervenante dispose de temps avec la femme. Il permet, entre autres, de conscientiser la femme rencontrée au degré d'urgence de sa situation.

Finalement, un dernier outil orienté davantage sur l'intervention est offert aux intervenantes en maison d'hébergement. La *Typologie des situations de violence conjugale à haut risque de létalité* illustre des exemples de situations possibles pour chaque niveau de danger. Des interventions sont également suggérées à chacun des exemples proposés.

IMPLANTATION DU GUIDE D'INTERVENTION

DÉMARCHE D'IMPLANTATION DANS LES MAISONS

Une fois la conception du guide d'intervention achevée, l'étape suivante a été de voir à l'implantation du guide auprès de l'ensemble des organismes membres de la FRHFVDQ. L'équipe de recherche a, pour ce faire, développé une formation d'une journée portant sur la problématique de l'homicide conjugal et sur la façon d'utiliser le guide d'intervention, particulièrement sur les outils développés. Un guide d'intervention était remis à la maison d'hébergement à la fin de la journée.

Au total, 320 intervenantes et directrices, provenant de 35 des 37 maisons d'hébergement membres de la FRHFVDQ, ont reçu la formation. Deux maisons ont refusé de participer au projet étant donné que leur mandat consistait à offrir des services d'aide et d'hébergement aux femmes en difficulté, ce qui fait en sorte qu'elles recevaient peu de femmes violentées en contexte conjugal. Les intervenantes de trois centres de femmes ont également été formées à la problématique. Il s'agissait d'une formation dite «volante», en ce sens que les deux formatrices se déplaçaient dans chacune des maisons d'hébergement afin de faire la présentation. Cette façon de faire a permis aux membres des diverses équipes de travail de discuter ensemble des interventions préventives rattachées au risque d'homicide ainsi que des questionnements reliés à la problématique.

ÉVALUATION DE L'IMPLANTATION DU GUIDE D'INTERVENTION

Le second volet du projet de recherche visait à évaluer l'implantation du guide d'intervention dans les maisons d'hébergement. Pour ce faire, une méthodologie qualitative a été préconisée afin d'évaluer l'implantation du guide dans les maisons d'hébergement. De surcroît, des entrevues semi-dirigées ont été réalisées auprès de 10 personnes connaissant bien leur ressource. Le choix des maisons d'hébergement a été effectué à partir des critères suivants: 1) situation géographique de la maison d'hébergement (milieu urbain ou milieu rural), 2) mandat de la maison d'hébergement (accueil de femmes victimes de violence conjugale seulement ou mandat mixte, c'est-à-dire également accueil de femmes en difficulté). Les répondantes étaient désignées par la maison d'hébergement (six directrices et quatre intervenantes). Les entrevues qualitatives ont permis d'évaluer le processus d'implantation du guide d'intervention dans les maisons d'hébergement. Plus spécifiquement, elles ont fait ressortir les facteurs ayant facilité ou entravé l'implantation ainsi que les stratégies mises en place par les ressources afin d'aider à l'intégration du guide aux pratiques des intervenantes et d'assurer la pérennité de son utilisation.

Facteurs facilitant l'implantation

Plusieurs facteurs permettent d'expliquer la réussite de l'implantation du guide d'intervention dans les maisons d'hébergement. Les directrices et les intervenantes rencontrées soulignent la formation, l'ouverture de l'équipe de travail, l'intérêt et la motivation de la directrice et l'utilisation du guide peu après la formation.

D'abord, selon plusieurs répondantes, la *formation* constitue un atout majeur dans le bon déroulement de ce projet. Il s'agit du facteur ayant facilité l'implantation qui a été souligné comme étant le plus important. En effet, la formation apparaît comme un mécanisme susceptible d'éveiller l'intérêt des intervenantes pour la problématique de l'homicide conjugal. Aussi, le fait d'offrir la formation au sein même de la ressource a encouragé les échanges dans l'équipe et facilité l'intégration de l'information.

Un second élément ayant favorisé l'implantation du guide dans les maisons est *l'ouverture de l'équipe* à l'égard de la problématique de l'homicide conjugal. Cette ouverture a fait en sorte que les intervenantes acceptent d'assister à la formation, dans un premier temps, et a même contribué, par la suite, à faciliter l'intégration du guide à la pratique des travailleuses. Les directrices rencontrées en entrevue affirment que les intervenantes s'étant le plus approprié le guide d'intervention étaient celles qui s'étaient montrées, au départ, les plus enthousiastes par l'idée de recevoir une formation sur le sujet. C'est dire qu'il y avait initialement, chez ces intervenantes, un intérêt pour la question de l'homicide conjugal. En plus de l'ouverture de l'équipe, *l'intérêt et la motivation de la directrice* de la maison d'hébergement ont eu une incidence sur l'implantation du guide. Des répondantes rapportent le rôle important de la directrice dans l'utilisation de nouveaux outils d'intervention par l'équipe de travail. En effet, si celle-ci se montre intéressée à un outil et encourage son utilisation, les intervenantes seront davantage incitées à l'employer. Le guide est aussi susceptible de passer moins vite à l'oubli lorsque la directrice invite les intervenantes à le consulter ou y fait référence lors des réunions d'équipe.

Finalement, l'utilisation du guide d'intervention lors d'une situation de violence conjugale à haut risque de létalité peu de temps après la formation aide à l'implantation de ce dernier dans la maison d'hébergement. En effet, des répondantes soulignent que l'application des notions acquises en formation lors d'une situation survenue peu de temps après l'implantation du guide favorise l'intégration des connaissances à la pratique des intervenantes, surtout en ce qui concerne les indices d'évaluation du danger.

Facteurs entravant l'implantation

Outre des éléments ayant accentué l'intégration du guide d'intervention à l'intérieur des maisons d'hébergement, certains facteurs ont, à l'inverse, entravé son implantation. Les répondantes rapportent entre autres la difficulté de réunir l'équipe pour les formations, la réalité financière des maisons, la rareté des situations comportant un risque d'homicide pour les femmes ainsi que la construction de l'outil.

La difficulté de réunir l'ensemble de l'équipe lors de la formation, étant donné le nombre d'intervenantes formant l'équipe ainsi que les obligations auxquelles elles sont tenues, a été mentionnée par certaines répondantes. Par exemple, dans certaines équipes, il a été impossible d'intégrer les intervenantes sur appel. Ainsi, il a été difficile de transmettre l'information aux employées absentes. Toujours en lien avec l'équipe de travail, comme il a été mentionné plus haut, la présence de la directrice lors de la formation a des répercussions sur l'implantation. En effet, des participantes à l'étude mentionnent que l'absence de la directrice entrave l'implantation du guide d'intervention. Le manque d'information qu'occasionne cette absence entraîne une mauvaise introduction du guide aux intervenantes de la maison une fois l'implantation effectuée.

La réalité financière des maisons d'hébergement et *les besoins du personnel d'intervention*, parfois dans un délai rapide, sont d'autres facteurs pouvant nuire à l'intégration des outils d'intervention. Les nouvelles employées reçoivent parfois une courte formation et doivent devenir autonomes et faire preuve d'initiatives, souvent rapidement. Parallèlement, l'étude et la maîtrise des outils d'intervention demandent un certain temps et les intervenantes n'ont pas toujours la disponibilité pour y consacrer le temps nécessaire, alors elles ne peuvent s'y attarder aussi longuement. *Le manque de temps au quotidien* fait également en sorte que des intervenantes n'ont pu suffisamment s'approprier le contenu du guide. Ainsi, au début d'un quart de travail, plusieurs lectures sont nécessaires (dossier des femmes, journal de bord, rapport de réunion d'équipe) pour assurer une intervention adéquate auprès des femmes et des enfants hébergés.

Dans certaines maisons, *la rareté des situations* semble également avoir un impact sur l'implantation du guide. Bien que certaines informations remises lors de la formation aient été intégrées aux pratiques des intervenantes ou encore que le guide ait été étudié, l'absence de situation de violence conjugale à haut risque d'homicide peut faire en sorte que les intervenantes des maisons oublient le guide et n'ont pas le réflexe de l'utiliser.

Certaines critiques concernant *la construction des outils d'intervention* sont également au nombre des facteurs ayant, dans certaines maisons, fait obstacle à l'implantation du guide d'intervention. La longueur et la complexité de certains outils sont les critiques les plus souvent mentionnées par les participantes interrogées. En effet, elles expliquent que bien souvent les intervenantes n'ont que très peu de temps pour discuter avec les femmes qu'elles rencontrent. De plus, les femmes hébergées ne sont pas toujours mentalement ou émotionnellement disposées à entreprendre un exercice de longue durée.

Stratégies de continuité

Un autre moyen d'évaluer le processus d'implantation du guide d'intervention a été d'interroger les participantes sur les moyens mis en œuvre par les maisons d'hébergement pour s'assurer que le guide d'intervention s'intègre aux pratiques des intervenantes. Les répondantes mentionnent quelques stratégies prises par leur ressource afin de garantir la continuité du projet. C'est le cas notamment de l'accessibilité du guide, du retour sur celui-ci en équipe de travail, de la formation des nouvelles employées, du développement de nouveaux outils et de la diffusion du guide à l'extérieur de la maison d'hébergement.

La plupart des intervenantes ont affirmé que le guide d'intervention était placé à la vue des intervenantes. De cette façon, son *accessibilité* peut représenter une stratégie permettant d'utiliser le document à plus long terme. Ainsi, les travailleuses ne pourront pas oublier son existence dans la maison et seront plus susceptibles de l'utiliser lorsqu'elles seront confrontées à une situation de violence conjugale à haut risque de létalité.

L'importance de faire des *rappels* de l'existence du guide en équipe afin qu'il ne soit pas oublié était une autre stratégie proposée par la moitié des répondantes. De tels rappels peuvent prendre la forme de périodes de lecture ou de réunions cliniques lors desquelles le guide serait discuté en équipe. Cependant, dans bien des ressources, cette stratégie n'est pas déployée. Pour cette raison, un suivi serait une stratégie de continuité importante à mettre en place soit par les intervenantes, soit par l'équipe de recherche.

Comme il a été énoncé précédemment, dans certaines équipes, le guide a été *présenté* aux nouvelles employées et aux intervenantes absentes lors de la formation. D'autres directrices ont intégré le guide à la *formation offerte aux nouvelles employées* ou se proposaient de le faire éventuellement.

Par ailleurs, quatre maisons se sont approprié le guide d'intervention en l'adaptant à leur fonctionnement. Pour ce faire, certaines d'entre elles ont *développé de nouveaux outils* à partir du contenu du guide d'intervention et les ont adaptés aux besoins de leur ressource. Une telle initiative représente une autre stratégie de continuité. Par exemple, une équipe trouvant le guide un peu long a donné à une intervenante le mandat de résumer les points importants. La création d'un *fascicule* construit à partir des scénarios de protection compris dans le guide a été l'initiative d'une autre ressource. Ces scénarios ont été étoffés et adaptés pour la clientèle. Le fascicule énumère ainsi différentes situations au cours desquelles les femmes peuvent se sentir vulnérables (à la garderie, au palais de justice, etc.) et offre des scénarios de protection appropriés à chacune d'elles. Le document est examiné avec chaque femme et lui est remis. Une autre stratégie mise en œuvre par une maison est la création d'un outil appelé *Profil du conjoint*. Il s'agit d'une liste de questions ou de précisions à demander aux femmes sur leur conjoint. L'outil est versé au dossier de la femme et peut servir à l'évaluation du danger lors de l'admission et au cours de l'hébergement. Cette initiative entreprise à la suite de la formation répond à un besoin existant avant celle-ci mais dont la ressource n'avait pas pris conscience.

La *diffusion du guide à l'extérieur de la maison d'hébergement* représente finalement une autre stratégie de continuité. Dans certaines ressources, les intervenantes utilisent le guide ou ont repris des informations liées au projet afin de sensibiliser les partenaires à la problématique. Une telle démarche vise à développer ou améliorer la collaboration avec d'autres intervenantes et intervenants. Cette transmission de l'information dans la communauté s'effectue par l'entremise de bulletins de liaison, de publicités ou encore d'une prise de contact entre la maison et un partenaire. Une directrice soutient que le guide pourrait éventuellement constituer un outil pédagogique au moment de siéger aux tables de concertation.

DISCUSSION

L'originalité de la recherche présentée provient de la démarche préconisée par les chercheurs. En fait, elle consiste en une démarche d'appropriation des connaissances des résultats d'une première étude menée par l'équipe de recherche. La première étape de la recherche a donc été d'élaborer le guide d'intervention en transformant les résultats du projet initial pour les

rendre applicables à la pratique des intervenantes en maison d'hébergement. Le guide d'intervention développé vient répondre à la demande
des intervenantes qui ont constaté, au moment de la présentation des
résultats de la recherche initiale, un manque d'outils afin d'évaluer et
d'intervenir lors de situations de violence conjugale à risque d'homicide
pour une femme.

De plus, toujours en ayant le souci de construire un outil adapté au
besoin du milieu, l'équipe de recherche a fait le choix de mener le projet
en partenariat avec les maisons d'hébergement via leur regroupement
provincial. Tout au long de la recherche, un groupe d'intervenantes
œuvrant dans une ressource d'hébergement a participé étroitement aux
diverses étapes nécessaires à la réalisation du projet, soit la construction,
l'implantation et l'évaluation du guide d'intervention. Les intervenantes
ont ainsi pu apporter leurs commentaires afin de bonifier l'arrimage entre
les résultats de recherche et les besoins de la pratique. Leur contribution
au projet fut aussi importante lors de l'implantation du guide d'intervention dans les maisons d'hébergement. Elles ont pu conseiller les membres
de l'équipe sur la démarche à privilégier à cet effet. Ce partenariat de
recherche étroit a sans aucun doute contribué à une meilleure intégration
du guide d'intervention, compte tenu de l'investissement des intervenantes
dans le projet.

L'évaluation du processus d'implantation du guide d'intervention a
permis de faire ressortir les facteurs importants à prendre en compte pour
l'implantation d'autres outils d'intervention en maison d'hébergement.
D'abord, la formation offerte apparaît comme étant un mécanisme d'implantation très apprécié par les maisons d'hébergement. C'est pourquoi la formation représente le principal facteur ayant favorisé l'implantation du
guide. Elle permet d'encadrer les intervenantes et demeure beaucoup plus
stimulante qu'une simple lecture du guide. D'autant plus qu'il est rapporté
dans les entrevues que le manque de ressources des maisons fait en sorte
que les intervenantes disposent de très peu de temps durant leur quart de
travail pour faire des lectures de perfectionnement et prendre connaissance
des nouveaux outils intégrés à leur organisme. La formation permet aussi
de sensibiliser et d'intéresser les travailleuses à la problématique en plus
de leur faire connaître le document implanté dans leur milieu. En plus,
on constate, à la lecture des résultats de l'évaluation, qu'il est difficile de
distinguer l'apport de la formation ou celui du guide d'intervention sur
les changements observés dans les pratiques des intervenantes. En effet,
les notions acquises lors de la formation, qui se retrouvent quasi intégralement dans le guide, ont été intégrées aux pratiques, alors que les outils et
le guide d'intervention servent davantage de référence aux intervenantes.

La formation apparaît ainsi primordiale aux chercheurs afin d'intégrer un nouvel outil d'intervention à un milieu de pratique comme les maisons d'hébergement.

Par ailleurs, un autre facteur à prendre en compte lors de l'implantation d'un outil d'intervention en maison d'hébergement est de vérifier l'intérêt de l'équipe de travailleuses, et en particulier celui de la directrice de l'organisme, pour la problématique visée par l'outil. En effet, il ressort des résultats que l'implication de la directrice dans le projet favorise ou entrave l'implantation du guide d'intervention dans la ressource selon qu'elle soit positive ou négative. En effet, lorsque la directrice était présente lors de la formation et rappelait l'outil en réunion d'équipe, les participantes voyaient le rôle de la directrice comme favorable à l'implantation. Par contre, l'absence de la directrice à la formation entraînait une mauvaise introduction du guide dans l'équipe de travail. D'autre part, l'intérêt et l'ouverture de l'équipe de travail pour la problématique de l'homicide conjugal ont fait en sorte que les intervenantes participent activement à la formation et qu'elles soient ensuite intéressées à intégrer le contenu du guide dans leur pratique d'intervention.

L'analyse des entrevues montre que le projet de recherche via l'implantation du guide d'intervention a eu un impact positif dans les maisons. En effet, une majorité d'intervenantes ont rapporté utiliser le guide ainsi que ses outils d'intervention depuis son implantation dans leur milieu de pratique. Elles ont mentionné aussi se sentir plus outillées et plus à l'aise d'intervenir afin de prévenir l'homicide conjugal qu'avant l'implantation du guide. En plus, des changements dans les interventions, principalement quant à l'évaluation du danger et à la protection, ont été constatés par les répondantes. Elles affirment être plus systématiques dans l'évaluation du danger lorsqu'elles interviennent auprès de nouvelles femmes hébergées ou lors d'entretiens téléphoniques. Aussi, plus d'informations concernant la situation de la femme qu'auparavant sont vérifiées afin d'évaluer le danger. Également, l'implantation du guide a ravivé la vigilance des intervenantes quant à la sécurité des femmes et à la leur.

En conclusion, l'expérience positive qui ressort de cette recherche montre la pertinence de diffuser et de poursuivre les projets de recherche afin de permettre aux milieux de s'approprier les connaissances issues de la recherche. L'élaboration de projets de recherche en partenariat entre les chercheurs et les intervenants devient ainsi essentielle afin de s'assurer de répondre adéquatement aux besoins des milieux d'intervention. Cette démarche favorise l'élaboration et l'implantation d'outils permettant d'améliorer les interventions et, par le fait même, les services offerts à la clientèle desservie. Par ailleurs, l'accueil positif des intervenantes en maison d'hébergement face au guide d'intervention préventive de l'homicide conjugal montre l'importance d'intégrer un tel outil aux pratiques des intervenants susceptibles de rencontrer des femmes violentées en contexte conjugal afin de les outiller davantage pour évaluer le risque d'homicide et ainsi, agir pour prévenir un tel geste.

BIBLIOGRAPHIE

ALDRIGE, M.L. et K.D. BROWNE (2003). « Perpetrators of spousal homicide, a review », *Trauma, Violence and Abuse,* vol. 4, n° 3, p. 265-276.

BAILEY, J.E., A.L. KELLERMANN, G.W. SOMES, J.G. BANTON, F.P. RIVARA, et N.P. RUSHFORTH (1997). « Risk factors for violent death of women in the home », *Archives of Internal Medicine,* vol. 157, p. 777-782.

BLOCK, C. et A. CHRISTAKOS (1995). « Intimate partner homicide in Chicago over 29 years », *Crime and Delinquency,* vol. 41, n° 4, p. 496-526.

BLOCK, C.R. (2000). *The Chicago Women's Health Risk Study: Risk of Serious Injury or Death in Intimate Violence,* Washington, National Institute of Justice.

BOISVERT, R. (1996). « Éléments d'explication sociale de l'uxoricide », *Criminologie,* vol. 29, n° 2, p. 73-87.

BOURGET, D., P. GAGNÉ et J. MOAMAI (2000). « Spousal homicide and suicide in Quebec ». *The Journal of the American Academy of Psychiatry and the Law,* vol. 28, n° 2, p. 179-182.

CAMPBELL, J.C. (1986). « Nursing assessment for risk of homicide with battered women », *Advances in Nursing Science,* vol. 8, p. 36-51.

CAMPBELL, J.C. (1995). « Prediction of homicide of and by battered women », dans J. Campbell (dir.), *Assessing Dangerousness: Violence by Sexual Offenders, Batterers, and Child Abusers,* Thousand Oaks, Sage, Interpersonal Violence: The Practice Series, p. 96-113.

DAWSON, M. et R. GARTNER (1998). « Differences in the characteristics of intimate femicides », *Homicide Studies,* vol. 2, p. 378-399.

DROUIN, C. (2001). *Intervenir dans les situations de violence à haut risque de létalité: le point de vue des acteurs pénaux et des victimes,* mémoire de maîtrise, École de criminologie, Université de Montréal.

DROUIN, C. et J. DROLET (2004). *Agir pour prévenir l'homicide de la conjointe. Guide d'intervention,* Montréal, Centre de recherche interdisciplinaire sur la violence familiale et la violence faite aux femmes (CRI-VIFF) et Fédération de ressources d'hébergement pour femmes violentées et en difficulté du Québec.

FRIGON, S. (1996). « L'homicide conjugal féminin de Marie-Josephte Corriveau (1763) à Angélique Lyn Lavallée (1990): meurtre ou légitime défense ? », *Criminologie,* vol. 29, n° 2, p. 11-27.

GARTNER, R., M. DAWSON et M. CRAWFORD (1998-1999). « Woman killing: Intimate femicide in Ontario, 1974-1994 », *Documentation sur la recherche féministe,* vol. 26, n° 3-4, p. 151-173.

GOETTING, A. (1989). « Men who kill their mates : A profile », *Journal of Family Violence,* vol. 4, n° 3, p. 285-96.

HOFF, L.A. (1989). *People in Crisis : Understanding and Helping* (3ᵉ éd.), Redwood City, Addison-Wesley.

HOTTON, T. (2001). « Spousal violence after separation », *Juristat,* vol. 21, n° 7, p. 1-9.

JOHNSON, H. et T. HOTTON (2003). « Losing control : Homicide risk in estranged and intact intimate relationships », *Homicides Studies,* vol. 7, n° 1, p. 58-84.

KELLERMANN, A. et S. HERON (1999). « Firearms and family violence », *Emergency Medicine Clinics of North America,* vol. 17, n° 3, p. 699-716.

MCFARLANE, J.M., J. CAMPBELL et K. WATSON (2002). « Intimate partner stalking and femicide : Urgent implications for women's safety », *Behavioral Sciences and the Law,* vol. 20, p 51-68.

MCFARLANE, J.M., J. CAMPBELL et S. WILT (1999). « Stalking and intimate partner femicide », *Homicide Studies,* vol. 3, n° 4, p. 300-316.

MCFARLANE, J. M. *et al.* (1999). « Stalking and intimate partmer femicide », *Homicide Studies,* vol. 3, p. 300-316.

MELOY, J.R. (1996). « Stalking (obsessionnal following) : Review of some preliminary studies », *Aggression and Violent Behavior,* vol. 1, p. 147-162.

MINISTÈRE DE LA SÉCURITÉ PUBLIQUE (2006). *La criminalité commise dans un contexte conjugal au Québec,* Québec, Ministère de la Sécurité publique.

POTTIE BUNGE, V. (2002). « Tendances nationales des homicides entre partenaires intimes, 1974-2000 », *Juristat,* vol. 22, n° 5 (85-002-X1F).

PRATT, C. et K. DEOSARANSINGH (1997). « Gender differences in homicide in Contra Costa County, California : 1982-1993 », *Research Linkages between Academia and Public Health Practice,* vol. 13, n° 6, p. 19-24.

REGOECZI, W.C. (2001). « Exploring racial variations in the spousal sex ratio of killing », *Violence and Victims,* vol 16, n° 6, p. 591-606.

RIOU, D.A., M. RINFRET-RAYNOR et S. CANTIN, avec la collaboration de P. CARIGNAN et M. MESSIER (2003). *La violence envers les conjointes dans les couples québécois, 1998,* Montréal, Institut de la statistique du Québec.

RONDEAU, G. *et al.* (2002). *Gestion des situations de violence conjugale à haut risque de létalité,* Collection Études en bref n° 1, Montréal et Québec, Centre de recherche interdisciplinaire sur la violence familiale et la violence faite aux femmes (CRI-VIFF).

SALTZMAN, L.E. *et al.* (1992). « Weapon involvement and injury outcomes in family and intimate assaults », *JAMA,* vol. 267, n° 22, p. 3043-3047.

SHACKELFORD, T.K., D.M. BUSS et J. PETERS (2000). « Wife killing : Risk to women as a function of age », *Violence and Victims,* vol. 15, n° 3, p. 273-282.

STARZOMSKI, A. et D. NUSSBAUM (2000). « The self and the psychology of domestic homicide-suicide », *International Journal of Offender Therapy and Comparative Criminology,* vol. 44, n° 4, p. 468-479.

STATISTIQUE CANADA (2001). *La violence familiale au Canada : un profil statistique 2001,* Ottawa, Centre canadien de la statistique juridique.

STATISTIQUE CANADA (2005). *La violence familiale au Canada : un profil statistique 2005,* Ottawa, Centre canadien de la statistique juridique.

STOUT, K.D. (1993). « Intimate femicide : A study of men who have killed their mates », *Journal of Offender Rehabilitation,* vol. 19, p. 81-94.

STUART, E.P. et J. CAMPBELL (1989). « Assessment of patterns of dangerousness with battered women », *Issues in Mental Health Nursing,* vol. 10, n°s 3-4, p. 245-260.

WALKER, L.E. et J.R. MELOY (1998). « Stalking and domestic violence », dans J.R. Meloy (dir.) *The Psychology of Stalking : Clinical and Forensic Perspectives,* New York, Academic Press, p. 139-160.

WALLACE, A. (1986). *Homicide : The Social Reality,* Sydney, New South Wales Bureau of Crime and Statistics.

WILSON, M. et M. DALY (1996). « La violence contre l'épouse, un crime passionnel », *Criminologie,* vol. 29, n° 2, p. 49-71.

WILSON, M., M. DALY et C. WRIGHT (1993). « Uxoricide in Canada : Demographic risk patterns », *Canadian Journal of Criminology,* vol. 35, p. 263-291.

WILSON, M., H. JOHNSON et M. DALY (1995). « Lethal and nonlethal violence against wives », *Canadian Journal of Criminology,* vol. 32, p. 331-361.

Melissa Arnzen Moeddel, J.D., est étudiante au doctorat du programme de psychologie clinique de l'Université de Miami. Ses recherches et ses intérêts cliniques portent principalement sur les enfants et les familles victimes de traumatismes. Actuellement, elle s'intéresse aux méthodes d'évaluation des traumatismes chez les délinquants juvéniles.
Courriel : arnzenml@muohio.edu

Thierry Baubet est psychiatre au Service de psychopathologie de l'enfant, de l'adolescent et de psychiatrie générale (Pr M.R. Moro), au Centre hospitalier universitaire Avicenne, Université Paris 13 ; il est également membre de Médecins sans frontières France.
Courriel : thierry.baubet@avc.aphp.fr

François-Olivier Bernard est étudiant à la maîtrise à l'École de service social de l'Université Laval et travailleur social. Ses champs d'intérêts pour la recherche sont la recherche-action, les conjoints ayant des comportements violents et les diverses masculinités. Présentement, il intervient dans le Centre de santé et services sociaux de la Vieille-Capitale à l'accueil psychosocial et il anime des groupes pour conjoints ayant des comportements violents au GAPI, le Groupe d'aide pour personnes impulsives.
Courriel : francois-olivier.bernard.1@ulaval.ca

Mylène Bigaouette, après avoir réalisé des études en psychoéducation, a d'abord travaillé au Québec auprès de familles et de jeunes ayant des difficultés d'adaptation. Son intérêt à travailler auprès des personnes défavorisées l'a amenée à séjourner au Nicaragua, où elle s'est notamment investie auprès de femmes en milieu carcéral. Au retour, elle a intégré l'organisation Dans la rue, qui intervient auprès des jeunes de la rue à Montréal. En 2001,

elle est partie pour le Burkina Faso à titre de conseillère au programme jeunesse avec Oxfam-Québec. Depuis maintenant trois ans, elle y occupe le poste de conseillère en matière d'égalité entre les sexes. Son rôle consiste notamment à appuyer des organisations burkinabè dans la planification et la réalisation d'activités favorisant l'intégration de l'approche Genre et Développement et la lutte contre la violence faite aux femmes. Elle accorde un intérêt particulier à la mise en réseau de ces organisations, autant sur le plan national que régional et international.
Courriel : milenabf@yahoo.ca

Valentina M. Bondarovskaia, Ph.D., Moscow State University. Specialization: General psychology. Post-graduate studies, Institute of Psychology, Kiev, Ukraine. She is Director of the International Humanitarian Center ROZRADA, Kiev, Ukraine; vice-president of the Ukrainian Association of Professional Psychologists; council member of the All-Ukrainian Ergonomics Association; Senior Scientific Researcher, Supreme Certificate Commission, Moscow, Russia; coordinator of international projects for the International Year of the Family, UNIFEM, UNICEF, the Ukrainian-Canadian Gender Fund, and the Global Fund for Women. Author of more than 200 scientific publications; participant of European psychological congresses. Expert of the Ukrainian Parliament on gender equality and the prevention of violence against women questions.
Courriel : bond@rozrada.kiev.ua

Manon Bouchard a obtenu une maîtrise en éducation spécialisée à l'Université du Québec à Trois-Rivières(UQTR) en 1998 et y est actuellement étudiante au doctorat en psychologie. Depuis 10 ans, ses activités professionnelles combinent intervention et recherche en matière de violence conjugale. À titre de chercheure à l'emploi de La Séjournelle, elle est coauteure du modèle du processus de domination conjugale (PDC).
Courriel : lasejournelle@cgocable.ca

Rosemary Carlton, MSW, is a Ph.D. candidate at the School of Social Work, McGill University. With substantial front-line practice experiences in child protection as well as a hospital-based clinic for sexually abused children, she is pursuing doctoral research that centres on the varied experiences of mothers and teenaged daughters in the aftermath of sexual abuse disclosures. With particular interest in social work practice that is reflective of and responsive to diversity, she approaches practice, teaching and research with a commitment to both feminist and anti-oppressive perspectives.
Courriel : rosemary.carlton@mail.mcgill.ca

Roxane Caron termine actuellement une maîtrise en service social à l'Université Laval et est étudiante au doctorat en sciences humaines appliquées à l'Université de Montréal. Son mémoire porte sur les stratégies de

survie des femmes palestiniennes vivant dans le camp de Bourj El Barajneh au Liban. De 1998 à 2004, elle a pratiqué comme travailleuse sociale auprès de clientèles toxicomanes, et cela, autant au Québec (en milieu hospitalier) qu'à l'étranger, dans le cadre d'un projet en développement international au Kazakhstan. Elle s'intéresse aux réalités transculturelles, à la violence faite aux femmes en temps de guerre et aux violations des droits humains.
Courriel : roxanecaron@hotmail.com

Raven E. Cuellar, B.Sc., est étudiante au doctorat au programme de psychologie clinique à l'Université de Miami. Elle s'intéresse à la prévention de la violence entre partenaires par des interventions en milieu scolaire et communautaire, la collaboration avec les coalitions contre la violence familiale et la recherche-action participative.
Courriel : cuellaea@muohio.edu

Dominique Damant, Ph.D. en service social, est directrice de l'École de service social de l'Université de Montréal, où elle est professeure titulaire. Elle a codirigé le Centre de recherche interdisciplinaire sur la violence familiale et la violence faite aux femmes (CRI-VIFF) pendant une quinzaine d'années et le dirigeait au moment du Colloque RESOVI, dont elle était la responsable scientifique. Ses recherches les plus récentes traitent de la violence vécue par les femmes marginalisées et exclues (femmes toxicomanes, travailleuses du sexe, femmes de la rue), de la violence exercée par les femmes et de la maternité dans un contexte de violence conjugale et de mauvais traitements à l'égard des enfants.
Courriel : dominique.damant@umontreal.ca

Deborah Doherty, Ph.D., est la directrice générale du Service public d'éducation et d'information juridique du Nouveau-Brunswick. Elle fait actuellement partie à titre de cochercheure principale de deux équipes de recherche sur la violence familiale affiliées au Centre Muriel McQueen Fergusson pour la recherche sur la violence familiale (CMMF). Dans les deux cas, les recherches mettent en œuvre une démarche active reposant sur la collaboration et la participation. La première de ces deux études porte sur la nature et la fréquence de l'utilisation des armes à feu dans les cas de violence familiale perpétrée en milieu rural et sur la brutalisation des animaux dans ce contexte, tandis que l'autre s'intéresse aux interventions des services de santé auprès des femmes victimes de violence en région rurale. En tant que membre du comité responsable du projet *Une témoin silencieuse* au Nouveau-Brunswick, elle étudie les facteurs contribuant aux risques d'homicide familial au Nouveau-Brunswick et publie des rapports à ce sujet.
Courriel : deborah.doherty@gnb.ca

Aïssa Ngatansou Doumara est une militante féministe, membre de l'Association de lutte contre les violences faites aux femmes et cofondatrice de l'antenne dans l'Extrême-Nord du Cameroun. Experte en encadrement et suivi des survivantes de mariages précoces et forcés, elle est également éducatrice en sexualité et formatrice des femmes en leadership politique. Avec ses collègues, elle a mis en place un programme d'autonomisation pour les survivantes. Elle est actuellement chargée de programme de l'Antenne de l'Association dans la province de l'Extrême-Nord et est convaincue que le processus d'autonomisation est la principale issue pour permettre aux femmes blessées dans leur âme de restaurer leur estime de soi. Ses champs d'intérêt professionnel privilégiés sont les mariages précoces et forcés et l'accès des femmes aux instances de prise de décision.
Courriel : aisadoumara@yahoo.fr

Pamela J. Downe est une anthropologue médicale rattachée à l'université de la Saskatchewan. Titulaire d'un doctorat de l'université York, elle s'intéresse principalement aux répercussions sur la santé de la violence perpétrée contre les femmes, et possède une spécialisation ethnographique dans les populations de l'Amérique centrale, de l'Est des Antilles et de l'Ouest du Canada.
Courriel : pamela.downe@usask.ca

Christine Drouin occupe le poste de professionnelle de recherche au CRI-VIFF. Titulaire d'une maîtrise en criminologie, elle travaille présentement sur la victimisation des femmes dans leur relation conjugale, particulièrement chez les femmes âgées. Antérieurement, elle a contribué au développement d'un outil de dépistage de la violence conjugale pour divers organismes gaspésiens offrant des services en violence conjugale, ainsi qu'à la mise au point d'un outil de prévention de l'homicide conjugal.
Courriel : Christine.drouin@umontreal.ca

Myriam Dubé, titulaire d'un Ph.D. en psychologie, est chercheure invitée à l'École de service social de l'Université de Montréal et chercheure régulière au CRI-VIFF. Ses champs d'intérêt concernent la violence familiale et la violence conjugale. Plus spécifiquement, elle s'intéresse à la compréhension psychologique et sociale de ces problématiques, ainsi qu'à leur prévention. Elle est aussi chargée de cours à l'École de travail social de l'Université du Québec à Montréal.
Courriel : myriam.dube@umontreal.ca

Josiane Ezin-Houngbe est professeure agrégée en psychiatrie à la Faculté des sciences de la santé de l'Université d'Abomey-Calavi (FSS/UAC) de Cotonou et chef de service adjointe de psychiatrie du Centre national hospitalier et universitaire Koutoukou-Maga (CNHU-HKM) de Cotonou, au Bénin.
Courriel : jmarlez@yahoo.fr

Grégoire Magloire Gansou, psychiatre et psychothérapeute cognitivo-comportementaliste à Cotonou, travaille sur les conséquences des guerres et des violences, le psychotraumatisme, les effets des migrations, les situations transculturelles et la psychopathologie africaine. Il a travaillé pendant 18 mois comme volontaire pour l'ONG Médecins sans frontières au Congo-Brazzaville dans un programme qui s'adressait aux femmes victimes de violences sexuelles. Il est professeur assistant à la Faculté des sciences de la santé de l'Université d'Abomey-Calavi (FSS/UAC) de Cotonou ; Service de psychiatrie du Centre national hospitalier et universitaire Hubert Koutoukou-Maga (CNHU-HKM), à Cotonou, au Bénin.
Courriel : ggansou@hotmail.com

Stephanie Gee is a Ph.D. student in applied social psychology at the University of Windsor. Her graduate research interests focus broadly on issues of social justice, specifically as they pertain to women and sexual minorities. Her M.A. thesis employed participatory action research to explore the ways in which sexual minority youths challenge heterosexism at school and work. In addition, she has contributed to the development of a rape resistance program for undergraduate university women.
Courriel : gee5@uwindsor.ca

René Gualbert Ahyi est professeur de psychiatrie à la Faculté des sciences de la santé de l'Université d'Abomey-Calavi (FSS/UAC) de Cotonou et chef du service de psychiatrie du Centre national hospitalier et universitaire Hubert Koutoukou-Maga (CNHU-HKM), à Cotonou, au Bénin.
Courriel : rgahyi@yahoo.fr

Jill Hanley (BSW, McGill University; MA, Tufts University; Ph.D., Université de Montréal) has recently been appointed Assistant Professor at the School of Social Work, McGill University. She has both practice and research experience in the areas of human trafficking, undocumented migrants and immigrant labour, with a focus on access to social rights. Current research projects include "Immigrant Workers Learning to Labour in Canada: Rights and Organizing Strategies"; "Organizing for the Rights of Undocumented Migrants: A Comparison of Montreal and Brussels"; and "The Land of Milk and Honey? Life after the Live-In Caregiver Program."
Courriel : jill.hanley@mcgill.ca

Elizabeth Harper est professeure à l'École de travail social à l'Université du Québec à Montréal. Elle est aussi chercheure au CRI-VIFF. Précédemment, pendant 20 ans, elle a travaillé comme intervenante auprès des femmes en maison d'hébergement. Elle a aussi été directrice communautaire au CRI-VIFF pendant trois années.
Courriel : harper.elizabeth@uqam.ca

Jennie Hornosty, Ph.D., est professeure au Département de sociologie et coordonnatrice du programme d'études des femmes à l'Université du Nouveau-Brunswick. Elle a participé à la mise sur pied du Centre Muriel McQueen Fergusson pour la recherche sur la violence familiale et de l'équipe de recherche sur la violence familiale en milieu agricole et rural. En plus de l'enseignement, elle se consacre à la recherche dans différents domaines, mais se concentre en particulier à l'étude de la violence familiale en milieu rural. Elle dirige actuellement, à titre de cochercheure principale, deux équipes de recherche sur la violence familiale, qui fondent leur action sur une démarche féministe et collaborative. La première s'intéresse aux interventions des services de santé auprès des femmes victimes de violence en milieu rural, alors que l'autre porte sur la concomitance entre les armes à feu, la violence familiale et la cruauté envers les animaux.
Courriel : hornosty@unb.ca

Judy A. Hughes is an assistant professor in the Department of Social Work, University of Northern British Columbia. As a former counselor with women who experience intimate relationship violence, Professor Hughes witnessed the impacts of many institutional systems on women's lives. Her research is concerned with understanding the practices and processes that create additional barriers and difficulties for women, so that services can be improved.
Courriel : jhughes0@unbc.ca

Patricia K. Kerig, Ph.D., est titulaire d'un diplôme en psychologie clinique de l'Université de Californie à Berkeley et est professeure et directrice de la formation clinique au Département de psychologie de l'Université de Miami. Ses recherches portent notamment sur l'étude des processus familiaux qui contribuent au développement de psychopathologies chez les jeunes ou permettent de s'en prémunir.
Courriel : kerigpk@muohio.edu

Julia Krane, Ph.D., is an associate professor in the School of Social Work, McGill University. Her longstanding teaching, practice, and research endeavours centre on child welfare and violence against women in intimate relationships. Her publications engage in feminist analyses of mainstream and community child welfare practices, critical analyses of services to battered women and their children, and cautious reflections on the intersection of domestic violence and child protection interventions. Dr. Krane is particularly interested in the contradictory effects of social work practices with vulnerable women and children that emerge when multiple facets of women's identities are relegated to the margins of such practices. She functions as a Clinical Consultant to the McGill Domestic Violence Clinic and a local shelter for battered women and their children. She is author of

What's Mother Got to Do with It? Protecting Children from Sexual Abuse (2003), an examination of child protection practices that unwittingly reproduce mother-blame.
Courriel : julia.krane@mcgill.ca

Lassaad Labidi, Ph.D. en service social de l'Université Laval, est enseignant universitaire à l'Institut national du travail et des études sociales (INTES) de Tunis, en Tunisie. Ses travaux de recherche et ses publications portent principalement sur la gérontologie, les problèmes familiaux, l'exclusion sociale et l'évolution historique du service social.
Courriel : lassaadlabidi1964@yahoo.fr

Marie Lacroix (Honours B.A., Université d'Ottawa, M.S.W., Carleton University, Ph.D., McGill University) has a history of practice and research with refugees and asylum seekers, international migration and irregular movements, and mail-order brides. Current research projects include "Gender, War and Ethnic Conflict: Human Rights and Security for Refugee Women in Canada"; "From Asylum Seekers to Permanent Residents in Quebec: Social Trajectories toward Incorporation"; "Women Refugees in Quebec: Social Trajectories to Incorporation"; "Collaborative Project: Mail Order Brides and Public Policy"; "Rape as an Instrument of War: Refugee Women in Canada and Their Experience of Organized Violence"; and "From Claimants to Refugees: A Challenge for the Québécois Incorporation Regime."
Courriel : marie.lacroix@umontreal.ca

Simon Lapierre vient de compléter des études doctorales en travail social au Centre for the Study of Safety and Well-Being et à la School of Health and Social Studies, University of Warwick (Royaume-Uni). Sa recherche doctorale portait sur les expériences de la maternité chez les femmes victimes de violence conjugale. Ses champs d'intérêt incluent la violence à l'endroit des femmes et des enfants, la maternité et la construction sociale de la négligence à l'endroit des enfants et les théories féministes.
Courriel : s.lapierre@warwick.ac.uk

Nicole Maillé est psychoéducatrice de formation. Elle a travaillé plus d'une vingtaine d'années en maison d'hébergement auprès des mères victimes de violence conjugale et de leurs enfants. Elle entreprend actuellement une maîtrise en psychoéducation à l'Université de Montréal.
Courriel : nmaille@sympatico.ca

Alain Mbemba est psychologue clinicien à l'Hôpital de base de Makélékélé, au Congo-Brazzaville.
Courriel : ambemba@hotmail.com

Ginette Noël, titulaire d'un diplôme en service social, a plusieurs années d'expérience comme intervenante sociale au Québec et plus de vingt ans d'expérience comme conseillère à la Régie régionale de l'Estrie, notamment dans les domaines de la violence faite aux femmes et des conditions de vie des femmes.
Courriel : ginettenoel@sympatico.ca

Olabimpe Olatubosun is a Doctoral Candidate and Teaching Assistant in the Department of Political Science in Nigeria's Premier University, University of Ibadan, Ibadan, Nigeria. She was the best M.Sc. graduating student in the Faculty of Social Sciences, University of Ibadan in 2004. In January 2006, she bagged a Harry Frank Guggeinheim Foundation scholar award. In August 2006, she became a Codesria Scholar. Her publications are mostly in the area of gender as it affects women in Africa. Her doctoral thesis is basically centered on the Role of NGOs in Nigeria's Lagos State's civil society vis-à-vis violence against women in the private sphere. Her father is a man of noble character and quiet disposition. Her interests on the rights of African women was inspired from childhood by her mother (the Late Mrs. O.T. Olatubosun) who was until her death, a highly intelligent woman.
Courriel : olatubosunbimpe@yahoo.co.uk

Jacqueline Oxman-Martinez (M.A., Universidad Católica de Santiago, Ph.D., Université de Montréal) has a strong research background in the areas of trafficking, asylum seekers and live-in caregivers (domestic program) in Canada, immigration and refugee policy, immigrant and refugee health, as well as impacts of precarious immigration status on women's health. She is a recognized expert in trafficking in Canada, and as such was commissioned by the Justice Department of Canada to prepare a research report on victims of trafficking in Canada entitled "Victims of Trafficking in Persons: Perspectives from the Canadian Community Sector." Other recent research projects related to trafficking include: "A Follow-up Study of Canadian Policy on Human Trafficking: Impacts of the Immigration and Refugee Protection Act"; and "Trafficking in Human Beings: Summary of Government Practices and Policy Issues in Canada."
Courriel : jacqueline.oxman-martinez@umontreal.ca

Sujit Kumar Paul is a Senior Lecturer in Rural Development in the Department of Social Studies and Rural Development, Visva-Bharati University, India. He obtained a Master's and Ph.D. (Doctoral) degree in Rural Development from Visva-Bharati, India. He has published several articles in national and international journals of repute and has undertaken various research projects. His specialization has been in the fields of rural development, education, women studies and extension activities. Closely associated with various organizations, societies and associations in different capacities,

he has visited different countries for academic purposes. He is a member of the International Council Chapter of the Association for World Education, Denmark, an NGO with consultative status in the United Nations. He published a book, entitled *Tribal Agriculture and Modernization: The Change and Continuity*. He was Guest Editor of the *Journal of World Education*, vol. 34, No. 1, Winter 2004, published by the Association for World Education.
Courriel : skpaul_rd@yahoo.co.in

Maryse Rinfret-Raynor est professeure titulaire à l'École de service social de l'Université de Montréal et chercheure au Centre de recherche interdisciplinaire sur la violence familiale et la violence faite aux femmes (CRI-VIFF). Cofondatrice et directrice de ce centre pendant 15 ans, elle a été une des premières chercheures québécoises à s'intéresser à la problématique de la violence faite aux femmes et, particulièrement, à la violence conjugale. Elle a participé, avec ces nombreuses études sur le sujet, à l'essor de la pratique sociale relativement à cette problématique.
Courriel : maryse.rinfret-raynor@umontreal.ca

Celia Rojas-Viger, médecin, est détentrice d'un doctorat en anthropologie et d'une maîtrise en santé communautaire. En 2005-2006, elle a effectué des études postdoctorales au Centre de recherche interdisciplinaire sur la violence familiale et la violence faite aux femmes (CRI-VIFF). Chercheure et conférencière, elle enseigne actuellement à l'École de service social de l'Université de Montréal. Ses champs d'intérêt professionnel sont les suivants : corps-santé, femmes, migration, mondialisation, pouvoir, violences.
Courriel : c.rojas.viger@umontreal.ca

Kristin Saunders is a Ph.D. student in applied social psychology at the University of Windsor. Her graduate research has focused on violence against women and she has recently investigated men's reactions to women's confrontations of sexual harassment in hypothetical situations. She has also contributed to the development of a rape resistance program for university women.
Courriel : saunded@uwindsor.ca

Charlene Y. Senn is a professor of psychology and women's studies at the University of Windsor, Ontario, Canada. Her research focuses on varied aspects of sexuality and violence against women including pornography, sexual coercion and assault, and women's resistance to sexual assault. She recently founded the multidisciplinary Health Research Centre for the Study of Violence against Women with the support of an Ontario Women's Health Council Career Award.
Courriel : csenn@uwindsor.ca

Billè Sikè est sociologue en hydraulique villageoise au Cameroun et cofondatrice et vice-présidente de l'Association de lutte contre les violences faites aux femmes/filles (ALVF). Fonctionnaire, elle est affectée dans le Nord du Cameroun et c'est dans le cadre de son travail qu'elle a pu créer l'antenne de l'ALVF dans cette région. Elle voudrait diffuser les objectifs et les résultats de son travail afin de sensibiliser le plus de gens possible à la situation des femmes camerounaises forcées au mariage précoce ou violées.
Courriel : billesike@yahoo.fr

Anne-Marie Thimothé est détentrice d'un diplôme en droit en Haïti. Depuis le début du projet PALIH, elle est la responsable haïtienne de l'intégration de l'approche Genre et Développement dans tous les volets du projet.
Courriel : annemercie@yahoo.fr

Mathieu Tognide est professeur agrégé de psychiatrie à la Faculté des sciences de la santé de l'Université d'Abomey-Calavi (FSS/UAC) de Cotonou ; Service de psychiatrie du Centre national hospitalier et universitaire Koutoukou-Maga (CNHU-HKM), à Cotonou, au Bénin.
Courriel : tognidemat@yahoo.fr

Denise Tremblay est psychologue et directrice depuis près de 25 ans de « La Séjournelle » (Ressource d'aide et d'hébergement pour femmes et enfants victimes de violence conjugale). Avec son équipe d'intervention et l'apport d'une professionnelle de recherche, elle a développé le modèle du processus de domination conjugale (PDC). Elle est la coauteure du modèle du processus de domination conjugale (PDC).
Courriel : lasejournelle@cgocable.ca

Pierre Turcotte est professeur adjoint à l'École de service social de l'Université Laval et travailleur social. Ses champs d'intérêt pour la recherche (qualitative) sont l'intervention individuelle et de groupe, auprès des clientèles masculines en contexte de violence conjugale ou familiale. Il a également été coordonnateur de l'ARIHV – l'Association des ressources intervenant auprès des hommes violents (actuellement nommée À cœur d'homme) – et a été intervenant auprès de conjoints aux comportements violents dans de nombreux organismes.
Courriel : pierre.turcotte@svs.ulaval.ca

Angela R. Volz, B.Sc., est une étudiante au doctorat du programme de psychologie clinique à l'Université de Miami. Ses recherches actuelles portent sur l'étude des liens entre la maltraitance des enfants et la violence dans les fréquentations, ainsi que sur les pratiques sexuelles à risque chez les adolescents.
Courriel : volzar@muohio.edu

Au-delà du système pénal
L'intégration sociale et professionnelle
des groupes judiciarisés et marginalisés
Sous la direction de Jean Poupart
2004, ISBN 2-7605-1307-6, 294 pages

L'imaginaire urbain et les jeunes
La ville comme espace d'expériences
identitaires et créatrices
Sous la direction de
Pierre-W. Boudreault et Michel Parazelli
2004, ISBN 2-7605-1293-2, 388 pages

Parents d'ailleurs, enfants d'ici
Dynamique d'adaptation du rôle parental
chez les immigrants
Louise Bérubé
2004, ISBN 2-7605-1263-0, 276 pages

Citoyenneté et pauvreté
Politiques, pratiques et stratégies d'insertion
en emploi et de lutte contre la pauvreté
Pierre-Joseph Ulysse et Frédéric Lesemann
2004, ISBN 2-7605-1261-4, 330 pages

Éthique, travail social
et action communautaire
Henri Lamoureux
2003, ISBN 2-7605-1245-2, 266 pages

Travailler dans le communautaire
Jean-Pierre Deslauriers,
avec la collaboration de Renaud Paquet
2003, ISBN 2-7605-1230-4, 158 pages

Violence parentale et violence conjugale
Des réalités plurielles, multidimensionnelles
et interreliées
Claire Chamberland
2003, ISBN 2-7605-1216-9, 410 pages

Le virage ambulatoire : défis et enjeux
Sous la direction de
Guilhème Pérodeau et Denyse Côté
2002, ISBN 2-7605-1195-2, 216 pages

Priver ou privatiser la vieillesse ?
Entre le domicile à tout prix
et le placement à aucun prix
Michèle Charpentier
2002, ISBN 2-7605-1171-5, 226 pages

Huit clés pour la prévention
du suicide chez les jeunes
Marlène Falardeau
2002, ISBN 2-7605-1177-4, 202 pages

La rue attractive
Parcours et pratiques identitaires
des jeunes de la rue
Michel Parazelli
2002, ISBN 2-7605-1158-8, 378 pages

Le jardin d'ombres
La poétique et la politique
de la rééducation sociale
Michel Desjardins
2002, ISBN 2-7605-1157-X, 260 pages

Problèmes sociaux
• Tome II – Études de cas
et interventions sociales
Sous la direction de
Henri Dorvil et Robert Mayer
2001, ISBN 2-7605-1127-8, 700 pages

Problèmes sociaux
• Tome I – Théories et méthodologies
Sous la direction de
Henri Dorvil et Robert Mayer
2001, ISBN 2-7605-1126-X, 622 pages

Recyclé

Contribue à l'utilisation responsable
des ressources forestières
www.fsc.org   Cert no. SGS-COC-003153
© 1996 Forest Stewardship Council

FSC

Marquis imprimeur inc.

Québec, Canada

2008

Ce livre a été imprimé sur du papier contenant 100 %
de fibres recyclées postconsommation, certifié Éco-Logo
et Procédé sans chlore et fabriqué à partir d'énergie biogaz.